永恆的諸神、男女英豪、精靈怪獸及其產地的故事

古典
希臘羅馬
神話
A-Z

安內特‧吉賽克博士 | 著

Classical Mythology A to Z

By Annette Giesecke　　Illustrations Jim Tierney

吉姆‧帝爾尼 | 繪　余淑慧 | 譯

An Encyclopedia of Gods &
Goddesses, Heroes & Heroines,
Nymphs, Spirits, Monsters,
and Places

圖1　阿芙蘿黛蒂：生殖與欲望之神，誕生於海中泡沫

圖2　戴歐尼修斯：從宙斯大腿中誕生的酒神

圖3　波賽頓：懲罰奧德修斯的海神

圖4　安朵美達公主：卡西俄珀亞與克甫斯的女兒

圖5　達芙妮：帕涅烏斯河的河神之女

圖6　羅慕勒斯和雷穆斯：雙胞胎兄弟與羅馬城的創立者

圖7　克爾柏洛斯：守衛冥界大門的「地獄犬」

圖8　賽妊姊妹：引誘水手步上死路的人首鳥身女妖

圖9　至福樂土：預言中的來生天堂

圖 10　帕德嫩神廟：獻給女神雅典娜的希臘神殿

目次

CLASSICAL
MYTHOLOGY
A TO Z

An Encyclopedia of Gods & Goddesses, Heroes & Heroines,
Nymphs, Spirits, Monsters, and Places

By Annette Giesecke
Illustrations Jim Tierney

導論

本書收入兩種內容：一是常見於古典神話世界裡的諸神、英雄和妖怪，二是與諸神、英雄和妖怪故事相關的地方。至今仍然保留在古典作家作品裡的神話故事極為繁多，出現在這些作品裡的角色和地方也為數不少。《古典希臘羅馬神話A-Z》（*Classical Mythology A to Z*）是一部神話百科，不過本書並未能收入所有的神話故事。相反的，本書僅只收入伊迪絲‧漢彌敦（Edith Hamilton）在《神話：諸神與英雄永恆的故事》（*Mythology: Timeless Tales of Gods and Heroes*）所提到的希臘羅馬神話人物與地方，畢竟這本書寫作的本意就是為了給漢彌敦這部經典名著提供一部指南。如果借用漢彌敦自己的話來說，可知她著書的用意就是希望那些不熟悉希臘羅馬世界的讀者在讀完她的書後，「除了獲得因閱讀而了解的神話知識，也多多少少認識當初講述這些故事的作家；那群作家歷經了兩千多年的考驗，他們不朽的風格早已不證自明」（《神話‧序》，1942）。毫無疑問的，她顯然已經達成她的目標，而她之所以能成功達標，那是因為她以忠於故事來源的態度來講述古典世界裡的神話故事。與此同時，她也採用了新穎、易解、永不過時的語言與表達方式來述說這些故事。因為這個理由，即使這些神話故事十分複雜，漢彌敦這部作品打從出版以來，在長達四分之三個世紀的時間裡，始終是一部可靠易懂的古典神話入門。

儘管漢彌敦的《神話》為本書設定了範圍，不過本書的內容豐富，好奇的讀者如果想要更深入了解神話世界，釐清個別角色的家世譜系、英勇事蹟及其居住之地，這本書將會提供許多助益。希臘羅馬神話故事自從誕生以來，至今已經傳世數千年；這些神話故事既保存了古代意義，同時也逐漸增添新意，與此同時，這些神話故事還是文化記憶的泉源，得到文人墨客與創意媒體無數次的徵引與重現。基於這個理由，《古典希臘羅馬神話A-Z》是一本不可或缺的書。任何讀者若想驗證、釐清或探尋文學、音樂、藝術或甚至流行文化與神話人物和地點的關聯，他們都可以參考這本書。這本書雖然是漢彌敦的著作的參考指南，但是內容卻豐富許多。

本書收入的條目可分成四個基本類別：神靈、人類、妖怪和地方。第一個類別收入不朽的男神和女神，同時也收入那些會生滅的精靈，比如寧芙仙子（nymph）。據傳說，寧芙仙子是指住在樹上、水域與其他自然元素裡的精靈，不過她們會衰老，也會死亡。第二個類別主要收入出現在神話故事裡的人類，包括個別的男、女英豪和著名的族群，例如以亞馬遜女戰士（the Amazons）著稱的群體。至於那些身形巨大的角色和半人半獸的混合生物在這裡都被歸類為妖怪，不管他們是正是邪。就此系列而言，英文字的 "monster"（妖怪），其意義得自拉丁文 *monstrum* 這一詞源，指那些形貌奇異，但並不必然邪惡的人類或物事。各種地標、地區、水域、高山和城市都理所當然地被歸類為地方。神話裡的角色和地方有個特別有趣的面向，那就是非常難以歸類。無可避免的，書中的各個類別會彼此重疊，例如人類英雄後來變成神靈，或者有些河流會同時被視為地理景觀與河神的化身；第一種現象的例子有海克力斯（Hercules）和阿斯克勒庇俄斯（Asclepius），第二種現象的例子有珀涅烏斯（Peneus）和阿克洛俄斯（Achelous）。又如蓋亞（Gaia）既指大地本身，同時也是大地女神。獵人俄里翁（Orion）是個巨人——就此面向而言，他可被歸類為奇人或妖怪，然而他既不完全是人類，也不完全是神靈。薩堤爾（Satyr）是半人半獸的混合生物，大部分人會將之歸類為妖怪，不過薩堤爾同時也是森林精靈。這樣的例子很多，簡直不勝枚舉。因為這個原因，本書建立了一套相互參照的系統，以確保讀者可以透過這個參考系統找到所有被歸入多項類別的條目。

歸類帶給我們許多挑戰，許多專名的拼寫也是如此。本書雖然遵循漢彌敦使用的專名拼寫方式，不過我們也盡可能提供其他常見的拼寫法。讓專名拼寫這個議題變得複雜的因素很多。其中之一就是這些專名是先從希臘文翻譯成拉丁文，然後再從拉丁文翻譯成英文，至少有好幾個例子是如此。其中一個例子就是希臘人的天空之神奧烏拉諾斯（Ouranos）。對羅馬人來說，這位天神的名字是烏拉諾斯（Uranus）——這也是大部分英語讀者後來熟悉的拼寫方式。出現這種差異的主要原因是：希臘人沒有字母 "c"，而羅馬人很少使用字母 "k"，其結果就是希臘天神 "Kronos"（克羅諾斯）的名字一旦翻譯成拉丁文，就被拼寫為 "Cronus"（克羅諾斯）。另外一個影響專名拼寫的因素是古代作家的用法並不一致，即便是使用同一語言寫作的作家，他們彼此的拼寫法也有所差異。

特定角色的名字擁有多種不同的拼寫法──這個現象與這些角色的生平事蹟來自多個不同或甚至相互矛盾的傳統有關。不管神話故事本身，還是故事裡的人物，全部都是在數千年的時間裡逐漸演變而成。我們一旦遇到故事出現變體和矛盾，重要的是要記得許多或大部分神話故事在某段時期都曾以口耳相傳的方式傳播。在傳唱的過程中，不免會遇到文化變遷，或受到種種因素的影響──例如藝術表現手法之改變。圍繞著特洛伊戰爭所衍生的神話故事群就是一個很好的例子。長久以來，大家都知道這些神話故事源自於青銅時代（大約西元前1800年至西元前1150年之間），亦即特洛伊戰爭本身發生的那段時期──是的，沒錯，真的發生過特洛伊戰爭，如果說得更確切一點的話，這個戰爭還打了好幾場。透過荷馬（Homer）的《伊利亞德》（*Iliad*），我們對阿基里斯（Achilles），還有跟他有關的那許多敵友之間的故事都知之甚詳。這些故事大約是在西元前750年或者更晚的時期才被寫成文字。不過，在這些故事形諸文字之前，其實已經傳唱了好幾百年的時間；毫無疑問地，在每一次口耳相傳的時候，至少都會經過某種程度的修改。在那數百年的時間裡，希臘世界早已發生許多劇變，他們見證過強大王國的興亡、黑暗時代的開始、許多不再受到帝王統治的城邦國家之誕生。

本書所提到的角色和地方，與之相關的故事變體並未能全部加以收入。至於本書提到的許多特定細節，全部來自現今最著名的希羅神話源頭，包括史詩作家例如荷馬、海希奧德（Hesiod）、羅德島的阿波羅尼奧斯（Apollonius of Rhodes）、維吉爾（Virgil）、奧維德（Ovid）。另外還有抒情詩人莎芙（Sappho）、斯特西克魯斯（Stesichorus）、品達（Pindar）、巴克奇利德斯（Bacchylides）；悲劇作家艾斯奇勒斯（Aeschylus）、索福克勒斯（Sophocles）和尤瑞比底斯（Euripides）；歷史學家希羅多德（Herodotus）；地理學家斯特拉博（Strabo）；旅行作家兼民族誌學者保薩尼亞斯（Pausanias）；自然歷史學家老普林尼（Pliny the Elder）；神話學專家阿波羅多洛斯（Apollodorus）和希吉努斯（Hyginus）。本書所參考的所有古代資料來源全都附上作者生平，收入在參考書目之中，方便讀者檢索參閱。其中有好幾位作家曾為同一則神話故事寫了一個以上的版本，有時連他們對自己筆下的某些版本也抱持懷疑的態度；西元前一世紀的西西里作家狄奧多羅斯（Diodorus Siculus）就是一例，他寫了好幾則故事，敘述海克力斯之柱（Pillars of Hercules）的源起：海克力斯立柱或是為了紀念他浪跡天涯海角的奇異之旅，或是為了阻擋海怪，

不讓外海的怪物侵入地中海，或者是為了創造一個通道，讓船隻可以在海洋之間通航。我給本書讀者的建議是：效仿狄奧多羅斯的精神，一旦遇到故事出現變體，不妨選讀那些最有趣、最可信，或者最離奇的版本。

CLASSICAL
MYTHOLOGY
A TO Z

PART

I

男女諸神

山海精靈

與

寧芙仙子

主要希臘男女諸神系譜

--源自海希奧德的《神譜》

卡俄斯（虛空）

蓋亞（大地）

烏拉諾斯

阿芙蘿黛蒂[1]　　　　烏拉諾斯（天空）

克洛諾斯　＋　瑞亞

赫斯提亞　　黑帝斯　　波賽頓　　宙斯　＋　赫拉　　狄蜜特　＋　宙斯

玻瑟芬妮

阿瑞斯　　赫柏　　赫菲斯托斯

1. 根據海希奧德，阿芙蘿黛蒂誕生於烏拉諾斯閹割事件所產生的海中泡沫。
2. 根據荷馬，阿芙蘿黛蒂是宙斯和狄俄涅的女兒。

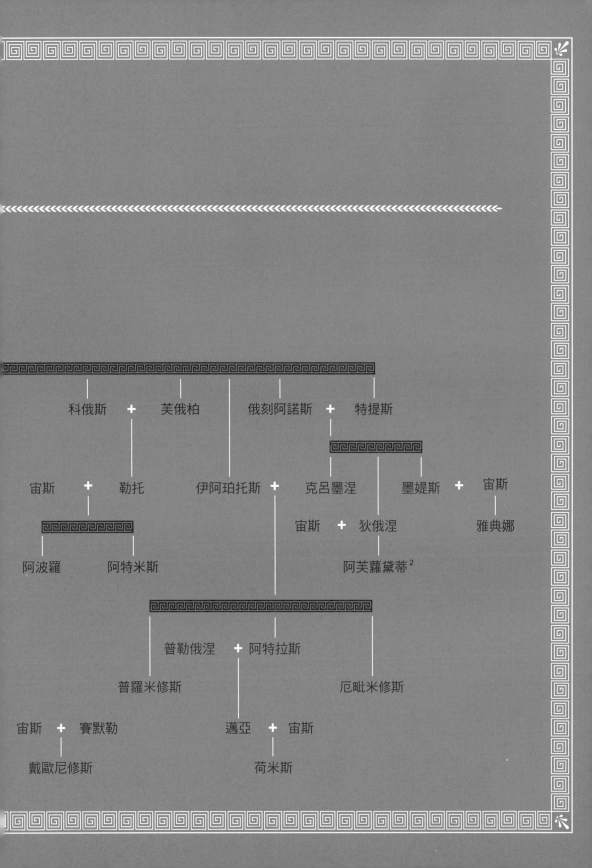

科俄斯 ✛ 芙俄柏　　　俄刻阿諾斯 ✛ 特提斯

宙斯 ✛ 勒托　　　伊阿珀托斯 ✛ 克呂墨涅　　　墨媞斯 ✛ 宙斯

宙斯 ✛ 狄俄涅　　　　　　雅典娜

阿波羅　　阿特米斯　　　　　　　　　　阿芙蘿黛蒂[2]

普勒俄涅 ✛ 阿特拉斯

普羅米修斯　　　　　　　　　厄毗米修斯

宙斯 ✛ 賽默勒　　　邁亞 ✛ 宙斯

戴歐尼修斯　　　　　荷米斯

阿克洛俄斯（Achelous）

阿克洛俄斯是一條河，同時也是這條河的河神的名字；這是希臘境內最長、水量最豐沛的河流之一，這位河神一方面固然與這一特定的河流有關，但人們提到一般河流（及其河神）時，祈求的對象也可以是阿克洛俄斯。換言之，阿克洛俄斯也可以作為所有河的河神來回應人們的祈求。根據希臘詩人海希奧德（Hesiod），阿克洛俄斯（以及其他許多河神）是兩位原初泰坦神，即俄刻阿諾斯（Oceanus）和特堤斯（Tethys）的兒子。阿克洛俄斯本身也有很多子嗣，包括那群歌聲甜美，但行事駭人的海上女妖賽妊（Sirens）；許多寧芙仙子（Nymphs）據說也是他的後代，這群從他那裡得到水源的寧芙仙子包括卡斯塔莉亞（Castalia）和琵瑞尼（Pirene），前者守護卡斯塔利亞泉──這道泉水位於德爾菲（Delphi）附近，是繆斯女神（Muses）的聖泉之源，後者守護位於科林斯的琵瑞尼噴泉──據說飛馬佩格索斯（Pegasus）以蹄擊地，水即湧出地面，形成這道泉水。

阿克洛俄斯最知名的故事，或許就是他與英雄海克力斯（Hercules）的一段過節。原來海克力斯為了奪得德伊阿妮拉（Deianeira）──卡利敦（Calydon）國王俄紐斯（Oeneus）之女──的青睞，曾與阿克洛俄斯大打出手。在博鬥的過程中，阿克洛俄斯幾次變化形體──先化為大蛇，再化身為公牛，不過最後還是打不過海克力斯，被海克力斯折斷了一支牛角。根據羅馬詩人奧維德（Ovid）的描述，這支牛角就是後來的豐饒之角，因為河寧芙娜伊阿德斯（Naiads）拿走了牛角，在裡頭裝滿各種水果和鮮花──這是大地獲得阿克洛俄斯之水的澆灌，從而長出的豐富物產。另一個神話傳統則提到海克力斯得勝之後，就把那支牛角還給阿克洛俄斯，阿克洛俄斯即回報以阿瑪爾提亞（Amaltheia）之角。阿瑪爾提亞是一頭山羊，曾以乳汁撫育嬰兒時期的宙斯（Zeus）；據說後來變成豐饒之角的是阿瑪爾提亞這支羊角。

（也請參考 Achelous [place], Calydon, Castalian Spring [the], Corinth, Deianeira, Delphi, Muses [the], Naiads [the], Nymphs [the], Oceanus, Oeneus, Pirene, Sirens [the], Titans [the], *and* Zeus。）

阿德拉斯提亞（Adrastea）

寧芙仙子阿德拉斯提亞的名字又可拼寫為"Adrasteia"或"Adrastia"；她住在克里特島（Crete）的迪克特山洞（Dictaean Cave）。根據神話學家阿波羅多洛斯（Apollodorus）的描述，克洛諾斯（Cronus）因為擔心自己會被兒子推翻的預言成真，所以就把所有剛出生的孩子全部吞下肚。不過，在他的幼子宙斯快要出生的時候，他的配偶兼姊

姊瑞亞（Rhea）悄悄來到克里特島分娩，並把嬰兒宙斯托給阿德拉斯提亞、阿德拉斯提亞的姊妹伊達（Ida），還有島上的庫雷特人（Curetes）撫育。嬰兒宙斯一哭，庫雷特這群半人半神族就大聲唱歌，用力敲打武器，藉此掩蓋宙斯的哭聲。

（也請參考 Cronus, Curetes [the], Nymphs [the], Rhea, and Zeus。）

埃癸娜（Aegina）

埃癸娜是一位寧芙仙子。她的父親阿索波斯（Asopus）是西庫翁河神（Sicyonian），母親是拉冬河（Ladon）河神之女默托珀（Metope）；她的父母總共生了兩個兒子，二十個女兒，埃癸娜是其中之一。有一天，美麗的埃癸娜被宙斯劫走，帶到俄諾涅島（Oenone）成婚。阿索波斯離家四處尋找女兒，追到科林斯（Corinth）後，他從薛西弗斯（Sisyphus）的口中得知劫走女兒的是宙斯。他於是去追趕宙斯，但是卻被宙斯丟出的雷霆擊中，被趕回自己的河裡。至於提供消息的薛西弗斯後來也被宙斯處以可怕的懲罰。埃癸娜後來生了一個兒子，取名為埃阿科斯（Aeacus）；宙斯以她的名字重新為俄諾涅島命名，稱為埃癸娜島——至今這座島依然沿用這個名字。

（也請參考 Aeacus, Aegina [place], Corinth, Nymphs [the], Sisyphus, and Zeus。）

埃俄羅斯（Aeolus）

埃俄羅斯是「諸風之王」（"Lord of the Winds"）。他在文學傳統第一次現身的身分是個備受諸神寵愛的凡人，與家人一同住在埃俄利亞島（Aeolia）。根據荷馬（Homer）的敘述，英雄奧德修斯（Odysseus）就在這座島上與他相遇。不過，隨著時間的流逝，埃俄羅斯漸漸被人們視為天神，負責管理各路風神。

（也請參考 Aeolus [hero] and Odysseus。）

阿斯克勒庇俄斯（Aesculapius）

阿斯克勒庇俄斯的名字另有一個拼寫法是 "Asclepius"；他是希臘神話裡的療癒之神。

（請參考 Asclepius。）

阿格萊亞（Aglaia）

阿格萊亞的名字或可拼寫為 "Aglaea"，意思是「散發光輝」或「璀璨光明」；她是三位或多位卡里特斯女神（Charites）或美惠女神（Graces）之一。一般上，這幾位女神被視為宙斯之女，分別代

表美麗、歡樂與優雅。三位卡里特斯女神之中，阿格萊亞的年紀最小。根據希臘詩人海希奧德和品達（Pindar）的描述，她的丈夫是火神赫菲斯托斯（Hephaestus）。這位阿格萊亞與凡間女子阿格萊亞必須加以區分，後者是雙胞胎阿克里西俄斯（Acrisius）和普羅托斯（Proetus）的母親。

（也請參考Acrisius, Aglaia [heroine], Charites [the], Graces [the], Hephaestus, and Zeus。）

艾多斯（Aidos）

艾多斯是希臘文 "*aidos*" 的擬人女性化身，意思是謙遜、羞愧、崇敬和對他人的尊重。根據詩人品達，她是第二代泰坦神普羅米修斯（Prometheus）的女兒，也是喜悅和勇氣的源泉。根據詩人海希奧德的描述，人類本來是黃金族（Race of Gold），生活在黃金時代，人人道德高尚。不過，人類後來卻淪落了，生活在容易產生各種不良習氣的鐵器時代；這個時代有個特色：艾多斯和涅默西斯（Nemesis）選擇逃離了人間，去跟不朽的諸神同住。二神出逃的結果是：我們人類僅剩下各種艱辛的苦難，而且找不到良方來對治邪惡。

（也請參考Nemesis, Prometheus, and Titans [the]。）

阿萊克托（Alecto）

阿萊克托的名字又可以拼寫為 "Allecto"，意思是「絕不留情」（"The Implacable One"）；她是厄里倪厄斯（Erinyes）或羅馬人所謂的復仇三女神（Furies）之一。在維吉爾（Virgil）的《伊尼亞斯紀》（*Aeneid*）裡，她扮演的角色至關重要。在這部史詩中，詩人說她是「誕生於暗夜」的冥界居民，她會變換形體，而且也會煽動暴力和戰爭。她實在太可怕了，甚至連她的父親冥王普魯托（Pluto）也很討厭她。受命於怒火中燒的茱諾（Juno），她讓亞瑪達王后（Queen Amata）突然陷入暴怒，煽動勞倫圖姆（Laurentum）這個義大利城鎮的居民去攻打剛剛抵達義大利的伊尼亞斯（Aeneas）和他的特洛伊部隊。在這之前，亞瑪達王后其實本來已經很不高興了，因為她的丈夫拉丁努斯（Latinus）正在考慮把他們的女兒拉維妮雅（Lavinia）嫁給伊尼亞斯，而不是嫁給義大利魯圖里人（Rutulians）的王子圖爾努斯（Turnus）。在這種情況下，一旦阿萊克托暗中施法把一條蛇丟向她的胸口時，她就更加怒不可抑了。另一方面，阿萊克托也用類似的手段來激怒圖爾努斯——把一根燃燒的木頭朝他扔過去。最後，圖爾努斯終於帶軍攻向拉丁努斯。接下來，阿萊克托又誘使伊尼亞斯的兒子阿斯卡尼斯（Ascanius）

的獵犬陷入瘋狂，朝一頭雄鹿猛追。這頭珍貴的雄鹿是少女西爾維亞（Silvia）心愛的寵物，得知阿斯卡尼斯殺死雄鹿，西爾維亞即召集鄰近村落的農人去攻打特洛伊人。阿萊克托甚至親自出馬，吹響這場戰爭的號角。

（也請參考 Aeneas, Amata, Ascanius, Erinyes [the], Furies [the], Juno, Latinus, Lavinia, Pluto, Rutulians [the], Silvia, Turnus, and Underworld [the]。）

阿爾菲俄斯（Alpheus 或 Alpheius）

阿爾菲俄斯是一條河，也是這條河的河神之名。阿爾菲俄斯河是伯羅奔尼撒半島（Peloponnese）最長、水量最豐沛的大河，流經阿卡迪亞（Arcadia）和厄里斯（Elis）。作為神話故事裡的角色，阿爾菲俄斯最為人知的故事就是追求寧芙仙子阿瑞圖薩（Arethusa）。他一路追求著她，從阿卡迪亞一直追到西西里。最後，阿瑞圖薩在西西里化為一道噴泉，湧出地面。這道噴泉至今依然稱為阿瑞圖薩泉。

（也請參考 Alpheus River [the], Arcadia, Arethusa, and Sicily。）

阿蒙（Ammon）

希臘人所謂的 "Ammon"，意指埃及人的主神阿蒙（Amun）兼太陽神與掌管創造與繁殖之神。身為埃及人的主神，阿蒙漸漸與宙斯合而為一，稱為宙斯阿蒙（Zeus Ammon）。衣索比亞國王克甫斯（Cepheus）把女兒安朵美達（Andromeda）獻給海怪，希望海怪不要再來侵襲他的國家之前，他參考的就是位於利比亞的宙斯阿蒙所發出的神諭。據說這裡的神諭曾宣稱亞歷山大大帝（Alexander the Great）是宙斯之子。論及外表，宙斯阿蒙與宙斯的形象相同，都是留著鬍鬚的成熟男子，但是他比宙斯多了一個公羊角。

（也請參考 Andromeda, Cepheus, Ethiopia, and Zeus。）

安菲特里忒（Amphitrite）

安菲特里忒是大洋女神，她的名字常常被用作大海的轉喻。她的身世有兩種說法，一說她是俄刻阿尼德斯（Oceanid），父母是特堤斯與大洋神俄刻阿諾斯。另一種說法則認為她是海中仙女（Nereid），父母是海神涅羅斯（Nereus）和大洋女神多里斯（Doris）。根據神話學家阿波羅多洛斯，她嫁給了波賽頓（Poseidon），育有海神特里頓（Triton）和羅德（Rhode），其中的羅德是羅德島（Rhodes）的擬人化身，該島也是重要的太陽神崇拜中心。但是若根據神話學家許癸努斯（Hyginus）的描述，安菲特里忒起初並不願意成為波賽頓的伴侶。相反的，她為了躲避

波賽頓的追求，還逃去找阿特拉斯（Atlas）避難。波賽頓後來派了某位海豚使者（Delphinus）去為他說項，結果這位海豚使者非常圓滿地達成任務。波賽頓很高興，就把海豚使者變成星星，作為獎賞。旅行作家保薩尼亞斯（Pausanias）提到雅典有一間提修斯聖堂（Theseion），裡頭有幅畫描繪了雅典國王提修斯（Theseus）的一段生命插曲。原來克里特島國王米諾斯（Minos）曾向提修斯提出挑戰，要後者證明自己是波賽頓的兒子。他把國王的印戒丟入海裡，心想提修斯一定無法從洶湧的海水中把印戒找回來。不過，提修斯真的找到那枚印戒，而且還頭戴著安菲特里忒的金色王冠從海裡冒了出來——這頂王冠更進一步證明了他的神系血統。後古典時期一份晚期的資料也提到了安菲特里忒：根據西元十二世紀拜占庭希臘作家約翰·策策斯（John Tzetzes）的描述，斯庫拉（Scylla）曾是一位美麗可愛的少女，但是由於波賽頓看上了斯庫拉，安菲特里忒醋意大發，就把斯庫拉變成怪物。

（也請參考 Atlas, Athens, Minos, Nereids [the], Nereus, Oceanids [the], Oceanus, Poseidon, Scylla, Theseus, and Triton。）

安特洛斯（Anteros）

安特洛斯的名字意思是「兩情相悅的愛」（"Reciprocated Love"）；這位掌管兩情相悅之愛的神會處罰蔑視愛情的人，也會對那些對情愛不予以回應的人施以報復。就像他的兄弟兼同伴丘比特（Cupid，或厄洛斯[Eros]）一樣，安特洛斯有時會被認為是維納斯（Venus）自己生的兒子。不過，他們有時候也會被認為是維納斯與瑪爾斯（Mars）的子嗣。

（也請參考Cupid, Mars, and Venus。）

阿芙蘿黛蒂（Aphrodite）

阿芙蘿黛蒂是掌管愛、性和美的希臘女神。身為奧林帕斯十二主要天神之一，阿芙蘿黛蒂掌管人類和動物的繁殖、土壤的肥沃和各種植物的生長。對羅馬人而言，這位女神的名字叫維納斯。阿芙蘿黛蒂的誕生有兩則傳說。根據荷馬的說法，她的父親是宙斯，母親是一位不太知名的泰坦女神狄俄涅（Dione）。不過，關於她的誕生，詩人海希奧德在《神譜》（Theogony / Origin of the Gods）提到另一個非常不同，而且極為驚人的故事。據說烏拉諾斯（Uranus）對蓋亞（Gaia）無禮，克洛諾斯為了替母親復仇，就閹割他的父親烏拉諾斯。烏拉諾斯的生殖器從天上掉入大海，導致海水不斷翻騰，泛起泡沫。從翻湧的泡沫之中，已經成年的阿芙蘿

黛蒂從海中誕生，浮出水面——這個故事反映了她名字的字源，即「泡沫的禮物」。據說阿芙蘿黛蒂一上岸，沙地上立刻長出許多玫瑰花，把大地點染得五彩繽紛；美惠女神也來獻上芬芳的桃金孃枝，讓她遮掩赤裸的身體。有些人相信這件事發生在庫特拉島（Cythera）——這就是阿芙蘿黛蒂有時候會被稱為「庫特拉女神」（Cytherean / Cytherea）的緣由。其他人則認為她的「誕生之地」是賽普勒斯（Cyprus），因此阿芙蘿黛蒂有時候也會被稱為「賽普勒斯女神」（Cyprian / Cypris）。

阿芙蘿黛蒂是希臘萬神殿裡最重要的天神之一，她的信徒極多，幾乎遍布整個希臘世界。到目前為止，這種信仰的重要證據可在許多地方找到，包括希臘北部，尤其是底比斯（Thebes）地區；阿提卡（Attica）地區——包括雅典城和該城管轄的周邊區域；墨伽拉（Megara）和科林斯。此外，伯羅奔尼撒半島有許多地方也出現了這種信仰的重要證據，例如西庫翁、赫爾彌俄涅（Hermione）、厄庇道洛斯（Epidaurus）、阿爾戈斯（Argos）、阿卡迪亞和厄里斯城。另外，此種信仰的痕跡也出現在許多島嶼，例如賽普勒斯、克里特島和庫特拉島；再來是小亞細亞的許多希臘殖民地，還有其他與希臘有密切關係的地區，例如西西里、義大利、埃及的瑙克拉提斯（Naucratis）、西班牙的薩貢托（Saguntum）等地區都可找到跟阿芙蘿黛蒂信仰相關的證據。話雖如此，即便在古典時代，人們也已開始懷疑阿芙蘿黛蒂並非希臘本土的女神。阿芙蘿黛蒂的出身及其信仰源頭雖然不太清楚，一般來說，大家還是有個共識：賽普勒斯對於阿芙蘿黛蒂信仰的生成扮演很重要的角色，很有可能是融合希臘和各種近東影響所造成的結果。在青銅時代（大約介於西元前2500至1050年之間），賽普勒斯這個地區透過移民與貿易，接觸到來自安納托利亞（Anatolia）和黎凡特（Levant）的生殖信仰：亦即伊絲塔（Ishtar）女神崇拜和阿斯塔蒂（Astarte）女神崇拜，而這兩者的共同來源是美索不達米亞（Mesopotamia）女神伊南娜（Inanna）。阿芙蘿黛蒂很有可能是這幾位女神折衷調和的結果，並以此折衷調和之後的形象為希臘人所接納，並將之迎入他們的萬神殿。想當然耳，早期的阿芙蘿黛蒂聖堂——尤其是位於賽普勒斯和庫特拉島的聖堂必定會對女神的誕生故事產生影響。

身為愛與慾之女神，阿芙蘿黛蒂不僅對無數男、女神與凡人的浪漫糾葛負有責任，她自己的風流韻事也不少。她的丈夫是鍛造之神赫菲斯托斯，但是當丈夫不在的時候，她會一再地投入戰神阿瑞斯（Ares）的懷抱，並且生下了好幾個兒女：厄洛斯（羅馬人稱他為埃莫[Amor]或丘比特）、戴摩斯（Deimus

/ Deimos）、佛波斯（Phobus / Phobos）和哈爾摩妮亞（Harmonia）——後三
者的名字各有其意義，分別是「恐怖」、「驚恐」與「和諧」；哈爾摩妮亞日
後將會嫁給底比斯王卡德摩斯（Cadmus）。另外，阿芙蘿黛蒂雖然早就拒絕
荷米斯（Hermes）的追求，不過她還是跟荷米斯生了一個兒子：赫馬佛洛狄
忒斯（Hermaphroditus）。根據某些故事，繁殖之神普里阿普斯（Priapus）和
西西里王厄律克斯（Eryx）據說也都是她的兒子，前者的父親是戴歐尼修斯
（Dionysus），後者的父親是海神波賽頓。她的凡間情人也很多，其中最著名
的是美男子阿多尼斯（Adonis）。阿多尼斯的母親蜜爾拉（Myrrha）是賽普
勒斯王克倪拉斯（King Cinyras）的女兒；值得注意的是，這位年輕的公主是
因為受到阿芙蘿黛蒂的懲罰，才與自己的父親發生亂倫，從而生下了阿多尼
斯。由此可知，阿芙蘿黛蒂的禮物不見得都是祝福，反而可能是最可怕的懲
罰，這則亂倫故事就是其中一例。

不過，在情愛追求上得到阿芙蘿黛蒂恩賜的角色也不少，例如英雄希波
墨涅斯（Hippomenes）即曾得到愛神的協助，從而贏得女獵人亞特蘭妲
（Atalanta）的芳心；傑森（Jason）為了取得金羊毛，非常需要女巫師美狄
亞（Medea）的幫助；特洛伊王子帕里斯（Paris）把金蘋果頒給了阿芙蘿黛
蒂，阿芙蘿黛蒂則幫他贏得美女海倫（Helen）的青睞——當然，這件事也
導致後來的特洛伊戰爭。另一方面，阿芙蘿黛蒂也製造了不少受害者；這群
受害者當中，計有提修斯的兒子希波呂托斯（Hippolytus）和他的繼母費德拉
（Phaedra）——阿芙蘿黛蒂使後者無可救藥地愛上了她的繼子。另一受害者是
阿爾戈斯國王廷達瑞俄斯（Tyndareus）：他所有女兒都紅杏出牆，背叛她們的
丈夫，其中最惡名昭彰的是克呂泰涅斯特拉（Clytemnestra）——她殺了正在
洗澡的丈夫阿加曼農（Agamemnon）。除此之外，還有情不自禁愛上公牛的克
里特王后帕西法爾（Pasiphae），還有那群注定要殺死自己男性親戚的利姆諾
斯島（Lemnos）婦女。

阿芙蘿黛蒂的特質和象徵物很多，其中包括那些經常出現在其神話故事裡的
植物：芬芳的玫瑰和桃金孃、果肉豐滿且與愛情和生殖有關的蘋果、罌粟花
（或歐洲銀蓮花[poppy anemone]）——據說這是從阿多尼斯染血之地長出來的
花朵。在動物的國度裡，她的聖物有鴿子、麻雀、燕子、鵝、天鵝、兔子、
山羊、公羊、海豚，甚至陸龜也是她的聖物。這群動物之中，有的象徵愛情
和生殖，有些則與她的水中誕生有關。

（也請參考 Adonis, Aeneas, Agamemnon, Anchises, Arcadia, Argos, Atalanta, Athens,

Cinyras, Clytemnestra, Corinth, Crete, Cronus, Cupid, Cyprus, Dione, Dionysus, Gaia, Graces [the], Harmonia, Helen, Hephaestus, Hermes, Hippolytus, Hippomenes, Jason, Lemnian Women [the], Medea, Megara, Myrrha, Olympus [Mount], Paris, Pasiphae, Phaedra, Priapus, Thebes, Theseus, Titans [the], Troy, Tyndareus, Uranus, Venus, and Zeus。）

阿波羅（Apollo）

阿波羅是希臘神話裡掌管預言、醫療、箭術、音樂與詩歌的天神。到了西元前五世紀，他又與太陽神赫利歐斯（Helios）畫上等號，並且接收了後者的所有職責。阿波羅是最重要的天神之一，到了西元前八世紀的荷馬和海希奧德時代，他的故事基本上已經發展成熟，只是他的來歷卻頗令人費解。他有許多名字和宗教上的稱號，包括福玻斯（Phoebus）——這名字的意思是「光明」，但是其意義並不十分清楚；賀克玻勒斯（Hekebolos），意即「遠處襲擊」，這稱號強調了他作為弓箭之神的角色；皮提安（Pythian）——這名字源自他手刃皮冬（Python）的典故；西亞特爾（Hiator），意即「治療者」；「繆斯的領導者」（Mousagetes）——這個稱號強調他與繆斯女神的密切關聯；「月桂使者」（Daphnephoros）則與他的聖物月桂樹有關。阿波羅信仰遍布整個希臘世界，用來敬奉他的聖堂極多，其中最主要的一間位於德爾菲——那是他發布最重要的神諭的地方。另一個重要的聖堂位於提洛島（Delos）。

阿波羅是奧林帕斯十二主要天神之一，他的父母是宙斯和第二代泰坦女神勒托（Leto）。野生動物與狩獵女神阿特米斯（Artemis）是他的雙胞胎姊姊。阿波羅和阿特米斯（有些故事版本只提到阿波羅）的出生地是提洛島，據說他們的母親在分娩時緊抓著一棵棕櫚樹才把他們生下來。不過，照顧嬰兒阿波羅的並不是勒托，而是女神泰美斯（Themis）——她給阿波羅餵食仙饈與瓊漿。根據一部向他致敬的所謂《荷馬誦詩》（*Homeric Hymn*）的描述，阿波羅把盤據在德爾菲的皮冬殺死之後，就在那裡建立聖堂，發布神諭。阿波羅有很多情人，也生了很多孩子。不過，他在情場上並非無往不利，寧芙仙子達芙妮（Daphne）和特洛伊公主卡珊德拉（Cassandra）並未接受他的愛。達芙妮為了逃避他的追求，最後變成月桂樹，不過他對達芙妮的愛始終不變，因此指定月桂樹作為他最重要的聖樹。至於卡珊德拉，阿波羅本想用預言能力來交換她的愛，不過後來卡珊德拉卻反悔了。求愛遭拒之後，阿波羅因此讓卡珊德拉說出的預言不為人所信。阿波羅最著名的子嗣是阿斯克勒庇俄斯、奧菲斯（Orpheus）和利諾斯（Linus）——前者獲得他傳授的醫術，後兩者

則是技藝絕妙的吟遊詩人。阿波羅的情人包括男性和女性——這在希臘世界是很尋常的事。他最著名的男性情人是海雅辛斯（Hyacinth）和庫帕里索斯（Cyparissus）——前者意外被他的鐵餅擲中，傷重而亡；後者為其寵鹿之死而傷悲憔悴，最後自己也死了——阿波羅讓他化成絲柏樹（哀悼之樹），讓他永遠地悲傷下去。海雅辛斯死去的時候，該地長出一株後來以他的名字命名的花朵。讓阿波羅惱火的也不少，其中包括一個名叫瑪爾緒阿斯（Marsyas）的薩堤爾（Satyr）和潘恩（Pan）——兩者都向阿波羅挑戰音樂造詣。瑪爾緒阿斯本身在賽後被阿波羅處以可怕的懲罰，不過在和潘恩比賽的過程裡，受到懲罰的是裁判邁達斯（Midas）。阿波羅的怒火也燒向特洛伊戰爭期間的特洛伊人，因為他們先前的國王拉俄墨冬（Laomedon）請阿波羅幫忙建築城牆，事後卻沒有如約酬謝阿波羅。另一方面，也有人得到阿波羅的照顧，例如色薩利（Thessaly）的國王阿德墨托斯（Admetus）——原來阿波羅殺死賽克洛普斯（Cyclopes）之後，宙斯罰他去當阿德墨托斯的契約勞工，而阿德墨托斯非常善待他的勞工。

西元前五世紀發生了一場瘟疫，阿波羅信仰因此被傳入羅馬——他本身亦因此被稱為治療者。羅馬作家和藝術家雖然也知道，並且也會徵引他的神話故事，但是在羅馬世界裡，他一直都是以治療者的身分為人所信仰。身為治療之神，阿波羅與阿斯克勒庇俄斯相比，最終還是相形見絀。不過，他在奧古斯都（Augustus）時代特別受到重視，因為奧古斯都把阿波羅當作他個人的神明。

至於那些用來識別的特徵，阿波羅被塑造成一位年輕、健美、不留鬍子的男子。他最喜歡的樂器是里拉琴和齊特琴，他最愛用的武器是弓箭。他的聖樹主要有月桂樹和棕櫚樹，有時絲柏樹也算在內。

（也請參考 Admetus, Artemis, Asclepius, Cassandra, Cyclopes [the], Cyparissus, Daphne, Delos, Delphi, Helios, Hyacinth, Laomedon, Leto, Linus, Marsyas, Midas, Muses [the], Orpheus, Pan, Python, Rome, Satyrs [the], Thessaly, Titans [the], Troy, and Zeus。）

阿奎羅（Aquilo）

羅馬人把希臘人的玻瑞阿斯（Boreas）——北風的擬人化身——稱為阿奎羅。阿奎羅最為人知的故事有二，一是綁架雅典公主俄瑞緹伊亞（Orithyia），再來是受命於憤怒的茱諾，他幾乎因此摧毀了特洛伊人阿伊尼斯的船隊；原來在這之前茱諾曾賄賂諸風之王埃俄羅斯幫她一個忙，而風神之王就命令阿奎羅去執行任務。

（也請參考 Aeneas, Aeolus, Athens, Boreas, Juno, Orithyia, and Troy。）

阿瑞斯（Ares）

阿瑞斯是希臘人的戰神；就此意義而言，跟他有關的事務包含戰爭、嗜血的暴力、恐慌和瀕死者的驚呼。根據希臘詩人海希奧德的描述，隨伺在他身旁的是他的兩個兒子：佛波斯（「驚恐」）和戴摩斯（「恐怖」）。雅典娜（Athena）也是戰神，但是她的類型不同：她掌管的是防禦之戰，意即發動戰爭的目的是保衛城市。因為這樣，阿瑞斯既令人害怕也令人崇敬，比起他的弟兄姊妹，他較少出現在宗教和信仰的崇拜裡。他是奧林帕斯十二主神之一，父母是宙斯和赫拉（Hera）。他本身也和不同的伴侶生下不少兒女。他最著名的婚外情人是阿芙蘿黛蒂，後者的丈夫赫菲斯托斯曾以其鍛造的巧手打造一個陷阱，當場逮到這對正在幽會的情人。他與阿芙蘿黛蒂不僅生了佛波斯和戴摩斯，還生下厄洛斯（「愛情」）、安特洛斯（「兩情相悅的愛」）和哈爾摩妮亞（「和諧」）。他的其他孩子包括好戰的庫克諾斯（Cycnus）、色雷斯人狄俄墨德斯（Diomedes）、目中無神的鐵流士（Tereus）、亞馬遜女戰士彭特西勒亞（Penthesileia）、帕爾特諾派俄斯（Parthenopaeus）——進攻底比斯的七名將領之一。

相對來說，阿瑞斯較少出現在藝術作品裡。他的造型很合乎情理地備有頭盔和盾牌，而且他會持劍或者長矛。在羅馬世界裡，阿瑞斯被視為義大利人的戰神瑪爾斯。

（也請參考 Amazons [the], Anteros, Aphrodite, Athena, Cycnus, Diomedes, Eros, Hera, Mars, Olympus [Mount], Parthenopaeus, Penthesileia, Seven Against Thebes [the], Tereus, and Zeus。）

阿瑞圖薩（Arethusa）

阿瑞圖薩是個寧芙仙子；西西里海港錫拉庫薩（Syracuse）附近的奧爾蒂賈島（Ortygia），那裡有一道泉水即以她的名字來命名，叫阿瑞圖薩泉。事實上，神話故事裡有許多泉水和多位寧芙仙子都叫這個名字，但是最知名的當數西西里的阿瑞圖薩——羅馬詩人奧維德把她的精采故事寫得十分傳神。姿色十分出眾的阿瑞圖薩生於阿卡迪亞，平日喜歡在森林裡狩獵。有一個大熱天，她在回家途中突然想去阿爾菲俄斯河中洗澡消消暑氣。沒想到那條河的河神阿爾菲俄斯看到她，而且瘋狂地愛上了她。阿瑞圖薩立刻跳上岸，飛快地逃走。河神隨即追了上去。最後，阿瑞圖薩跑累了，大聲呼叫阿特米斯女神求救。女神應允她的呼救，並且用一團濃霧把她包圍起來，接著把她化成液體，變成一道流水。河神一看到阿瑞圖薩的新化身，自己也馬上變換形體，化成一道河水，試圖與阿瑞圖薩變成的流水結

合。就在這時，阿特米斯劈開地面，露出一道裂縫，讓阿瑞圖薩化成的流水鑽入那道裂縫，一路流到西西里才浮出地面。即便如此，河神也還是找到了她——他化成的河水也流入地底，一路追到了西西里。

（也請參考Alpheus [god and place], Artemis, Nymphs [the], and Sicily。）

阿瑞斯泰俄斯（Aristaeus）

阿瑞斯泰俄斯是個樸實的神，他的功勞是教導人類各種農業活動。根據希臘詩人——羅德島的阿波羅尼奧斯（Apollonius of Rhodes）的描述，阿瑞斯泰俄斯的母親是牧羊女庫瑞涅（Cyrene）；庫瑞涅有一回遭阿波羅拐走，接著就懷孕生下了他。庫瑞涅生下兒子之後，阿波羅把她變成寧芙仙子，並賜給她不死的生命，接著他帶走嬰兒阿瑞斯泰俄斯，託給智慧過人的半人馬奇戎（Chiron）養育。等阿瑞斯泰俄斯長大之後，繆斯女神給他找一位新娘，同時還把阿波羅的醫術和預言能力傳授給他，並且請他擔任牧羊人，管理她們數量龐大的羊群。在維吉爾的《農事詩》（Georgics）裡，阿瑞斯泰俄斯是個農人、葡萄種植者和蜜蜂養殖者。有一天他的蜜蜂突然神祕死亡。於是他就去庫瑞涅泉（帕涅烏斯河[Peneus River]的源頭）找他的母親協助。在母親的指導之下，阿瑞斯泰俄斯去尋訪經常變化形體的海神普羅透斯（Proteus）；從後者口中，他這才知道蜜蜂之死是奧菲斯、寧芙仙子尤麗狄絲（Eurydice）的德律阿德斯仙子姊妹（Dryad sisters）所造成的，理由是他之前曾在無意間害死了尤麗狄絲。庫瑞涅囑咐他要給那群寧芙仙子、奧菲斯和尤麗狄絲舉行獻祭，彌補他的過失。依照母親的話，阿瑞斯泰俄斯辦了祭祀儀式。後來他在獻祭用的公牛屍體上發現了蜜蜂，而這些蜜蜂讓他的蜂巢再度充滿了住客。

根據某些故事版本，阿瑞斯泰俄斯與底比斯王卡德摩斯的女兒奧托諾伊（Autonoe）育有一子，名叫阿克泰翁（Actaeon）。根據詩人品達所述，讓阿瑞斯泰俄斯獲得永生的女神是時間女神荷萊（Horai）與蓋亞。

（也請參考Actaeon, Apollo, Autonoe, Cadmus, Centaurs [the], Chiron, Cyrene [heroine], Dryads [the], Eurydice, Gaia, Muses [the], Orpheus, Peneus, Proteus, and Thebes。）

阿特米斯（Artemis）

阿特米斯是希臘的林野女神，平日住在山間林野，與寧芙仙子們相與作伴。她是個女獵人，也是動物和獵人的保護者；獵人們非常了解他們是靠奪取其他生物的生命來維持自身的生存，因此深知他們的狩獵活動既需要動物的存在，也需要女神的保護。身為奧林帕斯十二主

要天神之一，阿特米斯也掌管動物和人類的出生，保護分娩的母親和她們的新生兒。雖然如此，她的金箭也會造成分娩中的產婦突然死亡。她本身是個處女神，但她也掌管人生的各種轉變階段，看顧年輕男女的成年儀式。由於權力和影響範圍的重疊（尤其就掌管分娩這個面向而言），有幾位希臘女神，例如埃雷圖亞（Eileithyia）、黑卡蒂（Hecate）和賽勒涅（Selene）後來就漸漸跟她混合成一體；羅馬女神黛安娜（Diana）也是如此，後者甚至接收了她的神話故事。

阿特米斯是宙斯和第二代泰坦女神勒托的女兒；由於赫拉妒忌勒托與宙斯發生戀情，所以就很殘忍地延長了後者的懷孕期。根據某些敘事，阿特米斯和她的雙胞胎弟弟阿波羅是在提洛島出生，當時他們的母親緊抓著一棵棕櫚樹，在樹下生下他們。不過，根據羅馬歷史學家塔西陀（Tacitus）的記述，阿特米斯出生於一座柏樹林，地點就在以弗所（Ephesus）附近的奧爾蒂賈島。以弗所後來成為阿特米斯崇拜的重鎮，阿特米斯神殿也在這裡建立，而且這座神殿是古代世界的七大奇蹟之一。雖然如此，也有不少其他作者認為她的出生地是克里特島。總之，這位女神的歷史根源非常複雜，不易追溯。有些證據顯示她很有可能是從安納托利亞傳入希臘的女神。但是無論如何，人們早在青銅時代開始就已經知道阿特米斯，而這段時期大約是從西元前3000年一直到西元前1150年。整個希臘世界都可找到阿特米斯的聖堂，其中有些最知名的聖堂位於雅典管轄的布洛戎（Brauron）和斯巴達（Sparta）：在前一個聖堂裡，年輕女子會打扮成熊的樣子來舉行成年儀式，第二個聖堂則與斯巴達男子的通過儀式化過程，取得戰士與市民資格有關。

圍繞著阿特米斯的許多神話故事都在不同面向上凸顯了她複雜的個性。她和弟弟阿波羅為了替他們的母親復仇，用弓箭射殺了呂底亞公主尼俄柏（Niobe）的所有孩子——原來尼俄柏覺得自己的孩子比勒托多，因此就誇口說她比勒托女神更值得人民敬拜。阿特米斯的其他受害者包括獵人阿克泰翁——由於阿克泰翁看到她的裸體，所以她就讓前者的獵犬轉而追殺他。根據神話學家許癸努斯的描述，她同伴卡利斯托（Callisto）會變成熊，其實並不是赫拉下的手，而是她自己。卡利斯托之所以會遭受如此處分，理由是因為她懷了宙斯的孩子——即使她之所以會懷孕是因為宙斯強暴了她。獵人俄里翁（Orion）會被阿特米斯殺害，那是因為他找女神挑戰套環遊戲。她還與阿波羅聯手除去提堤俄斯（Tityus），因為他們的母親不喜歡後者的追求。她最為知名的崇拜者是亞馬遜王后希波麗塔（Hippolyta）的兒子希波呂托

斯——後者是個操守貞潔，但卻不幸遭受陷害的男子。另外，由於阿加曼農殺了她的聖鹿，所以她要求阿加曼農把女兒伊菲葛涅亞（Iphigeneia）送上祭壇，以此補償其過失。根據某些故事傳述，伊菲葛涅亞確實絕命於阿特米斯的祭壇，不過也有其他故事來源提到阿特米斯後來救了她，把她帶到陶洛斯人（Taurians）的野蠻之地，讓她擔任女祭司，負責為那些作為獻祭之用的人做準備。

至於用來區別的標誌，希臘藝術家把阿特米斯塑造成一位配戴著弓、箭筒和箭的少女。有時她也會像黑卡蒂與埃雷圖亞的造型那樣，手持一支或多支火把。所有動物都是她的聖物，不過鹿、熊和野豬特別神聖。和她的弟弟阿波羅一樣，她最神聖的植物是棕櫚樹和柏樹。

（也請參考 Actaeon, Agamemnon, Amazons [the], Apollo, Athens, Callisto, Delos, Diana, Eileith yia, Hecate, Hera, Hippolyta, Hippolytus, Iphigeneia, Leto, Niobe, Olympus [Mount], Orion, Ortygia, Selene, Sparta, Taurians [the], Titans [the], Tityus, and Zeus。）

阿斯克勒庇俄斯（Asclepius / Aesculapius）

阿斯克勒庇俄斯是阿波羅的其中一個兒子，也是後來才獲得永生的醫療英雄；因為這個緣故，一般上他比較是以療癒與醫藥之神知名於世。根據希臘詩人海希奧德的描述，他的母親是個凡間女子，即琉克普斯（Leucippus）之女阿爾西諾俄（Arsinoe）。不過在其他比較常見的身世故事裡，他的母親是色薩利人費烈基斯（Phlegyas）的女兒，名叫柯洛妮斯（Coronis）。關於他的出生，也有好幾個故事版本。有的說他的母親柯洛妮斯是在厄庇道洛斯生下他，當時他的母親與她的父親同住，而他的外公並不知道自己的女兒懷孕，發現女兒突然生了兒子，就把嬰兒丟棄在野外。在野外，嬰兒阿斯克勒庇俄斯得到山羊的撫育，餵他吃奶，另有一隻牧羊狗看守著他。後來牧羊人發現了他。不過，當牧羊人正想靠過去的時候，嬰兒身上突然發出閃電的光芒。牧羊人嚇壞了，就把嬰兒留在原地。另一個版本則說懷了孕的柯洛妮斯愛上一個凡人，而這件事惹怒了阿波羅（或他的姊姊阿特米斯），一氣之下就把柯洛妮斯殺死了。不過，當柯洛妮斯的屍體放在火葬柴堆上時，荷米斯受託把留在子宮裡的胎兒取出來。嬰兒阿斯克勒庇俄斯接著就被送到半人馬奇戎那裡，接受賢者奇戎的教育與學習醫術。根據神話學家阿波羅多洛斯的描述，阿斯克勒庇俄斯後來成為醫術精湛的良醫，他不僅能醫治活人，連死人也能救活——原來雅典娜曾把戈爾貢（Gorgon）的血送給他，而這種血具有起死回生的功效。許

癸努斯提供另一個不同的版本來說明為何阿斯克勒庇俄斯擁有起死回生的能力——這個故事版本也被套用在先知波利耶杜斯（Polyidos）身上。原來阿斯克勒庇俄斯受命救活米諾斯的兒子格勞科斯（Glaucus），當他正在思考對策的時候，有一條蛇爬上了他的手杖。他殺死了那條蛇，不久，另一條蛇出現了。這條蛇口銜藥草，並把藥草放在已經死去的同伴頭上。不久，死蛇就復活了，然後兩蛇就匆匆離開現場。阿斯克勒庇俄斯於是用了同樣的藥草，把格勞科斯從死神的國度救了回來。宙斯擔心不朽的諸神和凡人之間的界線會永遠遭到破壞，於是便用雷電把阿斯克勒庇俄斯劈死。兒子被劈死，阿波羅很生氣，因此就殺了雷電的製造者賽克洛普斯作為報復；因為這個報復行動，宙斯罰他到凡間擔任凡人阿德墨托斯的傭人一年。不過，宙斯還是因應阿波羅的要求，把阿斯克勒庇俄斯安置在天界，化為星座之一。

阿斯克勒庇俄斯的崇拜中心雖然大部分集中在伯羅奔尼撒半島東北部的厄庇道洛斯，不過，他的聖堂卻遍布整個希臘世界的境內和境外——這些聖堂即所謂的「阿斯克勒庇亞」（Asclepeia），或現代醫院的前身，人們會千里迢迢到這些地方尋求康復之道。西元前293年，阿斯克勒庇俄斯崇拜從希臘傳入羅馬，目的是防止瘟疫蔓延。阿斯克勒庇俄斯及其崇拜有一特殊處：聖堂的格局以及聖堂裡面執行的儀式相當一致。聖堂通常都會設立在聚落外緣，而且靠近水源的地方，裡頭有神殿、祭壇和宿舍。蛇和狗是阿斯克勒庇俄斯的神聖動物，通常會養在聖堂裡面；山羊也是阿斯克勒庇俄斯的神物，因為他小時候曾得到山羊的哺育，所以不能用山羊來獻祭，也不能在聖堂裡頭食用山羊。實際的「治療」是在病人躺下來而且是在睡著的時候進行；當病人靜下來時，阿斯克勒庇俄斯或他的其中一個代理人會現身在病人的夢裡，接著為病人治療或告訴病人解除病苦的藥方。至於阿斯克勒庇俄斯的形象，他通常被塑造成一位身穿長披風，手拿著長蛇纏繞的拐杖的男子。

（也請參考 Admetus, Apollo, Arsinoe, Athena, Centaurs [the], Chiron, Coronis, Cyclopes [the], Gorgons [the], Hermes, Leucippus, Minos, Polyidos, Thessaly, and Zeus。）

阿斯特莉亞（Astraea / Astraia）

根據阿拉托斯（Aratus）的《天文現象》（*Phaenomena / Celestial Phenomena*），還有許多在天文學知識方面受到這部著作影響的羅馬作家，阿斯特莉亞是正義女神（Justice）的擬人化身，後來這位女神上升天界，化成處女座（Virgo）。因此阿斯特莉亞同時被認為是處女座和羅馬人的正義女神狄刻（Dike），她的身世有幾個不同的說法，一

說她是第二代泰坦神阿斯特賴俄斯（Astraeus）和黎明女神艾奧斯（Eos）的女兒，另一說法則提到她的父母是宙斯和泰美斯（「神聖的法」）。對羅馬作家奧維德、許癸努斯和其他人而言，阿斯特莉亞之所以會驚恐地離開凡間，逃往天界，那是因為她看到人類不斷淪落，先從黃金族變成白銀族，然後再變成青銅族，最後竟淪為邪惡的鐵族。

（也請參考 Dike, Eos, Themis, and Zeus。）

阿忒（Ate）

阿忒是魯莽愚行的女性的擬人化身。根據詩人海希奧德，她是女神厄里斯（Eris）——意即「衝突」——的女兒。不過荷馬說她是宙斯的女兒。阿忒這位女神自己並沒有神話故事可說，但是她會現身在無數冒險故事裡，被視為特定角色之所以會變得魯莽，或者會做出種種錯亂與毀滅行為的理由。這些角色包括邁錫尼國王阿加曼農——他責怪阿忒讓他做出錯誤的決定，害他奪走阿基里斯（Achilles）心愛的布里賽絲（Briseis），導致阿基里斯在特洛伊戰爭的關鍵時刻退出戰場。阿加曼農的妻子克呂泰涅斯特拉認為她會謀殺丈夫的其中一個理由就是愚蠢。還有俄瑞斯特斯（Orestes）和伊勒克特拉（Electra）為了替父親報仇，也魯莽地殺了他們的母親。

（也請參考 Achilles, Agamemnon, Briseis, Clytemnestra, Electra [heroine], Eris, Mycenae, Ores tes, and Zeus。）

雅典娜（Athena）

雅典娜是掌管戰爭、智慧和各種手工藝的希臘女神，同時她也是城市——尤其雅典——的保護神。身為戰爭女神，她的個性和阿瑞斯截然不同；阿瑞斯代表侵略和戰爭的暴力，相反的，雅典娜掌管的是那些必要的、防禦的，並非出於衝動而發起的戰爭。身為各種工藝和手工藝人的保護者，她起初與婦女所從事的紡紗和編織工藝有密切的關聯，但是後來她的工藝保護範圍就延伸到木工和金屬工藝——這後兩者與鍛造之神赫菲斯托斯的職掌重疊，所以她後來便與赫菲斯托斯並列，同時受到崇拜。她的信仰崇拜名號很多，最重要的有埃爾貢（Ergane），意即「女工藝人」或「製造者」、奈姬（Nike），意即「勝利」、普羅瑪琪斯（Promachos），意即「戰鬥於前線」、波麗亞斯（Polias）或波麗歐瑪斯（Poliouchos），意即「城市的女性保護者」和帕德嫩（Parthenos），意即「少女」——她在雅典帕德嫩神廟（Athenian Parthenon）裡的神像就是以此形象來塑造。雅典娜也常會被稱為「帕拉斯雅典娜」（Pallas Athena）或僅僅「帕拉斯」（Pallas）——這是古

代作者給她的稱號，原因有二：一說是因為女神在無意間殺死了一位親近的伴侶，另一說則是因為女神刻意殺死一個巨人。關於雅典娜的來歷和她的名號，向來都是眾說紛紜，雖然早在青銅時代，亦即介於西元前3000年至西元前1150年之間，她有個名號的早期形式就已經流傳於希臘。我們也不知道她最神聖的城市，即雅典的名字是否比她自己的名字更為古老。

談到雅典娜的神話故事，她是宙斯和他的第一任妻子，即智慧女神墨媞斯（Metis）所生的女兒。根據希臘詩人海希奧德的描述，在墨媞斯快要分娩時，宙斯把她吞下肚子，因為他從蓋亞和烏拉諾斯那裡得知墨媞斯注定會生下兩個將來會推翻他的孩子：首先是一個又聰明又強大的女兒，接著是一個又勇敢又強壯的兒子。時間差不多的時候，宙斯的頭就痛了起來。因為實在太痛了，他就找赫菲斯托斯來幫忙。赫菲斯托斯用斧頭把他的頭劈開，然後雅典娜就從宙斯的頭蓋骨的縫隙之中跳出來，而且全身武裝，已經長大成人。雅典娜一直維持處子之身，始終不曾結婚。不過，她後來確實成為雅典傳奇國王埃里克托尼奧斯（Erichthonius）的「養母」——原來赫菲斯托斯一度想強暴她，但是沒有得逞，雖然如此，他那些撒落大地的精液卻孕育出半人半蛇的埃里克托尼奧斯。人間有好幾位英雄曾獲得雅典娜的支持和保護，第一個是柏修斯（Perseus）：她給柏修斯一面光可鑑人的盾牌，讓後者得以藉之除去美杜莎（Medusa），而不用直接看到美杜莎。柏修斯後來把美杜莎的頭送給雅典娜，謝謝女神的協助，而雅典娜則把那頭嵌在她的胸鎧上。除了柏修斯，奧德修斯也是雅典娜的最愛，因為根據荷馬所述，在所有人類當中，只有奧德修斯的心智敏銳度跟她最接近。雅典娜也是邁錫尼王子俄瑞斯特斯的辯護者——她免除了後者的弒母之罪。當然也有一些人會惹惱雅典娜，並因此遭到懲罰，例如技巧高超的織工阿拉克妮（Arachne）；阿拉克妮對自己的能力深感自豪，因而聲稱自己比她的老師雅典娜更有天賦，結果遭受女神懲罰。特洛伊城內雖然建有雅典娜的聖堂，不過雅典娜並不喜歡特洛伊人；原來雅典娜和赫拉一樣，始終對特洛伊王子帕里斯心懷不滿，因為後者把最美麗的女神的頭銜頒給了阿芙蘿黛蒂，沒頒給她們。

圍繞著雅典娜的神話故事之

中，除了她神奇的出生過程之外，另一則最重要的故事就是她和波賽頓的比賽。為了獲得雅典的贊助權，波賽頓以他的三叉戟擊打雅典衛城，讓衛城湧出一道象徵海洋力量的鹹水泉，雅典娜則創造了一棵橄欖樹。最後，雅典娜贏得比賽，因為橄欖變成雅典經濟力量的重要支柱，所以她提供的橄欖樹被認為是更有價值的禮物。

至於雅典娜的標誌，人們對她的描繪是：全副武裝、頭戴頭盔、身穿一個以蛇鑲邊的胸鎧，亦即嵌有美杜莎頭顱的所謂「護甲」（*aegis*）。除此之外，她手裡會拿著盾牌、長矛或者標槍。她的神聖動物是蛇和象徵智慧的貓頭鷹；她最神聖的植物則是橄欖樹。

羅馬人把他們的女神米娜瓦（Minerva）等同於雅典娜。

（也請參考 Acropolis [the], Aphrodite, Arachne, Athens, Erichthonius, Gaia, Hephaestus, Medusa, Metis, Minerva, Mycenae, Odysseus, Orestes, Pallas, Paris, Perseus, Poseidon, Troy, Uranus, *and* Zeus。）

阿特拉斯（Atlas） 從父系的角度來看，阿特拉斯是第二代泰坦神。

他的父親是第一代泰坦神伊阿珀托斯（Iapetus），母親是大洋女神克呂墨涅（Clymene）——克呂墨涅是俄刻阿諾斯的女兒，也是伊阿珀托斯的姪女。阿特拉斯的妻子是大洋女神普勒俄涅（Pleione），兩神育有普勒阿德斯姊妹（Pleiades）、許阿德斯姊妹（Hyades）和卡呂普索（Calypso）——有另一說則提到許阿德斯姊妹的母親不是普勒俄涅，而是另一個名叫埃斯特拉（Aethra）的大洋女神。此外，赫斯珀里德絲姊妹（Hesperides）也是他的女兒，她們的母親是黃昏星赫斯珀爾（Hesper）之女赫斯珀里斯（Hesperis）。阿特拉斯有三個兄弟：普羅米修斯、厄毗米修斯（Epimetheus）和墨諾提俄斯（Menoetius）。

根據神話學家許癸努斯的說法，阿特拉斯曾在泰坦神與奧林帕斯神族的權位爭奪戰中擔任領導者，此所以泰坦神族落敗之後，宙斯處他以扛天的刑罰。據說阿特拉斯住在赫斯珀里德絲姊妹看守的花園附近，而這座花園據說是在俄刻阿諾斯河極西的河岸上，地點或在利比亞，或在許珀耳玻瑞亞人（Hyperboreans）所居住的、極為遙遠的北方（或東方）。

海克力斯奉歐律斯透斯（Eurystheus）之命去盜取赫斯珀里德絲姊妹看守的金蘋果時，曾尋求阿特拉斯的協助。海克力斯請阿特拉斯幫他摘蘋果，交換的條件是他幫阿特拉斯扛天，讓阿特拉斯喘口氣，休息一會。不過，阿特拉斯

摘得蘋果之後，卻說要自己去把蘋果交給歐律斯透斯，企圖延長海克力斯擎天的時間，好讓自己脫離重任。海克力斯假裝同意，騙取阿特拉斯幫他暫時扛一會，讓他去找個枕頭來墊墊肩。不用多說，海克力斯並未再度接手擎天的重任。阿特拉斯在柏修斯的冒險故事裡也扮演了一個角色。由於阿特拉斯沒有好好款待柏修斯，所以柏修斯決定給他一點懲罰：他朝阿特拉斯舉起了美杜莎的斷頭，把阿特拉斯變成一座至今仍以阿特拉斯的名字命名的山脈。

（也請參考 Calypso, Clymene, Epimetheus, Eurystheus, Hercules, Hesper, Hesperides [the], Hyades [the], Hyperboreans [the], Oceanids [the], Oceanus [place], Perseus, Pleiades [the], Prometheus, *and* Titans [the]。）

阿特羅波斯（Atropos）

阿特羅波斯的名字意思是「不可逆轉」（"Unturnable One"）；她是三位負責分配或分派人類命運的命運三女神（Fates）或摩伊賴（Moirae）之一。誠如她的名字意義所顯示的，命運三女神一旦織好和切斷每一個人的生命線之後，其決定一般而言是不可更改的。

（也請參考 Fates [the] *and* Moirae [the]。）

奧羅拉（Aurora）

奧羅拉是黎明女神，其希臘名字叫艾奧斯。

（請參考 Eos。）

奧斯特（Auster）

奧斯特是南風之神，他的羅馬名字是諾托斯（Notus / Notos）。

（請參考 Notus。）

巴克斯（Bacchus）

巴克斯是酒神戴歐尼修斯的另一個名字。起初巴克斯是個稱號或敘詞，用來描述戴歐尼修斯的特質，尤其特別著墨於他會誘人陷入狂喜的面向。到了後來，巴克斯這個名稱也可以用來指稱那些陷入狂喜狀態的男性酒神信徒，或者也可以用來指稱酒神這個神祕信仰的新加入者。同樣的，參加酒神慶祝活動的信徒則被稱為巴克坎特斯（Bacchantes）。

（也請參考 Bacchantes [the] *and* Dionysus。）

貝羅娜（Bellona）

貝羅娜的名字源自拉丁文的 "*bellum*"，意思是「戰爭」；貝羅娜是羅馬人的戰爭女神，而且被等同於希臘的戰爭女神埃尼奧

（Enyo）。在藝術作品裡，她總是戴著頭盔，其他標誌還包括盾牌、劍或者長矛，加上一支用來號召人們上戰場的小號。除此之外，她還有一頭像戈爾貢那樣的蛇髮。由於她是戰爭各種毀滅面向的擬人化身，所以她的聖堂雖然是「在」羅馬，但是卻蓋在「羅馬城的界限」（pomerium）之外，意思是處於羅馬的宗教和法律的邊界之外。

（也請參考 Enyo and Gorgons [the]。）

玻瑞阿斯（Boreas）

玻瑞阿斯是北風的擬人化身，同時也是北風之神。他的兄弟有南風之神諾托斯和西風之神仄費洛斯（Zephyr），而他們的父母是黎明女神艾奧斯和第二代泰坦神阿斯特賴俄斯。根據希臘詩人品達的描述，玻瑞阿斯住在遠離許珀耳玻瑞亞人的地區──這群極北族人從來不曾被他那冰凍的、寒冷的氣息吹拂。他的新娘是雅典傳奇國王厄瑞克透斯（Erechtheus）之女俄瑞緹伊亞：原來俄瑞緹伊亞到伊利索斯河（Ilissus River）的岸上採集花朵時，他趁機把她劫走，娶她為妻。俄瑞緹伊亞為他生下一對雙胞胎兒子：仄忒斯（Zetes）和卡拉伊斯（Calais）──日後這兩兄弟將會參加傑森和阿爾戈英雄隊（Argonauts）的尋找金羊毛之旅。此外，俄瑞緹伊亞還給他生了兩個女兒：克俄涅（Chione）和克勒俄帕特拉（Cleopatra）。一般上，玻瑞阿斯的孩子合稱為玻瑞阿德斯（Boreads）。

在藝術作品裡，玻瑞阿斯和他的兄弟們都被描繪成生有雙翼的男子，有時甚至被描繪成駿馬。事實上，根據某些傳說，他和他的兄弟就是駿馬──尤其是速度極快的駿馬──的父親。特洛伊國王埃里克托尼奧斯所養的母馬曾生下這群駿馬的後代。在羅馬人眼裡，玻瑞阿斯就是他們的風神阿奎羅。

（也請參考 Aquilo, Argonauts [the], Athens, Erechtheus, Erichthonius, Hyperboreans [the], Ilissus River [the], Jason, Notus, Orithyia, Troy, Zephyr, and Zetes。）

布洛彌俄斯（Bromius / Bromios）

布洛彌俄斯是戴歐尼修斯的另一個名號，其意義可翻譯為「咆哮如雷者」（"Thunderer"）或「大聲／喧鬧者」（"Loud / Boisterous One"）。這個名號描述了酒神信仰崇拜的特質──大聲且喧鬧，原因是這種信仰涉及狂喜的舞蹈和儀式性的吶喊。這個稱號也有向戴歐尼修斯的父親，即雷電之神宙斯致意的意思。與此同時，這個稱號也點出一個事實：戴歐尼修斯能夠隨意改變形體，變成咆哮的野獸──或其他任何形貌。

（也請參考 Dionysus *and* Zeus。）

卡莉俄佩（Calliope）

卡莉俄佩是個「聲音悅耳的」女神，也是繆斯女神之一；有時候，她也會被描述為繆斯女神的領導者。她以掌管史詩知名於世，但是人們認為她同時也支持更為廣泛的詩歌。根據神話學家阿波羅多洛斯的描述，卡莉俄佩與色雷斯國王厄阿格羅斯（Oeagrus）育有二子，亦即著名的樂師利諾斯和奧菲斯——前者的徒弟遭海克力斯殺害，後者的音樂據說可令樹木和石頭為之動搖。另一說法是她的這兩個兒子是阿波羅的孩子。甚至連荷馬都有人傳說是她的後代，雖然這可能比較像是象徵意義上的後代。
（也請參考 Apollo, Hercules, Linus, Muses [the], Orpheus, *and* Thrace。）

卡呂普索（Calypso）

卡呂普索的名字意思是「我會把你藏起來」；根據荷馬的《奧德賽》（*Odyssey*），卡呂普索是第二代泰坦神阿特拉斯的女兒。卡呂普索是自然女神或大地女神，她住在山洞裡，山洞的四周長著繁茂的植物，包括各種樹木、蔓延的藤蔓和茂密的草地。奧德修斯漂流到她居住的俄奇吉亞島（Ogygia）時，他只剩孤身一人，船隻全部遭受摧毀，同伴也都失蹤了。卡呂普索愛上他，照顧他七年，並且願意賜他不死之身。不過奧德修斯不願意留下，因為他想念他的妻子和家鄉。卡呂普索雖然一直照料著奧德修斯，但是她對奧德修斯和他的歸鄉之情也是一種威脅；這種恆在的威脅可從她山洞四周特定的植物和動物看出來，例如黑楊樹、赤楊木、絲柏樹、紫羅蘭、貓頭鷹、海鷗和老鷹；這些動、植物全部都與死亡有關，而且也都出現在荷馬的詩裡。女神雅典娜了解卡呂普索對奧德修斯是一種威脅，因此說服了宙斯，請宙斯派荷米斯去勸請卡呂普索釋放奧德修斯。卡呂普索同意了，而且以她那令人有點驚異的工藝技術，協助奧德修斯打造了一個木筏。
（也請參考 Athena, Atlas, Hermes, Odysseus, Titans [the], *and* Zeus。）

卡墨奈（Camenae, The）

卡墨奈是四位（或三位）羅馬女神的統稱，但是她們後來就漸漸與司掌科學、詩歌和藝術的希臘女神——繆斯女神——合而為一。有時候，寧芙仙子或女神埃吉利亞（Egeria）也會被納入她們的行列。根據古代傳記作家普魯塔克（Plutarch）的說法，羅馬第二位傳奇國王努瑪·龐皮里烏斯（Numa Pompilius）曾在羅馬創建一座聖林供奉她們，並宣布灌溉該地的泉水為聖泉，而且還指定維斯塔貞女祭司（Vestal Virgins）

使用該地的泉水來潔淨維斯塔女神（Vesta）的聖殿。

（也請參考Egeria, Muses [the], Numa, Nymphs [the], *and* Vesta。）

卡斯托（Castor / Kastor）

有時候，卡斯托和他的哥哥波洛克斯（Pollux，或波呂德烏克斯[Polydeuces]）會被合在一起，統稱為狄奧斯庫洛伊兄弟（Dioscuri），意即「宙斯的孿生子」。根據某些古典資料，卡斯托的父親其實是斯巴達國王廷達瑞俄斯，波洛克斯才是宙斯之子，因為斯巴達王后麗達（Leda）在同一天與廷達瑞俄斯和宙斯同床。兩兄弟雖然都和馬有關，不過在希臘詩人阿爾克曼（Alcman）的筆下，只有卡斯托才是馬匹專家和馴馬師。相反的，他的兄弟則以拳擊手著稱。這對兄弟經歷了一連串的冒險之後，最後上升天界，成為雙子座最重要的兩顆星星。

（也請參考Dioscuri [the], Gemini, Leda, Pollux, Sparta, Tyndareus, *and* Zeus。）

克菲索斯（Cephissus）

克菲索斯是希臘好幾條河流及其河神的名字；這些河流中，其中一條在波俄奧提亞（Boeotia），兩條在雅典地區，還有一條在阿爾戈斯地區。波俄奧提亞的克菲索斯河神據說是納西瑟斯（Narcissus）的父親；納西瑟斯是個俊美的青年，後來因為愛上自己的倒影，日漸憔悴而死。據說赫拉和波賽頓在爭奪阿爾戈斯地區的保護神的地位時，阿爾戈斯地區的克菲索斯河神是其中一個裁判。赫拉後來是這場爭奪戰的勝利者。

（也請參考Argos, Athens, Boeotia, Cephissus River [the], Hera, Narcissus, *and* Poseidon。）

克瑞斯（Ceres）

克瑞斯的名字有時可用來指稱穀類和麵包；她是古代義大利的農業女神，各種農作物的生長都有賴她的保佑。她的來歷不詳，但是從很早的時代開始，她就開始與希臘女神狄蜜特（Demeter）混合為一；她的本質與狄蜜特十分相似，因此就也同時接收了後者的神話故事。在羅馬人的崇拜體系裡，克瑞斯與立波爾（Liber）和特魯斯（Tellus）這兩位神有關——立波爾是古代義大利的豐饒之神和酒神，相對應於希臘的戴歐尼修斯；特魯斯則是羅馬的大地女神。

（請參考Demeter, Dionysus, *and* Liber。）

卡俄斯（Chaos）

詩人海希奧德的《神譜》是現存希臘神祇起源的最早文獻。根據這部作品，卡俄斯是一片巨大的空無，也是最原初的存在。接著出現的是蓋亞（大地女神），然後是塔爾塔羅斯（Tartarus）——大地最深的底層，再來是厄洛斯（慾望之神）。在這之後，從原初的卡俄斯之中，出現了黑暗之神厄瑞玻斯（Erebus）和夜之女神。因為愛，夜之女神與厄瑞玻斯結合，生下大氣明亮的上層埃特爾（Aether）和白晝之神（Day）。至於蓋亞，她首先生下天空之神烏拉諾斯（或奧烏拉諾斯 [Ouranos]），接著生下烏瑞亞（Ourea）和龐托斯（Pontus）——前者是高山之神，後者是海洋之神，而這兩者都曾「形塑」過她的形貌。蓋亞和烏拉諾斯結合，陸陸續續生下許多子嗣，他們的子嗣又再生下許多子嗣。這部神譜講述的顯然也是宇宙創生及其構成元素形成的故事；最初出現的神都是原始神，不過，隨著敘述的開展，這群原始神在某種程度上也漸漸被擬人化，漸漸被賦予象徵的意義。

（也請參考 Erebus, Eros, Gaia, Tartarus, *and* Uranus。）

美惠三女神（Charites, The）

美惠三女神是美麗、歡樂和優雅的化身，希臘人將她們合稱為卡里特斯女神。根據詩人海希奧德，她們的父親是宙斯，母親是俄刻阿諾斯的女兒，即美麗的大洋女神歐律諾墨（Eurynome）。三位女神的名字分別是阿格萊亞、歐佛洛緒涅（Euphrosyne）和塔莉亞（Thalia），而且這三個名字都各具意義，分別是「璀璨光明」（"The Resplendent One"）、「興高采烈」（"Good Cheer"）和「青春綻放」（"Blooming One"）。

（也請參考 Graces [the], Oceanus [god], *and* Zeus。）

卡戎（Charon）

在希臘羅馬神話裡，卡戎是死者的擺渡人。那些已經死亡，而且也經過適當儀式下葬的死者得以登上他的小舟，渡過阿克隆河（Acheron）或斯堤克斯河（Styx），從生者的世界進入冥界（Underworld）。荷米斯負責把死者的靈魂帶到阿克隆河邊，交給在河邊等待的卡戎。死者的靈魂如果要渡河，必須先繳一枚奧波幣（obol）——重量相當於一根烤肉叉的古希臘銀幣；因為這個緣故，死者都會含著一枚奧波銀幣下葬。只有少數人曾在活著的時候成功勸服卡戎，得以搭上小舟，進入冥界。這群人包括英雄提修斯、皮瑞蘇斯（Pirithous）、海克力斯和伊尼亞斯。至於卡戎的形象，詩人維吉爾在《伊尼亞斯紀》裡的描繪最為傳神：他嚴肅、年老、令人望之生

畏；而且他的相貌極為邋遢，留著亂糟糟的鬍鬚，披著骯髒的斗篷，但是他的雙眼明亮，宛如閃爍的火焰。

據說卡戎這位次要的神本來是死亡的擬人化身。有趣的是，地理學家斯特拉博（Strabo）提到卡戎在宗教信仰中曾被視為療癒之神，而且備受尊敬。

（也請參考 Acheron [the River], Aeneas, Hercules, Hermes, Pirithous, Styx [the River], Theseus, *and* Underworld [the]。）

瑟西（Circe）

瑟西是個女神，但是她也擁有魔法師的法力。根據荷馬的描述，她的兄弟是野蠻民族柯爾基斯人（Colchis）的國王，名叫埃厄忒斯（Aeetes），她的父親是太陽神赫利歐斯，母親是珀爾賽（Perse）——大洋海神俄刻阿諾斯的女兒之一。瑟西住在艾尤島（Aeaea），她的家是由打磨得很好的石頭蓋成。平日跟她做伴的是寧芙仙子，還有一群被她施了魔法的狼與獅子。奧德修斯的手下在島上探勘環境時，她給他們喝施了魔法的酒，然後揮一揮魔杖，把他們全部變成豬——當然後來在奧德修斯的要求之下，這群手下得以變回人形。奧德修斯本人雖然也喝了瑟西的魔酒，但是他卻得以逃過了這場變形劫。之所以如此，那是因為荷米斯給他一種叫做莫伊（moly）的藥草，而這種藥草剛好是對抗瑟西魔法的解藥。奧德修斯和他的手下在瑟西的島上住了一年。一年後，他在瑟西的指導下，遠赴大地的盡頭，進入亡者的世界尋訪先知特伊西亞斯（Teiresias），並向先知請教歸鄉的方法。根據荷馬之後的文學傳統，瑟西跟奧德修斯生了特勒戈諾斯（Telegonus）（或者納西托俄斯[Nausithous]、阿格里俄斯[Agrius]和拉丁努斯[Latinus]）。

其他曾與瑟西有所互動的英雄或神話角色包括海神格勞科斯——後者本想跟瑟西討一份愛情靈藥，讓他求得斯庫拉的愛，不過瑟西出於忌妒，卻把斯庫拉變成怪物。瑟西也出現在跟她的姪女美狄亞有關的故事裡：美狄亞曾與英雄傑森探訪瑟西，希望瑟西能滌除她

殺害弟弟阿布緒爾托斯（Apsyrtus）的罪，不過他們的滌罪希望最終並未能實現。

（也請參考 Aeaea, Aeetes, Apsyrtus, Colchis, Glaucus, Helios, Hermes, Jason, Medea, Oceanus [god], Odysseus, Scylla, *and* Teiresias。）

克莉俄（Clio / Cleio）
克莉俄的名字意思是「頌讚者」（"The Praiser"），她是九位司掌文學和藝術的繆斯女神之一，掌管的特定範圍是修辭學和歷史，尤其那些涉及重要名人的事蹟和成就或城鎮措施的故事。神話學家阿波羅多洛斯記載了一則令人不安的故事：克莉俄曾嘲笑阿芙蘿黛蒂迷戀阿多尼斯，結果受到阿芙蘿黛蒂的懲罰：阿芙蘿黛蒂使克莉俄愛上皮厄魯斯（Pierus），並與皮厄魯斯生下英俊的海雅辛斯。海雅辛斯先後得到吟遊詩人塔密里斯（Thamyris）和阿波羅的愛，但最後卻遭逢不幸，死於非命。

（也請參考 Adonis, Aphrodite, Hyacinth, Muses [the], Pierus, *and* Thamyris。）

克洛托（Clotho）
克洛托的意思是「紡線者」（"The Spinner"），她是三位摩伊賴或命運三女神之一。克洛托所紡的是「生命之線」，而她和兩個姊妹最後會負責對生命之線加以衡量，並在某一長度切斷。

（也請參考 Fates [the] *and* Moirae [the]。）

克呂墨涅（Clymene）
現存的古典神話故事有好幾個角色都叫這個名字，不過其中最著名的是大洋女神克呂墨涅——她的父母是第一代泰坦神俄刻阿諾斯和特堤斯，因此她算是第二代泰坦神。希臘詩人海希奧德說她是阿特拉斯、厄毗米修斯和普羅米修斯的母親；羅馬詩人奧維德提到她與赫利歐斯（亦即作為太陽神的阿波羅）結合，生下了悲劇角色法厄同（Phaethon）。

（也請參考 Apollo, Atlas, Epimetheus, Helios, Oceanids [the], Oceanus, Phaethon, Prometheus, Tethys, *and* Titans [the]。）

科俄斯（Coeus）
科俄斯是蓋亞（大地女神）和烏拉諾斯（天空之神）所生的十二個泰坦神之一。他主要的事蹟是與他的姊妹福俄柏（Phoebe）結合，生下第二代泰坦女神阿斯特里亞（Asteria）；阿斯特里亞的名字意思是「星辰」（"the Starry One"），她日後會成為黑卡蒂和勒托的母親，而勒托日後則會成為雙胞胎阿波羅和阿特米斯的母親。

（也請參考 Apollo, Artemis, Gaia, Hecate, Leto, Phoebe, *and* Uranus。）

柯拉（Cora）

柯拉這個名字或稱號又可拼寫為 "Kora" 或 "Kore"，通常翻譯成「那位少女」（"The Maiden"），用來指稱豐收女神狄蜜特的女兒玻瑟芬妮（Persephone）。

（也請參考 Demeter *and* Persephone。）

柯瑞班特斯人（Corybantes, The）

柯瑞班特斯人是一群聖者，他們後來漸漸與庫雷特人混淆或合而為一。關於他們的身世，歷來有許多不同的說法；至於他們的父母是誰，歷來也有好幾個不同的組合：繆斯女神塔莉亞和阿波羅（希臘詩人海希奧德的說法）、赫利歐斯和雅典娜、宙斯和繆斯女神卡莉俄佩、克洛諾斯和瑞亞。柯瑞班特斯人是弗里吉亞大母神希栢利（Cybele）的祭司和隨從；他們會以歡快的舞蹈來敬拜其女神。後來因為希栢利與瑞亞漸漸合而為一，所以柯瑞班特斯人接著就與庫雷特人混合在一起。由於庫雷特人曾經守護嬰兒宙斯，因此有人就說柯瑞班特斯人曾經照顧嬰兒時期的戴歐尼修斯。

（也請參考 Apollo, Athena, Calliope, Cronus, Curetes [the], Cybele, Dionysus, Helios, Muses [the], Rhea, Thalia, *and* Zeus。）

克洛諾斯（Cronus / Kronos）

克洛諾斯是原初自然神蓋亞（「大地女神」）和烏拉諾斯（「天空之神」）的兒子——這兩位自然神首先生下十二位泰坦神，克洛諾斯是十二位泰坦神中年紀最小的一位。此外，大地女神另又生下許多長相怪異的孩子，例如可怕的赫卡同克瑞斯（Hecatoncheires，或又稱百臂巨人 [Hundred-Handers]）和賽克洛普斯。烏拉諾斯痛恨這些形貌畸異的後代，於是就把他們全部推回母肚，導致蓋亞承受許多痛苦。根據希臘詩人海希奧德在神明譜系中的說法，蓋亞曾要求其他留下來的孩子相助，但是唯一願意幫她的只有克洛諾斯。蓋亞於是給他一把尖銳的鐮刀作為武器；當夜幕低垂，烏拉諾斯來到蓋亞身邊躺下的時候，埋伏在旁的克洛諾斯立刻閹割了他的父親。烏拉諾斯斷落的生殖器掉落大地，從中生出阿芙蘿黛蒂和復仇女神厄里倪厄斯。克洛諾斯則推翻自己的父親，成為眾天神的王。神話學家阿波羅多洛斯大致上依循海希奧德的說法，他提到克洛諾斯釋放了赫卡同克瑞斯和賽克洛普斯，但是為時不久，後來他又把他們關入塔爾塔羅

斯——地底最深的牢獄。接著克洛諾斯娶了自己的姊姊瑞亞為妻。從父母的例子，克洛諾斯知道他將會被自己其中一個孩子推翻，於是他就把每一個剛出生的孩子吞下肚，只有宙斯例外。原來瑞亞用嬰兒包巾裹了一塊石頭讓克洛諾斯吞下，從而救了宙斯。宙斯後來與他的弟兄姊妹（即所謂的奧林帕斯神）跟老一輩的泰坦神展開十年的戰鬥，最後宙斯靠著賽克洛普斯和赫卡同克瑞斯的協助，贏得戰爭。所有參戰的泰坦神全都被囚禁在塔爾塔羅斯，宙斯登上寶座，成為眾神之王。

據傳《工作和時日》（*Works and Days*）是海希奧德的另一部作品；在這部詩作裡，海希奧德提到當克洛諾斯在位為王的時候，大地的居民被稱為黃金族，只是人類會漸次淪落，一路從黃金族變成白銀族、青銅族，乃至淪為鐵族，意即充滿罪惡的當今之世。克洛諾斯的統治時期因此被視為黃金時代；這個概念也出現在羅馬的神話裡：與克洛諾斯對等的羅馬神明即薩圖恩（Saturn），薩圖恩的統治時期也有黃金時代之稱。柏拉圖（Plato）為克洛諾斯的神話增添一個細節：失去王位之後的克洛諾斯後來成為至福樂土埃律西翁（Elysium）的王。

（也請參考 Aphrodite, Cyclopes [the], Elysium, Erinyes [the], Gaia, Hecatoncheires [the], Olympus [Mount], Rhea, Saturn, Tartarus, Titans [the], Uranus, *and* Zeus。）

丘比特（Cupid）丘比特是希臘愛神厄洛斯的羅馬名字。和厄洛斯一樣，他是慾望（拉丁文的 "*cupido*"）的擬人化身。

（也請參考 Eros。）

庫雷特人（Curetes, The）根據希臘歷史學家西西里的狄奧多羅斯（Diodorus Siculus）的說法，庫雷特人是一群聖者，總共有九人。根據某些傳說故事，他們誕生於大地，住在山林裡，以樹木濃密的森林為其遮風避雨之居所。他們教導人類畜牧、養蜂、狩獵和共同生活之道——這些全都是他們發現的技藝。據說他們也發明了劍和頭盔。瑞亞帶著嬰兒宙斯來到克里特島上的伊達山（Mount Ida）或狄克特山（Mount Dicte）時，曾請他們幫忙照料宙斯；所以只要宙斯一哭，他們就戴上頭盔，拿起劍，開始跳舞，製造大量的聲音來掩蓋哭聲。庫雷特人後來和希栢利女神的隨從柯瑞班特斯人混淆，漸漸合而為一。

這群庫雷特人聖者必須跟另一個同名的族群有所區別：這另一群庫雷特人

曾捲入英雄梅列阿格（Meleager）發起的卡利敦野豬狩獵活動（Calydonian Boar）。

（也請參考 Corybantes [the], Crete, Ida [Mount], Cybele, Meleager, Rhea, *and* Zeus。）

希栢利（Cybele）

希栢利也被稱為大母神（Great Mother），其稱號的希臘文和拉丁文分別是 *"Meter Megale"* 和 *"Magna Mater"*；她是西亞的豐收女神，管轄範圍與影響力都十分寬廣，包括醫療、預言，乃至聚落和城市的保護皆是。希臘人和羅馬人都知道她是一位外來的女神，但是早在西元前六世紀，她的信仰就已經從弗里吉亞（Phrygia）傳入希臘。話雖如此，她的來歷其實還可以追溯到更古遠的美索不達米亞。在希臘，希栢利被等同於瑞亞，亦即宙斯、赫拉、波賽頓、黑帝斯（Hades）、狄蜜特和赫斯提亞（Hestia）的母親。由於掌管範圍重疊的關係，她與狄蜜特、阿特米斯和阿芙蘿黛蒂幾位女神的關聯也頗深。

在本質上，希栢利的信仰崇拜充滿了欣喜和狂熱，信徒會隨著長笛的樂音，跟著鐃鈸和鼓的擊打聲一起跳舞和唱誦。希栢利的祭司被稱為「伽利」（*galli*），意思是「雄雞」，其中有些祭司是閹人——他們是自願閹割的，其所依循的榜樣是希栢利傳奇的「伴侶」或情人阿提斯（Attis），一個自我閹割的男子。至於羅馬人，他們是在西元前205或204年把希栢利信仰的標誌，即一塊巨大的黑色隕石引進羅馬，因為羅馬當時正面臨迦太基將軍漢尼拔（Hannibal）帶來的重大戰爭壓力。羅馬人之所以會把希栢利女神從弗里吉亞迎入羅馬，其決定的依據是庫邁的女先知（Sibyl of Cumae）所編撰的預言書；根據羅馬的傳奇故事，他們之能成功把大黑石帶入羅馬，這都要靠貴婦克勞迪婭·昆塔（Claudia Quinta）的努力。原來運載黑石的貨船到了台伯河（Tiber）河口，船身就卡在河底，動彈不得。根據羅馬詩人奧維德的紀載，克勞迪婭只輕輕拉一下繫在船身的繩子，貨船就可以移動了。她的這一舉動同時也證明了她的貞潔，破除了之前那些對她有惡意的謠言。

希栢利女神最知名的神話故事是她的誕生故事與她對阿提斯的愛。根據旅行作家保薩尼亞斯的記述，宙斯曾掉落一滴精液在人間，不久之後，從這滴精液之中誕生了一位神，名叫阿格狄斯提斯（Agdistis）。特別的是，這位神同時擁有男、女生殖器官。眾神對這個最幸運也最強大的妖魔感到不放心，所以就切除他的男性生殖器官，使之變成一位女神，也就是希栢利。與此同時，那根被切斷的生殖器官掉落的地方，長出了一顆杏樹。當地河神之女拉

娜（Nana）坐在樹下時，一顆果子掉落在她的大腿上。經過這樣的接觸，拉娜生了一個漂亮的男孩，名叫阿提斯。阿提斯長大後，希栢利愛上了他。但是阿提斯並不愛希栢利。阿提斯結婚的那天，希栢利出現在婚禮上，取代了他原本要娶的新娘。阿提斯這下發瘋了，竟把自己給閹割了。在希栢利的請求之下，眾神賜給阿提斯永生，讓他變成一棵松樹。除了這兩則故事，當然還有其他跟希栢利有關的傳說，例如她在希波墨涅斯和亞特蘭妲的故事裡即扮演了一個角色。原來那對年輕戀人因為過於粗心，褻瀆了她的神殿，因此她就把他們變成兩隻專為她拉雙輪馬車的獅子。另一則傳說則提到她生了一個過於幸運的國王兒子，亦即以其黃金手知名的邁達斯。逃離殞落的特洛伊城，前往義大利創建羅馬城的英雄伊尼亞斯據說也跟希栢利有關——據說他的戰船的建材全都來自伊達山上的松林，而那座松林是希栢利的聖地。

考量到希栢利崇拜具有欣喜狂熱的性質，後來就漸漸和戴歐尼修斯及其信徒產生關聯。由於她對應的是希臘女神瑞亞，而瑞亞曾託請庫雷特人照料嬰兒宙斯，因此她的神祕儀式主持人——戰士柯瑞班特斯人——後來就漸漸也和庫雷特人混為一談。

論及希栢利的形象和標誌，藝術家對她的描繪通常是讓她坐在寶座上，寶座兩旁各有一隻獅子，或者讓她坐在由兩隻獅子拉著的馬車上。她的頭上有時戴著籃子，有時戴著城牆角樓形狀的王冠。她的手裡有時拿著用來裝液態祭祀品的碗，有時則拿著儀式用的鼓。

（也請參考 Aphrodite, Artemis, Atalanta, Carthage, Corybantes [the], Curetes [the], Dionysus, Hades, Hera, Hestia, Hippomenes, Ida [Mount], Midas, Phrygia, Poseidon, Rhea, Rome, Sibyl of Cumae [the], Troy, *and* Zeus。）

辛西婭（Cynthia）

辛西婭的字面意義是「屬於或與金索斯山[Mount Cynthus] 有關」，通常用來稱呼或描述山野女神阿特米斯。據說阿特米斯出生於提洛島，而金索斯山就在提洛島上。話雖如此，在信仰崇拜中，天后赫拉也可以被稱為「辛西婭」，尤其提到她在金索斯山上的神殿崇拜活動的時候。

（也請參考 Artemis, Cynthus [Mount], Delos, *and* Hera。）

賽普勒斯女神（Cyprian Goddess, The）

阿芙蘿黛蒂有時候會被稱為「賽普勒斯女神」，這個名字或稱號自有其典故，一是指賽普勒斯島，另外就是相傳阿芙蘿黛蒂從海中誕生之後，第一步踏上岸的地方就是這座島。

當然，除了賽普勒斯島之外，還有其他許多地方也有同樣的傳說，例如庫特拉島。

（也請參考 Aphrodite, Cyprus, *and* Cythera。）

庫特拉女神（Cytherea）

庫特拉女神是阿芙蘿黛蒂的稱號。相傳阿芙蘿黛蒂從海浪之中誕生後，上岸第一步踏上的地方就是庫特拉島。

（也請參考 Aphrodite *and* Cythera。）

狄蜜特（Demeter）

狄蜜特是掌管穀物、收成與一般農業的希臘女神。土地的肥沃與否，必須仰賴她和她女兒玻瑟芬妮的善意——她們母女倆在宗教崇拜中密切相關。狄蜜特作為女神，其起源眾說紛紜；從她的名字組合看來，其中的 "*meter*" 意指「母親」，而另一字可能是指大地或大麥。根據希臘詩人海希奧德的說法，狄蜜特是奧林帕斯十二位重要天神之一，她的父母是泰坦神瑞亞和克洛諾斯，她的弟兄姊妹有赫拉、波賽頓、黑帝斯和宙斯。跟她有關的重要神話故事是她的女兒玻瑟芬妮遭受黑帝斯劫持——黑帝斯希望娶玻瑟芬妮為妻，使她成為冥后。根據《荷馬詩頌：狄蜜特篇》（*Homeric Hymn to Demeter*）的詳細記載，狄蜜特為了尋找女兒，在大地上到處流浪，過了整整九天之後，這才知道劫走女兒的是黑帝斯。這讓她對宙斯和奧林帕斯眾神感到很憤怒，因此化身為老婦，躲藏了起來。厄琉西斯（Eleusis）的克琉斯國王（King Celeus）收留了她，並請她在王宮中照料小王子德摩豐（Demophon）。王子的母親墨塔涅拉（Metaneira）看見她把王子放在餘焰未盡的火炭上時，因為她不知道王子的照顧者其實是個女神，也不了解把王子放在火炭之上是為了讓王子獲得不死之身，所以就嚇得大叫起來。狄蜜特於是丟下小孩，解除偽裝，在眾人面前現出女神真身。她接著命令克琉斯國王及其人民為她建立神殿和祭壇來供奉她。這些事項國王及其人民全都依令照辦了。不過，狄蜜特並未釋懷，依舊為玻瑟芬妮之遭劫而感到絕望與憤怒，不管眾神送來什麼禮物都無法令她開懷。相反的，她持續哀悼了一整年。在這段期間裡，所有農作物都長不起來。人民面臨饑荒，眾神也不再收到祭品。就在這個時間點，宙斯出手干預了：他去勸黑帝斯釋放玻瑟芬妮。黑帝斯同意了，但是他哄騙玻瑟芬妮吃了一些石榴子，以此確保玻瑟芬妮每年都有部分時間——冬季的幾個月——必須回到冥府，與他做伴。

狄蜜特的神話故事與跟她有關的各種宗教儀式緊密關聯，其中最著名的是允

諾信徒獲得美好來生和成就今生的厄琉西斯祕儀（Eleusinian Mysteries）。無可避免的，這個祕儀有許多不為人知的部分；不過，據說參與者會先經歷一個淨身儀式和乳豬祭祀，接著列隊把聖物——從雅典運送到厄琉西斯，同時重演玻瑟芬妮遭受劫持與女神尋找女兒的情節。另一個跟狄蜜特有關的節日是秋季祭典，稱為塞斯摩弗洛斯節（Thesmophoria）；這個祭典的參與慶祝者都是婦女，目的是確保農作物的繁殖，同時也涉及建立跟推行農業有關的法律。

狄蜜特有好幾個不同的形象標記：有時她手持罌粟莢，因為莢內有許多種子，因而成為繁殖力的象徵；有時拿著一束麥稈，或一個倒祭酒的碗，又或者手持火把，因為她必須藉其光亮來尋找女兒。她的頭上有時會戴著由麥稈或桃金孃織成的花環。

羅馬人把狄蜜特等同於他們的農業女神克瑞斯。

（也請參考 Athens, Celeus, Ceres, Cronus, Demophon, Eleusis, Hades, Hera, Hestia, Metaneira, Olympus [Mount], Persephone, Poseidon, Rhea, Titans [the], *and* Zeus。）

黛安娜（Diana） 黛安娜的名字意思是「明亮」，這位羅馬女神很早就被等同於希臘的狩獵與林野女神阿特米斯；同時她也接收了阿特米斯的神話故事和特徵。

（請參考 Artemis。）

狄刻（Dike） 狄刻是正義的擬人化身，負責保護人世各種由習俗和法律所伸張的權利。根據詩人海希奧德的描述，她的父親是宙斯，母親是掌管既定法律與秩序的泰坦女神泰美斯。宙斯以公民之神的身分執行任務時，狄刻會坐在一旁，給宙斯提供她對凡人的裁判。她的姊妹是歐諾彌亞（Eunomia）與伊瑞涅（Eirene）——後面兩位女神的名字意思分別是「良好秩序」與「和平」。另外很合乎邏輯的是：她跟負責懲罰謀害血親之罪人的復仇女神厄里倪厄斯有關，還有跟嚴酷的報應女神涅默西斯也有關聯。

（也請參考 Erinyes [the], Nemesis, Themis, Titans [the], *and* Zeus。）

Dione（狄俄涅） 狄俄涅似乎是個很重要的女神，但是人們對她的了解卻甚少。我們有理由相信她是宙斯最初的伴侶，因為荷馬與許多其他資料來源都說她是阿芙蘿黛蒂的母親，還有她與宙斯並列，一起在希臘西北部的

多多納（Dodona）——宙斯著名的發布神諭之地——接受信徒的敬拜。根據荷馬的描述，阿芙蘿黛蒂在特洛伊戰場上被狄俄墨德斯打傷後，就去找狄俄涅療傷。狄俄涅一面安慰女兒，一面為女兒治療傷口，為女兒抹掉「聖血」（ichor），使受傷的手臂復原。

（請參考 Aphrodite, Diomedes, Dodona, Troy, and Zeus。）

戴歐尼修斯（Dionysus）

戴歐尼修斯也被稱為巴克斯。身為酒神，他受到極高的崇敬，而且他與狄蜜特並列，都是專為人類提供最基本食物的天神。不過，戴歐尼修斯雖然主要以酒神知名，他卻不僅只是個酒神而已。他是希臘最古老的眾神之一，許多出自青銅時代（大約西元前1250年），而且已可辨識的銘文當中，已經可以看到他的名字。悲劇作家尤瑞比底斯（Euripides）著有《酒神的女信徒》（The Bacchae）一劇，裡頭有大量酒神的資料和酒神信仰的性質，特別是希臘最早期的酒神信仰。不過，戴歐尼修斯雖然是希臘最古老的神明之一，他並不是希臘本土的天神。他極有可能出自近東地區——大概是呂底亞（Lydia）或弗里吉亞，爾後才透過色雷斯（Thrace）與馬其頓（Macedonia），或者透過希臘群島而傳入希臘本土。最重要的是，他起初是掌管液態生命的神——尤其是維繫植物生命的汁液。他同時也司掌植物的生長，因為這個緣故，有時他被稱為丹德瑞提斯（Dendrites）、安提俄斯（Anthios）和卡爾皮歐斯（Karpios）——這三個名號的意思分別為「樹神」、「花開之神」和「果實之神」。透過引申，他成為汁液之神，負責掌管由植物製成的液態食物，還有其他從大自然取得的液態食物，包括酒、牛奶和蜂蜜。戴歐尼修斯在希臘非常受到歡迎，他的信仰崇拜像野火一樣迅速傳播。這很合乎情理，因為他是最民主的神。他掌管所有模糊的界線，而且是個溫柔的變化形體者——在某種程度上，這無疑是他的聖酒所產生的效果。就這點而論，戴歐尼修斯跟他的同父異母兄弟，即秩序之神阿波羅截然不同。儘管如此，兩神依然共同分享一座聖山——帕那索斯山（Parnassus）。在戴歐尼修斯眼裡，一切都是平等的，無論男女和長幼，也不管是奴隸還是自由民，甚至連人類和動物也沒有差別。他的信仰崇拜非常受到女性信眾歡迎；在古代希臘的社會裡，女性通常只能留在家裡，各種行動都會受到極大的限制。戴歐尼修斯的信仰被認為是必不可少的解脫，讓人得以暫時脫離日常生活的例行公事；對於占大多數的女性信徒而言，這個信仰提供一個令人欣喜的機會，讓她們可以暫時拋下梭子和織布機。部分透過飲

酒，部分透過狂舞，戴歐尼修斯的信徒會進入與酒神合一的境界，化身為熱情的巴克坎特斯或「狂者」邁納德斯（maenads）──亦即希臘文的 *"en-theos"*（「與酒神合一」）。他們會奔向深山林野，在那裡與大自然「合而為一」。他們也會捕捉小動物或幼獸，將之撕裂，並且生食，因為動物的血被認為是酒神的另一個化身。這樣的儀式在歷史上持續了一段時間，尤其在鄉下地區。不過在雅典城裡，人們把戴歐尼修斯的崇拜儀式搬進劇場，以表演來表達對他的敬意。由於這個原因，戴歐尼修斯後來也成為劇場的保護神。

至於戴歐尼修斯本身的神話故事：他的父親是到處留情的宙斯，母親是底比斯公主賽默勒（Semele）。如同過去的許多案例，天后赫拉十分痛恨她色瞇瞇的丈夫到處留情，因此就使計讓賽默勒懷疑自己的情人並非天神。當宙斯再度來找賽默勒的時候，賽默勒向宙斯提出一個他不能拒絕的要求──她要宙斯在她面前現出天神的真身。宙斯不得已，只得照做。其結果就是賽默勒當場被燒成灰燼。從大火之中，宙斯把賽默勒肚裡的胎兒救出來，縫入自己的大腿，過了九個月，戴歐尼修斯從宙斯的大腿出生，接著就被送去給尼薩山寧芙（Nysaean Nymphs）撫養。不過，另一個神話傳統的說法是：把戴歐尼修斯撫養長大的是賽默勒的姊妹伊諾（Ino）。總之，長大之後的戴歐尼修斯搭船出外旅行，希望去探訪納索斯島（Naxos）。不過他卻遇上海盜，並遭受海盜囚禁，因為那群海盜看他相貌堂堂，以為可以從他身上索得一筆可觀的贖金。只有海盜的船長阿瑟特斯（Acetes）意識到自己面對的是天神，並且對少年戴歐尼修斯保持禮敬的態度。出海後，戴歐尼修斯使船隻停止航行，讓船身長滿葡萄藤，而且空氣中還傳來令人覺得毛骨悚然的笛音。他身旁出現了許多猛獸的幻影，例如老虎、猞猁和黑豹。除了阿瑟特斯，眾海盜嚇得紛紛跳船逃生。抵達色雷斯之後，戴歐尼修斯及其信徒遇到更多挑戰，例如遭受呂庫爾戈斯（Lycurgus）的攻擊──不過後者後來也受到了懲罰。當他抵達他的「出生地」底比斯之後，他就去拜訪他的表弟彭透斯（Pentheus），但是這位年輕的底比斯國王並不歡迎他，也不承認他是神。因為彭透斯的傲慢無禮，他後來在喀泰戎山（Mount Cithaeron）被自己的母親和阿姨們撕成碎片──當時她們正處於酒神祭祀的迷幻狀態，錯把彭透斯看成一頭幼獅。不過，並不是所有跟戴歐尼修斯有關的事情都這麼暴力，比如他的新娘阿瑞安德涅（Ariadne）就是他從納索斯島上救回來的公主；原來阿瑞安德涅是克里特島米諾斯國王的女兒，當時她被丟棄在納索斯島，戴歐尼修斯經過時救了她，並賜給她不朽的生命。

戴歐尼修斯的標誌和象徵物很多，例如葡萄藤和象徵永恆生命的常春藤都是他的神聖植物。常常陪在他身邊的典型夥伴是薩堤爾和精力旺盛的半人半獸西勒努斯（Silens），另外就是他的女信眾邁納德斯。酒神和他的夥伴經常出現在希臘的藝術作品裡，尤其杯子和酒壺常可看到他們的身影。在這些作品裡，戴歐尼修斯的形象經常是留長髮、蓄鬍子，頭戴常春藤編成的頭冠，身穿幼鹿毛皮製成的衣服，手裡通常會拿著酒杯。

羅馬人把戴歐尼修斯等同於他們的酒神立波爾。

（也請參考 Acetes, Apollo, Ariadne, Athens, Bacchantes [the], Bacchus, Cithaeron [Mount], Crete, Hera, Ino, Liber, Lycurgus, Lydia, Maenads [the], Minos, Naxos, Nysaean Nymphs [the], Parnassus [Mount], Pentheus, Phrygia, Satyrs [the], Semele, Silens [the], Thebes, Thrace, and Zeus。）

狄奧斯庫洛伊兄弟（Dioscuri, the）狄奧斯庫洛伊兄弟的意思是

「宙斯之子」；古典神話和古代思想的世界主要有兩組孿生的「宙斯之子」：一是斯巴達的卡斯托和波洛克斯（或波呂德烏克斯），二是底比斯的仄托斯（Zethus）和安菲翁（Amphion）。不過，當中比較重要的是卡斯托和波洛克斯這對兄弟，通常人們提到的「狄奧斯庫洛伊兄弟」指的也是他們。至於他們的身世，歷來說法很多。有的說他們是斯巴達國王廷達瑞俄斯的兒子（例如荷馬），不過更為常見的說法則認為兩人是同母異父的雙胞胎兄弟——原來他們的母親麗達王后在同一天內跟她的丈夫和天神宙斯同床，因此卡斯托和他的姊妹克呂泰涅斯特拉是廷達瑞俄斯的子嗣，沒有不死之身，而波洛克斯和美麗的海倫是宙斯的孩子，擁有不死的生命。兄弟兩人參與的冒險活動不可計數，包括把海倫從綁架者——雅典英雄提修斯——的手裡救出來。據說這對兄弟還參加了卡利敦野豬狩獵活動，並且加入傑森和阿爾戈英雄隊去尋找金羊毛；在這一趟探險之旅過程中，波洛克斯動用他的拳擊技巧，打敗且擊殺了帕布律克斯（Bebryces）國王阿密科斯（Amycus）——帕布律克斯是個不友善的部族，住在馬馬拉海（Sea of Marmara）東邊附近。卡斯托和波洛克斯去參加堂兄弟伊達斯（Idas）和林叩斯（Lynceus）的婚禮，不過他們卻在婚禮上搶走了兩位新娘；這兩位新娘是琉克普斯的女兒，也是他們的表親。這件惡名昭彰的事件後來被稱為「琉克普斯姊妹之劫掠」（"The rape of the Leucippides"）。兩位新郎不甘心新娘被搶，奮起直追，與狄奧斯庫洛伊兄弟打了起來。在群戰中，卡斯托和林叩斯雙雙戰死，伊達斯則被宙斯的雷電

劈死。根據神話學家阿波羅多洛斯的描述，當時宙斯希望送波洛克斯去與諸神同住，但是波洛克斯覺得兄弟已死，不願獨自永生。最後，宙斯允許他們每隔一天輪流住在天界和人間。某些故事提到這意味著兄弟倆得輪流住在奧林帕斯山或人間（與凡人同住或去冥界與死者同住）。根據另一個傳統，卡斯托和波洛克斯與他們的堂兄弟一起去偷牛，不過因為分配不均，兩人覺得不平，這才與堂兄弟打了起來。

作為神明，狄奧斯庫洛伊兄弟通常被描繪為馴馬師。他們被升上天界時，他們就化成星星，尤其是雙子座裡的星星。遇上海難的人會召喚他們來相助，他們助人的方式有時是化身為星星，有時則化身為著名的大氣現象，稱為聖艾摩爾之火（St. Elmo's fire）。身為救主的他們，其保護範圍除了在海上，後來也延伸到陸上的戰場。

（也請參考 Amphion, Calydon, Castor, Clytemnestra, Gemini, Hades [place], Helen, Leda, Leucippus, Olympus [Mount], Pollux, Sparta, Thebes, Tyndareus, Zethus, *and* Zeus。）

帝烏斯（Dis）

帝烏斯或冥界之父（Dis Pater / Father Dis）是羅馬的天神，相當於希臘神話裡的冥界之神黑帝斯（或又稱為普魯托）。跟普魯托的案例相似，這個名字有兩個來源，一是名詞 "*divitiae*"，意思是「財富」，二是形容詞 "*dives*"，意思是「富有的」。冥界之王被認為是富有的，因為所有的事物和所有的人最後都會回到他那裡，另外或許更為重要的是，因為土地是豐饒的源頭，尤其就農業的角度而言。就像帝烏斯的希臘對應天神黑帝斯，其名字後來就變成地名，等於冥界本身的同義詞。

（也請參考 Hades [god and place], Pluto, *and* Underworld [the]。）

多里斯（Doris）

多里斯是海中的寧芙仙子，也是大洋女神之一，因為她的父母是泰坦神俄刻阿諾斯及其姊妹特堤斯。多里斯與海神涅羅斯結合，生下五十個海中仙女。這五十個女兒之中，其中以嘉拉提亞（Galatea）、特提斯（Thetis）和安菲特里忒最為知名——嘉拉提亞是獨眼巨人波利菲莫斯（Cyclops Polyphemus）中意的情人、特提斯是英雄阿基里斯的母親；若根據某些傳說，安菲特里忒嫁給了海神波賽頓，跟他生了特里頓和羅德。

（也請參考 Achilles, Amphitrite, Cyclopes [the], Galatea, Nereids [the], Nereus, Oceanids [the], Oceanus [god], Polyphemus, Poseidon, Rhode, Tethys, Titans [the], *and* Triton。）

德律阿德斯（Dryads, the）

德律阿德斯是一群很特殊的寧芙仙子——她們是女性自然神或「精靈」（"spirits"），生活與活動的範圍據信分布在自然界各個不同的區域，包括水域（娜伊阿德斯）、高山（歐瑞德斯[Oreads]）與樹木之中。有的寧芙仙子可能擁有預言的神力；較為特別的地方是：她們雖然是精靈，可是無法永生不死。德律阿德斯是樹寧芙仙子，通常與橡樹有關，雖然在希臘文中，"*drys*"這個字既可指橡樹，也可指一般樹木。德律阿德斯與哈瑪德律阿德斯（Hamadryads）不同，後者雖然也是樹寧芙，但是後者的生命與她們居住的樹有關，而且與該樹的生命「合而為一」。

（也請參考 Hamadryads [the], Naiads [the], Nymphs [the], *and* Oreads [the]。）

艾珂（Echo）

寧芙仙子艾珂最後變得什麼也不是，只剩下一個聲音的斷片，不斷重複著別人說的最後幾個字。到底為什麼她會這樣？羅馬詩人奧維德在《變形記》（*Metamorphoses*）裡有很清楚的說明。原來朱庇特（Jupiter）在林子裡跟幾個寧芙仙子調情時，他要艾珂把風，負責轉移天后茱諾的注意力。艾珂於是就跟天后聊天，藉此完成她的任務。為了這個緣故，茱諾就以限制艾珂的講話能力作為懲罰，使艾珂只能重複他人口中話語的片段。更加不幸的是，艾珂後來還愛上了納西瑟斯。不過納西瑟斯既不理其他人，也不理她。艾珂患了相思病，再加上情人對她不理不睬，她慢慢變得憔悴，最後化為烏有，只剩一縷聲音而已。

（也請參考 Juno, Jupiter, Narcissus, *and* Nymphs [the]。）

埃吉利亞（Egeria）

埃吉利亞是個寧芙仙子或泉水女神，與預言和嬰兒誕生有關。在羅馬的傳統故事裡，埃吉利亞最著名的身分是羅馬第二任國王努瑪·龐皮里烏斯的情人、妻子或顧問；這位傳說中的國王的統治期大約是西元前715年至西元前673年之間。根據羅馬史家李維（Livy）的描述，努瑪·龐皮里烏斯登基之後，就著手為羅馬制定一套法律和規定，用來管制和教化好戰的人民。重要的是，這些措施涉及建立宗教信仰、神職人員組織和制定各種宗教儀式。為了使他成立的宗教機構具有可信度，同時也為了讓人民對神明感到畏懼，努瑪·龐皮里烏斯刻意讓人民知道他晚上都會與埃吉利亞會面，而他的種種行動／措施都是根據女神的建議而設定的。從詩人奧維德的作品裡，我們知道努瑪·龐皮里烏斯死後，埃吉利亞悲傷不已，因而離開羅馬城，躲到阿瑞西亞（Aricia）的森林哭泣，最後化成一灘淚水。黛安娜

女神很同情她，就把她變成一道泉水 —— 這道泉水就在拉丁姆（Latium），靠近她在阿瑞西亞的聖祠附近。

在信仰的崇拜中，埃吉利亞與黛安娜和卡墨奈諸女神有關，而她就在這幾位女神的聖林裡受到信徒的崇拜。

（也請參考 Camenae [the], Diana, Latium, Numa, Nymphs [the], *and* Rome。）

埃雷圖亞（Eileithyia）

埃雷圖亞（或伊利提亞[Ilithyia]）的名字意思是「前來協助者」；她是幫助婦女分娩的希臘女神。根據詩人海希奧德，她是宙斯和赫拉的女兒；許多其他資料提到她具有雙面或甚至多面的特性：一個埃雷圖亞會帶來解脫，加速生產的過程，另一個埃雷圖亞則會延遲生產過程，帶來不適與痛苦。女神的這種反覆性格（和作用），以及她與人妻保護神赫拉的緊密關聯，也可從海克力斯誕生的著名故事看出來。在這個故事裡，女神讓珀羅普斯（Pelops）之女尼克珀（Nicippe）順利產下歐律斯透斯，不過卻延長了阿爾克墨涅（Alcmena）生下海克力斯的過程。女神之所以這麼做，那是因為赫拉的命令。原來有預言提到宙斯有一子嗣即將出生，而且這個小孩將會統治整個阿爾戈斯地區。由於海克力斯是她丈夫宙斯的親生骨肉，而歐律斯透斯跟宙斯的關係比較遠，因此心懷忌妒的赫拉當然不希望這個好運降臨在海克力斯身上，因此延緩其出生時間。

有時候，人們會召喚埃雷圖亞，希望女神保佑生產順利；在這個層面上，她的作用和阿特米斯和赫拉兩位女神重疊，因為兩位女神也有保佑產子順利的功用。在羅馬，埃雷圖亞的對應女神是盧西娜（Lucina）。

（也請參考 Argos, Artemis, Eurystheus, Hera, Hercules, Lucina, Pelops, *and* Zeus。）

伊勒克特拉（Electra）

名叫伊勒克特拉的次要女神有兩個。一個是大洋神俄刻阿諾斯和特堤斯的女兒。這位伊勒克特拉嫁給龐托斯和蓋亞的兒子陶瑪斯（Thaumas），生下彩虹女神伊麗絲（Iris）和兩位可怕的哈爾庇厄姊妹（Harpies）。另一個伊勒克特拉則是普勒阿德斯姊妹之一。這位伊勒克特拉被宙斯看上，即使她躲在雅典娜神像那裡，也還是逃不過宙斯的追求。她跟宙斯生了達爾達諾斯（Dardanus）和伊阿西翁（Iasion）兩個兒子，前者是特洛伊人的祖先，後者將會成為女神狄蜜特的情人。

此外，邁錫尼國王阿伽門農的女兒也叫這個名字，這位伊勒克特拉與兩位女神應該加以區分。

（也請參考 Agamemnon, Athena, Dardanus, Demeter, Electra [heroine], Gaia, Harpies [the], Iris, Oceanus [god], Pleiades [the], Tethys, Thaumas, Troy, *and* Zeus。）

埃尼奧（Enyo）

埃尼奧是個希臘女神，也是戰爭——尤其近身戰——的擬人化身。在荷馬的《伊利亞德》（*Iliad*）中，她既伴隨著阿瑞斯，也伴隨著雅典娜——前者是戰爭及其種種恐怖之神，後者是司掌防衛戰的女神。在比較晚期的作家的作品裡，她是阿瑞斯的母親、看護甚至妹妹，她的樣貌則被描寫為全身浴血、表情嚴酷、手持火把，而且留著一頭蛇髮，就像三位厄里倪厄斯女神那樣。羅馬人把她跟他們的戰爭女神貝羅那（Bellona）混為一談或畫上等號。

（也請參考 Ares, Athena, Bellona, *and* Erinyes [the]。）

艾奧斯（Eos）

艾奧斯是個黎明女神，同時也因此而衍申為白晝女神。對羅馬人來說，艾奧斯就是奧羅拉。荷馬對她的幾項描寫非常有名，例如她有著「玫瑰色的手指」，穿著「番紅花色的長袍」、坐在「金色的王座」上，是一位「誕生於破曉時分」的女神。根據希臘詩人海希奧德，艾奧斯是第二代泰坦神；她的父母都是泰坦神，名叫特伊亞（Theia）和海柏利昂（Hyperion）。她的弟兄姊妹是赫利歐斯（太陽神）和賽勒涅（月神）。據說她本來的伴侶是另一個第二代泰坦神阿斯特賴俄斯，而她跟這位伴侶生了三位風神兒子：仄費洛斯、玻瑞阿斯、諾托斯。此外，她也是天上許多星星的母親，包括啟明星厄俄斯弗洛斯（Eosphorus）或路西法（Lucifer）。

艾奧斯也有人間情人。不過，她是用綁架的方式把她看上的凡人拐走。她綁走的凡人中，其中之一就是克法羅斯（Cephalus）。遺憾的是，克法羅斯並不愛她，反而一心祈求女神，希望女神讓他回到他年輕妻子普洛克莉絲（Procris）的身邊。女神很生氣，因此設計一起悲劇事件，害得克法羅斯親手殺死了自己的妻子。女神的第二個受害者是獵人俄里翁，第三個受害者是英俊的提托諾斯（Tithonus）——特洛伊國王拉俄墨冬的兒子，也是特洛伊後來的國王普里阿摩斯（Priam）的弟弟。根據所謂荷馬式《阿芙蘿黛蒂頌歌》（*Hymn to Aphrodite*），艾奧斯要求宙斯賜給提托諾斯不死之身，後者很快就同意了。不過艾奧斯忘記要求宙斯讓提托諾斯也永保年輕。當提托諾斯年輕俊美的時候，艾奧斯跟他一起快樂地住在俄刻阿諾斯河畔。等到他開始變老，艾奧斯就不允許他進入臥房，雖然她還是會賜給他仙饌——天神的食物——

和漂亮的衣服。隨著時間的過去，提托諾斯變得越來越虛弱，甚至無法走動，只能不斷的胡言亂語。女神只好把他鎖在房間裡。根據一份來自西元十世紀、寫於後古典時期的資料所述：提托諾斯後來變成了蟬。

艾奧斯跟提托諾斯生了兩個兒子：厄瑪提翁（Emathion）和門農（Memnon）——厄瑪提翁是阿拉比亞的國王，後來死於海克力斯之手；門農在特洛伊戰爭中被阿基里斯殺死。據說因為門農之死，艾奧斯讓人間陷入黑暗一整天。

（也請參考 Achilles, Boreas, Cephalus, Helios, Hercules, Laomedon, Notus, Oceanus [place], Orion, Priam, Procris, Selene, Titans [the], Tithonus, Troy, *and* Zephyr。）

埃拉托（Erato）

埃拉托是繆斯女神之一；她的名字意思是「可愛的」（因而也是「人所欲求的」），這顯示她所司掌的範圍是以愛情為主題的抒情詩。考慮到她掌管的範圍，維吉爾在寫作史詩《伊尼亞斯紀》的中途曾經召喚她，祈求女神賜他靈感的這件事就顯得十分耐人尋味。這部史詩的後半部全部集中在描寫因為愛情和負心人而引起的戰爭，其中幾位重要的主角有迦太基王后蒂朵（Dido）、魯圖里王子圖爾努斯和義大利公主拉維妮雅。

（也請參考 Carthage, Dido, Lavinia, Muses [the], Rutulians [the], *and* Turnus。）

厄里倪厄斯（Erinyes, The）

厄里倪厄斯女神司掌復仇，最大的任務是懲處那些犯下殺親罪的人。在海希奧德那部描寫神明系譜的作品裡，他提到厄里倪厄斯和幾個巨人族（Giants）都是蓋亞女神（「大地」）製造的孩子——原來烏拉諾斯遭受閹割時，有幾滴血落在她身上。由於阿芙蘿黛蒂的誕生也是基於閹割烏拉諾斯這一暴行，因此她也算是厄里倪厄斯女神的姊妹。根據神話學家阿波羅多洛斯，這幾位厄里倪厄斯女神的名字是麥格拉（Megaera）、提西福涅（Tisiphone）和阿萊克托，而這幾個名字的意思分別是「妒忌」、「謀殺犯的尋仇者」和「絕不留情」。在伊底帕斯（Oedipus）和弒母者俄瑞斯特斯的神話故事裡，厄里倪厄斯女神扮演重大的角色；俄瑞斯特斯是阿伽門農和克呂泰涅斯特拉的兒子，阿伽門農死後，俄瑞斯特斯為了報父仇而殺了母親。在悲劇作家艾斯奇勒斯（Aeschylus）的筆下，厄里倪厄斯女神不斷追捕俄瑞斯特斯，直到後者的罪被阿波羅和雅典娜滌淨為止。他也寫到厄里倪厄斯女神長得就像戈爾貢和哈爾庇厄姊妹——她們也擁有一頭蛇髮，只是沒有翅膀。她們的眼睛滴血，身穿骯髒的衣服，打呼時噴出惡臭的

氣息。俄瑞斯特斯的苦難到了極致的時候，雅典娜把可怕的厄里倪厄斯女神轉變成「仁慈三女神」歐墨尼德斯（Eumenides），使之掌管羊群的繁殖、田地的肥沃和人類的興旺等。她們也遷移到雅典「阿瑞斯的聖山」（Areopagus）之下居住。伊底帕斯刺瞎雙眼，離開底比斯，為了贖罪而流亡他鄉之後，他後來碰見的就是歐墨尼德斯。當時他來到雅典，在柯隆納斯（Colonus）這個地方意外地踏進歐墨尼德斯的聖地。這次的誤闖加深了伊底帕斯的罪，不過他的新罪後來被雅典國王提修斯滌清了。為了答謝提修斯，伊底帕斯即使死後，也持續從他在柯隆納斯的墓地保佑著雅典城。

對羅馬人而言，厄里倪厄斯就是復仇三女神。

（也請參考 Agamemnon, Alecto, Aphrodite, Apollo, Athena, Athens, Clytemnestra, Colonus, Eumenides [the], Furies [the], Gaia, Giants [the], Gorgons [the], Harpies [the], Oedipus, Orestes, Thebes, Theseus, *and* Uranus。）

厄里斯（Eris）

厄里斯是衝突的擬人化身；這位女神主要以她在特洛伊戰爭扮演的角色著稱。事實上，她可說是該場戰爭的終極導因。原來英雄帕琉斯（Peleus）和大洋女神特提斯結婚的時候，每一位神都受到邀請，唯有不太受歡迎的厄里斯例外。不甘遭受如此怠慢，她決定報復。她不請自來，出現在婚禮上，聲稱自己是來送禮。她送的禮物是一顆金蘋果，上面刻著「給最美麗的女神」。上前準備收禮的有三位女神：雅典娜、赫拉、阿芙蘿黛蒂。眾神覺得最適合擔任這次審美比賽的人選是當時正在伊達山牧羊的特洛伊王子帕里斯，因為他是世間最英俊的男子。三位女神不給帕里斯自己做決定的機會，她們全都提出賄賂來收買他。赫拉答應給他廣大的國土，雅典娜願意給他戰功，不過最了解他的是阿芙蘿黛蒂——她答應給他的禮物是世上最美的女子。帕里斯接受了阿芙蘿黛蒂的賄賂，並且立即啟程前往斯巴達領取他的禮物——斯巴達王墨涅拉俄斯（Menelaus）的妻子海倫。有些故事提到海倫是自願跟帕里斯到特洛伊，但有些故事則不以為然。不管如何，墨涅拉俄斯和他的哥哥——邁錫尼（Mycenae）國王阿伽門農——集合了一千艘戰艦，號召了全希臘最頂尖的戰士，一起航向特洛伊奪回海倫；為了搶回海倫，他們將會在特洛伊打十年的戰爭。

（也請參考 Agamemnon, Aphrodite, Athena, Hera, Ida [Mount], Menelaus, Mycenae, Peleus, Sparta, Thetis, *and* Troy。）

厄洛斯（Eros） 厄洛斯是希臘文的性慾的擬人化身；在羅馬，這位神的名字是丘比特和埃莫。在人們最初的想像裡，厄洛斯是一股原始的、物質的、基本的自然力量——諸神的誕生以及宇宙各組成部分的生成都必須依靠這股力量。希臘詩人海希奧德寫了《神譜》一書來描述諸神的誕生；根據這部作品，天地間本來只有混沌（卡俄斯），接著從龐大的卡俄斯當中生出厄洛斯、蓋亞（「大地」）和塔爾塔羅斯（「大地的深處」）。在這部作品中，厄洛斯被歸類為諸神當中最美麗與最英俊的神，擁有無上的魅力，足以征服人類與諸神。在希臘許多抒情詩人的筆下，厄洛斯是個年輕美麗的神，有一頭金髮和一對金色的翅膀，頭上還戴著花環。不過，這位神同時也佩戴著引發情愛的弓箭，而且他很善變，有時候還很殘忍。隨著時間的過去，他作為宇宙「自然力量」的面向漸漸淡化，轉而被擬人化為生殖之神，並且被視為阿瑞斯和愛神阿芙蘿黛蒂的兒子。他經常和波索斯（Pothos）、希莫洛斯（Himeros）、卡里特斯女神、佩托（Peitho）在一起陪伴著阿芙蘿黛蒂；這幾位神的名字都各有意思，分別是「渴望」、「慾望」、「優雅」和「勸服」。就神話故事而言，厄洛斯是許多故事的要角，不時讓這個角色愛上另一個角色，例如女魔法師美狄亞之愛上傑森、阿波羅之愛上達芙妮，連冷酷的黑帝斯都為玻瑟芬妮傾倒。不過厄洛斯自己也會陷入情網——他愛上了美麗的賽姬（Psyche）。

（也請參考 Aphrodite, Ares, Chaos, Charites [the], Cupid, Daphne, Gaia, Hades [god], Himeros, Jason, Medea, Persephone, Psyche, *and* Tartarus。）

歐墨尼德斯（Eumenides, The） 歐墨尼德斯的名字意思是「仁慈三女神」，與之相對應的是復仇女神厄里倪厄斯——她們是後者良善的對立面。歐墨尼德斯負責掌管羊群、田地和人類的繁衍，因而在希臘許多地方，她們受到人們的崇拜，她們的其中一間聖祠就在雅典的柯隆納斯。這裡的聖祠因為伊底帕斯王而變得有名。原來伊底帕斯王的罪還沒滌清之前，曾不小心誤入歐墨尼德斯女神的聖地，從而汙染了聖地的清淨。

（也請參考 Athens, Colonus, Erinyes [the], *and* Oedipus。）

歐佛洛緒涅（Euphrosyne） 歐佛洛緒涅的名字意思是「喜悅」或「歡樂」；她是美惠女神之一。在希臘，這幾位代表美麗、喜悅與優雅的女神被稱為卡里特斯女神。

（請參考 Graces [the]。）

艾烏洛斯（Eurus / Euros）

艾烏洛斯的名字在希臘文中又可拼寫為 "Euros"，他既是東風的擬人化身，也是東風之神。海希奧德在他那部描述諸神系譜的作品裡描述了諾托斯、玻瑞阿斯、仄費洛斯的誕生，但是他隻字未提艾烏洛斯。根據羅馬建築師維特魯威（Vitruvius）的解釋，從艾烏洛斯的名字，即可看出他衍生自清晨的微風。對博物學家老普林尼（Pliny the Elder）而言，艾烏洛斯的風具有乾燥和溫暖的特性，如果能得到東風的吹拂，這對提高蜂箱和葡萄園的生產量很有助益。

（也請參考 Boreas, Notus, *and* Zephyr。）

尤麗狄絲（Eurydice）

最知名的尤麗狄絲是那位嫁給色雷斯吟遊詩人奧菲斯的寧芙仙子。關於她的故事，羅馬詩人維吉爾和奧維德說得最精采。一日，著名的牧人兼養蜂人阿瑞斯泰俄斯看上她，朝她追了過去。她在逃跑的過程中，不小心被躲在草叢裡的毒蛇咬死。傷心欲絕的奧菲斯日夜不停地唱著歌，訴說他對妻子的愛，最後還進了冥府去尋找他的妻子。在冥府裡，連死者的亡靈都為他的情歌感到著迷。冥帝黑帝斯的王后普洛塞琵娜（Proserpina）同意讓尤麗狄絲返回人間，條件是奧菲斯在引領妻子返回人間的路上絕對不能回頭。不過，奧菲斯實在太擔心妻子沒趕上來，因此就回頭看了一下。沒想到尤麗狄絲竟然就在他眼前消失，重回死者的世界。整整九個月，奧菲斯一直唱著哀歌，四處流浪。最後，他在色雷斯遇到酒神女信徒或巴克坎忒斯，而且她們表示很喜歡他。不過，他卻對她們的示好表示厭惡。結果她們竟把他殺了，並且把他肢解了。他剩下的遺體被希柏魯斯河（Hebrus River）湍急的河水沖走。他的頭顱隨著河水漂流時，依然持續唱著哀歌追悼尤麗狄絲。

除了寧芙仙子尤麗狄絲之外，底比斯國王克瑞翁（Creon）的妻子也叫尤麗狄絲，這兩者應該有所區別。後面這位尤麗狄絲在兒子海蒙（Haemon）和安蒂岡妮（Antigone）死後，自己也自盡身亡。

（也請參考 Antigone, Aristaeus, Bacchantes [the], Creon, Dryads [the], Eurydice [heroine], Hades, Haemon, Hebrus River [the], Orpheus, Proserpina, Thebes, *and* Thrace。）

歐律諾墨（Eurynome）

歐律諾墨的名字意思是「歡樂」，她是三位

（或更多位）美惠女神的母親；美惠女神分別體現了美、歡樂和優雅。
（也請參考 Graces [the]。）

尤特碧（Euterpe） 尤特碧（Euterpe）是繆斯女神之一，她的名字意思是「帶來歡樂者」。她的父母是宙斯和記憶女神謨涅摩敘涅（Mnemosyne）。尤特碧負責掌管的領域是長笛音樂。她和她的姊妹卡莉俄佩和克莉俄三人都被認為是色雷斯國王里瑟斯（Rhesus）的母親。
（請參考 Calliope, Mnemosyne, Muses [the], Rhesus, Thrace, *and* Zeus。）

命運三女神（Fates, The） 命運三女神是司掌預言的命運女神。她們的名字以及 "fate"（「命運」）這個字延伸自拉丁文的「講說」（"*for, fari, fatum*" [我講說，講說，曾經被講說]）。因為這一緣故，以宣告命令或以預告未來的形式來呈現的講說就成為命運這個概念的核心。一般說來，希臘人的命運女神共有三位，合稱為摩伊賴；羅馬人則把她們稱為帕爾開（Parcae）。不論在希臘和羅馬的傳統裡，命運三女神與諸神之間的關係都很緊張，有時候諸神可以影響命運，不過有時候諸神似乎也對命運莫可奈何。
（也請參考 Moirae [the] *and* Parcae [the]。）

法翁（Fauns, The） 法翁是指一群住在森林裡，長得半人半獸的精靈；他們主要長得像人類，但是生有羊的尾巴、耳朵和羊角。
（請參考 Fauns [Hybrid Creatures]。）

法烏努斯（Faunus） 法烏努斯是義大利的自然神，和森林和荒野有關，同時他也負責保護羊群和田地，使羊群多產，保佑土地肥沃。他後來與希臘的潘恩產生混淆，或者合而為一，最後甚至借用了潘恩的羊人形象。除了作為自然神和繁殖神之外，法烏努斯也擁有預言能力，例如在維吉爾的史詩《伊尼亞斯紀》裡，義大利拉丁姆的國王拉丁努斯即曾到法烏努斯的聖林去請示神諭，因為他想知道城堡裡的月桂聖樹為何會突然聚集一群蜜蜂，還有為何他女兒的頭髮突然起火燃燒。根據神諭，拉丁努斯發現自己的女兒注定要嫁給某個從遠方來的男子，而不是他選定的魯圖里王子圖爾努斯。這位遠方來的陌生人就是英雄伊尼亞斯。對維吉爾而言，法烏努斯的父親是農業之神皮庫斯（Picus），祖父是薩圖恩。

（也請參考 Aeneas, Latinus, Latium, Pan, Picus, Rutulians [the], Saturn, *and* Turnus。）

法沃尼烏斯（Favonius）

對羅馬人來說，法沃尼烏斯既是西風的擬人化身，也是西風之神；有時他也會被稱為仄費洛斯。法沃尼烏斯是一股溫暖的和風，通常被認為是春天之神，負責喚醒休眠中的植物，使之重生。

（也請參考Zephyr。）

芙蘿拉（Flora）

芙蘿拉是掌管開花農作物和植物的女神，因為這個原因，她也是負責掌管繁殖與生育。她看來似乎不是從希臘進口的女神，而是義大利的本土神祇。她與豐收女神克瑞斯緊密相關，跟克瑞斯女神的女兒普洛塞琵娜（玻瑟芬妮）也關係匪淺——人們有時甚至把她等同於普洛塞琵娜。每年四月二十八日到五月初，人們會舉辦節日來榮耀她，稱為芙蘿拉里亞節（Floralia）。

羅馬詩人奧維德著有長詩《歲時記》（*Fasti*）；在這首詩裡，他讓芙蘿拉自己描述她得到神聖力量的過程和原因。原來她本來是個寧芙仙子，名叫克洛里斯（Chloris），意思是「綠意」。西風之神仄費洛斯愛上她，追求她，最後娶她為妻。婚後她就變成「百花情人」芙蘿拉，住在永遠的春天裡，身邊圍繞著百花盛開的花園。荷萊（「時光女神」）會來她的花園摘花，美惠女神則用這些花朵編織花環來裝飾她們的頭髮。她說大地本來只有一個顏色，直到她灑下各式各樣的花種子，大地才開始有了色彩。根據她的描述，以下幾位年輕人會變成花朵，全都是她造成的；這幾位年輕人是：海雅辛斯、納西瑟斯、阿提斯、克羅柯斯（Crocus）和阿多尼斯。除了變成紫羅蘭的阿提斯和變成銀蓮花的阿多尼斯之外，其他的花朵至今依然保有「人類」的名字。她同時也曾協助赫拉順利生下古老的農業之神瑪爾斯。在這段敘述的結尾，她列了一張清單作為總結，單子上全是她掌管的開花植物：穀類、葡萄、橄欖、豆子、扁豆、苜蓿、紫羅蘭和百里香。

（也請參考 Adonis, Ceres, Graces [the], Hera, Hyacinth, Mars, Narcissus, Persephone, Proserpina, *and* Zephyr。）

復仇三女神（Furies, The）

復仇三女神是羅馬女神，有時又被稱為狄賴（Dirae），意思是「恐怖」，相當於希臘的厄里倪厄斯女神。復仇三女神的拉丁文名字是 "Furiae"，而這個字是由 "*furere*"（肆虐）和 "*furia*"（怒火／

生氣）延伸而來，所以從古代作家創造的這個名字，即可看出她們具有令人覺得恐懼的特質。就像厄里倪厄斯女神，她們是復仇之神。在文學和藝術作品裡，她們的形象有時是留著像戈爾貢那樣的蛇髮，有時手臂和身上會纏繞著蛇，有時她們也可能會被塑造成長著翅膀、手裡拿著火把或鞭子的樣子。三位復仇女神當中，較為知名的是提西福涅和阿萊克托。提西福涅負責看守塔爾塔羅斯的正門——犯了罪的死者靈魂就住在冥界的這個區域。阿萊克托的重要任務則是等特洛伊英雄伊尼亞斯抵達義大利之後，負責挑起他與義大利人民之間的戰爭。

（也請參考 Aeneas, Alecto, Erinyes [the], Gorgons [the], Tartarus, Tisiphone, *and* Troy。）

蓋俄亞（Gaea）蓋俄亞的名字有時也會寫成“Gaia”（蓋亞）或“Ge”（葛俄）；她是大地女神，也是地球這個星球的擬人化身。

（請參考 Gaia。）

蓋亞（Gaia）蓋亞（又稱為葛俄或蓋俄亞）是大地女神，也是一位經過

不同程度擬人化的原始自然神。在羅馬，她以特魯斯之名為人所知。在宗教思想上，蓋亞的源遠流長與重要性都不容小覷。事實上，蓋亞是某位地母神在希臘的轉世化身；當蓋亞帶著一則神話故事，首次出現在荷馬和海希奧德的作品時，那時她早已以該地母神的身分在希臘、近東和其他地區廣受崇拜達一千年之久。在一部向她致敬的《荷馬詩誦》中，蓋亞是所有生靈之母，也是最古老的天神。她也是所有生靈的養分源頭，由於這個緣故，她是人類文明和繁榮的支柱。由於她無所不能，因此所有或大部分女神都是她的折射：她是最初的女神，在她之後出現的每一位女神都多少分享了她的部分力量。

考慮到她的重要地位，蓋亞會在整個希臘世界的宗教信仰中備受崇敬，這一點也不令人覺得驚異。旅行作家保薩尼亞斯特別描寫了位於阿開亞（Achaia）的蓋亞聖殿，同時也提到奧林匹亞（Olympia）的神聖區域內有一個蓋亞發布神論的早期地點，而他在那裡看到了由灰燼蓋成的蓋亞祭壇。談到神論，我們應該注意蓋亞的力量還延伸到預言這個領域——據說她的神論是透過石頭或其他物體的裂縫從地底傳出來的。目前我們雖然有很多故事講述阿波羅如何獲得（或奪取）德爾菲這一著名神論聖地的控制權，不過大家都同意的是：德爾菲最初僅僅（或部分）屬於蓋亞所有。畢竟下令皮托（Pytho）或皮

冬保護德爾菲神殿的女神是她。

至於蓋亞自己的身世和後代，我們可參考海希奧德的《神譜》——這部描述宇宙誕生的作品是最早提到蓋亞身世的文獻。天地首先出現一個龐大的虛空，稱為卡俄斯。接著出現蓋亞（大地女神）、塔爾塔羅斯（大地的最深處）、厄洛斯（慾望之神）。在這之後，原始自然神卡俄斯生下了厄瑞玻斯（黑暗之神）和夜之女神；夜之女神與厄瑞玻斯結合，生下了埃特爾（明亮的太空）和白晝之神。至於蓋亞，她首先生下天空之神烏拉諾斯（或又稱為奧烏拉諾斯），讓天空圍繞著她，保護著她。接下來她生下烏瑞亞（高山）和多少「形塑」了她的形貌的龐托斯（大海）。蓋亞和烏拉諾斯在一起之後，他們首先生下十二位泰坦神：俄刻阿諾斯、科俄斯、海柏利昂、伊阿珀托斯、瑞亞、泰美斯、謨涅摩敘涅、福俄柏、特堤斯和年紀最小的克洛諾斯。蓋亞和烏拉諾斯接下來又生下兩胎，但是這兩批多胞胎孩子都是怪物。她首先生下的是賽克洛普斯——三個額頭上長了獨眼的巨人，他們的名字是布戎特斯（Brontes）、斯特落珀斯（Steropes）、阿爾戈斯（Arges），而這三個名字的意思分別是「雷霆」、「閃電」和「亮光」。宙斯成為眾神之王時，這三個巨人打造了閃電棍和雷霆棒供他使用。第二群怪物兄弟稱為赫卡同克瑞斯（「百臂巨人」）；他們每一個都生有一百隻手臂和五十個頭，名字分別是科托斯（Cottus）、布里阿瑞俄斯（Briareos）和古革斯（Gyes）。這三個怪物都很自負、脾氣暴躁，而且力大無窮。這六個怪物孩子讓做父親的烏拉諾斯很看不順眼，所以他們一出生，他就把他們推回母親的肚子。這讓他們的母親蓋亞感到很痛苦。不過，蓋亞並不打算忍受這種痛苦，相反的，她打造了一把鐮刀，並要求她的泰坦孩子為她所承受的暴力復仇。結果只有最年幼的克洛諾斯挺身而出。克洛諾斯帶著鐮刀埋伏在母親附近，等到夜裡烏拉諾斯來到蓋亞身邊躺下時，克洛諾斯隨即把他的父親閹割了。烏拉諾斯的血灑落大地，從血裡生出復仇女神厄里倪厄斯、全身武裝的巨人族和寧芙仙子墨利埃（Meliae）。烏拉諾斯割斷的生殖器掉入大海，從海裡的泡沫之中生出愛慾女神阿芙蘿黛蒂。由於父親遭受去勢，克洛諾斯於是成為眾神之王。他將會一直坐在這個寶座上，直到有一天遭受兒子推翻為止。

（也請參考 Aphrodite, Apollo, Chaos, Cronus, Cyclopes [the], Delphi, Erebus, Erinyes [the], Eros, Giants [the], Hecatoncheires [the], Hyperion, Iapetus, Mnemosyne, Oceanus, Olympia, Phoebe, Python, Rhea, Tartarus, Tellus, Tethys, Themis, Titans [the], Uranus, *and* Zeus。）

嘉拉提亞（Galatea） 寧芙仙子嘉拉提亞的父母是大洋女神多里斯和海神涅羅斯，因此她是二位天神父母生下的五十個海中仙女涅瑞伊德斯之一。她的神話故事主要跟獨眼巨人波利菲莫斯有關。原來波利菲莫斯瘋狂地愛上了她，並且找來一支夠大，而且適合他笨拙的巨人之手的蘆葦笛子不斷地吹奏情歌向她求愛。在他的情歌裡，他說他答應給她許多質樸的樂趣：他住的山洞、羊群、收成豐盛的金蘋果、各種莓果和葡萄。另外他也以情歌很驕傲地告訴嘉拉提亞：她將會成為海神波賽頓的媳婦。不過這一切都不能打動嘉拉提亞的芳心，因為她愛上了自然之神法烏努斯的兒子埃西斯（Acis），而且她愛這位年輕人之深，猶如她厭惡波利菲莫斯之切。一日，波利菲莫斯看到這對情人正在嬉戲；在妒恨交加的情況下，他扯了一塊山石扔向那位年輕人，把那年輕人砸死了。根據詩人奧維德的描述，埃西斯死後，諸神回應嘉拉提亞的請求，因此劈開埃西斯跌落的地方，從中露出重生的埃西斯——原來埃西斯已經化為河神，形體變得比生前更大，頭上還新長了兩支角，皮膚也變成藍綠色。

除了寧芙仙子嘉拉提亞之外，還有另一個嘉拉提亞，即畢馬龍（Pygmalion）雕塑的那尊「會動的」女子塑像。這兩位嘉拉提亞應該有所區別。

（也請參考 Acis, Cyclopes [the], Doris, Faunus, Nereids [the], Nereus, Oceanids [the], Polyphemus, Poseidon, *and* Pygmalion。）

葛俄（Ge） 葛俄是希臘大地女神蓋亞另一個常見的名字。

（也請參考 Gaia。）

雙子座（Gemini） 雙子座是由一對雙胞胎兄弟（或又稱狄奧斯庫洛伊兄弟）轉化而成的星座；這對神聖的兄弟就是卡斯托和波洛克斯。他們有兩個姊妹：一個是造成特洛伊戰爭的海倫，另一個是不忠的克呂泰涅斯特拉。

（也請參考 Clytemnestra, Dioscuri [the], Helen, *and* Troy。）

格勞科斯（Glaucus） 格勞科斯本來是個平凡的漁夫，有一天他吃了一把草，結果竟變成了海神——他原本的雙腳變成了魚尾。變成海神之後，他的任務是保護船員。後來他愛上了斯庫拉，結果在無意中他竟引起瑟西的妒忌，害得斯庫拉被瑟西變成怪物。

（也請參考 Circe *and* Scylla [monster]。）

美惠女神（Graces, The）

美惠女神（或希臘人眼中的卡里特斯女神）是美麗、喜悅和優雅的化身。根據希臘詩人海希奧德的敘述，她們的父親是宙斯，母親是大洋神俄刻阿諾斯的女兒，即美麗的大洋女神歐律諾墨。三位女神的名字分別是阿格萊亞（光輝）、歐佛洛緒涅（喜悅）、塔莉亞（青春），其中的美惠女神塔莉亞與跟她同名的繆斯女神不同，應該加以區別。根據詩人海希奧德的描述，美惠女神眼裡流露的全都是愛和美。從海希奧德的作品裡，我們還知道她們住在奧林帕斯山上，與繆斯女神相毗為鄰，而陪伴她們的是希莫洛斯（Himerus）——後者的名字意思是「慾望」。此外，我們還知道她們參與了創造第一個人類女性潘朵拉（Pandora）的過程。在其他後期作家的作品裡，她們的人數有時候比較多，其中有個成員的名字是卡里斯（Charis），亦即「優雅」。至於她們的父母是誰？歷來有不同的說法。有人說是宙斯和歐諾彌亞（秩序女神），有人說是太陽神赫利歐斯和寧芙仙子埃格勒（Aigle），又或者是赫拉和戴歐尼修斯。

美惠女神最知名的身分是其他女神——尤其阿芙蘿黛蒂——的侍者；據說阿芙蘿黛蒂剛從海中泡沫誕生後，第一次踏上岸時，她們立即為女神獻上桃金孃樹枝，為女神遮蔽身體。

（也請參考 Aphrodite, Dionysus, Helios, Hera, Muses [the], Naiads [the], Oceanus, Oceanids [the], Olympus [Mount], Pandora, Thalia, *and* Zeus。）

黑帝斯（Hades）

黑帝斯是冥界之王、死者之王、死神，甚至也是死亡的擬人化身。冥界有時候被稱為黑帝斯之家（House of Hades），而且黑帝斯這個名字本身也是冥界的同義詞，因此有時候會被當作地名使用。雖然無可避免的，人終究都要去見黑帝斯，但是直呼其名還是會令人覺得害怕。基於這個理由，人們於是訴諸各種迂迴曲折的表達方式來指稱他，例如「冥府的宙斯」（Cthonian Zeus）或「冥界的主人」。黑帝斯的名字詞源頗有爭議，但有可能是指「隱形者」（"Invisible One"）。荷馬以「令人討厭」和「不饒人」這兩個語詞來描寫黑帝斯；在宗教崇拜中，無人會向黑帝斯祈求，也無人敬拜他。雖然如此，黑帝斯也有他良善的一面，而他的這一面是以普魯托（「富有」["Wealthy One"]）之名為人所知——普魯托是個源頭，所有從地裡長出來的美好東西都源自於他。作為普魯托，他與他的妻子——冥后玻瑟芬妮，還有玻瑟芬妮的母親狄蜜特女神一起受到人們的敬拜。

在神話故事裡，黑帝斯是泰坦神克洛諾斯和瑞亞的兒子。他的弟兄姊妹有宙

斯、波賽頓、赫斯提亞、赫拉和狄蜜特。克洛諾斯被推翻之後，他的兒子們還沒決定由誰來統治世界，或如何分配各自的統治區域。為了弄清楚這點，三兄弟拿了一個頭盔，利用抽籤的方式來決定各自的統治區域。就這樣，黑帝斯得到了冥界的統治權，成為冥界之王。考慮到這位神的性質和他管理的國度，他會趁玻瑟芬妮在草原上摘花時，使用暴力強行把她拐到冥府去當他的新娘，這件事一點都不會讓人感到驚訝。不過，由於狄蜜特始終鬱鬱寡歡，無法對女兒被他拐走的這件事釋懷，所以黑帝斯最後真的同意讓步，允許玻瑟芬妮回到人間。但是在放人之前，他讓玻瑟芬妮吃下幾顆石榴子，以此確保玻瑟芬妮每年只能回返人間一段時間。他最知名的神話，就是綁架新娘的這段故事。

作為一位令人畏懼的神，黑帝斯極少出現在藝術作品裡。馬其頓的一座皇家陵墓的濕壁畫上，他被畫成一個留著鬍子的成熟男子，駕著一輛馬車，懷裡抱著一面哭泣一面掙扎的玻瑟芬妮。有時候，黑帝斯／普魯托也會被描繪成抱著豐饒之角、手拿石榴或權杖的男子。

（也請參考 Cronus, Demeter, Hades [place], Hera, Hestia, Persephone, Pluto, Poseidon, Rhea, Titans [the], Underworld [the], *and* Zeus。）

哈瑪德律阿德斯（Hamadryads, The）哈瑪德律阿德斯是一群

特殊的樹寧芙仙子──她們的生命與她們所居住的樹木緊密相連。許多樹寧芙仙子都稱為德律阿德斯，哈瑪德律阿德斯看起來雖然也是其中的一個子類別，不過有時候她們還是要跟其他樹寧芙德律阿德斯有所區別。

（也請參考 Dryads [the] *and* Nymphs [the]。）

哈爾摩妮亞（Harmonia）哈爾摩妮亞是「和諧」的擬人化身；根據

一般說法，她是阿芙蘿黛蒂背著丈夫赫菲斯托斯，跟戰神阿瑞斯發生婚外情生下的女兒。哈爾摩妮亞會嫁給英雄卡德摩斯是宙斯的意思；根據歷史學家西西里的狄奧多羅斯的記載，哈爾摩妮亞嫁給底比斯城未來的創建者卡德摩斯的時候，眾神為他們辦了一場婚禮。那是眾神所辦的第一場婚禮，在這場盛宴中，繆斯女神為他們獻唱，阿波羅演奏里拉琴。卡德摩斯送給新娘的禮物是一件華麗的長袍和一條由赫菲斯托斯打造的項鍊。這條項鍊雖然漂亮，不過赫菲斯托斯在打造時，心裡充滿了對妻子出軌的怒氣，因此他製作的項鍊終究會變成不幸之源，使卡德摩斯的家人遭逢一連串的劫難。哈爾摩妮亞

和卡德摩斯婚後生了一男四女；他們的兒子名叫波呂多洛斯（Polydorus），四個女兒的名字是伊諾、奧托諾伊和賽默勒和阿高厄（Agave）——他們的這群孩子全都因遭遇不幸而著名。至於那條項鍊，其繼承者是伊底帕斯王的兒子波里涅克斯（Polyneices）。波里涅克斯把項鍊送給厄里菲勒（Eriphyle），請她幫忙勸她的丈夫安菲阿剌俄斯（Amphiaraus）加入他的軍隊，協助他攻打他的兄弟厄特俄克勒斯（Eteocles）——原來兄弟兩人本來說好要輪流統治底比斯，不過擔任現任攝政王的厄特俄克勒斯卻臨時反悔，不願履約退位，逼得他只得帶軍去搶。接下來發生的戰爭中，厄特俄克勒斯和波里涅克斯兩兄弟雙雙戰亡，安菲阿剌俄斯和其他五位波里涅克斯招募的將領也無一倖免——這就是所謂「七雄攻底比斯」（Seven Against Thebes）的故事。在這之後，哈爾摩妮亞的項鍊（有的故事說是那件長袍）再度繼續發揮其作用。波里涅克斯的兒子利用該項鍊（或長袍）來賄賂厄里菲勒，請後者勸她的兒子阿爾克邁翁（Alcmaeon）參戰攻打底比斯，帶領七雄的兒子們一起為他們父親之死復仇。不過，阿爾克邁翁獲得德爾菲神諭，得知父親之死是因為他母親造成的，所以就按神諭的指示殺了他母親。這一舉動讓他犯了弒母罪，所以他後來就發瘋了。阿爾克邁翁的人生已經很複雜，而結婚這件事讓他的人生平添更多事端。他最先娶的妻子是普索菲斯（Psophis）國王之女阿爾西諾俄（或者阿爾斐西坡亞[Alphesiboeia]），他把哈爾摩妮亞的項鍊送給妻子作為結婚禮物。後來他再娶卡莉羅俄（Callirrhoe）的時候，他的岳父阿克洛俄斯向他索取哈爾摩妮亞的項鍊。他使了一個詭計，希望可以從他的第一任妻子那裡取回項鍊。不料他的詭計揭穿，自己也因此送了性命。他和卡莉羅俄生的幾個兒子後來替他復仇——他們殺了凶手，奪回項鍊，並把項鍊獻給德爾菲神殿。哈爾摩妮亞和卡德摩斯看到他們的子女一一遭遇不幸，後來就離開了底比斯，流浪到伊利里亞（Illyria）。根據劇作家尤瑞比底斯的描述，兩人在這裡曾經帶領過野蠻人的軍隊。最後兩人都化身為蛇。結束生命之後，兩人就到至福之地（Lands of the Blessed）居住。

這個故事還有很多其他版本。有些版本提到哈爾摩妮亞的父母是宙斯和伊勒克特拉（第二代泰坦神阿特拉斯之女）。至於那條孳生諸多事端的項鍊，據說其送禮者是雅典娜或阿芙蘿黛蒂。

（也請參考 Agave, Alcmaeon, Amphiaraus, Aphrodite, Ares, Arsinoe, Athena, Atlas, Autonoe, Cadmus, Delphi, Electra [nymph], Eriphyle, Eteocles, Hephaestus, Ino, Oedipus, Polyneices, Semele, Seven Against Thebes [the], Thebes, Titans [the], *and* Zeus。）

哈爾庇厄姊妹（Harpies, The）

哈爾庇厄姊妹是指兩個（有些資料說是三個）女妖（*daimones*）或精靈——實際上是女神；她們的名字意思是「搶奪者」（"Snatchers"）或「抓取者」（"Grabbers"），這表示她們是「暴風」的擬人化身，象徵「暴風」那種令人無從捉摸的可怕力量。早期資料並未描繪她們的形貌，但是漸漸地，她們就被描繪成人禽混合的怪物，擁有女人的頭，鳥類的身體。

（請參考 Harpies [monsters]。）

赫柏（Hebe）

赫柏（Hebe）的名字意思是「青春」；她是青春之美與力量的擬人化身。根據希臘詩人海希奧德的描述，她是宙斯和赫拉的女兒。根據荷馬的說法，她是奧林帕斯諸神的侍者，負責為他／她們斟上仙酒瓊漿，她亦曾照顧阿瑞斯入浴與更衣，給赫拉的馬車備馬。據說她後來嫁給了登上仙界之後的海克力斯。她也負責陪伴好幾位跟婚禮有關的女神：赫拉、阿芙蘿黛蒂、卡里特斯女神（美惠女神）、哈爾摩妮亞。

在某種程度上，羅馬人把他們的青春女神朱雯塔斯（Juventus）等同於赫柏。

（也請參考 Aphrodite, Ares, Graces [the], Harmonia, Hera, Hercules, Juventus, *and* Zeus。）

黑卡蒂（Hecate）

黑卡蒂的名字或又可拼寫為 "Hekate"；她是第二代泰坦神阿斯特里亞和珀爾賽斯的女兒。在詩人海希奧德筆下，黑卡蒂是個良善的女神；在眾神之中，宙斯最器重她，賜給她範圍很大的權力，讓她管理大地、海洋甚至天空。她負責賜給人們財富和好運、讓戰士打贏戰爭、讓運動員獲得勝利、讓漁人滿載而歸、使人類的家畜興旺、保佑幼者的成長與健康、讓國王們做出理性的裁判，還有讓政治家在集會中辯才無礙。因為這樣，黑卡蒂幾乎涉入了人類家庭與政治生活的每一個面向。儘管如此，人們心目中的黑卡蒂一般上與魔法、通靈術和巫術有關，而她的這些較黑暗的面向也時常出現在後期古典作家的作品裡。此外，她也是一位岔路女神，同時也負責掌管各種過渡期。在她的各種早期形象中，她和下列幾位天神密切相關，包括阿特米斯、狄蜜特、荷米斯、賽勒涅和玻瑟芬妮——據說她曾目睹黑帝斯綁架玻瑟芬妮的經過。在羅馬世界裡，她的名字可能是特里維亞（Trivia），亦即「三路女神」（"Goddess of the Three Ways"）——這個名稱和黑卡蒂身為岔路女神有關。在藝術作品中，她最常見的形象是手持火把、帶著

一隻狗或甚至擁有三個身體。

在神話故事裡，黑卡蒂在傑森的冒險故事裡扮演著重要的角色。傑森能成功取得金羊毛，主要依靠黑卡蒂的女祭司美狄亞的協助。美狄亞從黑卡蒂那裡習得魔法與製作魔法草藥的方法——這些魔法草藥據說可以滅火、改變河道，甚至可以改變星星和月亮的運行軌道。美狄亞給傑森塗了一種藥膏，讓傑森刀劍不入，水火不侵。據說這種膏藥提煉自一種深黃色植物的根，而這種植物頗有來歷。原來老鷹在啄食普羅米修斯（Promethus）不斷重生的心臟時，灑了一滴血在地上，後來就從該地長出一株深黃色的植物。要成功收割這種植物，美狄亞必須先舉行淨身儀式，趁著黑夜切斷其根。

（也請參考 Artemis, Demeter, Hades, Hermes, Jason, Medea, Persephone, Prometheus, *and* Selene。）

赫利阿德斯（Heliades, The）

赫利阿德斯是一群寧芙仙子，父母是太陽神赫利歐斯和第二代泰坦女神克呂墨涅。奧維德的《變形記》很清楚地敘述了這幾個姊妹的命運。她們有個名叫法厄同的年輕的兄弟。法厄同有一回借了太陽神的馬車出遊，結果竟闖了大禍摔死了。幾個傷心的姊妹來到厄里安諾斯河（Eridanus River）——有可能是波河（the Po）——哀悼痛哭，最後竟化身為白楊樹，佇立在河邊。她們永遠流不停的眼淚從樹枝湧出，然後在陽光下逐漸變硬，最後化成了琥珀。

（也請參考 Clymene, Eridanus River [the], Helios, Phaethon, *and* Titans [the]。）

赫利歐斯（Helios / Helius）

赫利歐斯是希臘的太陽神；他的父母是泰坦神海柏利昂和特伊亞，姊妹是賽勒涅（「月亮女神」）與艾奧斯（「黎明女神」）。他有好幾個不同的伴侶，也跟各個伴侶生了很多孩子，例如他與俄刻阿諾斯的女兒珀爾賽斯在一起時，一共生了埃厄忒斯、瑟西和帕西法爾三個孩子，其中的埃厄忒斯是女魔法師美狄亞的父親；瑟西女神通曉魔法，把奧德修斯的手下變成了豬；帕西法爾嫁給克里特島的國王米諾斯，但是卻不幸愛上一頭公牛，跟公牛生下怪物米諾陶（Minotaur）。赫利歐斯和克呂墨涅在一起時，也生了幾個女兒，即寧芙仙子赫利阿德斯姊妹，兩人還育有一子，亦即悲劇人物法厄同。據說法厄同有一日駕了他的馬車出去，結果竟讓宇宙陷入危險，自己也送了性命。法厄同之死讓他的幾個姊妹悲不可抑，最後竟神奇地化身為樹。赫利歐斯還有七個較少出現在神話故事裡的兒子，他們的

母親是波賽頓的女兒羅德——羅德島即以她的名字命名。這七位兒子的後代將會成為羅德島的統治者，並且在島上建立一座赫利歐斯的塑像，稱為羅德島太陽神銅像（Colossus of Rhodes）——這座神像是古代世界七大奇觀之一。關於赫利歐斯的外貌和職責，最早的資料之一是《荷馬詩頌：赫利歐斯篇》（*Homeric Hymn to Helios*）。在這首詩裡，這位神駕著由四匹神馬拉的金車從天空馳過。他散發著明亮耀眼的光芒，既照著人類，也照著不死的諸神。他的目光如炬，一切盡收眼底。他金色的長髮優雅地垂落在臉的兩旁。他頭戴一頂金色的頭盔，衣服裝飾華麗，織工精良，在風裡飄動，閃閃發光。稍晚一點的資料可看到更多細節，例如他會從東方俄刻阿諾斯河的湖或沼澤或華麗的金色王宮（奧維德和其他詩人的說法）駕著馬車，飛上天空，到了中午時分，他會抵達天空的頂點，接著沿著一道弧線往西方降落。到了夜晚，他乘著俄刻阿諾斯的波浪，划著小舟（或搭上赫菲斯托斯為他打造的「杯子船」），再一路從西方回到東方。

由於他每天都駕著馬車飛一趟天上之旅，因此可以看到世上發生的一切；他確實也因此親眼目睹了好幾起事件，並運用他的見聞，影響這些事件的發展。他看見阿瑞斯和阿芙蘿黛蒂躺在一起，並把這起婚外情告知阿芙蘿黛蒂的丈夫赫菲斯托斯；他還看到黑帝斯綁架了玻瑟芬妮。惹惱他的人不少，其中之一就是奧德修斯——奧德修斯和他的手下抵達特里納基亞（Trinacria）之後，他的手下竟吃掉了太陽神三百五十隻聖牛。獲得他協助的人也很多，其中之一就是海克力斯，即便後者曾經因為太熱受不了，因而拿起弓箭瞄準他，打算把他射下來。

即使在古代，太陽神赫利歐斯就與他的父親海柏利昂，還有與阿波羅或混淆或合併。與他對應的羅馬太陽神是索爾（Sol），亦即拉丁文的「太陽」。

（也請參考 Aeetes, Aphrodite, Ares, Circe, Clymene, Crete, Eos, Hades, Heliades [the], Hephaestus, Hyperion, Medea, Minos, Oceanus [place], Odysseus, Pasiphae, Persephone, Phaethon, Poseidon, Selene, Titans [the], *and* Trinacria。）

赫菲斯托斯（Hephaestus）

赫菲斯托斯是希臘神話裡的火山之神和匠神；因此之故，他是鐵匠和一般手藝匠人的保護神，尤其是那些必須依賴火來完成其作品的雕塑家和陶藝工作者。他是奧林帕斯十二神祇之一；根據荷馬的描述，他是宙斯和赫拉的兒子。雖然他是其中一位主要神祇，但是他與其他諸神不同，因為他從事體力勞作，而且在勞作的過程中汗流浹背；更

為重要的是，他是個跛子。荷馬的《伊利亞德》因此把他描述為「步聲拖沓的神」，而且他也是因為這一缺陷而被赫拉丟下奧林帕斯山。他掉入俄刻阿諾斯的水裡，幸好特提斯和歐律諾墨等幾位大洋女神救了他。從此之後，他就跟這幾位女神住在一起，整整九年的時間裡，他在鐵工廠裡為幾位女神打造飾針、項鍊、杯子和其他各種美麗的東西。重回奧林帕斯山之後不久，他又再度被扔下山，不過這次扔他的是他的爸爸宙斯——原來宙斯和赫拉吵架，而赫菲斯托斯選擇站在媽媽這一邊，所以惹惱了宙斯。這一次他掉在利姆諾斯島。島上的居民照顧他，直到戴歐尼修斯來把他帶回奧林帕斯山為止。在《伊利亞德》中，他的妻子是其中一個美惠女神卡里斯。不過，在《奧德賽》裡，他的妻子是阿芙蘿黛蒂；後來阿芙蘿黛蒂與阿瑞斯鬧出婚外情，讓眾神覺得有趣的是：赫菲斯托斯以其巧手和精湛的工藝技術打造了一張羅網，把正在幽會的兩個情人逮個正著。赫菲斯托斯也曾經追求過雅典娜，只是被雅典娜拒絕。不過，他濺出的精液掉落人間，從地裡誕生了埃里克托尼奧斯。

赫菲斯托斯的巧手打造了許多精巧絕倫的作品，其中最漂亮的包括奧林帕斯山上眾神居住的宮殿。他自己的宮殿是以銅打造而成，裝飾著精美的三腳架，全部都是他親手打造的作品。在宙斯的命令之下，他創造了第一個女人潘朵拉；在特提斯的請託之下，他為阿基里斯打造了神聖的盔甲。眾神非常喜愛菲西亞的國王阿爾克諾俄斯（Alcinous），而這位國王所住的宮殿外面守著幾隻黃金打造的狗——那幾隻金犬即是他的創作。他還打造了一條雖然華麗卻遭到詛咒的項鍊——那是底比斯國王卡德摩斯送給妻子哈爾摩妮亞的結婚禮物。根據某些作家所述，他是在奧林帕斯山上的工作室打造這些漂亮物件。但是根據其他作家，他工作的地點是在地底之下。

在羅馬世界，赫菲斯托斯與義大利火神兀爾肯（Vulcan）混合為一，而且後者也接收了他的生理特徵和神話故事。在羅馬作家筆下，赫菲斯托斯的工作室也不在奧林帕斯山上，而是位於一座名叫烏爾肯尼亞（Volcania）的火山島之下，而且在這個地底工作室裡，還有獨眼巨人賽克洛普斯協助他工作。

至於赫菲斯托斯在藝術作品裡的形象，他通常被塑造成一位留著鬍子的男子，頭戴一頂便帽，手裡拿著鐵匠的火鉗和鎚子。有時候他的腳會被塑造成畸形的樣子。

（也請參考 Achilles, Alcinous, Aphrodite, Ares, Athena, Cadmus, Cyclopes [the], Dionysus, Erechthonius, Graces [the], Harmonia, Hera, Lemnos, Oceanus [place], Olympus [Mount], Pandora, Phaeacians [the], Thebes, Thetis, Vulcan, *and* Zeus。）

赫拉（Hera）

赫拉是眾神的王后，也是眾神之王宙斯的妻子。赫拉是兩位原初泰坦神克洛諾斯和瑞亞的女兒，弟兄姊妹有宙斯、波賽頓、黑帝斯、赫斯提亞和狄蜜特。除了宙斯之外，她和其他兄弟姊妹一出生就被他們的父親吞下肚，之後再被吐出來。赫拉握有大權，影響力延伸到很多領域，不過她主要的職責是保護妻子和母親。因為這個緣故，她和婚禮儀式、婚姻和孩子的誕生有密切的關聯。她和宙斯的婚姻也因此成為人類婚姻的神聖原型。雖然如此，赫拉也是城市與聚落以及其居民的保護神。赫拉的確切來歷以及她的名字意義至今雖然都還不太清楚，不過她的原型很有可能是某個愛琴海的地母神，爾後逐漸演化而成現在的樣子；她與宙斯的關聯最早可以追溯到青銅時代，亦即大約在西元前3000至1150年這段期間。她的聖殿是希臘最古老的神殿之一；不過，雖然她在希臘世界廣受敬拜，最重要的信仰中心是在阿爾戈斯、薩摩斯島（Samos）、佩拉霍拉（Perachora）與奧林匹亞，還有義大利南部的希臘殖民城市如帕埃斯圖姆（Paestum）、梅塔龐頓（Metapontum）和克洛頓（Croton）。阿爾戈斯和薩摩斯島都宣稱那裡是她的出生地，或者是她被克洛諾斯吐出來的地方。據說她曾和波賽頓爭奪阿爾戈斯的控制權，而她贏得了比賽。

關於她與宙斯的婚姻，根據旅行作家保薩尼亞斯的記載，宙斯曾化身成杜鵑鳥來引誘她，而她見小鳥溫馴可愛，就把牠抱起來放在膝上。在這之後不久，他們就結婚了。大地女神蓋亞送來的結婚禮物是一棵會長金蘋果的樹——這棵樹後來被送到世界的盡頭，種在赫斯珀里德絲姊妹的花園裡，並由她們負責照顧。赫拉和宙斯生的孩子有青春女神赫柏、分娩女神埃雷圖亞、戰神阿瑞斯和鍛造之神赫菲斯托斯——另有一則其他的神話傳統提到赫菲斯托斯並沒有父親，而是赫拉自己生的孩子；據說赫拉以此方式讓宙斯對自己從頭顱生出雅典娜一事感到難堪。赫拉的丈夫與許多女神、寧芙仙子和人間美女有數不清的風流韻事，而這些婚外情事總是讓赫拉很困擾，因此產生很多神話故事描述她如何迫害丈夫的情人。這群遭受迫害的情人包括女神勒托（她的孕期被殘忍地拖長）；寧芙仙子艾珂（她的閒聊轉移了赫拉的注意力，使赫拉錯失逮到宙斯的良機）；被赫拉變成一頭熊的卡利斯托；戴歐尼修斯的母親賽默勒上了她的當，害自己被宙斯的天火燒死；少女伊俄（Io）被變成母牛後，還被她派出的牛虻四處追趕和叮咬。赫拉對海克力斯的迫害更是長達後者的一生，打從海克力斯的搖籃時期就已經開始，一直持續到海克力斯躺在火葬柴堆上為止。她精心製造各種狀況，迫使海克力斯執行著名的

十二項任務，而她這麼做，理由只是因為他的母親阿爾克墨涅曾經跟宙斯有過一段情。特洛伊人也是她折磨的對象，因為他們的王子帕里斯沒有把那顆寫著「給最美的女神」的金蘋果頒給她，反而給了阿芙蘿黛蒂，為此她從來就不曾原諒過帕里斯。不過，赫拉對她喜愛的對象倒是展現了極度的忠誠，例如那群在特洛伊打仗的希臘戰士。有一回她化身為老婦，而英雄傑森對她很好，提供她協助，所以當傑森去尋找金羊毛的時候，她就一路照顧著傑森，包括確保女魔法師美狄亞會愛上傑森。

赫拉的各種標記和聖物包括動物和植物。保薩尼亞斯曾在阿爾戈斯的赫拉聖殿（Heraion）看到她那座用象牙和黃金打造的著名雕像；根據他的描述，女神一手拿著權杖——權杖上面立著一隻杜鵑鳥，象徵她與宙斯的愛情，另一隻手拿著石榴——一種象徵生殖力的多籽水果。她的其他神聖植物包括桃金孃（婚姻的象徵）、罌粟花（另一種多籽植物）、還有芬芳的聖母百合——據說這種花是從女神的乳汁裡長出來的。所有這幾種植物也是愛神阿芙蘿黛蒂的聖物。除了杜鵑鳥之外，赫拉的神聖動物還有孔雀、馬和牛。

羅馬人把赫拉等同於義大利女神茱諾，而且茱諾也接收了她的神話故事。

（也請參考 Alcmena, Aphrodite, Ares, Argos, Callisto, Cronus, Demeter, Dionysus, Echo, Eileithyia, Gaia, Hades, Hebe, Hephaestus, Hercules, Hestia, Io, Jason, Juno, Leto, Medea, Olympia, Paris, Poseidon, Rhea, Semele, Titans [the], Troy, *and* Zeus。）

荷米斯（Hermes）

在羅馬，荷米斯是以墨丘利（Mercury）之名為人所知。荷米斯是信使神，往返天界與人界，負責將諸神的訊息傳達給人類。很重要的是，希臘人早在青銅時代（大約介於西元前3000至1150年）就已經知道荷米斯這位天神了；荷米斯執掌的權力很大，影響範圍很廣。雖然他跟阿卡迪亞這個地方有特殊的因緣，但是他的崇拜者遍布整個希臘世界。荷米斯是牧人之神，他保護牧人，也保護牧人的羊群，確保羊群會大量繁殖。除此之外，荷米斯也是旅人、商人、信使和小偷的保護神。身為普賽科彭波斯（Psychopompus），即「亡靈接引者」（"Leader of Souls"），他也負責把死者的靈魂從人間帶到冥界。他也是各種邊界之神，而他這種處於邊界的特質可從一個現象看出來：古代城市的邊緣、私人地產的界線和房屋的入口處都會設立赫爾姆斯柱（Herms），即頂端放著荷米斯半身像的柱子。作為一個帶來文化的天神，荷米斯被視為火和里拉琴的發明者。不過，他也是個喜歡惡作劇的騙子。他的這許多面向都記錄在向他致敬的所謂《荷馬詩誦》裡；根據這

首詩，荷米斯是宙斯和寧芙仙子邁亞（Maia）的兒子，出生於阿卡迪亞的山洞。出生的第一天，他就自己從搖籃跳出來，走出山洞探險。他遇見一隻烏龜，立刻把龜身清空，綁上琴弦，創造一把里拉琴，並自己開始彈了起來。在同一天，他動身前往皮厄里亞（Pieria），偷走了同父異母哥哥阿波羅的五頭牛。他讓牛群有時側著走，有時倒著走，以此掩蓋足跡，使人不易追蹤。領著牛群走了一大段路之後，他就發明了涼鞋來保護他的腳，同時他還發現了生火的方法。最後，他不得不把牛群還給阿波羅。阿波羅因此請他看守羊群，以此交換那把里拉琴——後來這把琴就成為阿波羅的樂器。身為往返天界與人界，負責為諸神傳訊的使者，荷米斯無可避免會出現在許多故事裡，其中最知名有以下數則。他帶領赫拉、雅典娜和阿芙蘿黛蒂去見特洛伊王子帕里斯，請帕里斯擔任三位女神的選美裁判，而帕里斯最後也做了一個遺患無窮的判決。他陪伴宙斯去一家平凡的農舍，拜訪鮑西絲（Baucis）和費萊蒙（Philemon）這對貧窮但是卻很慷慨的夫妻。他充當宙斯的信使，前往卡呂普索居住的小島，勸請後者讓奧德修斯回鄉。他還送給奧德修斯一些莫伊草，讓後者抵擋瑟西女神的變身魔酒。海克力斯和玻瑟芬妮兩人都靠著他的引導才走出冥界。荷米斯也是著名的「阿爾戈豐特斯」（Argeiphontes），意思是阿爾古斯（Argus）的生命終結者——阿爾古斯是個妖怪，負責看守宙斯的情人依俄——當時依俄已經變成母牛。他還提供英雄柏修斯一把鐮刀，方便柏修斯割下戈爾貢美杜莎的頭。

荷米斯的標記是他手裡會拿著一把信使杖（或又稱雙蛇杖[*kerykeion*]），他的頭上會戴著寬邊的旅人帽，腳上穿著有翅膀的涼鞋——讓他得以迅速旅行的工具。

（也請參考 Aphrodite, Apollo, Arcadia, Argus, Athena, Baucis, Calypso, Circe, Gorgons [the], Hercules, Hermes, Ida [Mount], Io, Maia, Medusa, Mercury, Odysseus, Paris, Persephone, Perseus, Pieria, Underworld [the], *and* Zeus。）

赫斯珀爾（Hesper）

赫斯珀爾或又可拼寫為 "Hesperus"（赫斯珀厄斯）；他是黃昏星的擬人化身，亦即晚上出現的金星（星球）。由於這樣，他是早晨出現的金星（星球），亦即啟明星路西法的對立面。赫斯珀爾的兒女有赫斯珀里德絲姊妹和柯宇克斯國王（King Ceyx）——柯宇克斯國王死後化成一隻海鳥。

（也請參考 Ceyx, Hesperides [the], *and* Lucifer。）

赫斯珀里德絲姊妹（Hesperides, The）赫斯珀里德絲姊妹是負

責照顧金蘋果樹的寧芙仙子——古典神話故事裡著名的金蘋果就來自這些
樹。跟赫斯珀里德絲姊妹一起看守金蘋果樹的還有一隻名叫拉冬的百首巨蛇
或巨龍。

赫斯珀里德絲姊妹的人數多少，各家的說法不同，不過大約是介於四到七人
之間。她們的名字也各有不同的說法，大概是以下幾位：埃格勒（Aegle）、
俄律提亞（Erytheia）、赫斯提亞、阿瑞圖薩、赫斯珀瑞（Hespere）、赫斯珀
洛薩（Hesperusa）、赫斯珀瑞亞（Hespereia）。她們出生的故事和花園的地
點也言人人殊。早期的資料可參考詩人海希奧德的作品；在這位詩人筆下，
她們是自然神夜之女神倪克斯（Nyx）和黑暗之神厄瑞玻斯的孩子。不過在
後期的資料裡，她們的父母出現不同的組合，一說她們的父母是海神佛西
士（Phorcys）與其姊妹克托（Ceto）；一說是眾神之王宙斯和泰美斯——「正
義」的擬人化身；還有一說提到她們是擎天神或第二代泰坦神阿特拉斯和黃
昏星赫斯珀爾之女赫斯珀里斯所生的孩子。至於她們看守的花園，其位置也
很難確定。有人說在利比亞（古代的北非），靠近阿特拉斯山脈（現代的摩洛
哥）附近；有人說在地中海的極西處，俄刻阿諾斯河的岸邊；或者也有人說
是在許珀耳玻瑞亞人居住的極東或極北的地方。總之這些地點都有一個共同
特色，亦即當時人想法中的「大地的盡頭」。

關於那些金蘋果——長出金蘋果的樹是大地女神蓋亞送給諸神之后赫拉和宙
斯的結婚禮物。金蘋果是永生之源，因此非常珍貴，不過其中有一顆金蘋果
似乎引發了特洛伊戰爭。原來赫拉、雅典娜和阿芙蘿黛蒂三位女神都想要那
顆刻著「給最美麗的女神」字樣的金蘋果。諸神選了特洛伊王子帕里斯來頒
發那顆金蘋果。這是一個無法客觀做出決定的判決，但是帕里斯最後選了阿
芙蘿黛蒂，因為後者給他的賄賂最合他意——世上最美的女子海倫。不過，
這裡有個難題：海倫已經嫁給了斯巴達國王墨涅拉俄斯。帕里斯沒管這些，
還是把海倫拐回特洛伊。在這之後，馬上就有一千艘希臘戰艦隨即追殺過
去。阿芙蘿黛蒂送給希波墨涅斯的那幾顆金蘋果讓後者贏得了亞特蘭妲的芳
心，據說那些金蘋果也是來自赫斯珀里德絲姊妹看守的花園。

歐律斯透斯交給海克力斯的第十一項任務（或者第十二項[西西里的狄奧多
羅斯的說法]）就是要後者去摘赫斯珀里德絲姊妹花園裡的金蘋果。海克力斯
不知道花園在哪裡，所以他就先去請教厄里安諾斯河的寧芙仙子，寧芙仙子
們要他去找海神涅羅斯。涅羅斯是一位有預知能力的海神，但是他只有在受

到強迫的情況下才會說出預言。海克力斯於是趁海神睡著的時候抓住他，然後不管海神之後化身成什麼樣子他都不放手。最後海神只好說出金蘋果園的所在地。海克力斯於是繼續踏上他的旅程。在路上，他遇到了泰坦神普羅米修斯，並且解救了普羅米修斯，使普羅米修斯不用再承受肝臟持續被禿鷹吃掉的折磨。從普羅米修斯那裡，海克力斯進一步得知完成其任務的方法：他得去找赫斯珀里德絲姊妹的鄰居阿特拉斯，然後請阿特拉斯幫他摘蘋果。海克力斯真的去找阿特拉斯幫忙，交換的條件是海克力斯必須幫阿特拉斯暫時承擔擎天的沉重任務。可想而知，阿特拉斯並不想重新再扛起擎天的重責大任。海克力斯假裝請阿特拉斯暫時扛一下天，好讓他找一個枕頭來墊在肩膀上，結果阿特拉斯果然上當，重新把天扛了過去。根據這個故事的另一個版本，海克力斯是先殺死果園的守護大蛇拉冬，再自己入園摘取金蘋果。歐律斯透斯後來終究還是把神聖的金蘋果還給了海克力斯，而海克力斯則把金蘋果交給雅典娜，請雅典娜還給赫斯珀里德絲姊妹。

赫斯珀里德絲姊妹也出現在另一個英雄故事裡，即傑森與阿爾戈號（*Argo*）船員或阿爾戈英雄隊的故事。根據羅德島的阿波羅尼奧斯描述，傑森的阿爾戈英雄隊取得金羊毛，完成任務後，就帶著美狄亞開始返航。不過，他們的船隊在海上因為遇到暴風雨而偏離航道，最後被吹到利比亞海岸。船員只好抬著船，越過利比亞沙漠之後；極度口渴的他們在路上遇到了赫斯珀里德絲姊妹——此時姊妹們正在哀悼拉冬遭受屠殺，還有為金蘋果遭受偷盜而感到悲傷。看到船員，赫斯珀里德絲姊妹心裡一害怕，就自己變成了塵土。奧菲斯當時也是船上的一員，他立刻上前懇求她們不要害怕，並保證船員們會尊敬她們，並且獻上謝禮。看到船員們承受口渴之苦，赫斯珀里德絲姊妹很同情他們，於是就透過她們神聖的力量，把沙地變成鬱鬱蔥蔥的草原，而三人站在草原上，分別化成了不同的樹：白楊樹、榆木、楊柳。很神奇的是，由埃格勒「變成」的那棵樹開口說話，並指引他們找到泉水的方向。至於那道泉水，原來是海克力斯在這之前創造的——海克力斯在執行任務時經過該地，在極度口渴的情況下，他踢開特里頓湖邊的崎嶇石地，結果就從地裡冒出一道泉水。對阿爾戈號的船員來說，這真是一個雙重的好運兆，彷彿海克力斯一直陪在他們身邊。

（也請參考 Aphrodite, Argonauts [the], Atalanta, Athena, Atlas, Eridanus River [the], Eurystheus, Gaia, Helen, Hera, Hercules, Hippomenes, Hyperboreans [the], Jason, Ladon, Medea, Menelaus, Nereus, Oceanus [place], Orpheus, Paris, Phorcys, Prometheus, Sparta,

Themis, Titans [the], Triton, Troy, *and* Zeus。）

赫斯提亞（Hestia）

在希臘世界裡，赫斯提亞是爐灶的擬人化身，也是司掌爐灶的女神。從她的誕生故事，即可知她對希臘文明和文化的重要性。根據海希奧德那部描述諸神系譜的詩作，赫斯提亞是泰坦神瑞亞和克洛諾斯的第一個孩子。在許多古典資料裡，赫斯提亞都被描述為一位處女神；波賽頓和阿波羅都曾追求過她，但都遭到拒絕。她拒絕了兩位男神，沒有選擇其中之一，以此避免了紛爭。這個決定對維繫奧林帕斯山的和平至關重要。宙斯很感謝這一點，因此賜給她最大的榮耀：讓她掌管所有家庭之中最重要的爐灶，並且享有所有家庭在爐灶獻上的最好祭品。除此之外，民眾若到諸神的神殿舉行祭祀，她也可以分享諸神的祭品。在所有女神當中，她的地位最為重要。

對希臘人來說，家中的爐灶代表物質上的安全和家庭生命的延續；就延伸意義來說，爐灶也象徵各個家庭之間的「政治」聯盟。爐灶之火帶來生命，維持生命，而且爐火也是溫暖、熟食、武器和工具的來源。爐灶是舉行祭祀活動的地方，因此也是一個必要連結，把脆弱的人類和全知全能的不朽諸神連接起來。爐灶是一個家庭乃至整個城鎮的中心象徵——畢竟城鎮是由許多家組成的。因為這個理由，不論是私人住宅，還是希臘城鎮裡的公共神聖建築物市政廳（*prytaneion*），都有供奉赫斯提亞之火的爐灶。

（也請參考 Apollo, Cronus, Olympus [Mount], Poseidon, Rhea, *and* Zeus。）

希莫洛斯（Himeros / Himerus）

希莫洛斯是欲望的擬人化身。希臘詩人海希奧德提到他和厄洛斯一起見證了阿芙蘿黛蒂的海中誕生，然後一起陪伴女神加入諸神的集會。

（也請參考 Aphrodite *and* Eros。）

許阿德斯姊妹（Hyades, The）

許阿德斯姊妹是七個寧芙仙子的總稱；就像她們的手足普勒阿德斯姊妹那樣，她們後來也變成了星星，化成一個至今仍以她們的名字命名的星團。許阿德斯姊妹的父母到底是誰？歷來的說法很多。一說她們是俄刻阿諾斯及其姊妹特堤斯的女兒，另一說則提到她們的父親是阿特拉斯，母親可能是普勒俄涅或埃斯特拉——兩人都是俄刻阿諾斯的女兒。就像她們的父母的身分有不同的說法，她們如何化為星星的故

事也有很多不同的版本。根據希吉努斯的說法，許阿德斯姊妹有一年輕的兄弟許阿斯（Hyas），但是許阿斯不幸被野豬或獅子咬死，姊妹們為此也傷心而死，死後被安置在天界，姊妹們化成的星星出現在牛臉的位置，與許阿斯化成的星星構成了金牛座的一部分。希吉努斯和阿波羅多洛斯遵循前蘇格拉底哲學家斐瑞居德斯（Pherecydes）的說法，提出另一個故事來解釋許阿德斯姊妹為何會化身為星星，而這個故事與酒神戴歐尼修斯有關。戴歐尼修斯的母親是底比斯公主賽默勒，也是宙斯的其中一個凡間情人。由於她在懷孕的過程中不幸被大火吞噬而死，宙斯救出還沒出生的戴歐尼修斯，然後送他到尼薩山，交給住在那裡的寧芙仙子們照顧，以免嬰兒戴歐尼修斯被宙斯忌妒的妻子赫拉傷害。這群住在尼薩山的寧芙仙子就是許阿德斯姊妹。為了酬謝她們，宙斯讓她們升上天界，化成星星。

在希臘文裡，許阿德斯姊妹的名字 "Hyades" 的意思是「下雨」，這個名字既與她們兄弟的名字（"Hyas"）有關，也和她們的星團「標記」雨季來臨有關。

（也請參考 Atlas, Dionysus, Nymphs [the], Nysa, Oceanus [god], Pleiades [the], Semele, Tethys, Thebes, *and* Zeus。）

希吉亞（Hygea / Hygeia）

希吉亞是醫神阿斯克勒庇俄斯的女兒，也是「健康」的擬人化身。不過，有些故事卻提到希吉亞是阿斯克勒庇俄斯的伴侶。身為健康女神，希吉亞與阿斯克勒庇俄斯並列，一起在宗教信仰中受到敬拜。旅行作家保薩尼亞斯即曾提到在醫神的許多聖堂裡，常常可看到醫神的神像旁邊有這位女神的塑像相伴。

（也請參考 Asclepius。）

許門（Hymen）

許門的名字還有 "Hymenaios" 或 "Hymenaius" 兩個拼寫法；他是婚禮之神，或者更為確切說來，他是「婚禮之歌」的擬人化身。對羅馬詩人卡圖盧斯（Catullus）來說，許門是繆斯女神烏拉尼亞（Urania）的兒子。在文學作品裡，許門的形象是頭戴花環，手裡拿著象徵婚禮的火把；在古典藝術作品裡，他若不是跟厄洛斯在一起，就是跟一群與愛情有關的小神厄洛特斯（Erotes）一起出現。

（也請參考 Eros *and* Muses [the]。）

海柏利昂（Hyperion）

海柏利昂的名字意思是「在天上的人」（"The

One on High"）或「行走於上者」（"He Who Walks Above"）；他是十二泰坦神之一，父母是原初自然神蓋亞（大地女神）和烏拉諾斯（天空之神）。他的伴侶是他的姊妹特伊亞；特伊亞的名字意思是「見者」（"The One Who Sees"），有時她也會被稱為歐律法扼莎（Euryphaessa），意思是「亮閃閃」（"Far-Shining"）。二神在一起之後，生了三個孩子：艾奧斯（黎明女神）、赫利歐斯（太陽神）、賽勒涅（月亮女神）。至於海柏利昂的身分和權力：他是太陽神，所以就這個身分來說，他後來先後跟赫利歐斯和阿波羅產生混淆，合而為一。不過，海柏利昂原來的「角色」很有可能是負責決定他的「孩子們」的週期，即太陽神、月神和黎明女神輪替的時間週期，從而創造一個有畫、夜與月分的循環節奏。

（也請參考 Apollo, Eos, Gaia, Helios, Selene, Titans [the], *and* Uranus。）

許普諾斯（Hypnus / Hypnos）

許普諾斯是希臘睡神，也是「睡眠」的擬人化身。根據希臘詩人海希奧德，許普諾斯是夜之女神的兒子，所以是最古老的神明之一。許普諾斯最令人難忘的故事出現在荷馬的《伊利亞德》。在這部作品裡，赫拉前來賄賂許普諾斯，要許普諾斯設法讓宙斯入睡，而且還要讓宙斯睡得夠久，以確保他無法關注特洛伊的戰況，直到希臘人取得優勢為止。交換的條件是：赫拉答應把其中一位美惠女神許配給他。在戰爭的過程中，許普諾斯和他的兄弟塔納托斯（Thanatos）——死神——到特洛伊城外的戰場上，帶走宙斯兒子薩爾珀冬（Sarpedon）的屍體，送回他的故土呂基亞（Lycia）。根據羅馬詩人奧維德，許普諾斯有一千個兒子，其中的摩爾甫斯（Morpheus）是個夢神。與許普諾斯相對應的羅馬神明是索姆努斯（Somnus）。

（也請參考 Graces [the], Hera, Lycia, Morpheus, Sarpedon, Somnus, Thanatos, Troy, *and* Zeus。）

伊阿科斯（Iacchus）

即便在古典時期，伊阿科斯這個名字就已經被用來稱呼酒神兼液態生命之神戴歐尼修斯。不過，伊阿科斯最初是另一個獨立的神——或許是「伊阿科」（"Iacche"）這個儀式口號的擬人化身。厄琉西斯祕儀是敬拜女神狄蜜特和玻瑟芬妮的宗教活動，在敬拜的過程中，高呼「伊阿科」是其中的部分儀式。當然，他或許也有可能是個農神。在厄琉西斯祕儀的脈絡下，伊阿科斯漸漸被視為狄蜜特或玻瑟芬妮的兒子。

（也請參考 Demeter, Dionysus, Eleusis, *and* Persephone。）

伊阿珀托斯（Iapetus / Iapetos）伊阿珀托斯是個泰坦神，據說

他曾幫忙他的弟弟克洛諾斯把他們的父親烏拉諾斯閹割了。他娶了他兄弟俄刻阿諾斯的女兒克呂墨涅。根據希臘詩人海希奧德的說法，他們夫妻倆生了四個孩子：一是勇敢的人類恩人普羅米修斯（「先見之明」）；二是娶了潘朵拉的笨蛋厄毗米修斯；三是把天空扛在肩上的阿特拉斯；最後是墨諾提俄斯——他因為參加泰坦神與奧林帕斯神之間的戰爭，結果被宙斯的閃電擊中。由於伊阿珀托斯在那場戰爭中扮演的角色，他後來和墨諾提俄斯，克洛諾斯一起被宙斯關入地底深處的塔爾塔羅斯。

（也請參考 Atlas, Clymene, Cronus, Epimetheus, Oceanus [god], Olympus [Mount], Pandora, Prometheus, Tartarus, Titans [the], Uranus, *and* Zeus。）

伊達（Ida）根據神話學家阿波羅多洛斯的描述，女神瑞亞帶著她的新

生嬰兒宙斯來到克里特島的狄克特山洞，委託庫雷特人和寧芙仙子阿德拉斯提亞和伊達撫養——這兩位寧芙仙子都是墨利休斯（Melisseus）的女兒。這個故事還另有一個版本：根據詩人卡利馬科斯（Callimachus）和奧維德的說法，宙斯是在克里特島伊達山的一個山洞裡長大，而且撫養他的只有庫雷特人而已。

（也請參考 Adrastea, Crete, Curetes [the], Ida [Mount], Rhea, *and* Zeus。）

伊利提亞（Ilithyia）伊利提亞是希臘女神 "Eileithyia"（埃雷圖亞）的

另一個拼寫法；她是保佑婦女順利生產的女神。

（請參考 Eileithyia。）

伊納科斯（Inachus）伊納科斯是伯羅奔尼撒半島東部，阿爾戈利斯地

區（Argolis）最主要河流的河神。他是泰坦神特堤斯與俄刻阿諾斯的孩子，所以他也被稱為海仙子，意即「俄刻阿諾斯之子」。他的配偶是寧芙仙子梅莉亞（Melia），兩人有個可愛的女兒叫伊俄。伊俄後來成為宙斯的情人，不過由於赫拉的忌妒，伊俄竟然被變成一隻白色母牛。

旅行作家保薩尼亞斯以及其他許多作家都提到伊納科斯擔任裁判的故事。原來波賽頓和赫拉曾經爭奪阿爾戈利斯地區的控制權。伊納科斯和另外兩位當

地河神——克菲索斯與阿斯特里翁（Asterion）——受邀擔任裁判，決定該地區應該歸哪位神來管。他們選了赫拉。因為這個緣故，波賽頓抽光了三位河神河裡的水，直到下了一場大雨，他們的河才再度有河水流動。保薩尼亞斯還提到另一個不同的故事傳統：在這個故事裡，伊納科斯並不是一位神，而是阿爾戈斯地區的一個國王，而這位國王以自己的名字為當地的河流命名。

（也請參考 Argos, Cephissus [god], Hera, Io, Oceanids [the], Oceanus, Poseidon, Tethys, Titans [the], *and* Zeus。）

伊諾（Ino）

伊諾另有一個名字叫琉克特雅（Leucothea），意思是「白色女神」（"The White Goddess"）。她是水手的保護神。據說她本來是凡間女子，後來獲得諸神的天命，因而成神。在神話故事裡，她扮演的重要角色就是救了英雄奧德修斯的性命。

（也請參考 Ino [heroine], Leucothea, *and* Odysseus。）

伊麗絲（Iris）

伊麗絲是彩虹女神，也是諸神的信使，負責為地上的凡人和天上的諸神傳達訊息。不過，荷馬之後的許多作家都把信使這個職責歸諸於荷米斯，而健步如飛的伊麗絲，或者有時也會展開金色翅膀四處旅行的伊麗絲則漸漸變成天后赫拉的私人信使。根據海希奧德，她是陶瑪斯和伊勒克特拉的女兒，哈爾庇厄的姊妹；她們的父親陶瑪斯的名字意思是「奇蹟」或「疑惑」，母親伊勒克特拉是俄刻阿諾斯的女兒，而她們的姊妹哈爾庇厄則是人臉鳥身，飛行宛如風一樣快的可怕怪物——英雄傑森和伊尼亞斯在冒險途中即曾遇見她們。根據某些故事的敘述，伊麗絲為西風之神仄費洛斯生了一個兒子：慾望之神波索斯。

鳶尾屬於一種多年生草本植物，擁有260至300個不同的種類；因為這種花具有多變化的色彩，所以女神把自己的名字賜給鳶尾花（iris）。

（也請參考 Aeneas, Electra [nymph], Harpies [the], Hermes, Jason, Oceanus [god], *and* Zephyr。）

傑納斯（Janus）

由於羅馬人沒有字母"J"，所以傑納斯的名字又可拼寫為"Ianus"（雅納斯）；他的名字源自拉丁文的「門」（*ianua*），所以他是司掌各種大門和入口的神。因為這一職責，他也掌管各種具體的、時間上的和比喻意義上的「過渡」和開端。許多古代的資料提到在所有祭祀活動中，祭

品都要算他一份，另外還提到一年之中的第一個月是他的聖月。作為過渡之神，他既看向前方，也同時看向後面（或者同時向內看和向外望），因此在形象塑造上，他擁有兩張臉，分別望向相反的方向。他最重要的宗教建築（敬拜他的地方）就在羅馬廣場，這裡有一間由兩層大門改建而成的聖殿；聖殿建有兩道東西向的大門，這樣一來，擺在聖殿裡的神像就可以同時看到兩個方向。根據博物學家老普林尼，這間聖殿裡的神像是傳說中的早期國王努瑪敬獻的。這道傑納斯大門在承平時期會關上，在戰爭時期才會打開。

在神話故事裡，另有一個傳統提到傑納斯是義大利早期的國王，他的人民則是當地的原住民。這位國王迎來了薩圖恩，而薩圖恩則為原初的義大利人帶來了農業，同時也帶來了文明。

（也請參考 Numa *and* Saturn。）

宙夫（Jove）宙夫是拉丁文 "Iovis"（宙維斯）英語化之後的拼寫方式，也是羅馬最高天神朱庇特的另一個名字。

（也請參考 Jupiter *and* Rome。）

茱諾（Juno）對羅馬人來說，茱諾是諸神之后，朱庇特的妻子，薩圖恩的女兒。雖然後來她與希臘女神赫拉合而為一，並且也接收了赫拉的神話故事，但是她本身是義大利一位重要的，而且早已確立其地位的本土女神。跟希臘的赫拉女神相似，她是大眾的女神，也是女性——特別是妻子和母親——的保護神。茱諾女神扮演很多角色，稱號也很多；當她扮演生育女神時，她的稱號是茱諾盧西娜（Juno Lucina），扮演國家女神時，她的稱號則是茱諾蕾吉娜（Juno Regina），意即「王后」。已屆入伍之年的年輕人也會受到她的保護，這時的她被稱為茱諾柯瑞帝斯（Juno Curitis），意即「長矛女神」（"Goddess of the Lance"）、蘇斯皮塔（Sospita），意即「護佑者」（"Safe-Keeper"）與摩聶塔（Moneta），意即「警示者」（the "One Who Warns"）。在神話故事裡，羅馬的茱諾相當於赫拉，因此茱諾也對特洛伊人懷有深刻的仇恨。理由很多：一是朱庇特綁架了英俊的特洛伊王子蓋尼米德（Ganymede），把他留在天庭，專為朱庇特斟酒，再來是因為帕里斯把那顆刻著「給最美的女神」的金蘋果頒給了阿芙蘿黛蒂，沒頒給她。她對特洛伊人的怨恨還延續到伊尼亞斯身上；特洛伊城破之後，伊尼亞斯逃往義大利，準備在那裡建立新城市。不過，茱諾女神一再刻意阻撓，不讓他完成使命。伊

尼亞斯會在途中來到迦太基，並且愛上迦太基（Carthage）的建城者蒂朵也是茱諾的設計。茱諾倒是很喜歡蒂朵，不過她無從阻止伊尼亞斯離開蒂朵，也無從改變蒂朵走向自毀的可怕命運。

（也請參考 Aeneas, Carthage, Dido, Hera, Jupiter, Lucina, Paris, Saturn, *and* Troy。）

朱庇特（Jupiter）

朱庇特的名字又可拼寫為"Juppiter"或"Jove"（宙夫）；他是羅馬人的主要神明。就像宙斯，朱庇特是天空與大氣現象之神，也是最崇高的人民之神和政治之神，負責維持政治和社會秩序。再者，就像宙斯的例子那樣，朱庇特這個名字（「天空或天庭之父」["Celestial or Heavenly Father"]）也是延伸自印歐語那個表示「明亮」（天空之明亮）的字彙；在朱庇特這個例子裡，表示「父親」的拉丁文"*pater*"被加在「天空」一詞的後面。身為羅馬人的國家之神，朱庇特被尊稱為「最好與最偉大的朱庇特」（Jupiter Optimus Maximus）。他最重要的神殿矗立在羅馬的卡庇多丘（Capitoline Hill）；在這裡，他與茱諾和米娜瓦一起受到羅馬人的敬拜，被稱為卡庇多三神（Capitoline Triad）。

朱庇特是一位獨立的神，並不完全等於宙斯。但是在藝術作品媒體表現上，他卻被賦予宙斯的神話故事和特徵。

（也請參考 Capitoline Hill [the], Juno, Minerva, Rome, *and* Zeus。）

茱圖爾娜（Juturna）

茱圖爾娜是羅馬的水澤寧芙仙子，與她相關的地點是噴泉、泉水和其他水源。根據維吉爾的《伊尼亞斯紀》，朱庇特奪走了茱圖爾娜的童貞；為了補償茱圖爾娜的損失，他賜給茱圖爾娜不死的生命作為禮物，另外還賜給她一個「勢力範圍」，亦即讓她擔任所有池塘和河流的女主人。她的名字結合了拉丁文裡的「幫忙」（*iuvare*）和圖爾努斯的名字——詩人維吉爾認為她是魯圖里英雄圖爾努斯的姊妹（兼助手）；而且，奉茱諾之命，破壞特洛伊人和拉丁人之間的休戰合約的人正是她。戰爭爆發時，她駕著圖爾努斯的戰車，試圖把圖爾努斯救出來，不過卻未能成功。特洛伊人伊尼亞斯終究還是會殺死圖爾努斯，因為上天注定他必須迎娶圖爾努斯心愛的拉維妮雅公主。

在羅馬廣場，靠近卡斯托和波洛克斯聖殿的附近有個池塘——這裡是茱圖爾娜的聖地。根據歷史學家哈利卡納斯的戴爾尼修斯（Dionysius of Halicarnassus）的記載，卡斯托和波洛克斯這對神聖的雙胞胎兄弟曾下凡幫忙

羅馬人打拉丁人，亦即著名的吉勒斯湖之役（Lake Regillus）——據說大約發生在西元前496年。戰爭結束後，兩兄弟出現在該池塘邊給他們的馬洗澡。

（也請參考 Aeneas, Castor, Juno, Jupiter, Latins [the], Lavinia, Pollux, Rome, Rutulians [the], Troy, *and* Turnus。）

尤文圖斯（Juventus / Iuventus）尤文圖斯的名字還有另一個拼

法，即 "Juventas / Iuventas"（尤文妲斯）；她是羅馬女神，也是青春的擬人化身。這位女神是義大利的本土女神。不過，她雖然維持原本在宗教上的關聯，隨著時間的流逝，她也慢慢增添了許多希臘青春女神赫柏的面向。尤文圖斯在羅馬宗教上的重要性可從幾個地方看出來，一個是她的聖堂出現在羅馬城內的幾個重要地點，其中包括神聖的卡庇多丘；卡庇多丘山上的朱庇特神殿（Temple of Jupiter）內，有個空間特別為她而設。此外，大競技場（Circus Maximus）那裡也有一間為禮敬她而蓋的神殿。她掌管的領域或作用是男孩的成年儀式，經過這個儀式，已屆成年的男孩就可以參加軍隊，並且獲得一件白色的「男人的托加袍」（*toga virilis*）。

（也請參考 Capitoline Hill [the], Hebe, Jupiter, *and* Rome。）

柯拉（Kora）柯拉這個名字或稱號又可拼寫為 "Cora" 或 " Kore"，意思是

「少女」，用來指稱豐收女神狄蜜特的女兒玻瑟芬妮。冥界之神黑帝斯強行擄到冥府去當他新娘的，正是這位少女。

（也請參考 Demeter, Hades, Persephone, *and* Underworld [the]。）

柯羅諾斯（Kronus）柯羅諾斯是 "Cronus"（克洛諾斯）的另一個拼寫

方式；他是個泰坦神，也是奧林帕斯眾神的父親。

（請參考 Cronus, Olympus [Mount], *and* Titans [the]。）

拉克西斯（Lachesis）拉克西斯的意思是「命運的決定者」（"The

Caster of Lots"）；她是命運三女神或希臘人所謂的摩伊賴之一。三位摩伊賴各以不同的方式來決定每個人的「命運」，包括織出人的生命線之長短、唱出他們的命運，或者把她們的決定刻寫在板子或其他媒材上面。

（也請參考 Fates [the], *and* Moirae [the]。）

拉爾神（Lares, The）

拉爾神的確切起源不甚清楚，至今仍有許多爭議。他們是羅馬的本土神，很有可能是從神化了的祖先或從田地的保護者演化而成。拉爾神掌管的範圍很大，從家宅延伸到城市，從私領域擴大到公共空間。「家庭拉爾神」（"family Lar"）漸漸變成受其保護的家庭的同義詞。羅馬人的家宅每一戶都有一個神龕，稱為「拉爾的神龕」（lararium），每戶人家每天都要獻上祭品，供奉神龕裡的拉爾神與裴內提斯神（Penates）；裴內提斯是另一組保護家宅的神，有時候這組家神會與拉爾神混淆（時間久了，兩組家神就被合在一起，統稱為拉爾神或裴內提斯神）。公共拉爾神保護的區域範圍很大，包括城市、村莊、道路與十字路口、軍事行動。就神話故事來說，英雄伊尼亞斯的拉爾神或裴內提斯神最為著名。特洛伊城陷落之後，他在熊熊大火中帶著家神，還有他年老的父親安基賽斯（Anchises）逃了出去，搭船前往義大利。

（也請參考 Aeneas, Anchises, Penates [the], and Troy。）

拉托娜（Latona）

拉托娜是勒托女神的羅馬名字；勒托女神是阿波羅和阿特米斯的母親。

（請參考Leto。）

勒托（Leto）

勒托（或羅馬人的拉托娜）最著名的身分是阿波羅和阿特米斯的母親。她本身是第二代泰坦神，父母是泰坦神科俄斯與福俄柏；她後來成為宙斯的妻子或伴侶，並與宙斯生了兩個孩子。《荷馬詩頌：阿波羅篇》詳細記錄了她在懷孕生子的過程之中所面臨的各種挑戰。原來到了快分娩的時候，她卻被迫從一個島流浪到另一個島。沒有一個島肯收留她，深怕她若留下來，可能會像預言說的那樣：她會生下一個力量強大的兒子。最後她來到提洛島，並向島民保證她的兒子一定會把該島視為他最重要的聖地。提洛島（或又稱為奧爾蒂賈島）於是歡迎她住下來。不過，勒托的產痛一共延續了九天九夜，才盼到生育女神埃雷圖亞前來幫助她。埃雷圖亞之前本來被赫拉攔住，無法前來，最後其他女神看不下去，用一條漂亮的項鍊賄賂埃雷圖亞，請埃雷圖亞幫忙勒托生產。最後，勒托緊抓著棕櫚樹身，在樹下生下阿波羅和阿特米斯——棕櫚樹後來因此成為阿波羅的聖樹。接著勒托抱著她的新生兒女前往呂底亞。在路上，她覺得又熱又渴。她看到一個小湖，湖邊有幾個農人正在工作，於是就過去向農人要一點水，給自己和兩個孩子解渴。

沒想到農人竟然一口回絕。勒托於是把壞心的農人全變成了青蛙，這樣他們就可以永遠「享用」他們的湖水了。後來，呂底亞國王坦塔羅斯（Tantalus）的女兒尼俄柏在某一時間點誇耀自己比勒托女神厲害，因為她的孩子比女神多：她有七個兒子和七個女兒呢。這種傲慢的誇耀讓勒托女神感到很不滿，於是召來阿波羅和阿特米斯，要他們把尼俄柏的兒女——即所謂的尼俄比德斯（Niobids），全部加以射殺。其他跟勒托有關的故事中，有一則提到勒托差點遭受巨人提堤俄斯強暴。提堤俄斯後來受到懲罰，除了被處死，死後還得繼續接受處罰：他的心臟（或者肝臟）會不斷再生，不斷遭受一群禿鷹啄咬。（也請參考 Apollo, Artemis, Coeus, Delos, Eileithyia, Niobe, Ortygia, Phoebe, Tantalus, Tityus, *and* Zeus。）

琉克特雅（Leucothea）

琉克特雅這個名字的意思是「白色女神」；根據旅行作家保薩尼亞斯，這位女神在希臘十分受人歡迎，廣受敬拜。不過，她為何受人敬拜，這一點就比較難以確定。她看來似乎跟成年儀式有關。神話學家阿波羅多洛斯聲稱她是水手的保護神，一旦水手遇到暴風雨，她就會來協助他們脫困。在神話故事裡，琉克特雅最知名的事件是解救英雄奧德修斯，使之免受暴風雨的侵襲。原來奧德修斯在卡呂普索女神的島上製作了一條木筏，然後划著那條木筏回鄉。在途中，他遇到氣呼呼的波賽頓，而後者在海上掀起一場超大暴風雨，阻攔他的歸路。根據荷馬的敘述，海中女神琉克特雅此時從波浪中出現，她化成一隻海鳥，示意奧德修斯丟棄木筏，游泳上岸。在她的掩護之下，奧德修斯終於游到善良的費阿克人（Phaeacians）居住的島嶼。

琉克特雅並非一直都是女神。相反的，她本來是個凡間女子，後來才成為永生的女神。她本來的名字叫伊諾，是底比斯王卡德摩斯的女兒。關於伊諾如何獲得永生，還有她如何變形的精采故事，坊間有很多版本，而且有部分情節還互有衝突。簡單說來，這些情節有：伊諾撫養過酒神戴歐尼修斯；她與酒神女信徒一起肢解了她的表親彭透斯；出於忌妒心使然，她設下計謀，讓國王同意把她的繼子弗里克索斯（Phrixus）和繼女赫勒（Helle）獻祭給神；計謀曝光之後，她為了逃躲憤怒丈夫阿塔瑪斯（Athamas）的追殺，就從懸崖躍入大海。可能就在這一刻，戴歐尼修斯或波賽頓把她變成了水神。（也請參考 Cadmus, Dionysus, Helle, Ino [heroine], Odysseus, Pentheus, Phaeacians [the], Phrixus, Poseidon, *and* Thebes。）

立波爾（Liber）

立波爾是義大利神祇，掌管自然、繁殖和酒。立波爾的名字可能來自兩個拉丁文，一個是「奠酒」，另一個是「自由」——畢竟酒是一種使人放下平時顧慮的解放劑。就此而言，他後來就被視為希臘的戴歐尼修斯。身為繁殖之神，他與穀物和農業女神克瑞斯有很多關聯，而這也是自然的事。

（也請參考 Ceres *and* Dionysus。）

洛提斯（Lotis）

洛提斯（Lotis）是個娜伊阿德斯，亦即司掌泉水、溪流和噴泉的寧芙仙子。根據羅馬詩人奧維德在《變形記》的敘述，好色的鄉間之神普里阿普斯愛上了洛提斯，洛提斯為了逃避普里阿普斯的追求，化成了一株名叫「洛圖斯」（lotus）的植物。奧維德並未解釋她的變形如何發生，也沒清楚說明「洛圖斯」究竟是哪種植物。在他筆下，「洛圖斯」會開紅花，結莓果，而且他還說「洛圖斯」是「水生植物」。長久以來，學者們認為洛提斯變的植物可能就是棗蓮（*Ziziphus lotus*），只是棗蓮並非水生植物，也不開紅色的花。我們有理由相信奧維德筆下的「洛圖斯」就是某種睡蓮（*Nymphaea* spp.）。不過，這個說法也有問題，因為隔了幾行之後，奧維德提到「洛圖斯」是一棵樹。奧維德在另一部作品《歲時記》中也提到這個故事；根據這個版本，粗鄙且醉酒的普里阿普斯苦追洛提斯，並且準備趁她入睡的時候強暴她。不過老西勒努斯（Silenus）的驢子看到他的舉止，於是高聲鳴叫，警告洛提斯。最後，洛提斯從夢中驚醒，然後毫髮無傷地逃走了，而且也沒有變成植物。

（也請參考 Naiads [the], Priapus, *and* Silenus.

路西法（Lucifer）

路西法是晨星的擬人化身，亦即出現在早晨的星體金星。他有時也會被稱為弗斯弗洛斯（Phosphorus），意即「發光者」（"Light-Bearer"），或者厄俄斯弗洛斯（「帶來晨光者」["Morning-Light Bearer"]）。根據希臘詩人海希奧德，路西法（厄俄斯弗洛斯）和他的兄弟赫斯珀爾的母親是黎明女神艾奧斯，父親是第二代泰坦神阿斯特賴俄斯。在羅馬的神話故事裡，朱里烏斯·凱撒（Julius Caesar）死後成神，上升天界，化成星星，即是路西法這顆星星。到了古典晚期，路西法漸漸和撒旦（Satan）畫上等號。

（也請參考 Eos, Hesper, *and* Titans [the]。）

盧西娜（Lucina） 盧西娜（「帶來光明者」["Light-Bringer"]）是羅馬
的助產女神，誠如她的名字所示，她的職責是把新生命從黑暗的子宮裡帶出
來，使新生命獲得白晝的光明。盧西娜並不是一個獨立存在的女神，相反
的，她主要反映了女神茱諾的其中一個面向——婦女和妻子的保護神。狩獵
兼野生動物的保護女神黛安娜有時也會被稱為盧西娜，尤其當她守護分娩中
的母親的時候——不管那是人類還是動物的母親。盧西娜的希臘對等女神是
埃雷圖亞，不過埃雷圖亞是個獨立存在的女神，即便她也反映了赫拉和阿特
米斯兩位女神的某些面向。赫拉與阿特米斯在羅馬的對等女神分別是茱諾和
黛安娜。

助產女神盧西娜服務過的對象不計其數；不過，根據羅馬詩人奧維德的描
述，她協助過的母親之中有好幾位特別著名，一是皮厄魯斯的妻子娥維佩
（Euippe），因為她生的九個女兒未來將會挑戰九位繆斯女神。二是阿多尼斯
的母親蜜爾拉，後者在懷孕之後化成了一棵沒藥樹。

（也請參考 Adonis, Artemis, Diana, Eileithyia, Hera, Juno, Muses [the], Myrrha, *and*
Pierus。）

露娜（Luna） 露娜的拉丁文意思是「月亮」；她是羅馬的月神，而她的
希臘對等女神是賽勒涅。月神崇拜很有可能是從希臘傳入義大利的，不過義
大利當地本來就有一個崇拜月神的傳統，據說這個傳統是早期薩賓國王塔提
烏斯（Titus Tatius）建立的，當時這位國王與羅慕勒斯（Romulus）一起統治
剛剛誕生的城市羅馬。

（也請參考 Rome, Romulus, Sabines [the], *and* Selene。）

呂埃俄斯（Lyaeus） 呂埃俄斯的名字意思是「拯救者」（"Deliverer"）
或「釋放者」（"Releaser"）；這是酒神戴歐尼修斯的稱號或描述其性質的名
字。酒神帶給人類的其中一個祝福就是讓人欣然放下每日生活中的各種擔憂
和苦難。他也抹除了許多「規範性」的區別，因為在他眼裡，所有人都是平
等的，無論老少、男女，也不論是自由民還是奴隸。

（也請參考 Dionysus。）

大母神（Magna Mater） 大母神（「偉大的母親」["Great Mother"]）
是希柏利的拉丁文名字；她是弗里吉亞地區的地母神兼繁殖女神。

（請參考Cybele *and* Phyrgia。）

邁亞（Maia）

寧芙仙子邁亞是普勒阿德斯姊妹之一，她們的父親是第二代泰坦神阿特拉斯，母親是俄刻阿諾斯之女普勒俄涅。邁亞知名於世的主要身分是信使神荷米斯的母親。根據《荷馬詩誦：荷米斯篇》（The *Homeric Hymn to Hermes*）的描繪，她生性害羞，所以總是躲在阿卡迪亞的山洞裡消磨時光，不與諸神或人類相互往來。宙斯愛上了她，不時前來夜訪。不久，邁亞就生下了信使神荷米斯。荷米斯一出生，馬上就顯現超常的智力：他詭詐、機靈、愛偷東西，不過他也很有音樂天賦，比如他一出生馬上就發明了里拉琴。據說他一落娘胎，馬上就啟動前述所有性格特質，成功地偷走了阿波羅的牛。阿波羅前來追討失竊的牛，邁亞抱起了看似無助的嬰兒荷米斯，聲稱這麼小的嬰兒怎麼可能有辦法偷牛。不過她的申辯最後證明無效。根據神話學家阿波羅多洛斯，邁亞後來曾協助宙斯處理他跟卡利斯托之間的複雜情事。原來卡利斯托是宙斯的其中一個凡間情人，因為這起婚外情，卡利斯托若不是被變成一頭熊，就是被殺身亡。她留下了一個名叫阿爾卡斯（Arcas）的孩子，最後這個失去母親的孩子就被宙斯帶去給邁亞撫養。

在羅馬世界裡，邁亞似乎和當地的一位生育女神混為一談，被等同於羅馬的良善女神（Bona Dea）。許多羅馬作家都曾提到大競技場的墨丘利神殿有一個以邁亞之名舉行的節日（墨丘利的希臘相應神祇就是荷米斯）。這個節日每年五月舉行——有的作家認為 "May"（五月）這個月分就是以邁亞的名字命名。在宗教崇拜上，邁亞也跟鍛造之神兀爾肯有所關聯。

（也請參考Apollo, Arcadia, Arcas, Atlas, Bona Dea, Callisto, Hermes, Mercury, Oceanus [god], Pleiades [the], Titans [the], *and* Vulcan。）

瑪涅斯（Manes, The）

瑪涅斯有個比較正式的名字叫狄·瑪涅斯（Di Manes）；在羅馬人的宗教和思想中，瑪涅斯是指已經升格為神的死者，狄·瑪涅斯的意思就是「祖靈」（"Ancestral Spirits"）。據信瑪涅斯居住於冥界，但是跟陽世之人有密切的聯繫；如果陽世之人尊重瑪涅斯，並且獻上瑪涅斯應得的祭品——花環、鹽、麵包和水果，瑪涅斯就會保護他們。狄·帕任提斯（Di Parentes）也是瑪涅斯，意思是「祖先神靈」（"Deified Ancestral Souls"）。有個名叫「祖靈節」（Parentalia）的節日在每年二月舉行，這是一個公共哀悼的節日，羅馬人民會在這一天祭祀他們死去的父母和親戚，不過他們同時也

會在親人的忌日當天私下舉行家祭。根據羅馬詩人維吉爾和奧維德，英雄伊尼亞斯是這個祭祀活動的創始者，因為他在他父親安基賽斯的逝世紀念日獻上祭品，祭祀他的父親。

（也請參考 Aeneas, Anchises, *and* Underworld [the]。）

瑪爾斯（Mars）

在羅馬世界裡，瑪爾斯是最古老的神祇之一；跟朱庇特一樣，他也是其中最重要的神明。身兼戰爭之神與戰士之神，他非常適合代表羅馬的軍事力量和軍事功績。不過，他似乎也是農業之神，人們會祈求他保護田地和牛羊。三月是以他的名字來命名的月分；到了三月，軍事活動開始啟動。此時，人們除了舉行其他儀式，還會舉行一系列慶祝活動來紀念他，例如軍隊在離開羅馬城之前，將領們會先進入一間稱為雷吉亞（Regia）的建築物，然後碰觸收藏在裡面的「瑪爾斯長矛」（Spear of Mars），以此方式喚醒戰神。獲得戰爭勝利之後——不管是已經打贏了或者即將打贏戰爭，羅馬皇帝們通常都會召喚戰神。

在神話故事裡，瑪爾斯後來漸漸與希臘的戰神阿瑞斯混淆，合而為一。由於這個原因，他的伴侶就是阿芙蘿黛蒂的羅馬對應女神維納斯。不過瑪爾斯有他自己獨特的神話故事，其中最為特別的是，他與維斯塔貞女祭司雷雅‧西爾維雅（Rhea Silvia）生了兩個兒子：羅慕勒斯和雷穆斯（Remus）。換言之，他是羅馬人傳說中的祖先。瑪爾斯的形象與阿瑞斯相同，都是全副武裝，頭戴一頂頭盔，手裡拿著武器的男子。

（也請參考 Aphrodite, Ares, Rhea Silvia, Remus, Rome, Romulus, Venus, *and* Vesta。）

麥格拉（Megaera）

麥格拉的意思是「忌妒或怨恨」（"The Envious One or Grudging One"）；她是留著蛇髮，可怕的復仇女神之一：希臘人稱她們為厄里倪厄斯女神，羅馬人則稱她們為復仇三女神。她有兩個姊妹：阿萊克托和提西福涅。

（也請參考 Alecto, Erinyes [the], Furies [the], *and* Tisiphone。）

墨爾波墨涅（Melpomene）

墨爾波墨涅的意思是「歌者」（"The Singer"）；她是繆斯女神之一，以掌管悲劇這一文類而聞名，所以她的塑像通常是手拿著一副悲劇面具。對神話學家阿波羅多洛斯而言，她是女妖賽妊的母親。

（也請參考 Muses [the] *and* Sirens [the]。）

墨丘利（Mercury）

墨丘利是羅馬天神，不過其來源至今仍有很多爭議。在他與希臘的信使神荷米斯合而為一之前，他已經是眾所皆知的天神，司掌各種重要的商業活動，與許多店家和負責運輸貨物的商人有緊密的關聯。不過，到了西元前二世紀，墨丘利漸漸接收了荷米斯扮演的角色和神話故事，當然也一併接收了這位希臘信使神所司掌的職責，包括保護旅人和引導死者的亡魂走向冥界。

（也請參考 Hermes *and* Underworld [the]。）

墨洛珀（Merope）

墨洛珀是個寧芙仙子；她的父親是第二代泰坦神阿特拉斯，母親是俄刻阿諾斯的女兒普勒俄涅。她的父母一共生了七個女兒，通常合稱為普勒阿德斯姊妹。傳奇故事裡的人類女主角中，其中有好幾位也叫墨洛珀，她們應該與寧芙仙子墨洛珀有所區分。這位墨洛珀後來嫁給了薛西弗斯——後者因為企圖欺騙死神，所以死後遭受懲罰，必須承受永遠的折磨：一遍又一遍地推石頭上山，一遍又一遍地看著石頭滾下山，永無止境。這位墨洛珀是英雄柏勒洛豐（Bellerophon）的祖母；柏勒洛豐的著名事蹟是馴服飛馬佩格索斯與屠殺怪獸奇美拉（Chimaera）。

（也請參考 Atlas, Bellerophon, Chimaera [the], Merope [heroine], Oceanus, Pegasus, Pleiades [the], Sisyphus, *and* Titans [the]。）

墨媞斯（Metis）

墨媞斯的名字意思是「智慧」或「機靈」；她是第二代泰坦女神，父親是俄刻阿諾斯，母親是俄刻阿諾斯的姊妹特堤斯。根據神話學家阿波羅多洛斯的描述，宙斯愛上了墨媞斯，對她苦追不放。墨媞斯為了逃避宙斯的擁抱，不斷地變化形態。不過，她最後還是懷了身孕。宙斯後來從蓋亞那裡得知他的孩子會比他更強大，他選擇的解決方案就是把墨媞斯連同還沒出世的小孩吞下肚。不過，經過一段醞釀期，宙斯患了嚴重的頭痛。他向赫菲斯托斯（另一個版本說是普羅米修斯）求助，請後者解除他的痛苦。赫菲斯托斯的解決方法是拿把斧頭劈開宙斯的頭。結果從宙斯頭顱的裂縫中，竟跳出女神雅典娜，而且此時雅典娜已經長大成人，而且還全身武裝。在雅典，帕德嫩神廟東邊的山形牆上畫著雅典娜的出生故事，十分傳神。阿波羅多洛斯另外又提到一則墨媞斯的故事，只是這個故事比較少為人

知；聰明的墨媞斯為宙斯調製一種含有藥性的飲料，而這種飲料讓克洛諾斯把宙斯的兄弟姊妹全部吐了出來。

（也請參考 Athena, Athens, Cronus, Gaia, Hephaestus, Oceanids [the], Oceanus, Parthenon [the], Prometheus, Tethys, *and* Zeus。）

米娜瓦（Minerva）

米娜瓦是義大利的藝術與工藝女神。不過，透過義大利和希臘傳統的融合，她很早就接收了戰爭女神的角色，擔起國家的保護女神的任務。如此發展的結果是：她慢慢成為希臘女神雅典娜的對應女神，而且漸漸合而為一。關於米娜瓦的起源，至今依然有許多爭議：她很有可能是義大利土生土長的女神，或者也有可能是透過伊特魯里亞（Etruria）傳入義大利的希臘女神。在羅馬城的卡庇多丘上，米娜瓦、朱庇特和茱諾共享一間神殿——這間神殿是羅馬國家宗教最重要的廟宇，因此她是羅馬最主要的神明之一。

在神話故事裡，米娜瓦的外在形象和特徵後來就與雅典娜合併在一起。

（也請參考 Athena, Capitoline Hill [the], Juno, Jupiter, *and* Rome。）

謨涅摩敘涅（Mnemosyne）

謨涅摩敘涅的名字意思是「記憶」——她是「記憶」的擬人化身兼記憶女神。她的父母都是原初的自然神：蓋亞（大地女神）和烏拉諾斯（天空之神），因此她也算是較為早期的天神，亦即通稱為泰坦神的其中一員。據說謨涅摩敘涅跟宙斯在皮厄里亞一起睡了九個晚上，後來就生了九個司掌文藝的繆斯女神。

（請參考 Gaia, Muses [the], Pieria, Uranus, *and* Zeus。）

摩伊賴（Moirae, The）

摩伊賴又可拼寫為 "Moirai"；她們是司掌命運的希臘女神。在羅馬，她們的對等女神是命運女神帕爾開。根據希臘詩人海希奧德的解說，摩伊賴的名字意指生命的「部分」或「配額」；她們是夜之女神的女兒，因此她們可說是非常古老的女神。根據海希奧德，她們各自的名字是克洛托、拉克西斯、阿特羅波斯。人一出生之後，她們就負責決定他們生命裡的善惡配額。海希奧德在其他作品裡提出一個與前述說法有所牴觸的故事：摩伊賴的父親是宙斯，母親是泰坦女神泰美斯。摩伊賴各自的名字顯示在分配命運的過程中，她們各自所扮演的角色：克洛托是個「紡線者」，這表示她負責紡織「生命之線」，而她的姊妹接下來會丈量該線的長度，並在決

定好的某個長度把線切斷；拉克西斯是「命運的決定者」，負責投籤來決定人的命運；阿特羅波斯是「不可逆轉者」，負責確保人的命運一旦決定就不可逆轉。身為與死亡有關的女神，她們與復仇女神厄里倪厄斯女神，還有與死亡精靈克瑞斯（Keres）有緊密的關聯。

有時候，眾神可以影響摩伊賴女神的決定，但並不是每次都可以如願；人類則完全無法影響摩伊賴。有一些事例可看到她們定奪人們命運的方式，例如英雄梅列阿格之生命長短的決定過程即是。根據神話學家希吉努斯的描述，她們是以歌唱的方式說出新生兒梅列阿格的命運：克洛托說他會是個高貴的人，拉克西斯說他會是個大勇之人，阿特羅波斯看到爐子裡有根木頭正在燃燒，於是唱道：「他的壽命猶如這根燃燒的木頭，燒完就結束了。」聽到這句話，梅列阿格的母親急忙趕到火爐前，取出那根木頭，藏在一間密室裡，以此保持她兒子的性命。不過梅列阿格也未能壽終正寢，因為他的母親最後在盛怒中，竟從密室取出那根致命的木頭，丟入火爐。這個例子顯示摩伊賴的決定無可阻撓。不過我們另有一個相反的例子：貴族阿德墨托斯即將死亡，天神阿波羅介入為阿德墨托斯求情。摩伊賴同意饒阿德墨托斯一命，但是他得找個人代替他去死。很不幸的是，最後只有他的妻子阿爾柯提絲（Alcestis）自願代他赴死。

（也請參考 Admetus, Alcestis, Erinyes [the], Meleager, Parcae [the], Themis, Titans [the], *and* Zeus。）

摩爾甫斯（Morpheus）

摩爾甫斯是「夢」的擬人化身；據說睡神許普諾斯（相當於羅馬的索姆努斯）有一千個兒子，而摩爾甫斯是其中之一。摩爾甫斯跟特定的夢有關，亦即他是以人的形象出現在凡人的夢裡，因為他最擅長模仿人們的步態、談話和手勢。根據羅馬詩人奧維德的說法，他的兄弟弗柏托爾（Phobetor）──或又名伊克洛斯（Icelos]）──剛好跟他相反，專門以各種動物的形象入夢；另一位兄弟方塔索斯（Phantasos）則會幻化成石頭、樹木、流水和所有其他無生命的東西入夢。摩爾甫斯最值得注意的神話故事與柯宇克斯和阿爾庫俄涅（Alcyone）這對恩愛夫妻有關。柯宇克斯是特拉克斯城（Trachis）的國王，後來不幸在海中溺斃。他的妻子阿爾庫俄涅不知丈夫已死，不斷祈求赫拉保佑其丈夫的安全。赫拉為了終結阿爾庫俄涅無止境的禱告，於是命令摩爾甫斯化身為柯宇克斯，到阿爾庫俄涅的夢裡報告自己的死訊。認出夢中的真相後，傷心的阿爾庫俄涅奔向海邊，當她看到丈

夫的屍體在海中漂浮，就投海自盡了。諸神可憐她的遭遇，就把她和已經死去的柯宇克斯變成海鳥，好讓他們能以海鳥這個新的形態，一起度過他們剩下的歲月。

（也請參考 Alcyone, Ceyx, Hera, Hypnus, *and* Somnus。）

墨爾斯（Mors） 墨爾斯是羅馬神話中的死神，代表沒有生命的狀態，也代表造成死亡的力量。與他對等的希臘天神是塔納托斯。

（也請參考 Thanatos。）

繆斯女神（Muses, The） 繆斯女神賦予人類從事藝術活動的靈感，因此她們是文學與各類藝術的守護女神。一般來說，她們的數目據說有九位，她們的父母是宙斯和泰坦女神謨涅摩敘涅（記憶女神）。海希奧德在他那部記述諸神起源的作品裡，提到了九位繆斯女神的名字：克莉俄（「頌讚者」）、尤特碧（「帶來歡樂者」）、塔莉亞（或塔雷雅[Thaleia]，意思是「繁茂者」；美惠女神也有一位塔莉亞）、墨爾波墨涅（「歌者」）、「喜愛歌舞者」特爾普西柯瑞（Terpsichore）、「可愛的」埃拉托、「許多讚歌者」波呂許謨尼亞（Polyhymnia）、「仰望天空者」烏拉尼亞（或又拼寫為奧拉尼亞[Ourania]）、「美聲者」卡莉俄佩。由於她們經常出沒於奧林帕斯山下的皮厄里亞和波俄奧提亞的赫利孔山（Mount Helicon），所以有時候她們也會被合稱為皮厄里德斯（Pierian / Pierides）和赫利科尼安（Heliconian）。阿波羅身為音樂與詩歌之神，有時他也會召集她們或「領導」她們。

一開始，繆斯女神並未擁有目前她們各自司掌的特定領域，但是隨著時間的過去，每位女神都各自負責某一特定的文藝形式：克莉俄掌管歷史、尤特碧掌管長笛演奏、塔莉亞負責喜劇、墨爾波墨涅掌管悲劇、特爾普西柯瑞負責舞蹈、埃拉托司掌抒情詩與情詩、波呂許謨尼亞負責神聖的頌歌、烏拉尼亞管理天文學、卡莉俄佩掌管史詩。

以繆斯女神為主角的神話故事並不多見，而且情節多半集中於描寫不同的角色來找她們挑戰技藝，而且總也是以悲劇收場。塔密里斯是色雷斯一位技藝高超的吟遊詩人，但是愚蠢的他竟然自誇自己的表演比繆斯女神更精采。由於他實在太過於自滿了，繆斯女神因此把他弄瞎，而且使他忘記自己的技藝。同樣的，皮厄魯斯的九個女兒合稱為皮厄里德斯姊妹（Pierides）——有時她們因此會被誤認是繆斯女神；她們聲稱自己歌唱得比繆斯女神好。由於

她們冒犯了女神，所以被女神變成一群嘰嘰喳喳的喜鵲。根據旅行作家保薩尼亞斯的記載，賽妊在赫拉的鼓勵之下，亦曾與繆斯女神比賽飆歌。一如既往，繆斯女神贏了，於是她們就把賽妊的羽毛拔下來，編成頭冠來戴。根據神話學家希吉努斯的描述，薩堤爾瑪爾緒阿斯與阿波羅之間的那場可怕的長笛比賽，其裁判正是繆斯女神。

有幾位繆斯女神擁有自己的神話故事，大致都是受到男性諸神或英雄的追求，並且與之生下子嗣。克莉俄與俄巴洛斯王（King Oebalus）或皮厄魯斯生下海雅辛斯；卡莉俄佩跟阿波羅共譜戀曲，生下樂師奧菲斯和利諾斯；卡莉俄佩或尤特碧——她們其中一人與河神斯特里蒙（Strymon）結合，生下里瑟斯，而里瑟斯將來會成為色雷斯的其中一位國王；墨爾波墨涅（或特爾普西柯瑞）與河神阿克洛俄斯結合，生下賽妊姊妹。

（也請參考 Achelous [god and place], Apollo, Calliope, Clio, Erato, Euterpe, Helicon [Mount], Hyacinth, Linus, Marysas, Melpomene, Mnemosyne, Oebalus, Olympus [Mount], Orpheus, Pieria, Pierides [the], Pierus, Polyhymnia, Rhesus, Sirens [the], Terpsichore, Thalia, Thamyris, Urania, *and* Zeus。）

娜伊阿德斯（Naiads, The）

娜伊阿德斯是一群寧芙仙子，尤其指那群住在泉水、噴泉、河流、湖泊與溪流中的水精靈。在神話故事裡，娜伊阿德斯通常以一個群體出現，並未個別提到她們的名字。當然也有例外情況，其中比較顯著的特例是洛提斯和西琳克斯（Syrinx）；兩者分別受到鄉村之神普里阿普斯和潘恩熱烈的追求，但是為了逃避兩位男神的追求，兩者最終都化身為植物。

（也請參考 Lotis, Nymphs [the], Pan, Priapus, *and* Syrinx。）

涅默西斯（Nemesis）

涅默西斯是司掌懲罰的女神；根據詩人海希奧德，她是夜之女神的女兒，她的兄弟姊妹包括摩羅斯（Moros，意即「劫數」["Doom"]）、黑色的克爾（Ker，意即「暴亡」["Violent Death"]）、塔納托斯（「死神」）、許普諾斯（「睡神」）、俄涅洛伊（Oneiroi，意即「夢魘」["Dreams"]）、摩墨斯（Momos，意即「責備」["Blame"]）、奧伊季斯（Oizys，意即「苦難」["Misery"]）、摩伊賴（命運三女神）、阿帕特（Apate，意即「欺騙」["Deceit"]）與厄里斯（「衝突」）。在古人的想像之中，涅默西斯負有多種職責；她負責懲罰傲慢自大之人（不知身而為人的種

種界限者），同時也會制止人們從事會遭受懲罰的行動；換言之，與她相對的角色是艾多斯（「敬重」或「慚愧」[shame]）。涅默西斯時常出現在古典文學裡，尤其是那些描寫傲慢自大者的故事最為常見。不過，她在某個特定的神話故事裡扮演一個主要的角色——特洛伊戰爭的故事。根據希吉努斯和阿波羅多洛斯這兩位神話學家的說法，加上《庫普里亞》（*Cypria*）這部亡佚史詩的片段記載，宙斯曾化身天鵝，強迫涅默西斯與之結合。涅默西斯後來生下一對神聖的雙胞胎和一顆蛋；這對雙胞胎就是卡斯托和波洛克斯兩兄弟，而那顆蛋則送給了麗達。後來那顆蛋孵出了美麗的海倫。在這個故事裡，海倫的身分是涅默西斯的諷喻，而她將會引起特洛伊戰爭。換言之，這場戰爭是宙斯促成的，其用意是使大地免除人口過多之苦，同時懲罰人類缺乏虔誠之心。

（也請參考 Castor, Eris, Helen, Hypnus, Leda, Moirae [the], Pollux, Thanatos, Troy, *and* Zeus。）

涅斐勒（Nephele）

涅斐勒的名字意思是「雲朵」；事實上，涅斐勒本來就是一朵雲，宙斯後來賦予她赫拉的形貌。宙斯之所以這麼做自有他特定的目的。原來他的妻子赫拉聲稱色薩利國王伊克西翁（Ixion）試圖引誘她，宙斯於是創造了酷似赫拉的涅斐勒，目的是試探伊克西翁。伊克西翁果然中了計，而且跟涅斐勒上了床。涅斐勒後來生下半人馬（Centaurs），亦即上半身是人類的軀幹，下半身為馬的怪物；詩人品達則聲稱涅斐勒生下了肯陶洛斯（Centaurus），而半人馬是肯陶洛斯的後代。伊克西翁則受到處罰：他被綁在一個火輪的輻條上，隨著火輪永遠不停地轉動。

許多古典作家有時候會感到困惑：這位涅斐勒會不會就是波俄奧提亞國王阿塔瑪斯的第一任妻子？如果是的話，那麼她就是弗里克索斯和赫勒的母親。阿塔瑪斯的第二任妻子伊諾設下計謀，迫使阿塔瑪斯同意把弗里克索斯和赫勒送上祭壇，幸好他們的母親涅斐勒派了一隻會飛的金羊來把弗里克索斯和赫勒救走。

（也請參考 Athamas, Boeotia, Centaurs [the], Dionysus, Helle, Hera, Ino, Ixion, Leucothea, Nephele [heroine], Phrixus, Thessaly, *and* Zeus。）

涅普頓（Neptune）

涅普頓是義大利古老的水神，不過他後來與希臘的海神波賽頓合而為一，而且也逐漸接收了波賽頓的神話故事。

（請參考Poseidon。）

涅瑞伊德斯（Nereids, The）

涅瑞伊德斯是大海寧芙仙子，總共有五十位。她們的父親是海神涅羅斯，母親是俄刻阿諾斯之女多里斯。她們的故事當中，最知名的是她們曾引導傑森的阿爾戈號，使之通過撞擊岩（Clashing Rocks），順利帶著金羊毛返航。根據羅德島的阿波羅尼奧斯所述，帶領眾姊妹協助傑森的是特提斯。另一位詩人阿波羅多洛斯則記錄了一則令人不太愉快的故事。安朵美達的母親是衣索比亞的王后卡西俄珀亞（Cassiopeia），這位母親曾聲稱自己的美貌勝過涅瑞伊德斯姊妹。對涅瑞伊德斯諸姊妹來說，這是一種侮辱。後來波賽頓出面為她們復仇：他在衣索比亞降下一場洪災，讓海怪四處作怪。根據朱庇特阿蒙（Jupiter Ammon）的預言，只有把安朵美達當成祭品，獻給怪物，怪物才會罷手，地方也才會得到安寧。英雄柏修斯經過該地的時候，果然看到安朵美達公主被綁在懸崖之下，準備獻給海怪；他以手中的戈爾貢頭顱，殺了海怪，解救了公主。有某幾位涅瑞伊德斯擁有自己的神話故事，例如特提斯以身為阿基里斯的母親而著名；嘉拉提亞是獨眼巨人波利菲莫斯痴戀的對象；安菲特里忒與海神波賽頓結合，成為海中仙人特里頓的母親。

（也請參考Achilles, Ammon, Amphitrite, Andromeda, Argonauts [the], Cassiopeia, Clashing Rocks [the], Cyclopes [the], Ethiopia, Galatea, Gorgons [the], Jason, Medusa, Perseus, Polyphemus, Poseidon, Thetis, *and* Triton。）

涅羅斯（Nereus）

涅羅斯是一位古老的海神，作家對他的描述通常是一個懂得變形術，而且擁有預言能力的「海洋老人」（Old Man of the Sea），就像他的兄弟佛西士那樣。兩兄弟的父母據說是龐托斯（「大海」）和蓋亞（「大地」）。根據海希奧德的描述，涅羅斯娶了俄刻阿諾斯之女多里斯為妻，並與多里斯生下五十個女兒。這五十個女兒合稱為涅瑞伊德斯。

涅羅斯曾在海克力斯的第十一項任務之中扮演了一個角色。這次海克力斯必須到赫斯珀里德絲姊妹的花園摘取金蘋果，而涅羅斯在海克力斯的百般逼迫之下，只好告訴後者花園的所在地。

（也請參考Doris, Gaia, Hercules, Hesperides [the], Nereids [the], Oceanus, Phorcys, *and* Pontus。）

奈姬（Nike）奈姬是「勝利」的擬人化身。她的形象刻畫通常是生有雙翼，手持棕櫚枝、花冠或其他代表勝利象徵物的女神。海希奧德在他那部描繪諸神起源的著作中，曾提到俄刻阿諾斯之女斯堤克斯（Styx）與泰坦神帕拉斯結合，生下了足踝纖纖的奈姬。除了奈姬之外，這對夫妻還生下三個兒子：「競爭之神」澤羅斯（Zelus）、「力量之神」克拉托斯（Cratos）和「強力之神」比亞（Bia）──這三位神分別代表一種取得勝利的特質，也各自是該特質的擬人化身。此外，海希奧德繼而又提到這個神仙家庭永遠跟宙斯住在一起，沒有別的居所。眾所周知的是，奈姬女神與雅典娜亦有密切的聯繫，而這可從兩個現象看出來：一是雅典衛城有許多紀念建築，尤其雅典娜奈姬神殿又建在帕德嫩神廟附近，二是帕德嫩神廟裡面供著雅典娜巨大的神像，而這尊神像的手中拿著一尊小小的、生有雙翼的奈姬女神像。

（也請參考 Acropolis [the], Athena, Athens, Oceanus [god], Styx [the River], Titans [the], *and* Zeus。）

諾托斯（Notus / Notos）諾托斯是南風的擬人化身，但他很少出現在神話故事裡。根據海希奧德，他和另外兩位風神玻瑞阿斯與仄費洛斯都是黎明女神艾奧斯和她的伴侶阿斯特賴俄斯的兒子。根據維吉爾所述，他和玻瑞阿斯、仄費洛斯、東風之神艾烏洛斯、西南風神阿菲庫斯（Africus）都必須聽命於風王埃俄羅斯。從氣象學的意義來看，諾托斯在晚秋和冬季會帶來雨水和暴風雨。

（也請參考 Aeolus, Boreas, Eos, Eurus, *and* Zephyr。）

寧芙仙子（Nymphs, The）寧芙仙子是一群低階的小神或精靈，住在自然界的某些地形中或某些地方。通常人們把她們描述為年輕女子；事實上，希臘文 "nymph"（寧芙）這個字可以用來指稱人類少女，也可以用來指稱這類精靈。寧芙仙子有幾種不同的類別，其中的娜伊阿德斯是水寧芙，住在泉水、河流與其他的淡水水源之中；歐瑞德斯是山寧芙；德律阿德斯是樹寧芙；哈瑪德律阿德斯也是樹寧芙，只是她們的生命與她們所棲止的樹木緊密相連。最經常出現在神話故事裡的兩種寧芙仙子是俄刻阿尼德斯與涅瑞伊德斯，前者是俄刻阿諾斯（被尊奉為神的大河）的女兒，後者則是海神涅羅斯的女兒。值得注意的是：寧芙仙子固然是小神，她們並非永生不朽。

（也請參考 Dryads [the], Hamadryads [the], Naiads [the], Nereids [the], Nereus, Oceanids

[the], Oceanus, *and* Oreads [the]。）

尼薩山寧芙（Nysaean Nymphs, The）尼薩山寧芙住的地方稱為
尼薩山；她們一共有七姊妹，有時也被稱為許阿德斯。她們最著名的故事與
戴歐尼修斯有關：戴歐尼修斯神奇地從宙斯的大腿第二次「出生」之後，負
責照顧這位嬰兒的就是尼薩山的寧芙仙子。

（也請參考 Dionysus, Hyades [the], Nysa, *and* Zeus。）

俄刻阿尼德斯（Oceanids, The）俄刻阿尼德斯是大洋寧芙仙子，
她們的父親是泰坦神俄刻阿諾斯，母親是俄刻阿諾斯的姊妹特堤斯。這群姊
妹數目頗眾，總共有三千人之多。在這三千人中，只有少數幾位擁有個人的
神話故事：多里斯與涅羅斯結合，生了五十位涅瑞伊德斯寧芙仙子；根據某
些故事，安菲特里忒嫁給了海神波賽頓；墨媞斯與宙斯結合，生下雅典娜女
神。

（也請參考 Amphitrite, Athena, Doris, Metis, Nereids [the], Nereus, Oceanus [god],
Poseidon, Tethys, Titan, *and* Zeus。）

俄刻阿諾斯（Oceanus）泰坦神俄刻阿諾斯的父母是蓋亞（大地女
神）和烏拉諾斯（天空之神）；跟他的父母一樣，俄刻阿諾斯也是原始自然
神。他被視為一項地理形態（亦即俄刻阿諾斯河），同時也是該河的擬人化
身，擁有父母、妻子和孩子。他與他的姊妹特堤斯結合，生下三千位俄刻阿
尼德斯；這三千位大洋寧芙當中，又以多里斯、安菲特里忒、墨媞斯最為知
名。俄刻阿諾斯和特堤斯也是世間所有河流的父母，其中除了斯堤克斯河，
其他所有河流的屬性都是男性。俄刻阿諾斯被描寫成一個留著鬍鬚，有時頭
上生有兩個角，留著一條魚尾巴的男子。

從原初的觀點來看，俄刻阿諾斯一開始被視為一條大河，圍繞著扁平的、圓
盤狀的大地而流動——俄刻阿諾斯河因此是一個外在於大地的分界。舉個例
子，荷馬的《伊利亞德》有一段提到阿基里斯之盾（Shield of Achilles），盾
上的圖樣就以這個方式來描繪俄刻阿諾斯河。據說俄刻阿諾斯河是世間所有
河流的源頭。在人們的想像中，太陽神赫利歐斯和黎明女神艾奧斯是從俄刻
阿諾斯河的東岸升起，在天空中走完一天的旅程後，接著再沉入俄刻阿諾斯
河的西岸。對荷馬來說，至福樂土（Elysian Fields）和黑帝斯的位置是在俄刻

阿諾斯河之外，因此兩者都外在於世間的範圍。就一個意義來說，俄刻阿諾斯河是個閾限，是一個介於已知與未知、真實與非真實的過渡區域；因為如此，這個區域附近據說住著各式各樣的怪物和「奇異的」人類部族，例如赫斯珀里德絲姊妹、戈爾貢姊妹、革律翁（Geryon）、百臂巨人赫卡同克瑞斯和衣索比亞人。

隨著時間的過去，人們對地理學的探索和推測也漸漸有所進展，把俄刻阿諾斯視為一條河的這個概念也漸漸受到質疑。慢慢的，人們逐漸把俄刻阿諾斯想像成一個位於直布羅陀海峽（Straits of Gibraltar）外面的大海，或者將之想像成一個所有海域都相互關聯的「世界海」（"world sea"）。

（也請參考 Amphitrite, Elysian Fields [the], Eos, Ethiopia, Gaia, Geryon, Gorgons, Hades, Hecatoncheires [the], Helios, Hesperides [the], Metis, Oceanids [the], Oceanus [place], Tethys, Titans [the], *and* Uranus。）

奧普斯（Ops）

奧普斯的名字意思是「幫助」或「資源」，意指職司收穫與豐饒的羅馬女神。不過，除了確保土地肥沃，物產豐富之外，她也協助軍事活動的順利進行和保佑婦女的順利生產。奧普斯跟穀倉之神康蘇斯（Consus）有密切的關聯，而且她也被認為是薩圖恩的伴侶。薩圖恩最初本來是一位播種之神，不過後來羅馬人把他跟原始自然神克洛諾斯（奧林帕斯神之父）等同起來。由於奧普斯是薩圖恩的伴侶，所以很順理成章地，她有時候就被等同於希臘女神瑞亞，也就是克洛諾斯的妻子。

（也請參考 Cronus, Olympus [Mount], Rhea, *and* Saturn。）

奧迦斯（Orcus）

奧迦斯是死亡之神，與此同時，他也是亡靈國度裡的王。跟他對應的有兩位希臘神祇：一是塔納托斯（死神），二是又稱為普魯托的黑帝斯（冥界之王）。就像黑帝斯，奧迦斯的名字也可以用來指稱冥界本身。

（也請參考 Hades [god], Pluto, Thanatos, *and* Underworld [the]。）

歐瑞德斯（Oreads, The）

歐瑞德斯是山寧芙仙子；她們的名字衍生自希臘文中的「山」（*oros*），然後再加上相關的形容詞「住在山間的」（*oreios, -a, -on*）。

（也請參考 Nymphs [the]。）

奧烏拉諾斯（Ouranos）

奧烏拉諾斯是天空之神的希臘名字；他的拉丁文名字是烏拉諾斯。奧烏拉諾斯是大地女神蓋亞的伴侶，他與蓋亞生的孩子計有獨眼巨人賽克洛普斯、百臂巨人赫卡同克瑞斯和泰坦神族。由於他嚴重地傷害了蓋亞，泰坦神族當中最年輕的克洛諾斯為了替母親報仇，就把他給閹割了。

（也請參考 Cyclopes [the], Gaia, Hecatoncheires [the], Titans [the], *and* Uranus。）

帕勒斯（Pales）

帕勒斯是羅馬牧神，其職司是保護牧羊人和保佑羊群的繁殖興旺。其性別並不很確定，有時候被描述為男神，有時候被描述為女神。這位牧神跟鄉村之神潘恩和法烏努斯的關係十分密切。雖然人們對帕勒斯，還有對他／她的信仰性質至今還有許多不甚了解之處，但是每年四月二十一日在羅馬城內和鄉間都會舉行牧羊人慶典帕里利亞（Palilia / Parilia），這看來似乎是為了獻給這位牧神而舉辦的盛會。

（也請參考 Faunus *and* Pan。）

帕拉斯（Pallas）

帕拉斯是雅典娜的名字，可以單獨使用，也可以當修飾的稱號使用；換句話說，我們可用「帕拉斯」或「帕拉斯雅典娜」來指稱這位女神。與此相關的是，特洛伊的雅典娜神殿本來供奉著一尊古老的木頭塑像，稱為帕拉狄姆（Palladium），後來這尊塑像被奧德修斯和狄俄墨德斯兩人偷走。帕拉斯的起源難以確定，不過就語源學上的關聯來看，這個名字有兩個可能的意思：「年輕人」（希臘語）或「女統治者」（閃米特語）。神話學家阿波羅多洛斯提到兩則與這個名字有關的故事，一說雅典娜與一位名叫帕拉斯的玩伴練習打鬥技巧時，不小心把對方殺死了，另一說則是雅典娜刻意殺死一個名叫帕拉斯的巨人。

帕拉斯這個名字並非雅典娜獨有，另有一位年輕的英雄也叫這個名字，這兩者應有所區分。這位英雄是伊尼亞斯的盟友，也是阿卡迪亞國王厄凡德爾（Evander）的兒子。

（也請參考 Aeneas, Arcadia, Athena, Diomedes, Evander, Odysseus, Pallas [hero], *and* Troy。）

潘恩（Pan）

潘恩是牧羊人和牧人之神，據說他居住的地方是山區、森林和阿卡迪亞的牧場。他的名字衍生自字根 "*pa-*"，意思是羊群的守護者；很

明顯的，這個字根也出現在拉丁文的 *"pastor"* 之中，意即「牧人」。潘恩原本是阿卡迪亞地區的神，不過很明顯的，他的信仰崇拜後來傳到了希臘的其他地區，例如在德爾菲和雅典目前都可找到多處牧神信仰的遺跡。他的父母不詳，而且說法很多，其中一種說他是荷米斯和德律俄珀（Dryope）的兒子，另一種則提到他是宙斯和潘妮洛碧（Penelope）的兒子（潘妮洛碧是奧德修斯的妻子）。潘恩擁有人獸混合的造型——他有人類的身體和手臂，加上羊的頭部、雙腳和尾巴。在題獻給他的《荷馬詩誦》之中，他是荷米斯和德律俄珀的兒子，而他的長相則被描述成奇觀，生有偶蹄和羊角，而且非常吵鬧，非常愛笑。據說他的母親一看到他的臉和山羊鬍子，竟嚇得落荒而逃。荷米斯只好用兔皮把他包起來，把他帶到奧林帕斯山。山上的眾神都很喜歡他，尤其戴歐尼修斯。從此以後，眾神就稱呼他為「潘恩」——不過，把他的名字聯繫到 *"pantes"*（「每一個人」）這個字的說法顯然是個錯誤。在他出沒的鄉間之地，潘恩跟一大群寧芙仙子與薩堤爾相與為伴——薩堤爾跟他一樣，也是半人半獸的生物。因為這樣，他後來就被戴歐尼修斯的隨行隊伍吸收。潘恩最喜愛的樂器是蘆笛；羅馬詩人奧維德認為這是他發明的樂器。原來潘恩愛上了一位名叫西琳克斯的寧芙仙子，但是西琳克斯為了逃避他的追求，因而化身為一叢蘆葦。潘恩即從這叢蘆葦創造了蘆笛。後來，他拿著蘆笛去找阿波羅，挑戰阿波羅跟他比賽音樂技藝。比賽完畢，弗里吉亞國王邁達斯挑戰宣布他獲得勝利。不過，輸了比賽的阿波羅後來處罰邁達斯，讓後者的頭上長了一對驢耳。

（也請參考 Apollo, Arcadia, Athens, Delphi, Dionysus, Hermes, Midas, Nymphs [the], Odysseus, Olympus [Mount], Penelope, Satyrs [the], Syrinx, *and* Zeus。）

帕爾開（Parcae, The）

帕爾開又被稱為命運女神，其名字的拉丁文是 *"Fata"*（「命運」）；她們是三位羅馬女神，專門司掌命運或已經注定的結局。因為這個緣故，她們被等同於希臘的命運女神摩伊賴。三位帕爾開女神的名字分別是：諾娜（Nona）、德克瑪（Decima）、帕爾卡（Parca），而且這三個名字都有意義，分別是：「第九」、「第十」、「助產士」。很清楚地，這三個名字顯示她們本來是掌管新生兒出生過程的女神，爾後延伸出決定新生兒命運的職責。至於如何決定人的命運，每位女神的方式不同，有的用紡織的方式織出命運之線，有的以背誦或歌唱的方式唱出命運之歌，接著再把個人的命運刻寫在板子上。她們的標記物是紡錘和卷軸。

（也請參考Fates [the] *and* Moirae [the]。）

帕德嫩（Parthenos）帕德嫩或「少女」，兩者都是特別用來指稱雅典娜的稱號或描述語詞。不過，這個稱號也可以用來指稱其他處女神，尤其赫斯提亞和阿特米斯。

（也請參考Artemis, Athena, Athens, *and* Hestia。）

裴內提斯神（Penates, The）裴內提斯神是羅馬的本土神祇，其職掌是保護家宅和國家。裴內提斯神常和拉爾神關聯在一起，就像拉爾神那樣，他們發揮作用的地方包含私領域和公共空間。在家庭裡，裴內提斯神負責保護家庭內部、家內物資和各類儲藏室。在公共的場域裡，裴內提斯神則負責保護羅馬這個國家。

（也請參考Lares [the]。）

帕涅烏斯（Peneus / Peneius or Peneios）帕涅烏斯是帕涅烏斯河的河神；這條河流經希臘北部色薩利地區的滕比河谷（Vale of Tempe），而這位河神是原始泰坦神俄刻阿諾斯和特提斯的兒子。在神話故事裡，他最為人所知的身分是可愛少女達芙妮的父親。原來阿波羅愛上達芙妮，對她窮追不捨。然而達芙妮對情愛沒有興趣，真心希望當個貞女狩獵人。但是阿波羅依然持續不斷地追求她，而她則持續不停地逃跑。最後達芙妮跑累了，因而向她的父親呼救。她的祈求得到河神的允准：就在阿波羅的眼前，她變成了一棵月桂樹。

（也請參考Apollo, Daphne, Oceanus [god], Peneus River [the], Tempe [Vale of], Tethys, Thessaly, *and* Titans [the]。）

玻瑟芬妮（Persephone）玻瑟芬妮又名柯拉（「少女」）；她是黑帝斯的妻子，也是冥界的王后。她的父親是宙斯，母親是稻穀和收穫女神狄蜜特。根據《荷馬詩頌：狄蜜特篇》，黑帝斯愛上美麗的玻瑟芬妮，想要娶她為妻。他與宙斯想了一個策略，並在執行策略時獲得女神蓋亞（「大地」）的協助，讓他順利劫走玻瑟芬妮。蓋亞首先讓尼薩山谷的草原開滿了各式各樣令人難以抗拒的花朵：玫瑰、番紅花、紫羅蘭、鳶尾花、風信子和水仙花。當玻瑟芬妮在草原上四處徘徊和採摘花朵時，黑帝斯把她拉上馬車，接著就

往地底深處衝了進去。悲傷的狄蜜特在大地上四處流浪，不再關心種植和收穫這些職務。在此情況下，種子不發芽，人類沒食物可吃，眾神也不再收到他們例常收到的各種祭品。宙斯和所有其他諸神試圖安慰狄蜜特，給她送去各式各樣極好的禮物，希望可以說服她回到奧林帕斯山。但是這些禮物並不能帶給狄蜜特慰藉，她還是堅持要把女兒找回來。最後，黑帝斯只好同意放行，讓玻瑟芬妮回到狄蜜特身邊。不過，他首先誘騙玻瑟芬妮吃下一些石榴種子，確保玻瑟芬妮每年都有部分時間──四個月（有的資料說是半年）──留在他的身邊。玻瑟芬妮留在黑帝斯身邊的那幾個月是狄蜜特深感悲傷的月分，剛好對應到晚秋到冬季的這幾個月，此時種子埋在泥土裡冬眠。在春天，當玻瑟芬妮重新出現的時候，她的母親於是笑逐顏開，而種在土裡的種子隨即開始發芽。

玻瑟芬妮與她的母親狄蜜特並列在一起，同時受到人們敬拜。她被視為繁殖與延續文化之神，同時也是幸福來生的擔保者。兩位女神最重要的節日是塞斯摩弗洛斯節和厄琉西斯祕儀，而這兩個節日的參與者都被要求必須保密。

在藝術作品中，玻瑟芬妮的形象是手持火把或麥稈的年輕女子；羅馬人稱她為普洛塞琵娜。

（也請參考 Demeter, Eleusis, Gaia, Hades [god and place], Nysa, Olympus [Mount], Underworld [the], *and* Zeus。）

福俄柏（Phoebe）

泰坦女神福俄柏的名字意思是「閃亮」或「預言宣告者」；她最為人所知的身分是作為她的兄弟科俄斯的伴侶，以及第二代泰坦女神阿斯特里亞和勒托的母親。福俄柏的孫子孫女有黑卡蒂、阿波羅、阿特米斯。她是個擁有預言能力的女神；根據希臘悲劇作家艾斯奇勒斯所述，著名的德爾菲神殿由她的母親蓋亞、她的姊妹泰美斯和她先後掌管，不過後來她把該預言聖地交給她的孫子阿波羅。

（也請參考 Apollo, Artemis, Coeus, Delphi, Gaia, Hecate, Leto, *and* Themis。）

福玻斯（Phoebus）

福玻斯是阿波羅的其中一個名字，有時單獨使用，有時也可以當作名字前面的修飾語，比如福玻斯或福玻斯阿波羅。這個名字的意思向來被認為是「明亮者」，但是確切的意涵並不清楚，因為這個名字有可能用來描述阿波羅的外表、神性、純淨，或者也可能用來表示他與太陽的關聯。

（請參考 Apollo。）

佛西士（Phorcys）

佛西士是原初神祇龐托斯（「大海」）和蓋亞（「大地」）的兒子。在荷馬的《奧德賽》中，他以「海洋老人」這個稱號而知名。伊薩卡島（Ithaca）有個安全的港口即用他的名字來命名。離鄉二十年、打過多場戰爭、經歷疲憊旅程的奧德修斯在回到家鄉時，他第一眼看到就是這個港口以及這裡的橄欖樹林和神聖的石窟。佛西士與他的姊妹克托結合，生下可怕的女妖格賴埃（Graiae）和戈爾貢。根據某些故事版本，佛西士和克托也是蛇女艾奇德娜（Echidna）和拉冬——看守赫斯珀里德絲姊妹的金蘋果樹的大蛇——的父母。據說他也是獨眼巨人波利菲莫斯的祖父；另外，他的後代據說還包括賽妊和斯庫拉，而她們全都是怪物。

（也請參考 Cyclopes [the], Echidna, Gaia, Gorgons [the], Graiae [the], Hesperides [the], Ithaca, Ladon, Odysseus, Polyphemus, Scylla, and Sirens [the]。）

皮厄里德斯（Pierides, the）

繆斯女神體現文藝創作的靈感；有時候，人們也會以皮厄里德斯（或皮厄里亞人 [Pierian]）來稱呼她們。這是因為她們的出生地就在奧林帕斯山下的皮厄里亞。嚴格來說，「皮厄里德斯」是取自父親的名字，意思是「皮厄魯斯的子女」。根據旅行作家保薩尼亞斯記錄的一則神話傳統，崇拜繆斯的信仰是馬其頓國王皮厄魯斯建立的，因此就比喻的意義來說，繆斯女神可視為他的女兒。根據羅馬詩人奧維德，皮厄魯斯本人剛好有九個女兒，而且她們也都有一副好歌喉。不過，他的女兒犯了一個致命的錯誤：找繆斯女神挑戰歌藝。想當然耳，她們沒能贏得比賽，而且被繆斯女神變成聒噪的喜鵲。

（也請參考 Macedon, Muses [the], Olympus [Mount], Pieria, and Pierus。）

普勒阿德斯姊妹（Pleiades, The）

普勒阿德斯姊妹（或「七姊妹」）是一群寧芙仙子；她們的父親是阿特拉斯，母親是俄刻阿諾斯之女普勒俄涅。她們的手足有許阿德斯姊妹，以及她們唯一的兄弟許阿斯。普勒阿德斯姊妹的名字如下：阿爾庫俄

涅（Alycone）、刻萊諾（Celaeno）、伊勒克特拉、邁亞、墨洛珀、斯特洛珀（Sterope）或阿斯特洛珀（Asterope)、塔宇格特（Taygete）。七姊妹幾乎每一個都曾與不同的男神生下子女；其中最為重要的有以下幾位：斯特洛珀或阿斯特洛珀與阿瑞斯生下俄諾瑪俄斯（Oenomaus）、伊勒克特拉與宙斯生下達爾達諾斯、邁亞和宙斯生下荷米斯。只有墨洛珀的伴侶是凡人——她與薛西弗斯生下格勞科斯（這個格勞科斯是個英雄，不是與他同名的神）。普勒阿德斯姊妹後來升上天界，成為昂宿星團。之所以如此，有兩個可能的說法，一說巨人俄里翁追趕她們，宙斯為了救她們而把她們變成星星。另一說則提到她們為了許阿德斯姊妹之死而感到十分傷心，為了補償她們，宙斯把她們變成星星。七顆星星之中，只有六顆是可見的。據說那是因為其中一個姊妹因為羞愧或悲傷，因而隱身起來。如果是因為悲傷而隱身，那麼那顆星星必然是伊勒克特拉，因為她的兒子拉俄墨冬創建的特洛伊城被攻破了。如果不是因為悲傷，那麼那顆隱藏的星星就是墨洛珀——她為了跟凡人生子而感到羞愧。

「普勒阿德斯」這個名字有很多解釋，其中一個說法是源自希臘文的「航海」或「哭泣」兩詞。不管源自何處，普勒阿德斯姊妹星團升起時，剛好也是航海季節以及春日播種的開始。反之，當她們落下的時候，剛好就是收穫的季節。

（也請參考 Atlas, Dardanus, Electra [nymph], Glaucus [hero], Hyades [the], Laomedon, Maia, Merope [nymph], Oceanus, *and* Orion。）

普魯托（Pluto）

普魯托是冥界之神黑帝斯的另一個名字；而這個名字衍伸自希臘文的 "*ploutos*"，意即「財富」。普魯托的這個化身強調他與冥界另一個層面的關聯，也就是大地的深處亦是富裕豐饒的源頭。

（也請參考 Hades *and* Underworld [the]。）

波洛克斯（Pollux）

波洛克斯的希臘名字叫波呂德烏克斯，他是神聖的狄奧斯庫洛伊雙胞兄弟之一。這兩位兄弟最後上升天界，化成雙子星座。波洛克斯和他的兄弟卡斯托是斯巴達王后麗達的兒子，他們有兩個姊妹：

海倫和克呂泰涅斯特拉——前者造成特洛伊的殞落，後者是邁錫尼國王阿伽門農不忠的妻子。兩兄弟雖然都被描繪為騎師，不過波洛克斯的特殊才藝是拳擊。跟隨傑森的船隊去尋找金羊毛的過程中，他靠著拳擊的一身本事，在眾英雄之中脫穎而出。

（也請參考Agamemnon, Clytemnestra, Dioscuri [the], Gemini, Helen, Jason, Leda, Mycenae, Sparta, *and* Troy。）

波呂許謨尼亞（Polyhymnia）

波呂許謨尼亞（「許多讚歌者」）是繆斯女神之一；她司掌多種類型以及／或者由很多人演唱之歌曲。她專門的職司包括頌歌和啞劇，並且延伸到歷史學和修辭學——因而與克莉俄的職司產生重疊。某些鮮為人知的傳說提到她是英雄特里普托勒摩斯（Triptolemus）的母親；據說吟遊詩人奧菲斯也是她的兒子（不過，其他傳說則提到奧菲斯的母親是繆斯女神卡莉俄佩）。若根據柏拉圖的講法，甚至連厄洛斯也是她的兒子。

（也請參考Calliope, Clio, Eros, Muses [the], *and* Triptolemus。）

波摩娜（Pomona）

波摩娜是羅馬的水果女神，其名字源自拉丁文的 "*pomum*"（「水果」）。根據羅馬詩人奧維德的描述，美麗的波摩娜十分關心她的花園和果園，專心一意為其植物澆水和修剪。她對花園以外的世界毫無興趣，也沒有興趣談戀愛，即使她的追求者眾多。這群追求者當中，最熱情的莫過於鄉村之神或精靈，例如普里阿普斯、西勒努斯、薩堤爾。維爾圖努斯一見到她，立刻為之傾倒，並且嘗試以各種化身接近她，例如收割者、放牧人、葡萄酒商人、蘋果採摘者、漁夫或士兵，不過她都不為所動。最後，維爾圖努斯化身為老婦，然後手指著一棵樹身密密纏著葡萄藤的榆樹向波摩娜講道理。他說葡萄藤如果離開榆樹，就會塌下來，接著說波摩娜就像葡萄藤那樣，不該孤單一人過活。接著他又講了伊菲斯（Iphis）和阿娜薩瑞蒂（Anaxarete）的故事：一則悲傷的愛情故事。最後，他終於贏得佳人芳心，跟波摩娜成為一對愛侶。

（也請參考Anaxarete, Iphis, Priapus, Satyrs [the], Silenus, *and* Vertumnus。）

波賽頓（Poseidon）

波賽頓是希臘海神，因此他順理成章地成為航海與海戰的保護神。他有能力使大海平靜下來，也能讓大海掀起波濤；因此對

水手和漁夫而言，他既是個救星，也同時是個潛在的剋星。波賽頓也是地震
之神，荷馬形容他是「搖晃大地者」，說他會用三叉戟刺向大地，讓大地顫
抖。再者，他也是司掌馬匹之神——據說馬這種生物是他創造的，而且他也
和馬匹的配種飼育和比賽息息相關。波賽頓這個名字的意義雖然難以確定，
不過，他在希臘是個非常古老的神。早在青銅時代（大約是西元前3000年至
西元前1050年的一段時期），他的名字符號就已經出現了。考慮到波賽頓的
職司範圍，許多供奉他的神殿和聖祠都分布在沿海的遺址，例如雅典地區的
蘇尼翁（Sunion）和科林斯地峽（Isthmus of Corinth）——為了紀念他而舉辦
的泛希臘地峽運動競賽（Pan-Hellenic Isthmian Games）就是在這裡舉行。雖
然如此，位於內陸的遺址也所在多有，尤其在大地出現裂口或出現泉水的地
區。

在神話故事裡，波賽頓是克洛諾斯和瑞亞的兒子。他的弟兄姊妹有宙斯、黑
帝斯、赫斯提亞、狄蜜特和赫拉；除了宙斯之外，他和他的兄弟姊妹打一出
生，就全部被他們的父親吞下肚子，之後才又被吐了出來。當克洛諾斯被他
的子女推翻，失去了王位，當老一輩的泰坦神被宙斯為首的諸神打敗的時
候，當時並未確定是由宙斯來當領導者，也沒預先決定兄弟三人誰該管理世
界的哪一部分。黑帝斯、波賽頓和宙斯因此找來一個頭盔，並以抽籤的方式
來均分世界。就這樣，黑帝斯成為冥界的主人，宙斯成為天空的主人，波賽
頓則統治海洋世界。在埃維亞島（Euboea）靠近阿埃伽埃（Aegae）的附近，
他有一座海底王宮。後來，波賽頓為了爭奪在希臘的領地，還跟其他奧林帕
斯眾神發生了一連串糾紛。他跟雅典娜展開競賽，想成為雅典這個城市的贊
助神。雅典娜使雅典的土地長出一棵橄欖樹，而他則用三叉戟重擊雅典衛城
（Acropolis）的石頭，鑿出一道象徵海軍力量的鹹水泉。不過，雅典人認為雅
典娜的禮物更為珍貴，因此她贏得比賽，成為雅典的保護神。波賽頓另又與
太陽神赫利歐斯爭奪科林斯的領地，結果他分得科林斯地峽，赫利歐斯獲得
高處的科林斯衛城（Acrocorinth）。他跟赫拉女神爭奪阿爾戈斯的領地，結果
也搶輸了。

波賽頓雖然有大洋女神安菲特里忒做伴——據說特里頓就是他和安菲特里
忒生的兒子，然而他的婚外豔遇還是多得不可計數。其中最為知名的是他追
求狄蜜特的故事。狄蜜特失去女兒之後，心裡非常悲傷，獨自在凡間四處流
浪，一面找尋女兒的下落。此時波賽頓愛上了她，對她百般追求。狄蜜特為
了擺脫波賽頓，於是化身為一匹母馬。不過，這樣的變身並未能騙過波賽

頓，他隨即化身為一匹公馬，並以此形式與狄蜜特結合，生下了不朽的神馬阿里翁（Arion）。阿里翁後來成為海克力斯的代步坐騎，接著再傳給英雄阿德拉斯特斯（Adrastus）。漂亮的達那俄斯（Danaid）阿蜜摩涅（Amymone）遭到薩堤爾的攻擊，波賽頓亮出他的三叉戟，趕走薩堤爾。在這過程中，他竟突然愛上阿蜜摩涅，並對阿蜜摩涅霸王硬上弓，從而成為阿蜜摩涅之子納普利俄斯（Nauplius）的父親。此外，他也讓美杜莎懷了孕；當英雄柏勒洛豐把美杜莎的頭砍下來時，美杜莎的斷頸之處生出了天馬佩格索斯和巨人克律薩俄爾（Chrysaor）。雅典國王埃勾斯（Aegeus）與埃斯特拉同床的同一天晚上，波賽頓也和埃斯特拉同寢；以此方式，波賽頓成為雅典英雄提修斯的第二個父親。此外，波賽頓亦與寧芙仙子托俄莎（Thoosa）——海神佛西士的其中一個女兒——共譜韻事，生下獨眼巨人波利菲莫斯。

惹惱波賽頓的人也不少，其中包括特洛伊人和奧德修斯。波賽頓對特洛伊人的怨恨，可以追溯到他對特洛伊國王拉俄墨冬的不滿——原來拉俄墨冬曾經拜託他和阿波羅為特洛伊建立城牆。城牆建好之後，拉俄墨冬卻拒絕獻上祭品，酬謝二神的辛勞。波賽頓之所以討厭奧德修斯，那是因為後者刺瞎了巨人波利菲莫斯的眼睛。由於這個原因，波賽頓讓奧德修斯離開特洛伊之後的歸鄉路變得艱難漫長，而且還充滿了各種海難。克里特島的國王米諾斯為了使他的王位正式生效，曾祈求波賽頓從海裡給他送來一頭公牛。波賽頓幫他如了願，不過米諾斯後來卻沒實現他的諾言，把該頭公牛獻祭給他。因為這樣，波賽頓使米諾斯的妻子帕西法爾愛上那頭公牛，而帕西法爾對該公牛的痴戀導至她後來生下了怪物米諾陶。

波賽頓的標誌和顯著的特徵是一位留著鬍鬚，手裡拿著三叉戟的成熟男子。他的神聖動物包括公牛、馬和海豚。至於植物，他與松樹有特殊關聯，因為這種樹木特別適合用來製作船隻的桅杆。

羅馬人把他們的海神涅普頓（Neptune）視為波賽頓。

（也請參考 Adrastus, Aethra, Amymone, Apollo, Argos, Athena, Athens, Chrysaor, Corinth, Crete, Cronus, Danaids [the], Demeter, Hades, Helios, Hera, Hercules, Hestia, Laomedon, Medusa, Minos, Minotaur [the], Neptune, Odysseus, Pasiphae, Pegasus, Persephone, Phorcys, Polyphemus, Rhea, Satyrs [the], Theseus, Titans [the], Troy, *and* Zeus。）

普里阿普斯（Priapus）

普里阿普斯是源自弗里吉亞地區的繁殖之神，所以他是從小亞細亞西北部進口的神，不過他在希臘和義大利並未像他

在弗里吉亞地區那麼受人歡迎。他的責任是促進動物、植物乃至人類的繁衍興盛，因為這個理由，他對畜牧業和農場經營是個很重要的神。除了作為繁殖之神，他也是好運的擔保者。據信他的神像可以促進豐收。與此同時，他也負責保護綿羊、山羊、蜜蜂、葡萄藤和花園裡的作物，使之免遭小偷偷竊，使之免受忌妒的邪惡之眼所傷害。

這位精力充沛的神有一獨特的生理特徵：勃起的超大陽具；此外，他也是酒神戴歐尼修斯隊伍裡的隨員，與之相與為伍的還有寧芙仙子、薩堤爾和西勒努斯。考慮到他的「本質」，人們一般上認為他的父母是阿芙蘿黛蒂和戴歐尼修斯；不過也有人認為他的父親是荷米斯、宙斯或潘恩，而他的母親則是某個寧芙仙子。

（也請參考 Aphrodite, Dionysus, Hermes, Nymphs [the], Pan, Phrygia, Satyrs [the], Silens [the], *and* Zeus。）

普羅米修斯（Prometheus）

從父系的角度來看，普羅米修斯屬於第二代泰坦神。根據希臘詩人海希奧德，普羅米修斯的父親是第一代泰坦神伊阿珀托斯，母親是俄刻阿諾斯之女克呂墨涅，而俄刻阿諾斯是伊阿珀托斯的兄弟。普羅米修斯有三位兄弟：被迫把天扛在肩上的阿特拉斯、短命的罪犯墨諾提俄斯、愚蠢的厄毗米修斯。普羅米修斯的名字意思是「先見之明」（"forethought"），他亦向來以其機靈和對人類的仁慈而知名。有一次，諸神與人類意見不合，普羅米修斯於是準備了聯合祭品大餐請他們共享。他邀請宙斯先選。由於普羅米修斯早就料到宙斯的喜好，所以他先把動物骨頭包在閃閃發亮的油脂裡，讓該份祭品大餐看起來比另一份僅有瘦肉的祭品較為大份，較為豐盛。宙斯果然選了比較沒營養的那份，人類也因為他的選擇而受益。不過，宙斯發現自己上當後，非常生氣，於是就扣留了火，不讓人類使用。在下一個例子裡，普羅米修斯再次以其智慧戰勝宙斯：他把少許的火焰藏入空心的茴香稈，偷偷把火送給了人類。由於這次違規行為，宙斯想出一個較為永久的方法來懲罰人類和普羅米修斯：他命令赫菲斯托斯創造一個女人──第一個人類女性，但是這份禮物並不是要送給普羅米修斯，因為普羅米修斯一定猜得到這份禮物是個隱藏的危險；相反的，這份禮物是要送給普羅米修斯的兄弟厄毗米修斯。

這個女人就是潘朵拉——她身上既帶著所有的祝福，同時也帶著各種罪惡。至於普羅米修斯，宙斯將他綑綁起來，然後用一根棍子穿過他的身體，把他固定在高山的峭壁上，然後派一隻老鷹（或禿鷹）去啄食他永遠不斷再生的肝臟。普羅米修斯承受的這種折磨，最終還是由宙斯和海克力斯加以解除。海克力斯在找尋赫斯珀里德絲姊妹看守的金蘋果園的時候，途經高加索山脈（Caucasus Mountains），遇到了正在遭受折磨的普羅米修斯。普羅米修斯告訴他方向，而他為了酬謝普羅米修斯，就殺了折磨普羅米修斯的老鷹。普羅米修斯曾經勸宙斯不要追求特提斯，因為根據預言，特提斯將會生下一個比其父更強大的兒子。為了酬謝普羅米修斯的提醒，宙斯解除了普羅米修斯的束縛。根據神話學家希吉努斯所述，宙斯強迫普羅米修斯戴上一枚鐵製戒指，戒指上面鑲了一小塊高加索山上的石頭，以此來提醒他當初的放肆行為。

考慮到火對人類文明與文化發展的重要性，普羅米修斯既被視為人類的恩人，也被讚譽為文化英雄——這一點也不令人覺得驚訝；根據悲劇作家艾斯奇勒斯的說法，普羅米修斯還教會人類許多技藝，包括建造房屋、經營農業、數學、書寫、動物馴養和航海技術。事實上，有個傳說甚至提到普羅米修斯使用泥土和水，從而創造了人類。

（也請參考 Atlas, Caucasus Mountains [the], Clymene, Epimetheus, Hephaestus, Hercules, Hesperides [the], Iapetus, Oceanus [god], Pandora, Titans [the], *and* Zeus。）

普洛塞琵娜（Proserpina）

普洛塞琵娜是玻瑟芬妮在羅馬的名字；她被冥界之王黑帝斯綁架，擄到亡靈的國度當他的王后。她的母親狄蜜特對這件事深感驚恐，無法釋懷。

（也請參考 Hades [god], Persephone, *and* Underworld [the]。）

普羅透斯（Proteus）

普羅透斯是個海神；所以就邏輯而言，他與海神之王波賽頓有密切的關聯——據說他負責替波賽頓放牧海豹。根據神話學家阿波羅多洛斯的說法，他也是波賽頓的兒子。普羅透斯通常被描述為老人，而且他可以任意改變形體和預言未來——這些特質是他和另外兩位海神涅羅斯和佛西士的共同特點。如果人們想聽他預言未來，就得牢牢抓住他，而他為了避免預言未來，則會盡可能變成各種可能的形體來逃脫。如果人們牢牢抓住他，絕不放手，那麼他最後就會恢復原來的樣子，向人們說出真相。曾經成功地抓住普羅透斯，讓他吐露真相的英雄有斯巴達國王墨涅拉俄斯。原

來墨涅拉俄斯離開特洛伊之後，在返航的途中，曾停在法羅斯島（Pharos）；他得到普羅透斯的女兒埃多特亞（Eidothea）指導，和他的三個手下假扮成海豹，趁著正午時分普羅透斯帶著一群海豹躺在山洞中打盹的時候，突然跳出來牢牢抓住他。普羅透斯不斷改變他的形體，首先變成一頭獅子，接著再變成巨蛇、花豹、野豬、流水和大樹。不過墨涅拉俄斯和他的手下就是不放手。普羅透斯只好恢復原形，告訴墨涅拉俄斯接下來該怎麼做才能回鄉：墨涅拉俄斯必須給諸神獻上一百頭牛，諸神才會保佑他平安回鄉。同時，普羅透斯也向墨涅拉俄斯透露他的幾位特洛伊戰友，包括他的兄弟阿伽門農的命運，還有奧德修斯的命運。另一個前來諮詢普羅透斯的英雄是養蜂人阿瑞斯泰俄斯；他透過普羅透斯，這才知道他養的蜜蜂為何會集體死亡。

在神話故事裡，還有另一個也取名為普羅透斯的埃及國王。這位國王有可能因為跟海神普羅透斯產生混淆而被稱呼相同的名字。基本上，普羅透斯國王的知名之處是為海倫提供避難所。海倫的特洛伊冒險故事有很多版本，其中一個版本提到特洛伊發生戰爭的期間，天神荷米斯把海倫帶到埃及，交給普羅特斯國王照顧。

（也請參考 Agamemnon, Aristaeus, Helen, Hermes, Menelaus, Nereus, Odysseus, Phorcys, Poseidon, Sparta, *and* Troy。）

普賽科彭波斯（Psychopompus）

普賽科彭波斯這個名字或稱號的意思是「亡靈接引者」，用來描繪正在執行這個任務的荷米斯——荷米斯的這個職責就是帶領亡靈前往冥界。

（也請參考 Hermes *and* Underworld [the]。）

皮提安（Pythian）

皮提安是阿波羅的其中一個稱號；阿波羅是預言之神，也是音樂、弓箭之術、醫療和光明之神。根據向他致敬的《荷馬詩誦：阿波羅篇》（*Homeric Hymn to Apollo*），這個描繪性的稱號與阿波羅屠殺皮冬這個事件有直接的聯繫。有一度皮冬就盤踞在德爾菲神殿，殺了皮冬，阿波羅就取得控制該神殿的權力。人們來向阿波羅尋求神諭的時候，替阿波羅發言的女祭司稱為皮媞亞（Pythia）；而德爾菲神殿又可稱為皮托（Pytho）

（請參考 Apollo, Delphi, *and* Python。）

奎里努斯（Quirinus）

奎里努斯是個羅馬神明。羅馬傳說中的建城者

羅慕勒斯被神聖化之後，就漸漸與這位神明混淆，乃至合而為一。奎里努斯本來可能是薩賓人的戰神，但是後來被整合匯入羅馬的國家宗教體系之後，他就被塑造成羅馬人民的保護神。

（也請參考 Rome, Romulus, *and* Sabines [the]。）

瑞亞（Rhea）

瑞亞是神話故事裡的泰坦女神；她的母親是蓋亞（「大地女神」），父親是烏拉諾斯（「天空之神」）。根據希臘詩人海希奧德的描述，她與她的兄弟克洛諾斯結合，生下六個子女：赫斯提亞、狄蜜特、赫拉、黑帝斯、波賽頓和宙斯。克洛諾斯從他的父母那裡得知自己注定要被兒子推翻，所以瑞亞生下的小孩全部被他吞下肚子，除了宙斯之外。宙斯之所以得以倖免，那是因為到了要生宙斯的時候，瑞亞已經問過她的父母，知道如何智取克洛諾斯，拯救她最小的孩子。依從父母的勸告，她去了克里特島，並把新生兒藏在島上的山洞裡。至於克洛諾斯呢，她用嬰兒包巾包了一塊石頭讓克洛諾斯吞下肚——克洛諾斯也沒想到自己會中計。宙斯長大之後，靠著瑞亞（有些版本認為是宙斯的第一任妻子墨媞斯）的幫助，他誘騙克洛諾斯吐出那塊石頭和他的幾個哥哥姊姊，並且成功地打敗了克洛諾斯和其他泰坦神族。關於宙斯出生的故事，神話學家阿波羅多洛斯另外補充了一些細節：瑞亞把嬰兒宙斯藏在狄克特山洞，並且委託庫雷特人、寧芙仙子阿德拉斯提亞與伊達撫養宙斯。在該山洞裡，兩個寧芙仙子給宙斯餵食山羊奶——那頭羊名叫阿瑪爾提亞；庫雷特人則開始跳舞，一面拿著矛來敲打盾牌，製造聲音來掩蓋嬰兒的哭聲。

在較為廣義的希臘宗教和文化中，瑞亞兼具大地女神兼母神兩種身分；就某種程度而言，赫拉、狄蜜特和阿芙蘿黛蒂多多少少都是瑞亞的化身或折射。身為地母神，瑞亞在本質上是個生命與繁殖之神。不過，她同時也跟死亡有關聯。從她的神話故事看來，她似乎在克里特島享有盛名，也樂於加入弗里吉亞生殖女神希柏利的行列，共享縱情恣肆的崇拜慶典。這個現象強調一個概念：兩位女神共同源自安納托利亞（西亞）。在羅馬人的宗教系統裡，瑞亞的對應女神是奧普斯女神。

（也請參考 Adrastea, Aphrodite, Crete, Cronus, Curetes [the], Cybele, Demeter, Gaia, Hades, Hera, Hestia, Ida [nymph], Metis, Ops, Phrygia, Poseidon, Titans [the], Uranus, *and* Zeus。）

薩圖恩（Saturn）

薩圖恩是義大利生殖神，其源頭很有可能是伊特魯里亞或薩賓地區。根據多位羅馬作家的看法，他的名字衍生自拉丁文"*sator*"（「播種者」）；從這個名字看來，他司掌的特定領域是土壤的肥沃和農業的興旺。與此同時，他也被視為文化英雄，因為他不僅制定了種植的技術，也設立了許多良好社會秩序的基礎，例如法律、書寫和錢幣鑄造。由於這些原因，羅馬人在卡庇多丘山腳下蓋了一間神殿紀念他；這間神殿有兩個功能：作為儲存各種法律的檔案館兼羅馬財庫的基地。

薩圖恩被等同於希臘神祇克洛諾斯（宙斯和其他奧林帕斯神的父親）。既然他被視為克洛諾斯的對應神，那麼他的伴侶理所當然就是奧普斯（「財富」或「資源」），因為這位羅馬女神本身被視為希臘地母神瑞亞的對應。在古人的想像裡，薩圖恩曾經統治義大利。不過，他後來也被兒子趕出天界，而這種王位繼承的方式多少有點延續克洛諾斯和宙斯的模式。他的統治期是一段黃金時代，充滿和平與富裕。根據羅馬詩人維吉爾的描述，薩圖恩的兒子名叫皮庫斯，而皮庫斯的孫子是勞倫圖姆國王拉丁努斯，特洛伊英雄伊尼亞斯注定迎娶的新娘就是拉丁努斯的女兒拉維妮雅。

農神節（Saturnalia）是為了紀念薩圖恩而舉行的慶典，慶祝時間是十二月，一共為期七天；這個節慶代表冬天田裡工作的結束。到了後世，這個節日亦成為基督徒慶祝聖誕節的參考典範。

（也請參考 Capitoline Hill [the], Cronus, Latinus, Lavinia, Olympus [Mount], Ops, Picus, Rhea, *and* Zeus。）

薩堤爾（Satyrs, The）

薩堤爾是一群住在森林地區的精靈，其形象本來是半人半馬；隨著時間的流逝，他們漸漸換上山羊的部分特徵。

（請參考 Satyrs [Hybrid Creatures]。）

賽勒涅（Selene）

賽勒涅是月亮女神，同時也是月亮的擬人化身。根據希臘詩人海希奧德的說法，賽勒涅的父親是泰坦神兼太陽神海柏利昂，她有兩位手足：赫利歐斯（「太陽」）和艾奧斯（「黎明」）。根據神話學家阿波羅多洛斯的說法，賽勒涅愛上了英俊的恩迪米翁（Endymion）——厄里斯建城者埃特利俄斯（Aethlius）之子或宙斯之子。諸神賜給恩迪米翁一個願望，而他選擇了永遠沉睡，以此方式永保生命和青春。

（也請參考 Endymion, Helios, Hyperion, Titans [the], *and* Zeus。）

索爾（Sol） 索爾的拉丁文意思是「太陽」；與他對應的神是希臘太陽神赫利歐斯。在羅馬較為廣義的宗教和文化思想中，索爾這位神擁護法官和法律，同時也跟太陽、火和光有關聯。與此同時，他也負責創造讓植物生長的雨水。

（也請參考 Apollo *and* Helios。）

索姆努斯（Somnus） 索姆努斯是睡眠的擬人化身，同時也是個羅馬睡神。他的希臘對應神是許普諾斯。

（請參考 Hypnus。）

斯特洛珀（Sterope） 斯特洛珀是七個普勒阿德斯姊妹之一；這群寧芙仙子的父親是阿特拉斯，母親是俄刻阿諾斯之女普勒俄涅。根據神話學家阿波羅多洛斯的描述，斯特洛珀有幾個著名的女兒：身形如鳥的賽妊。另外，她和戰神阿瑞斯結合，育有一子叫俄諾瑪俄斯。俄諾瑪俄斯長大後成為比薩（Pisa）的國王。這位國王愛上自己的女兒，因此想了一個方法來殺死女兒所有的追求者。唯一逃過死劫的是她的最後一個追求者珀羅普斯。

（也請參考 Ares, Atlas, Oceanus [god], Oenomaus, Pelops, Pleiades [the], *and* Sirens [the]。）

西凡納斯（Sylvanus / Silvanus） 西凡納斯是義大利的森林精靈，不過他同時也保護農業、耕地和畜牲，跨越並協調自然與文化的界線。他的來歷至今仍頗有爭議，有時他被認為是瑪爾斯的其中一個面向，其所顯示的樣貌是耕作與畜牧之神，有時則被認為是法烏努斯的化身。除此之外，還有另一個說法是直接由名字的字源入手：拉丁文 "silva" 的意思是「森林」，所以他是森林精靈。有時候，他也會被等同於希臘的鄉野之神潘恩。古代的圖像資料中，他被描繪成一個年長的、留著鬍鬚的男子，手裡通常拿著松果、水果、松枝或鐮刀。

（也請參考 Faunus, Mars, *and* Pan。）

西琳克斯（Syrinx） 西琳克斯是個娜伊阿德斯（水寧芙仙子）。潘恩吹奏的蘆葦笛，其創造或名稱即源自她的名字。根據羅馬詩人奧維德的描述，西琳克斯是住在阿卡迪亞山間的寧芙仙子。有一天，潘恩看到她就立刻愛上

她，而且很想要得到她。不過，西琳克斯希望維持處子之身，就像阿特米斯女神那樣。所以她拔腿就跑，希望可以躲開潘恩。當她跑到拉冬河邊時，她請求水寧芙姊妹們幫她。她的請求獲得允准。潘恩的手碰到她的那一刻，她馬上變成一把蘆葦。潘恩對著那把蘆葦吹氣，蘆葦則回應以悅耳的沙沙微響。潘恩對那聲響深感著迷，並且希望以此方式繼續跟她溝通，所以他就用蠟把一系列不同長度的蘆葦稈連接起來，製成希臘文的 "*syrinx*"，亦即牧神笛。

（也請參考 Arcadia, Artemis, Naiads [the], *and* Pan。）

塔爾塔羅斯（Tartarus）

塔爾塔羅斯是地底最黑暗，最陰森的地方——這裡是冥界的一部分，專門收留犯了罪的死者。不過，塔爾塔羅斯雖然主要是指一個「地方」，但是海希奧德在那部敘述世界與諸神起源的作品中，他把塔爾塔羅斯描述成人格化了的原始神（至少在某種程度上是如此）。根據海希奧德的說法，塔爾塔羅斯和蓋亞（「大地」）最早從卡俄斯（「虛空」）之中誕生。接著塔爾塔羅斯與蓋亞結合，生下可怕的堤豐（Typhon）和艾奇德娜。若根據比較後世的作家描述，塔爾塔羅斯育有幾個子嗣：宙斯的聖鷹、塔納托斯（「死神」），甚至連女魔法師兼女神黑卡蒂也是他的後代。

（也請參考 Chaos, Echidna, Gaia, Hecate, Thanatos, Typhon, Underworld [the], *and* Zeus。）

特爾米努斯（Terminus）

特爾米努斯是各種界碑（可能是石頭或埋入土裡的木頭）的擬人化身，也是羅馬房地產邊界的保護神——在羅馬，各種邊界不僅受到人為建立的法律保護，也受到這位神明的守護。根據羅馬的傳說故事，特爾米努斯牢牢守著羅馬的卡庇多丘，甚至連朱庇特也無法讓他棄守邊界——這就是為什麼朱庇特神殿內部會包含特爾米努斯神聖的界石的原因。據信傳說中的羅馬國王努瑪（或塔提烏斯）建立了特爾米努斯信仰，並把二月二十三日訂定為慶祝界神節（Terminalia）。

（也請參考 Capitoline Hill [the], Jupiter, Numa, *and* Rome。）

特爾普西柯瑞（Terpsichore）

特爾普西柯瑞（或「喜愛歌舞者」）是九位繆斯女神之一。她後來成為專管歌舞合唱隊以及合唱曲的女神；長笛和里拉琴是她的標記。她和她的三個姊妹——卡莉俄佩、尤特碧、烏拉尼

亞——都被指名是著名吟遊詩人利諾斯的母親。她和烏拉尼亞則都被認為是婚禮之神許門的母親。據說她或她的姊妹墨爾波墨涅生下了女妖賽妊。

（也請參考Calliope, Euterpe, Hymen, Linus, Melpomene, Muses [the], Sirens [the], *and* Urania。）

特堤斯（Tethys）

蓋亞和烏拉諾斯所生的第一群後代稱為泰坦神，而特堤斯是其中之一。特堤斯跟她的兄弟俄刻阿諾斯結合，生下三千個俄刻阿尼德斯（大洋寧芙）；另外，世間所有河神也都是他們的兒子。在古人筆下，特堤斯有時候是一位大洋女神，有時候也是俄刻阿諾斯河甜蜜的水源。宙斯和他父親克洛諾斯開戰的那段期間，特堤斯和俄刻阿諾斯曾幫忙照顧赫拉女神。

（也請參考Cronus, Gaia, Hera, Oceanids [the], Oceanus [god], Tethys, Titan, Uranus, *and* Zeus。）

塔莉亞（Thalia）

神話故事裡有好幾個塔莉亞，而這個名字又可拼寫為 "Thaleia"，意思是「繁茂者」。幾個塔莉亞之中，最特出的是繆斯女神塔莉亞。塔莉亞後來成為喜劇和其他通俗文類（相對於其他例如悲劇和史詩等文類）的贊助女神。她的標誌是喜劇面具。

至於其他的三個塔莉亞，其中一個是涅瑞伊德斯寧芙仙子，一個是美惠三女神之一，最後一個也是寧芙仙子——她生了一對雙胞胎兄弟，亦即合稱為帕利希斯（the Palici）的西西里神祇。

（也請參考Graces [the], Muses [the], *and* Nereids [the]。）

塔納托斯（Thanatos）

在希臘神話裡，塔納托斯是死亡的擬人化身。他的母親是倪克斯（夜之女神），兄弟是許普諾斯（「睡神」）。在早期作家的筆下，他是一個長著翅膀的年輕人，不過隨著時間的過去，人們轉而把他改塑成白髮蒼蒼的老人。

（也請參考Hypnus。）

泰美斯（Themis）

泰美斯的名字的意思是「風俗」或「神聖的法」；很合乎邏輯地，她是風俗和律法的擬人化身。不過，她所代表的法並不是人類透過各種合法程序制定出來的法條，而是由大自然或諸神訂定的律法。她是泰坦神之一，她的母親是蓋亞（「大地」），父親是烏拉諾斯（「天空」）。

根據希臘詩人海希奧德所述，泰美斯是宙斯的第二任妻子（前一任是墨媞斯）；她與宙斯生下的子女計有：荷萊（「四季女神」）、歐諾彌亞（「良好秩序」）、狄刻（「正義女神」）、伊瑞涅（「和平女神」）、摩伊賴——決定人一生幸與不幸之配額的命運女神。整體看來，她所有子女都代表某種原則或機制，這些原則和機制確保井然有序之存在。根據悲劇詩人艾斯奇勒斯所述，蓋亞是德爾菲著名神諭聖殿原本的主人，後來她把聖殿交給泰美斯掌管，泰美斯接著傳給芙俄柏，芙俄柏再將之傳給阿波羅。當宙斯以正義和優良統治的擔保者角色顯現的時候——這樣的宙斯與泰美斯有密切的關聯；詩人品達即曾如此描述：泰美斯坐在宙斯旁邊的寶座上。泰美斯也跟她的母親蓋亞密切相關，而且由於這種關聯，她被視為大地女神或繁殖女神，而且是個擁有預言力量的神。作為擁有預言能力之神，她曾幫過許多神話故事裡的角色，比如杜卡利翁（Deucalion）和碧拉（Pyrrha）這兩個唯一逃過洪水劫難的倖存者；阿特拉斯曾事先獲得她的警告，知道未來有人會來偷赫斯珀里德絲姊妹看守的金蘋果；宙斯之所以停止追求特提斯，那是因為泰美斯告訴他特提斯將會生下比父親更強大的小孩。據說泰美斯與她的泰坦神兄弟伊阿珀托斯結合，生下第二代泰坦神普羅米修斯——人類的大恩人。

（也請參考 Atlas, Delphi, Deucalion, Dike, Gaia, Hesperides [the], Metis, Moirae [the], Phoebe, Prometheus, Pyrrha, Thetis, Titans [the], Uranus, *and* Zeus。）

提西福涅（Tisiphone）

提西福涅的名字意思是「謀殺犯的尋仇者」；她是厄里倪厄斯女神（或拉丁文的「命運三女神」）之一，也是留著蛇髮、可怕的復仇神靈。她有兩個姊妹：麥格拉（「妒忌者」）和阿萊克托（「絕不留情」）。對羅馬詩人維吉爾而言，提西福涅的任務是看守塔爾塔羅斯的大門——冥界的一部分，專門收留犯罪的靈魂。據說她和她的姊妹必須聽命於冥界判官拉達曼托斯（Rhadamanthus），負責執行拉達曼托斯所做的宣判，懲罰犯人。

（也請參考 Alecto, Erinyes [the], Furies [the], Rhadamanthus, Tartarus, *and* Underworld [the]。）

泰坦神（Titans, The）

宇宙與諸神誕生之後，蓋亞（「大地」）首先生出了烏拉諾斯（「天空」），讓天空從四面八方包覆著她；接著蓋亞與烏拉諾斯這位原初的男性神明結合，生下了好幾群子嗣，其中包括三個獨眼巨人賽

克洛普斯，百臂巨人赫卡同克瑞斯，接著一共生下十二位泰坦神，其中六個
男泰坦神是：俄刻阿諾斯、科俄斯、克利俄斯（Crius）、海柏利昂、伊阿珀
托斯、克洛諾斯；六個女泰坦神是：特伊亞、瑞亞、泰美斯、謨涅摩敘涅、
芙俄柏、特堤斯。十二個泰坦神之中，有些是原始神，有些則是兼做擬人化
身，他們之中最著名的有以下幾個：俄刻阿諾斯是原始神兼「世界河」的擬
人化身；瑞亞與她的兄弟克洛諾斯結合，生下宙斯幾個兄弟姊妹；泰美斯
（「神聖的法」）；謨涅摩敘涅（「記憶」）是繆斯女神的母親；特堤斯與俄刻阿
諾斯結合，生下大洋寧芙俄刻阿尼德斯；伊阿珀托斯有三個著名的兒子：阿
特拉斯、普羅米修斯和厄毗米修斯。

關於泰坦神的身世與鬥爭，希臘詩人海希奧德的作品裡有很詳細的紀錄。原
來烏拉諾斯第一眼看到賽克洛普斯和赫卡同克瑞斯時，覺得他們很討厭，就
把這幾個剛剛出生的怪物兒子推回他們母親的肚裡，讓蓋亞承受極大的痛
苦。蓋亞請她的泰坦孩子來幫忙，但是他們當中只有一個敢自願站出來幫
忙：那就是最年幼的泰坦神克洛諾斯。克洛諾斯躲在藏身處，等到晚上烏拉
諾斯來找蓋亞睡覺的時候，他就下手閹割了他的父親。他的這個行動產生兩
個結果，一是阿芙蘿黛蒂與厄里倪厄斯——可怕的復仇女神——的誕生，另
外就是他自己成為諸神之王。在這之後，他與他的姊妹瑞亞結婚，生下了宙
斯和他的幾個兄姊，亦即後來的奧林帕斯神。克洛諾斯聽說他的其中一個兒
子注定會推翻他，所以每個孩子一出生，他就把他們吞下肚，唯一的例外是
宙斯。原來瑞亞用嬰兒包巾包了一塊石頭給克洛諾斯吞下，從而救了宙斯。
接下來泰坦神與奧林帕斯神展開長達十年的權力鬥爭；這場鬥爭稱為泰坦之
戰（Titanomachy）——不過，即便在古典時代，人們有時候也會把這場鬥爭
弄錯，稱之為癸干忒斯之戰（Gigantomachy），亦即「諸神與巨人族之間的戰
爭」。這場鬥爭的戰火極為猛烈，打得天空、大地和大海都為之顫抖。宙斯召
來百臂巨人赫卡同克瑞斯的協助，因此打敗了泰坦神族。他把戰敗的泰坦神
族關在塔爾塔羅斯，並指派百臂巨人赫卡同克瑞斯充當塔爾塔羅斯的守衛。
稍微晚期的資料特別提到並非所有泰坦神都涉入泰坦之戰，所以並非所有泰
坦神都被宙斯關進地底牢獄。

泰坦神的孩子和孫子也都被稱為「泰坦神」，不過他們實際上是第二代，或者
甚至是第三代的泰坦神。

（也請參考 Aphrodite, Atlas, Coeus, Cronus, Cyclopes [the], Epimetheus, Erinyes, Gaia,
Giants [the], Hecatoncheires [the], Hyperion, Iapetus, Mnemosyne, Muses [the], Oceanids

[the], Oceanus, Olympus [Mount], Phoebe, Prometheus, Rhea, Tethys, Themis, Uranus, *and* Zeus。）

特里頓（Triton）

特里頓是海神波賽頓與大洋仙女安菲特里忒的兒子。一般來說，特里頓幽居在大海深處。不過，他有時候也會在利比亞的特里托尼斯湖（Lake Tritonis）消磨時光——後來這座湖就以他的名字命名；傑森和阿爾戈英雄隊就是在這裡遇到特里頓。特里頓擁有半人半魚的混合形貌：他的上半身是人類的軀幹，下半身則是魚的尾巴。根據羅馬詩人奧維德的描述，特里頓留著鬍子，身體是藍綠色的，兩肩密密長滿了藤壺，手裡拿著海螺殼。過去由於人類的邪惡，世界遭受大洪水（Great Flood）淹沒，形成一個大海；當時特里頓拿起他的海螺殼，用力一吹，這才迫使海水漸漸消退。

旅行作家保薩尼亞斯筆下的特里頓不只一個，而是好幾個，而且他還記下他在波俄奧提亞聽到的兩則奇異故事。據說那裡有個特里頓不僅會偷牛，而且還會攻擊當地船夫的小船。當地人民不停地向這個特里頓送酒，然後趁他醉酒睡著時砍了他的頭。根據保薩尼亞斯的看法，這個被砍了頭的特里頓給予當地藝術家靈感，從而打造了一座無頭的特里頓塑像。很明顯的，當地人並不認為這個特里頓是不朽的神。第二個特里頓與當地一群婦女有關；原來當地婦女在海裡淨身，預備敬拜酒神戴歐尼修斯。這時候，第二個特里頓前來攻擊她們。這群婦女向海神求救，因此戴歐尼修斯就現身把他趕走了。保薩尼亞斯另又補充提到他在羅馬看到的特里頓：這個特里頓生著綠色的、糾結成團的頭髮，長得像沼澤的青蛙。他身體的下半部拖著一條海豚尾巴，尾巴上面像魚一樣蓋滿了鱗片。他的耳朵下面有鰓，但是他有個人類的鼻子。他的嘴巴寬闊，看來就像動物的嘴巴。他的眼睛是藍色的，而他的雙手、十指和指甲看起來就像是骨螺的殼。

（也請參考 Amphitrite, Argonauts [the], Boeotia, Dionysus, Jason, Oceanids [the], Poseidon, *and* Rome。）

烏拉尼亞（Urania）

烏拉尼亞（或奧拉尼亞）的意思是「神聖者」（"The Heavenly One"）；她是激發人類創造藝術表現的繆斯女神之一。她後來成為天文學和占星學的守護神，因為這樣，她與自然科學和哲學聯繫在一起。在作家筆下，她有兩個兒子，一是著名的歌者利諾斯，另一個是婚禮讚歌的擬人化身許門。不過很巧的是，據說她的姊妹卡莉俄佩也是利諾斯的母

親。

在古典神話故事裡，還有另外幾個角色也叫烏拉尼亞。其中之一是大洋寧芙俄刻阿尼德斯，亦即俄刻阿諾斯和特堤斯的其中一個女兒。諸位女神如赫拉、黑卡蒂、赫柏、阿特米斯、涅默西斯也會被稱為「烏拉尼亞」，因為她們住在奧林帕斯山，因而也是「神聖者」。「烏拉尼亞」也是阿芙蘿黛蒂其中一個崇拜稱號，不過這個稱號似乎著眼於她作為生殖女神的角色，另外就是表示她是烏拉諾斯的後代。

（也請參考 Aphrodite, Artemis, Hebe, Hecate, Hera, Nemesis, Oceanids [the], Oceanus [god], Olympus [Mount], Tethys, *and* Uranus。）

烏拉諾斯（Uranus）

烏拉諾斯的希臘名字是奧烏拉諾斯；他是天堂或天空的擬人化身，同時也是天空本身。根據希臘詩人海希奧德那部描述諸神起源和宇宙生成的作品，原始大地女神蓋亞首先生下天空烏拉諾斯，然後以天空覆蓋她的四面八方，並且提供一個地方讓諸神可以居住——不過當時諸神尚未出生。蓋亞與烏拉諾斯結合，生下好幾群子嗣：十二個泰坦神、三個獨眼巨人賽克洛普斯、三個百臂巨人赫卡同克瑞斯。這後面六個怪物新生兒實在讓烏拉諾斯看得極不順眼，因此他就把他們推回他們母親的肚內，讓蓋亞覺得極為痛苦。烏拉諾斯竟然做出這種駭人聽聞的事，蓋亞一定要找機會報仇。她勸服年紀最小的泰坦神克洛諾斯幫她執行復仇大計。到了夜晚，當烏拉諾斯在蓋亞身邊躺下時，克洛諾斯就從他的藏身處爬出來，然後把他的父親閹割了。由於這一事故，烏拉諾斯不再是權力最高的男性神祇。他被割斷的生殖器掉進大海，接著從海中湧起的泡沫之中，誕生了阿芙蘿黛蒂；他灑落在土裡的血則長出巨人族和復仇女神厄里倪厄斯。不久，克洛諾斯也會被他自己的兒子宙斯推翻；宙斯最終會成為眾神之王。這樣的繼承輪替神話（烏拉諾斯—克洛諾斯—宙斯）在近東地區也可找到類似的故事。極為明顯地，這些故事擁有共同的源頭。

（也請參考 Aphrodite, Cronus, Cyclopes [the], Erinyes [the], Gaia, Giants [the], Hecatoncheires [the], Titans [the], *and* Zeus。）

維斯塔（Vesta）

維斯塔的對應女神是希臘爐灶女神赫斯提亞。維斯塔本身沒有相關的神話故事；不過，在羅馬世界裡，維斯塔不僅掌管個人家庭的爐灶，同時也掌管城市和國家的主要爐灶——她是個別家庭，乃至由所

有家庭構成的整體的象徵中心。在羅馬城裡，羅馬廣場有一間供奉她的圓形神殿，裡面有六個維斯塔貞女祭司負責照顧殿裡的聖火，不使熄滅。維斯塔貞女祭司一共有六個，通常徵選自六歲到十歲之間的少女；一旦開始擔任聖職，必須服侍女神三十年。三十年期滿之後，她們可以自由結婚生子。如果在任職期間失貞，維斯塔貞女祭司會被處以活埋的刑罰。不過這樣的例子十分罕見。

（也請參考 Hestia *and* Rome。）

兀爾肯（Vulcan / Volcanus）

兀爾肯是羅馬神話裡的火神——尤其是具有毀滅力量的火。人們祈求他來控制大火，或希望他來阻止突然發生的大火時，他們會用這幾個名號來召喚他：穆爾希柏（Mulciber）、奎俄圖斯（Quietus）和米提斯（Mitis）；這三個名字各有意義，依次為「緩和者」、「和平者」與「和善者」。在羅馬，兀爾肯是個很古老的神，不過他的起源無人知曉。根據學者一直以來的推測，他本來是伊特魯里亞地區的神，之後才從地中海東部傳入義大利。他的伴侶是一位名叫邁亞的女神。不過，這位邁亞並不是阿特拉斯之女與荷米斯之母邁亞。身為羅馬人最重要的神，兀爾肯有一間聖祠，稱為火神祠（Volcanal），就蓋在羅馬廣場的卡庇多丘山腳下；後來人們又另外在戰神廣場（Campus Martius）新蓋一間神殿來供奉他。每年八月二十三日，人們會慶祝火神節（Volcanalia）。在慶祝活動中，人們會把台伯河裡的活魚丟入火裡，獻祭給火神。

早在西元前四世紀，兀爾肯就與赫菲斯托斯合而為一；後者是希臘的鍛造之神，也是火山之神和掌管地底之火的神。由於這個原因，兀爾肯也接收了後者的特徵和神話故事。身為赫菲斯托斯的對應神，兀爾肯的特徵是戴著工人帽，他的行頭則有鐵匠用的鉗子、鐵砧和鎚子。

（也請參考 Atlas, Capitoline Hill [the], Hephaestus, Hermes, Maia, Rome, *and* Tiber River [the]。）

仄費洛斯（Zephyr / Zephyrus / Zephyros）

仄費洛斯是西風的擬人化身，也是西風之神——這兩者都具有溫暖與和緩的特質，預告著春天的到來以及草木的重生。羅馬人將他等同於法沃尼烏斯。在希臘詩人海希奧德的筆下，他和玻瑞阿斯和諾托斯這兩位風神是兄弟，都是黎明女神艾奧斯和阿斯特賴俄斯的孩子。

根據荷馬的作品，仄費洛斯趁暴躁的波達爾革（Podarge）在俄刻阿諾斯河岸吃草時，與之交配，生下阿基里斯不朽的坐騎，亦即桑托斯（Xanthos）和巴利俄斯（Balios）兩匹神馬。波達爾革的名字意思是「疾行者」（"She of the Swift Feet"），不過值得注意的是，其他資料也提到她是鳥身女妖哈爾庇厄姊妹之一；至少哈爾庇厄姊妹本來曾經是暴風的擬人化身，體現暴風那種突如其來，強力奪取的特性。古人有時候會以馬來表現風，因此波達爾革和仄費洛斯以馬的形式結合，無怪乎會生下不朽的神馬。

仄費洛斯另有一則不一樣的故事保留在阿波羅多洛斯的作品裡。原來仄費洛斯與阿波羅是情敵，兩人都熱切希望得到斯巴達英俊青年海雅辛斯的愛。察覺到海雅辛斯比較偏愛阿波羅，仄費洛斯不禁覺得十分忌妒，因而讓情敵丟出來的鐵餅偏離方向，擊中海雅辛斯的頭，打死海雅辛斯。為了悼念他，一棵風信子從海雅辛斯倒下的地方長出來，而且每一片花瓣都刻著哀悼的文字。另一個跟花朵有關的故事則提到仄費洛斯愛上了寧芙仙子克洛里斯（「青枝綠葉」["Greenery"]），然後娶她為妻，並任命她為花神。從此克洛里斯就改稱為芙蘿拉。根據詩人奧維德在《歲時記》裡的說法：風信子的創造者其實是芙蘿拉。

（也請參考 Achilles, Apollo, Boreas, Favonius, Flora, Hyacinth, Notus, Oceanus [place], *and* Sparta。）

宙斯（Zeus）

在宗教世界和神話故事裡，宙斯都是希臘人最崇高的神；他擁有最高的權力，足以統御跟他一起住在奧林帕斯山上的諸神和其他所有神祇。他是「無上的至尊」；在荷馬的筆下，他是無所不能的父親，是「諸神和人類的父親」。宙斯顯然源自於印歐語地區，因為他的名字即衍生自拉丁文字根 *"dieu"*，意思是「發光」。他首先是個明亮的神，負責掌管天空和大氣現象，包括下雨、打雷和閃電。由於高山最接近天空，因此所有高山都是他的聖物，尤其高聳的奧林帕斯山。重要的是，宙斯也是一位公民之神，非常熱切於建立城市和管理城市，使之成為有秩序的社群；於此同時，他也很關心每個家庭及其成員之間的和諧相處。身為一個維持人際關係的神，他會保護求神者、立誓者，並且鼓勵好客的精神。他擁有多種能力——這可從他的諸多稱號和宗教名號（信徒用來召喚他的稱呼）看出來；他的其中一些名號包括「造雨者」（Ombrios / Rainmaker）、「集雲者」（Nephelegeretes / Cloud-Gatherer）、「咆嘯者」（Keraunios / Thunderer）、「奧林帕斯山居者」（Olympios

/ of Mount Olympus）、「集會之神」（Agoraios / God of the Assembly）、「好客之神」（Xenios / God of Hospitality）、「懇求者之神」（Hikesios / God of Suppliants）、「誓言之神」（Horkios / God of Oaths）。由於宙斯受到所有希臘人的敬拜，而他也以平等心保護每一座城市，因此他並不是任何一座特定城市的保護神。他最重要的宗教慶典結束前，都會舉行一場泛希臘運動會（Panhellenic games），地點就在伯羅奔尼撒半島的奧林匹亞。那裡有一間為他而蓋的神殿，裡頭擺的就是他那尊巨大的著名雕像。雕像全部用黃金和象牙製成，而且是著名雕刻家菲迪亞斯（Phidias）的傑作。除了掌管天氣和公民秩序，宙斯還擁有預言的能力。伊庇魯斯（Epirus）的多多納有一間最古老也最重要的宙斯聖殿；據信他是透過他的聖樹，即橡樹的葉子所發出的沙沙聲，或者透過樹上鴿子的叫聲或飛行方式來發布神諭。

在神話故事裡，宙斯的父親是泰坦神克洛諾斯，母親是泰坦女神瑞亞。他的兄姊有波賽頓、黑帝斯、赫斯提亞、赫拉和狄蜜特。克洛諾斯聽說自己會被他的其中一個孩子推翻，所以就把所有剛出生的孩子吞下肚，除了宙斯。這是因為宙斯出生之時，瑞亞就用嬰兒包巾裹了一塊石頭代替宙斯，讓克洛諾斯吞下。至於嬰兒宙斯，瑞亞把他送到克里特島的伊達山（或狄克特山），交給兩個寧芙仙子，即阿德拉斯提亞和伊達撫養。宙斯一哭，島上的庫雷特人就敲打武器來掩飾他的哭聲。長大成年後，宙斯就跟他的幾個兄姊——亦即所謂的奧林帕斯神——發動一場戰爭，對抗老一輩的泰坦神。這場戰爭一共打了十年。最後，宙斯召來獨眼巨人賽克洛普斯和百臂巨人赫卡同克瑞斯幫忙，這才打贏了戰爭。戰敗的泰坦神被宙斯關在地底牢獄塔爾塔羅斯。這時只剩下誰該統治哪裡的問題了。為了釐清這個問題，宙斯和他的兩個哥哥決定以抽籤的方式來瓜分宇宙。就這樣，宙斯成為天空之神，黑帝斯成為冥界的主人，波賽頓則成為海洋的主人。

宙斯娶了他的姊姊赫拉，並與赫拉生了三個孩子：戰神阿瑞斯、生育女神埃雷圖亞、青春女神赫柏。除了赫拉，宙斯還有很多伴侶和情人，她們當中有不朽的女神，也有凡間女子。女神墨媞斯懷著雅典娜時，他把母女倆吞下肚，不過後來他還是自己「生」出了雅典娜。他跟第二代泰坦女神勒托生下一對雙胞胎，亦即阿波羅和阿特米斯。此外，他還跟寧芙仙子邁亞生了荷米斯；跟底比斯公主賽默勒生下戴歐尼修斯；跟女神狄蜜特生下玻瑟芬妮；跟記憶女神謨涅摩敘涅生下九位繆斯女神。某些傳說故事提到他也和狄俄涅生下阿芙蘿黛蒂。他最著名的凡人兒子是海克力斯；原來海克力斯之母阿爾克

墨涅與安菲特律翁（Amphitryon）同寢的同一晚，宙斯也與阿爾克墨涅發生了關係。此外，宙斯還有兩個他自己生下的孩子：一個是從他頭顱裂縫處跳出來的雅典娜，另一個是戴歐尼修斯；原來戴歐尼修斯的母親賽默勒在懷孕時，不幸被他用雷電燒死了，他只好把還沒足月的孩子藏在大腿肚裡，過了一段時間再把戴歐尼修斯「生」下來。

宙斯另一知名的故事就是他那些非同尋常的誘惑手法，其中最著名的就是他為了接近被囚禁的少女達娜俄（Danae），因而化身為一陣金色的雨；他與達娜俄生下的孩子是柏修斯。他綁架腓尼基公主歐羅芭（Europa）的方式是先化成一頭美麗溫馴的白色公牛；他為了接近阿特米斯貞潔的信徒卡利斯托，竟然化成阿特米斯的樣子。他變成一隻天鵝去誘惑麗達，並與麗達生下特洛伊的海倫。不過，擄走英俊的特洛伊王子蓋尼米德的卻不是他本人，而是他的聖鳥老鷹。

那些惹惱他的人包括第二代泰坦神普羅米修斯、萊卡翁（Lycaon）、當今之世——亦即又稱為鐵器世的所有邪惡人類。宙斯覺得普羅米修斯對人類太好了，由於這樣，他用鐵鍊把普羅米修斯綁起來，並且派禿鷹去啄食普羅米修斯不斷再生的肝臟。邪惡國王萊卡翁的行事有如野獸，因此被宙斯變成一頭狼。至於人類，宙斯覺得人類實在太邪惡了，所以降下大洪水，淹死所有人類，只除了虔誠的杜卡利翁和碧拉。

宙斯最具區別性的特徵是他的權杖、雷霆和他的聖鳥老鷹。在植物當中，他最神聖的樹是橡樹。

羅馬人把他們最尊貴的天神朱庇特對應於宙斯。

（也請參考 Alcmena, Amphitryon, Aphrodite, Apollo, Ares, Artemis, Athena, Callisto, Crete, Cronus, Curetes [the], Cyclopes [the], Danae, Demeter, Deucalion, Dione, Dionysus, Dodona, Eileithyia, Europa, Ganymede, Hades, Hebe, Hecatoncheires [the], Helen, Hera, Hercules, Hermes, Hestia, Ida [Mount], Jupiter, Leda, Leto, Lycaon, Maia, Metis, Mnemosyne, Muses [the], Olympia, Olympus [Mount], Persephone, Perseus, Poseidon, Prometheus, Pyrrha, Rhea, Rome, Semele, Titans [the], Troy, *and* Underworld [the]。）

CLASSICAL
MYTHOLOGY
A TO Z

PART

II

男、女英雄
與
世間奇人

阿楚斯家族系譜

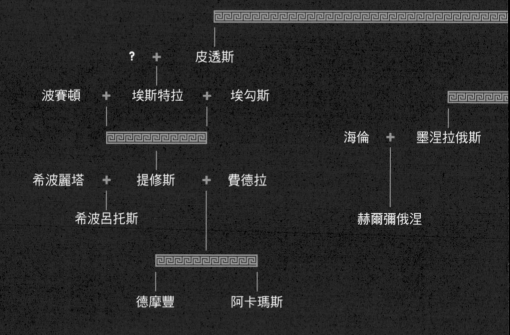

1. 珀羅庇亞是堤厄斯特斯的親生女兒

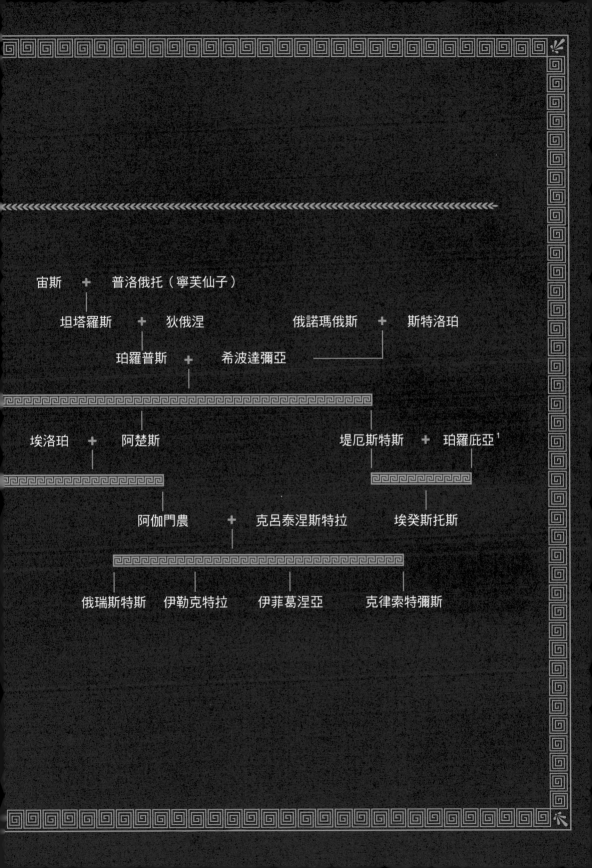

宙斯 ＋ 普洛俄托（寧芙仙子）

坦塔羅斯 ＋ 狄俄涅　　　　俄諾瑪俄斯 ＋ 斯特洛珀

珀羅普斯 ＋ 希波達彌亞

埃洛珀 ＋ 阿楚斯　　　　　　堤厄斯特斯 ＋ 珀羅庇亞[1]

阿伽門農 ＋ 克呂泰涅斯特拉　　埃癸斯托斯

俄瑞斯特斯　伊勒克特拉　伊菲葛涅亞　克律索特彌斯

阿巴斯（Abas）

阿巴斯是阿爾戈斯城的國王，同時也是阿爾戈斯城及其領地未來好幾位國王的父親。根據神話學家阿波羅多洛斯的說法，阿巴斯的父親是國王林叩斯，母親是一位名叫許珀爾涅斯特拉（Hypermnestra）的海寧芙達那伊德斯。阿巴斯娶了曼提紐斯（Mantineus）之女阿格萊亞，兩人生了一對雙胞胎兒子：阿克里西俄斯（Acrisius）和普洛俄托斯（Proetus）。據傳這對雙胞胎還在娘胎裡就時常吵架。長大後，兩人就為了爭奪王位而開戰，不過在這段鬥爭過程中，兩人同時發明了盾牌。爭鬥的結果是：阿克里西俄斯獲得勝利，普洛俄托斯則被趕出阿爾戈斯城；他後來去了呂基亞，進入當地國王伊俄巴特斯（Iobates）的宮廷，並娶了後者的女兒安特伊亞（Anteia，或斯特涅玻亞[Stheneboea]）為妻。後來普洛俄托斯在岳父的支持下回到故土。兩兄弟於是決定平分該城的領土：阿克里西俄斯統治阿爾戈斯城，普洛俄托斯則統治他創建的城市提林斯（Tiryns）。

（也請參考 Acrisius, Aglaia [heroine], Argos, Danaids [the], Hypermnestra, Lycia, Lynceus, Proetus, *and* Tiryns。）

阿克斯特斯（Acestes）

阿克斯特斯（或埃戈斯圖斯[Aegestus]）是西西里厄律克斯城的國王。阿克斯特斯的祖先來自特洛伊城；不過，根據羅馬詩人維吉爾的說法，他的父親是西西里當地的河神克林尼蘇（Crinisus），母親是個特洛伊女子；但是，另有其他傳說故事提到他的母親是特洛伊寧芙仙子，名叫埃格斯塔（Egesta）。特洛伊殞落之後，伊尼亞斯帶著一群特洛伊難民前往義大利，中途曾停靠在西西里休息。阿克斯特斯熱烈歡迎他們的到來。臨走前，伊尼亞斯把不耐長途航行的特洛伊人留在西西里，讓他們跟阿克斯特斯同住。

（也請參考 Aeneas, Nymphs [the], Sicily, *and* Troy。）

阿瑟特斯（Acetes）

阿瑟特斯（或阿寇特斯[Acoetes]）是一艘第勒尼安船艦的船長；根據羅馬詩人奧維德的描述，這艘的船員扣押了一個昏昏欲睡、名叫戴歐尼修斯的少年——這少年其實就是年輕的酒神。他請求船員送他到納索斯島，船員們也假裝接受他的請求。由於該少年的外表看來很高貴，船員們因此心生奢想，打算用他來換取贖金或其他利益。只有船長阿瑟特斯立刻覺得不對，因為他覺察到站在他們眼前的少年並非凡人。他禱告了一聲，想盡辦法阻止他的船員帶年輕的酒神出海。可惜他的努力未能成功。

果然，船航行到了中途就突然停止不動，而且船身還到處長滿了纏繞的常春藤。在少年酒神的腳邊，躺著多頭獅子、猞猁、黑豹——雖然這些動物全都是幻影。船員們全都嚇壞了，紛紛棄船，跳入海裡。不過，當他們一落水，立刻全部化成海豚。雖然如此，戴歐尼修斯請阿瑟特斯不要害怕。阿瑟特斯接著開船送戴歐尼修斯到納索斯島，亦即酒神本來想去的地方。自此以後，他就變成酒神的隨員和擔任酒神的祭司。

（也請參考Dionysus and Naxos。）

阿該亞人（Achaeans, The）

希臘詩人荷馬用了好幾個語詞來指稱所有希臘人：來自阿該亞（Achaea）的叫阿該亞人、來自赫勒斯（Hellas）的叫赫倫人（Hellenes）、來自阿爾戈斯地區的叫阿爾戈斯人。事實上，阿該亞只是伯羅奔尼撒半島北部沿岸的一個地區。阿該亞人的祖先是蘇托斯（Xuthus）——赫倫（Hellen）與雅典國王厄瑞克透斯之女克柔薩（Creusa）的兒子。祖傳自蘇托斯的阿該亞人後來分成好幾支：一支在色薩利，統治者是蘇托斯的兒子阿該俄斯（Achaeus），另一支在伯羅奔尼撒半島。阿該俄斯的幾個兒子後來從色薩利移居阿爾戈斯地區，最後他們定居在伯羅奔尼撒半島北部，將該地區取名為阿該亞。

（也請參考Argos, Athens, Creusa, Erechtheus, Hellen, and Xuthus。）

阿蓋特（Achates）

阿蓋特是維吉爾在《伊尼亞斯紀》創造的一個人物；在這部史詩裡，阿蓋特陪著主角伊尼亞斯從特洛伊航行到義大利；在這段漫長的旅程中，他一直都是伊尼亞斯最忠實的夥伴。

（也請參考Aeneas and Troy。）

阿基里斯（Achilles）

阿基里斯是特洛伊戰爭期間，希臘聯軍當中武藝最高強的戰士。阿基里斯的父親是色薩利弗提亞（Phthia）的國王帕琉斯，母親是大洋女神特提斯。阿基里斯還是個寶寶的時候，特提斯即曾想方設法要讓他得到不死之身，只是她的這番苦心後來全都白費了。據說特提斯在晚上把嬰兒阿基里斯放在爐火的餘燼中鍛鍊，白天則給他餵食仙人的食物。不過，她的這番苦心遭到帕琉斯的阻止，因為帕琉斯擔心他兒子的安全。另一個傳說故事則提到特提斯是抓住阿基里斯的足踝，倒著把他浸入斯堤克斯河。由於這個緣故，阿基里斯全身刀槍不入，唯獨沒泡入冥河的腳跟變

成他「致命的弱點」（"Achilles heel"）。小時候，阿基里斯被送到睿智的半人馬奇戎家裡，並在那裡接受奇戎的教導。長大後，他回到弗提亞，遇到後來變成他最心愛的夥伴兼護衛帕特羅克洛斯（Patroclus）。他的母親得知他注定會死於特洛伊戰場，所以想了一個辦法阻止他參戰：把他送到斯庫羅斯島（Scyros），讓他躲在呂科墨德斯王（King Lycomedes）的宮殿裡，而且還打扮成女生，跟國王的幾個女兒生活在一起。住在王宮的這段期間，他愛上其中一位名叫伊達米雅（Deidamia）的公主，並且跟她生了一個兒子叫奈奧普托勒姆斯（Neoptolemus）。他的這個兒子最後也像他那樣，終究加入了特洛伊的戰爭。這是後話。躲在斯庫羅斯島的阿基里斯最終還是被希臘人派去的奧德修斯找到了。聰明的奧德修斯施了一個巧計，讓阿基里斯自己暴露了身分；原來他去斯庫羅斯島時，除了帶很多送給女生的禮物，例如珠寶和其他裝飾品，同時也帶了劍與盾。王宮裡的一群女生在挑選禮物時，代表攻擊訊號的喇叭聲此時突然響起，阿基里斯出於本能，馬上跳出來，伸手去抓武器——就這樣，他暴露了自己的身分。根據荷馬的《伊利亞德》，阿基里斯帶領密爾米頓人（Myrmidons）抵達特洛伊之後，曾在特洛伊附近發起好幾場突襲。在這幾場突襲戰爭中，他獲得女俘布里賽絲——布里賽絲的丈夫、兄弟和父母都在戰爭中被他殺死了，最後布里賽絲變成他的妾。後來，希臘聯軍總司令阿伽門農把布里賽絲占為己有，不過，因為布里賽絲是阿基里斯的戰利品，象徵他的勇敢，看到戰利品被奪走，他就負氣退出戰局，不再為希臘人出戰。希臘聯軍如此怠慢阿基里斯，如此損害其榮譽的代價十分巨大：希臘軍隊此後在特洛伊人手裡可謂吃盡了苦頭——事實上，這樣的結果也是阿基里斯向他母親請求而來的。最後希臘人只得想盡辦法，力勸阿基里斯重回戰場，阿伽門農甚至送來大量珍貴的禮物來勸誘他。不過，阿基里斯拒不參戰的決心始終堅定不移。這樣的僵局持續了很久，直到他最心愛的戰友帕特羅克洛斯被特洛伊英雄赫克托爾（Hector）殺死之後，他才再次回到戰場。當然，他重回到戰場的動機其實是復仇，並不是為了替希臘人贏得勝利。他最

後真的成功殺了赫克托爾；他一剝下死者的盔甲，圍在他身邊的希臘人就很
殘忍地往死者的屍體猛戳猛刺。憤怒讓阿基里斯失去了人性——他竟然把赫
克托爾的屍體綁在馬車上，然後繞著特洛伊城拖行了十二日。天上的諸神實
在看不下去了，決定出手干預。他們派特提斯去勸阿基里斯，請後者允許普
里阿摩斯王（King Priam）贖回他兒子赫克托爾的遺體。普里阿摩斯王來了，
勇敢地走入帳篷，面對恐怖的阿基里斯。阿基里斯跟普里阿摩斯王面對面交
涉的時候，不由想起了自己的父親。在悲傷中，兩人達成了和解；阿基里斯
也在此時恢復了人性。

赫克托爾死後，阿基里斯在特洛伊戰場上遇到亞馬遜王后彭特西勒亞。很不
幸的是，在他重創彭特西勒亞後，這才發現兩人其實是相愛的。只可惜為時
已晚，彭特西勒亞很快就死了。阿基里斯自己也死在特洛伊戰場。殺死他的
是誘拐海倫的特洛伊王子帕里斯：帕里斯的箭射中了他的腳踝——他唯一的
弱點。希臘聯軍有兩個名叫埃阿斯（Ajax）的戰士，阿基里斯的遺體最後是
由大埃阿斯（Ajax the Great）出面領回。這位大埃阿斯後來和奧德修斯爭奪
阿基里斯留下來的甲冑，不過最後因爭奪失敗，憤而自殺。最後阿基里斯那
副由赫菲斯托斯親手打造，令人夢寐以求的甲冑就歸奧德修斯所有。葬禮過
後，阿基里斯的鬼魂出現在墳墓上頭，要求希臘人把特洛伊公主波呂克塞娜
（Polyxena）獻祭給他。

（也請參考 Agamemnon, Ajax [the Great], Amazons [the], Briseis, Centaurs [the], Chiron,
Deidamia, Hector, Helen, Hephaestus, Lycomedes, Myrmidons [the], Neoptolemus,
Odysseus, Paris, Patroclus, Peleus, Penthesileia, Polyxena, Priam, Scyros, Styx [the River],
Thessaly, Thetis, Troy, *and* Zeus。）

埃西斯（Acis）

英俊的埃西斯是山林之神法烏努斯的兒子，母親是個
鮮為人知的海寧芙仙子，名叫辛麥提斯（Symaethis）。他才十六歲的時候，
涅瑞伊德斯寧芙仙子嘉拉提亞就愛上他，對他展開熱烈的追求。在同一時間
裡，嘉拉提亞本身也有個熱烈的追求者：獨眼巨人波利菲莫斯。不過，嘉拉
提亞痛恨波利菲莫斯的程度，恰恰等於她愛埃西斯的程度。有一天，又妒又
氣的波利菲莫斯舉起一塊巨石打死埃西斯。嘉拉提亞不斷祈禱，希望埃西斯
能夠得救。諸神回應她的祈禱，讓大地裂開，在她眼前出現一個遠比從前更
強大的埃西斯——原來埃西斯已經變成一位全身藍綠色的河神，他生活其間
的河流至今仍以他的名字命名。

（也請參考Cyclopes [the], Faunus, Galatea, Nereids [the], *and* Polyphemus。）

阿克里西俄斯（Acrisius）

阿克里西俄斯和普洛俄托斯是一對雙胞胎兄弟，他們的父母是阿爾戈斯王阿巴斯及其王后阿格萊亞。他們的父親擁有一面能讓所有潛在敵人望而生畏的魔盾；他們有個曾祖父叫達那俄斯（Danaus），而這位曾祖父有五十個女兒；這五十個女子合稱為達那伊德斯姊妹，而這群姊妹以刺殺新婚丈夫而惡名遠播。

這對雙胞胎兄弟的關係也不太好，據說兩人在娘胎裡就已經不和。他們的父親希望他過世之後，兩兄弟可以輪流統治阿爾戈斯城。不過阿克里西俄斯拒絕跟他的兄弟分享權力，結果兩人就發動戰爭，打了起來。最後，阿克里西俄斯獲得阿爾戈斯城的統治權，普洛俄托斯則到附近地方建立新的城市，稱為提林斯。

阿克里西俄斯與尤麗狄絲（或阿伽尼珀[Aganippe]）育有一女，名叫達娜俄。根據神諭，他注定會死在孫子的手裡。為了阻止神諭成真，他把女兒關在一間堅不可摧的房間裡（有些版本說是高塔）。不過，這些防範措施並無法阻擋宙斯化成一陣金雨，進入達娜俄的深閨。達娜俄後來生了柏修斯。阿克里西俄斯不想犯上謀殺親人的血罪，所以他就命人把達娜俄母子關進木箱，丟入大海。母子兩人漂流到一個名叫塞里弗斯（Seriphus）的小島，被當地漁夫救了上來——達娜俄後來嫁給該名漁夫，柏修斯也在該島長大成人。長大之後的柏修斯被賦予一項任務：割下戈爾貢美杜莎的頭。他完成任務後，就往阿爾戈斯城前進。在這之前，阿克里西俄斯聽說他的孫子還活著，因為害怕神諭成真，就離開阿爾戈斯城，避居到色薩利的拉里薩城（Larissa）。拉里薩城此時正在舉行攝政王葬禮之後的運動競賽，柏修斯剛好經過，就到該地參加競賽。結果他的鐵餅失了準頭，意外打死現場觀賽的一名觀眾——那位觀眾正是阿克里西俄斯。

（也請參考Aglaia, Argos, Danae, Danaids [the], Danaus, Eurydice [heroine], Gorgons, Larissa, Medusa, Perseus, Seriphus, Thessaly, Tiryns, *and* Zeus。）

阿克泰翁（Actaeon）

阿克泰翁的母親是底比斯王卡德摩斯之女奧托諾伊，父親是阿波羅之子，亦即非常擅長於農事的阿瑞斯泰俄斯。阿克泰翁有兩個遠房親戚：酒神戴歐尼修斯和彭透斯；彭透斯以後會成為底比斯的國王，而且他也會反對人民敬拜酒神戴歐尼修斯。阿克泰翁是個獵人，過去曾

跟睿智的半人馬奇戎學過這方面的技藝。羅馬詩人奧維德很生動地描寫了他恐怖的死亡。一日，他帶了獵犬出外打獵。到了中午，他想找個陰涼的地方喘口氣，休息一下。他走近一個水池，沒想到竟然撞見黛安娜（阿特米斯的羅馬對應女神）和一群寧芙仙子正在洗澡。雖然阿克泰翁並非故意偷窺女神的裸浴，黛安娜還是覺得很生氣。她把池水潑向阿克泰翁，把阿克泰翁變成一頭公鹿。阿克泰翁的獵犬見到公鹿開始躁動；牠們已經認不得自己的主人，反而群起圍攻，把阿克泰翁咬死了。至此，黛安娜才消了氣。至於阿克泰翁為何會遭受如此可怕的懲罰，神話學家阿波羅多洛斯提出一個較罕見的解釋。原來阿克泰翁曾對賽默勒獻殷勤，而這件事讓宙斯妒意大發，因而讓阿克泰翁被獵犬咬死——所以這一切可能要怪罪宙斯才是。宙斯後來與賽默勒生了酒神戴歐尼修斯。

（也請參考 Apollo, Aristaeus, Artemis, Autonoe, Cadmus, Chiron, Diana, Dionysus, Pentheus, Semele, Thebes, *and* Zeus。）

阿德墨塔（Admeta）

阿德墨塔（Admeta，或阿德美媞 [Admete]）是阿爾戈斯（與／或邁錫尼和提林斯）國王歐律斯透斯的女兒。歐律斯透斯就是那位指派十二項任務給海克力斯的國王；海克力斯的其中一項任務就是給阿德墨塔帶回亞馬遜王后希波麗塔的腰帶。

（也請參考 Amazons [the], Argos, Eurystheus, Hercules, *and* Hippolyta。）

阿德墨托斯（Admetus）

阿德墨托斯的父親是色薩利斐賴城（Pherae）的建城者兼國王斐瑞斯（Pheres），母親是彌倪阿斯（Minyas）之女珀里克呂墨涅（Periclymene）——彌倪阿斯是彌倪阿斯人（Minyans）的祖先及其命名的由來。阿德墨托斯登上王位，接手他父親的國家之後，宙斯即派阿波羅到他的王宮擔任僕役。這是宙斯給阿波羅的懲罰，因為阿波羅殺死了賽克洛普斯；不過話說回來，阿波羅會殺賽克洛普斯也是為了報復，因為宙斯殺了他的兒子阿斯克勒庇俄斯。阿德墨托斯是個非常好的主人，阿波羅的僕役任期滿了之後，還曾一再回來幫助他。根據神話學家阿波羅多洛斯的描述，阿德墨托斯希望能娶伊奧爾科斯（Iolcos）國王珀利阿斯（Pelias）的女兒阿爾克提斯（Alcestis）為妻。不過珀利阿斯只肯把女兒嫁給有能力給獅子和野豬上軛，並驅使牠們拉車的男子。阿波羅替阿德墨托斯完成這項任務，使阿德墨托斯順利娶到阿爾克提斯當他的新娘。阿波羅甚至向命運三女神替阿

德墨托斯求得一項特殊的待遇：萬一阿德墨托斯得去見死神，他可以找個自願者代替他下黃泉。年紀輕輕的阿德墨托斯有一回真的得了重病；眼看就要死了，於是他問他的父母是否願意替他去死，他的父母不願意。最後，只有他忠實的妻子阿爾克提斯願意代他去死。塔納托斯（「死神」）前來帶走妻子的時候，他非常傷心。幸運的是，海克力斯這時剛好途經斐賴城，為了回報阿德墨托斯的熱誠招待，他去找塔納托斯打了一架，把阿爾克提斯從死神手裡搶回來，讓她回到丈夫身邊。悲劇作家尤瑞比底斯曾以阿德墨托斯夫妻的故事為主題，寫了一部稱為《阿爾克提斯》（*Alcestis*）的作品。

（也請參考 Alcestis, Apollo, Asclepius, Fates [the], Hercules, Iolcos, Minyans [the], Minyas, Pelias, Pherae, Thanatos, Thessaly, *and* Zeus。）

阿多尼斯（Adonis）

希臘英雄阿多尼斯的神話故事與信仰崇拜跟愛他的女神阿芙蘿黛蒂有密切的關聯，而且他的故事跟阿芙蘿黛蒂的故事一樣，似乎也起源於近東地區。一般的看法是：阿多尼斯是經過希臘人改編之後的東方自然神；這位自然神本來主司植物世界，管理植物在四季裡的生長、枯萎、死亡或休眠，而他的伴侶是大地女神。根據神話學家阿波羅多洛斯的描述，阿多尼斯的母親名叫斯蜜爾娜（Smyrna），是亞述（Assyria）國王特阿斯（Theias）的美麗女兒。斯蜜爾娜有許多追求者，但她全都看不上眼。她如此蔑視愛情，等於不尊重阿芙蘿黛蒂。為了這一緣故，阿芙蘿黛蒂讓她付出沉重的代價：讓她愛上自己的父親。羅馬詩人奧維德也提到這個故事，不過他把斯蜜爾娜稱為「蜜爾拉」，並且給她一個身分：賽普勒斯公主。在奧維德的這個版本中，讓蜜爾拉愛上其父王克倪拉斯的女神並不是阿芙蘿黛蒂，而是命運三女神。克倪拉斯在不知情的狀況下，跟自己的女兒共寢，並讓蜜爾拉懷了孕。真相曝光後，克倪拉斯勃然大怒，試圖追殺蜜爾拉。蜜爾拉深感罪惡，羞愧地逃離了家國。她深信自己犯下的罪已經汙染了生者與死者的國度，因此祈求諸神賜給她救贖。諸神回應她的祈求，把她變成一棵沒藥樹，永遠流著樹脂狀的眼淚，亦即珍貴藥材的來源。在盧西娜女神的協助之下，渾身包裹著樹皮的蜜爾拉生下了阿多尼斯。

阿芙蘿黛蒂愛上阿多尼斯的故事有很多不同的版本。一說阿芙蘿黛蒂覺得自己可能對蜜爾拉懲罰太重，感到後悔；一說她看到剛出生的阿多尼斯就立刻愛上他。總之阿多尼斯一出生，她就把小嬰兒送到冥后玻瑟芬妮那裡，請玻瑟芬妮保護阿多尼斯。不過，玻瑟芬妮也深受阿多尼斯的魅力吸引，拒絕把

阿多尼斯送還給阿芙羅黛蒂。宙斯和繆斯女神卡莉俄佩只好出面調停這場監護權的紛爭。他們的判決是：阿多尼斯應當各花三分之一的時間給兩位女神，另外三分之一的時間則自己獨處。奧維德著名的版本與上述故事不同：阿芙蘿黛蒂中了愛神丘比特的箭，無法自拔地愛上長大之後的阿多尼斯。她為了追隨出門打獵的阿多尼斯，不惜拋棄她習以為常的舒適與方便，像女獵人阿特米斯那樣在森林裡奔跑。她曾多次警告阿多尼斯，告訴他打獵有很多危險。但是阿多尼斯不聽。一日，他果然被自己射傷的野豬戳傷了。

阿多尼斯的神話故事是好幾種植物和花朵的起源故事之基礎。這些植物當中，除了前述的沒藥樹之外，還有紅玫瑰和銀蓮花。據說玫瑰本來都是白色的，阿芙蘿黛蒂奔向受傷的阿多尼斯時，她的腳被荊棘刺傷而流血，因此把玫瑰花染紅了。阿多尼斯死後，悲傷的女神以天上芬芳的花蜜灑向阿多尼斯流下的血；從那血中，長出一棵血紅色的銀蓮花，那是一種美麗但花時很短的花。女神流下的眼淚也化成了紅色的玫瑰。

根據這則神話故事，阿多尼斯顯然是個凡人。不過希臘人把他當作不死的神來敬拜。到了仲夏，他們會舉行一個稱為阿多涅埃亞（Adoneia）的慶典來紀念他。在慶典的過程中，人們手持阿多尼斯的小塑像參加遊行。此外，人們也會在小花盆或小籃子裡播撒各種很快就會發芽的穀類、萵苣和香草種子。這些被稱為「阿多尼斯花園」（"Adonis gardens"）的小盆栽接著會被放在屋頂或陽台上。看著那些幼苗很快長出來，然後又很快地枯萎，人們在儀式性的悲傷之中，心靈也得到了更新。

（也請參考 Aphrodite, Artemis, Calliope, Cinyras, Cupid, Cyprus, Lucina, Muses [the], Myrrha, Persephone, Underworld [the], and Zeus。）

阿德拉斯特斯（Adrastus）

阿德拉斯特斯是阿爾戈斯城的國王，同時也是決定底比斯城的命運的核心人物。原來伊底帕斯的兒子波里涅克斯和俄紐斯的兒子堤丟斯（Tydeus）都被流放到阿爾戈斯。到了阿爾戈斯城，兩人一見面就打了起來。阿德拉斯特斯剛好經過，看到兩人打成一團，就上前阻止兩人繼續打下去，並且還答應把兩個女兒嫁給他們。阿德拉斯特斯之所以這麼做，那是因為他看到兩人盾牌上面的圖案，一個畫著獅子，另一個畫著野豬，然後他突然想起之前有個神諭要他把女兒嫁給獅子和野豬。接著阿德拉斯特斯還保證他會幫他們回到原來的國家。為了幫助波里涅克斯把底比斯王位從他的兄弟厄特俄克勒斯手中搶回來（厄特俄克勒斯已經當政一年，

此時應該依約把王位讓給波里涅克斯），阿德拉斯特斯組織了一個七人隊伍，攻向底比斯，亦即所謂的「七雄攻底比斯」。他決定進攻之前，先知安菲阿刺俄斯已經預告他後果會很慘重，但是他還是決定去攻城。果然，七位攻城的將領之中，只有他一人生還。七雄之子後來決定為他們死去的父親復仇，再次集結，再次組隊去攻底比斯。這第二次的行動之中，只有他的兒子戰死沙場，七雄之子都得以生還。

（也請參考 Amphiaraus, Argos, Eteocles, Oedipus, Polyneices, Thebes, *and* Tydeus。）

埃阿喀德斯（Aeacides, The）

「埃阿喀德斯」是個表示父系的語詞，意思是「埃阿科斯的後代」（"descendant(s) of Aeacus"）。這個語詞可用來形容希臘英雄帕琉斯，也可用來指稱他的兒子阿基里斯，甚至他的孫子奈奧普托勒姆斯。

（也請參考 Achilles, Aeacus, Neoptolemus, *and* Peleus。）

埃阿科斯（Aeacus）

埃阿科斯是埃癸娜與宙斯生的兒子。埃癸娜本來是河神阿索波斯的女兒，有一日，她突然遭到宙斯綁架，被擄到俄諾涅島成婚（宙斯後來把該島改名為埃癸娜島）。埃癸娜在那座島生下埃阿科斯。根據羅馬詩人奧維德的描述，宙斯跟埃癸娜的出軌事件讓茱諾女神感到很生氣，因此她讓該島發生一場可怕的瘟疫，殺死了所有的島民。看到發生這樣的事，埃阿科斯於是向宙斯禱告；他承認宙斯為父，並請宙斯協助。在禱詞中，他向宙斯祈求：要嘛讓他跟他的人民一起死去，要嘛請宙斯再次讓島上住滿居民，就像爬上附近那棵橡樹的螞蟻那麼多。結果那棵橡樹開始顫動，樹上所有的螞蟻頓時都變成了人。這群人後來擁護埃阿科斯為王。根據希臘文的"*myrmex*"（「螞蟻」），這個民族被稱為密爾米頓人，而他們就像他們的始祖螞蟻那樣，不僅節儉，而且十分勤勞。

埃阿科斯與有時被稱為奇戎之女的恩德伊斯（Endeis）結合，生下特拉蒙（Telamon）和帕琉斯。特拉蒙後來成為大埃阿斯的父親，而帕琉斯後來成為阿基里斯的父親。

（也請參考 Achilles, Aegina [goddess and place], Ajax [the Great], Asopus, Chiron, Juno, Peleus, Telamon, *and* Zeus。）

埃厄忒斯（Aeetes）

埃厄忒斯是黑海東岸柯爾基斯的國王；他統治人

民的王宮位於埃厄亞城（Aea），據說這間王宮是鍛造之神赫菲斯托斯特地為他蓋的。埃厄忒斯的父親是太陽神赫利歐斯，母親名叫帕爾塞（Perse），是三千大洋女神俄刻阿尼德斯之一。他有兩個姊妹：女魔法師瑟西和米諾陶之母帕西法爾。他最著名的兒女分別是阿布緒爾托斯（Apsyrtus）和美狄亞。傑森要找的金羊毛，就藏在柯爾基斯。打從那隻載著弗里克索斯的神奇金羊抵達柯爾基斯之後，埃厄忒斯就把那隻羊獻給神，然後把金羊皮掛在阿瑞斯聖林的樹上，派了一隻龍好好地看守。埃厄忒斯歡迎落難的波俄奧提亞人弗里克索斯，而且還把女兒卡爾克俄珀（Chalciope）嫁給他。但是他卻不太歡迎英雄傑森；根據希臘詩人羅德島的阿波羅尼奧斯的描述，埃厄忒斯一聽到傑森是來尋找金羊毛，首先就要求傑森駕著兩隻噴火公牛去犁田，然後播下龍牙，接著還要把那群從龍牙長出來的武裝戰士殺死。埃厄忒斯料想傑森應該無法從這項任務全身而退。不過，傑森因為暗中得到美狄亞的幫助，竟然成功地完成任務。傑森帶著金羊毛和美狄亞返航的時候，埃厄忒斯派了兒子阿布緒爾托斯去追殺他們。不過美狄亞設下計謀，反而殺了阿布緒爾托斯。

（也請參考 Apsyrtus, Ares, Circe, Colchis, Helios, Hephaestus, Jason, Medea, Minotaur [the], Oceanids [the], Pasiphae, and Phrixus。）

埃勾斯（Aegeus）

埃勾斯是雅典傳說中的國王，他的父親（或養父）是國王潘狄翁（Pandion）。埃勾斯曾結婚多次，但卻始終生不出孩子。為了解決膝下無子的問題，他去德爾菲尋求阿波羅的神諭。神諭勸他在回到家之前，不得打開酒囊（裝酒的羊皮容器）。回家途中，他去特羅曾城（Troezen）拜訪他的國王朋友皮透斯（King Pittheus）。在席間，他跟他的朋友分享神諭的內容，因為他完全不懂那是什麼意思。皮透斯立刻參透神諭的真意，並且當晚就安排自己的女兒埃斯特拉與喝醉酒的埃勾斯共寢。離開特羅曾城之前，埃勾斯告訴埃斯特拉：如果生的是兒子，那麼等到兒子長得夠大，有力氣搬開石頭取出他放在石下的劍和涼鞋的時候，就送兒子到雅典找他。埃斯特拉生的兒子就是提修斯。提修斯抵達雅典後，埃勾斯的新任太太美狄亞企圖毒死他，幸好提修斯僥倖逃過，保住一命。在這之後，他自願（或被派）去克里特島除掉怪物米諾陶。想到兒子這一去可能會有生命的危險，埃勾斯臨行前交代提修斯返航時要升起白帆作為訊號，表示他會平安回家。不過，提修斯返航時忘了他父親的交代。年老的埃勾斯站在雅典衛城上等待返航的船隊，由於沒看到白帆升起，以為提修斯已死，所以就傷心地跳海自盡了。

（也請參考 Acropolis [the], Aethra, Apollo, Athens, Crete, Delphi, Medea, Minotaur [the], Pittheus, *and* Theseus。）

埃癸斯托斯（Aegisthus）

埃癸斯托斯的父親是堤厄斯特斯（Thyestes），母親是堤厄斯特斯的親生女兒珀羅庇亞（Pelopia）。他的祖父是遭到詛咒、後代全部都會遭殃的珀羅普斯。在荷馬的《奧德賽》裡，埃癸斯托斯是個誘惑者，主動勾引阿伽門農的妻子克呂泰涅斯特拉——當希臘所有最好的戰士都去特洛伊打仗的時候，他留在家裡策畫謀殺阿伽門農。在一個宴會上，在克呂泰涅斯特拉的協助之下，他把阿伽門農殺了，彷彿阿伽門農是牛欄裡的牛。不過，根據悲劇作家艾斯奇勒斯的描述，殺死阿伽門農的，只有克呂泰涅斯特拉一人而已——關於阿伽門農之死，後世作家遵循的也是這個版本。在這個版本中，埃癸斯托斯被寫成一個懦夫。阿伽門農的兒子俄瑞斯特斯長大之後，為了替父親報仇，就把他母親和埃癸斯托斯一起殺了。

（也請參考 Agamemnon, Clytemnestra, Orestes, Pelops, *and* Theyestes。）

埃吉普托斯（Aegyptus）

埃吉普托斯有個雙胞胎兄弟名叫達那俄斯，他們的父親是埃及國王柏羅斯（Belus）。柏羅斯把阿拉比亞交給埃吉普托斯統治，把利比亞分給了達那俄斯。埃吉普托斯有五十個兒子，並且希望他的兒子能娶達那俄斯的五十個女兒為妻。不過達那俄斯懷疑那是他兄弟的陰謀，目的是為了奪得更多的領土，所以就拒絕了這次聯姻。但是他後來迫於無奈，還是同意了這門親事。雖然如此，他事先交代女兒，要她們在新婚之夜把她們的丈夫殺死。因為這樣，埃吉普托斯的兒子們都死了，只除林叩斯例外——他的新娘許珀爾涅斯特拉放過了他，沒對他下手。埃吉普托斯後來在伯羅奔尼撒半島度過他的餘生，死後也葬在那裡。

（也請參考 Belus, Danaids [the], Danaus, Hypermnestra, *and* Lynceus。）

伊尼亞斯（Aeneas）

伊尼亞斯是羅馬最重要的英雄人物，其地位和羅慕勒斯不相上下。他的母親是女神阿芙蘿黛蒂，父親是安基賽斯——安基賽斯是達爾達尼亞（Dardania）的國王，也是特洛伊王室家庭的一分子。伊尼亞斯在伊達山出生，由當地的寧芙仙子撫養長大。長大後，他成為特洛伊戰爭中最英勇的戰士。特洛伊人被希臘人打敗之後，特洛伊城隨即陷入火海。在特洛伊英雄赫克托爾的鬼魂和阿芙蘿黛蒂的催促之下，再加上他兒子頭頂

上方出現一團無害的火（那是一個預兆），伊尼亞斯於是就背起他的老父安基賽斯，牽著兒子，帶著妻子克柔薩一起離開了特洛伊。不過，本來緊跟在他身後的克柔薩很快就走失了。伊尼亞斯正想回頭去找，克柔薩的鬼魂突然在他面前現身，催促他繼續走，因為他是注定要成大事的人。他注定要做的大事就是帶領特洛伊難民到義大利建立新城，並在建城的過程中成為羅馬人的祖先。重要的是，伊尼亞斯當時並不知道他這次啟航的目的地是義大利：他只知道他要去尋找特洛伊人古老的家園。這趟旅程又長又危險，跟奧德修斯離開特洛伊之後的返鄉之旅並無差別——就這個意義看來，伊尼亞斯的這趟旅程其實就是羅馬人的「奧德賽」（漫長而危險的旅程）。伊尼亞斯跟他的追隨者首先來到色雷斯，誤以為那裡就是預言中注定屬於他們的新城市。不過他們很快就離開了，因為特洛伊王子波伊多羅斯（Poydorus）的鬼魂現身，警告他們色雷斯是個危險之地。這群特洛伊人隨即再度啟航，他們首先去了提洛島，接著再到克里特島——他們試圖在克里特島定居下來，不過卻遇到嚴重的饑荒。這時伊尼亞斯的家神在他的靈視中現身，告訴他必須繼續向前航行。在接下來的旅程中，這群特洛伊人曾遭受鳥形女妖哈爾庇厄姊妹的攻擊。停靠在西西里的時候，安基賽斯過世了。伊尼亞斯後來就把身體比較弱的特洛伊人留在西西里，讓他的親戚——當地的國王阿克斯特斯——照顧。在旅途中，歡迎這群特洛伊人到訪的還有迦太基的建城者兼女王蒂朵。由於女神阿芙蘿黛蒂的設計，蒂朵愛上了伊尼亞斯。不過很不幸的是，伊尼亞斯為了完成命定的任務，不得不離開她。蒂朵後來終究自殺身亡。到了庫邁——亦即阿波羅的祭司女先知西比拉的所在地，伊尼亞斯這才第一次抵達義大利的海岸線。在女先知西比拉的引導之下，他進入冥界開啟另一階段的旅程；他經過塔爾塔羅斯，來到他父親安基賽斯居住的至福樂土埃律西翁。安基賽斯向他揭示羅馬人光輝燦爛的未來，並且要他注意即將到來的多場戰爭。果然，伊尼亞斯一到拉丁姆（Latium），馬上就與當地人爆發了衝突。原來當地國王拉丁努斯除了歡迎他的到來之外，還根據神諭的指示，要把女兒拉維妮雅嫁給他。拉丁努斯的決定激怒了他的妻子亞瑪達，魯圖里人的王子圖爾努斯也感到很憤怒，因為本來已經說好拉維妮雅是要嫁給他的。由於茱諾女神的介入，圖爾努斯聯合義大利（拉丁）各個部落去圍攻伊尼亞斯——在某種程度上，伊尼亞斯此時已經成為阿基里斯第二。伊尼亞斯去找厄凡德爾國王——其聚落就是未來羅馬的所在地，請求後者的協助。他們聯手打敗了拉丁部落的聯軍，殺死圖爾努斯。伊尼亞斯接著與各拉丁部落和解，跟拉

維妮雅結婚，並在拉丁姆建立新的城市，稱為拉維尼姆（Lavinium）。伊尼亞斯的兒子阿斯卡尼斯日後將會創建阿爾巴·隆伽（Alba Longa）——這是羅慕勒斯和雷穆斯（Remus）建立羅馬城之前，拉丁姆地區最強大的城市。阿斯卡尼斯還有另一個名字叫尤利烏斯（Iulus），換言之，他是尤利安家族（Julian family）和尤利烏斯·凱撒（Julius Caesar）的祖先。

（也請參考 Acestes, Achilles, Alba Longa, Amata, Anchises, Aphrodite, Apollo, Ascanius, Carthage, Creusa, Cumae, Dardania, Dido, Elysium, Harpies [the], Hector, Ida [Mount], Iulus, Juno, Latinus, Latium, Lavinia, Nymphs [the], Odysseus, Polydorus, Sibyl of Cumae [the], Sicily, Tartarus, Thrace, Trojans [the], Troy, Turnus, *and* Underworld [the]。）

埃俄羅斯（Aeolus）

埃俄羅斯是「諸風之王」。根據荷馬的《奧德賽》，埃俄羅斯是希波塔特斯（Hippotas）的兒子。他住在一座名叫埃俄利亞的飄浮島上，島的四周環繞著銅鑄的壁壘。這位受到諸神寵愛的埃俄羅斯育有六子六女，後來這六對兒女相互嫁娶，結為夫妻。奧德修斯離開特洛伊的返鄉途中，曾停靠在這座島休息。埃俄羅斯熱烈歡迎他和船員，提供他們一整個月的食宿。當奧德修斯啟航時，埃俄羅斯送他一項很珍貴的禮物：一袋風，好讓他旅程順利，迅速返鄉。不過，當他的船快到伊薩卡島的時候，船上的夥伴以為風袋裡藏著金子和銀子，所以就把那袋子打開了。沒想到袋子裡冒出來的好幾股風，瞬間使船偏離航道，重新被吹回埃俄羅斯的島。埃俄羅斯看到他們的船被風吹回來，這回他就不願意再幫他們了，理由是他不能幫助諸神痛恨的人。要從特洛伊前往義大利的伊尼亞斯也曾停靠此島，但他就不那麼受到歡迎了。由於埃俄羅斯事先被茱諾女神收買，所以他釋放了本來被他囚禁在山洞裡的風，讓諸風在海上橫行，大肆摧毀伊尼亞斯的船隊。這幾道風是艾烏洛斯、諾托斯、仄費洛斯和阿菲庫斯。

埃俄羅斯後來成為風神，但是他也和另一個埃俄羅斯相互混淆與合一。這另一個埃俄羅斯是赫倫與寧芙仙子俄爾塞斯（Orseis）的兒子；赫倫在劃分希臘國土給他的兒子——埃俄羅斯、多洛斯（Dorus）和蘇托斯——時，把色薩利分給埃俄羅斯。這個埃俄羅斯是埃俄利亞人（Aeolians）的命名祖先，他的子女有阿塔瑪斯、薩爾摩紐斯（Salmoneus）、薛西弗斯、卡納刻（Canace）和阿爾庫俄涅。

（也請參考 Aeneas, Alcyone, Canace, Dorus, Eurus, Hellen, Ithaca, Juno, Notus, Odysseus, Salmoneus, Sisyphus, Thessaly, Troy, Xuthus, *and* Zephyr。）

埃皮托斯（Aepytus） 埃皮托斯的父親是墨塞尼亞（Messenia）的國王克瑞斯豐特斯（King Cresphontes），母親是墨洛珀。他也是海克力斯無數的後代之一。有一回墨塞尼亞地區發生叛亂，國王與兩個較年長的兒子都在該場動亂中被殺身亡；墨洛珀派人把當時還是小嬰兒的埃皮托斯送到阿卡迪亞，交給埃皮托斯的外祖父庫普賽洛斯（Cypselus）撫養——另一個故事版本則提到埃皮托斯是被送到埃托里亞（Aetolia）。總之，長大成人後，埃皮托斯回到墨塞尼亞，伺機刺殺波呂豐特斯（Polyphontes），因為波呂豐特斯不僅殺死他的父親、強娶他的母親，還奪走了他父親的王國。根據神話學者希吉努斯的說法，波呂豐特斯曾發布懸賞，宣布任何人只要殺死埃皮托斯（希吉努斯稱他為特勒豐特斯 [Telephontes]），都可到王宮領取賞金。埃皮托斯回到王宮，但是此時已經無人認得他，所以他就利用這個優勢，宣稱他就是那個殺了埃皮托斯，到此領取賞金的人。當時墨洛珀極為焦慮，差點就殺了來領賞的埃皮托斯。幸好在最後一刻，她認出了埃皮托斯。母子相認後，就一起擬定刺殺波呂豐特斯的計畫。最後，他們趁他在安排獻祭時下手，成功地殺了他。篡位者死了之後，埃皮托斯奪回他父親的王位，繼任為王。

（也請參考 Arcadia, Cypselus, Hercules, Merope [heroine], Messenia, *and* Polyphontes。）

阿俄洛（Aero） 阿俄洛是墨洛珀的另一個名字，不過她主要是以「墨洛珀」這個名字為人所知。墨洛珀的父親是科林斯王俄諾庇翁（Oenopion），母親是俄諾庇翁的妻子赫莉卡（Helice）。她最知名的故事與獵人俄里翁有關——俄里翁向她求婚，但是她的父親把俄里翁的雙眼弄瞎。

（也請參考 Corinth, Merope [heroine], *and* Orion。）

埃洛珀（Aerope） 埃洛珀是克里特島王卡特柔斯（Catreus）的女兒；卡特柔斯從神諭得知自己注定會被埃洛珀的孩子殺死——另一個故事版本則說他會被自己的孩子，亦即被埃洛珀或她的姊妹殺死，所以他就派人把埃洛珀送給納普利亞（Nauplia）的國王納普利俄斯，並說明要殺要賣悉聽納普利俄斯的方便。不過，埃洛珀逃過被賣為奴或被殺的命運，反而嫁給了邁錫尼的國王阿楚斯（Atreus），並與阿楚斯生下兩個英雄兒子：阿伽門農和墨涅拉俄斯。

（也請參考 Agamemnon, Atreus, Crete, Menelaus, *and* Mycenae。）

埃斯特拉（Aethra）

埃斯特拉的父親是珀羅普斯之子皮透斯，伯羅奔尼撒半島東北部特羅曾城的統治者。一日，雅典國王埃勾斯路經特羅曾城，順道前來拜訪埃斯特拉的父親。當晚她的父親即安排她與埃勾斯同寢。原來埃勾斯膝下無子，非常擔心國家的命運，所以在這之前去了德爾菲諮詢神諭。根據神諭的回應，他在抵達雅典之前，不能打開酒囊（裝酒的羊皮容器）的蓋子。埃勾斯不了解神諭的意思，不過他的朋友皮透斯了解，因此一再給埃勾斯勸酒。在醉意醺醺的情況下，埃勾斯讓埃斯特拉懷孕了——巧的是，海神波賽頓也在同一晚夜訪埃斯特拉。埃勾斯回去雅典之前，交代埃斯特拉若生下男孩，就好好把孩子養大，但不能向孩子透露父親的身分；等到孩子夠強壯了，有力氣搬開大石頭，取得石頭底下的劍和涼鞋的時候，就送那孩子到雅典找他。埃斯特拉的兒子就是提修斯，之後成為埃勾斯的王位繼承人。埃斯特拉後來被卡斯托和波洛克斯綁架帶走，送往特洛伊定居。特洛伊殞落之後，她被帶回希臘，並在希臘終老天年。

（也請參考Aegeus, Athens, Castor, Delphi, Dioscuri [the], Pelops, Pittheus, Pollux, Poseidon, Theseus, Troy, *and* Zeus。）

埃托洛斯（Aetolus）

埃托洛斯的身世有二說；一說他是大洪水倖存者杜卡利翁及其妻子碧拉的後代，一說他是厄里斯國王恩迪米翁（月神賽勒涅的情人）的兒子。在喪禮過後舉行的一場運動競賽中，埃托洛斯不小心殺死了一個人。那是一場意外，但是埃托洛斯揮不去內心的罪惡感，因此自我流放到阿克洛俄斯河流經的一個地區，並用自己的名字把那個地區取名為埃托里亞。

（也請參考Achelous [River, the], Deucalion, Endymion, Pyrrha, *and* Selene。）

阿伽門農（Agamemnon）

阿伽門農是阿楚斯的兒子，特洛伊戰爭期間的邁錫尼國王。由於他統治的邁錫尼是希臘人口最多的地區，而且可能也是希臘最強大的國度，所以就由他擔任聯軍總司令，帶領所有希臘國王和他們的軍隊航向特洛伊。希臘聯軍的人數極為眾多，總共出動了一千艘船才足夠運載所有人員。重要的是，阿伽門農也是斯巴達國王墨涅拉俄斯的兄長。這次希臘人會出兵攻打特洛伊城，其中一個原因就是墨涅拉俄斯的妻子海倫被特洛伊王子帕里斯拐走。另一個原因是阿伽門農身為珀羅普斯（坦塔羅斯之子）的後代，他本身也躲不開他的家族所承受的詛咒。

阿伽門農最為人所知的故事是他在特洛伊戰爭中所擔任的角色，另外就是他在戰後遭逢的命運。希臘聯軍集結在奧利斯（Aulis）港口等候的時候，阿伽門農在無意間殺了阿特米斯女神的聖鹿。這起罪行讓希臘人和阿伽門農本人都付出了沉重的代價。憤怒的阿特米斯女神使風向不利於航行，集結在港口的希臘人變得焦躁，而且也很飢餓。他們諮詢先知卡爾卡斯（Calchas）的結果是：阿伽門農必須把女兒伊菲葛涅亞獻祭給女神，平息女神的怒氣。阿伽門農極為掙扎，不知如何抉擇。他最後決定把國家的利益放在親情之前，所以就騙妻子克呂泰涅斯特拉，說他要把女兒嫁給年輕的阿基里斯，請妻子把女兒送到奧利斯港口。他完成可怕的獻祭之後，希臘人終於可以啟航前往特洛伊了。不過從那時候開始，克呂泰涅斯特拉就不曾原諒過阿伽門農。在阿伽門農出門遠征的漫長歲月裡，她和阿伽門農的堂兄弟埃癸斯托斯雙宿雙飛，一起策畫復仇大計。特洛伊戰爭進入第十年的時候，阿伽門農還得罪了阿基里斯，導致後者退出了戰場。原來阿伽門農本來有個名叫克律塞伊斯（Chryseis）的侍妾，不過由於阿波羅在希臘軍營降下瘟疫，唯一的解決方法就是把克律塞伊斯送回給她的父親。失去了克律塞伊斯之後，阿伽門農堅持阿基里斯必須把他的侍妾兼戰利品布里賽絲送給他作為補償。阿伽門農的要求得罪了阿基里斯。這件事不僅讓希臘人承受許多痛苦，也讓很多人喪失生命。死傷人員之中，其中還包含阿基里斯最親愛的朋友帕特羅克洛斯。帕特羅克洛斯死後，阿基里斯披上戰袍，重回戰場。他唯一的理由是復仇——為他的朋友復仇，而非為了希臘人的勝利而戰。最後，多虧了奧德修斯的木馬詭計，希臘人終於攻破特洛伊城。阿伽門農接著班師回鄉。只是沒想到回家之後，他竟然在入浴時被他妻子克呂泰涅斯特拉刺死。阿伽門農最初把女兒送上祭壇，這已經讓克呂泰涅斯特拉很生氣了，看到他竟然帶個特洛伊小妾（女祭司卡珊德拉）回邁錫尼，心裡更是怒不可抑。阿伽門農一死，卡珊德拉最後也難逃克呂泰涅斯特拉的毒手。阿伽門農死後，他的兒子俄瑞斯特斯日後將會為他復仇。

（也請參考 Achilles, Aegisthus, Artemis, Atreus, Aulis, Briseis, Calchas, Cassandra, Chryseis, Clytemnestra, Helen, Iphigeneia, Menelaus, Mycenae, Odysseus, Orestes, Patroclus, Paris, Sparta, *and* Troy。）

阿高厄（Agave）

阿高厄是底比斯城創始者卡德摩斯及其妻子哈爾摩妮亞的女兒。卡德摩斯之前曾在土裡播下龍牙，接著從土裡長出一群龍牙戰

士——她所嫁的對象就是其中一個龍牙戰士厄喀翁（Echion）。兩人育有一子叫彭透斯，而彭透斯在擔任底比斯國王的期間，曾犯下了一個致命的錯誤：拒絕承認戴歐尼修斯是神。由於阿高厄過去曾與其姊妹伊諾和奧托諾伊一起誹謗她們的姊妹賽默勒——當時賽默勒正懷著宙斯的孩子戴歐尼修斯，因此她們這次也會遭受戴歐尼修斯懲罰。戴歐尼修斯讓她們所有人產生巴克奇幻覺（Bacchic trance），而她們就在幻覺之中一起殺了彭透斯，而且把後者撕成碎片。阿高厄一點都不知道自己做了什麼事，她在事後還把彭透斯的頭拿去獻給卡德摩斯，因為她深信自己殺的是一頭幼獅。由於犯下這一罪行，姊妹三人就一起被流放了。

（也請參考 Autonoe, Cadmus, Dionysus, Echion, Harmonia, Ino, Pentheus, Semele, Thebes, *and* Zeus。）

阿革諾爾（Agenor）

根據神話學家阿波羅多洛斯的說法，阿革諾爾的父親是海神波賽頓，母親是尼羅河河神的女兒孟斐斯（Memphis）之女莉比亞（Libya）。他的雙胞胎兄弟柏羅斯後來成為埃及的國王，而他則統治位於腓尼基（Phoenicia）的西頓（Sidon）或泰爾（Tyre）。他與特勒法薩（Telephassa）結合，生下女兒歐羅芭與三個兒子：菲尼克斯（Phoenix）、克利斯（Cilix）和底比斯城的創建者卡德摩斯。歐羅芭被宙斯拐走之後，阿革諾爾派三個兒子出去找她，還說沒找到人就不要回家。三兄弟都沒能找到歐羅芭，所以他們最後就在其他地方落腳。

（也請參考 Belus, Cadmus, Europa, Poseidon, Sidon, *and* Zeus。）

阿格萊亞（Aglaia）

阿格萊亞是曼提紐斯的其中一個女兒，她的丈夫是阿爾戈斯王阿巴斯。她與阿巴斯生了一對雙胞胎兄弟：阿克里西俄斯和普洛俄托斯。阿克里西俄斯日後會把女兒達娜俄囚禁起來，不過宙斯會化為一陣金雨，進入禁地與達娜俄偷歡。普洛俄托斯會娶斯特涅玻亞為妻，不過他的妻子注定會對英雄柏勒洛豐產生致命的畸戀。

（也請參考 Abas, Acrisius, Argos, Bellerophon, Danae, Proetus, *and* Zeus。）

阿格勞洛斯（Aglauros）

阿格勞洛斯（Aglauros）是刻克洛普斯（Cecrops）的女兒——刻克洛普斯是個半蛇人，也是雅典領地阿提卡地區的第一位君王。根據神話學家希吉努斯的描述，神奇的嬰兒埃里克托尼奧斯從大

地誕生之後，米娜瓦立即把他放進櫃子，然後委託阿格勞洛斯和她的兩個姊妹潘多蘇斯（Pandrosus）和赫爾塞（Herse）一起保管，而且交代她們無論如何都不能打開櫃子。三姊妹的好奇心戰勝了她們的理智，所以她們還是打開了櫃子。由於她們的背信，米娜瓦處罰她們，讓她們失去理智。最後，她們就在瘋狂的狀態下投海自盡。

（也請參考 Athens, Attica, Cecrops, Erichthonius, *and* Minerva。）

大埃阿斯（Ajax, The Great）

大埃阿斯的名字又可拼寫為 "Aias"（埃阿斯），或者有時候他也會被稱為特拉蒙的埃阿斯（Telamonian Ajax）；他的父親是薩拉米斯島（Salamis）的國王特拉蒙，母親是珀里波亞（Periboea）或俄里波亞（Eeriboea）。根據神話學家阿波羅多洛斯的說法，大埃阿斯的父親過去曾幫海克力斯攻打特洛伊國王拉俄墨冬，海克力斯於是向諸神祈禱，希望諸神賜給特拉蒙一個英勇的兒子作為報償。當時天上出現一隻老鷹——那就是一個徵兆，顯示海克力斯的祈禱將會應驗。大埃阿斯出生後，因此就被命名為「老鷹」（希臘文為 "aietos"）。大埃阿斯曾是海倫的追求者，礙於誓約，他不得不帶領一支由十二艘船組成的隊伍，從薩拉米斯島航向特洛伊。在特洛伊的希臘聯軍之中，大埃阿斯的排名僅次於阿基里斯，而且在全軍之中，他的身材最為高大。在荷馬的《伊利亞德》裡，大埃阿斯是個技藝高超的防衛戰士，他手執一面像是「高塔」的盾牌，總是站在俄琉斯（Oileus）之子小埃阿斯（Lesser Ajax），一起身邊英勇作戰。在該場戰爭中，他曾與赫克托爾單獨交手，並且刺傷了赫克托爾。那一仗，兩人纏鬥到天黑，最後雙方和解，並且交換禮物，變成了朋友——這也是諸神的願望。阿基里斯的好友帕特羅克洛斯戰死沙場後，保護其大體，不使其大體受到特洛伊人損害的戰士正是大埃阿斯；後來把帕特羅克洛斯好友阿基里斯的大體扛回希臘軍營的人也是大埃阿斯。阿基里斯死後，希臘軍營裡最優秀的戰士只剩下大埃阿斯和奧德修斯。兩人都有資格繼承阿基里斯留下來的甲冑；不過，後來可能是靠抽籤，也有可能是看打敗特洛伊人之功勞大小而定，總之最後得到甲冑的人是奧德修斯。由於這次的失敗，加上雅典娜女神的作用，大埃阿斯竟然發瘋了；他把他們從特洛伊人那裡奪得的牲畜（戰利品）看成了希臘人，一一把牠們全殺了。等他最後恢復理智，覺得自己實在太羞愧了，就揮劍自刎，自殺身亡。

（也請參考 Achilles, Ajax [the Lesser], Athena, Hector, Helen, Hercules, Laomedon,

Odysseus, Patroclus, Salamis, *and* Troy。）

小埃阿斯（Ajax, The Lesser）小埃阿斯的名字又可拼寫為 "Aias"

（埃阿斯）；根據荷馬的《伊利亞德》，他總是站在特拉蒙之子大埃阿斯身邊，一起在特洛伊戰場上驍勇作戰。有時候，兩人會被合稱為「雙雄埃阿斯」（Ajaxes / Aiantes）。小埃阿斯的父親是希臘中部洛克里斯城（Locris）的國王，名叫俄琉斯。特洛伊戰爭爆發後，小埃阿斯就帶著一群洛克里斯人到特洛伊參戰。在神話故事裡，使他著名的，也許不是他的英勇，而是魯莽，以及隨著這種魯莽而遭受的懲罰。特洛伊城被攻破的時候，普里阿摩斯王的女兒卡珊德拉公主躲在雅典娜的神殿裡避難。不過，小埃阿斯闖入神殿，逕自把卡珊德拉拖了出來。這個舉動褻瀆了諸神，因為他違反了祈求者向諸神祈求保護的權利。關於他如何受到諸神懲罰的故事有好幾個版本。根據悲劇作家尤瑞比底斯的《特洛伊女人》（*Trojan Women*），雅典娜要求宙斯和波賽頓把希臘船隊擊沉，整支希臘聯軍近乎全毀，許多士兵沉屍大海，回不了故鄉。由此說來，希臘聯軍的所有人都因為小埃阿斯犯下的罪行而受苦。荷馬補充了一個細節：波賽頓使小埃阿斯和他的船撞向海中的石頭，但是沒讓他淹死——要不是他後來誇口諸神淹不死他，或許他還能保住一條小命。聽到他這麼一誇耀，波賽頓生氣了，他提起三叉戟，猛擊小埃阿斯站立的那塊大石頭，導致石頭的上半部掉落海中——小埃阿斯當然也隨之墜落大海。

（也請參考 Ajax [the Great], Athena, Cassandra, Poseidon, Priam, Telamon, Troy, *and* Zeus。）

阿爾卡俄斯（Alcaeus）阿爾卡俄斯的父親是英雄柏修斯，母親是柏

修斯從海怪手裡救回來的公主安朵美達。阿爾卡俄斯娶了珀羅普斯之女阿斯蒂達彌亞（Astydameia），他們生下的子嗣包括安菲特律翁；安菲特律翁的妻子是阿爾克墨涅，而阿爾克墨涅後來與宙斯共寢，生下了英雄海克力斯。

（也請參考 Alcmena, Amphitryon, Andromeda, Hercules, Pelops, Perseus, *and* Zeus。）

阿爾克提斯（Alcestis）阿爾克提斯的父親是色薩利地區伊奧爾科斯

的國王珀利阿斯。她是家中的長女，成年後，她嫁給斐賴城的國王阿德墨托斯為妻。據說阿德墨托斯來求婚的時候，她的父親向阿德墨托斯提出一項不可能的任務。不過阿德墨托斯獲得阿波羅的幫助，因而順利完成了任務。阿

德墨托斯後來面臨早死的命運，但是他可以請人代為赴死——這是阿波羅第二次對他伸出的援手。不過，只有忠誠的阿爾克提斯自願替他赴死。阿爾克提斯後來真的死了，阿德墨托斯極為傷心。不過，海克力斯此時剛好來作客，他於是就去找死神塔納托斯打一架，然後成功地奪回阿爾克提斯，讓她回到阿德墨托斯身邊。

（也請參考 Admetus, Apollo, Hercules, Iolcos, Pelias, Pherae, Thanatos, *and* Thessaly。）

阿爾奇德斯（Alcides）阿爾奇德斯是個表示父系的語詞，意思是阿爾卡俄斯的「兒子」或「後人」；一般上，這個語詞是用來指稱海克力斯，因為海克力斯是安菲特律翁的兒子，阿爾卡俄斯的孫子。

（也請參考 Alcaeus, Amphitryon, *and* Hercules。）

阿爾克諾俄斯（Alcinous）阿爾克諾俄斯是諸神寵愛的費阿克人的國王；他的王宮位於神話中的斯科里亞島（Scheria）。事實上，根據荷馬的《奧德賽》，他是這個島的十三位國王之一。阿爾克諾俄斯的父親是納西托俄斯——當年把這支民族從許珀耳埃里亞（Hypereia）遷移到斯科里亞島的，正是納西托俄斯。遷移的原因是他們的家鄉距離獨眼巨人賽克洛普斯的居處太近，人民不時受到侵擾。阿爾克諾俄斯這個名字的意思是「心靈的力量」，而他也人如其名，是個又有智慧又慷慨的君王。奧德修斯離開特洛伊之後，最後在旅途中失去了他所有的船員，一個人漂流到斯科里亞島。阿爾克諾俄斯熱情地接待奧德修斯，給他需要的時間和機會，讓他吐露自己的身分和當時所遭遇的困境。當時斯科里亞島流傳一則預言：島民只要提供船隻給任何需要的人，就會受到海神波賽頓的懲罰；據說有一天波賽頓會重擊歸來的船隻，使之停止不動，並使阿爾克諾俄斯的城市堆成一座山。雖然阿爾克諾俄斯很早以前就已經聽說過這則預言，但他還是很慷慨地派了一條船，護送奧德修斯回到他的家鄉伊薩卡島。當那艘載著奧德修斯歸鄉的船回到港口，傳說中的預言實現了：波賽頓把那艘船變成了石頭。

奧德修斯來到斯科里亞島之前，曾在許多聚落停留，例如無法無天的賽克洛普斯所居住的山洞、拉斯特呂戈涅斯（Laestrygons）的食人部落、幽居山洞的女神卡呂普索、遺失記憶的食蓮族（Lotus Eaters）與女魔法師瑟西等；與前述眾聚落比起來，阿爾克諾俄斯秩序井然的國家顯然是個烏托邦。

（也請參考 Arete, Calypso, Circe, Cyclopes [the], Ithaca, Laestrygons [the], Lotus Eaters

[the], Nausicaa, Odysseus, Poseidon, *and* Scheria。）

阿爾克邁翁（Alcmaeon）

阿爾克邁翁的父親是先知安菲阿剌俄斯，母親是阿爾戈斯王阿德拉斯特斯的姊妹厄里菲勒。為了幫助伊底帕斯之子波里涅克斯奪得底比斯城的王位，阿德拉斯特斯決定帶領一支征戰隊去攻打底比斯。波里涅克斯用他天祖母哈爾摩妮亞的項鍊向厄里菲勒行賄，請後者勸其丈夫安菲阿剌俄斯加入攻城隊伍。在這之前，安菲阿剌俄斯早已預見自己的死亡，因此拒絕加入參戰隊伍。不過，由於他受限於諾言，不得不聽從厄里菲勒的話，只得答應加入。在出發之前，他交代阿爾克邁翁兩兄弟必須殺了背叛的母親。不過兩兄弟沒執行他交代的事。所以後來厄里菲勒又再次收了賄，而這次她勸她的兩個兒子加入另一支攻打底比斯城的隊伍，目的是為他們死於上次戰爭中的父親報仇。阿爾克邁翁因此就去底比斯打仗。根據某些傳說故事，他在戰場上殺死了年輕的底比斯王拉俄達瑪斯（Laodamas）。諮詢過德爾菲神諭之後，阿爾克邁翁此時才真的殺了自己的母親。不過犯下弒母罪的他，此後就一直被厄里倪厄斯女神瘋狂地追趕。戰爭結束後，他去了菲吉伊亞（Phegeia），娶了阿爾西諾俄為妻，並把哈爾摩妮亞的項鍊送給妻子作為禮物。接著他依據另一個神諭的指示，前往埃托里亞的阿克洛俄斯河（Achelous River），並在那裡滌清他的殺人罪。停留在埃托里亞的期間，阿爾克邁翁娶了河神阿克洛俄斯之女卡莉羅俄——他的第二個妻子。很遺憾地，卡莉羅俄探知哈爾摩妮亞項鍊的存在，要求阿爾克邁翁把項鍊給她。為了取回項鍊，阿爾克邁翁回返菲吉伊亞，向他的前任妻子要回項鍊，謊稱他打算把項鍊獻給德爾菲聖殿。他的詭計不幸遭人揭穿，最後被菲吉伊亞國王的幾個兒子殺了。

（也請參考Achelous [god and place], Adrastus, Amphiaraus, Arsinoe, Delphi, Erinyes [the], Eriphyle, Harmonia, Oedipus, Polyneices, *and* Thebes。）

阿爾克墨涅（Alcmena / Alcmene）

阿爾克墨涅是厄勒克特律翁（Electryon）的女兒，戈爾貢的屠殺者柏修斯與安朵美達公主的孫女。長大後，阿爾克墨涅跟她的堂兄安菲特律翁訂親；一日，安菲特律翁出門旅行，宙斯即化成安菲特律翁的樣子來與阿爾克墨涅同寢。不久，安菲特律翁旅行歸來，亦與阿爾克墨涅同寢。結果阿爾克墨涅同時懷了宙斯和安菲特律翁的孩子，生下一對雙胞胎：海克力斯和伊克力斯（Iphicles），前者是宙斯的兒

子，後者是安菲特律翁的兒子。赫拉女神對宙斯的再次出軌感到很憤怒，加上她之前曾聽說宙斯有一後代即將誕生，而且長大後還會成為邁錫尼和提林斯二城的國王。為了這幾個理由，赫拉命令生育女神埃雷圖亞延長阿爾克墨涅的分娩時間，讓阿爾克墨涅的產痛持續了七天之久。她的目的是讓歐律斯透斯的出生時間早於海克力斯與他的雙胞胎兄弟伊克力斯——原來歐律斯透斯的父親思特涅洛斯（Sthenelaus）是柏修斯的兒子，因此歐律斯透斯也算是宙斯的後代。歐律斯透斯後來成為厄勒克特律翁的繼承人，而且他日後將會指派十二項任務給海克力斯執行。阿爾克墨涅後來活得比她著名的兒子海克力斯久；由於歐律斯透斯把她趕離提林斯城，所以她最後定居於底比斯。她在底比斯嫁給了克里特島的王子拉達曼托斯。

（也請參考 Amphitryon, Andromeda, Crete, Eileithyia, Electryon, Eurystheus, Hera, Hercules, Iphicles, Mycenae, Perseus, Rhadamanthus, Tiryns, and Zeus。）

阿爾庫俄涅（Alcyone）

阿爾庫俄涅是「諸風之王」埃俄羅斯的女兒，嫁給特拉克斯城的國王柯宇克斯。一日，柯宇克斯搭船到伊奧尼亞（Ionia）的克拉羅斯（Claros）去諮詢神諭。留在家裡的阿爾庫俄涅瘋狂地向赫拉女神祈禱，祈求女神保佑丈夫平安回家。柯宇克斯後來死於海難，但是阿爾庫俄涅無從得知，所以她還是不斷地向赫拉禱告。赫拉後來派夢神摩爾甫斯化成柯宇克斯的樣子，到阿爾庫俄涅的夢裡向她報知死訊。醒來後，阿爾庫俄涅奔向海邊眺望，當她看到丈夫的屍體漂浮在海上時，她就投海自盡了。諸神可憐他們的遭遇，就把他們雙雙變成翠鳥，並且確保他們在冬日的七天築巢期間，海面上會維持風平浪靜——這七天亦即所謂的太平歲月（Halcyon Days）。

（也請參考 Aeolus, Ceyx, and Hera。）

亞歷山大／亞歷山多洛斯（Alexander / Alexandros）

亞歷山大是帕里斯的另一個名字，又可拼寫為 "Alexandros"（亞歷山多斯）；他的父親是特洛伊王普里阿摩斯，母親是特洛伊王后赫庫芭（Hecuba）。由於他拐走了美麗的斯巴達王后海倫，特洛伊因而陷入戰爭。

（也請參考 Hecuba, Helen, Paris, Priam, Sparta, and Troy。）

阿洛歐斯（Aloeus）

阿洛歐斯的父親是海神波賽頓，母親是風神之王

埃俄羅斯的女兒卡納刻。他最為人知的故事是身為巨人俄托斯（Otus）和厄菲阿爾特斯（Ephialtes）的父親，或更確切地說：繼父。她的兩個巨人兒子做了許多荒唐事，其中最惡名昭彰的就是企圖攻擊諸神。

（也請參考 Aeolus, Canace, *and* Otus。）

阿爾泰亞（Althea / Althaea）

阿爾泰亞是卡利敦國王俄紐斯的妻子。俄紐斯得罪了女神阿特米斯，為自己也為他的國家帶來禍患。阿爾泰亞有兩個較為著名的孩子：梅列阿格和德伊阿妮拉，而這兩個孩子都是悲劇人物。德伊阿妮拉嫁給了海克力斯，但卻在不經意之間害死海克力斯；梅列阿格則是被自己的母親阿爾泰亞害死。

（也請參考 Artemis, Calydon, Deianeira, Hercules, Meleager, *and* Oeneus。）

亞瑪達（Amata）

亞瑪達是義大利拉丁姆國王拉丁努斯的妻子。拉丁努斯在位期間，恰好伊尼亞斯帶著落難的特洛伊人來到拉丁姆。亞瑪達希望把女兒拉維妮雅嫁給魯圖里王子圖爾努斯，儘管後來神諭提到她的女兒注定要嫁給特洛伊人，她還是大力反對女兒跟伊尼亞斯結親。茱諾女神見亞瑪達對伊尼亞斯早已心生不滿，於是就利用亞瑪達這個完美的工具，挑起了義大利人和新來者之間的戰爭。茱諾女神的策略是派命運女神阿萊克托先去攻擊亞瑪達：阿萊克托的武器是一條蛇，她讓那蛇繞著亞瑪達的身體，對亞瑪達噴灑毒液，使她原本已經快滿載的怨氣瞬間爆發。果然亞瑪達就像個瘋狂的巴克坎忒斯一樣，在拉丁努斯的都城勞倫圖姆四處奔走，呼籲城裡的婦女加入她的戰鬥隊伍。拉丁人和特洛伊人後來果然發生衝突，打起仗來。在交戰的過程中，亞瑪達得知她最愛的王子圖爾努斯已經戰死，她就隨之自盡身亡

（也請參考 Aeneas, Alecto, Bacchantes [the], Furies [the], Latinus, Latium, Lavinia, Rutulians [the], *and* Turnus。）

亞馬遜女戰士（Amazons, The）

亞馬遜女戰士是傳說中一個由女人組成的部落，她們個個精通箭術，善於騎馬。據古人的解釋，這個部落的名字衍生自 "*a-mazos*"，意即「少一個乳房」；據說她們為了在使用弓箭時減少阻礙，因而割去右乳。她們的文化與希臘人那種由男性主導的社會文化大相逕庭，一般認為她們住在文明世界邊緣的高加索地區。不過，史學家西西里的狄奧多羅斯也曾提到另一說法，認為亞馬遜女戰士來自利比亞。希臘

有好幾位偉大的英雄曾與亞馬遜女戰士交手，例如柏勒洛豐、海克力斯、提修斯與阿基里斯。這個部落出了幾位著名的女王：希波麗塔、彭特西勒亞與安提俄珀（Antiope）。為了支持普里阿摩斯王和特洛伊人，彭特西勒亞曾到特洛伊戰場幫忙。她後來死於阿基里斯之手，而阿基里斯竟在她死前的那一刻愛上她。海克力斯的其中一個任務是去搶奪希波麗塔的腰帶，但是他在奪取腰帶的過程中亦害死了希波麗塔。根據悲劇作家尤瑞比底斯的描述，海克力斯的這趟任務有雅典國王提修斯同行，而提修斯在這趟旅程中結識希波麗塔，與之生下兒子希波呂托斯。不過有些資料提到希波呂托斯的母親並不是希波麗塔，而是她的姊妹安提俄珀。亞馬遜女戰士會出兵攻打雅典，主要的理由是提修斯綁架了安提俄珀或希波麗塔。這場戰事後來被雕刻在雅典帕德嫩神廟的雕刻飾板上。

（也請參考 Achilles, Antiope, Athens, Bellerophon, Caucasus Mountains [the], Hercules, Hippolyta, Hippolytus, Parthenon [the], Penthesileia, *and* Theseus。）

安菲阿剌俄斯（Amphiaraus）

英雄安菲阿剌俄斯擁有預言的天賦——他是先知莫蘭普斯（Melampus）的其中一個後代。至於他的父親，有人說是阿卡迪亞的國王俄伊克勒斯（Oicles），也有人說是天神阿波羅。安菲阿剌俄斯娶了阿爾戈斯王阿德拉斯特斯的妹妹厄里菲勒為妻。安菲阿剌俄斯、阿德拉斯特斯和厄里菲勒之後都會捲入底比斯城事件而斷送性命。事情是這樣的：伊底帕斯的兒子厄特俄克勒斯和波里涅克斯兩人本來已經說好以一人一年的輪流方式來統治底比斯。厄特俄克勒斯首先登基為王，不過一年期滿後，他卻拒絕讓出王位。在此情況下，波里涅克斯就著手組織一支軍隊，打算自己奪回王位。安菲阿剌俄斯預先知道波里涅克斯這支軍隊的將領當中，唯一會活下來的只有他妻子的哥哥阿德拉斯特斯，因此拒絕加入。不過波里涅克斯成功地賄賂了他的妻子厄里菲勒，在他妻子的勸告之下，他只好參戰，跟著妻子的哥哥一起攻向底比斯。在隨後的戰爭中，伊底帕斯的兒子厄特俄克勒斯和波里涅克斯雙雙戰死；安菲阿剌俄斯和另外五位將領也隨之陣亡——這場戰役就是所謂的「七雄攻底比斯」。波里涅克斯的兒子後來又向厄里菲勒行賄，這次是要厄里菲勒去勸她的兒子阿爾克邁翁加入七雄之子為父報仇的隊伍。

（也請參考 Adrastus, Alcmaeon, Apollo, Arcadia, Argos, Eriphyle, Eteocles, Harmonia, Oedipus, Polyneices, Seven Against Thebes [the], *and* Thebes。）

安菲翁（Amphion）

安菲翁和他的雙胞胎兄弟仄托斯是底比斯公主安提俄珀與宙斯的孩子。懷孕之後，安提俄珀為了遮羞而逃到了西錫安（Sicyon）——有些故事版本說她是被強行帶往該國。到了西錫安，她嫁給該國國王俄波珀斯（Epopeus）。為了這件事，安提俄珀的父親倪克透斯（Nycteus）自殺身亡，死前把王位留給他的弟弟呂科斯（Lycus），並且交代呂科斯要懲罰俄波珀斯和安提俄珀。呂科斯果真殺了俄波珀斯，收押了安提俄珀。他在押送安提俄珀返回底比斯城的途中，把安提俄珀生下的兩個兒子——安菲翁和仄托斯——丟棄荒野，以為這樣他們必死無疑。不過，安菲翁和仄托斯活了下來，因為有個好心的牧羊人救了他們，並且把他們撫養長大。安提俄珀後來逃了出來，並且跟她的兩個兒子團聚。為了替母親報仇，安菲翁和仄托斯去找呂科斯和他的妻子狄爾克（Dirce）算帳。由於狄爾克曾經虐待安提俄珀，兩人就把她綁在公牛的角上，任其拖行致死。呂科斯則被趕下王位。安菲翁和仄托斯於是繼位為王，共同統治底比斯城。

據說安菲翁精通音樂，而教他彈奏里拉琴的，相傳是天神荷米斯。根據詩人海希奧德的描述，安菲翁以他迷人的琴聲讓頑石感靈，從而建造了底比斯的城牆。此外，據說他後來娶了利比亞國王坦塔羅斯之女尼俄柏為妻。尼俄柏是個不幸的故事人物：她誇耀自己比女神勒托更有福報，結果害得她與安菲翁生下的十四個子女全部賠上性命。原來勒托女神的兩個孩子阿波羅和阿特米斯為了替母親復仇，把他們全都射殺了。至於安菲翁，他要不是自盡身亡，就是發了瘋；他去攻擊阿波羅神殿，最後因為冒犯了神而遭受擊殺。

（也請參考 Antiope, Apollo, Artemis, Dirce, Hermes, Leto, Lycus, Lydia, Niobe, Tantalus, Thebes, Zethus, *and* Zeus。）

安菲特律翁（Amphitryon）

安菲特律翁的父親是阿爾卡俄斯，祖父是英雄柏修斯。至於他的母親的身分，各種資料的說法極不一致。根據神話學家阿波羅多洛斯的說法，他的母親有可能是珀羅普斯之女阿斯堤達彌亞（Astydamia）、顧涅烏斯（Guneus）之女拉俄諾墨（Laonome）、墨諾叩斯（Menoeceus）之女希波諾墨（Hipponome）或珀羅普斯的另一個女兒呂西狄克（Lysidice）。安菲特律翁的叔叔是邁錫尼國王厄勒克特律翁，而他娶了他叔叔的女兒阿爾克墨涅為妻。在處理牛群遭人偷盜的過程中，厄勒克特律翁逐漸把女兒阿爾克墨涅和國家都交到安菲特律翁的手上。安菲特律翁很擅長於處理牛隻遭偷盜的事件，總是有辦法把牛贖回來或找回來。不過不幸的是，

有一回他朝暴衝的牛扔一根棍子，結果竟意外打死了厄勒克特律翁。安菲特律翁的殺人罪後來獲得滌清，阿爾克墨涅也同意嫁給他，條件是他得替她那幾個被偷牛賊害死的兄弟復仇。安菲特律翁於是出門去打仗，連續取得一連串勝利之後，他決定回返底比斯。不過，在安菲特律翁抵達底比斯之前，宙斯化身成他的樣子，前去拜訪阿爾克墨涅並與她同寢。安菲特律翁本人不久就回家了，但是他並未受到妻子熱烈的接待；他覺得很納悶，就問他的妻子究竟發生了什麼事。他的妻子說他前一晚早已回家了，而且還跟她共度了一晚。安菲特律翁於是去找先知特伊西亞斯詢問，這才得知前一晚與其妻共寢的是宙斯。阿爾克墨涅後來生下一對雙胞胎男孩：海克力斯和伊克力斯。海克力斯是宙斯的孩子，伊克力斯是安菲特律翁的兒子。海克力斯的年紀只比伊克力斯大一個晚上。

（也請參考 Alcaeus, Alcmena, Andromeda, Electryon, Hercules, Iphicles, Mycenae, Pelops, Perseus, Teiresias, Thebes, *and* Zeus。）

阿蜜摩涅（Amymone）

阿蜜摩涅的父親是國王達那俄斯——這位國王有五十個女兒，而這五十個女兒都因謀殺丈夫而惡名昭彰。達那俄斯本來是利比亞國王，後來逃離家鄉，遷居到阿爾戈斯城，而且讓當時阿爾戈斯城的統治者臣服於他的權威。在那段期間，阿爾戈斯地區正遭逢旱災之苦。原來在這之前，海神波賽頓與天后赫拉競逐阿爾戈斯保護神的名位，居民最後選了赫拉，敗選的波賽頓很生氣，就把阿爾戈斯地區的水源全部抽乾。看到這情形，達那俄斯就派他的女兒們出去尋找水源。在尋找水源的途中，阿蜜摩涅看到一頭鹿，就追趕過去，朝牠扔出長矛。沒想到她的長矛不小心打中一個正在睡覺的羊人。那位羊人雖然受到了驚嚇，但是羊人的本性好色，所以立刻朝阿蜜摩涅追了過去。幸好這時波賽頓及時出現，並用他的三叉戟趕走羊人。阿蜜摩涅出於感激，當下與波賽頓發生了關係。波賽頓為了感謝她，就把三叉戟從地上拔起，該地即出現一道泉水或河流——該條河流後來就被命名為「阿蜜摩涅河」。這條河後來又以勒拿湖（Lerna）之水源而知名——可怕的九頭蛇海卓拉（Hydra）後來即棲居於此湖。阿蜜摩涅與波賽頓生有一子，名為納普利俄斯；納普利俄斯日後會在伯羅奔尼撒半島建立一座城市，稱為納普利亞。

（也請參考 Argos, Danaids [the], Danaus, Hera, Hydra of Lerna [the], Lerna, Poseidon, *and* Satyrs [the]。）

阿娜薩瑞蒂（Anaxarete）

公主阿娜薩瑞蒂（Anaxarete）是透克爾（Teucer）的後代。根據羅馬詩人奧維德的描述，阿娜薩瑞蒂一再拒絕年輕人伊菲斯的求愛，最後那位出身微寒的年輕人就在她家門口上吊自殺了。年輕人的母親十分悲痛；在絕望之中，她呼求諸神為她的兒子復仇。舉行葬禮那天，阿娜薩瑞蒂從窗口探頭去觀看伊菲斯的葬禮行列，結果諸神把她變成石頭。

（也請參考 Iphis。）

安卡伊俄斯（Ancaeus）

安卡伊俄斯是阿卡迪亞國王呂庫爾戈斯的兒子。他的祖父很擔心他的安危，所以就把他的盔甲藏起來，避免他出門。儘管如此，他還是參加了傑森的尋找金羊毛之旅。此外，他也設法加入卡利敦野豬狩獵隊伍。不過，安卡伊俄斯在追捕那頭肆虐該地的野豬時，不幸遭其獠牙牴傷，最終丟了性命。

（也請參考 Arcadia, Calydon, *and* Jason。）

安基賽斯（Anchises）

安基賽斯是卡皮斯（Capys）的兒子——卡皮斯是自特洛斯（Tros）以降，眾多早期特洛伊君王之一。安基賽斯的母親不詳，一說是河神西摩伊斯（Simoeis）的女兒耶羅默涅（Hieromnene），一說是泰美斯特（Themiste），亦即特洛伊王伊洛斯（King Ilus）之女或未來的特洛伊王拉俄墨冬的姊妹。由此說來，安基賽斯是特洛伊幾個建城祖先的後代。根據《荷馬詩頌：阿芙蘿黛蒂篇》（*Homeric Hymn to Aphrodite*）的敘述，年輕英俊的安基賽斯在伊達山放牛的時候，女神阿芙蘿黛蒂愛上了他。阿芙蘿黛蒂會愛上凡人，其實是宙斯的報復，因為女神曾嘲笑其他諸神竟然與凡人共譜戀曲。總之，阿芙蘿黛蒂首先化身為凡人去接近安基賽斯；她聲稱自己是弗里吉亞王阿特俄斯（Otreus）的女兒，被天神荷米斯送來當他的新娘。安基賽斯看到阿芙蘿黛蒂美麗異常，本來非常擔心她是女神下凡，但是聽到阿芙蘿黛蒂的這番說詞，於是就放下了心，開開心心把女神帶回家圓房。第二天一早，阿芙蘿黛蒂就向安基賽斯現出女神真身，並且告訴他她懷孕了。她接著跟安基賽斯解釋：她會把他們的兒子伊尼亞斯託給幾個山寧芙仙子撫養，等他長大，她本人會把兒子帶回來交給安基賽斯。她接著又說伊尼亞斯注定要當國王，因此她交代安基賽斯要把伊尼亞斯帶回特洛伊城，但是不能向伊尼亞斯洩露母親的身分。根據神話學家希吉努斯的說法，安基賽斯在喝

醉酒的情況下，不小心洩露了這個祕密，而且還因此被宙斯的雷霆劈死。不過，這個故事與後來較為知名的版本，亦即維吉爾在《伊尼亞斯紀》裡描寫的情節不同。若根據維吉爾的版本：特洛伊人最終被希臘人打敗，特洛伊城陷入了火海，這時伊尼亞斯費了一番口舌，才勸請年老的父親跟他一起離開。伊尼亞斯手牽著兒子，肩上扛著手捧家神雕像的安基賽斯，帶著他的妻子克柔薩，一起逃離特洛伊城──伊尼亞斯背著老父逃生的描寫使他成為孝子的榜樣。帶著安基賽斯和其他特洛伊難民，伊尼亞斯啟航前往義大利尋找祖先的國土。到了西西里，年老的安基賽斯不幸過世。不過，安基賽斯即便已經死亡，依然是伊尼亞斯的人生導師：他現身在伊尼亞斯的夢裡，敦促兒子把年老力衰的同鄉留在西西里，然後繼續往義大利前進。接下來伊尼亞斯還有一項著名的冒險：跟隨庫邁女先知西比拉進入冥界，到至福樂土埃律西翁去找安基賽斯；在至福樂土那裡，安基賽斯向他揭示所有的後代子孫，以及所有屬於羅馬的榮光。

（也請參考 Aeneas, Aphrodite, Creusa, Cumae, Elysium, Hermes, Ida [Mount], Phrygia, Sibyl of Cumae [the], Sicily, Trojans [the], Tros, Troy, Underworld [the], *and* Zeus。）

安卓戈俄斯（Androgeus）

安卓戈俄斯是克里特國王米諾斯及其王后帕西法爾的其中一個兒子。他是個運動健將，曾在紀念雅典娜而舉行的泛雅典賽會（Athenaian Panathenaic Games）中擊敗所有對手。根據神話學家阿波羅多洛斯的描述，他最後死在曾經被他擊敗過的敵人的手上。不過，旅行作家保薩尼亞斯的說法不同：雅典人催促安卓戈俄斯去獵殺馬拉松公牛（Bull of Marathon），不過這頭公牛太可怕了，所有遇到牠的人全都被牠殺死，包括安卓戈俄斯。不無論他的死因為何，米諾斯都要雅典人付出代價──他出兵攻打雅典，並且規定雅典人每九年就要進貢七個少年和七個少女給米諾陶當食物。

（也請參考 Athens, Crete, Minos, Minotaur [the], *and* Pasiphae。）

安德洛瑪克（Andromache）

安德洛瑪克的父親是底比斯城的國王俄厄提翁（Eetion）；底比斯城就在特洛伊附近，安德洛瑪克後來就嫁給特洛伊王子赫克托爾。兩人生了一個兒子，叫阿斯蒂亞納克斯（Astyanax）。由於阿基里斯殺了她的父親和七個兄弟，她唯一的家人就只剩下赫克托爾，特洛伊戰爭爆發時，她因此懇請丈夫不要為了海倫，或為了他那背信棄義的

弟弟帕里斯，冒著生命的危險去跟希臘人戰鬥。不過，赫克托爾最終還是戰死了，特洛伊城也被攻破，阿斯蒂亞納克斯遇害身亡。安德洛瑪克於是成為希臘軍隊的俘虜。最初她被送給阿基里斯的兒子奈奧普托勒姆斯；在這段期間，她與奈奧普托勒姆斯生了三個兒子。根據悲劇作家尤瑞比底斯的描寫，奈奧普托勒姆斯的妻子赫爾彌俄涅為此感到很忌妒，還曾試圖謀害安德洛瑪克。後來，安德洛瑪克被轉送給赫克托爾的兄弟赫勒努斯（Helenus），並跟著俄斯赫勒努斯回到小亞細亞。

（也請參考 Achilles, Astyanax, Hector, Helenus, Hermione, Neoptolemus, *and* Troy。）

安朵美達（Andromeda）

安朵美達公主的父親是衣索比亞國王克甫斯，母親是王后卡西俄珀亞。根據神話學家阿波羅多洛斯的描述，安朵美達之所以會被綁在海邊嶙峋的山壁上，主要是因為她的母親出言誇耀自己比海寧芙仙子涅瑞伊德斯更加漂亮。不過，詩人奧維德和神話學家希吉努斯兩人的看法不同——他們認為卡西俄珀亞誇耀的是她女兒安朵美達的美貌，說女兒之美更勝海寧芙仙子。這種自誇冒犯了諸海寧芙仙子，海神波賽頓於是出面為她們打抱不平：他派了一頭海怪肆虐衣索比亞的國土。最後，國王克甫斯只得去找宙斯阿蒙諮詢神諭，而他獲得的指示是他必須把女兒安朵美達獻給海怪。雖然他非常不情願，最後還是把安朵美達獨自留在海邊的岩壁上。安朵美達本來已經跟她父親的兄弟菲紐斯（Phineus）訂了親，但是菲紐斯沒有辦法救她。不過，安朵美達的運氣不錯，因為英雄柏修斯在這之前剛剛割下美杜莎的頭。完成任務的他，此時正好從安朵美達的頭頂上空飛過。柏修斯從空中看到安朵美達，立刻愛上了她；他去找克甫斯王交涉，說他願意幫國王除去海怪，條件是把安朵美達嫁給他。克甫斯王表示同意。柏修斯於是殺了海怪，預備迎娶他的新娘。不過，安朵美達的未婚夫菲紐斯此時帶兵來攻擊他，阻止婚禮的進行。柏修斯舉起了美杜莎的頭，把他的敵人全都化成了石頭。安朵美達跟著她的新婚丈夫前往希臘，兩人後來生了三子三女。她過世之後，女神雅典娜把她化成星星，安置於仙女座，而這個星座至今仍以她的名字為名。

（也請參考 Ammon, Athena, Cassiopeia, Cepheus, Ethiopia, Medusa, Nereids [the], Perseus, *and* Phineus。）

安特伊亞（Anteia）

安特伊亞（或者安提亞[Antea]）是提林斯王普洛

俄托斯之妻在荷馬筆下的名字。但一般上，普洛俄托斯的妻子被稱為斯特涅玻亞。年輕的柏勒洛豐到了提林斯城之後，安特伊亞漸漸對他心生愛意。不過，她雖然多次主動示愛，柏勒洛豐卻都不予以回應。深感尷尬之餘，她決定展開報復。她控告柏勒洛豐對她做出不當之舉，並要求她的丈夫懲罰柏勒洛豐。普洛俄托斯只好把柏勒洛豐送到呂基亞，請呂基亞國王伊俄巴特斯懲罰該年輕人。伊俄巴特斯因此派遣柏勒洛豐去除掉噴火怪獸奇美拉，不是美杜莎，殺美杜莎的是另一個英雄柏修斯）

（也請參考 Bellerophon, Gorgons [the], Lycia, Medusa, *and* Tiryns。）

安蒂岡妮（Antigone）
安蒂岡妮是伊底帕斯王及其王后柔卡斯塔（Jocasta）的女兒。她有一個姊妹叫伊斯墨涅（Ismene），兩個兄弟分別名叫厄特俄克勒斯和波里涅克斯。透過希臘悲劇作品的流傳，安蒂岡妮的故事十分有名。伊底帕斯在不知情的狀況下，犯下弒父娶母的大錯；得知真相之後，他刺瞎了雙眼，然後離開底比斯城，以染汙罪人的身分自我流放。在安蒂岡妮的陪伴下，伊底帕斯走遍了希臘各地。父女兩人最後來到雅典，抵達位於阿提卡的聖地柯隆納斯。雅典國王提修斯熱烈歡迎伊底帕斯的到來，伊底帕斯最後亦在柯隆納斯走到生命的終點。伊底帕斯死後，安蒂岡妮即返回底比斯。她的兩個兄弟本來決定輪流統治底比斯，一人統治一年。厄特俄克勒斯首先登基為王。不過時間到了，他卻拒絕把王位讓給波里涅克斯。波里涅克斯只好向阿爾戈斯王阿德拉斯特斯尋求協助，後者立即組織一支由七位將領帶領的軍隊去攻打底比斯——這就是所謂的「七雄攻底比斯」事件。來犯的將領都被打敗了，波里涅克斯和厄特俄克勒斯兩兄弟也在戰爭中喪失生命。王后柔卡斯塔的哥哥克瑞翁於是登上王位，成為底比斯國王。即位後，他宣稱帶兵來犯的波里涅克斯是國家的罪人，任何人不得為他下葬。厄特俄克勒斯守護城市有功，所以會為他舉行葬禮，讓他入土為安。雖然克瑞翁頒布了這樣的命令，而且還提出違令者將會被亂石打死的威脅，安蒂岡妮還是決定違抗他的命令，為其兄長波里涅克斯執行下葬儀式。對她來說，她覺得自己有責任遵循「神聖的法」（*nomos*），意即死者應當獲得安葬，否則死者的靈魂無從得到安寧。就在她給波里涅克斯的屍體撒上儀式性的泥土時，當場被人發現，因而被捕，關入一個洞穴。這是她的命運，連她的未婚夫——克瑞翁之子海蒙都無法加以阻擋。安蒂岡妮在遭受囚禁的期間上吊自殺。海蒙發現她死了，隨即也揮劍自刎。兩人雙雙橫死的悲劇傳到克瑞翁之妻尤麗狄

絲的耳裡，她也隨之走上輕生之路。克瑞翁以很粗率的方式堅持其想法，其結果就是落得家破人亡，形單影隻的下場。

（也請參考 Adrastus, Argos, Athens, Colonus, Creon, Eurydice [heroine], Haemon, Ismene, Jocasta, Oedipus, Polyneices, Seven Against Thebes [the], Thebes, *and* Theseus。）

安提洛科斯（Antilochus）

根據荷馬的《伊利亞德》和《奧德賽》，安提洛科斯是皮洛斯（Pylos）睿智君王涅斯托爾（Nestor）的長子。安提洛科斯陪著他的父親到特洛伊參戰，而他也在戰場上勇敢地作戰。阿基里斯最心愛的夥伴帕特羅克洛斯戰死之後，向阿基里斯報告噩耗的，正是安提洛科斯。帕特羅克洛斯的葬禮過後，希臘人為了榮耀他，舉辦了一場運動競賽。在該場賽事中，安提洛科斯靠著巧計，贏得了第二名。不過他後來向阿基里斯道歉，並把獎品退回。安提洛科斯後來在維護其父的一場戰爭中丟了性命。死後，他和阿基里斯及帕特羅克洛斯葬在一起。

（也請參考 Achilles, Nestor, Patroclus, Pylos, *and* Troy。）

安提諾俄斯（Antinous）

安提諾俄斯的名字大致可翻譯為「粗心者」（"thoughtless one"）；他是伊薩卡王后潘妮洛碧的追求者之一。奧德修斯去特洛伊打仗，但是由於他多年未歸，許多人都以為他死了，紛紛前來追求潘妮洛碧，希望她會改嫁。這群人之中，安提諾俄斯的言語最為直白，作風也最令人側目。眾追求者在等潘妮洛碧從他們之中做出選擇，但是潘妮洛碧卻想盡辦法拖延其決定。最後，這群追求者乾脆搬進王宮，吃住都算在潘妮洛碧和她兒子特勒瑪科斯（Telemachus）的帳上。安提諾俄斯甚至帶頭策畫謀害特勒瑪科斯。當奧德修斯化裝成乞丐走進自己的王宮時，朝奧德修斯扔腳凳的就是安提諾俄斯。最先被奧德修斯殺死的食客，理所當然也是安提諾俄斯。

（也請參考 Ithaca, Odysseus, Penelope, Telemachus, *and* Troy。）

安提俄珀（Antiope）

神話故事有兩個著名的安提俄珀。其中一個是底比斯王倪克透斯的女兒；根據某些傳說故事，安提俄珀公主引起宙斯的注意，於是宙斯就化成薩堤爾，並跟她同寢，使她懷了孕。安提俄珀深覺羞愧，自覺沒臉見她的父親，所以就逃到西錫安，之後嫁給該國的國王俄波珀斯。若根據另一則傳說故事：西錫安國王俄波珀斯綁架了安提俄珀，並且讓她懷了孕。俄波珀斯的行為激怒了安提俄珀的父親倪克透斯——倪克透斯覺

得這是對他的羞辱。他退位後，就交代繼承其王位的弟弟呂科斯懲罰俄波珀斯和安提俄珀兩人，為他復仇。呂科斯於是殺了俄波珀斯，把安提俄珀囚禁起來。根據神話學家阿波羅多洛斯的描述，安提俄珀在被押送回底比斯的路上生了一對雙胞胎男孩：仄托斯和安菲翁。呂科斯把這兩個男嬰丟在喀泰戎山的郊野，任其自生自滅。後來有個牧羊人發現了這兩個男孩，並把他們撫養長大。在底比斯，安提俄珀不僅遭受囚禁，而且受到呂科斯之妻狄爾克的虐待。過了一段時間，安提俄珀伺機逃了出去。她去了喀泰戎山，找到牧羊人的小屋，並在那間小屋裡找到仄托斯和安菲翁。牧羊人告訴那兩個男孩，說安提俄珀是他們的母親。兩個年輕人長大後，他們就殺死呂科斯（或把他趕出國門）。呂科斯的妻子狄爾克的下場比較悽慘：兩個年輕人把她跟公牛綁在一起，使她被拖行而死。

另一個安提俄珀是亞馬遜女戰士的王后。安提俄珀（有些故事版本說是希波麗塔）被雅典英雄提修斯綁架到雅典，並與提修斯生了一個兒子叫希波呂托斯。後來提修斯的妻子費德拉對希波呂托斯產生畸戀，最後這場畸戀以悲劇收場。

（也請參考 Amazons [the], Amphion, Athens, Cithaeron [Mount], Dirce, Hippolyta, Hippolytus, Phaedra, Satyrs [the], Thebes, Theseus, Zethus, *and* Zeus。）

阿布緒爾托斯（Apsyrtus）

阿布緒爾托斯的父親是柯爾基斯的國王埃厄忒斯，他的姊妹（或同父異母姊妹）是美狄亞。跟他有關的故事大半集中於描述他的死亡，雖然寫法各家版本略有不同。根據羅德島的阿波羅尼奧斯，阿布緒爾托斯領著柯爾基斯人去追傑森和阿爾戈船隊，因為這支船隊載著金羊毛和美狄亞，正要回航馳向色薩利。美狄亞和傑森編造了一個詭計，誘騙阿布緒爾托斯並且將之殺害。原來美狄亞首先給阿布緒爾托斯發一則假訊息，說她打算偷走金羊毛，並且跟他回返柯爾基斯城。接著她要求阿布緒爾托斯到阿特米斯聖殿私下跟她見面。阿布緒爾托斯如約去了聖殿，結果埋伏在旁的傑森就衝出來把他殺了，並且把屍體藏了起來。神話學家希吉努斯的說法與此不同；在他筆下，帶船隊去追傑森和美狄亞的人是埃厄忒斯王，而美狄亞看到父親的船隊越來越靠近，就親自下手殺了阿布緒爾托斯，然後把他的屍體肢解，一塊塊丟入大海。這一舉措讓埃厄忒斯王停止了追逐，因為他必須停下來打撈他兒子的屍塊，然後帶回家去埋葬。

（也請參考 Aeetes, Argonauts [the], Artemis, Colchis, Jason, Medea, *and* Thessaly。）

阿拉克妮（Arachne） 在羅馬詩人奧維德筆下，阿拉克妮是個出身平凡，但是編織手藝卻極為不凡的年輕女子。她住在呂底亞一個名叫許派帕（Hypaepa）的村落；她的父親是個普通的羊毛染匠，母親早已過世。儘管出身平凡，阿拉克妮精湛的紡織手藝卻使她的名聲傳遍了許多呂底亞城鎮，甚至連附近的寧芙仙子也會來觀賞她神奇的手藝。具體說來，紡紗和編織是女神米娜瓦的才藝，不過阿拉克妮並不願意承認女神是她的老師。相反的，她公開聲稱自己很樂意跟女神來一場編織比賽。米娜瓦無法忍受這樣的侮辱，於是化為老婦出現在阿拉克妮面前，提醒阿拉克妮不要如此傲慢，因為用這種態度對待諸神是一種不敬。不過，阿拉克妮的態度依然強硬，不願改變。米娜瓦於是現出女神的真身，接著一神一人就此開始比賽技藝。在她的參賽作品中，米娜瓦編織了她以橄欖樹打敗涅普頓，贏得雅典城保護神的故事。為了警告阿拉克妮，她還在自己的設計圖中織了好幾個凡人的故事——這幾個凡人都曾試圖挑戰諸神，結果全部遭受嚴厲的懲罰。阿拉克妮編織的是小幅作品，每幅描繪的主題都是諸神的敗德行為——這種行為其實又再次冒犯了女神米娜瓦。在她的紡織作品中，可看到朱庇特或化身為公牛去誘惑歐羅芭、或化身為天鵝與麗達結合、或化身為阿爾克墨涅之夫與阿爾克墨涅同寢、或化身為金雨，穿透達娜俄幽閉的深閨與之交歡、或化成一團火以便接近埃癸娜。海神涅普頓也出現在她的編織作品裡——只見他有時變成海豚去追求墨蘭托（Melantho），有時變成小鳥去接近美杜莎，有時為了接近其他少女而變成公羊、河流或公馬。阿拉克妮的編織設計圖中，還可看到阿波羅、巴克斯、薩圖恩等，而且這幾位神明都舉止荒唐，醜態百出。阿拉克妮的作品完美無瑕，無可挑剔，即便在女神米娜瓦眼中看來也是如此。不過，這下輪到女神生氣了；她撕掉阿拉克妮的紡織作品，還打了阿拉克妮的頭。阿拉克妮無法忍受這種汙辱，就憤而上吊自殺。不過阿拉克妮並未死去，反而變成一隻蜘蛛。現在她的形體雖然奇異，但是她會永遠不停地編織下去。

（也請參考 Aegina, Alcmena, Apollo, Athens, Bacchus, Danae, Leda, Lydia, Medusa, Minerva, Neptune, *and* Jupiter。）

阿爾卡斯（Arcas） 阿爾卡斯的父親是宙斯，母親是阿卡迪亞國王萊卡翁的女兒卡利斯托。不過，把阿爾卡斯撫養長大的

是天神荷米斯的母親邁亞，因為他自己的母親被心懷忌妒的赫拉變成了熊。長大之後，阿爾卡斯被送回萊卡翁的宮廷。沒想到他的外祖父竟然把他剁成碎塊，做成燉肉來招待阿卡迪亞的訪客——那位訪客其實就是宙斯的化身。由於萊卡翁的野蠻行徑，宙斯把他變成一頭狼；阿爾卡斯則被重新組合，起死回生。根據旅行作家保薩尼亞斯的描述，阿爾卡斯繼承了萊卡翁的王位，成為阿卡迪亞的國王。在他的統治期間，他把他從文化英雄特里普托勒摩斯（文明與文化的引進者）那裡學會的農作物栽培法引入其國，並教導他的人民製作麵包和紡織衣服。阿卡迪亞這個地方本來叫皮拉斯基亞（Pelasgia），人民被稱為皮拉斯基亞人，後來為了紀念阿爾卡斯，才改名為阿卡迪亞，人民也改稱為阿卡迪亞人。在比較後來的一段時期，阿爾卡斯有一回出門打獵，差一點點就射殺了由他生母變成的熊，幸好宙斯及時救了他們，並把母子倆上升天界，分別變成牧夫座（Arctophylax，意即「大熊的守衛者」["Guardian of the Bear"]）和大熊座（Great Bear）。

（也請參考 Arcadia, Callisto, Hera, Hermes, Lycaon, Maia, Pelasgus, Triptolemus, *and* Zeus。）

阿雷特（Arete）

阿雷特的名字意思是「美德」；她是阿爾克諾俄斯國王的妻子，善良的費阿克人的王后。她的女兒名叫瑙西卡（Nausicaa）；奧德修斯遇到船難之後，曾漂流到斯科里亞島海岸，這時上前來協助他並帶領他去見阿爾克諾俄斯國王的女子就是瑙西卡。瑙西卡同時勸告奧德修斯，要他進入王宮之後，首先應該向王后阿雷特致意，接著才拜見國王。這個訊息很清楚顯示阿雷特擁有很大的影響力。另一則與此無關的神話故事提到阿雷特曾指示費阿克人，要他們保護停靠在斯科里亞島的傑森和美狄亞——當時兩人和載著金羊毛的船隊，正在逃躲柯爾基斯人的追捕。

（也請參考 Alcinous, Colchis, Jason, Medea, Nausicaa, Odysseus, Phaeacians [the], *and* Scheria。）

阿爾戈英雄隊（Argonauts, The）

阿爾戈英雄隊就是「阿爾戈號的船員」；這是一個由多位英雄組成、目的是陪伴傑森去尋找金羊毛的船隊。他們的船就叫阿爾戈號。根據某些故事版本，這是世間第一艘船；其他傳說故事則說這是世上最大、最神奇的船，因為這艘船擁有言說的能力。羅德島的阿波羅尼奧斯著有一書叫《阿爾戈號的旅程》（*Argonautica / Voyage of the*

Argo），根據這本書，船上的眾位英雄包括奧菲斯、特拉蒙、阿德墨托斯、帕琉斯、海克力斯、海拉斯（Hylas）、卡斯托和波洛克斯、梅列阿格、仄忒斯和卡拉伊斯等人。

（也請參考 Admetus, Castor, Hercules, Hylas, Jason, Meleager, Orpheus, Telamon, *and* Zetes。）

阿瑞安德涅（Ariadne）

阿瑞安德涅是克里特島米諾斯國王及其妻子帕西法爾的女兒。一日，雅典人到克里特島進貢，送來了十四名少年少女作為她的同母異父兄弟米諾陶的食物。阿瑞安德涅見到那群少年少女時，愛上了其中一位少年——雅典王子提修斯。不過，提修斯這次來，目的其實是想殺死關在迷宮裡的可怕怪物米諾陶。為了幫助她心愛的人，阿瑞安德涅送給提修斯一團線球，讓他進入迷宮時，可以沿路布線，以便找到離開迷宮的路。提修斯果然殺了米諾陶，也得以循著先前布下的線，順利離開迷宮。為了感謝阿瑞安德涅的幫忙，提修斯同意帶她一起回返希臘。不過，這件事並未實現。根據有些故事的描述，提修斯把阿瑞安德涅丟棄在狄亞島（Dia），即現代的納索斯島——酒神戴歐尼修斯就在這個島上發現了阿瑞安德涅，並且娶她為妻。不過，西西里的狄奧多羅斯的看法不同；他認為提修斯是把阿瑞安德涅安置在該島，結果後來阿瑞安德涅被酒神戴歐尼修斯劫走。阿瑞安德涅死後，戴歐尼修斯將她轉移到天界，成為北冕星座（Corona Borealis）。史學家普魯塔克為提修斯寫了傳記；在他的筆下，阿瑞安德涅的結局有許多不同的說法，其中比較常見的是：一說阿瑞安德涅被提修斯遺棄之後就上吊自殺身亡；二說她被船員帶到納索斯島，接著她就和戴歐尼修斯的祭司定居該島；一說提到她被提修斯遺棄的原因是提修斯移情別戀，愛上另一個女人；還有一說提到阿瑞安德涅跟提修斯生了好幾個兒子。從宗教的角度看，阿瑞安德涅非常受到納索斯島和賽普勒斯人的敬重，有一則傳說故事甚至提到她的墳墓就在賽普勒斯。

（也請參考 Athens, Crete, Cyprus, Dionysus, Minos, Minotaur [the], Naxos, Pasiphae, *and* Theseus。）

阿里瑪斯波伊人（Arimaspi, The）

阿里瑪斯波伊人是神話傳說中的獨眼族。根據希臘史學家希羅多德（Herodotus）的說法，這支民族住在極北之地，而且他們住得比中亞民族伊塞多涅斯人（Issedones）更為遙遠，相當

靠近獅鷲（Griffins）的棲息地，相傳他們不時會去偷獅鷲看守的黃金。
（也請參考 Griffins [the]。）

阿里翁（Arion）

來自萊斯博斯島的阿里翁（Arion of Lesbos）是個名詩人。他是個歷史人物，但是他的部分生命故事卻化成了神話。希臘史學家希羅多德認為阿里翁（西元前七世紀晚期）首次創作了酒神讚歌（獻給戴歐尼修斯的頌歌）、為這種文類定名且公開在科林斯表演這種讚歌。亞里斯多德（Aristotle）認為這種酒神讚歌很有可能是戲劇表演的先聲，因此阿里翁的作品在劇場發展史上至關重要。無論如何，根據希羅多德的記載，阿里翁大半生的時間都待在科林斯王佩里安德（Periander）的宮廷裡。不過，在人生的某段時間裡，他去了義大利和西西里，並且靠表演賺了很多錢。由於他對科林斯船員最有信心，所以他選搭一艘科林斯船回鄉。船員發現他身懷鉅款之後，就給他兩條路走：自殺或跳海。阿里翁換上華衣，站在甲板上唱完他最後一首歌，就抱著魯特琴跳入海裡。不過，海裡有一隻海豚接住他，把他平安地送回岸上。回到宮廷後，他把這次遭遇告訴佩里安德，佩里安德隨即把那群船員處死。神話學家希吉努斯補充了一個細節：由於阿里翁很擅長於彈奏齊特琴，阿波羅因此把他和那隻海豚一起上升天界，化成星星。
（也請參考 Apollo, Corinth, *and* Dionysus。）

阿爾西諾俄（Arsinoe）

阿爾西諾俄是琉克普斯的其中一個女兒。根據某些資料，阿爾西諾俄與阿波羅結合，生下醫神阿斯克勒庇俄斯。不過大部分資料還是認為阿斯克勒庇俄斯的母親是柯洛妮斯。
（也請參考 Apollo, Asclepius, Coronis, *and* Leucippus。）

阿倫斯（Aruns / Arruns）

阿倫斯是個戰士，來自伊特魯里亞。根據維吉爾的史詩《伊尼亞斯紀》，他曾與出身貴族、技藝精湛的女獵手卡蜜拉（Camilla）交手，結果導致後者英年早逝。在遇到阿倫斯之前，卡蜜拉是義大利聯軍的一員，而這支聯軍成立的目的是趕走從特洛伊來的伊尼亞斯，並且阻止伊尼亞斯和拉丁姆公主拉維妮雅結婚。
（也請參考 Aeneas, Camilla, Etruria, Latium, Lavinia, *and* Troy。）

阿斯卡尼斯（Ascanius）

阿斯卡尼斯的父親是伊尼亞斯，母親是特洛

伊女子克柔薩。在維吉爾的《伊尼亞斯紀》裡，阿斯卡尼斯的名字是伊洛斯
（Ilus）——這個名字的命名根據是伊利昂（Ilium），亦即特洛伊尚未殞落前的
別名。特洛伊殞落之後，他就被稱為尤利烏斯——這個名字所強調的是他作
為尤利安家族創始者的角色，而這個家族日後將會出現尤利烏斯・凱撒和奧
古斯都大帝兩大名人。從特洛伊到義大利的旅程中，阿斯卡尼斯一路陪伴著
他的父親。到了義大利，沒想到他竟然觸發特洛伊人這群初來乍到者與當地
拉丁人之間的衝突。原來拉丁努斯王的首席牧人堤爾魯斯（Tyrrhus）有個女
兒名叫西爾維雅。有一天，阿斯卡尼斯不小心射殺了西爾維雅寵愛的公鹿，
從而釀成兩族之間的戰爭。戰爭結束後，阿斯卡尼斯日後將會統治拉維尼姆
三十年，並且建立首都阿爾巴・隆伽。他的子孫將會繼續在這裡統治三百
年，直到羅慕勒斯和雷穆斯創建羅馬城為止。

（也請參考 Aeneas, Creusa, Ilium, Iulus, Latinus, Latium, Remus, Rome, Romulus, *and*
Troy。）

阿斯克勒庇俄斯（Asclepius / Aesculapius） 醫療英雄阿斯克勒
庇俄斯是阿波羅的兒子，後來升天成神；一般而言，他比較知名的身分是醫
神和醫藥之神。

（也請參考 Apollo *and* Asclepius [god]。）

阿斯蒂亞納克斯（Astyanax） 阿斯蒂亞納克斯的名字意思是「城
主」（"Lord of the City"）；他的父親是特洛伊護城勇將赫克托爾，母親是
赫克托爾之妻安德洛瑪克。不過，赫克托爾曾根據特洛伊城的斯卡曼德河
（Scamander），把他的兒子稱為斯卡曼德里烏斯（Scamandrius）。根據荷馬
的《伊利亞德》，阿斯蒂亞納克斯僅只是個嬰兒；在荷馬筆下，安德洛瑪克非
常擔心赫克托爾若死於戰爭，兒子的命運將會不堪設想——她的這種擔心非
常合乎情理。根據比較晚期的作家的描寫，阿斯蒂亞納克斯是死於希臘人之
手。其中最常見的故事是，希臘人把阿斯蒂亞納克斯從特洛伊的城牆上扔下
去，任其摔死。扔他的人可能是奧德修斯，也可能是其他希臘人，目的是讓
普里阿摩斯王絕後。

（也請參考 Andromache, Hector, Odysseus, Priam, Scamander River [the], *and* Troy。）

亞特蘭妲（Atalanta） 亞特蘭妲是個技藝精湛的女獵手；她擁有一雙

飛毛腿，奔跑的速度異常快速。關於她父親的身分，古代作家的說法各個不同，有的說是波俄奧提亞國王斯科紐斯（Schoeneus），例如奧維德、斯塔提烏斯（Statius）、保薩尼亞斯和特奧克里托斯（Theocritus）即是。其他作家則說她的父親是伊亞索斯（Iasus）──伊亞索斯是阿卡迪亞國王，他的妻子是彌倪阿斯王之女克呂墨涅，抱持這個意見的作家包括卡利馬科斯、普羅佩提烏斯（Propertius）和阿波羅多洛斯。總之，據說亞特蘭姐的父親不想要女兒，所以亞特蘭姐一出生，就被人帶到荒野裡遺棄。幸好有女神阿特米斯的眷顧，她被一頭母熊帶回去照顧，並且把她撫養長大，一直到後來她被當地某幾位獵人收養為止。亞特蘭姐狩獵的技藝相傳得自阿特米斯的親授。根據羅德島的阿波羅尼奧斯，成年後的亞特蘭姐打算參加傑森的船隊，從事危險的金羊毛探險之旅。但是傑森不讓她參加，理由是他深愛亞特蘭姐，不願意讓她涉險。不過，亞特蘭姐確實參加了卡利敦國王俄紐斯及其妻子阿爾泰亞之子梅列阿格所主導的野豬狩獵行動；原來在收穫季裡，虔誠的俄紐斯為了感謝最初的收穫而祭神時，不知為何竟漏掉了阿特米斯。為此，女神感到很生氣，於是派了一頭可怕的野豬在鄉野肆虐。所有最強壯，最勇敢的人都來參加這場狩獵活動。不過，首先射傷野豬，進而讓梅列阿格得以順利殺死野豬的，卻是亞特蘭姐這位少女。認識到這一事實，梅列阿格就把野豬頭獻給亞特蘭姐，作為戰利品。梅列阿格的這個決定惹來他舅舅們的不滿。繼之而起的就是一場凶猛的格鬥。接著發生的事應驗了梅列阿格會英年早逝的預言。亞特蘭姐希望一輩子當個女獵人，不要結婚，就像女神阿特米斯那樣維持處子之身。不過，追求她的人實在太多了，她的父親也多次要求她考慮結婚，最後沒辦法，她同意嫁給跑得比她快的男子。許多人來跟她比賽，但是他們全都跑輸了，同時也付出了生命的代價。雖然如此，還是有一個無所畏懼的男子贏得了比賽。奧維德稱這個男子為希波墨涅斯，海神波賽頓的曾孫。不過，在保薩尼亞斯和其他作家的筆下，這位年輕人的名字是墨拉尼翁（Melanion）。總而言之，這位年輕人事先去找女神阿芙蘿黛蒂求助，而阿芙蘿黛蒂也回應他的祈求，從賽普勒斯的聖所給他帶來了三顆金蘋果。賽跑比賽開始了。希波墨涅斯把金蘋果一個又一個地丟到跑道外面。亞特蘭姐無法抗拒那幾顆金蘋果，跑出去把它們一個個撿回來。當她衝出跑道去撿最後一個蘋果時，那年輕人已經跑到終點，不僅贏得比賽，也贏得了亞特蘭姐當他的新娘。慢慢地，亞特蘭姐愛上了她的新伴侶，不過這對佳侶的快樂時光卻無法長久維持。原來希波墨涅斯贏得比賽之後太快樂了，竟然忘了對阿芙蘿

黛蒂表達謝意。女神生氣了，於是使他陷入瘋狂的激情之中。有一回，他們竟然克制不住，在女神希柏利的神殿翻雲覆雨，從而褻瀆了希柏利女神。為此，希柏利把他們變成兩隻獅子，並給他們上軛，罰他們為她拉車。

（也請參考 Althea, Aphrodite, Arcadia, Artemis, Boeotia, Calydon, Clymene, Cybele, Cyprus, Hippomenes, Jason, Melanion, Meleager, Minyas, Oeneus, Poseidon, *and* Schoeneus。）

阿塔瑪斯（Athamas）

阿塔瑪斯是波俄奧提亞地區的俄爾科默諾斯（Orchomenus）的國王。他娶了好幾個妻子，依次是涅斐勒、底比斯王卡德摩斯的女兒伊諾、色薩利王許普修斯（Hypseus）的女兒特蜜斯托（Themisto）。阿塔瑪斯的無數煩惱就從他與伊諾結婚之後開始。原來伊諾非常忌妒他前妻涅斐勒所生的兩個孩子弗里克索斯和赫勒，所以就設計一個謀略，企圖除掉那兩個孩子。不過，兩個孩子最後逃過一劫，因為有一頭會飛的金羊來把他們帶走——至少把弗里克索斯帶到安全之地。戴歐尼修斯出生之後，宙斯把他送到阿塔瑪斯和伊諾的家，請他們代為撫養。不過，夫婦兩人幫了宙斯，卻激怒了心懷妒恨的赫拉——女神讓兩人陷入瘋狂。在此狀況下，阿塔瑪斯不小心把兒子勒阿爾柯斯（Learchus）殺死了，還以為自己殺的是鹿（或者獅子）。伊諾把她的兒子米利瑟特斯（Melicertes）丟進滾燙的大鍋——有的故事版本說她抱著兒子跳進薩龍灣（Saronic Gulf），雙雙淹死。兩人死後化成海中精靈，改稱為琉克特雅和巴勒蒙（Palaemon）。

（也請參考 Boeotia, Dionysus, Helle, Hera, Ino, Leucothea, Nephele, Phrixus, Thessaly, *and* Zeus。）

阿楚斯（Atreus）

阿楚斯的父親是比薩國王珀羅普斯，母親是比薩王后希波達彌亞（Hippodamia）。阿楚斯的父親因為背棄信義而受到詛咒，而這個詛咒會歷代相傳，不僅影響到他自己，也導致他的手足以及後代全部遭逢不幸。阿楚斯和他的弟弟堤厄斯特斯在母親的命令下，殺了他們的同父異母兄弟克律西波斯（Chrysippus）。由於他們殺害了兄弟，所以被逐出家門，兩人只得離開比薩。阿楚斯後來娶了克里特公主埃洛珀為妻，生了阿伽門農和墨涅拉俄斯兩個兒子——前者長大後會成為邁錫尼國王，後者會成為斯巴達國王。當邁錫尼的王位唾手可得的時候，阿楚斯的妻子埃洛珀背叛了他——她有可能是愛上了丈夫的弟弟堤厄斯特斯，或是遭到堤厄斯特斯的引誘。總

之，根據神話學家阿波羅多洛斯的說法，阿楚斯本來擁有一頭金毛羊，他本來也應該殺了這頭羊，將之獻祭給女神阿特米斯，不過他並沒有這麼做。在埃洛珀的協助之下，堤厄斯特斯找到那頭羊，然後殺了羊，剝下羊毛皮收起來；接著他建議邁錫尼的王位應該留給擁有金羊毛的人。對於他這個建議，阿楚斯表示同意。不過讓阿楚斯感到驚異的是：他既沒了金羊，也沒有金羊毛。他覺得十分冤枉，因此另外提出建議：王位必須留給有能力使太陽反其軌道而運行的人。他得到宙斯的幫忙，成功獲得了王位。不過，他想到堤厄斯特斯勾引他的妻子，就想了個法子來懲罰他：他把堤厄斯特斯的幾個兒子煮成燉肉，再邀請堤厄斯特斯入宮赴宴，接著再把他逐出國門。堤厄斯特斯遭受驅逐之後，他與自己的女兒珀羅庇亞同寢，生下一個兒子：埃癸斯托斯。原來他從一道神諭得知，若要報復他的兄長，這是唯一的方法。埃癸斯托斯長大之後，確實殺死了阿楚斯。阿楚斯死後，堤厄斯特斯短暫地登基為邁錫尼國王，不過他很快就被阿楚斯的兩個兒子阿伽門農和墨涅拉俄斯推翻。最後當上邁錫尼國王的是阿楚斯的大兒子阿伽門農。由於他的祖父珀羅普斯受到詛咒，阿伽門農後來也遭人謀殺而死。

（也請參考 Aerope, Agamemnon, Artemis, Hippodamia, Menelaus, Mycenae, Pelops, Theyestes, *and* Zeus。）

奧格阿斯（Augeas / Augeias）

奧格阿斯是伯羅奔尼撒半島的厄里斯國王。他的父親不詳，有人說是太陽神赫利歐斯，也有人說是波賽頓。他之所以獲得聲名，理由是他擁有大量牛群和更為大量的牛糞。牛圈裡的糞便之多，似乎根本無從清理起，然而海克力斯的第五項任務就是要在一天之內把奧格阿斯的牛圈清理乾淨。海克力斯的解決之道是扭轉阿爾菲俄斯河與帕涅烏斯河的河道，使之通過牛圈，把牛糞沖走，從而完成任務。本來奧格阿斯已經跟海克力斯說好，只要海克力斯把牛圈打掃乾淨，他就把牛群的十分之一送給海克力斯作為報酬。不過事成之後，奧格阿斯卻不肯支付酬勞，甚至把海克力斯驅離出境。不過，海克力斯也不是省油的燈，他日後必定會回來復仇。他後來果然率領一支軍隊包圍厄里斯城；根據有些傳說故事，海克力斯就在圍城的衝突之中殺死了奧格阿斯。

（也請參考 Alpheus River [the], Helios, Hercules, Peneus River [the], *and* Poseidon。）

奧托諾伊（Autonoe）

奧托諾伊的母親是哈爾摩妮亞，父親是底比斯

的建城者卡德摩斯王。她有三個姊妹：伊諾、阿高厄和賽默勒。這幾個姊妹每一個都是悲劇人物。奧托諾伊嫁給農業文化英雄阿瑞斯泰俄斯，生下兒子阿克泰翁；阿克泰翁長大後，有一回在出獵途中，不小心看到女神阿特米斯裸體出浴，因而被女神變成鹿，最後慘遭自己的獵犬咬死。奧托諾伊、伊諾與阿高厄三姊妹都參加了酒神慶典，並在精神恍惚之際，肢解了阿高厄的兒子彭透斯。

（也請參考 Actaeon, Aristaeus, Cadmus, Harmonia, Ino, Pentheus, Semele, *and* Thebes。）

巴克坎忒斯（Bacchantes / Bacchants / Bacchae）

巴克坎忒斯這個名稱又可拼寫為 "Bacchants" 或 "Bacchae"（酒神女信徒），意指酒神巴克斯或戴歐尼修斯的女性崇拜者。這群女性酒神崇拜者有時也會被稱為邁納德斯——這個名稱源自希臘文 "*mania*"，意即「瘋狂」，因為當女信徒祭拜酒神時，一旦酒神附身，她們通常就會陷入瘋狂的迷亂狀態。

（也請參考 Bacchus, Dionysus, *and* Maenads [the]。）

巴圖斯（Battus）

巴圖斯是個貧窮的牧羊人，也是某有錢人家的僕人。根據羅馬詩人奧維德的描述，巴圖斯曾親眼看到墨丘利偷走阿波羅的牛。他首先收了墨丘利的賄賂，答應墨丘利絕對不說出他看見的事。不過，墨丘利為了試探他，於是喬裝成別人，然後提出更大筆的賄金要巴圖斯說出他的見聞。巴圖斯不疑有他，立刻接受了該筆賄金。就在他接受賄金的那一刻，墨丘利把他變成石頭。這則故事就是所謂的「試金石」——判斷標準或準則——的來源。

（也請參考 Apollo *and* Mercury。）

鮑西絲（Baucis）

「溫柔的」鮑西絲與她「友善的」丈夫費萊蒙的故事見於羅馬詩人奧維德的作品。兩人住在弗里吉亞，是一對年老的農夫農婦。有一天，化裝成凡人的朱庇特和墨丘利來到他們的村莊。二神走得有點累了，所以就挨家挨戶敲門，希望有人會開門提供他們食宿。他們總共敲了一千戶人家的門，但都沒人理會他們。唯一開門歡迎他們的，就是鮑西絲和費萊蒙。兩人非常貧窮，卻極盡所能地熱心待客，他們屋裡只有一張質樸的長凳、簡單樸實的屋頂和近乎熄滅的爐火；全部的家當也只有一條他們保存很久的培根、一張乾草填充的床墊、幾碟橄欖、櫻桃、起司、蘋果和葡萄。

他們還有酒，不過神奇的是，裝酒的碗一倒完，碗裡馬上又裝滿了酒——這顯然是兩位天神的恩賜。最後，夫婦還想殺了他們唯一的鵝來招待客人。兩位天神連忙拒絕其好意，並對他們顯現神的真身。接著他們交代鮑西絲和費萊蒙避居到附近的山上，因為其他村人對神明太壞，所以他們的村子不久就會整個淹沒在洪水裡。與此同時，鮑西絲和費萊蒙的小屋絲毫沒受到影響，反而變成一間神殿。兩位天神問及他們最大的心願時，他們說他們願意用他們的餘生充當神殿的祭司和看守人。他們還請求天神讓他們一起離世。事情後來真的如他們所願地發生了；他們日後忠心地服侍神明，當他們的年壽盡了，他們就一起變成了樹：兩棵彼此相依的樹，一棵是橡樹，另一棵是椴樹。（也請參考 Jupiter, Mercury, and Phrygia。）

柏勒洛豐（Bellerophon）

英雄柏勒洛豐最為人所知的故事是馴服飛馬佩格索斯和殺死怪物奇美拉——奇美拉是個三頭怪物，身軀的前半部是獅子，身後拖著一條龍尾，身軀的中間有個會噴火的山羊頭。柏勒洛豐的生命故事有起有落，只是落的部分有點悽慘。他的繼父是科林斯國王格勞科斯（薛西弗斯的兒子），母親是個名叫歐律米德（Eurymede）或歐律諾墨的女人；相傳他真正的父親其實是波賽頓。他在無意之間害死了一個人；根據某些傳說故事，這個人是他自己的兄弟，其他的故事版本則說是科林斯國王柏勒洛斯（Bellerus）。柏勒洛豐的本名據說叫希波俄諾斯（Hipponous），他意外殺死國王之後，才改成這個名字，意思是「柏勒洛斯的殺手」。背負一身血債，柏勒洛豐於是離開科林斯，前往提林斯避難。幸運的是該城的國王普洛俄托斯願意收留他。住在提林斯期間，國王的妻子斯特涅玻亞（或安特伊亞）愛上了他。不過柏勒洛豐對王后的示愛不為所動。王后為了報復他的怠慢，竟向國王控告柏勒洛豐對她不敬，要求國王懲罰柏勒洛豐。普洛俄托斯不想直接懲罰柏勒洛豐，因為這麼做有違賓主之道，所以他轉而派柏勒洛豐去給呂基亞的國王伊俄巴特斯送信。呂基亞國王伊俄巴特斯是王后斯特涅玻亞的父親，但是柏勒洛豐無從知道的是：信的內容提到他對王后斯特涅玻亞不敬，要求國王殺了送信人。伊俄巴特斯也不想讓自己的雙手染血，所以就派給柏勒洛豐一項必死無疑的任務：去剷除當時正在呂基亞鄉間肆虐的怪物奇美拉。柏勒洛豐獲得米娜瓦女神的協助，首先馴服了飛馬佩格索斯。他接著騎上飛馬，從高空中射死奇美拉。根據神話學家阿波羅多洛斯的描述，伊俄巴特斯王看到他完成任務，平安歸來，感到非常驚異，因而再次命令柏勒

洛豐去攻打極度驍勇善戰的蘇利米人（Solymi）。再一次，柏勒洛豐又完成了任務。接著伊俄巴特斯又再派他去攻打亞馬遜女戰士。同樣地，柏勒洛豐也完成了任務。看到柏勒洛豐竟然從這幾場戰役中全身而退，伊俄巴特斯只得派出他最勇敢的戰士在中途埋伏，伺機殺死柏勒洛豐。不過，那群戰士並未成功。伊俄巴特斯這時真的對柏勒洛豐的勇敢和能力感到極為敬佩，所以就把另一個女兒菲羅諾俄（Philonoe）嫁給他，並且立他為王位繼承人。聽到這個消息，悲痛的斯特涅玻亞自殺身亡──或者根據另一個傳說故事，她是被柏勒洛豐從飛馬佩格索斯的背上推下去，墜地身亡。至於柏勒洛豐本人的結局，我們有好幾個不同的故事版本。在荷馬的《伊利亞德》裡，據說柏勒洛豐慢慢地變成諸神的眼中釘。誠如詩人品達所述，他之所以招惹諸神厭惡，可能是因為他想超越凡人的局限──據說他策馬往天上飛奔，直奔到宙斯居住的神聖天界。結果柏勒洛豐被諸神丟了出去，掉落在地上。由於他遭受諸神如此的驅趕，從此無人敢收留他，他只好像個流亡者，獨自一人四處流浪。不論在呂基亞和科林斯，柏勒洛豐都深受人們的景仰。根據旅行作家保薩尼亞斯的描述，科林斯有一座稱為克瑞尼姆（Craneum）的柏樹林──那裡是柏勒洛豐的聖地，也是阿芙蘿黛蒂聖殿的所在地。

（也請參考 Amazons [the], Anteia, Aphrodite, Chimaera [the], Corinth, Glaucus [hero], Iobates, Lycia, Minerva, Pegasus, Poseidon, Proetus, Sisyphus, Solymi [the], Tiryns, *and* Zeus。）

柏羅斯（Belus）

柏羅斯是傳說中的埃及國王。根據神話學家阿波羅多洛斯的說法，柏羅斯的父親是海神波賽頓，母親是俄帕弗斯（Epaphus）與孟斐斯的女兒莉比亞。他的雙胞胎兄弟名叫阿革諾爾，後來成為腓尼基人的國王。不過，柏羅斯始終留在埃及，後來成為埃及的攝政王，並且娶了尼羅河河神的女兒安琪諾娥（Anchinoe）為妻。他和妻子也生了一對雙胞胎：埃吉普托斯和達那俄斯。柏羅斯把利比亞的統治權給了達那俄斯，把阿拉比亞交給埃吉普托斯統治。後來埃吉普托斯生了五十個兒子，達那俄斯生了五十個女兒。埃吉普托斯建議兄弟倆結為親家，讓他的五十個兒子迎娶達那俄斯的五十個女兒。聽到兄長如此建議，達那俄斯懷疑他的兄長有意併吞他的國家，因此就舉家逃走了。最後他被迫同意結親，不過他要女兒們在新婚之夜把她們的丈夫殺了。這群達那伊德斯──他的五十個女兒的總稱──最後成為冥界惡名昭彰的住民。

據說迦太基王后蒂朵和幾位波斯國王也是柏羅斯的後代。

（也請參考 Aegyptus, Carthage, Danaids [the], Danaus, Dido, Epaphus, *and* Poseidon.]

畢同（Biton）

畢同和他的兄弟克琉比斯（Cleobis）是兩個強壯且德行高尚的年輕人。由於兩人為榮耀母親和赫拉女神而付出的英雄行為，他們獲得了神所能賜給凡人最大的恩惠：完成最高尚的成就後，然後安詳地死去。

（請參考 Cleobis *and* Hera。）

布里賽絲（Briseis）

布里賽絲的丈夫名叫密涅斯（Mynes），是呂爾涅索斯城（Lyrnessus）的國王。這座城市在特洛伊附近，所以在希臘人攻打特洛伊的十年間，阿基里斯有一回帶兵圍攻呂爾涅索斯城，殺死國王密涅斯和布里賽絲的三個兄弟。布里賽絲本人則遭到俘虜，成為希臘人的戰俘，最後成為阿基里斯的侍妾。戰爭進入第十年之後，阿伽門農此時不得不把他的侍妾克律塞伊斯還給她的父親克律塞斯（Chryses），一位阿波羅祭司。在這之後，他要求阿基里斯把布里賽絲讓給他，補償他的損失。對於阿伽門農的要求，阿基里斯深感憤慨——這是可以理解的，因為布里賽絲是他的戰利品，代表他的英勇和勝利。布里賽絲被帶走之後，阿基里斯就退出戰場，不再參與戰鬥；他並且要求他的女神母親特提斯向宙斯說項，請宙斯讓特洛伊人占上風。如此一來，阿伽門農才會看到他那傲慢且愚蠢的要求所造成的結果。後來阿伽門農確實真的把布里賽絲還給了阿基里斯。不過到了那個時候，已經有許多希臘人戰死沙場，包括阿基里斯最親近的友人帕特羅克洛斯。

（也請參考 Achilles, Agamemnon, Apollo, Chryseis, Patroclus, Thetis, Troy, *and* Zeus。）

卡德摩斯（Cadmus）

卡德摩斯的父親名叫阿革諾爾，是泰爾（或西頓[Sidon]）地區的統治者。女兒歐羅芭遭受宙斯拐走之後，阿革諾爾即命令他的幾個兒子出去尋找歐羅芭。幾個兒子四處尋找不著，最後就在他們放棄追尋的地方，各自建立了自己的聚落。卡德摩斯首先去了波俄奧提亞，接著轉往德爾菲神殿尋求答案。根據神諭的指示，他放棄尋找歐羅芭，然後在一頭牛停駐的地點安居下來，並在該地建立一個城市，稱為卡德米亞（Cadmeia），亦即後來著名的底比斯城。神話學家阿波羅多洛斯的作品保留了許多卡德摩斯建立該城的細節；根據他的描述，卡德摩斯想把那頭牛獻給諸神，於是派了幾個士兵去找執行謝神儀式的用水。過了很久，始終不見他

的士兵回來，於是卡德摩斯就親自到泉水那裡探查。結果他發現那裡是戰神阿瑞斯的聖泉，而且還有一條龍正在看守。卡德摩斯殺了那條龍，然後在女神雅典娜的指導之下，在地上播下部分龍牙。不久，從其播種處，跳出一群全副武裝的成年戰士──他們就是所謂的「斯巴提人」（Sparti），意即「種出來的人」（"Sown Ones"）。卡德摩斯朝他們扔了幾顆石頭，結果他們在困惑之中竟互相打了起來，最後只剩五個留下來。後來宙斯把阿芙蘿黛蒂與阿瑞斯的女兒哈爾摩妮亞嫁給卡德摩斯，而且每一位神都來參加婚禮。卡德摩斯送給哈爾摩妮亞的結婚禮物是一件華美的袍子和一條由赫菲斯托斯打造的神奇項鍊──這兩件禮物將會在他們後代之間的衝突中扮演重要的角色。卡德摩斯和哈爾摩妮亞育有一子四女：兒子名叫波呂多洛斯，四個女兒分別是：奧托諾伊、伊諾、賽默勒和阿高厄。這四個女兒全部都是悲劇人物：伊諾嫁給阿塔瑪斯、奧托諾伊嫁給阿瑞斯泰俄斯、阿高厄嫁給厄喀翁、賽默勒受到宙斯的引誘而懷孕，後來生下酒神戴歐尼修斯。阿高厄的兒子名叫彭透斯──卡德摩斯退位後，他就繼位為王，統治底比斯。不過彭透斯的下場卻極為悲慘；他拒絕承認戴歐尼修斯（又名巴克斯）是一位神，結果他被酒神懲罰：他的母親和姨媽們在祭拜酒神時陷入了巴克奇幻覺，誤把他看成小獅子，因而一起把他分屍了。奧托諾伊的兒子阿克泰翁也有個悲慘的結局：他的獵犬群起而攻，把他撕成碎片。在世事的奇異變化下，卡德摩斯和哈爾摩妮亞被流放到巴爾幹半島西部一個稱為伊利里亞的蠻荒之地。他們在那裡帶領野蠻部落四處征戰。最後，他們被變成兩條蛇──這也許是阿瑞斯的報復，因為卡德摩斯在很久以前殺了他的龍。兩人死後，宙斯把他們夫妻倆送往至福樂土安居。

（也請參考 Actaeon, Agave, Agenor, Aphrodite, Ares, Aristaeus, Autonoe, Boeotia, Delphi, Dionysus, Elysian Fields [the], Europa, Harmonia, Ino, Pentheus, Polydorus, Semele, Thebes, *and* Zeus。）

卡拉伊斯（Calais）

卡拉伊斯和他的雙胞胎兄弟仄忒斯是一對生有翅膀，飛得極快的年輕人，因為他們的父親是北風之神玻瑞阿斯。身為玻瑞阿斯的兒子，有時候他們也會被稱為「玻瑞阿德斯」。兩兄弟最著名的故事是協助國王菲紐斯趕走鳥形女妖哈爾庇厄；這是菲紐斯之前受到的懲罰，每當食物擺在他面前，哈爾庇厄就會飛下來搶走他的食物。

（也請參考 Boreas, Harpies [the], Phineus, *and* Zetes。）

卡爾卡斯（Calchas） 卡爾卡斯是個預言家或先知；他在特洛伊戰爭期間即時常提供預言給希臘人。他提出的許多關鍵預言中，其中一個就是讓阿伽門農和其他集結在奧利斯港口的希臘人知道他們惹怒了女神阿特米斯，因此他們才等不到順風，無法航向特洛伊。他也提供了解套的方法：阿伽門農必須把女兒伊菲葛涅亞獻祭給女神。因為這件事，阿伽門農的妻子克呂泰涅斯特拉永遠無法原諒她的丈夫，這件事也直接導致她後來的刺殺阿伽門農，為女兒復仇。後來駐紮在特洛伊城外的希臘人遭受瘟疫侵襲，卡爾卡斯也提供了消除該場瘟疫的解決之道：阿伽門農必須把他的侍妾克律塞伊斯還給她的父親，亦即阿波羅的祭司克律塞斯。阿伽門農接受這個建議，而且也照做了。不過，為了補償自己的損失，他要求阿基里斯把布里賽絲讓給他。阿基里斯當然無法忍受這個無禮的要求。根據其他古代資料，包括神話學家阿波羅多洛斯、士麥那的昆圖斯（Quintus of Smyrna）和塞內加（Seneca）等人的著作，卡爾卡斯亦曾預言希臘人如果沒有得到阿基里斯之子奈奧普托勒姆斯和菲羅克忒特斯（Philoctetes）的協助，他們就無法攻下特洛伊。他更進一步預言希臘人會在完成兩件事之後回鄉，一是殺死赫克托爾的幼子阿斯蒂亞納克斯，二是把特洛伊公主波呂克塞娜獻祭給神。
（也請參考 Achilles, Agamemnon, Artemis, Astyanax, Aulis, Briseis, Chryseis, Clytemnestra, Hector, Hercules, Iphigeneia, Neoptolemus, Philoctetes, Polyxena, *and* Troy。）

卡利斯托（Callisto） 卡利斯托是個美麗的少女或寧芙仙子，平日住在阿卡迪亞的林野之間，陪伴處女神黛安娜。大部分資料都提到卡利斯托的父親是阿卡迪亞國王萊卡翁；萊卡翁是個野蠻的僭主，後來因為他做出許多驚世駭人的事，朱庇特即十分恰如其分地把他變成一頭野蠻的狼。至於卡利斯托的命運，羅馬詩人奧維德敘說的版本最精采。就像許多美麗的女子、寧芙仙子和女神那樣，卡利斯托也沒能逃過朱庇特巡視的目光。有一天，她正在沐浴，不巧就被朱庇特看到了。朱庇特以一種令人厭惡的詭計靠近卡利斯托：他把自己變成了黛安娜。由於這個理由，卡利斯托對「他」的靠近無從提高警覺。其結果就是卡利斯托遭受強暴，並懷了孕。她盡可能隱藏自己懷孕的事實，直到再也藏不住為止。一日，因為天氣熱，而且打獵也累了，黛安娜於是邀請她的同伴在樹蔭下的小溪游泳消暑。卡利斯托裹足不前。其他同伴於是上前剝光卡利斯托的衣服，這時大家才看到她突起的肚子。卡利斯

托被女神趕出阿卡迪亞的林野。另一方面，朱庇特的妻子茱諾後來因為得知她生了個男孩，亦即小小的阿爾卡斯，又氣她的丈夫朱庇特再度對她不忠，所以她就把卡利斯托變成一頭熊。隨著時間的流逝，阿爾卡斯長大成為獵人。有一回，他遇見了化成熊的卡利斯托，差一點就投矛射殺自己的母親，幸好朱庇特及時阻止了這場悲劇。朱庇特後來把母子兩人上升天界，化成大熊座（Ursa Major / Great Bear，或又稱為 "Bootes"[牧羊人]）和牧夫座（希臘文的意思是「大熊的守衛者」，拉丁文的意思是「小熊」[Ursa Minor / Lesser Bear]）。茱諾的怒火並未停歇，她對卡利斯托母子設計了最後一個懲罰：兩星座永遠不得沉入俄刻阿諾斯河，永遠不得休息。其結果是，大小熊星座此後永遠都在地平線上。以希臘文寫作的神話學家阿波羅多洛斯給這個故事提供另一個版本：卡利斯托之死有兩個可能，一是赫拉勸服阿特米斯射殺卡利斯托，二是阿特米斯自己射殺卡利斯托，因為卡利斯托違背了保持貞潔的誓言。卡利斯托死了之後，宙斯迅速取出她肚內的嬰兒，將之命名為阿爾卡斯，然後交給邁亞女神撫養。

（也請參考 Arcadia, Arcas, Diana, Hera, Juno, Jupiter, Lycaon, Maia, Oceanus [place], *and* Zeus。）

卡蜜拉（Camilla）

卡蜜拉的父親是沃爾西人（Volscians）的國王米塔巴斯（Metabus）；卡蜜拉還是個嬰兒的時候，米塔巴斯就帶著她逃離故鄉。當他們來到阿米蘇斯河（Amisenus），他把卡蜜拉綁在一支樅矛上，然後向黛安娜女神祈禱；他發誓他會把卡蜜拉獻給女神，如果該樅矛可以把卡蜜拉安全地送達河的彼岸。他的禱告應驗了；之後他也信守誓言，讓卡蜜拉在森林裡長大，成為處子獵人。長大後的卡蜜拉會參加魯圖里王子圖爾努斯的聯軍，對抗伊尼亞斯和他帶來的特洛伊人，因為後者的到來在義大利引起一場極為嚴重的戰爭。很可惜的是，在雙方交戰的過程中，卡蜜拉被一個名叫阿倫斯的戰士殺了。許多拉丁人都對她的死深感悲傷，無法自已。

（也請參考 Aeneas, Aruns, Diana, Latins [the], Rutulians [the], Troy, *and* Turnus。）

卡納刻（Canace）

根據神話學家阿波羅多洛斯的說法，卡納刻是風神之王埃俄羅斯的十二子女之一。卡納刻與海神波賽頓結合，生下五個兒子──這五個兒子當中的阿洛歐斯以後會成為巨人俄托斯和厄菲阿爾特斯的繼父。羅馬詩人奧維德記錄了許多以卡納刻之死為主題的驚人事件。原來卡

納刻與兄長馬卡瑞俄斯（Macareus）發生了不倫之戀，並且還珠胎暗結。雖然她和她的奶媽想盡辦法試圖打胎，但是最後她還是生下一個男孩。她的父親埃俄羅斯氣壞了，命人把那新生兒扔到野外，留給野狗和猛禽為食。接著他派人交給卡納刻一把劍，命她自己揮劍自刎。

（也請參考 Aeolus, Aloeus, Otus, *and* Poseidon。）

卡帕紐斯（Capaneus）

卡帕紐斯的行為可說是個主要的事例，用以闡明何謂傲慢（過度自大）以及傲慢所帶來的後果。伊底帕斯王有兩個兒子名叫波里涅克斯和厄特俄克勒斯；兩人本來說好要輪流統治底比斯，任期一年。不過時間到了，厄特俄克勒斯卻不肯讓位，波里涅克斯只好自組軍隊去攻打底比斯。卡帕紐斯就是這支軍隊的七位將領之一。根據悲劇作家艾斯奇勒斯的描述，卡帕紐斯曾誇下海口，表示宙斯即使不支持他們，他也有辦法摧毀底比斯；他甚至表示與宙斯為敵並沒有什麼大不了的，宙斯的霹靂算不得什麼，既傷不了什麼人，也不比中午的太陽毒辣。儘管他真的很驍勇善戰，但是這種褻瀆神明的言論畢竟還是得罪了宙斯——當他正要爬上底比斯的城牆時，宙斯以神聖之火把他劈死。

（也請參考 Eteocles, Oedipus, Polyneices, Thebes, *and* Zeus。）

卡珊德拉（Cassandra）

卡珊德拉的父親是特洛伊王普里阿摩斯，母親是特洛伊王后赫庫芭。根據詩人荷馬的描述，卡珊德拉長得美豔絕倫，甚至與阿芙蘿黛蒂的姿色不相上下。不過，她的美麗並未給她帶來幸福，反而為她招來詛咒。原來她的美引來了阿波羅，阿波羅賜給她預言的天賦，期待她會因此對他以身相許。不過卡珊德拉對阿波羅的追求竟是多方抗拒。阿波羅認為她的抗拒是一種侮辱，所以他就讓卡珊德拉陷入兩難：她固然有預知未來的能力，但是無人會相信她的預言。就這樣，她雖然預言她的兄弟帕里斯會給特洛伊帶來毀滅，普里阿摩斯王還是給他準備了船艦，讓他到斯巴達去接海倫——此舉後來成為特洛伊戰爭的直接導因。她也告訴特洛伊人要慎防特洛伊木馬，因為木馬裡面藏著希臘人，並不是希臘人要獻給雅典娜的祭品——雖然大家都這麼想。卡珊德拉經歷的許多暴行中，最難堪的莫過於遭受俄琉斯之子埃阿斯（或小埃阿斯）的強暴。當時她已經躲在特洛伊的雅典娜神殿裡，但是希臘英雄小埃阿斯還是對她伸出毒手。小埃阿斯這種褻瀆女神的行為也讓他自己和其他希臘人遭受雅典娜、宙斯和波賽頓的懲罰。在回

返希臘的旅途中，小埃阿斯的船沉了；他本人的下場則有二說，一說他被閃電擊中身亡，另一說則提到他是溺水而死的。在這之後，卡珊德拉被送給希臘聯軍總司令，即邁錫尼國王阿伽門農當侍妾。阿伽門農帶著卡珊德拉一起回到邁錫尼，王后克呂泰涅斯特拉本來已經對阿伽門農充滿了怨恨，看到他竟然還帶個侍妾回來，她就更氣了。最後兩人都死於王后之手。悲劇作家艾斯奇勒斯寫了《阿伽門農》（*Agamemnon*）一劇；在這部作品裡，他對卡珊德拉之死和她的預見自己之死有很生動的描寫。

在另一個傳說故事中，卡珊德拉和她的雙胞胎兄弟赫勒努斯在嬰兒時期曾在阿波羅神殿裡被蛇舔過耳朵，因此兩人獲得神賜的禮物——預言的能力。

（也請參考 Agamemnon, Ajax [the Lesser], Aphrodite, Apollo, Athena, Clytemnestra, Hecuba, Helen, Helenus, Mycenae, Paris, Poseidon, Priam, Sparta, Troy, *and* Zeus。）

卡西俄珀亞（Cassiopeia）

卡西俄珀亞是衣索比亞國王克甫斯的妻子，她有個漂亮女兒叫安朵美達。由於她非常自滿，誇耀自己或（根據某些版本）她的女兒長得比海寧芙仙子涅瑞伊德斯更為漂亮，波賽頓為了懲罰她，就派了一頭海怪到衣索比亞興風作浪，唯一的解決辦法就是把她的女兒獻給海怪。幸運的是，柏修斯當時剛好殺死美杜莎；他拎著美杜莎的頭飛經衣索比亞，因此救了安朵美達。卡西俄珀亞死後，波賽頓把她放在星空，但她的身體的擺放姿勢並不優雅：他讓她平躺著，雙足朝天。

（也請參考 Andromeda, Cepheus, Ethiopia, Medusa, Nereids [the], *and* Poseidon。）

刻克洛普斯（Cecrops）

刻克洛普斯是雅典及其領土阿提卡（當時稱為刻克洛匹亞[Cecropia]）的第一任國王。據說他是個地生人——亦即從土裡出生之人；他有著人獸混合的身體：下半身是一條蛇，上半身是人。他是雅典第一任國王，同時也是個文化英雄：他訂定宙斯為最至高無上的神、制定一夫一妻制、確立葬禮的各種儀式、禁止活人獻祭、引進字母、合併附近各個社群，使之成為一個城市。諸神打算認領各自的保護城市時，發生了一件很著名的事：雅典娜和波賽頓都想成為雅典的保護神，彼此相爭，不肯退讓。根據某些傳說故事，宙斯因此指派刻克洛普斯充當兩神競賽的裁判；不過，另有其他的傳說故事提到當裁判的是全體奧林帕斯神，或是刻克洛普斯的兒子，即短命的厄律西克同（Erysichthon）。比賽開始時，波賽頓舉起三叉戟，重擊雅典衛城的石頭，結果從石縫中湧出一道鹹水泉——這是雅典城即

將成為海上強權的象徵。雅典娜則讓雅典的土地長出一棵橄欖樹。最後，橄欖樹被裁定為更具價值的禮物——事實上，橄欖樹後來也真的成為雅典經濟的中流砥柱。由於雅典娜打敗了波賽頓，所以她日後成為雅典的保護神，雅典城後來也以她的名字為名。

（也請參考 Acropolis [the], Athena, Athens, Attica, Olympus [Mount], Poseidon, *and* Zeus。）

海克力斯家族系譜

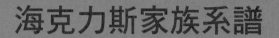

其他48個女兒

尤麗狄絲（阿伽尼珀）＋ 阿克里西俄斯

宙斯 ＋ 達娜俄

安朵美達 ＋ 柏修斯

? ＋ 阿爾卡俄斯　　　　　　　　　　斯特涅洛斯 ＋ 尼克珀

安菲特律翁 ＋ 阿爾克墨涅 ＋ 宙斯　　　歐律斯透斯

伊克力斯

墨伽拉 ＋ 海克力斯 ＋ 許多女人

無數的海克力斯後裔

三（或五）個兒子

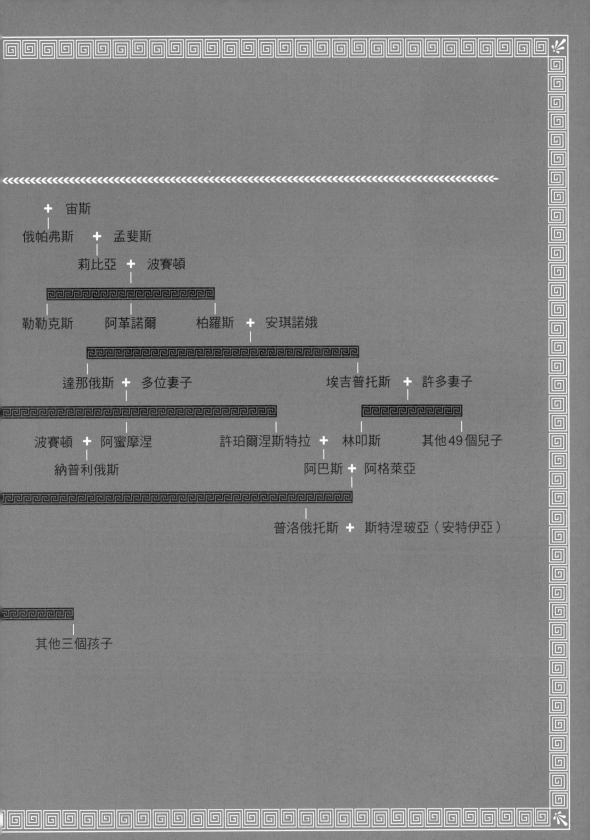

克琉斯（Celeus / Keleos） 克琉斯的名字又可拼寫為"Keleos"；他是厄琉西斯地區知名的傳奇國王，而他最著名的故事就是採納女兒們的建議，熱情迎接狄蜜特女神住進王宮。原來狄蜜特當時為了尋找女兒玻瑟芬妮的下落，喬裝成老婦人在人間到處流浪。住進克琉斯的王宮之後，狄蜜特即擔任小王子德摩豐的保姆。她為了讓小王子獲得永生，除了給他餵食仙饌，夜晚還把他放在爐火的餘燼中鍛鍊。不過，克琉斯的妻子墨塔涅拉無意中看到她的小孩躺在火裡，非常擔心小孩的安全，就大聲叫了起來。狄蜜特因此現出女神的真身，要求厄琉西斯為她蓋一間神殿，然後還要親自教導當地民眾如何執行神殿裡的宗教儀式。克琉斯沒有任何意見，默然同意執行女神交代的一切；這一明智之舉使他成為厄琉西斯祕儀的創立者。

（也請參考Demeter, Demophoon, Eleusis, *and* Persephone。）

克法羅斯（Cephalus） 克法羅斯是雅典公主普洛克莉絲的丈夫；他本身是弗克斯（Phocis）國王德伊翁（Deion）的兒子。克法羅斯曾被黎明女神奧羅拉綁架，但是被迫離開妻子的他顯然很傷心，因此奧羅拉就放他走。不過他與妻子之間的悲劇亦隨即發生，因為他聽信奧羅拉的話，因而回家試探他妻子的貞潔。試探的結果是：他認為妻子有所不足，於是他妻子就離開了。等到他們再次重逢時，他卻在無意之中親手殺了妻子。

（也請參考Aurora *and* Procris。）

克甫斯（Cepheus） 古典神話故事有好幾個名叫克甫斯的角色。其中最有名的似乎就是安朵美達公主的父親；他把安朵美達留在海邊，準備獻給海怪，幸好當時柏修斯剛好經過，安朵美達才僥倖逃過一劫。這位克甫斯的妻子是卡西俄珀亞；卡西俄珀亞出言冒犯海寧芙仙子，差一點就得付出賠上女兒性命的代價。一般上，這位克甫斯雖然號稱是衣索比亞的國王，不過在不同作家的筆下，他的來歷亦有所不同，比如希羅多德認為他是波斯人，史家赫拉尼庫斯（Hellanicus）認為他是巴比倫人，而保薩尼亞斯則認為他來自腓尼基。克甫斯後來指定柏瑟斯（Perses）——安朵美達和柏修斯的兒子——為他的繼承人。克甫斯和他的妻子卡西俄珀亞，還有他們的女兒安朵美達死後，一家人全都上升天界，化成星座。

另一個較不知名的克甫斯是阿卡迪亞重要城市特哥亞（Tegea）的國王。這位克甫斯參加了傑森和阿爾戈英雄隊尋找金羊毛的冒險之旅，也參加了英雄梅

列阿格所發起的卡利敦野豬狩獵活動。根據神話學家阿波羅多洛斯的說法，海克力斯曾邀請克甫斯跟他一起去攻打斯巴達，克甫斯一開始拒絕海克力斯的邀約，因為他擔心他不在的時候，特哥亞城會遭受攻擊。後來海克力斯送給克甫斯的女兒斯特洛珀一縷美杜莎的頭髮，用來保護該城市的安全。該城市後來安然無恙，但是克甫斯本身卻在攻打斯巴達的戰事中失去了生命。

（也請參考 Andromeda, Arcadia, Argonauts [the], Babylon, Calydon, Cassiopeia, Ethiopia, Hercules, Jason, Medusa, Meleager, Nereids [the], Perseus, *and* Sparta。）

柯宇克斯（Ceyx）

柯宇克斯的父親的身分有二說，一說是掌管金星的赫斯珀爾，一說是掌管啟明星的路西法。成年後，他登基為王，統治特拉克斯城——那是一個位於斯帕瑟烏斯山谷（Spercheius Valley）的色薩利城市。柯宇克斯最知名的故事是為海克力斯提供避難處——原來海克力斯在卡利敦作客時，失手殺了卡利敦王俄紐斯的一個親戚，所以他就離開卡利敦，到處自我放逐。就在前往特拉克斯城的途中，海克力斯和他的妻子德伊阿妮拉遇到即將改變兩人命運的半人馬涅索斯（Nessus）；由於這次的相遇，不久海克力斯將以自殺的方式終止其生命。柯宇克斯自己的人生也充滿了悲劇。他的兒子希帕索斯（Hippasus）加入海克力斯的軍隊去攻打俄卡利亞（Oechalia），結果不幸戰死沙場。他的姪女克俄涅連續遭到荷米斯和阿波羅的強暴，結果生下一對雙胞胎：奧托里庫斯（Autolycus）與菲拉蒙（Philammon），前者生性不老實，就像他的父親荷米斯，後者就像他的父親阿波羅，擅長歌唱和演奏里拉琴。由於自己的兩個兒子具有神的血統，克俄涅心中漲滿了驕傲，竟然誇耀自己的美麗勝過黛安娜女神。黛安娜女神無法忍受這種冒犯，於是朝克俄涅射了一箭。那箭穿透克俄涅的舌頭，立即滅了她的聲音，同時也終止她的生命。克俄涅死後，她的父親深感絕望，竟從帕那索斯山的峭壁躍下，意圖了結殘生。不過，他在墜落的半空中，諸神把他變成一隻老鷹。根據羅馬詩人奧維德的描述，柯宇克斯看到自己兄弟的命運如此神祕，心裡十分不解。最後他決定跨海到伊奧尼亞的克拉羅斯去諮詢神諭的解釋。不料他在海上遇到暴風雨，不幸葬身大海。他的妻子阿爾庫俄涅之前曾一再要求他別出門，但他還是執意出門；由於阿爾庫俄涅無從知道丈夫已死，所以在他死後，還是一直不斷地向赫拉祈禱，祈請天后保佑她丈夫平安回家。赫拉派遣夢神摩爾甫斯到阿爾庫俄涅的夢裡，向她通報其夫的死訊。摩爾甫斯因此化為柯宇克斯的樣子，進入阿爾庫俄涅的夢裡，向她報

知死訊。阿爾庫俄涅醒來之後奔向海邊，當她看到丈夫的屍體在海面上載浮載沉，就投海自盡了。諸神把兩人變成一對翠鳥，並且確保每年冬天，當他們在海上孵蛋的七天裡，海面上會保持風平浪靜——這就是所謂的「太平歲月」。

（也請參考 Alcyone, Apollo, Calydon, Centaurs [the], Deianeira, Diana, Hera, Hercules, Hesper, Morpheus, Nessus, Oeneus, Parnassus [Mount], *and* Thessaly。）

克律塞伊斯（Chryseis）

不論是特洛伊戰爭的過程，還是阿基里斯的命運，克律塞伊斯都扮演重要的角色。她的父親克律塞斯是阿波羅神殿的祭司。特洛伊戰爭爆發後，她成為希臘人的俘虜，最後被分配給邁錫尼國王阿伽門農，作為他的戰利品和侍妾。她的父親後來到希臘人的營地，提供大筆的贖金，希望可以贖回她。不過阿伽門農拒絕釋放克律塞伊斯，理由是他喜歡克律塞伊斯更甚於喜歡自己的太太克呂泰涅斯特拉。克律塞斯只好向阿波羅禱告，尋求阿波羅的協助。阿波羅回應他的祈求，降下可怕的瘟疫，殺死大批希臘人。希臘人去找先知卡爾卡斯求解，而先知的答案是釋放克律塞伊斯，讓她回到她父親身邊。接下來阿伽門農和阿基里斯就發生一場激烈的爭論：阿伽門農認為他被迫放棄克律塞伊斯，為了補償他，阿基里斯應該把他的戰利品布里賽絲讓給他。爭論的結果是，阿伽門農真的帶走了布里賽絲，而他的這個決定也讓希臘軍中最好的戰士阿基里斯退出戰場，至少有一段時間阿基里斯即停止為希臘人出戰。

（也請參考 Achilles, Aegisthus, Agamemnon, Apollo, Briseis, Calchas, Clytemnestra, Mycenae, *and* Troy。）

克律索特彌斯（Chrysothemis）

克律索特彌斯是邁錫尼國王阿伽門農與妻子克呂泰涅斯特拉所生的其中一個孩子。克律索特彌斯有個姊姊叫伊菲葛涅亞，但她的這位姊姊被她們的父親獻祭給女神阿特米斯，以便換取順風，讓希臘聯軍得以順利離開奧利斯港，航向特洛伊。她的另外兩個手足是俄瑞斯特斯和伊勒克特拉——這對姊弟為了替父親報仇，殺了母親克呂泰涅斯特拉及其情人埃癸斯托斯。在索福克勒斯（Sophocles）的《伊勒克特拉》（*Electra*）劇中，克律索特彌斯很同情伊勒克特拉為父復仇的心意，不過她表示自己無法幫忙執行計畫，理由是她覺得自己和伊勒克特拉都是女人，而女人本來就太羸弱，無法執行復仇大計。

（也請參考 Agamemnon, Aulis, Clytemnestra, Electra [heroine], Mycenae, Orestes, *and* Troy。）

克倪拉斯（Cinyras）

克倪拉斯是傳說中的賽普勒斯王。他在神話故事裡與阿芙蘿黛蒂有很深的關聯，因為據說賽普勒斯島上的阿芙蘿黛蒂神殿和信仰都是他一手建立的。此外，他的另一知名故事是創建了賽普勒斯的帕弗斯城（Paphos）。關於他的出身，各個故事版本的記敘不同，異見歧出。根據羅馬詩人奧維德的敘述，他的母親是帕弗斯，即畢馬龍和雕像妻子嘉拉提亞的女兒。不過其他作者認為他來自亞述或奇里乞亞（Cilicia）等地區，而且他的祖先是黎明女神艾奧斯和提托諾斯。克倪拉斯是在毫不知情的狀況下成為阿多尼斯的父親，更讓他驚恐的是，阿多尼斯的母親竟然是他自己的女兒蜜爾拉（某些版本稱她為斯蜜爾娜）。在這之前，蜜爾拉有很多追求者，但是全部都被她拒絕了，因為他們當中沒有一個人像她父親那麼高貴。雖然她曾試圖抵抗，但是她對父親的愛與日俱增，愈來愈強烈。要避開這種禁忌的愛，她認為唯一的方法就是上吊自殺。她的奶媽及時發現她，救了她一命，而且還想辦法讓她跟克倪拉斯共寢。克倪拉斯發現自己被迫犯下亂倫之罪，氣得抽出劍來。蜜爾拉只好趕緊逃走。在九個月的時間裡，她穿越阿拉比亞，流浪到賽伯伊人（Sabaeans）居住的遙遠地區。由於快要分娩了，她陷入絕望的境地，因而呼喚諸神幫助她。她祈求諸神讓她轉形，因為她覺得自己是個染汙之源，無論生者或死者的世界都沒有她的容身之處。她的禱告得到諸神的回應；諸神把她變成一棵沒藥樹，讓她永遠流不完的淚水化成沒藥樹上芬芳的樹脂。最後從樹皮之中，她生下了美麗的嬰兒阿多尼斯——阿芙蘿黛蒂日後將會愛上的阿多尼斯。

（也請參考 Adonis, Aphrodite, Cyprus, Eos, Galatea, Myrrha, Paphos, Pygmalion, *and* Tithonus。）

克琉比斯（Cleobis）

克琉比斯和畢同這對兄弟的奇蹟故事記錄在希臘史學家希羅多德的書裡。有一次，雅典政治家梭倫（Solon）前往呂底亞拜見一位極其富有的國王克羅伊斯（Croesus）。國王問了梭倫一個問題：誰是世上最幸運的人。梭倫的答案讓國王覺得很驚異，因為梭倫並未回答：「是您啊，克羅伊斯」。相反的，梭倫提出兩個他覺得是世間最幸運的人。第一個是某個名叫特魯斯的人，理由是這位特魯斯擁有足夠的財富，生養的兒女

都很優秀，而且每一個兒女都為他生下孫兒孫女。他為自己的城市服務，最後在輝煌的成就中與世長辭。第二個梭倫認為最幸運的人是一對來自阿爾戈斯城的兄弟：克琉比斯和畢同。這兩個兄弟不僅強壯，而且非常高貴。在一個為紀念赫拉女神而舉行的慶典中，他們的母親司庫狄貝因為身為赫拉女神的祭司，所以必須及時趕到女神的神殿執行儀式。但是他們卻找不到拉車的公牛，於是兩兄弟就套上牛軛，拉起沉重的車子，走了一段十分遙遠的路程（四十五史塔里亞，或大約四點五英里或七千公尺），把母親送到神殿。司庫狄貝得以及時趕到，並站在女神神像前面祈禱，這讓女神的信眾十分感恩。兩兄弟的虔誠之舉，也得到了凡人所能獲得的最大報償：他們在神殿的地上睡著之後，就再也不曾醒來；他們在獲得人生最大榮光的那一刻，也走到了生命的終點。為此，阿爾戈斯人在德爾菲為他們塑立雕像，奉他們為人中翹楚。梭倫向克羅伊斯國王講完這個醒世故事後，他下了一個結論：在知道一個人的結局之前，都無法將之算作最快樂或最幸運的人。

（也請參考 Argos, Delphi, Hera, *and* Lydia。）

克呂泰涅斯特拉（Clytemnestra）

克呂泰涅斯特拉的名字有時也可以拼寫為 "Clytaemnestra" 或 "Clytaemestra"；她的父親是斯巴達國王廷達瑞俄斯，母親是斯巴達王后麗達。她的手足有美麗的特洛伊／斯巴達海倫，還有卡斯托與波洛克斯這對被稱為狄奧斯庫洛伊的雙胞胎兄弟。克呂泰涅斯特拉的第一任丈夫是堤厄斯特斯之子坦塔羅斯，後來邁錫尼國王阿伽門農殺了她丈夫並娶她為妻。克呂泰涅斯特拉跟阿伽門農生兒育女之後，她的人生悲劇於焉開始。她和阿伽門農總共生了四個兒女：伊菲葛涅亞（又名伊菲阿納薩 [Iphianassa]、伊勒克特拉（又名拉俄狄斯 [Laodice]）、克律索特彌斯和俄瑞斯特斯。希臘聯軍被逆風所阻，只得在港口停留，無法啟航前往特洛伊；在飢餓和疾病交迫的情況下，他們去找先知卡爾卡斯求解。先知說他們會陷入困境，那是因為女神阿特米斯生氣了，而她生氣的理由是阿伽門農不小心殺死她的聖鹿。卡爾卡斯接著宣布一個可怕的解決之道：希臘人必須把伊菲葛涅亞獻祭給阿特米斯，才能擺脫眼前的困境。阿伽門農要了一個詭計：向他的妻女謊稱他要把女兒嫁給阿基里斯，然後派人去把伊菲葛涅亞接到奧利斯港口。克呂泰涅斯特拉從來不曾原諒阿伽門農的背叛和他殺女祭神的可怕行徑。阿伽門農從特洛伊一回到家，她就趁他洗澡的時候把他刺死了。克呂泰涅斯特拉同時也殺了阿伽門農的侍妾卡珊德拉，因為對她而言，後者之來

到邁錫尼王宮是一種冒犯，不斷提醒她丈夫對她不忠這一事實。阿伽門農死後，阿波羅一再催促俄瑞斯特斯要替他的父親報仇，所以接下來克呂泰涅斯特拉和她的情人埃癸斯托斯也會死於俄瑞斯特斯的刀下。在艾斯奇勒斯的悲劇《歐墨尼德斯》（*Eumenides*）裡，俄瑞斯特斯的弒母罪最後得到雅典娜女神的赦免。

（也請參考 Achilles, Aegisthus, Agamemnon, Apollo, Artemis, Aulis, Calchas, Cassandra, Chrysothemis, Electra, Eumenides [the], Iphigeneia, Leda, Mycenae, Orestes, Tantalus, Theyestes, Troy, *and* Zeus。）

克莉緹（Clytie）

少女克莉緹曾是太陽神赫利歐斯的情人。太陽神後來移情別戀，愛上了波斯國王俄爾卡摩斯（Orchamus）之女琉蔻托娥（Leucothoe）。克莉緹十分傷心，於是向俄爾卡摩斯國王報告公主與太陽神的戀情。俄爾卡摩斯認為自己女兒的行為輕率，一氣之下就命人把琉蔻托娥給活埋了。根據羅馬詩人奧維德的敘述，赫利歐斯挖出琉蔻托娥的屍體，設法使她復活，但是一切都已太遲。悲痛欲絕的太陽神於是在公主身上及其四周遍灑瓊漿玉液，不久，公主的葬身之處就長出一棵珍貴的乳香。經過這件事後，克莉緹本來希望赫利歐斯會回心轉意，重回她的身邊。不過她的等待畢竟成空，赫利歐斯並未回到她身邊。她不吃不睡，坐在露天之下，痴痴地看著太陽升起，太陽落下。如此看了九日九夜之後，她的身體漸漸植入大地，最後她變成了一株向日葵，永遠望向太陽，永遠跟著太陽打轉。

（也請參考 Apollo *and* Helios。）

柯洛妮斯（Coronis）

神話故事裡有好幾個柯洛妮斯，而且這幾個角色的故事都不一樣。最知名的柯洛妮斯要數色薩利國王費烈基斯的女兒，醫神阿斯克勒庇俄斯的母親。旅行作家保薩尼亞斯保存了兩則關於她的故事。第一則故事解釋厄庇道洛斯這個地方為何會成為阿斯克勒庇俄斯的聖地。原來費烈基斯是個很好戰的國王，不時會突襲鄰近地區，搶奪鄰人的穀物和牛隻。有一次，他去伯羅奔尼撒半島探聽那裡的民眾是否也很好戰。他這次帶著柯洛妮斯跟他一起出訪。不過他不知道的是，柯洛妮斯當時已經懷了阿波羅的孩子。到了厄庇道洛斯，柯洛妮斯生下一個兒子（亦即阿斯克勒庇俄斯），隨即把他丟棄在山上。不過，放牧在那座山上的羊群會過來給阿斯克勒庇俄斯餵奶，牧羊犬也會守護著他。最後，牧羊人自己發現了嬰兒，不過他

並沒有移動那嬰兒，因為他看到嬰兒身上散發著閃電的光芒，知道自己眼前的嬰兒是神的子嗣。關於阿斯克勒庇俄斯的出生，保薩尼亞斯還記錄了第二個版本；根據這個版本，柯洛妮斯還懷著阿波羅的孩子的時候，就愛上另一個名叫伊斯庫斯（Ischys）的年輕人。女神阿特米斯覺得柯洛妮斯對她的兄弟不忠，於是就一箭把她射死了。柯洛妮斯的遺體放在火葬柴堆上焚燒時，荷米斯把尚未出生的孩子救了出來。

（也請參考 Apollo, Artemis, Asclepius, Hermes, *and* Thessaly。）

克瑞翁（Creon）

克瑞翁的名字意思是「王者」（"Ruler"）；古典神話裡有兩個名叫克瑞翁的重要王者。一個是底比斯城的國王，也是伊底帕斯的妻子卡斯塔的兄弟。這位克瑞翁的妻子名叫尤麗狄絲，兩人的子女有海蒙（安蒂岡妮的未婚夫）、墨伽拉（海克力斯的薄命妻子）和墨諾叩斯——墨諾叩斯與其祖父（克瑞翁的父親）同名，他最後把自己的生命獻給底比斯城。克瑞翁曾多次當上底比斯城的統治者。萊瑤斯（Laius）死後，他第一次成為底比斯王；再來是伊底帕斯王離開底比斯城的時候，由於當時伊底帕斯的兩個兒子厄特俄克勒斯和波里涅克斯都還太小，無法統治國家，只好交由克瑞翁代為統治；厄特俄克勒斯和波里涅克斯後來因為爭奪王位而開戰，最後雙雙戰死之後，克瑞翁又再次登基為王。《安蒂岡妮》（*Antigone*）和《伊底帕斯在柯隆納斯》（*Oedipus at Colonus*）是悲劇作家索福克勒斯的作品；在這兩部作品裡，克瑞翁被塑造成陰險的角色。原來伊底帕斯離開底比斯城之後，厄特俄克勒斯和波里涅克斯互相攻擊時，克瑞翁為了保住自己的地位，曾試圖去尋找伊底帕斯——當時伊底帕斯已經在安蒂岡妮的陪伴下，自我流放到了阿提卡。他會這麼做，那是因為有一道神諭提到誰擁有伊底帕斯，誰就能保有王位。由於這道神諭，克瑞翁和波里涅克斯就到處去找伊底帕斯；克瑞翁利用計謀和軍隊的力量找到伊底帕斯的去處。不過他遭到雅典國王提修斯的阻攔，未能得逞。波里涅克斯和厄特俄克勒斯兩兄弟戰死之後，克瑞翁發布命令，禁止任何人埋葬他的外甥波里涅克斯。當他得知是外甥女安蒂岡妮違抗該命令，為其兄長舉行了下葬儀式，他的態度依然保持強硬，不願釋出同情心，即便他眼前就有一個讓他下台階的好理由：神聖的法規，規定家人必須為其成員下葬。由於他的堅持，安蒂岡妮和他的兒子海蒙最後雙雙走上了絕路。

另一個克瑞翁是科林斯的國王，而他最知名的故事主要是歡迎傑森和美狄亞

到科林斯小住——當時傑森和美狄亞剛剛報了仇，殺死了伊奧爾科斯的國王珀利阿斯。克瑞翁提議把女兒克柔薩（有些故事版本稱她為葛勞瑟 [Glauce]）嫁給傑森，傑森也欣然接受。不過美狄亞無法忍受傑森再娶這件事。她派自己的小孩送了一件有毒的袍子和頭飾給公主作為結婚禮物。克柔薩公主試穿的時候，全身立即著火燃燒。克瑞翁為了幫忙女兒拉掉袍子，自己也被那件毒袍黏上，喪命火中。

（也請參考 Antigone, Athens, Attica, Corinth, Creusa, Eteocles, Eurydice [heroine], Haemon, Hercules, Iolcos, Megara [heroine], Menoeceus, Oedipus, Pelias, Polyneices, Thebes, *and* Theseus。）

克瑞斯豐特斯（Cresphontes）

克瑞斯豐特斯是海克力斯的第三代後裔。有一次，克瑞斯豐特斯和他的兄弟泰梅努斯（Temenus），以及和他們亡兄阿里斯多德穆斯（Aristodemus）的兩個兒子（普羅克勒斯 [Procles] 和歐律斯特涅斯 [Eurysthenes]）必須瓜分伯羅奔尼撒半島的土地。他們用抽籤來決定該怎麼分。克瑞斯豐特斯最喜歡墨塞尼亞，所以他施了一個詭計來保住他的首選之地；三支分別注明阿爾戈斯、斯巴達和墨塞尼亞的黏土籤全部放入水瓶裡，不過，兩支寫著阿爾戈斯和斯巴達的籤經過火烤，而那支寫著墨塞尼亞的籤未經火烤，所以會溶於水。克瑞斯豐特斯要他的兄弟和侄兒們先抽籤，自己殿後，如此一來，兩支不溶於水的籤肯定會先被抽走，輪到他的時候，肯定就只剩下墨塞尼亞那支籤了。然而克瑞斯豐特斯的統治期並不長，因為他和他的兩個較年長的兒子在一場叛亂之中遭到殺害。帶頭叛變的是一個名叫波呂豐特斯的人，這人後來娶了他的妻子墨洛珀，並且自立為王。克瑞斯豐特斯的幼子埃皮托斯長大後，靠著母親的協助，最終殺了叛徒，既替父親報了仇，同時也奪回了王位。

（也請參考 Aepytus, Argos, Hercules, Merope [heroine], Messenia [place], *and* Sparta。）

克柔薩（Creusa）

古典神話故事有好幾個名叫克柔薩的角色。一個是普拉希提亞（Praxithea）和雅典國王厄瑞克透斯的女兒。這位克柔薩被阿波羅看上，並且懷了身孕。她生下阿波羅的兒子伊翁（Ion）之後，就把寶寶藏在衛城下面的山洞裡。在阿波羅的指示之下，信使神荷米斯把寶寶送到德爾菲神殿。長大後，伊翁成為聖殿裡的祭司。克柔薩後來嫁給赫倫的其中一個兒子蘇托斯。由於兩人始終生不出孩子，所以蘇托斯就到德爾菲詢問神諭

求解。蘇托斯獲得的解答是：他可以把離開聖殿之後遇到的第一個人當作兒子。那個人就是伊翁。克柔薩不知道伊翁的真實身分，所以對他感到很妒恨，還差一點毒死了伊翁。不過，幸好母子及時相認，沒釀出悲劇。

另一個克柔薩是科林斯國王克瑞翁的女兒；在其他故事版本中，她另外有個名字叫葛勞瑟。她後來被許配給傑森，但是妒忌的美狄亞無法容忍她，設了一個毒計將她害死。

第三個克柔薩是伊尼亞斯的特洛伊妻子。特洛伊城陷入火海之後，克柔薩跟著伊尼亞斯，帶著他們的兒子阿斯卡尼斯，還有她的家翁安基賽斯，舉家匆匆逃離特洛伊城。不過，她在半途就和家人分散了。伊尼亞斯發現她走散了之後，急忙轉身想衝進陷入火海的城裡找她。此時克柔薩的鬼魂現身在伊尼亞斯面前，催促他繼續往義大利前進，因為他注定會在那裡稱王，而且也會在那裡找到新的妻子。

（也請參考 Acropolis [the], Aeneas, Anchises, Apollo, Ascanius, Athens, Corinth, Creon, Delphi, Erechtheus, Hellen, Ion, Jason, Medea, Troy, *and* Xuthus。）

庫克諾斯（Cycnus）

古典神話故事裡有好幾個英雄都叫庫克諾斯。其中一個是戰神阿瑞斯的兒子；這個庫克諾斯專以搶劫德爾菲的朝聖者為業——原來他一見到朝聖者，就要他們跟他來一場他一定會贏的戰車競賽。接著他會砍下失敗者的頭，拿去裝飾他父親的神殿。庫克諾斯最後是敗在英雄海克力斯的手裡。靠著戰車御者伊奧勞斯（Iolaus）和女神雅典娜的協助，海克力斯贏得比賽，殺了庫克諾斯。根據神話學者希吉努斯的描述，海克力斯還因此與阿瑞斯打了一架。由於他們打得難解難分，最後還得靠宙斯出馬，從天空中扔下閃電棒，這才把兩人分開。

另一個庫克諾斯是法厄同的遠親；根據羅馬詩人奧維德的描述，法厄同駕著太陽神赫利歐斯的日車飛越天空，結果闖了大禍，遭受宙斯擊殺而死。利古里亞（Liguria）的國王庫克諾斯為了哀悼他，一路穿過森林，越過河流，不斷唱著悲歌。最後，這位國王的聲音全啞了，只剩下刺耳的曲調猶在持續。他本身最後竟化成了一隻天鵝。

第三個庫克諾斯是海神波賽頓與寧芙仙子卡莉瑟（Calyce）的兒子。這位庫克諾斯是特洛伊附近一座名叫柯洛奈城（Colonae）的國王。根據羅馬詩人奧維德在《變形記》中的描述，這位無敵的庫克諾斯是特洛伊人的盟友；在特洛伊戰爭之中，據說阿基里斯因為一直殺不死庫克諾斯而覺得非常挫折，因而

屢次狠狠地重擊其頭，緊勒其頸。等阿基里斯覺得庫克諾斯已經死亡，試圖動手剝下庫克諾斯的甲冑時，發現甲冑裡面除了一隻天鵝之外，空無一物。

（也請參考 Achilles, Ares, Athena, Delphi, Helios, Hercules, Phaethon, Poseidon, Troy, and Zeus。）

司庫狄貝（Cydippe）

司庫狄貝是赫拉女神的祭司，也是克琉比斯和畢同兩兄弟驕傲的母親——因為這兩個兄弟將會成為凡人當中最為幸運者，並以此形象長留在人們的記憶裡。在兩兄弟完成一項不僅合乎道德，也必須付出大量體力的任務後，司庫狄貝向赫拉女神禱告，請女神賜給他們最大可能的報償。克琉比斯和畢同在赫拉的神殿地上睡著之後，他們就不曾再醒過來。

（請參考 Cleobis and Hera。）

庫瑞涅（Cyrene）

根據史家西西里的狄奧多羅斯的敘述，庫瑞涅是河神帕涅烏斯之子許普修斯的女兒。阿波羅在皮立翁山（Mount Pelion）的郊野看到了她，然後帶她到利比亞，並在那裡建了一座以她的名字為名的城市。在該城市裡，庫瑞涅生下阿瑞斯泰俄斯，而這位文化英雄日後將會教導人民如何養蜂和種植穀物的技術。

（也請參考 Apollo, Aristaeus, Cyrene [place], Pelion [Mount], and Peneus [god and place]。）

戴達羅斯（Daedalus）

戴達羅斯是個技藝精湛的雕塑家和發明家——根據某些敘事，他是從事此種技藝的第一人。至於他父母的身分，作家們的紀錄各有不同。一說他的父親是墨堤翁（Metion）之子歐帕拉摩斯（Eupalamus，或帕拉蒙[Palamon]），母親是阿爾瑟珀（Alcippe）；另一說則提到他的父親是厄瑞克透斯之子墨堤翁，母親是埃菲諾娥（Iphinoe）。無論如何，這兩種紀錄都顯示他是雅典國王厄瑞克透斯的直系子嗣。根據神話學家阿波羅多洛斯的描述，戴達羅斯殺了他姊妹帕爾迪絲（Perdix）的兒子塔羅斯，結果被判有罪，於是他就逃離雅典，到克里特島定居。客居克里特島期間，戴達羅斯打造了一頭空心牛，讓該島國王米諾斯的妻子帕西法爾可以爬進去，藉以滿足她對公牛的欲望；那頭公牛是海神波賽頓送的禮物，目的是用來懲罰克里特島國王米諾斯。接著，戴達羅斯還創建了迷宮式的獸穴，用

來囚禁帕西法爾跟那頭公牛生的兒子——食人怪物米諾陶。迷宮建好之後，戴達羅斯和他的兒子伊卡洛斯（Icarus）竟被國王關了起來。為了逃離克里特島，戴達羅斯運用各種羽毛和蠟，精心打造了兩對翅膀。他的兒子伊卡洛斯飛得太高太靠近太陽，結果在途中墜海而死。戴達羅斯自己則成功地飛到了西西里。米諾斯為了追捕戴達羅斯，後來也來到了西西里。為了誘使戴達羅斯現身，他使了一個巧計：提供西西里國王科卡洛斯（Cocalus）一筆賞金，請人把一根線穿過一個螺旋形的貝殼——這是一項近乎不可能達成的任務，只有像戴達羅斯那樣具有心靈手巧的人才有可能辦到。當科卡洛斯國王告訴他任務完成，米諾斯立即知道背後一定有戴達羅斯的協助。米諾斯這時要求西西里王交出戴達羅斯，但是西西里王的女兒們為了保護戴達羅斯，就把米諾斯給殺了。

（也請參考 Athens, Crete, Erechtheus, Icarus, Minos, Minotaur [the], Pasiphae, *and* Sicily。）

達娜俄（Danae）

達娜俄的父親是阿爾戈斯王阿克里西俄斯，母親是尤麗狄絲（或阿伽尼珀）。當她到了生育年齡，她的父親就把她關入一間堅不可摧的囚室——根據不同的故事版本，這間囚室有的說位於地下，有的則說位於一座高塔之內。阿克里西俄斯這麼做，為的是避免一項預言成真：他會死於自己孫子的手裡。不過，天神宙斯化成一陣金雨，進入密室與達娜俄私會。達娜俄後來懷了孕，生下兒子柏修斯。阿克里西俄斯不想犯下殺害親人的血罪，因此命人把達娜俄母子關入木櫃，然後把木櫃丟入大海。該木櫃和木櫃裡的母子倆最後安全地漂流到塞里弗斯島，被一個名叫狄克堤斯（Dictys）的善心漁夫救了起來。這位漁夫的兄弟是該島的國王，名叫波里德克特斯（Polydectes）。波里德克特斯後來想要娶達娜俄為妻，但是又覺得當時已經長成青年的柏修斯很礙眼，於是就派柏修斯去獵取美杜莎的頭，目的是藉此除掉柏修斯。不過，柏修斯竟完成了任務；他對著波里德克特斯高舉著美杜莎的斷頭，頓時把波里德克特斯變成了石頭。他接著指定達娜俄和狄克堤斯接手該島的王位。根據羅馬詩人維吉爾的描述，達娜俄最後還是離開了塞里弗斯島，返回阿爾戈斯。她接著遷居義大利，並在那裡建立了阿爾德亞城（Ardea）。魯圖里人的國王

圖爾努斯是特洛伊英雄伊尼亞斯最強大
的對手——這位圖爾努斯就是達娜俄的
後代，而且阿爾德亞城也是魯圖里王國的重
要基地。

（也請參考 Acrisius, Aeneas, Argos, Dictys, Eurydice [heroine],
Gorgons [the], Medusa, Perseus, Polydectes, Rutulians [the],
Seriphus, Troy, Turnus, and Zeus。）

達那伊德斯（Danaids, The）達那伊德斯是達那俄斯王五十

個女兒的總稱。達那俄斯本來是利比亞的國王，但他後來舉家遷移到希臘
的阿爾戈斯城，並且成為該城的國王。達那伊德斯這五十個姊妹最為人所知
的故事就是她們奉父親之命，在新婚之夜殺死她們的丈夫。這群達那伊德斯
死後遭受懲罰：她們得拿著漏水的容器，永遠不停地盛水倒水。她們當中有
兩個特別知名：一個是許珀爾涅斯特拉，她是姊妹之中唯一沒殺丈夫的人。
另一個是阿蜜摩涅，她受到波賽頓的追求，並且懷了波賽頓的孩子。

（也請參考 Amymone, Argos, Danaus, Hypermnestra, and Poseidon。）

達那俄斯（Danaus）埃及國王柏羅斯娶了尼羅河神的女兒安琪諾娥

為妻，兩人生了一對雙胞胎兒子：達那俄斯和埃吉普托斯。雙胞胎長大後，
柏羅斯把利比亞交給達那俄斯統治，把阿拉比亞交給埃吉普托斯管理。柏羅
斯死後，兩兄弟為了分配父親的國土爭吵不休。聽到埃吉普托斯說兩兄弟為
了鞏固他們的權力，應該讓他的五十個兒子娶自己的五十個女兒，亦即所謂
的達那伊德斯為妻的時候，達那俄斯立即懷疑其兄弟的真正動機。他帶著女
兒，舉家逃往伯羅奔尼撒半島的阿爾戈斯城。根據某些傳說故事，達那俄斯
後來取代了當時的阿爾戈斯王，成為該城的國王。原來當時有一頭狼咬死了
當地社群裡最珍貴的公牛，而這件事被視為對他有利的徵兆。不管基於什麼
理由，達那俄斯最終還是同意把女兒嫁給他兄弟的兒子。不過，他事先交代
所有新娘必須在新婚之夜殺死她們的丈夫。每個新娘都依照他的指示行事，
除了許珀爾涅斯特拉例外——因為她的丈夫對她以禮相待，所以她放過了
她的丈夫。達那伊德斯們把丈夫的頭埋在阿爾戈斯的衛城之下，把他們的屍
身埋在勒拿。根據神話學家阿波羅多洛斯的說法，她們殺夫的血罪後來由荷
米斯和雅典娜予以滌清，達那俄斯王後來也想了個辦法再次把女兒嫁出去。

他舉行一場競賽，並以參賽者的表現來決定誰能優先選擇新娘，比如冠軍先選，亞軍次之等等。達那伊德斯們的血罪雖然在今生得以滌清，但是她們死後卻逃不過懲罰：她們必須永遠不停地取水，因為取水的容器會漏水，水一裝滿，幾乎馬上就漏掉了，如此周而復始，無有時盡。

（也請參考 Aegyptus, Argos, Athena, Belus, Danaids [the], Hermes, Hypermnestra, *and* Lerna。）

達芙妮（Daphne）

達芙妮這個名字的意思是「月桂」，她的父親是色薩利帕涅烏斯河的河神帕涅烏斯。達芙妮長得很美麗，追求者眾多，不過她比較喜歡維持處子之身，在森林中自由狩獵，就像女神阿特米斯那樣。她的眾多追求者當中，其中之一就是天神阿波羅，而阿波羅是無人能加以抗拒的。他們相遇的故事，羅馬詩人奧維德講述得最為精采。阿波羅殺了守護德爾菲聖殿的皮冬之後，心裡覺得很自豪。他嘲笑愛神丘比特，說丘比特的箭簡直就是小孩的玩具。丘比特為了證明阿波羅的錯誤，就朝阿波羅和達芙妮各射一箭：射中阿波羅的箭引發他的熱情，射中達芙妮的箭使她逃離。在這種情況下，阿波羅一看到達芙妮，立刻展開熱烈的追求，他對達芙妮講述他的家世、權力和他真實的財富。不過，阿波羅追得快，達芙妮跑得更快。她最後跑得筋疲力盡，於是懇求她的父親帕涅烏斯河神救她。等到阿波羅終於追上來，碰觸到她的時候，她已經變成一棵樹——這樹至今仍以她的名字為名。她被固定在一個定點，身體被樹皮漸漸包裹起來。她的頭髮此時變成了葉子，她的手臂成了優美的樹枝。即便如此，阿波羅依然愛她——他宣布月桂樹為他的聖樹。從那天開始，阿波羅就戴著一個由月桂葉編成的頭冠；月桂樹亦從此變成預言、純潔、詩歌、音樂、療癒與勝利的重大象徵，於此同時，月桂樹也成為希臘人和羅馬人日常生活的重要部分。

詩人帕提尼烏斯（Parthenius）和旅行作家保薩尼亞斯也提到達芙妮的故事，不過，他們這則比較鮮為人知的故事與丘比特無關。相反的，達芙妮之所以會變身，那是因為她和比薩王俄諾瑪俄斯之子琉克普斯的往來日漸親密，招來阿波羅的妒忌。原來琉克普斯愛上了達芙妮，但是他也知道達芙妮對男人沒有興趣，所以他就打扮成少女，以便接近她，贏得她的信任。一日，達芙妮和其他少女朋友打算下水游泳，大家都很高興地脫掉衣服下水，除了琉克普斯假扮的少女例外。琉克普斯的詭計當場被揭穿。少女們氣壞了，開始猛烈攻擊琉克普斯；因為這樣，阿波羅才會去追趕達芙妮。

（也請參考Apollo, Artemis, Cupid, Delphi, Leucippus, Oenomaus, Peneus [god and place], Python, and Thessaly。）

達夫尼斯（Daphnis）

達夫尼斯是西西里的傳奇牧羊人；根據史家西西里的狄奧多羅斯的說法，他是田園詩或牧歌的發明者。他的父親是荷米斯，母親是個寧芙仙子；關於他的出生故事，現在有兩個版本，一說寧芙仙子在芬芳茂密的月桂林生下他，某些版本則說他是被丟棄在月桂林裡。無論如何，「月桂」（daphne）都是他的名字的命名根源。在希臘詩人帕提尼烏斯的筆下，有個寧芙仙子愛上了達夫尼斯，並告訴達夫尼斯要永遠忠於她，否則就會失去視力。很長的一段時間裡，達夫尼斯都能成功抗拒誘惑。不過，他最後還是對某位給他倒了太多酒的公主動了心。因為這一動心，他就失明了。在此基礎上，羅馬作家埃里安（Aelian）添加了一個細節：達夫尼斯是為了這位公主，才唱出他的第一首牧歌。在特奧克里托斯的《田園詩集》（Idylls）中，達夫尼斯是個為愛而死的年輕人，很多詩人都為他寫下哀歌。

（也請參考Hermes and Sicily。）

達爾達諾斯（Dardanus）

達爾達諾斯是特洛伊人的祖先；有時人們也會把特洛伊人稱為達爾達尼亞人（Dardanians），用以顯示他們的來歷。根據神話學家阿波羅多洛斯的描述，達爾達諾斯是宙斯的兒子，他的母親是泰坦神阿特拉斯之女伊勒克特拉。不過，荷馬對達爾達諾斯的身世有不同的看法。在他的筆下，達爾達諾斯是宙斯最心愛的兒子，而他的母親則是個凡間女子。達爾達諾斯是如何來到伊達山附近的領地？各家的說法也不盡相同。一說他經由薩莫色雷斯島（Samothrace），從阿卡迪亞過來，或說他來自義大利。總之，當他來到了伊達山下，當時該地區的國王是斯卡曼德河神與寧芙仙子伊達娥（Idaea）之子透克爾。當地人民亦以國王之名命名，稱為透克里安人（Teucrians）。透克爾王十分歡迎達爾達諾斯的到來，除了分給他部分土地之外，還把女兒巴特雅（Batia，或巴提雅[Bateia]）嫁給他。達爾達諾斯就在伊達山腳下，在那片新近得來的土地上創建一個城市。托克爾死後，他整合兩個國家，重新命名為達爾達尼亞。他和妻子巴特雅生了伊洛斯和埃里克托尼奧斯——埃里克托尼奧斯育有一子叫特洛斯，日後特洛伊人的名字即來自特洛斯。

（也請參考Arcadia, Atlas, Electra [nymph], Erichthonius, Ida [Mount], Ilus, Scamander

River [the], Teucer, Tros, Troy, *and* Zeus。）

德伊阿妮拉（Deianeira）

德伊阿妮拉公主的父親是卡利敦國王俄紐斯，母親是卡利敦王后阿爾泰亞。不過，她有時候也會被說是酒神戴歐尼修斯的女兒。她有兩個兄弟：堤丟斯和梅列阿格，而這兩個角色各自都是悲劇人物。至於德伊阿妮拉的命運——很不幸地，她在毫不知情的狀況下竟活出了她的名字的涵義：「殺夫的女人」。海克力斯當初為了追求她，打敗了河神阿克洛俄斯，成功地把她娶回家。與此同時，他也實現了他對梅列阿格許下的諾言——原來他到冥界去捉地獄犬克爾柏洛斯（Cerberus）的時候，曾遇到梅列阿格的鬼魂，而後者囑咐他照顧他的姊妹德伊阿妮拉。由於海克力斯後來無意中殺了他岳父的一個親戚，他和德伊阿妮拉只得離開卡利敦，自願到外地流放。在旅途中，他們來到埃文諾斯河（Evenus River），遇到了半人馬涅索斯。由於河水很湍急，涅索斯自願抱著德伊阿妮拉過河。不過，在海克力斯忙著過河時，涅索斯竟想強暴德伊阿妮拉。海克力斯以沾有九頭蛇海卓拉毒液的箭射向涅索斯。涅索斯在嚥下最後一口氣之前，勸服德伊阿妮拉保存他的一小瓶血，並且聲稱他的血可以用來調製愛情靈藥，用以確保她永遠不會失去海克力斯的愛。有一回海克力斯帶兵去攻打俄卡利亞的歐律托斯王（King Eurytus），戰勝之後，他擄走國王的女兒依俄勒（Iole），並打算帶回家當他的侍妾。德伊阿妮拉感到很忌妒，就把半人馬的血塗在海克力斯的長袍上。海克力斯穿上長袍後，身體馬上著火燃燒，最後他不得不請求菲羅克忒特斯幫他了結自己的性命。德伊阿妮拉萬萬沒想到自己的行為會造成這樣的結果，在萬分恐懼中，她也走上了自絕之路。

（也請參考 Althea, Calydon, Centaurs [the], Cerberus, Dionysus, Eurytus, Hercules, Hydra of Lerna [the], Iole, Meleager, Nessus, Oeneus, Philoctetes, Tydeus, *and* Underworld [the]。）

伊達米雅（Deidamia）

伊達米雅是斯庫羅斯島呂科墨德斯王的七個女兒之一。阿基里斯躲在斯庫羅斯島，跟七位公主住在一起的時候，他愛上了伊達米雅，並且讓伊達米雅懷孕了。阿基里斯離開該島，前往特洛伊參戰後，伊達米雅生下一個男孩，亦即奈奧普托勒姆斯。特洛伊戰爭接近尾聲的時候，奈奧普托勒姆斯亦到特洛伊尋找他的父親，並且加入希臘聯軍。阿基里斯死後，奈奧普托勒姆斯回到希臘，然後把伊達米雅嫁給特洛伊先知赫勒

努斯。

（也請參考 Achilles, Helenus, Lycomedes, Neoptolemus, Scyros, *and* Troy。）

德摩豐（Demophoon）

德摩豐的父親是厄琉西斯國王克琉斯，母親是厄琉西斯王后墨塔涅拉。女神狄蜜特失去女兒玻瑟芬妮之後，就化為凡人，在人間流浪，四處探詢女兒的下落。一日，她來到克琉斯的王宮。克琉斯王歡迎狄蜜特入住王宮，並且聘請她擔任小王子德摩豐的保姆。狄蜜特給德摩豐餵食仙饌，晚上則把他放在爐火的餘燼中鍛鍊，希望他能獲得永生。不過，王后墨塔涅拉看到王子被擺在爐火中，嚇得大叫起來。狄蜜特很生氣，就放手不管嬰兒。她接著現出女神的真身，並停止擔任德摩豐的保姆。德摩豐雖然沒能獲得永生的生命，但是他長得像天神一樣俊美。

（也請參考 Celeus, Demeter, Eleusis, *and* Persephone。）

杜卡利翁（Deucalion）

杜卡利翁的父親是第二代泰坦神普羅米修斯；他的妻子碧拉是普羅米修斯兄弟厄毗米修斯與潘朵拉的女兒。關於杜卡利翁與碧拉的冒險故事，羅馬詩人奧維德講得最為精采。話說宙斯看到人類的道德敗壞，覺得十分驚駭，因而決定降下洪水，淹沒大地來消滅所有人類。杜卡利翁和碧拉是唯一的倖存者。他們之所以得以倖存，有人說是機緣湊巧，但神話學家阿波羅多洛斯認為他們是獲得普羅米修斯的協助，因此才得以存活下來。無論如何，當大地淹沒在汪洋大海的時候，他們乘坐的船就停靠在唯一突出水面的地點——帕那索斯山的頂峰。這對虔誠的夫妻對自己的倖存心懷感激，不僅祭祀當地的寧芙仙子，也到附近的泰美斯聖祠祭拜女神。宙斯看到這對無辜的、素來以仁慈和正義知名的夫妻的孤單身影，覺得很難過，所以就讓洪水退卻。這對夫妻向泰美斯禱告，祈求女神幫助他們度過困境。女神回應以一道神諭，指示他們把母親的骨頭往他們的肩後撒。碧拉拒絕這麼做，因為這是個瀆聖的行為。但是杜卡利翁認為泰美斯女神不會讓他們犯忌，因而推論「母親」指的是蓋亞，亦即大地本身，而母親的骨頭應該是指地上的石頭。他的推論是正確的。兩人抓起地上的石頭，各自往他們的肩後灑。那些落下的石頭變成現今的人類，堅苦卓絕猶如他們的本源。碧拉灑下的石頭變成女人，而杜卡利翁灑下的石頭則變成男子。

（也請參考 Epimetheus, Gaia, Pandora, Parnassus [Mount], Prometheus, Pyrrha, Themis, Titans [the], *and* Zeus。）

狄克堤斯（Dictys） 狄克堤斯是個漁夫，他的雙胞胎兄弟波里德克特斯是塞里弗斯島的國王。這對兄弟是風神之王埃俄羅斯的後代，他們的母親是某個水寧芙仙子。達娜俄公主和她的寶寶柏修斯被關入木櫃，隨海浪漂流到塞里弗斯島的岸上時，把母子倆救上來的，正是好心的狄克堤斯。據說狄克堤斯此後一直保護著公主，並且把柏修斯撫養長大，成為一名漁夫。後來波里德克特斯看上了達娜俄公主，打算強娶她為妻。柏修斯殺了美杜莎之後，他朝波里德克特斯舉起美杜莎的斷頭，把波里德克特斯變成石頭，替他母親報了仇。波里德克特斯死後，狄克堤斯繼承王位，成為塞里弗斯島的國王。
（也請參考 Aeolus, Danae, Gorgons [the], Medusa, Perseus, Polydectes, *and* Seriphus。）

蒂朵（Dido） 蒂朵又名艾莉薩（Elissa），是迦太基城著名的創建者。羅馬詩人維吉爾在史詩《伊尼亞斯紀》裡，把她的生命故事講得很精采動人。蒂朵的丈夫希凱俄斯（Sychaeus）十分有錢，但是她沒想到自己的兄弟畢馬龍（Pygmalion）——腓尼基泰爾城的國王——竟然為了錢，謀殺了她的丈夫。由於這個原因，蒂朵逃離了家鄉；跟她一起逃走的，還有一群跟她一樣討厭畢馬龍或害怕畢馬龍的人民。他們一行人抵達利比亞海岸，蒂朵在此處買了一塊地，著手創建迦太基城。伊尼亞斯抵達同一個海岸的時候，迦太基城正處於積極建設的狀態當中。直到那時為止，蒂朵始終忠於她深愛的亡夫；不久前，她才剛剛拒絕了亞非利加國王伊阿爾巴斯（Iarbas）的提親。不過，打從伊尼亞斯一到迦太基，蒂朵就變成女神維納斯的受害者，陷入後者的計謀中——女神派丘比特出馬，讓蒂朵愛上了伊尼亞斯。蒂朵歡迎伊尼亞斯和他帶來的特洛伊人，讓他們住在迦太基，她自己則與伊尼亞斯陷入浪漫的愛情裡。在她看來，她與伊尼亞斯的浪漫關係就是婚姻了——其實這完全是她的誤解。看到伊尼亞斯突然準備離開迦太基，而且連事先知會她一聲都沒有的時候，蒂朵這才開始全然了解她的處境，還有她所付出的代價：她的聲譽以及建設停滯的城市。焦慮不安的她去找伊尼亞斯談判，不過伊尼亞斯獲得諸神的勸告，知道自己的命運是前往義大利建立家園，因此堅持一定要離開。特洛伊人的戰船開始啟航的時候，蒂朵要她的姊妹安娜（Anna）架設一座火葬柴堆。她說她想要燒掉伊尼亞斯的盔甲和他們一起睡過的床：她說只有這麼做，她才能擺脫這場絕望之愛的束縛。不過，安娜無從料想到的是：蒂朵會自己爬上火葬柴堆，然後拿劍刺入胸口自盡。在她的靈魂離開身體之前，蒂朵發出一聲詛咒，詛咒伊尼亞斯和他的後代——未來的羅馬人。在未來，

迦太基人漢尼拔會為她復仇——他會帶兵攻向義大利，實現她的詛咒。茱諾女神看著火葬柴堆燃起的熊熊大火，想到她之前很喜愛蒂朵，於是就命令伊麗絲去給蒂朵剪下一縷頭髮，藉此釋放蒂朵的靈魂，使蒂朵的靈魂可以順利進入冥界。

（也請參考 Aeneas, Carthage, Cupid, Iris, Juno, Pygmalion, Rome, Sychaeus, Troy, Underworld [the], *and* Venus。）

狄俄墨德斯（Diomedes）

古典神話有兩個名叫狄俄墨德斯的重要角色。第一個狄俄墨德斯是堤丟斯之子，而堤丟斯的父親是卡利敦王俄紐斯，母親是阿德拉斯特斯之女德伊琵勒（Deipyle）。這位狄俄墨德斯參加了攻打底比斯的厄庇戈諾伊（Epigoni）戰爭，目的是替他死去的父親，即當年加入「七雄攻底比斯」的堤丟斯復仇。在這之後，他前往特洛伊參戰，並成為希臘聯軍最勇敢的戰士之一。在特洛伊戰爭的過程中，他打傷了阿芙蘿黛蒂——當時女神正試圖救她的兒子伊尼亞斯。在該場戰事裡，狄俄墨德斯還打傷了戰神阿瑞斯，並與呂基亞人格勞科斯認親，彼此交換盔甲作為紀念。除此之外，他的事蹟還包括陪同奧德修斯去偵探敵軍的動靜、在戰場上被帕里斯打傷、陪奧德修斯到利姆諾斯島去尋找菲羅克忒特斯、跟奧德修斯一起偷走雅典娜神殿裡那尊被稱為「帕拉狄姆」的神像，接著他還和奧德修斯以及其他人一起躲入特洛伊木馬的肚子裡。不過，他的歸鄉路並不像奧德修斯和其他人那麼坎坷——他可說是一路順風，平安無事地從特洛伊回到了希臘。

另一個狄俄墨德斯是比斯托尼亞人（Bistones）的國王；比斯托尼亞人是色雷斯地區一個好戰的部族。歐律斯透斯派給海克力斯的第八個任務就是去帶回狄俄墨德斯國王的馬——那是一群惡名昭彰的馬，據說國王以人肉餵食那群馬。海克力斯殺了狄俄墨德斯王之後，他把狄俄墨德斯王的肉餵給那群馬吃——以這個方式，他治好了那群馬嗜吃人肉的惡習。根據神話學家希吉努斯的描述，歐律斯透斯收到海克力斯帶回的馬群後，不久他就把那群馬放生在奧林帕斯山的山坡上，結果後來那群馬就被野生動物吃掉了。

（也請參考 Adrastus, Aeneas, Aphrodite, Ares, Athena, Calydon, Epigoni [the], Eurystheus, Glaucus, Hercules, Lemnos, Lycia, Odysseus, Oeneus, Olympus [Mount], Paris, Philoctetes, Seven Against Thebes [the], Thebes, Thrace, Troy, *and* Tydeus。）

狄爾克（Dirce）

狄爾克是底比斯王呂科斯的妻子；她最著名的故事是

虐待丈夫的姪女安提俄珀，最後並因此而遭受懲罰。安提俄珀當時被呂科斯囚禁在宮中，但是後來她逃離王宮，並在偶然的情況下遇到她原本以為已經死去的兩個兒子：仄托斯和安菲翁。兩個年輕力壯的年輕人殺了呂科斯（或把他趕出國門），然後把狄爾克跟公牛綁在一起，任其拖行致死。根據神話學家阿波羅多洛斯的敘述，狄爾克的大體被丟入一道泉水，此後該道泉水就以她的名字為名。

（也請參考 Amphion, Antiope, Lycus, Thebes, *and* Zethus。）

多洛斯（Dorus）

根據神話學家阿波羅多洛斯的敘述，多洛斯的母親是寧芙仙子俄爾塞斯，父親是所有希臘人的命名祖先赫倫。多洛斯有兩個兄弟名叫蘇托斯和埃俄羅斯。赫倫在分配希臘國土給兒子的時候，他把伯羅奔尼撒半島分給蘇托斯，把伯羅奔尼撒半島對面的領土（帕那索斯山附近）分給多洛斯——多洛斯後來以自己之名，將當地人稱為多洛利亞人（Dorians）。埃俄羅斯則得到色薩利，之後他也把當地人命名為埃俄利亞人。多洛利亞人後來得到海克力斯的後代（即所謂的海克力斯後裔[Heraclids]）的協助，征服了伯羅奔尼撒半島的許多國家，包括阿爾戈斯、斯巴達、墨塞尼亞、墨伽拉和科林斯。

（也請參考 Aeolus, Argos, Corinth, Hellen, Hercules, Megara [place], Messenia, Parnassus [Mount], Thessaly, *and* Xuthus。）

德律俄珀（Dryope）

德律俄珀是色薩利地區俄卡利亞國王歐律托斯的女兒。德律俄珀長得十分美麗，阿波羅愛上了她，而且讓她懷了孕。不過，她後來嫁給了安德賴蒙（Andraemon）。根據羅馬詩人奧維德的敘述，德律俄珀為了製作花環送給寧芙仙子，就帶著她的寶寶安菲索斯（Amphissus）到野外採集花朵。在某個長滿桃金孃灌木的湖邊，她採了一把深紅色的「洛圖斯花」給她的兒子玩。沒想到那花竟然流血了——原來那棵花樹最近才剛剛由寧芙仙子洛提斯變化而成。無意中犯下這樣的過失，德律俄珀感到很害怕。她向天神禱告，並給寧芙仙子們獻上祭品贖罪。但是太遲了，她此時已經根植在地，身體也被樹皮包裹起來，她那一頭曾經非常美麗的頭髮此時全部變成了樹葉——原來她也變成了「洛圖斯花」。羅馬詩人奧維德筆下的「洛圖斯花」充滿了爭議，非常難以在植物學上予以判定是哪種植物；許多學者推測「洛圖斯花」可能是棗樹或棗蓮，但棗蓮並非水生植物，也不開紅色的花，或

者甚至不會開顯著可見的花。

德律俄珀的故事還有另一個較晚出的版本，作者是神話學家安東尼努斯・萊伯拉里斯（Antoninus Liberalis）。在他筆下，德律俄珀是「橡樹人」（"Man of Oak"）德律俄普斯（Dryops）的女兒。阿波羅愛上德律俄珀；為了接近她，他變成一隻陸龜。德律俄珀見那陸龜可愛，就把牠抱起來放在膝上。那隻陸龜接著變成蛇，接著阿波羅就以如此的形式讓德律俄珀懷了孕。接下來德律俄珀生下安菲索斯；不久，她就被過去的玩伴哈瑪德律阿德斯（樹寧芙仙子）拐走了。就在她被拐走的地方，寧芙仙子們讓該地長出一棵黑楊木和湧出一道泉水。至於德律俄珀，她們把她也變成了寧芙仙子。

（也請參考 Apollo, Eurytus, Hamadryads [the], Lotis, Naiads [the], *and* Thessaly。）

伊勒克特拉（Electra）

伊勒克特拉的父親是邁錫尼國王阿伽門農，母親是邁錫尼王后克呂泰涅斯特拉。她的弟兄姊妹有俄瑞斯特斯、伊菲葛涅亞和克律索特彌斯。伊勒克特拉最著名的故事主要保存在幾位悲劇作家的作品裡：艾斯奇勒斯、索福克勒斯、尤瑞比底斯。伊勒克特拉還小的時候，阿伽門農觸犯了阿特米斯女神，女神因此困住希臘人，不讓他們航向特洛伊；為了取悅女神，阿伽門農把她的姊姊伊菲葛涅亞獻給了女神。為了這件事，她的母親克呂泰涅斯特拉永不原諒阿伽門農；阿伽門農遠行打仗的時候，她不僅與情人埃癸斯托斯雙宿雙飛，而且還擬定了復仇大計——阿伽門農一回家，她就趁他入浴時將他刺死。阿伽門農到特洛伊打仗的這段期間，俄瑞斯特斯還是個寶寶；為了他的安全，伊勒克特拉（或其他人）把他送到別處。至於伊勒克特拉本人的處境，一說她被囚禁在王宮裡；或根據尤瑞比底斯的說法：她被強迫嫁給農夫為妻。俄瑞斯特斯長大後回到邁錫尼，並與他的姊姊伊勒克特拉團聚。兩人殺了克呂泰涅斯特拉和埃癸斯托斯，替父親報了仇。不過，尤瑞比底斯筆下的故事有所不同；在他的劇本裡，伊勒克特拉嫉惡如仇，並在弒母的劇碼中扮演一個較為積極的角色。她最後嫁給她弟弟最忠實的同伴皮拉德斯（Pylades）。

這位凡人伊勒克特拉應與其他兩位伊勒克特拉有所區別；一個是大洋神俄刻阿諾斯的女兒，另一個是普勒阿德斯姊妹之一。

（也請參考 Aegisthus, Agamemnon, Artemis, Chrysothemis, Clytemnestra, Electra [nymph], Iphigeneia, Mycenae, Oceanus [god], Orestes, Pleiades [the], Pylades, *and* Troy。）

厄勒克特律翁（Electryon）

厄勒克特律翁是邁錫尼的國王之一；他的父親是英雄柏修斯，母親是衣索比亞公主安朵美達。他有個女兒名叫阿爾克墨涅，阿爾克墨涅後來與宙斯共寢，生下海克力斯——換言之，他是海克力斯的外祖父。厄勒克特律翁後來在一次意外（或爭吵）之中，不小心被自己的女婿安菲特律翁打死。

（也請參考 Alcmena, Amphitryon, Andromeda, Ethiopia, Hercules, Perseus, *and* Zeus。）

恩迪米翁（Endymion）

根據神話學家阿波羅多洛斯的記述，恩迪米翁的身世有兩個版本，一說他是宙斯之子埃特利俄斯與埃俄羅斯之女卡莉瑟所生的孩子，另一版本則說他是宙斯的孩子。恩迪米翁後來成為伯羅奔尼撒半島厄里斯城的國王，但是有些版本說他是該城的創建者。由於恩迪米翁俊美異常，月神賽勒涅愛上了他。隨著時間的過去，她和恩迪米翁生了五十個孩子。一日，賽勒涅去找宙斯，請宙斯讓恩迪米翁選擇自己的命運。恩迪米翁選擇了永生的睡眠，永保年輕，也永遠不會死。在希臘詩人海希奧德筆下，這個故事出現另一個版本：作為宙斯的最愛，恩迪米翁得到神的允許，得以選擇自己的死法；不過，當他膽敢對赫拉女神獻殷勤之後，他就被交付給冥神黑帝斯處置。

（也請參考 Aeolus, Hades [place], Hera, Selene, *and* Zeus。）

俄帕弗斯（Epaphus）

俄帕弗斯的父親是宙斯，母親是河神伊納科斯之女伊俄。伊俄被變成牛之後，被迫到天涯海角，四處流浪。一日，她來到埃及的尼羅河；在那裡，宙斯以手輕觸伊俄，使伊俄變回人形。根據悲劇作家艾斯奇勒斯的記述，伊俄在埃及生下俄帕弗斯，而俄帕弗斯在未來會統治埃及這片豐饒的土地。神話學家阿波羅多洛斯給這個故事增添一個細節：赫拉指使庫雷特人把寶寶俄帕弗斯帶走。宙斯聽說了這件事，就殺了庫雷特人作為懲罰。於此同時，伊俄也到處尋找俄帕弗斯的下落。最後，她在敘利亞國王畢布羅（Byblos）的王宮裡找到俄帕弗斯——該國的王后正在照料她的兒子。俄帕弗斯長大後，娶了尼羅河河神的女兒孟斐斯為妻；他創建了一個城市，並以妻子的名字為之命名。兩人生有一女，取名莉比亞——利比亞的國名即源自他們女兒的名字。俄帕弗斯的後代很多，其中一個就是達那俄斯——達那俄斯的五十個女兒日後將會刺殺她們的丈夫，亦即她們父親的兄弟埃吉普托斯的五十個兒子。

（也請參考 Aegyptus, Curetes [the], Danaus, Hera, Inachus, Io, Libya, *and* Zeus。）

厄帕俄斯（Epeus）

厄帕俄斯的名字又可拼寫 "Epeios" 與 "Epius"。在羅馬詩人維吉爾的筆下，他是特洛伊木馬的創造者，而他本人也是躲入特洛伊木馬肚子的希臘戰士之一。

（也請參考 Troy。）

厄庇戈諾伊（Epigoni, The）

厄庇戈諾伊（「後裔」）是「七雄攻底比斯」那七位英雄的兒子。七雄是指七個為了替伊底帕斯之子波里涅克斯奪回王位，帶兵遠征底比斯的將領。七位將領之中，除了領隊的阿德拉斯特斯，其餘全部死在那場可怕的攻城戰中。七位將領的兒子後來再次集結，再次遠征底比斯城為他們死去的父親復仇。這次後裔之戰的領袖是阿爾克邁翁——他的母親厄里菲勒曾收受賄絡，勸服原本不想參戰的安菲阿剌俄斯加入七雄的行列；七個兒子的努力這次沒有白費，波里涅克斯的兒子特爾珊德（Thersander）終於登上王位，成為底比斯的國王。

（也請參考 Adrastus, Alcmaeon, Amphiaraus, Eriphyle, Oedipus, Polyneices, Seven Against Thebes [the], Thebes, *and* Thersander。）

厄瑞克透斯（Erechtheus）

厄瑞克透斯是埃里克托尼奧斯的孫子（有時候人們會把他誤認為其祖父），也是雅典早期的傳奇國王之一。根據悲劇作家尤瑞比底斯所述，厄瑞克透斯是潘狄翁的兒子，布特斯（Butes）的兄弟。厄瑞克透斯娶了普拉希提亞為妻，生下三個兒子和好幾個女兒；這三個兒子分別是：刻克洛普斯、潘朵魯斯（Pandorus）和墨堤翁；幾個女兒中，最著名的有普洛克莉絲、俄瑞緹伊亞、克柔薩。厄瑞克透斯曾與厄琉西斯這個地區的人民發生衝突；他後來打了勝仗，代價是犧牲了一個女兒。在這次衝突中，他殺了敵人的聯軍首領歐摩爾波斯（Eumolpus），但是這位首領是海神波賽頓的兒子，波賽頓為了替兒子復仇，就用三叉戟打死了厄瑞克透斯。厄瑞克透斯死後，他的女婿蘇托斯選了刻克洛普斯作為繼承人，成為雅典新任的統治者。

（也請參考 Athens, Cecrops, Creusa, Erichthonius, Orithyia, Poseidon, Procris, *and* Xuthus。）

埃里克托尼奧斯（Erichthonius）

埃里克托尼奧斯的名字含有兩個希臘字，一個是"*erion*"，意思是「羊毛」，另一個是"*chthon*"，意思是「土地」；他是雅典早期的國王之一。他的父母是雅典娜和赫菲斯托斯，不過他的誕生故事相當奇特；根據神話學家阿波羅多洛斯的詳細記錄，雅典娜為了訂製一套新的盔甲，就去拜訪赫菲斯托斯。赫菲斯托斯一見到雅典娜就愛上她，一跛一跛地去追她。雅典娜在奔跑中跌倒了，他立刻就撲上去抱著雅典娜。不過雅典娜把他推開，並用她的羊毛袍子把他遺落在她大腿上的精液擦掉並甩在地上。從地上的精液中，生出了寶寶埃里克托尼奧斯——換言之，埃里克托尼奧斯是個地生人。雅典人深信他們是大地所生的民族，埃里克托尼奧斯的誕生故事更加強化他們這個信念。雅典娜希望寶寶埃里克托尼奧斯能獲得不死的生命，所以她把他和一條蛇放進箱子裡，然後把箱子交給刻克洛普斯的幾個女兒保管，並且交代她們絕對不可打開箱蓋。不過，好奇心戰勝了理智——這幾個女子還是打開了箱蓋。她們看到箱子裡有個嬰兒，嬰兒身上纏繞著一條蛇，不禁大驚失色。她們的結局有二說，一說那條蛇殺了她們，另一說則提到她們被眼前的景象嚇瘋了，最後竟從衛城跳入大海自盡。埃里克托尼奧斯後來留在雅典衛城，由雅典娜親手撫養長大，最後成為雅典的國王。在統治期間，他成立泛雅典賽會（Panathenaia），以此慶典來紀念雅典娜。另一則傳說故事提到埃里克托尼奧斯本身的形象是半人半蛇——他的下半身是一條蛇尾。當初那口箱子被打開的時候，他爬到雅典娜的盾牌後面躲了起來。

雅典的埃里克托尼奧斯應與另一個也叫這個名字的英雄區別開來。這位埃里克托尼奧斯是達爾達尼亞國王，也是特洛伊人的祖先之一。他的父親是達爾達諾斯，母親是透克爾王的女兒；達爾達諾斯和透克爾這兩人都是特洛伊早期歷史的重要人物。這位埃里克托尼奧斯的兄弟名叫伊洛斯，伊洛斯死後，他即接任王位，成為達爾達尼亞國王。埃里克托尼奧斯後來生有一子，名叫特洛斯——特洛斯後來以他的名字把人民稱為特洛伊人。埃里克托尼奧斯後來變得極為有錢，擁有三千匹神奇的駿馬。

（也請參考Acropolis [the], Athena, Athens, Cecrops, Dardanus, Hephaestus, Ilus, Teucer, *and* Troy。）

厄里菲勒（Eriphyle）

厄里菲勒是先知安菲阿剌俄斯的妻子。她的一生行止恰恰就是貪婪與不忠的典型範例。由於她曾經成功排解了安菲阿剌

俄斯及其兄長阿德拉斯特斯之間的糾紛，所以兩人都同意未來若再發生糾紛，他們就以她的決定來行事。當時恰巧發生了一件事：伊底帕斯之子波里涅克斯來找阿德拉斯特斯和安菲阿剌俄斯，請兩人加入他的聯軍，一起推翻他的兄弟厄特俄克勒斯，亦即當時底比斯城的國王。安菲阿剌俄斯並不打算加入聯軍，因為他已經預先看到結果：參加遠征隊的將領除了阿德拉斯特斯之外，全部都會戰死沙場。見到這種狀況，波里涅克斯就拿了他天祖母哈爾摩妮亞的美麗項鍊向厄里菲勒行賄，厄里菲勒收了賄，然後勸服安菲阿剌俄斯加入聯軍。誠如安菲阿剌俄斯在事前所預測的，他果然喪命於戰場。後來七位將領的兒子想發動第二次遠征，為當年死於戰場上的父親們報仇。再一次，厄里菲勒收下波里涅克斯之子特爾珊德送來的禮物，同意幫忙勸她的兩個兒子，即阿爾克邁翁和安菲洛科斯（Amphilochus）參戰。她這次收到的禮物是哈爾摩妮亞的長袍。她的兒子們也聽了她的勸告，加入聯軍去攻打底比斯。不過，阿爾克邁翁從戰場上回來後，他就殺了他的母親；由於他犯下的是弒母罪，此後他就一直受到復仇女神厄里倪厄斯的追趕。

（也請參考 Adrastus, Alcmaeon, Amphiaraus, Erinyes [the], Eteocles, Harmonia, Oedipus, Polyneices, Thebes, *and* Thersander。）

厄律西克同（Erysichthon）

厄律西克同是個不敬神的國王。在羅馬詩人奧維德的筆下，厄律西克同不僅鄙視諸神，還拒絕給諸神的神壇獻上祭品。他是如此傲慢自大，竟膽敢到女神克瑞斯的聖林砍倒一棵古老的橡樹。在砍樹的過程中，他首先殺了一個上前阻止他的人——他直接揮動斧頭，把對方的頭砍下來。在砍樹的過程中，厄律西克同聽到橡樹裡面傳出一個聲音，警告他會得到報應。即便如此，他也沒停手。那個聲音其實來自橡樹裡面的德律阿德斯寧芙仙子——她的生命隨著厄律西克同的斧頭，正在一點一滴地消失。看到這種狀況，女神克瑞斯招來饑饉女神法蜜涅（Famine），令法蜜涅占據其身心。從那一刻開始，世間沒有任何事物能消除他那無止境的飢餓感。最後，他唯一的解決之道就是把女兒賣掉，換取足夠的金錢來購買食物。由於他的女兒能任意改變其形體，所以總是能一再地逃脫被賣身為奴的命運。最後，厄律西克同落入完全沒東西可吃的困境，唯一的辦法就是吃掉他自己。

雅典國王刻克洛普斯有個兒子也叫這個名字，然而這位厄律西克同的故事幾乎無人知曉。這兩位厄律西克同必須有所區別。

（也請參考 Athens, Cecrops, Ceres, *and* Dryads [the]。）

厄特俄克勒斯（Eteocles）

厄特俄克勒斯是波里涅克斯的兄弟，兩人是伊底帕斯及其妻子卡斯塔的兒子。他有兩個姊妹：安蒂岡妮和伊斯墨涅。當時，伊底帕斯王覺得自己犯了罪，於是刺瞎雙眼，離開了底比斯城。於是波里涅克斯和厄特俄克勒斯兩人同意分享國家的統治權，每人輪流統治底比斯一年。厄特俄克勒斯首先登基為王，不過，等到他的統治期滿，他卻拒絕下台。這情況迫使波里涅克斯自組一支軍隊進攻底比斯，希望強迫厄特俄克勒斯下台——此即所謂「七雄攻底比斯」事件。「七雄」即指七位將領，他們是阿德拉斯特斯、安菲阿剌俄斯、卡帕紐斯、堤丟斯、希波墨冬（Hippomedon）、帕爾特諾派俄斯和波里涅克斯本人。除了阿德拉斯特斯之外，每位將領都在這次戰爭中喪命。厄特俄克勒斯和波里涅克斯這對兄弟互相死於對方之手。底比斯城的新任國君克瑞翁宣布厄特俄克勒斯為底比斯城的護城英雄，允許人民為他安葬。不過，他卻禁止人民安葬波里涅克斯。最後，安蒂岡妮為波里涅克斯舉行了下葬儀式，而她的這個舉動也導致她最後走上了絕路。

（也請參考 Adrastus, Amphiaraus, Antigone, Capaneus, Ismene, Jocasta, Oedipus, Parthenopaeus, Polyneices, *and* Thebes。）

歐墨魯斯（Eumaeus）

歐墨魯斯的故事記載於荷馬的《奧德賽》。歐墨魯斯出身於王室，但是卻被人拐走，當作奴隸賣給伊薩卡島的國王拉厄爾特斯（Laertes），最後成為拉厄爾特斯國王的豬隻飼養人。拉厄爾特斯王退位後，這位忠心耿耿的豬隻飼養人繼續為他的兒子奧德修斯服務。奧德修斯後來到特洛伊打仗。當戰爭結束，他再度回到伊薩卡島時，時間已經過了二十年。歐墨魯斯一時沒能認出主人，不過他還是很熱心地招待剛回家的奧德修斯。跟牧羊人墨蘭提俄斯（Melanthios）比起來，歐墨魯斯更顯仁慈、謙虛和慷慨。奧德修斯離家二十年，許多人都想娶奧德修斯之妻潘妮洛碧為妻；牧羊人墨蘭提俄斯加入那群男人的行列，跟他們一鼻孔出氣。見到二十年後第一次回家的奧德修斯，歐墨魯斯是盛情相待，但墨蘭提俄斯以為奧德修斯只是個無用的乞丐，對他又是咒罵又是踢打，跟歐墨魯斯的與人為善有極大的差異。

（也請參考 Ithaca, Laertes, Odysseus, Penelope, *and* Troy。）

歐羅芭（Europa） 歐羅芭的父親是腓尼基泰爾（或西頓）的國王阿革諾爾，母親是阿革諾爾的王后特勒法薩。她有三個兄弟：菲尼克斯、克利斯和未來將會建立底比斯城的卡德摩斯。歐羅芭長得很美麗，宙斯逐漸愛上了她；一日，她在海邊嬉戲，宙斯為了接近她，化成了一頭又溫和又漂亮的白色公牛。歐羅芭看到那頭公牛如此漂亮又親人，於是為牠戴上花環，最後還爬上公牛的背。沒想到接下來那頭神牛竟飛快地跑了起來，而且還越過大海，來到了克里特島。在克里特島，歐羅芭生下好幾個兒子：米諾斯、薩爾珀冬、拉達曼托斯。歐羅芭失蹤的期間，她的父親派遣她的兄弟出外尋找她的下落，並且還說沒找到他們的姊妹，就不用回家了。她的兄弟們最後全都放棄尋找，並在他們放棄找尋的地方各自建立了聚落。最後，歐羅芭嫁給克里特王子（或國王）阿斯特里烏斯（Asterius），後者把她的兒子撫養長大，有如自己親生的一樣。

（也請參考 Agenor, Cadmus, Crete, Minos, Rhadamanthus, Sarpedon, Sidon, Thebes, *and* Zeus。）

尤里阿勒斯（Euryalus） 神話故事裡有好幾個英雄都叫尤里阿勒斯。根據維吉爾的史詩《伊尼亞斯紀》，尤里阿勒斯是尼索斯（Nisus）的年輕夥伴，兩人陪著伊尼亞斯，一路從特洛伊來到義大利。尤里阿勒斯當時極為年輕，他的母親十分疼愛他，因此想辦法在往義大利的旅途上一路陪著他。尤里阿勒斯的勇敢，加上他的年少輕狂，兩者加起來最終導向他走向悲劇性的死亡。原來特洛伊軍營遭受義大利當地人包圍，伊尼亞斯只得出外徵召援軍。過了許久他都沒回來，於是尼索斯決定出去找伊尼亞斯。尤里阿勒斯自告奮勇，願意陪伴尼索斯冒險離營。一旦出了營，尼索斯和尤里阿勒斯看到沉睡的敵人就殺，幾乎忘了節制。尤里阿勒斯甚至剝下其中一個敵人的盔甲，將之戴在自己的身上——這件事讓他的行蹤曝了光，從而導致其死亡。原來敵人之所以會發現他，那是因為那頂掠奪而來的頭盔會反射月光。尤里阿勒斯最後被敵人重重包圍；尼索斯雖然冒著生命危險，試圖救出他的年輕友人，不過兩人最後還是被敵人殺死了。

（也請參考 Aeneas, Nisus, *and* Troy。）

尤麗克萊亞（Eurycleia） 尤麗克萊亞的名字意思是「聲譽遠傳」；她曾是奧德修斯的乳母，奧德修斯的兒子特勒瑪科斯出生後，她也繼續照料

特勒瑪科斯。奧德修斯離開伊薩卡島二十年，他第一次回家時，連他的妻子潘妮洛碧都認不得他，不過尤麗克萊亞憑著他腳上的一道傷痕——奧德修斯年輕時追捕野豬時留下的傷痕——認出了奧德修斯。奧德修斯要求尤麗克萊亞保密，不要洩露他的身分，直到他找到方法來懲罰潘妮洛碧那群追求者為止——那群追求者過去幾年一直待在他的王宮裡，消耗了王宮大量的資源。

（也請參考 Ithaca, Odysseus, Penelope, *and* Telemachus。）

尤麗狄絲（Eurydice）

神話故事裡有好幾個名叫尤麗狄絲的角色。其中一個尤麗狄絲是克瑞翁的妻子——伊底帕斯王死後，克瑞翁繼任其王位，成為底比斯王。尤麗狄絲的結局是步其兒子海蒙的後塵，自殺身亡；海蒙會自殺是因為他看到他的未婚妻安蒂岡妮上吊身亡，傷心之餘，也走上了絕路。另外一個尤麗狄絲的父親是拉瑟戴蒙（Lacedaemon），母親是斯巴達（這位母親的名字與斯巴達這個地區相同）；這位尤麗狄絲嫁給阿克里西俄斯，兩人育有一女達娜俄。達娜俄後來與化成一陣金雨的宙斯私會而成孕。

前述這兩位尤麗狄絲都是凡間女子，應與同名的寧芙仙子尤麗狄絲有所區別。寧芙仙子尤麗狄絲嫁給奧菲斯；她死後，奧菲斯為了思念她，甚至追隨她到了冥界。

（也請參考 Acrisius, Antigone, Creon, Danae, Eurydice [nymph], Haemon, Nymphs [the], Oedipus, Orpheus, Sparta, Thebes, Underworld [the], *and* Zeus。）

歐律斯透斯（Eurystheus）

歐律斯透斯是個傳說中的國王；至於他統治的地區，根據不同的傳說故事，分別是阿爾戈斯、邁錫尼和提林斯。海克力斯所挑戰的十二項（或十項）著名任務，其出題者正是歐律斯透斯；不過，規畫這些任務的幕後指使者當然是赫拉女神無疑。原來阿爾克墨涅懷了宙斯的孩子海克力斯，她即將分娩時，宙斯竟得意洋洋地告訴赫拉，說他的親生兒子即將出世，而且這個孩子日後將會統治龐大的帝國。赫拉本來就對宙斯和阿爾克墨涅之間的短暫情事感到很忌妒，一聽這話，更覺得非讓阿爾克墨涅吃點苦頭不可。她設法延長阿爾克墨涅的分娩期，使海克力斯的出生時間晚於歐律斯透斯——原來歐律斯透斯的祖父是宙斯之子柏修斯，因此他也算是宙斯的後代。海克力斯結婚生子後，有一天，赫拉施咒讓他失去理智，而他就在瘋狂的狀態下殺了妻子墨伽拉和他們的小孩。海克力斯去德爾菲神殿詢問出路，根據神諭，他必須去找歐律斯透斯，而且在未來的十二年

裡，不管歐律斯透斯給他出什麼任務，他都得想辦法完成。神諭繼續補充提到：完成任務之後，海克力斯將會獲得永生。至於歐律斯透斯，他在海克力斯完成所有任務之後就死了。根據不同的傳說故事，他的死因有二：一是被海克力斯的其中一個兒子殺死，二是阿爾克墨涅命人把他處死。

（也請參考 Alcmena, Argos, Delphi, Hera, Hercules, Megara [heroine], Mycenae, Perseus, Tiryns, and Zeus。）

歐律托斯（Eurytus）

歐律托斯是俄卡利亞的國王——至於俄卡利亞在哪裡則無從確定。根據神話學家阿波羅多洛斯的描述，歐律托斯是個箭術高手，曾擔任過小海克力斯的箭術教練。海克力斯完成他的十二項任務之後，決定再次結婚。他聽說歐律托斯正在舉辦箭術比賽，而且任何箭術比他和他兒子好的人，都可娶他女兒依俄勒為妻。海克力斯確實贏得了比賽，不過歐律托斯拒絕把依俄勒嫁給他，因為他知道海克力斯曾在瘋狂的狀態下殺了第一任妻子和小孩，擔心若把依俄勒嫁給海克力斯，搞不好有一天女兒也會遭逢不測。後來海克力斯帶了一支軍隊來攻打俄卡利亞，他殺了歐律托斯國王父子，擊潰該城市，還擄走了依俄勒公主。海克力斯新娶的妻子德伊阿妮拉很忌妒依俄勒，於是就把半人馬涅索斯給她的血塗在海克力斯的袍子上，以為涅索斯的血就是愛情靈藥，可以幫她留住海克力斯的愛。沒想到那血並不是愛情靈藥，而是某種讓海克力斯的皮膚當場燃燒起來的毒液。

在荷馬的《奧德賽》裡，奧德修斯用來射死潘妮洛碧的追求者的，正是歐律托斯國王的弓。奧德修斯離開伊薩卡島的二十年裡，許多人以為他已經死亡，於是聚集在他的家裡求婚，等候潘妮洛碧同意嫁給他們任何一人，同時消耗他家裡的物資，還欺負他的家人。在荷馬筆下，歐律托斯王的死出現了另一版本：歐律托斯國王去找阿波羅挑戰箭術，結果被阿波羅射死，以此懲罰他對神的不敬。

（也請參考 Apollo, Centaurs [the], Deianeira, Hercules, Iole, Ithaca, Nessus, Odysseus, and Penelope。）

厄凡德爾（Evander）

根據旅行作家保薩尼亞斯的記載，厄凡德爾是信使神荷米斯和某寧芙仙子的兒子；伊尼亞斯與他的特洛伊戰友到了義大利之後，厄凡德爾即成為他們重要的盟友。厄凡德爾是希臘阿卡迪亞人之中最有智慧，技藝最好的戰士，所以他很早就被派去義大利建立殖民地。他創

建了一個城市，稱為帕拉提姆（Pallantium）；這個城市坐落在未來會被稱為帕拉廷丘（Palatine Hill）的山上，亦即羅馬七丘之一。伊尼亞斯到了義大利後，台伯河的河神現身在他的夢裡，指示他去尋找厄凡德爾的協助。年老的國王厄凡德爾果然很樂於協助他：他派了兒子帕拉斯和一支軍隊支援特洛伊人。伊尼亞斯也向厄凡德爾保證他會照顧帕拉斯，就像照顧自己的兒子那樣。很巧的是，伊尼亞斯到訪的時候，厄凡德爾和他的人民正在慶祝海克力斯的勝利——原來海克力斯剛剛戰勝了噴火妖怪卡庫斯（Cacus）。
（也請參考 Aeneas, Arcadia, Cacus, Hercules, Hermes, Pallas, Rome, Tiber River [the], *and* Troy。）

埃文諾斯（Evenus）

埃文諾斯是瑪爾貝薩（Marpessa）的父親。瑪爾貝薩被英雄伊達斯劫走時，埃文諾斯親自駕著雙輪戰車去追他們。等埃文諾斯發現他無論如何都追不上伊達斯的時候，他就殺了他的馬，自己也投河自盡身亡。
（也請參考 Idas *and* Marpessa。）

蓋尼米德（Ganymede）

蓋尼米德是個年輕俊美的男子；他父親的身分有二種說法，一是特洛伊王拉俄墨冬，或另一位特洛伊王特洛斯——特洛伊城的名字即來自後面這位國王的名字。蓋尼米德後來被擄到奧林帕斯山為宙斯執杯斟酒；至於他是如何被帶到奧林帕斯山的方式也有兩種說法，一說是被宙斯的老鷹叼走，但是羅馬詩人奧維德不同意此說法，他認為宙斯被愛情沖昏了頭，因而化成自己的聖鳥老鷹，親自來叼走蓋尼米德。兒子被擄走之後，蓋尼米德的父親十分傷心，於是宙斯就送他一份特別的禮物作為補償。這份禮物倒底是什麼？古代文獻的紀錄各個不同，有的說是一對漂亮的母馬，有的說是一棵金色的葡萄藤。至於蓋尼米德的結局——據說他死後上升天界，化成水瓶星座。
（也請參考 Laomedon, Olympus [Mount], Tros, Troy, *and* Zeus。）

格勞科斯（Glaucus）

神話故事裡有好幾個名叫格勞科斯的英雄。其中一個是科林斯國王——這位格勞科斯的父親是薛西弗斯，母親是第二代泰坦神阿特拉斯之女墨洛珀。格勞科斯的妻子懷了波賽頓的兒子（亦即英雄柏勒洛豐），但他對這個兒子視如己出，將之撫養長大。根據神話學者希吉努斯

的描述，在伊奧爾科斯前任國王珀利阿斯的葬禮戰車賽會中，格勞科斯被海克力斯的同伴伊奧勞斯打敗，戰敗後的格勞科斯竟然被他自己的母馬吃掉了。

另一個格勞科斯是個漁夫。這位漁夫吃了某種草後，竟然變成一個小海神。

第三個格勞科斯是克里特島米諾斯王的年輕兒子。這位年輕的格勞科斯有一回在追捕老鼠時，不小心掉進一個巨大的蜂蜜桶。根據神話學者希吉努斯的描述，他的父母找不到他，極其焦慮，於是就去詢問阿波羅。阿波羅說他們那裡近期會出現一項奇蹟，誰能解釋該項奇蹟，誰就有辦法找到他們的兒子，並讓他們的兒子起死回生。不久，他們果然找到該項奇蹟。那是一隻在一天之中會改變三次顏色的初生公牛：首先是白色，接著變成紅色，然後變成黑色。只有一個人能對這個奇景提出解釋，這人就是先知波利耶杜斯。根據先知的解釋，那頭小牛就像一棵桑椹樹，其果子在成熟的過程中，也是先從白色轉成紅色，然後再從紅色變成黑色。這位先知同時還看到一個徵兆：一隻貓頭鷹（希臘文為 *glaux*）棲息在一個酒桶上，酒桶的四周有許多蜜蜂飛舞。他準確地解釋了這個徵兆，人們因此據其解釋找到了格勞科斯的葬身之處。不過，他告訴米諾斯王他無法讓格勞科斯起死回生。米諾斯王很生氣，於是命人把波利耶杜斯和那男孩一起埋了。就在這時，墳墓裡出現一條蛇，波利耶杜斯見狀立刻殺了那條蛇。不久，另一條蛇進來找牠的同伴，發現同伴死了，牠就離開一會，接著啣了一把藥草進來把那條死蛇救活。波利耶杜斯於是就利用同樣的那把藥草救活格勞科斯。因為他的這個功勞，國王賜給他許多獎賞。

還有另一個格勞科斯。這個格勞科斯是特洛伊人的戰友。他是呂基亞人的將領，跟他在一起的同伴是宙斯的兒子薩爾珀冬。他在戰場與狄俄墨德斯交手時，兩人都同時意識到彼此之間有一道古老的友誼聯繫，而且這種聯繫是他們的祖父柏勒洛豐和俄紐斯建立的。為了尊重這樣的聯繫，他們決定不要再打了，反而彼此交換甲冑，聯繫彼此的友情。

（也請參考 Apollo, Atlas, Bellerophon, Corinth, Crete, Diomedes, Glaucus [god], Hercules, Iolcos, Lycia, Merope [nymph], Minos, Oeneus, Pelias, Polyidus, Poseidon, Sarpedon, Sisyphus, Titans [the], Troy, *and* Zeus。）

戈耳狄俄斯（Gordius）戈耳狄俄斯的名字亦可拼寫為 "Gordias"（戈耳狄阿斯）；他是弗里吉亞傳說中的創建者，這個國家的首都戈耳狄烏姆（Gordium）即以他的名字來命名。戈耳狄俄斯本是個貧窮農夫，全部的財產

只有兩頭牛，一頭用來犁田，另一頭用來拉車。有一天，他在耕地的時候，有隻老鷹停在他的犁軛上，一直待到他完成工作為止。戈耳狄俄斯覺得這是一個徵兆，於是就把這件事告訴一名女子。這位女子來自當地的先知部落，而她指示戈耳狄俄斯回到徵兆出現的地點，並在那裡祭祀宙斯。這位女子後來成為戈耳狄俄斯的妻子，兩人育有一子叫邁達斯。弗里吉亞後來陷入內戰，人民推舉戈耳狄俄斯為王，因為根據宙斯的神諭：第一個駕著牛車來到他們面前的人就是他們的新任國王。戈耳狄俄斯後來把他的牛車獻給宙斯神殿；但是為了確保牛車不會被偷，他用山茱萸的樹皮做成繩子，把牛車綁在神殿裡，並且牢牢打了一個很難解開的結──此即所謂的「戈耳狄俄斯之結」（Gordian Knot）。另有一則神諭提到：任何有辦法解開這個難解之結的人，就會成為整個亞細亞的國王。後來有人解開了這個結：那人就是亞歷山大大帝。（也請參考 Midas, Phrygia, *and* Zeus。）

海蒙（Haemon）

海蒙是克瑞翁的兒子──底比斯王伊底帕斯死後，接任其王位的就是這位克瑞翁。海蒙的故事主要見於索福克勒斯的劇本《安蒂岡妮》；在該劇中，他是安蒂岡妮的未婚夫。波里涅克斯死後，克瑞翁禁止任何人給他下葬，因為他被視為底比斯城的敵人。安蒂岡妮違反該項命令，私自為其兄弟波里涅克斯舉行下葬儀式。為此，安蒂岡妮被判了刑，必須接受亂石打死的懲罰。海蒙向克瑞翁求情，請他父親放過安蒂岡妮。不過克瑞翁不同意。於此同時，安蒂岡妮已經在牢獄裡上吊身亡。海蒙看到安蒂岡妮已死，就在她身旁揮劍自殺了。

在另一個傳說故事裡，海蒙則是斯芬克斯（Sphinx）的受害者。那時伊底帕斯尚未來到底比斯，尚未有人猜到斯芬克斯著名的謎語，底比斯城的人民十分恐懼，到處人心惶惶。

（也請參考 Antigone, Creon, Oedipus, Polyneices, Sphinx of Thebes [the], *and* Thebes。）

赫卡芭（Hecabe）

赫卡芭是赫庫芭的別名──赫庫芭是普里阿摩斯的妻子，在特洛伊戰爭期間，她和普里阿摩斯是特洛伊城的王后和國王。

（也請參考 Hecuba, Priam, *and* Troy。）

赫克托爾（Hector）

赫克托爾是最偉大的特洛伊戰士，在特洛伊戰爭期間擔任特洛伊軍隊的領袖。他是特洛伊國王普里阿摩斯與王后赫庫芭的兒

子；他有五個兄弟姊妹，分別是帕里斯（海倫的誘拐者）、赫勒努斯和卡珊德拉（擁有預言能力的雙胞胎）、薄命的波呂克塞娜和遭受埋伏、死於阿基里斯之手的特洛伊羅斯（Troilus）。赫克托爾的妻子是亞細亞城市底比斯的公主安德洛瑪克；兩人婚後育有一子，即阿斯蒂亞納克斯。在特洛伊戰爭的結尾，阿斯蒂亞納克斯被人從特洛伊城牆上面扔下來摔死。據說把他扔下來的人可能是阿基里斯之子奈奧普托勒姆斯，或者也有可能是奧德修斯。赫克托爾的命運從他殺死阿基里斯的同伴兼密友帕特羅克洛斯的那一刻就已經注定。阿基里斯當時本來已經退出戰場，知道自己的好友已死，才又重披戰袍，回返戰場——他重回戰場的目的是替好友報仇，而且特地只找赫克托爾單挑。即便後來赫克托爾已死，阿基里斯仍未消氣——他把赫克托爾的屍體綁在戰車上，一連繞著特洛伊城拖行了好幾天。這種暴行最後連諸神都看不下去了，決定出手干預。赫克托爾的父親普里阿摩斯王最後獲得允許，得以進入阿基里斯的軍營把兒子的遺體領回；雖然面對阿基里斯是一件極其恐怖的事，普里阿摩斯王還是勇敢地去了。荷馬的《伊利亞德》就只寫到赫克托爾的葬禮為止；在詩人筆下，這位英雄的火葬柴堆燃起了熊熊大火，彷彿預告特洛伊城即將在大火中殞落的命運。

（也請參考 Achilles, Andromache, Astyanax, Cassandra, Hecuba, Helenus, Neoptolemus, Odysseus, Patroclus, Polyxena, Priam, Troilus, *and* Troy。）

赫庫芭（Hecuba）

赫庫芭（或者赫卡芭）的丈夫是特洛伊王普里阿摩斯；兩人所生的子女計有赫克托爾、帕里斯、特洛伊羅斯、赫勒努斯、波呂多洛斯、卡珊德拉和波呂克塞娜。根據希臘詩人品達的描述，赫庫芭在懷帕里斯的時候，曾夢見自己生下一個揮舞著火把的百臂巨人（Hecatoncheir）；若根據神話學家阿波羅多洛斯的說法，她夢見的僅只是一支火把。這個夢，再加上卡珊德拉的預言，促使她把帕里斯這位注定會使特洛伊城毀於大火的嬰兒丟棄在荒野。根據荷馬的《伊利亞德》，她曾向雅典娜女神求救，但是女神不予以回應；她後來企圖阻止赫克托爾冒著生命危險迎戰阿基里斯，但是她的阻止沒有效果。在特洛伊戰爭的過程中或結尾處，她見證了丈夫和好幾個孩子的死亡。她自己後來則遭受俘虜，並且被當作戰利品送給了奧德修斯。根據羅馬詩人奧維德的描述，她正在為女兒波呂克塞娜之死哭泣的時候，突然在女兒旁邊發現了她兒子波呂多洛斯遭受謀害的遺體。她原本以為波呂多洛斯已經脫險，而且已經得到色雷斯國王波里梅托斯（King

Polymestor）的保護。當她得知波里梅托斯為了奪取波呂多洛斯的金子，竟然殺了波呂多洛斯，她就撲向波里梅托斯，硬生生地把他的眼睛挖出來。當波里梅托斯追向她並試圖反擊時，她就變成一隻狗，迅速地逃走了。

（也請參考 Achilles, Athena, Cassandra, Hecatoncheires [the], Hector, Helenus, Odysseus, Paris, Polydorus, Polyxena, Priam, Thrace, Troilus, *and* Troy。）

海倫（Helen）

在女詩人莎芙（Sappho）的筆下，海倫是「世間最美」的人；這位世間最美的女子本來是「斯巴達的海倫」，後來跟了帕里斯就變成「特洛伊的海倫」。海倫的誕生故事有好幾個不同的版本。她的母親是埃托里亞王特斯提俄斯（Thestius）的女兒麗達，麗達的丈夫是斯巴達國王廷達瑞俄斯。關於海倫如何誕生，古代資料的說法並不一致。有的資料說她誕生於麗達所生的蛋——宙斯曾化身為天鵝，並以此形式與麗達結合。有的資料說她誕生於報應女神涅默西斯所生的蛋，因為女神曾化身為鵝，與化身為天鵝的宙斯交合。根據這第二個版本，麗達可能是自己撿到（或收到）女神生的這顆蛋，並加以保管，直到海倫從蛋中誕生。海倫的手足有克呂泰涅斯特拉（後來的邁錫尼王后）和神聖的雙胞胎兄弟卡斯托與波洛克斯。根據某些古代資料，克呂泰涅斯特拉、卡斯托和波洛克斯也跟海倫一樣是從蛋中出生。有的資料或說他們四人生於同一顆蛋，或說他們各自從不同的蛋中出生，或者說這三人是廷達瑞俄斯的孩子，因為宙斯私訪麗達的同一天晚上，廷達瑞俄斯也曾與麗達同床。

海倫的美名到處盛傳，有一天她被皮瑞蘇斯和提修斯兩位英雄劫走，幸好她的兄弟卡斯托與波洛克斯最後把她救了回來。她該結婚的時間到來時，她的父親廷達瑞俄斯意識到他不可能從無數的追求者中挑出適當的人選，所以他就讓海倫自己來選。最後，海倫選了阿伽門農的弟弟墨涅拉俄斯作為她的夫婿。透過婚姻關係，墨涅拉俄斯後來成為斯巴達的國王。兩人婚後生了一個女兒叫赫爾彌俄涅（海倫唯一的孩子），並在斯巴達過著幸福快樂的生活。不過，這樣的幸福生活並不長久，特洛伊王子帕里斯到訪之後，這樣的生活即宣告中斷。帕里斯拐走了海倫，或者根據某些故事的說法：海倫是自願離家跟帕里斯走的。帕里斯會到斯巴達，其實是為了領取他的獎賞——世間最美的女子，而這位女子就是海倫。原來在這件誘拐案發生之前，帕里斯曾擔任阿芙蘿黛蒂、赫拉、雅典娜三位女神的選美裁判。他把最美女神的頭銜頒給了阿芙蘿黛蒂，而阿芙蘿黛蒂給他的獎賞就是世間最美麗的女子，也就是

海倫。海倫離開之後，阿伽門農把希臘最驍勇善戰的戰士全都召集起來——他之所以有辦法這麼做，那是因為海倫之父廷達瑞俄斯早已很聰明地想到這一點，當海倫做出選擇之後，他就要求海倫的所有追求者發誓尊重海倫的選擇，萬一海倫與她的丈夫遇到困難，所有人都得挺身而出，全力相助。這群希臘人為了奪回海倫，整整在特洛伊打了十年的仗。在戰爭的第十年，帕里斯過世了，海倫即改嫁給帕里斯的哥哥德伊弗波斯（Deiphobus）。根據羅馬詩人維吉爾所述，德伊弗波斯不久就被墨涅拉俄斯用很殘暴的方式殺死。在荷馬的《奧德賽》裡，海倫最終回到了斯巴達；奧德修斯的兒子特勒瑪科斯為了探聽他父親的消息，曾經到過斯巴達，並得到海倫和墨涅拉俄斯的熱情招待。除此之外，還有另一種傳說故事提到海倫和墨涅拉俄斯在從特洛伊返回希臘的途中，曾在埃及待了一段時間。

根據希臘詩人斯特西克魯斯（Stesichorus）的描述，海倫從來不曾到過特洛伊。相反的，她被諸神送到了埃及——後來墨涅拉俄斯就在這裡找到她。劇作家尤瑞比底斯採用了斯特西克魯斯的這個故事變體，所以在他的劇本裡，跟隨帕里斯回到特洛伊的是海倫的魅影，不是海倫本人。海倫的結局也出現了好幾個版本。在旅行作家保薩尼亞斯所記錄保存的幾個版本之中，有兩則是這樣的：一說她在羅德島被吊死，一說她死後成為阿基里斯的新娘，兩人就在黑海的懷特島（White Island）一起生活。

（也請參考 Achilles, Agamemnon, Aphrodite, Athena, Castor, Clytemnestra, Hera, Hermione, Leda, Menelaus, Mycenae, Nemesis, Odysseus, Paris, Pirithous, Pollux, Sparta, Telemachus, Theseus, Troy, Tyndareus, *and* Zeus。）

赫勒努斯（Helenus） 赫勒努斯是特洛伊王普里阿摩斯與王后赫庫芭的兒子。據說他是女預言家卡珊德拉的雙胞胎兄弟，而且跟卡珊德拉一樣，他也擁有預言的能力——荷馬稱他是「目前為止最優秀的預言家」。作為一位先知，他早就說過帕里斯若啟航前往斯巴達帶走海倫，將會給特洛伊帶來極嚴重的後果。他後來協助希臘人，使他們有機會打敗特洛伊人——原來他告訴希臘人，除非他們取得雅典娜那尊名叫帕拉狄姆的古老神像，還有讓阿基里斯之子奈奧普托勒姆斯和持有海克力斯之弓的菲羅克忒特斯同時上戰場，不然他們永遠攻不下特洛伊城。根據維吉爾的《伊尼亞斯紀》，赫勒努斯後來接手奈奧普托勒姆斯的國家，並且娶了亡兄赫克托爾之妻安德洛瑪克——特洛伊殞落之後，他和安德洛瑪克都曾淪為希臘人的戰俘。

（也請參考 Achilles, Andromache, Athena, Cassandra, Hecuba, Helen, Hercules, Neoptolemus, Philoctetes, Priam, Sparta, *and* Troy。）

赫勒（Helle）

赫勒的父親是波俄奧提亞地區俄爾科默諾斯的國王阿塔瑪斯，母親是涅斐勒。阿塔瑪斯的第二任妻子伊諾想了一個計謀要除掉赫勒和她的兄弟弗里克索斯。伊諾之所以會如此，主要是因為赫勒和弗里克索斯比她的孩子年長，是她丈夫的王位繼承人。伊諾的辦法是破壞國內穀倉裡的種子，以至於人民把種子拿去播種時，種子不會發芽。為了解決種子不發芽的災難，阿塔瑪斯派使者去德爾菲聖殿請求神明指示。不過伊諾攔住使者，逼迫使者回報假訊息，謊稱神諭建議把弗里克索斯殺了獻祭給天神——某些版本提到赫勒也在獻祭之列。在最後一刻，涅斐勒派了一隻會飛的金羊趕到現場，把她的兩個孩子從祭壇上帶走。在金羊飛行的過程中，赫勒失去平衡，跌落海中淹死。她落水的地方此後就被稱為赫勒斯滂（Hellespont），意即「赫勒之海」，現在這個地點則被稱為達達尼爾海峽（Dardanelles）。

（也請參考 Athamas, Boeotia, Delphi, Hellespont [the], Ino, Nephele, *and* Phrixus。）

赫倫（Hellen）

根據希臘詩人海希奧德、歷史學家修昔底德（Thucydides）和西西里的狄奧多羅斯這三人的看法，赫倫是杜卡利翁和碧拉的兒子。許久以前，宙斯認為當時的人類極端罪惡，於是降下大洪水來滅絕人類，杜卡利翁和碧拉是那場大洪災惟一的倖存者。其他的文獻資料則提到赫倫的父親是宙斯本人。一般的看法是，赫倫是所有希臘人的祖先；希臘人又可稱為「赫倫人」，而其命名的來源是赫倫。希臘境內的許多部族據說都是他的子孫建立的，而且各部族的名字都各以其建立者的名字來命名，亦即多洛斯（多利安人[Dorians]）、伊翁（伊奧尼亞人[Ionians]）、阿該俄斯（阿該亞人）、埃俄羅斯（埃俄利亞人[Aeolians]）。

（也請參考 Achaeans [the], Aeolus [hero], Deucalion, Dorus, Ion, Pyrrha, *and* Zeus。）

赫拉克勒斯（Heracles）

赫拉克勒斯是英雄海克力斯本來的希臘名字。

（請參考 Hercules。）

海克力斯（Hercules）

海克力斯是所有希臘英雄中最重要且最著名

的角色。他原來的希臘名字叫赫拉克勒斯，意思是「赫拉的榮耀」（"glory of Hera"），因為他的名字是由女神赫拉的名字加上希臘文的"*kleos*"（「榮耀」）組合而成。不過很反諷的是，赫拉女神對他的迫害可謂貫串他的一生，從未停止。他贏得聲名的方式，就是以堅毅不懈的態度去面對這些極端的困境。海克力斯的母親是提林斯前任國王厄勒克特律翁的女兒阿爾克墨涅。阿爾克墨涅嫁給她的堂兄安菲特律翁，有一回安菲特律翁有事出門，結果宙斯就化成他的樣子來與阿爾克墨涅共寢，並使阿爾克墨涅懷了孕。不久，安菲特律翁回家後也與阿爾克墨涅共寢，再度讓阿爾克墨涅懷了孕。過了九個月，阿爾克墨涅差不多快要分娩的時候，宙斯誇口說他有個後代即將在那一天出生，而且他的這位後代以後將會統治龐大的帝國。赫拉聽到宙斯再次對她不忠，不禁又妒又怒。於是她設法延長阿爾克墨涅的分娩期，讓日後將會成為提林斯和邁錫尼國王的歐律斯透斯比海克力斯早一點來到這世界——歐律斯透斯的祖父是柏修斯，所以他也是宙斯的後代。阿爾克墨涅在底比斯城生下了一對雙胞胎：海克力斯（宙斯的兒子）和伊克力斯（安菲特律翁的兒子）。海克力斯和伊克力斯還只是兩個躺在床上的嬰兒時，赫拉就派了兩條蛇去殺他們。伊克力斯是個普通寶寶，他就只是躺著，什麼也不做。不過海克力斯立刻跳了起來，用他的小手把蛇捏死了。在成長的過程中，海克力斯漸漸以他的力大無窮、射箭技術和角力技藝博得聲名。很明顯的，他並不怎麼喜愛音樂，因為他在盛怒之下竟把教他彈奏里爾琴的老師利諾斯殺死了。除此之外，海克力斯也以好女色和美食知名，相傳他曾與鄰國國王特斯披俄斯（Thespius）的五十個女兒同寢，生下了許多子嗣。要給海克力斯的所有英雄事蹟列一張精確的年表極為困難，因為他的生活不僅多采多姿，而且隨著時間的過去，經過幾百年的一再傳述，他的冒險事蹟不僅數量漸增，而且相關的細節也越來越多。大致上說來，海克力斯曾在某段時期與彌倪阿斯人發生糾葛，因為後者一再跟底比斯人索取貢禮，讓海克力斯實在看不下去；他因此集結了一群年輕戰士去攻打彌倪阿斯人的城市俄爾科墨諾斯（Orchomenos），並且燒掉他們的王宮。底比斯王克瑞翁為了感謝海克力斯解除彌倪阿斯人對底比斯所造成的威脅，於是就把他的女兒墨伽拉嫁給他。海克力斯和墨伽拉婚後生了三個（或五個）兒子。不過，他永遠的敵人赫拉使他有一天突然陷入盛怒，而他就在盛怒之中殺了他的孩子、他弟弟的兩個兒子和他的妻子墨伽拉。清醒之後，海克力斯對自己的所作所為感到十分驚恐，所以就離開了底比斯。他的血罪後來雖然得到滌清，但他還是前往德爾

菲，親自到阿波羅的聖殿去諮詢神諭。根據神諭，他必須去找歐律斯透斯，並且自願為後者服務，不管後者對他提出什麼要求，他都必須一一照辦，因為這是他取得永恆生命的方法。這位歐律斯透斯就是前面提到的宙斯的另一個後代，因為赫拉的干預，他比海克力斯早一點點來到世間。從此以後，海克力斯就逐步地完成他著名的十二項任務，而這些任務也讓他的足跡延伸到世界各個遙遠的角落，例如他到涅墨亞殺了凶猛無比的涅墨亞獅子（Nemean Lion）；前往勒拿湖除去九頭蛇海卓拉；他去追捕以金色鹿角知名的刻律涅牡鹿（Cerynitian Hind）；誘捕凶惡的厄律曼托斯山的野豬（Erymanthian Boar）；清洗奧格阿斯龐大的馬廄；趕走那些會發射羽毛、致人於死的斯廷法洛斯湖怪鳥（Stymphalian Birds）；追捕色雷斯人狄俄墨德斯所養的食人馬；奪取亞馬遜女王希波麗塔的腰帶；帶走三身怪人革律翁的牛群；摘取赫斯珀里德絲姊妹花園裡的金蘋果；把地獄犬克爾柏洛斯從冥界帶回人間。海克力斯其他的冒險事蹟也很多，有的就發生在他執行個別任務的空檔，比如參加傑森和阿爾戈英雄探險隊去尋找金羊毛；替羅馬未來的建國位址剷除可怕的噴火妖怪卡庫斯；路經高加索山時，他為普羅米修斯解除束縛；到冥界去把阿德墨托斯的妻子阿爾克提斯帶回陽間；解救特洛伊王拉俄墨冬的女兒，以免公主被海怪擄走；他曾企圖偷走德爾菲女祭司皮媞亞的三腳凳，結果還因此跟阿波羅打了一架；他遵照女祭司皮媞亞的要求，到呂底亞王后翁法勒（Omphale）的王宮充當奴隸；他跟河神阿克洛俄斯大打出手，最後贏得德伊阿妮拉的青睞（德伊阿妮拉日後會在無意中造成他的死亡）；殺死半人馬涅索斯，因為後者企圖誘拐他的妻子德伊阿妮拉。海克力斯有一回擄走了俄卡利亞公主依俄勒，並且納依俄勒為妾；這件事讓他的妻子德伊阿妮拉感到很忌妒，所以就送給海克力斯一件沾了涅索斯的「愛情靈藥」的袍子。海克力斯穿上袍子後，沒想到他全身的血肉竟燃燒起來──原來涅索斯給德伊阿妮拉的東西根本不是靈藥，而是毒藥。在萬般痛苦中，海克力斯爬上色薩利的俄塔山（Mount Oeta），命他的兒子許羅斯（Hyllus）為他搭建火葬柴堆，然後自己爬上柴堆躺著。沒人敢為火葬柴堆點火。最後，他的英雄朋友菲羅克忒特斯勇敢地點了火，幫助海克力斯這位偉大的英雄脫離苦海。海克力斯則把他著名的弓和箭送給菲羅克忒特斯作為獎賞。他本人從此上升天界，加入諸神的行列。

（也請參考Achelous [god], Admetus, Alcestis, Alcmena, Amazons [the], Amphitryon, Apollo, Argonauts [the], Augeas, Cacus, Caucasus Mountains [the], Centaurs [the],

Cerberus, Cerynitian Hind [the], Creon, Deianeira, Delphi, Diomedes, Electryon, Erymanthian Boar [the], Eurystheus, Geryon, Hera, Hesperides [the], Hippolyta, Hydra of Lerna [the], Iole, Iphicles, Jason, Laomedon, Linus, Lydia, Megara [heroine], Minyans [the], Mycenae, Nemean Lion [the], Nessus, Oeta [Mount], Omphale, Philoctetes, Prometheus, Stymphalian Birds [the], Thebes, Thessaly, Thrace, Tiryns, Troy, Underworld [the], *and* Zeus。）

赫爾彌俄涅（Hermione）

赫爾彌俄涅是海倫和斯巴達王墨涅拉俄斯的女兒——根據荷馬的描述，海倫就只生她這麼一個孩子。當海倫離開斯巴達，跟帕里斯遠走特洛伊的時候，她把當時才九歲的女兒留給她的姊妹照顧——這位姊妹就是阿伽門農的妻子克呂泰涅斯特拉。赫爾彌俄涅後來與克呂泰涅斯特拉的兒子俄瑞斯特斯訂親，不過這門親事並未辦成，因為根據某些故事版本，俄瑞斯特斯犯了弒母罪，不論就宗教和儀式上來說他都是個染汙之人。赫爾彌俄涅後來跟阿基里斯的兒子奈奧普托勒姆斯訂了親，雖然這樁親事是為了賄賂奈奧普托勒姆斯，讓他為希臘人出戰，攻打特洛伊，不過兩人還是如願結了婚。不過，赫爾彌俄涅始終沒生下任何子嗣。根據尤瑞比底斯的《安德洛瑪克》（*Andromache*），赫爾彌俄涅非常忌妒特洛伊英雄赫克托爾的遺孀安德洛瑪克，理由是特洛伊城被攻破後，安德洛瑪克就變成奈奧普托勒姆斯的侍妾，並且跟奈奧普托勒姆斯生下好幾個孩子。赫爾彌俄涅曾指控安德洛瑪克給她下咒，並且設下計謀，打算除去安德洛瑪克，只是她的計畫未能成功。最後俄瑞斯特斯殺了奈奧普托勒姆斯，並且把赫爾彌俄涅帶走。

（也請參考 Achilles, Agamemnon, Andromache, Clytemnestra, Hector, Neoptolemus, Orestes, Paris, Sparta, *and* Troy。）

赫洛（Hero）

年輕的赫洛是女神阿芙蘿黛蒂的女祭司，住在赫勒斯滂海峽的歐洲這一岸。她愛上了勒安德爾（Leander），而這位年輕人就住在赫勒斯滂海峽對岸的城市阿卑多斯（Abydus）。到了夜晚，勒安德爾就會越過海水洶湧的赫勒斯滂海峽，到對岸與她相會。兩人的情事後來被阿芙蘿黛蒂發現了。有一次，勒安德爾為了見他最愛的赫洛，不幸在泅游渡海時溺水而亡。因為勒安德爾的死，赫洛也從她所住的高塔跳入海中，結束她的一生。

（也請參考 Abydus, Aphrodite, Hellespont [the], *and* Leander。）

赫希俄涅（Hesione）
赫希俄涅的父親是特洛伊傳說中的國王拉俄墨冬。赫希俄涅本來被她的父親獻給海怪，不過後來海克力斯救了她。原來海克力斯在完成他的第九項任務，即取得亞馬遜女王希波麗塔的腰帶後，就來到特洛伊。那時候，特洛伊正面臨雙重災難：阿波羅降下了瘟疫，波賽頓派了海怪到當地興風作浪，不時有民眾被海怪擄走。所有的這一切災難都是為了懲罰拉俄墨冬。誠如神話學家阿波羅多洛斯說的，兩位天神過去都曾聽說拉俄墨冬的惡劣行為，因此化為凡人，並以協助搭建特洛伊城牆的工程來考驗他。兩位天神完成城牆的工程後，拉俄墨冬卻拒絕支付必要的酬勞。為了這件事，於是他和他的國家都遭受神明的懲罰。後來拉俄墨冬從神諭得知他若想解除國內的困境，唯一的方式就是把女兒獻給海怪——這就是他把赫希俄涅綁在海邊懸崖的緣故。海克力斯在海邊懸崖看到了赫希俄涅，他跟拉俄墨冬說他可以救赫希俄涅，不過拉俄墨冬得付出一點代價：原來宙斯擄走拉俄墨冬的兒子蓋尼米德之後，為了補償拉俄墨冬，曾送了他一對神馬。海克力斯要的就是那對神馬。海克力斯果然依約殺了海怪，救了赫希俄涅。不過他也被拉俄墨冬賴帳了，就跟之前阿波羅和波賽頓的遭遇一樣。為了這個理由，海克力斯後來帶了一群戰士占領特洛伊城。他擄走了赫希俄涅，然後把她當戰利品送給自己的好友特拉蒙。至於赫希俄涅本身呢，她後來贖回她的哥哥普里阿摩斯，而普里阿摩斯日後將會成為特洛伊城的國王。

（也請參考 Amazons [the], Apollo, Ganymede, Hercules, Hippolyta, Laomedon, Poseidon, Priam, Telamon, Teucer, Troy, *and* Zeus。）

希波達彌亞（Hippodamia）
在希臘文中，希波達彌亞的意思是「馴馬者」；古典神話故事裡有好幾個美豔女性角色叫這個名字。一個是比薩國王俄諾瑪俄斯和王后斯特洛珀的女兒。這位國王如果不是太疼愛女兒，就是擔心他會被女婿刺殺的神諭成真，他可說是想盡各種辦法來阻止希波達彌亞結婚。所有來求婚的人，他都要他們跟他來一場戰車大賽——這是一場他確知自己穩贏的比賽，因為他的馬是戰神阿瑞斯送的禮物，本來就跑得比別的馬快。那些挑戰失敗的男子非但娶不到希波達彌亞，還得付出生命的代價：他們的頭會被懸掛在王宮外面，成為其他所有求婚者的警告。不過，坦塔羅斯之子珀羅普斯並未被那可怕的景象嚇到，而且他還靠著詭計打敗了俄諾瑪俄斯：他買通了俄諾瑪俄斯的車夫彌爾提洛斯（Myrtilus），要後者取下國王戰車車輪的軸心或（根據其他版本）換上蠟製的軸心。說好的條件是後者

得以跟希波達彌亞共度一夜春宵，並且分得俄諾瑪俄斯的一半國土。比賽進行的途中，被動了手腳的車輪果然開始鬆脫，俄諾瑪俄斯也被摔出車外，傷重身亡。不過，贏得比賽的珀羅普斯並未履行他對車夫彌爾提洛斯的承諾，相反的，他把彌爾提洛斯推下懸崖。在臨死前，彌爾提洛斯詛咒珀羅普斯和珀羅普斯的子子孫孫不得好死——這就是珀羅普斯的子孫每每遭逢厄運的緣由。希波達彌亞為珀羅普斯所生的子女中，阿楚斯和堤厄斯特斯都是悲劇人物，皮透斯則會成為雅典英雄提修斯的祖父。

另一個希波達彌亞是拉庇泰（Lapith）國王皮瑞蘇斯的新娘。結婚那天，皮瑞蘇斯邀請鄰國的友人半人馬來參加婚禮。半人馬在婚宴上喝醉了，竟然想劫走希波達彌亞和其他拉庇泰婦女。最後，拉庇泰人與半人馬族打了起來，並且把半人馬族全部驅離該地區。

（也請參考 Ares, Athens, Atreus, Centaurs [the], Lapiths [the], Myrtilus, Oenomaus, Pelops, Pirithous, Pittheus, Sterope, Tantalus, Theseus, *and* Theyestes。）

希波麗塔（Hippolyta）

希波麗塔是亞馬遜女戰士的女王；亞馬遜女戰士自成一個部落，據信她們就住在特爾莫冬河（Thermodon River），亦即今日的土耳其一帶。根據神話學家阿波羅多洛斯的描述，海克力斯的十二項任務當中，其中的第九項就是取得希波麗塔女王的腰帶。原來這條腰帶曾經是戰神阿瑞斯的物品，不只珍貴，而且還繡著許多美麗的黃金裝飾；根據悲劇作家尤瑞比底斯的描述，阿瑞斯把腰帶送給希波麗塔是為了讚揚女王在戰場上的傑出表現。不過，歐律斯透斯的女兒阿德墨塔想要得到那條腰帶，於是歐律斯透斯就派海克力斯去為她取回。海克力斯只帶了幾個戰士，坐上一條船，就前往亞馬遜女戰士的國度。他們一到，希波麗塔首先探詢他們到訪的目的。一聽說海克力斯要的是她的腰帶，她就說沒問題，保證一定會把腰帶送給海克力斯。不過，總是給海克力斯製造麻煩的天后赫拉卻化身為亞馬遜人，並在人群中散播謠言，說新到訪的客人打算擄走她們的女王。驚恐的亞馬遜人於是發起戰爭，攻擊海克力斯一行人。在激戰中，海克力斯殺死了希波麗塔，剝下她的腰帶，將之帶回希臘。

（也請參考 Admeta, Amazons [the], Ares, Eurystheus, Hera, *and* Hercules。）

希波呂托斯（Hippolytus）

希波呂托斯最為人知的故事出現在劇作家尤瑞比底斯的悲劇作品《希波呂托斯》（*Hippolytus*）。他是雅典國王提修斯

的兒子，而他母親的身分則有兩種說法，一說是亞馬遜女王希波麗塔，其他
故事版本則說是安提俄珀。希波呂托斯是個潔身自好的獵人，也是女神阿特
米斯的忠實信徒。後面這個事實讓阿芙蘿黛蒂感到很不滿，於是她就設法讓
提修斯的妻子費德拉愛上希波呂托斯。費德拉極力壓抑這份不正常的感情；
雖然如此，她後來還是忍不住跟自己的奶媽說了，而她的奶媽轉而把她的感
情告訴希波呂托斯。希波呂托斯十分驚嚇，很鄙夷地回絕這份感情。遭受拒
絕的費德拉覺得自己的名聲已毀，無可挽回，於是就上吊自殺了。她在自殺
前留下一封遺書，控訴希波呂托斯勾引她——雖然這並非事實。提修斯讀
了她的遺書後，心痛之餘，不禁向他的父親波賽頓祈禱，請海神完成他的心
願：殺死他的兒子。一日，希波呂托斯駕著戰車在海邊行駛，一頭公牛突然
從海浪中衝出來，他的馬受到了驚嚇，就把希波呂托斯拋出車外拖行。希波
呂托斯受了致命的重傷。但是在他嚥下最後一口氣之前，女神阿特米斯現身
在他面前，讓他知道他不會被世人忘記，因為特羅曾城的少女們將在新近制
定的成年儀式中紀念他。

（也請參考 Amazons [the], Antiope, Aphrodite, Artemis, Athens, Hippolyta, Phaedra,
Poseidon, *and* Theseus。）

希波墨涅斯（Hippomenes）

根據羅馬詩人奧維德的記述，希波墨涅
斯是波賽頓的曾孫，波俄奧提亞國王墨伽柔斯（Megareus）的兒子。不過，
其他資料則把墨伽柔斯列為希波墨涅斯的後代之一，把希波墨涅斯列為波賽
頓的孫子。不論希波墨涅斯的家庭系譜如何，使他知名的是他加入眾多追求
者之列，最後成功娶得漂亮女獵人亞特蘭妲的故事。亞特蘭妲本來打算向她
最仰慕的女神阿特米斯看齊，永遠維持處子之身，因此她盡可能地抗拒婚
姻。但是她最後讓步了，同意嫁給任何跑得比她快的男子。許多年輕男子都
嘗試來跟她賽跑，但是他們全都跑不贏她，而且也都付出了生命的代價。雖
然如此，希波墨涅斯並未被這項危險的挑戰嚇跑。他首先祈求女神阿芙蘿黛
蒂幫助他，女神也予以回應，送了他三顆金蘋果。在比賽的過程中，他一顆
又一顆地把金蘋果拋出跑道之外。每一次亞特蘭妲都會衝出跑道，去把金蘋
果撿回來。不過她在撿最後一顆蘋果時輸掉了比賽。希波墨涅斯終於贏得了
他的新娘，不過他在春風得意之時，竟忘了祭神感謝阿芙蘿黛蒂的協助。由
於他的忘恩負義，女神決定懲罰他：有一次他受到情慾的驅使，竟然跟新婚
妻子在希柏利女神的神殿裡纏綿。此舉冒犯了希柏利女神，於是希柏利女神

就把這對愛侶變成獅子，罰他們永遠為她拉車。

在有些傳說故事中，這則故事的主角不是希波墨涅斯，而是阿卡迪亞青年墨拉尼翁。

（也請參考 Aphrodite, Arcadia, Atalanta, Boeotia, Cybele, Melanion, *and* Poseidon。）""

海雅辛斯（Hyacinth） 海雅辛斯的名字也可拼寫為"Hyacinthos / Hyacinthus"（海雅辛托斯）；關於他的父母，許多古代資料都說他的父親是斯巴達國王阿密克拉斯（Amyclas），母親則是拉庇托斯（Lapithus）之女狄娥墨德（Diomede）——拉庇托斯是色薩利地區拉庇泰人的祖先。其他被列為他父母的人選還有繆斯女神克莉俄和斯巴達國王俄巴洛斯（廷達瑞俄斯的父親）。海雅辛斯是個俊美異常的年輕人，其追求者包括天神阿波羅、西風之神仄費洛斯和塔密里斯——據說這位技藝超群的吟遊詩人是第一個愛上同性的凡間男子。關於海雅辛斯悲愴的結局，羅馬詩人奧維德筆下的版本最為著名：阿波羅和海雅辛斯出門打獵，中途休息的時候，兩人開始玩起丟擲鐵餅的遊戲。阿波羅先丟出鐵餅，海雅辛斯則去追那鐵餅，當他彎下腰正想撿起那鐵餅時，沒想到那鐵餅竟反彈回來，打中了他的頭，使他傷重而死。不過，旅行作家保薩尼亞斯記述的版本與奧維德的不同：海雅辛斯會發生意外，那是因為忌妒的仄費洛斯颳起一陣強風，鐵餅才會打中海雅辛斯。很諷刺的是，阿波羅身為醫療之神，卻無法救活海雅辛斯。在極度的悲傷中，阿波羅讓海雅辛斯倒下的地方長出一朵花，亦即風信子，而且在風信子的每片花瓣上，都可明顯看到悲悼的文字記號。

在後來的風信子節（Hyacinthia）裡，人們把海雅辛斯當作文化英雄來敬拜，因為風信子節本來就是為了紀念他而設立的慶典。從歷史學家希羅多德和旅行作家保薩尼亞斯所留下來的古代資料中，我們得知這個節慶包含許多活動，例如舉行哀悼海雅辛斯的儀式、讓男孩與年輕男子參加的音樂表演和田徑運動競賽、宴會、舞會、少女組成的遊行隊伍、給阿波羅獻袍的儀式。據傳海雅辛斯的墳墓及其信仰活動就在斯巴達附近的阿密克萊城（Amyclae）。

（也請參考 Apollo, Clio, Lapiths [the], Muses [the], Sparta, Thamyris, Thessaly, Tyndareus, *and* Zephyr。）

伊底帕斯家族系譜

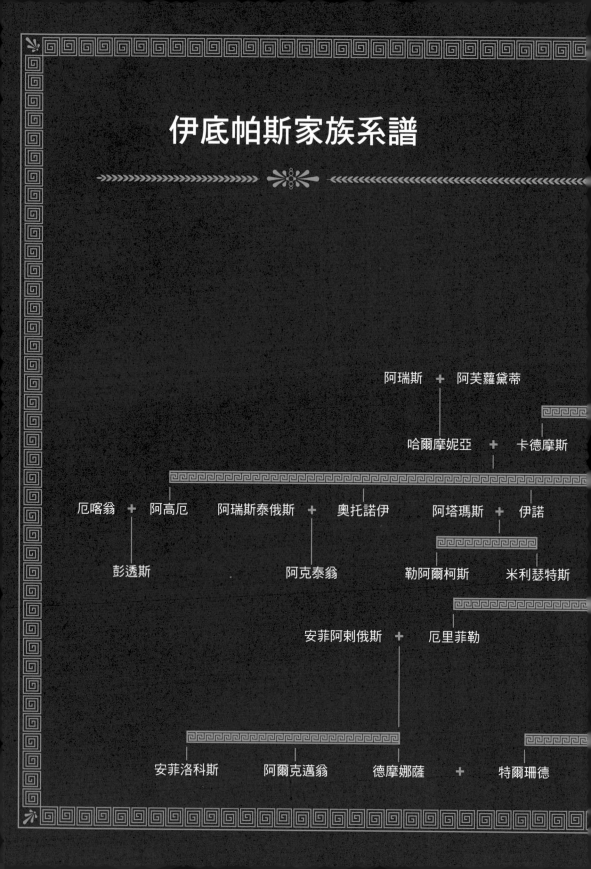

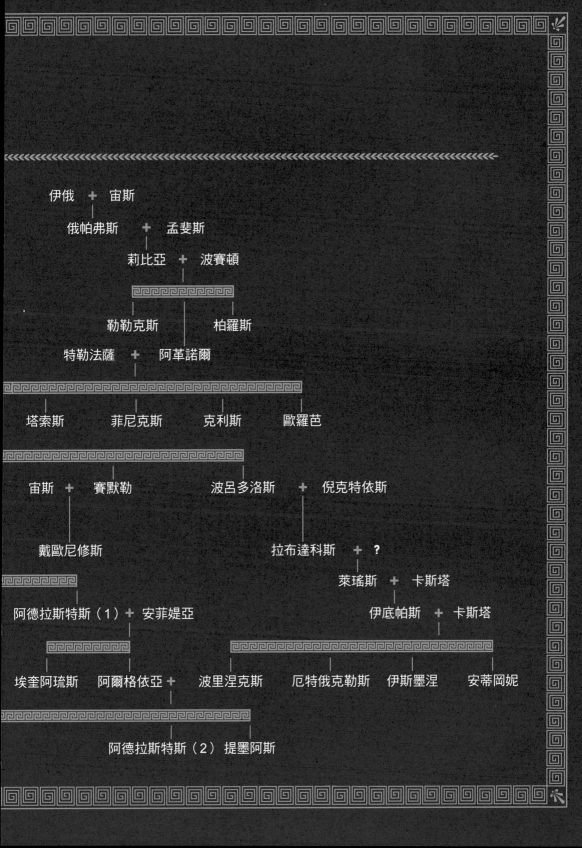

海拉斯（Hylas）

海拉斯的父親是德律俄珀斯人（Dryopes）的國王特伊俄達瑪斯（Theiodamas），母親是個寧芙仙子，即俄里翁的女兒墨諾狄絲（Menodice）。根據羅德島的阿波羅尼奧斯，海拉斯是海克力斯撫養長大的，因為有一回在犁田時，海拉斯的父親拒絕讓出公牛，海克力斯一怒之下就把對方殺了。年輕的海拉斯日後會成為海克力斯的情人兼同伴，跟海克力斯一起登上阿爾戈號，參加傑森的尋找金羊毛之旅。阿爾戈英雄隊（阿爾戈號的船員）抵達密西亞（Mysia）地區時，海拉斯上岸去找水。就在他取水的時候，湖裡的水寧芙（或娜伊阿德斯）看到了他；海拉斯的俊美讓那位寧芙仙子感到很著迷，因而失去理智，把他拉下水底，然後在水底跟海拉斯成了夫妻。焦慮的海克力斯上岸到處去找海拉斯。其他船員見海克力斯久久不返，最後就自行離開，把海克力斯獨自留在那裡。根據詩人特奧克里托斯的說法，把帶著水壺去取水的海拉斯拉下水底的，並非只有一個水寧芙仙子，而是好幾個。

（也請參考 Argonauts [the], Hercules, Jason, Naiads [the], *and* Orion。）

許珀耳玻瑞亞人（Hyperboreans, The）

許珀耳玻瑞亞人是指那群住在「北風（玻瑞阿斯）之外」的民族；他們是傳說中的部族，一般認為他們是住在已知世界邊緣的極北之地：高加索山脈或高加索山脈之外的地方。許珀耳玻瑞亞人的生活充滿幸福與快樂，宛如住在天堂，而且他們跟諸神也很親近，尤其阿波羅每年都會到他們那裡住一段時間。根據希臘詩人品達的描述，許珀耳玻瑞亞人的國度既不能靠航行，也不能靠步行抵達——英雄柏修斯是穿了有翼的涼鞋才抵達他們的國土。這位詩人也提到許珀耳玻瑞亞人熱愛繆斯女神，他們會藉由跳舞、吹奏長笛和彈奏里拉琴來榮耀女神；他們還會戴上由金色月桂（阿波羅最神聖的樹）做成的花環去參加歌舞宴會。再者，他們既不會生病，也不會衰老。

（也請參考 Apollo, Boreas, Caucasus Mountains [the], Muses [the], *and* Perseus。）

許珀爾涅斯特拉（Hypermnestra）

許珀爾涅斯特拉是達那俄斯王的五十個女兒之一；這五十個女兒統稱為達那伊德斯。讓許珀爾涅斯特拉與她那四十九位惡名昭彰的姊妹區別開來的，只有一個事實：她拒絕遵從父親的指示，在新婚之夜刺殺她的丈夫。不過，她的四十九個姊妹都執行了她們父親要她們做的事，理由是新郎是她們父親的雙胞胎兄弟埃吉普托斯的兒

子，而埃吉普托斯打算吞併她們父親統治的土地。許珀爾涅斯特拉非但沒殺死她的新郎林叩斯，反而協助他逃走。由於許珀爾涅斯特拉違抗父命，所以她的父親把她關入牢裡。根據神話學家阿波羅多洛斯的記述，她後來還是得以跟她的丈夫團聚。旅行作家保薩尼亞斯提到許珀爾涅斯特拉遭受審判，不過阿爾戈斯人民宣判她無罪。她和林叩斯後來生了一個兒子，名叫阿巴斯。

這位許珀爾涅斯特拉必須跟特斯提俄斯的同名女兒有所區別——特斯提俄斯之女據說後來成為先知安菲阿剌俄斯的母親。

（也請參考 Aegyptus, Amphiaraus, Argos, Danaids [the], Danaus, *and* Thestius。）

許普希碧勒（Hypsipyle）

許普希碧勒的父親是利姆諾斯島的國王托阿斯（Thoas）。當利姆諾斯島的女人決定殺盡島上的男性居民時，許普希碧勒放過她的父王托阿斯，並且把他藏起來，或者誠如神話學者希吉努斯所說的：偷偷用船把托阿斯送到安全的地方。島上男性居民死後一年，傑森和阿爾戈英雄隊出現在該島。許普希碧勒當時是島上的女王；她說服其他女性島民招待阿爾戈號的英雄，並邀請他們住下來。阿爾戈英雄隊的船員最後並沒有住下來，不過許普希碧勒和傑森同居了一段時間，生了兩個兒子。後來其他女性島民發現她們的前任國王托阿斯還在人世，於是就處決了托阿斯，並把許普希碧勒當成奴隸賣給涅墨亞的國王呂庫爾戈斯。呂庫爾戈斯讓許普希碧勒擔任他小兒子的保姆。

（也請參考 Argonauts [the], Jason, Lemnian Women [the], Lemnos, Lycurgus, *and* Thoas。）

伊亞索斯（Iasus）

伊亞索斯是阿卡迪亞特哥亞城的國王；古代資料裡有好幾個人被列為飛足女獵人亞特蘭妲的父親，伊亞索斯就是其中之一。亞特蘭妲的故事有許多版本，羅馬詩人奧維德的版本最為著名；在這個版本裡，亞特蘭妲的父親是波俄奧提亞國王斯科紐斯。不過，在劇作家尤瑞比底斯的筆下，亞特蘭妲的父親是邁納洛斯（Maenalus）。

（也請參考 Arcadia, Atalanta, Boeotia, *and* Schoeneus。）

伊卡洛斯（Icarus）

伊卡洛斯是巧匠戴達羅斯的年輕兒子。父子兩人被克里特島的國王米諾斯囚禁之後，戴達羅斯非常希望可以找到逃脫的方式。

不過，由於米諾斯統治著大海和陸地，所以戴達羅斯面臨一項獨特的挑戰：如果他想逃脫，唯一的希望就是往天空發展。職是之故，戴達羅斯用蠟把羽毛黏起來，為他自己和兒子各打造了一對翅膀。雖然戴達羅斯曾警告伊卡洛斯，囑咐他要注意太陽，別飛太高。但是能夠飛行這個禮物實在太棒了，伊卡洛斯興奮得失去了控制，不禁越飛越高。由於他飛得太靠近太陽，黏合翅膀的蠟融化了，於是伊卡洛斯掉落大海而死。時至今日，他落海的地方仍然以他的名字命名，稱為伊卡里安海（Icarian）。關於伊卡洛斯最初也是最後一次的飛行，羅馬詩人奧維德在《變形記》裡有很精采的描寫。

（也請參考 Crete, Daedalus, *and* Minos。）

伊達斯（Idas）

伊達斯是墨塞尼亞國王的兒子；他既參加了卡利敦野豬的狩獵活動，也加入了傑森尋找金羊毛的探險之旅。根據神話學家阿波羅多洛斯的記述，伊達斯以一種極不尋常的方式娶得他的新娘：他駕著海神波賽頓送給他的有翼戰車，拐走了埃文諾斯國王的女兒瑪爾貝薩。見到女兒被拐，埃文諾斯坐上戰車去追。等他追到了呂克爾瑪斯河（Lycormas），他就意識到自己實在無法追上伊達斯。絕望之餘，他就殺了馬，然後投入洶湧的河水自盡而亡。話說阿波羅也一直很喜歡瑪爾貝薩，所以他也去追伊達斯的戰車。伊達斯和阿波羅後來打了起來，最後宙斯介入，禁止他們再打下去，並要瑪爾貝薩自己選一個追求者。瑪爾貝薩選了伊達斯，一個跟她一樣的凡人。兩人後來生了克勒俄帕特拉，而克勒俄帕特拉日後將會嫁給梅列阿格。

（也請參考 Apollo, Calydon, Evenus, Jason, Marpessa, Meleager, Messenia, Poseidon, *and* Zeus。）

伊洛斯（Ilus）

伊洛斯與特洛伊這個城市同名——特洛伊城擁有好幾個知名的別稱，比如伊利翁（Ilion）、伊利昂、伊利歐斯（Ilios）。據說伊洛斯是特洛伊城的創建者，他本身是特洛斯王和卡莉羅俄的兒子。他的雙親與特洛伊城有極深的淵源——特洛伊人的部族名字即來自特洛斯王，卡莉羅俄則是特洛伊當地河神斯卡曼德（Scamander）的女兒，她的名字意思是「美之流」（"Beautiful- Flowing"）。

（也請參考 Scamander River [the], Tros, *and* Troy。）

伊諾（Ino）

伊諾本來是個凡間女子，後來因為諸神的恩賜而化身為女

神。化為神靈之後，她的名字即改為琉克特雅，意即「白色女神」。奧德修斯離開特洛伊城之後的十年返鄉旅途中，她所扮演的重要角色就是保護奧德修斯，維繫其生命不滅。她所做的事是：奧德修斯沉船之後，她給奧德修斯一個紗罩，幫助奧德修斯浮在水面上，直到他游到費阿克人居住的小島為止。

伊諾在凡間的生活與她的變身故事，現存的故事版本很多，而且有部分情節還互相衝突。不過，大致的故事情節如下：她是底比斯國王卡德摩斯與王后哈爾摩妮亞的其中一個女兒。她的三個姊妹分別是阿高厄、奧托諾伊和賽默勒。這幾個姊妹之中，賽默勒懷了宙斯的孩子，日後成為酒神戴歐尼修斯的母親。不過賽默勒在懷孕期間，不幸被大火燒死，宙斯從大火之中把當時尚未出生的戴歐尼修斯救出來，並且把寶寶戴歐尼修斯託給伊諾和她的丈夫——波俄奧提亞的國王阿塔瑪斯，請兩人代為撫養。這件事被總是心懷忌妒的赫拉女神知道了，女神很生氣，因此就把氣出在伊諾夫婦身上：她讓阿塔瑪斯無故發瘋，使後者在盛怒中殺了自己的兒子勒阿爾柯斯。驚恐的伊諾立刻抱著另一個兒子米利瑟特斯逃走，從懸崖跳下，掉進大海。根據羅馬詩人奧維德的敘述，女神阿芙蘿黛蒂同情伊諾的遭遇，因此請求海神波賽頓救救母子兩人，於是波賽頓就賜給伊諾母子不朽的生命。根據另一位神話學者希吉努斯的不同說法：拯救伊諾的是酒神戴歐尼修斯，因為伊諾曾經撫養過他，而他同情伊諾遭遇的困境。

伊諾身為凡人的時候，期間也涉及好幾則知名的故事。其中之一就是跟她的兩姊妹一起肢解了彭透斯。彭透斯是她的姊妹阿高厄的兒子，當時是底比斯的國王。酒神戴歐尼修斯（又名巴克斯）來到底比斯，想要推廣巴克奇儀式，並讓當地人民了解酒神儀式的好處，但是彭透斯不接受酒神的建議。不過，彭透斯的母親和幾個阿姨後來都參加了酒神儀式，她們陷入巴克奇幻覺之後就把他肢解了——這當然是酒神給彭透斯的懲罰。伊諾也出現在傑森尋找金羊毛的冒險故事裡，雖然她並未直接參與其事。原來她的丈夫阿塔瑪斯王在娶她之前（有的故事版本說是同時），曾跟寧芙仙子涅斐勒（「雲朵」）結過婚，並且生了一對兒女。伊諾得知未來繼承波俄奧提亞王位的是涅斐勒的孩子，而不是她自己的小孩，於是就設計使國家儲存的稻穀種子腐壞（有些版本說是把種子烤乾），確保種子即便播下，也不會發芽。無可避免地，該地區的穀物無法收成。國王阿塔瑪斯於是派人去德爾菲詢問神諭，希望找到解決的方法。伊諾成功地攔截並勸服使者，要使者向國王傳達假神諭，要國王把涅斐勒的孩子弗里克索斯和赫勒獻祭給天神。阿塔瑪斯雖然很不情

願，但是也只能照做。在最後一刻，涅斐勒派了一隻會飛的金羊來救她的小孩，讓她的兩個孩子坐上羊背，遠遠飛離他們的國家。金羊飛行的途中，赫勒不幸落海而死，只有弗里克索斯成功抵達黑海沿岸的柯爾基斯。柯爾基斯當地的人民歡迎他的到來，國王埃厄忒斯甚至把其中一個公主嫁給他。與此同時，弗里克索斯為了感謝神明的協助，就把那頭金羊殺了獻祭給神，而那羊的金色毛皮就送給國王保存起來，並由一隻永不入睡的龍負責看守。英雄傑森要取得的，正是這頭金羊的羊毛——當然，在女魔法師美狄亞的協助之下，傑森後來也成功地完成了任務。至於伊諾，希臘詩人農諾斯（Nonnus）提到阿塔瑪斯之所以會追殺伊諾，那是因為他獲知伊諾設計陷害涅斐勒的孩子，而他為了報復她那邪惡的計畫，才會殺死伊諾的其中一個孩子，並造成伊諾與另一個孩子墜海而亡。

（也請參考 Aeetes, Agave, Aphrodite, Athamas, Autonoe, Boeotia, Cadmus, Colchis, Delphi, Dionysus, Harmonia, Helle, Hera, Jason, Leucothea, Medea, Nephele, Odysseus, Pentheus, Phaeacians [the], Phrixus, Poseidon, Semele, Thebes, *and* Zeus。）

伊俄（Io）

伊俄的父親是阿爾戈斯當地的河神伊納科斯，母親不詳——有些資料說她的母親是某個大洋寧芙俄刻阿妮德斯。就像許多漂亮的少女，伊俄也引起了宙斯的注意，並且對她展開追求。她雖然設法逃離宙斯的勾引，但是宙斯擋住她的去路，將她制伏並強迫她跟他發生關係。為了掩飾自己不忠的行為，宙斯用一朵雲來掩蓋他施暴的地點。不過，他的這種把戲並沒有騙過他的妻子赫拉。本來晴空萬里，突然出現一朵雲——赫拉懷疑那一定是宙斯搞鬼，於是就去一探究竟。宙斯看到赫拉出現，立刻把伊俄變成一隻白色的母牛。赫拉懷疑眼前所見的現實，於是要求宙斯把母牛送給她。在當時的情況下，宙斯無法拒絕她的要求，只得照做。誠如羅馬詩人奧維德所敘說的，赫拉召來百眼巨人阿爾古斯負責看守伊俄。白天，阿爾古斯讓伊俄在草地上吃草，到了夜晚就把伊俄關起來。對於自己的不幸，伊俄感到很悲傷，讓這種悲傷加劇的事實是：她的姊妹們和她的父親再也認不得她，直到最後她用蹄在沙地上寫出自己的名字。最後，宙斯實在不忍心看到她如此受苦，因此派了荷米斯去把阿爾古斯殺死。即便如此，赫拉對伊俄的迫害並未停止，因為她派了一隻牛虻去追伊俄。為了逃避牛虻的螫咬，伊俄從一個大陸逃到另一個大陸，並且渡過了海峽：伊奧尼亞海灣（Ionian Gulf）和博斯普魯斯海峽（Bosphorus）。這兩者的名字都源自伊俄；「博斯普魯斯」意即「母牛

渡水道」，另有「母牛之蹄」的意思。最後，伊俄終於來到埃及的尼羅河邊。
尼羅河神很同情她的痛苦遭遇，因此懇求宙斯解除她的痛苦。宙斯於是使她
回復人形。她在埃及給宙斯生了一個兒子叫俄帕弗斯。後來，她被尊稱為埃
及女神伊西斯（Isis），並和她的兒子一起受到埃及人民的敬拜。

（也請參考 Argus, Bosphorus [the], Epaphus, Hera, Hermes, Inachus, Oceanids [the], *and*
Zeus。）

伊俄巴特斯（Iobates）

伊俄巴特斯是呂基亞的國王，育有一女名叫
斯特涅玻亞。斯特涅玻亞後來嫁給阿爾戈斯王普洛俄托斯。就在普洛俄托斯
的王宮裡，她竟漸漸愛上了來訪的英雄客人柏勒洛豐。她曾多次試圖勾引柏
勒洛豐，但是都遭到拒絕。最後她覺得自己受到汙辱，於是向普洛俄托斯控
告柏勒洛豐強暴她。由於這項指控，普洛俄托斯只好把柏勒洛豐送到他岳父
伊俄巴特斯的王宮，並附上一封信，交代他岳父殺了柏勒洛豐。針對這項要
求，伊俄巴特斯派了一項不可能的任務給柏勒洛豐：殺死可怕的怪獸奇美
拉。當柏勒洛豐完成任務，順利回到伊俄巴特斯的王宮時，伊俄巴特斯很賞
識柏勒洛豐的勇敢，就把另一個女兒菲羅諾俄嫁給他為妻。

（也請參考 Argos, Bellerophon, Chimaera [the], Lycia, *and* Proetus。）

依俄勒（Iole）

依俄勒是俄卡利亞國王歐律托斯的女兒。歐律托斯曾發
出公告，表示任何人只要能在箭術比賽中打敗他，就能娶公主為妻。海克力
斯接受這一挑戰，並且也贏了比賽。不過，歐律托斯卻違約不想把女兒嫁給
海克力斯。海克力斯後來重回俄卡利亞，用暴力強行奪走依俄勒，並納依俄
勒為侍妾。依俄勒的出現讓海克力斯的妻子德伊阿妮拉感到很忌妒。為了挽
留海克力斯的愛，德伊阿妮拉費了一番心力經營，不過她的種種努力最後卻
導致海克力斯的死亡。

（也請參考 Deianeira, Eurytus, *and* Hercules。）

伊翁（Ion）

伊翁是伊奧尼亞人的命名祖先。根據劇作家尤瑞比底斯的作
品《伊翁》（*Ion*），他是雅典國王蘇托斯的繼子。伊翁的母親是雅典傳奇國
王厄瑞克透斯的女兒克柔薩。克柔薩在婚前懷了阿波羅的兒子，亦即伊翁，
但她生下伊翁之後，就把嬰兒丟在一個山洞裡——那裡正是她遭受強暴的地
點。有人發現了嬰兒伊翁，並把他送到德爾菲的阿波羅神殿。伊翁從此就跟

著祭司們生活，長大後也成為一名祭司。蘇托斯膝下無子，所以他就到德爾菲神殿諮詢神諭，想知道他為何後繼無人。神諭的指示是，他離開神殿第一個遇到的人就是他的兒子。他遇到的第一個人就是伊翁，而他後來也真的認伊翁為子。不知原委的克柔薩很不高興，還在德爾菲的時候，她就曾試圖想殺死伊翁，因為她認為伊翁是蘇托斯跟某個侍妾生的兒子。幸好母子倆及時認出對方，沒有釀成悲劇。日後伊翁將會成為國王，而且生下四個兒子；他的這四個兒子將來都會成為雅典四個部族的祖先。

伊翁和他的同父異母兄弟阿該俄斯，還有他的兩位叔伯埃俄羅斯和多洛斯——他們這四個人各自都會成為四個希臘部族的始祖；所有赫倫人（希臘人）依此分成四個群體，而這四個群體分別是伊奧尼亞人、阿該亞人、埃俄利亞人、多利安人。

（也請參考 Aeolus, Apollo, Athens, Creusa, Delphi, Erechtheus, Ionians [the], *and* Xuthus。）

伊奧尼亞人（Ionians, The）

希臘人可分成四個部族或群體，伊奧尼亞人即是四部族的其中之一。據說伊奧尼亞人是雅典國王伊翁的後代；這個部族本來住在雅典，但後來才遷移到小亞細亞西岸中部，並把這個區域稱為伊奧尼亞。

（請參考 Athens, Hellen, Hellenes [the], Ion, *and* Ionia。）

伊克力斯（Iphicles）

伊克力斯是海克力斯的雙胞胎弟弟；兩人的母親雖然都是阿爾克墨涅，但是海克力斯的父親是宙斯，伊克力斯的父親是阿爾克墨涅的凡人丈夫安菲特律翁。兩人出生後，赫拉就派了兩條蛇去殺睡在嬰兒床裡的海克力斯和伊克力斯。據說伊克力斯只是十分驚恐，但海克力斯畢竟不是凡胎，雖然當時他只是個嬰兒，也展現了他的勇敢和力量——他捏死了大蛇，同時救了他自己和他的弟弟。長大後，伊克力斯參加了卡利敦野豬狩獵活動，也跟隨海克力斯去攻打特洛伊城和該城的國王拉俄墨冬。根據神話學家阿波羅多洛斯的記述，伊克力斯後來還加入海克力斯進攻斯巴達的隊伍，只是不幸在該場戰爭中被殺身亡。

（也請參考 Alcmena, Amphitryon, Calydon, Hera, Hercules, Laomedon, Sparta, Troy, *and* Zeus。）

伊菲葛涅亞（Iphigeneia） 伊菲葛涅亞的名字意思是「為暴力而生」；她的父親是邁錫尼國王阿伽門農，母親是邁錫尼王后克呂泰涅斯特拉。她的弟兄姊妹是俄瑞斯特斯、伊勒克特拉與克律索特彌斯。當希臘人聚集在奧利斯港口，準備啟航前往特洛伊奪回美麗的海倫時，結果他們等了很久，卻一直無法出航，因為風向不對，不利於航行。這樣的情況持續了一段時間，船員開始變得虛弱，而且食物也快要耗盡了。先知卡爾卡斯揭示希臘人為何會困在港口受苦之後，他們的總司令阿伽門農即陷入可怕的困境：原來他們會遇到逆風，理由是女神阿特米斯生氣了，而她會生氣的理由是阿伽門農不小心殺了她的聖鹿；解決困境的唯一方法就是把他的女兒伊菲葛涅亞送上祭壇，獻給阿特米斯。在希臘人的利益與家人的情感之間，阿伽門農選擇了前者。他派人去接他的女兒，並對妻女謊稱伊菲葛涅亞將會在奧利斯港口跟年輕的阿基里斯結婚。根據悲劇作家艾斯奇勒斯的敘述，伊菲葛涅亞曾懇求她的父親放過她，但是阿伽門農還是把她送上祭壇。劇作家尤瑞比底斯在《伊菲葛涅亞在陶里斯》（*Iphigeneia in Tauris*）提出另一個不同的結局：在最後一刻，阿特米斯用一頭鹿取代伊菲葛涅亞，把伊菲葛涅亞從祭壇救下來。接著阿特米斯把伊菲葛涅亞送到黑海北岸的蠻荒之地陶里斯（Tauris），讓她在那裡擔任阿特米斯神殿的女祭司。原來陶里斯人慣抓外鄉人來祭神，伊菲葛涅亞的工作就是為那些外鄉人準備獻祭儀式。後來伊菲葛涅亞的弟弟俄瑞斯特斯帶著同伴皮拉德斯來到陶里斯。他們此行是奉阿波羅之命，到陶里斯尋找一尊古老且神聖的阿特米斯神像。伊菲葛涅亞幫俄瑞斯特斯找到神像，並把神像成功地送上航向希臘的船。雅典娜女神現身在俄瑞斯特斯面前，並指示他把神像送到阿提卡地區的哈萊（Halae），並在那裡建立一間阿特米斯神殿。此時伊菲葛涅亞則被帶到布洛戎，並在那裡擔任女神阿特米斯的女祭司，終老一生。

（也請參考 Achilles, Agamemnon, Artemis, Athena, Attica, Aulis, Calchas, Clytemnestra, Electra [heroine], Mycenae, Orestes, Pylades, *and* Troy。）

伊菲斯（Iphis） 伊菲斯是個出身微寒的年輕人。他愛上了阿娜薩瑞蒂公主，只是他每次向公主示愛，每次都遭到拒絕。時日一久，他越來越感到絕望，最後就在公主家門口上吊自殺了。舉行葬禮那天，阿娜薩瑞蒂從窗口探頭去看伊菲斯的葬禮行列；由於諸神聽到伊菲斯之母要求復仇的禱告，於是阿娜薩瑞蒂就在探頭向外看的那一刻變成了石頭。

（也請參考 Anaxarete。）

伊斯墨涅（Ismene）

伊斯墨涅的父親是伊底帕斯王，母親是卡斯塔王后；她有三個兄弟姊妹：安蒂岡妮、波里涅克斯、厄特俄克勒斯。她最知名的故事見於索福克勒斯的悲劇作品《安蒂岡妮》：底比斯國王克瑞翁頒布一道禁令，不准任何人為她們的兄弟波里涅克斯執行下葬儀式。安蒂岡妮決定違抗克瑞翁的命令，但是伊斯墨涅拒絕加入安蒂岡妮的行列。她不想抗命的理由是因為她覺得姊妹倆僅只是個弱女子。她的個性和安蒂岡妮截然相反；安蒂岡妮既勇敢又固執，可以為了她認為對的信念，或為了她認為符合諸神意旨的信念而願意冒險一試，即使這麼做有可能會讓她付出生命的代價。

（也請參考 Antigone, Creon, Eteocles, Jocasta, Oedipus, Polyneices, *and* Thebes。）

尤利烏斯（Iulus）

根據維吉爾的史詩《伊尼亞斯紀》，尤利烏斯是特洛伊英雄伊尼亞斯與第一任妻子克柔薩所生的兒子。尤利烏斯有時也被稱為阿斯卡尼斯；如果是在特洛伊脈絡之下，那麼他也可被稱為伊洛斯。尤利烏斯這個名字凸顯了他的另一個身分：羅馬尤利安家族的始祖。這個家族日後將會出現尤利烏斯·凱撒和幾個來自尤利安家族譜系的帝王。

（也請參考 Aeneas, Ascanius, Creusa, Rome, *and* Troy。）

伊克西翁（Ixion）

伊克西翁最為人所知的事蹟當中，其中之一就是：他是第一個謀殺犯，或者是第一個謀害親人的罪犯。為了這個理由，他加入其他罪人的隊伍，死後在冥界為自己所犯下的罪行接受永遠的懲罰。根據傳說，伊克西翁的父親可能是安提翁（Antion），也可能是暴戾的費烈基斯——這兩人都是拉庇泰人的國王。拉庇泰人是住在色薩利地區的一個民族，他們最著名的故事就是跟半人馬開戰。至於伊克西翁犯下的罪行如何？這得從他的婚事說起。原來他跟某個名叫厄伊俄紐斯（Eioneus）的人的女兒狄亞（Dia）訂了親，並答應支付一筆可觀的聘禮。不過，他最後卻沒能依約支付全額。厄伊俄紐斯於是帶走他珍貴的母馬作為抵押品。伊克西翁為了取回母馬，就答應他的岳父支付全額聘禮。不過，伊克西翁其實並不打算付錢。相反的，他設下火坑，害死他的岳父。根據歷史學家西西里的狄奧多羅斯的說法，由於伊克西翁所犯下的血罪過於可怕，以至於沒人敢為他滌罪。最後是宙斯親自為他滌罪，而且還邀請他到奧林帕斯山作客，諸神也熱烈地招待

他。在席間，伊克西翁竟然對赫拉女神產生非非之想，並且還試圖勾引赫拉。赫拉向宙斯報告伊克西翁的行為，宙斯於是用一朵雲變出赫拉的化身，並以此化身試探客人，驗證赫拉對客人的指控是否屬實。不用多說，伊克西翁當下就跟那位假赫拉或名叫涅斐勒的雲女神上了床，並且讓涅斐勒懷孕生下了肯陶洛斯，亦即半人馬的祖先。為了這一罪行，宙斯把伊克西翁放逐到冥界，並把他綁在一個永遠不停旋轉的火輪上面，以此作為處罰。

（也請參考Centaurs [the], Hera, Lapiths [the], Nephele [goddess], Olympus [Mount], Underworld [the], *and* Zeus。）

傑森（Jason）

傑森的父親名叫埃宋（Aeson）。埃宋身為色薩利國王克瑞透斯（Cretheus）的兒子，本該繼承王位，成為伊奧爾科斯的國王。不過，埃宋的同母異父兄弟珀利阿斯搶了他的位置，自立為王。傑森剛出生的時候，埃宋很擔心他的安危，於是就對外宣布嬰兒傑森已死，私下裡偷偷把嬰兒傑森送去半人馬奇戎那裡，請後者代為撫養。傑森成年後，決定回鄉奪回伊奧爾科斯的王位。在他回家的半途中，他來到一條水勢洶湧的河流，看見有個老婦也想過河，但是卻沒有力氣。傑森上前表示他願意背那老婦過河，傑森不知道的是：這位老婦其實就是女神赫拉的化身。赫拉對他的回報就是成為他的保護者。背著老婦人過河的途中，傑森掉了一隻涼鞋。巧的是，之前有預言曾警告珀利阿斯，要他注意穿著一隻涼鞋的陌生人，因為他命中注定會在這個陌生人的手裡丟掉王國。等珀利阿斯真的看到眼前來了一個穿著一隻涼鞋的陌生人，他實在有充分的理由覺得擔心。他想除掉眼前的年輕人，但是又不想雙手染血，所以就派傑森去找野蠻的柯爾基斯人，跟他們要掛在阿瑞斯聖林裡的金羊毛。珀利阿斯打的如意算盤是：即便傑森設法取得金羊毛，他也無法從那麼遙遠的國度活著回來。傑森招來全希臘最勇敢的男子，組成一支船隊，又特地為這次旅程打造了一艘稱為「阿爾戈號」的船。諸事就緒，他們就出發冒險去了。由於「阿爾戈號」，傑森和他的船員都被稱為阿爾戈英雄隊，意思是「阿爾戈號的船員」。前往柯爾基斯的途中，傑森和他的阿爾戈英雄隊先後遇到了利姆諾斯島之婦女（Lemnian Women）、鳥身女妖哈爾庇厄姊妹和撞擊岩（又名敘姆普勒加德斯 [Symplegades]）的考驗。不過，他們成功克服了前述所有的挑戰以及其他的危險，順利抵達柯爾基斯。當地的國王埃厄忒斯不願意把金羊毛給傑森，因此給傑森一連串他認為必定可以擊敗傑森，讓傑森知難而退的挑戰。不過，傑森得到魔法師公主兼黑卡

蒂女祭司美狄亞的協助，成功完成挑戰；這些挑戰包括給噴火公牛套軛，帶著牠們犁田，播下龍牙種子，並且殺死從龍牙種子長出來的武裝戰士。傑森接著必須親自去取金羊毛。再一次，美狄亞伸出援手：她先誘使看守金羊毛的龍入睡，讓傑森順利取得羊毛。最後，傑森帶著美狄亞，啟航回返希臘。在歸程途中，傑森他們遇到費阿克人、斯庫拉、卡律布狄斯（Charybdis）和巨人塔羅斯（Talus）等等挑戰。到了色薩利，美狄亞設計殺死國王珀利阿斯，但傑森並未得到王位。相反的，他們接著被趕出色薩利，逃往科林斯。住在科林斯一段時間後，傑森接受當地國王的邀請，打算娶公主為妻。他的這個決定引發好幾起重大悲劇：他的孩子之死、新未婚妻之死、科林斯國王克瑞翁之死。在尤瑞比底斯的悲劇作品《美狄亞》之中，美狄亞曾預言傑森的結局：孤身一人，並且最後會被阿爾戈號腐爛的木頭壓死。

（也請參考 Aeetes, Aeson, Ares, Argonauts [the], Centaurs [the], Charybdis, Chiron, Colchis, Corinth, Creon, Harpies [the], Hecate, Hera, Iolcos, Lemnian Women [the], Medea, Pelias, Phaeacians [the], Scylla, Symplegades [the], Talus, *and* Thessaly。）

卡斯塔（Jocasta）

卡斯塔是底比斯貴族墨諾叩斯的女兒。卡斯塔有個兄弟叫克瑞翁，後者曾多次出任底比斯的攝政王。卡斯塔的丈夫是底比斯王萊瑤斯，兩人婚後生下伊底帕斯。不過在此之前，萊瑤斯就從神諭得知他將來注定會被卡斯塔生的兒子殺死。由於這則神諭，寶寶伊底帕斯就被丟在喀泰戎山的山坡上，任其自生自滅。所幸寶寶伊底帕斯很快就被人發現，然後被帶到科林斯城，並且被該城的國王收養。成年後的伊底帕斯在完全不知道對手身分的情況下，畢竟還是殺了生父萊瑤斯；由於他解開了斯芬克斯的謎語，接著就被擁護為底比斯王。成為底比斯王之後，他就順理成章地娶了前任國王的遺孀卡斯塔（亦即他的生母）為妻。重要的是，此時的伊底帕斯和卡斯塔都不知道伊底帕斯的真實身分。卡斯塔給伊底帕斯生了四個孩子：厄特俄克勒斯、波里涅克斯、安蒂岡妮、伊斯墨涅。當卡斯塔得知先夫萊瑤斯竟死於她的兒子之手，而且她還跟兒子發生亂倫關係，她馬上就上吊自盡了。

（也請參考 Antigone, Cithaeron [Mount], Corinth, Creon, Eteocles, Ismene, Jocasta, Laius, Oedipus, Polyneices, Sphinx of Thebes [the], *and* Thebes。）

拉布達科斯（Labdacus）

拉布達科斯是萊瑤斯的父親，伊底帕斯的祖父。拉布達科斯本身是波呂多洛斯的獨生子，而波呂多洛斯是底比斯城

創建者卡德摩斯和哈爾摩妮亞唯一的兒子。波呂多洛斯過世的時候，拉布達
科斯還太年輕，無法治國，於是就由他的親戚呂科斯暫時治理國家。拉布達
科斯即位為王後，他的統治期並不長，因為他為了邊界問題與雅典人發生衝
突，不幸在衝突中丟了性命。呂科斯再度成為攝政王，直到他被仄托斯和安
菲翁殺了（或被趕離底比斯城）為止。

（也請參考 Amphion, Athens, Cadmus, Harmonia, Laius, Lycus, Oedipus, Polydorus,
Thebes, *and* Zethus。）

拉厄爾特斯（Laertes）

拉厄爾特斯是伊薩卡島的國王，他與妻子安
媞克勒亞（Anticleia）育有一子，即奧德修斯。在荷馬的《奧德賽》中，拉厄
爾特斯覺得自己年紀已大，無法治理國家，所以就搬到城外很遠的一座農場
居住。遠征特洛伊的奧德修斯在二十年後回到伊薩卡島時，父子兩人就在該
座農場團聚。父子團圓後，女神雅典娜對老王拉厄爾特斯吹了一口仙氣，使
他再次獲得力量，得以跟兒子肩並肩作戰，殺死那群聚居在奧德修斯家裡，
等著潘妮洛碧答應下嫁的追求者。

（也請參考 Athena, Ithaca, Odysseus, *and* Penelope。）

萊瑤斯（Laius）

萊瑤斯的父親是拉布達科斯，祖父是波呂多洛斯，曾
祖父是卡德摩斯——他們先後全都當過底比斯城的國王。父親拉布達科斯過
世時，萊瑤斯還很小，所以就由呂科斯照顧他，並且代替他治理底比斯。由
於呂科斯虐待安提俄珀，後來被安提俄珀的兩個兒子仄托斯和安菲翁殺死，
遭受池魚之殃的萊瑤斯被趕離底比斯，逃到比薩國王珀羅普斯的王宮避難。
珀羅普斯請萊瑤斯擔任教師，指導克律西波斯王子駕馭戰車的技術。在教學
的過程中，萊瑤斯漸漸愛上了王子，最後竟把王子拐走，一起逃回底比斯。
在底比斯，萊瑤斯登基為王；誘拐王子的他，之後遭受比薩王國帶兵來襲。
不過，這起事件也只是表面上的麻煩而已，他真正要面臨的許多困境此時尚
未開始。他後來娶了卡斯塔為妻，婚後育有一子名叫伊底帕斯；他從神諭得
知自己會死於兒子之手，所以就把嬰兒伊底帕斯丟棄在山裡。萊瑤斯不知道
的是，伊底帕斯並未如他所願地死於山中——伊底帕斯最後獲救，並且在科
林斯長大成人。後來萊瑤斯在某三叉路口遇到伊底帕斯，伊底帕斯不知道他
的身分，終究在爭吵之中殺了萊瑤斯。最後伊底帕斯成為底比斯王，娶了他
的母親卡斯塔，並且跟卡斯塔生了四個孩子：厄特俄克勒斯、波里涅克斯、

安蒂岡妮、伊斯墨涅。

（也請參考 Amphion, Antigone, Antiope, Cadmus, Corinth, Eteocles, Ismene, Jocasta, Labdacus, Lycus, Oedipus, Pelops, Polyneices, Thebes, *and* Zethus。）

勞孔（Laocoon）

根據羅馬詩人維吉爾，勞孔是海神涅普頓的祭司，他也是所有特洛伊人當中，唯一對特洛伊木馬的用途有所懷疑的人。奸詐的希臘人西農（Sinon）讓特洛伊人相信那是他們準備要獻給女神米娜瓦的禮物，但是勞孔認為事情沒那麼單純——他認為木馬如果不是某種用來攻破特洛伊城的機械，就是肚內藏有希臘戰士。不過，他把長矛扔向木馬的肚子，並未聽到足以洩露其祕密的聲音。提出這些疑問後，勞孔接著開始準備祭祀波賽頓的儀式。就在他忙著的時候，兩條巨大的蛇從海裡爬出來，纏住勞孔和勞孔的兩個兒子，導致他們窒息而死。兩蛇纏死了勞孔父子之後，就爬進米娜瓦的神殿裡躲起來。特洛伊人嚇壞了，他們因而把勞孔父子之慘死視為徵兆，顯示勞孔之前的懷疑是錯誤的，木馬真的是希臘人送給米娜瓦的贈禮。這當然是個錯誤的詮釋，不過不知情的特洛伊人於是就放心地把木馬拖入特洛伊城內。

（也請參考 Minerva, Neptune, Sinon, *and* Troy。）

拉俄墨冬（Laomedon）

拉俄墨冬是特洛伊國王伊洛斯的兒子；他本人的子嗣眾多，其中較為知名的有普里阿摩斯（在位期間發生了特洛伊戰爭）、提托諾斯（黎明女神艾奧斯的情人）、赫希俄涅和蓋尼米德——後者是宙斯的斟酒人，但是某些故事版本並不認為蓋尼米德是拉俄墨冬的兒子。拉俄墨冬最著名的故事主要是積欠阿波羅和波賽頓工資，而且還欺騙兩位天神，欠債不還。至於兩位天神為何會替他工作，歷來說法很多。一說兩神意圖造反，因而遭到宙斯處罰，下凡為凡人工作。或者誠如神話學家阿波羅多洛斯所說的：兩神因為聽說拉俄墨冬心腸很壞，所以就親自來為他工作一年，試探他是否真的很壞。不過，大部分傳說故事都說兩神是受雇為拉俄墨冬修築特洛伊的城牆。總之，為了懲罰拉俄墨冬犯下的罪行，阿波羅降下一場瘟疫，波賽頓則派來吃人海怪，滋擾當地居民。根據一則神諭，拉俄墨冬發現一個讓地方恢復平靜的補救方法：把女兒赫希俄涅獻給海怪。當時海克力斯正好路經該地，他說他可以挽救赫希俄涅的性命，代價是拉俄墨冬的一對神馬——這對神馬原來是宙斯送給拉俄墨冬的禮物，用以補償他失去兒子

蓋尼米德的痛苦。海克力斯果然殺了海怪，救了赫希俄涅。不過拉俄墨冬並不打算履行承諾，把神馬給海克力斯。後來海克力斯帶兵回來攻打特洛伊，殺了拉俄墨冬，帶走赫希俄涅。在這之後，普里阿摩斯就繼任為特洛伊國王。
（也請參考 Apollo, Eos, Ganymede, Hercules, Hesione, Ilus, Poseidon, Priam, Tithonus, Troy, *and* Zeus。）

拉庇泰人（Lapiths, The）

拉庇泰人是色薩利北部地區一個傳說中的部族。關於他們的來歷，向來說法人各不同；有人說他們是拉庇托斯的後代──拉庇托斯是阿波羅與帕涅烏斯河神之女所生的兒子；有人說他們是伊克西翁的後代。如果他們真的是伊克西翁的後代，那麼他們就是半人馬族的同父異母兄弟。他們與半人馬族打的一場戰爭相當著名。原來拉庇泰國王皮瑞蘇斯結婚的時候，曾邀請半人馬族來參加他的婚禮，只是那群半人馬在婚宴中喝醉了，竟想強暴拉庇泰婦女。這種暴行導致兩族發生戰爭，最後半人馬族被驅離色薩利地區。古代雅典人把拉庇泰人與半人馬族之間的戰爭視為一個象徵，代表歷史上希臘人與波斯人之間的波希戰爭（Persian Wars）。
（也請參考 Apollo, Athens, Centaurs [the], Ixion, Lapiths [the], Peneus [god], Pirithous, *and* Thessaly。）

拉丁人（Latins, The）

拉丁人是指住在拉丁姆區的義大利人。在維吉爾的《伊尼亞斯紀》裡，他們的國王名叫拉丁努斯。這個民族後來與伊尼亞斯帶來的特洛伊移民結合，成為日後羅馬人的祖先。
（也請參考 Aeneas, Latinus, Latium, Rome, *and* Troy。）

拉丁努斯（Latinus）

拉丁努斯是拉丁人的國王，統治義大利中西部的拉丁姆地區。根據羅馬詩人維吉爾的說法，拉丁努斯的父親是鄉村之神法烏努斯，母親是某個寧芙仙子，曾祖父是薩圖恩。不過根據其他敘事傳統，他有時也被說是奧德修斯和女魔法師瑟西的兒子，或瑟西與奧德修斯之子特勒瑪科斯所生的孩子。在維吉爾的《伊尼亞斯紀》裡，拉丁努斯把他的國都命名為勞倫圖姆──原來拉丁努斯當初建城的時候，曾把一棵月桂樹獻給阿波羅，而勞倫圖姆即以該樹之名來命名。後來這棵聖樹的四周出現一群蜜蜂不停飛舞──這是一個徵兆，表示公主拉維妮雅應當嫁給一位來自遠方的人。這位遠方來的人就是伊尼亞斯。不過，這門親事遭受拉丁努斯的妻子，即亞

瑪達王后的大力反對。拉丁努斯雖然希望跟抵達其國門的伊尼亞斯和特洛伊人和平相處，但是他卻無法阻止他的人民與那群外鄉人發生衝突。最後，拉維妮雅終究還是跟伊尼亞斯結了婚，拉丁努斯亦因此成為未來羅馬人的祖先，他的名字也被用來稱呼羅馬人的語言，亦即拉丁文。

（也請參考 Aeneas, Amata, Apollo, Circe, Faunus, Latium, Lavinia, Odysseus, Rome, Saturn, *and* Telemachus。）

勞蘇斯（Lausus）

勞蘇斯是伊特拉斯坎人麥森投斯王（Mezentius）的兒子。當義大利發生戰爭，新來的特洛伊人與本地的拉丁人打起來的時候，麥森投斯王選擇支持拉丁人。不過，在激戰中，他被特洛伊英雄伊尼亞斯打成重傷。勞蘇斯看到他的父王受了傷，就以盾護著麥森投斯王，避免麥森投斯王再度受傷，同時把麥森投斯王送到安全的地點。安頓好他的父親之後，勞蘇斯再度回到戰場，結果卻不幸死於伊尼亞斯之手。勞蘇斯的勇敢、高貴和孝順讓伊尼亞斯覺得很感動，因此就沒剝下勞蘇斯的盔甲作為戰利品。勞蘇斯之死讓麥森投斯王傷心欲絕；他重回戰場奮戰，結果最後也成為伊尼亞斯的劍下亡魂。

（也請參考 Aeneas, Etruria, Latins [the], Mezentius, *and* Troy。）

拉維妮雅（Lavinia）

拉維妮雅的父親是拉丁姆地區的國王拉丁努斯，母親是拉丁姆王后亞瑪達。伊尼亞斯和他的特洛伊同伴來到義大利之前，拉維妮雅本來已經有許多追求者，其中最主要的追求者是魯圖里人的國王圖爾努斯。拉維妮雅的母親亞瑪達王后屬意的女婿人選正是圖爾努斯。不過，拉丁努斯從他父親法烏努斯那裡獲知一項神諭，而這道神諭阻擾了這門親事。原來根據一系列的徵兆，亦即大群蜜蜂突然來到首都勞倫圖姆，停駐在城內神聖的月桂樹上，加上拉維妮雅的頭髮突然燃燒起來，據此現象，法烏努斯提出預言：有個外鄉人即將來到拉丁姆，這人若與拉丁努斯結親成為家人，那麼拉丁努斯將會擁有許多名聲卓著的後代。至於拉維妮雅本人——法烏努斯預言她會為其人民帶來光榮，也會帶來戰爭。不久，戰爭真的爆發了，特洛伊人和拉丁人果然打了起來。特洛伊人贏得勝利之後，伊尼亞斯即與拉丁人取得和解，迎娶拉維妮雅，並且創建了一個新城市。最後他以新娘的名字把那座城市命名為拉維尼姆。

（也請參考 Aeneas, Amata, Faunus, Latins [the], Latinus, Latium, Rutulians [the], Troy, *and*

Turnus。）

勒安德爾（Leander）勒安德爾是個年輕

人，家住阿卑多斯城，亦即位於赫勒斯滂海峽亞洲沿岸
的小鎮。他愛上一個名叫赫洛的少女，而這位少女住在赫勒斯滂
海峽對岸的城鎮賽斯托斯（Sestos）。不過，兩人的愛是不被允許
的，因為赫洛是阿芙蘿黛蒂的祭司——她必須保持貞潔，才能為女
神服務。為了這個原因，勒安德爾總是藉著黑夜的掩護，游過海峽
洶湧的水域，到對岸與情人相會。他唯一的引導是赫洛所住的高塔
的燈光。最後，女神發現了這對情侶的祕密。一次，勒安德爾正
泅游過海，準備去見情人的時候，不幸在海中溺斃。得知勒安德爾已
死的消息，赫洛也傷心地跳入赫勒斯滂湍急的水流，自盡身亡。
（也請參考 Abydus, Aphrodite, Hellespont [the], *and* Hero。）

麗達（Leda）麗達的父親是埃托里亞的國王特斯提俄斯，母親是埃托

里亞的王后歐律特彌絲（Eurythemis）。麗達有兩個姊妹：阿爾泰亞和許珀爾
涅斯特拉——阿爾泰亞日後會成為卡呂冬英雄梅列阿格的母親，許珀爾涅斯
特拉則會生下先知安菲阿剌俄斯。麗達嫁給斯巴達國王廷達瑞俄斯，並跟廷
達瑞俄斯生下克呂泰涅斯特拉（未來的邁錫尼王后）和一對雙胞胎兄弟：卡
斯托與波洛克斯。麗達還與化身為天鵝的宙斯生了一個漂亮女兒海倫。根據
某些傳說故事，雙胞胎卡斯托與波洛克斯也是宙斯的孩子，或只有波洛克斯
是宙斯的孩子。
（也請參考 Althea, Amphiaraus, Calydon, Castor, Helen, Hypermnestra, Meleager,
Mycenae, Pollux, Sparta, Thestius, Tyndareus, *and* Zeus。）

利姆諾斯島的婦女（Lemnian Women, The）關於利姆諾斯島

的女性居民的故事，羅德島的阿波羅尼奧斯說得最為精采，而他是在敘述英
雄傑森尋找金羊毛的故事裡提到利姆諾斯島的女人。在傑森和他的船員抵達
利姆諾斯島的前一年，島上的男性居民全部被家裡的女人殺死——只有一人
除外。島上的女人之所以會執行這場大屠殺，主要的理由是她們的丈夫為了
他們的色雷斯侍妾，竟然遺棄她們。憤恨之餘，她們就集體把丈夫殺了。她
們的丈夫之所以遺棄她們，那是因為利姆諾斯島上的婦女長久以來就忽略了

敬拜女神阿芙蘿黛蒂，而女神為了懲罰她們，於是讓她們失去吸引力，使她們的丈夫不再喜歡親近她們。傑森和他的阿爾戈英雄隊出現在島上時，女王許普希碧勒力勸她們留住新來者，如此她們才能重建人口——新增的人口有助於保護她們，對抗常來掠奪搶劫的四鄰。阿爾戈英雄隊的英雄們雖然樂於享受島上女人的熱情招待，但是他們最後並未居留下來。利姆諾斯島的女人後來發現女王許普希碧勒並未殺死她的父親，即前任國王托阿斯。為了這個原因，她們殺了托阿斯，並把許普希碧勒賣給奴隸販子。

（也請參考 Aphrodite, Argonauts [the], Hypsipyle, Jason, Thoas, *and* Thrace。）

琉克普斯（Leucippus）

琉克普斯是柏修斯的孫子，阿爾西諾俄的父親。在古代資料裡，阿爾西諾俄有時會被視為醫神阿斯克勒庇俄斯的母親。另外，據說有時琉克普斯也是芙俄柏和希萊拉（Hilaira）那對姊妹的父親。卡斯托與波洛克斯（狄奧斯庫洛伊兄弟）劫走這對姊妹的事件被稱為「琉克普斯姊妹之劫掠」，意即「琉克普斯的女兒遭受劫掠」。

（也請參考 Arsinoe, Asclepius, Castor, Dioscuri [the], Perseus, *and* Pollux。）

利諾斯（Linus）

利諾斯是十分著名的樂師，不過他最初可能是儀式中人們所唱的輓歌（*ailinon*）的擬人化身；隨著時間的過去，圍繞著他而講說的神話也逐漸變得繁複起來。據稱他的父親是阿波羅，母親是某位繆斯女神——這位繆斯女神有可能是烏拉尼亞、卡莉俄佩、特爾普西柯瑞或尤特碧。這樣的父母讓他得以成神，上升天界。不過，亦有一些資料說他的父親是波賽頓之子安菲瑪洛斯（Amphimarus），或色雷斯國王厄阿格羅斯，而他的母親可能是阿爾戈斯王克羅托普斯（Crotopus）之女普薩瑪特（Psamathe），或波賽頓之女埃娥圖薩（Aethusa）。

關於他的故事，旅行作家保薩尼亞斯所留下的故事版本或可解釋他跟輓歌的關聯：利諾斯的母親普薩瑪特懷了阿波羅的孩子，但是孩子生下來之後，她就把孩子丟棄野外，唯恐她的父親知道她未婚生子會生氣。留在野外的嬰兒利諾斯後來不幸被克羅托普斯國王的獵犬咬死。為了他的死，阿波羅在阿爾戈斯城降下瘟疫作為報復。阿爾戈斯城的婦女於是發起一場紀念利諾斯的悲悼儀式，以此驅除瘟疫。但是根據其他的傳說故事，利諾斯之死另有兩種說法。一說利諾斯是被阿波羅殺死的，理由是阿波羅忌妒他的音樂才能；另一說則提到利諾斯曾經當過海克力斯的音樂老師，由於他訓了海克力斯一頓，

海克力斯一怒之下就把他殺死了。此外，奧菲斯和塔密里斯這兩位傳奇吟遊詩人據說也是利諾斯的學生。

（也請參考 Apollo, Argos, Calliope, Euterpe, Hercules, Muses [the], Orpheus, Poseidon, Terpsichore, Thamyris, Thrace, *and* Urania。）

食蓮族（Lotus Eaters, The） 奧德修斯和他的船員離開特洛伊後，就此展開十年的返鄉之旅；在旅途中，他們有一次來到食蓮族居住的神祕島嶼。奧德修斯首先派了三個船員上岸，請他們快速探看一下島上住的是什麼樣的人。這三位船員在島上受到熱烈的招待，而且島民還請他們吃一種甜得就像蜂蜜的蓮果。這樣的招待固然是出於善意，但是就事實而論，這也是一種威脅，因為那些吃了蓮果的人就只想待在食蓮族的島上，既忘了朋友和家人，也忘了要歸鄉。最後，奧德修斯只得自己去把他的船員強行拖走，並且命令其他船員趕緊啟航離開，以免還有其他人受到蓮果的誘惑。

從古典時代開始，就有許多學者研究奧德修斯一路上停靠的地方究竟在哪裡，食蓮族的島嶼也不例外。雖然學者們的意見不同，不過希臘歷史學家希羅多德和其他人都認為食蓮族居住的地方應該是在利比亞海岸。此外，學者們也花了許多心力企圖指認詩中的「蓮果」究竟是什麼植物，大部分人認為最有可能的植物是某種稱為棗蓮的果子。

（也請參考 Odysseus *and* Troy。）

萊卡翁（Lycaon） 萊卡翁是阿卡迪亞地區一個聲名狼藉的國王。他的父親名叫珀拉斯古斯（Pelasgus）——希臘傳說中的原住民珀拉斯古斯人（Pelasgians）即以這位珀拉斯古斯的名字來命名。他的母親可能是俄刻阿諾斯之女墨莉波俄（Meliboea），亦有可能是山寧芙仙女庫勒涅（Cyllene）。萊卡翁有許多妻子，所以他總共有五十個兒子和兩個女兒：狄亞和卡利斯托——後者因為與朱庇特相戀而變成一頭熊。萊卡翁本身最後也變成野獸。他精采的故事保存在羅馬詩人奧維德的作品裡；他對神明的鄙視，加上他的邪惡，這兩者使他成為人類道德敗壞的代表——朱庇特最終將會了解萊卡翁到底有多墮落。原來朱庇特聽說人類的行為敗壞，於是決定下凡，親自到人間看個究竟。他化成凡人，來到阿卡迪亞地區，走入萊卡翁的王宮。到了宮裡，他向眾人宣布有神明降臨，在場的所有人都向他頂禮禱告，只有萊卡翁例外。萊卡翁除了嘲諷在場所有人的虔誠之外，為了確定他的神明賓客是不是真的

不會死，他甚至打算趁那位客人睡著的時候把他殺了。更糟的是，他竟殺了其中一個人質，並以該人質依然溫熱的肉來宴請朱庇特。見到他這種暴行，朱庇特以閃電擊倒王宮，把萊卡翁變成一隻狼——反正萊卡翁本來就是一頭嗜血的野獸。朱庇特後來以他跟萊卡翁交手的經驗為依據，決定降下大洪水來消滅所有人類。在那場大洪水中，只有杜卡利翁和碧拉神奇地逃過一劫，倖存下來。

（也請參考 Arcadia, Callisto, Deucalion, Jupiter, Oceanus [god], Pelasgus, *and* Pyrrha。）

呂科墨德斯（Lycomedes）

呂科墨德斯是斯庫羅斯島多洛佩斯人（Dolopes）的國王。大洋女神特提斯不想看到她年輕的兒子阿基里斯去特洛伊打仗並戰死戰場，於是就請呂科墨德斯幫她把阿基里斯藏起來。呂科墨德斯因應女神的要求，讓阿基里斯住在王宮，並跟他的幾個女兒生活在一起。呂科墨德斯的其中一個女兒伊達米雅後來跟阿基里斯生了一個兒子，亦即奈奧普托勒姆斯。阿基里斯最後還是在斯庫羅斯島被奧德修斯找到了，原來後者使了一個巧計，讓阿基里斯自曝身分。根據傳記作家普魯塔克的說法，雅典國王提修斯後來也曾到斯庫羅斯島一遊，不過呂科墨德斯似乎並不歡迎他。相反的，他擔心提修斯可能會搶走他的王位，所以就把提修斯推下懸崖，任其摔死。

（也請參考 Achilles, Deidamia, Neoptolemus, Odysseus, Scyros, Theseus, *and* Thetis。）

呂庫爾戈斯（Lycurgus）

呂庫爾戈斯是色雷斯地區埃多尼亞人（Edonians）的國王；他的父親有可能是德里亞斯（Dryas），亦有可能是戰神阿瑞斯。在古代資料中，他是個敢於褻瀆眾神，鄙視眾神的代表人物。根據荷馬的敘述，當酒神戴歐尼修斯帶著他的幾個奶媽來到色雷斯時，呂庫爾戈斯竟然攻擊他們，試圖把他們趕走；他拿著驅趕牛的刺棒攻擊戴歐尼修斯的幾個奶媽，嚇得她們四散驚逃。戴歐尼修斯被嚇得逃入海中，到女神特提斯那裡躲起來。由於這種大不敬的行為，諸神弄瞎呂庫爾戈斯的雙眼。不過，神話學家阿波羅多洛斯敘述的故事與前述故事不同。在他的版本裡，戴歐尼修斯帶著一群巴克坎忒斯，亦即酒神女信徒，一行人來到色雷斯。到了色雷斯，酒神女信徒和薩堤爾等酒神隨員全部遭受逮捕，被呂庫爾戈斯關入牢裡。酒神以其法力釋放了他的全部信徒和隨員，然後讓呂庫爾戈斯陷入瘋狂。在瘋狂的狀態裡，呂庫爾戈斯殺了自己的兒子，把兒子剁成碎片，因為

他誤以為兒子是一株葡萄藤。色雷斯的土地此時也變得貧瘠，長不出作物。人們去問神諭，神諭說呂庫爾戈斯應當被處死。於是埃多尼亞人就聽從神諭的指示，把他們的國王綁起來，帶到潘伽尤斯山（Mount Pangaeus）棄置。呂庫爾戈斯最後就被山上的馬踩死了。

這個邪惡的呂庫爾戈斯應該跟幾位不太知名，但是也叫呂庫爾戈斯的角色有所區別。一個是涅墨亞的國王，他買了利諾斯島的女王許普希碧勒作為家奴，另一個是阿卡迪亞的國王，他的兒子名叫安卡伊俄斯，是傑森的阿爾戈英雄隊的一員。

（也請參考 Ancaeus, Arcadia, Ares, Argonauts [the], Bacchantes [the], Dionysus, Hypsipyle, Jason, Lemnos, Satyrs [the], Thetis, and Thrace。）

呂科斯（Lycus） 古典神話有好幾個名叫呂科斯的角色。不過，故事最精采的要數波俄奧提亞的呂科斯。呂科斯的兄弟名叫倪克透斯，由於底比斯的王儲拉布達科斯年紀還小，因此倪克透斯就被推舉為底比斯的攝政王，直到拉布達科斯成年為止。在這段期間，倪克透斯的女兒安提俄珀懷了宙斯的孩子。她因此離開家門，躲在西錫安國王的宮裡。呂科斯接任王位後，他遵奉兄弟的指示，前往西錫安把安提俄珀抓回底比斯，並且將她囚禁起來。他同時還把安提俄珀剛生下來的兩個兒子（仄托斯和安菲翁）丟棄在喀泰戎山，預期兩人會死在野外。呂科斯的妻子狄爾克則不時虐待被囚禁的安提俄珀。一日，安提俄珀終於逃離兩夫妻的魔掌。呂科斯和狄爾克兩人最終也為他們不當的行為付出生命的代價。

（也請參考 Antiope, Boeotia, Cithaeron [Mount], Dirce, Labdacus, Thebes, and Zethus。）

林叩斯（Lynceus） 林叩斯是埃吉普托斯王的五十個兒子之一，也是埃及國王柏羅斯的孫子。五十個兄弟之中，林叩斯是唯一被新婚妻子許珀爾涅斯特拉放過，因而得以倖存之人。原來林叩斯這五十個兄弟娶了達那俄斯王的五十個女兒為妻，但是達那俄斯指示他的女兒在新婚之夜務必殺死她們的丈夫，意即埃吉普托斯的五十個兒子。林叩斯後來繼承岳父達那俄斯的王位，成為阿爾戈斯城的國王。他與妻子許珀爾涅斯特拉生了一個兒子名叫阿巴斯，他死後阿巴斯即繼位為王。

（也請參考 Abas, Aegyptus, Argos, Belus, and Hypermnestra。）

邁納德斯（Maenads, The）

酒神戴歐尼修斯的女性祭司或女性參加者通常被稱為巴克坎忒斯，但她們有時也會被稱為邁納德斯——這名稱是源自她們被酒神附身之後所經歷的體驗——「痴狂」（"mania"）。這種「痴狂」（來自意思相同的希臘文的"mania"）與邁納德斯們所經歷的狂喜（ecstasy），或希臘文的「置身於自己之外」（ek-stasis / "standing outside oneself"）的經驗息息相關。在古代，希臘婦女幾乎沒有一日可放下家務，稍事喘息。酒神崇拜提供她們一個解脫的機會，因而十分受到女性歡迎。悲劇作家尤瑞比底斯的《酒神的女信徒》十分生動地描寫了酒神女信眾是如何放下織布機，離開家人和家庭去參加活動的情景。服用了代表酒神的酒，這群婦女鬆開髮髻、披上鹿皮、拿著酒神杖（頂端飾有常春藤的茴香手杖），紛紛奔向山裡，在山裡跳舞，與大自然合而為一。儀式的一部分是把小動物撕裂（sparagmos）並生食其肉（omophagia）。這是「服用」酒神的另一種形式，因為戴歐尼修斯也掌管所有液態生命，以及所有維持生命的液體，包括血液。

（也請參考 Bacchantes [the] and Dionysus。）

瑪爾貝薩（Marpessa）

瑪爾貝薩是埃文諾斯的女兒，由於埃文諾斯的血統，她成為戰神阿瑞斯的後代。瑪爾貝薩長得很漂亮，連天神阿波羅都在追求她；不過，在阿波羅追求她的過程中，阿法柔斯（Aphareus）之子伊達斯突然駕著波賽頓送他的有翼戰車冒出來，直接劫走了她。作為父親的埃文諾斯立刻跳進馬車去追；當他追到呂克爾瑪斯河時，即意識到自己怎麼樣也追不上伊達斯，於是就殺了馬，然後投入洶湧的河裡自盡。他死後，該條河重新被命名為埃文諾斯河。瑪爾貝薩和伊達斯抵達墨瑟涅（Messene）時，阿波羅打算搶走瑪爾貝薩。阿波羅和伊達斯因此大打出手，最後宙斯出面阻止，兩人這才停手。宙斯要瑪爾貝薩選擇自己的新郎。瑪爾貝薩選了凡人伊達斯，因為她擔心她老了，天神阿波羅可能會拋棄她。嫁給伊達斯之後，瑪爾貝薩生下一女叫克勒俄帕特拉——克勒俄帕特拉日後將會成為梅列阿格的妻子。

（也請參考 Apollo, Ares, Idas, Meleager, and Poseidon。）

美狄亞（Medea）

美狄亞的父親是柯爾基斯國王埃厄忒斯，母親是大洋寧芙仙子伊迪伊阿（Eidyia）。她的祖父是太陽神赫利歐斯，姑姑是女魔法師瑟西。美狄亞本身是女神黑卡蒂的女祭司，擅長使用魔法藥草、各種法

術和咒語。她的生命故事多采多姿，版本也很多，不過最知名的版本是羅德島的阿波羅尼奧斯所寫的《阿爾戈號的旅程》和悲劇作家尤瑞比底斯的劇作《美狄亞》。傑森為了尋找金羊毛，來到柯爾基斯。此時赫拉和阿芙蘿黛蒂兩位女神設法讓美狄亞愛上傑森，因為如此一來，美狄亞才會協助傑森完成許多看似不可能完成的任務——只有完成埃厄忒斯王指定的這些任務，傑森才能取得金羊毛。這些任務包括：給兩隻噴火公牛套軛，帶牠們去犁田，然後播下龍牙種子，接著殺死從龍牙種子長出來的武裝戰士，而且他還必須在一天之內完成這些任務。美狄亞確實伸出援手，而傑森為了感謝她的協助，因而發誓跟她結婚。傑森執行任務時，美狄亞給他塗上油膏來抵禦噴火牛的火焰，指導他如何對付龍牙戰士，亦即丟一顆石頭在龍牙戰士之間，令其自相殘殺。完成這些任務之後，美狄亞接著誘使那隻看守阿瑞斯聖林的惡龍進入夢鄉，讓傑森順利取得掛在林子裡的金羊毛。最後，她登上了傑森的船，跟船員們一起回返希臘。在返航途中，美狄亞看到她的兄弟阿布緒爾托斯乘船追上來，於是設下陷阱，讓埋伏在旁的傑森殺了他。傑森和美狄亞停靠在費阿克人的島上結婚，殺人罪的染汙也得以滌除。最後他們回到色薩利，不過珀利阿斯並不打算遵守諾言：他依然拒絕把王位讓給傑森。美狄亞再一次出手幫忙——她設計了一項詭計來懲罰珀利阿斯。她剁了一隻老羊，將之放入大釜鍋，不久，一隻完整的羊就從鍋裡跳出來，而且那羊還變年輕了。她指著眼前的景象，對珀利阿斯的幾個女兒說她願意讓她們年老的父親回春。珀利阿斯的幾個女兒同意了，但是她們不知道的是：放置她們父親屍塊的那口大釜鍋，裡面並未放入起死回生的靈藥。除掉了珀利阿斯之後，傑森和美狄亞逃離伊奧爾科斯，到科林斯城避難。在科林斯，傑森跟科林斯國王克瑞翁的女兒葛勞瑟訂了婚。至於美狄亞，科林斯人認為她是個危險的女魔法師，打算把她驅離出境。受到如此的怠慢，美狄亞非常生氣。她一氣之下，克瑞翁、葛勞瑟和她自己的孩子後來全都變成了犧牲者。她派人給葛勞瑟送了頭飾和披風作為結婚禮物，葛勞瑟試衣的時候，她的皮膚竟然起火，立刻燒成灰燼。克瑞翁試圖幫助葛勞瑟脫下衣服，結果他也被那件禮服黏住，接著也被燒死了。至於美狄亞的孩子，這倒是她自己下手的。最後她坐上赫利歐斯的馬車，逃離可怕的現場。後來她嫁給雅典國王埃勾斯；在雅典，她曾試圖毒死埃勾斯和埃斯特拉公主之子提修斯。這個毒計曝光後，她再次被驅離出境，帶著她和埃勾斯生的兒子米杜斯（Medus）回到柯爾基斯——亞洲的米底王國（Medes）即以她兒子米杜斯之名來命名。根據某些故事版本，美狄亞死

後去了至福之地，而且成為阿基里斯的配偶。

（也請參考 Achilles, Aeetes, Aegeus, Aethra, Aphrodite, Apsyrtus, Ares, Argonauts [the],
Circe, Colchis, Corinth, Creon, Hecate, Helios, Hera, Iolcos, Jason, Oceanids [the], Pelias,
Phaeacians [the], Theseus, and Thessaly。）

墨伽拉（Megara）

墨伽拉是底比斯王克瑞翁的女兒；伊底帕斯和他的兩個兒子過世後，克瑞翁就即位為王。當時底比斯因為必須支付波俄奧提亞人大筆貢金，不勝困擾。後來海克力斯打敗了波俄奧提亞人，解除了底比斯的困境。克瑞翁出於感激，於是把女兒嫁給海克力斯。墨伽拉之死，歷來有許多不同的故事版本。根據悲劇作家尤瑞比底斯的描述，墨伽拉嫁給海克力斯之後，生了三（或五）個孩子。由於海克力斯一輩子都受到女神赫拉迫害，果然在他完成十二項任務之後，有一天他又在赫拉的影響之下發了瘋，突然拿起棍棒和弓箭殺了墨伽拉和他們的孩子。不過，神話學家阿波羅多洛斯敘述的版本與前述版本略有差異：海克力斯在一陣突如其來的瘋狂中，把他的孩子和他弟弟伊克力斯的兩個孩子丟入火裡。發現自己竟然做出這種可怕的事後，海克力斯給自己處以流放的刑罰。他來到德爾菲諮詢神諭，請神明指示他該何去何從。神諭給他的答案是：到提林斯去給歐律斯透斯王服務十二年，不管歐律斯透斯給他什麼任務，他都必須完成。

墨伽拉也是個希臘城市的名字，這個城市位於科林斯地峽。

（也請參考 Creon, Delphi, Eurystheus, Hera, Hercules, Iphicles, Megara [place], Oedipus,
Thebes, and Tiryns。）

墨拉尼翁（Melanion）

在某些作家筆下，在賽跑比賽中打敗亞特蘭姐，抱得美人歸的年輕人是墨拉尼翁，不是希波墨涅斯。當然，這位年輕人得以跑贏亞特蘭姐，主要是因為女神阿芙蘿黛蒂給了他幾個金蘋果，讓他在比賽的過程中，策略性地拋出金蘋果，引誘亞特蘭姐偏離跑道，從而輸了比賽的緣故。

（也請參考 Aphrodite, Atalanta, and Hippomenes。）

梅列阿格（Meleager）

梅列阿格的父親是埃托里亞地區卡利敦城的國王俄紐斯，他的母親是俄紐斯的姪女阿爾泰亞。根據神話學家希吉努斯的敘述，梅列阿格一出生，命運三女神就已經預告了他的命運：克洛托說他會是

個高貴的人，拉克西斯說他會很勇敢，阿特羅波斯看到爐子裡有一根正在燃燒的木頭，於是說道：「他的壽命猶如這根燃燒的木頭，燒完就結束了。」聽到這話，他的母親急忙趕到火爐前取出那根木頭，然後把那根木頭藏起來，以此保住她兒子的生命。梅列阿格雖然加入傑森和阿爾戈英雄隊，一起去尋找金羊毛，但是他最知名的故事是可怕的卡利敦野豬的狩獵活動。他的父親俄紐斯是個虔誠之人，不過在收穫祭的謝神祭祀時，不知為何竟然忘了祭祀女神阿特米斯。阿特米斯一怒之下，就派了一頭野豬——亦即所謂的卡利敦野豬去破壞卡利敦境內的土地和果園。城內所有最強壯和最勇敢的男子全都聚集起來，一起參加野豬狩獵活動。不過，最後殺死野豬的勇士是梅列阿格。根據荷馬的《伊利亞德》，埃托里亞人和鄰近的庫雷特人本來也一起參與狩獵活動，不過後來兩造打了起來。發生衝突的起因是該野豬的頭和皮——那是該次狩獵活動眾人最想得到的獎賞。在爭鬥的過程中，阿爾泰亞的其中一個兄弟受傷身亡。阿爾泰亞心疼兄弟之死，就把氣出在她兒子身上，詛咒梅列阿格不如死了算了。梅列阿格知道母親詛咒他，覺得很傷心，於是就退出戰場。他一退出，庫雷特人就占了上風。看到這種情形，梅列阿格的妻子克勒俄帕特拉、城裡的長老、他的父親、母親、姊妹和朋友們都力勸他重回戰場，甚至給他送了許多禮物討好他。但是他都不為所動。一直等到庫雷特人放火焚燒他們的城，他的妻子才有辦法勸他出去幫忙打仗。後世的作家，包括羅馬詩人奧維德和神話學者希吉努斯都給這個故事增添了許多細節；其中之一是：健步如飛的女獵人亞特蘭姐首先射傷野豬，梅列阿格這才有機會殺死野豬。認識到這一層事實，梅列阿格就把野豬的頭送給亞特蘭姐作為獎賞。他的這個決定惹怒了他的舅舅們，甥舅兩造於是打了起來。在激戰中，梅列阿格失手殺了他的舅舅們。梅列阿格之死有兩種說法，一說他在和舅舅打鬥的過程中，自己也傷重而死；另一種則說他母親阿爾泰亞因為兄弟的死亡，過於悲傷，於是在絕望之中，竟把那根藏了很久，代表梅列阿格壽命短長的木頭丟入火爐導致他的英年早逝。

墨涅拉俄斯（Menelaus）

墨涅拉俄斯是特洛伊戰爭的主要人物。他的哥哥阿伽門農是邁錫尼的國王，也是當時全希臘最有權勢的統治者。身為阿楚斯的兒子，墨涅拉俄斯和阿伽門農被合稱為「阿楚伊德俄」（"Atreidae"），亦即「阿楚斯之子」；他們有個命途多舛的曾祖父，即坦塔羅斯。墨涅拉俄斯是美麗的海倫的眾多追求者之一，他最後能抱得美人歸，主

要是因為海倫的父親廷達瑞俄斯允許她選擇自己的夫婿，而海倫選擇了他。墨涅拉俄斯娶了海倫後，因此得以繼承岳父廷達瑞俄斯的王位，成為斯巴達國王。不過，墨涅拉俄斯的好運在特洛伊王子帕里斯到訪斯巴達之後頓時變調。帕里斯在斯巴達訪問期間，墨涅拉俄斯因事到克里特島一趟。等他回家時，帕里斯已經拐走他的妻子海倫。海倫被拐走後，阿伽門農隨即召集全希臘最優秀的戰士組成一支軍隊，準備用軍事力量去奪回海倫。根據荷馬的《伊利亞德》，據說墨涅拉俄斯為了終止已經打了十年的戰爭，曾找帕里斯單挑；要不是女神阿芙蘿黛蒂出手干預，他本來也有機會殺死帕里斯。根據荷馬的另一作品《奧德賽》，特洛伊戰爭結束後，墨涅拉俄斯在返鄉的途中，曾折損了好幾艘船；他在埃及停留一段時間後，終究還是跟海倫一起回到斯巴達。

（也請參考 Agamemnon, Aphrodite, Atreus, Helen, Mycenae, Paris, Sparta, Tantalus, Troy, *and* Tyndareus。）

墨諾叩斯（Menoeceus）

古典神話故事中，有兩個名叫墨諾叩斯的重要英雄。伊底帕斯和他的兩個兒子死後，繼承他們王位的是克瑞翁，而克瑞翁的父親就是第一位墨諾叩斯。根據神話學者希吉努斯的說法，這位墨諾叩斯的祖先是當年卡德摩斯在底比斯播下龍牙之後，從地裡長出來的戰士，亦即所謂的「斯巴提人」（亦可拼寫為 "Spartoi"[斯巴托伊人]）。第二位是克瑞翁和他妻子尤麗狄絲的兒子，他的名字也叫墨諾叩斯。伊底帕斯走後，他的兩個兒子波里涅克斯和厄特俄克勒斯為了爭奪王位，互不相讓，最後兩兄弟各自帶著自己的支持者在底比斯城打了起來。底比斯城因此陷入困境，先知特伊西亞斯宣稱底比斯若要脫離戰亂的困境，唯一的方式就是把這位年輕的墨諾叩斯獻祭給戰神阿瑞斯。根據先知的說法，戰神阿瑞斯仍然在氣卡德摩斯不僅殺了他的龍，而且還用那隻龍的牙種出「斯巴提人」，亦即底比斯城當年最初的居民。至於為何墨諾叩斯必須以死來平息戰神的怒氣，那是因為他的父系母系都是「斯巴提人」的後代。克瑞翁心疼兒子，力勸兒子，不讓兒子成為祭壇上的祭品，不過墨諾叩斯倒是自願為人民犧牲——他從底比斯城上跳下，自盡身亡。

（也請參考 Ares, Cadmus, Creon, Eteocles, Eurydice [heroine], Oedipus, Polyneices, Teiresias, *and* Thebes。）

墨洛珀（Merope）古典神話故事出現了好幾個名叫墨洛珀的角色。其中一個墨洛珀（又名埃洛[Aero]）是希俄斯（Chios）國王俄諾庇翁的女兒。有一回，獵人俄里翁來到希俄斯島，他可能是要向墨洛珀求婚，但是根據這個故事的另一個版本——他也有可能是強暴了墨洛珀。總之，根據神話學家阿波羅多洛斯的說法，俄諾庇翁非常生氣，他先把俄里翁灌醉，然後趁俄里翁沉睡時挖出他的雙眼，最後把俄里翁丟棄在海灘上。

另一個墨洛珀是墨塞尼亞國王克瑞斯豐特斯的妻子。克瑞斯豐特斯是海克力斯的其中一個後代；這位克瑞斯豐特斯登上王位後不久，就在一場叛亂中被叛將波呂豐特斯殺死了。波呂豐特斯不僅搶了他的王位，後來也娶了他的妻子墨洛珀。發生叛亂期間，墨洛珀為了兒子埃皮托斯的安全，事先把他送到遠方託人撫養。長大後的埃皮托斯回到墨塞尼亞替他的父親復仇。起初墨洛珀沒認出他來，還差點害死自己的兒子。幸好母子後來終於互相認出對方，兩人於是一起設下計謀，除去叛徒波呂豐特斯。埃皮托斯接著就繼位為王。

第三個墨洛珀又名珀里波亞（Perioboea）；她是科林斯國王波里普斯（Polybus）的妻子，也是伊底帕斯的養母。

前述三位女主角應該跟普勒阿德斯姊妹之一的墨洛珀有所區別；這位墨洛珀是第二代泰坦神阿特拉斯的女兒。她嫁給了薛西弗斯，育有一子叫格勞科斯，而格勞科斯未來將會是英雄柏勒洛豐的父親。

（也請參考 Aepytus, Atlas, Bellerophon, Chios, Corinth, Glaucus, Merope [nymph], Oedipus, Orion, Pleiades [the], Polybus, Sisyphus, *and* Titans [the]。）

麥森投斯（Mezentius）根據維吉爾的《伊尼亞斯紀》，麥森投斯是個十分殘暴的伊特拉斯坎國王。他的種種暴行中，最駭人聽聞的就是折磨受害者的方式：將之與死屍面對面地綁在一起，直到受害者不堪折磨，痛苦萬分地死去。他的人民最後起來反抗，放火燒了他的王宮，殺死所有守衛。他於是離開家鄉去投靠魯圖里人的國王圖爾努斯。後來圖爾努斯與其他拉丁部落跟伊尼亞斯領導的特洛伊人發生武裝衝突，不信神的麥森投斯與他的兒子勞蘇斯也加入戰爭。兩人在戰場上遇到了伊尼亞斯。麥森投斯首先受了傷，兒子勞蘇斯護送他到安全的地點後，又再投身戰場，最終死在伊尼亞斯的劍下。發現兒子死了，悲傷欲絕的麥森投斯興起一個念頭，決意跟伊尼亞斯拚了。雖然他勇敢奮戰，但是最後也成為伊尼亞斯的劍下亡魂。

（也請參考 Aeneas, Etruria, Lausus, Latins [the], Rutulians [the], Troy, *and* Turnus。）

邁達斯（Midas）

邁達斯是弗里吉亞的國王，他本身是個歷史人物，不過有許多傳奇故事圍繞著他開展。他的父親是戈耳狄俄斯王，某些資料說戈耳狄俄斯王創建了戈耳狄烏姆這個城市，但是其他資料認為邁達斯才是戈耳狄烏姆城的創建者，又說邁達斯建城之後，以他父親的名字為該城命名。根據羅馬詩人奧維德的描述，年老的西勒努斯有一回跟戴歐尼修斯和他的同伴（其他薩堤爾和邁納德斯所組成的酒神隨員）失散，邁達斯收留了他，並熱情款待他十天，之後才把老西勒努斯送回酒神那裡。戴歐尼修斯出於感激，於是賜給邁達斯一個願望，不論什麼願望都可以為他實現。邁達斯希望他能把所有他碰到的東西都變成黃金。很快的，邁達斯就發現那是個很愚蠢的要求，因為他的食物和水一經碰觸，也都變成硬梆梆的黃金。邁達斯於是祈求酒神原諒他。酒神很快應允，並指示他到帕克托羅斯河（Pactolus）洗手。他的手一碰到河水，點金的能力就轉移給流水，河水流經之處，沙石就都變成了黃金。話說潘恩擅於吹奏牧人笛，阿波羅擅於彈奏里拉琴，有一天潘恩向阿波羅遞出戰書，請阿波羅跟他來場音樂比賽。邁達斯應邀充當這場音樂比賽的裁判。他宣布潘恩贏得比賽。阿波羅很不滿，他聲稱邁達斯不配擁有人耳，因此就給邁達斯一項處罰：讓邁達斯長出一對驢耳。邁達斯的這個祕密，只有他的理髮師一人知道，因為邁達斯後來都把頭包了起來。不過，隨著時間的過去，那位理髮師再也守不住這個祕密了。他到野外挖了一個洞，對著洞口把那祕密說了出來，以此紓解他的壓力。為了謹慎起見，理髮師接著再用泥土把那洞蓋起來。不過，那個地點後來長出一叢蘆葦，當蘆葦在風中搖曳低語時，邁達斯的祕密就傳揚開來了。

（也請參考 Apollo, Dionysus, Gordius, Maenads [the], Pactolus River [the], Pan, Phrygia, Satyrs [the], *and* Silenus。）

米諾斯（Minos）

米諾斯是克里特島傳說中的國王，住在位於克諾索斯（Cnossus）的王宮裡，統治著越來越龐大的海上霸權。克里特島的青銅時代（大約西元前3000－西元前1150年）即以他的名字命名，稱為米諾斯文明。米諾斯的父親是宙斯，母親是宙斯劫持到克里特島的腓尼基公主歐羅芭。他有幾個兄弟，但是各文獻的記載卻略有不同，大致是這幾位：拉達曼托斯、埃阿科斯和薩爾珀冬。歐羅芭的凡人丈夫阿斯特里烏斯死後，米諾斯繼承其王位，成為克里特島的國王。他的統治權遭受質疑的時候，他即宣稱由他繼承王位乃是神的旨意。根據神話學家阿波羅多洛斯的說法，米諾斯為了證明他

與神有密切的關聯，於是宣稱不管他要什麼，海神波賽頓都會賜給他。他祈請海神給他一隻從海裡走出來的牛，接著又說他會把那頭牛殺了獻祭海神。真的，海裡確實走來一頭牛。不過米諾斯發現那頭牛實在太漂亮了，不捨得殺牠來祭神，於是就用另一頭牛替代。這件事讓波賽頓很生氣，決定給米諾斯一個懲罰：他施咒讓米諾斯的妻子帕西法爾愛上那頭牛。帕西法爾實在太愛那頭牛了，於是徵召當時客居克里特島的巧匠戴達羅斯入宮，請戴達羅斯幫她打造一頭空心牛，讓她可以爬進空心牛，藉此接近那頭牛來滿足她的欲望。帕西法爾後來懷孕了，生下半人半牛的怪物米諾陶（意思是「米諾斯的牛」）。殺戮會帶來染汙──米諾斯不想犯下這樣的罪愆，所以他沒殺米諾陶，反而下令戴達羅斯建造迷宮來安置米諾陶。米諾斯給米諾陶的食物是人類，他特別要求雅典人每九年就要進貢七男七女，以此補償雅典人殺死他兒子安卓戈俄斯的過失。第三次進貢的隊伍裡有雅典國王的兒子提修斯，而提修斯的目的是殺死米諾陶。幸運的是，提修斯一來到克里特島，米諾斯之女阿瑞安德涅就愛上了他。靠著阿瑞安德涅的協助，提修斯最後真的殺了米諾陶。雖然如此，他不久就遺棄了阿瑞安德涅。米諾斯懷疑提修斯能成功完成任務，事先必定曾獲得戴達羅斯的協助，所以他就把戴達羅斯關了起來。戴達羅斯後來用羽毛和蠟製作了兩對翅膀，成功逃出克里特島，只是在飛行的過程中，他年輕的兒子伊卡洛斯不幸墜海身亡。米諾斯四處追捕戴達羅斯，接著他也來到西西里。他最後是死在西西里島，有的故事版本說他死於一場戰爭，其他故事版本則說他死於西西里國王的女兒之手。據說他死後就加入他兄弟拉達曼托斯的行列，成為冥界的判官。

（也請參考 Aeacus, Androgeus, Ariadne, Athena, Athens, Cnossus, Crete, Daedalus, Europa, Icarus, Minotaur [the], Pasiphae, Poseidon, Rhadamanthus, Sarpedon, Theseus, Underworld [the], and Zeus。）

彌倪阿斯人（Minyans, The）

據說彌倪阿斯人這個人種或部落是彌倪阿斯的後代，不過彌倪阿斯的身分相當模糊，古代資料上的說法言人人殊。就以他的父親來說，有的說是宙斯、波賽頓或阿瑞斯，也有資料說他是埃俄羅斯的孫子。彌倪阿斯人的居住地是在波俄奧提亞北部，他們的政治權力中心應該是俄爾科墨諾斯城。他們最著名的特點就是極為有錢。相傳彌倪阿斯人長期壓榨底比斯人，不斷要底比斯人向他們進貢財貨。後來海克力斯把他們打敗，解除了底比斯人的困擾。出於感激之心，底比斯城的國王克瑞

翁把女兒墨伽拉嫁給海克力斯。

據說陪同傑森尋找金羊毛的英雄隊伍，即所謂的阿爾戈英雄隊也被合稱為彌倪阿斯人。不過嚴格來說，這群英雄裡只有傑森本人有可能是彌倪阿斯的後代。

（也請參考 Aeolus [hero], Ares, Argonauts [the], Boeotia, Creon, Hercules, Jason, Megara [heroine], Poseidon, Thebes, *and* Zeus。）

密爾米頓人（Myrmidons, The）密爾米頓人的意思是「蟻人族」；根據傳說，這個部族本來是螞蟻，然後在埃癸娜島國王埃阿科斯的要求之下，宙斯把牠們變成人類。原來當時埃癸娜島發生一場瘟疫，大部分人民都死了。於是國王埃阿科斯祈請他的父親宙斯把螞蟻變成人類。密爾米頓人後來遷移到色薩利定居。在特洛伊戰爭中，領導密爾米頓人參戰的將領是阿基里斯。

（也請參考 Achilles, Aegina [island], Thessaly, Troy, *and* Zeus。）

蜜爾拉（Myrrha）在某些版本中，蜜爾拉有時也會被稱為斯蜜爾娜；蜜爾拉是賽普勒斯王克倪拉斯的女兒。她有許多年輕的追求者，但是她拒絕嫁給他們當中任何一人，原因是她正在承受禁忌之愛的折磨：她愛上了自己的父親。根據某些故事版本，她會陷入這種困境有兩種說法：她本人或她的母親冒犯了阿芙蘿黛蒂。蜜爾拉試圖自殺，但是她的保姆救了她。這位保姆甚至為蜜爾拉想出一個計畫，讓蜜爾拉得以趁著夜色的掩護，跟她的父親同寢而又不讓她的父親知道她是誰。很巧的是，她的母親這段時間剛好出門去參加一個敬拜赫拉的慶典，因此蜜爾拉就跟克倪拉斯同床共寢了好幾個晚上。克倪拉斯發現這個可怕的真相之後，他拔出劍來，衝向此時已經懷有身孕的蜜爾拉。蜜爾拉逃離了王宮，四處流浪。為了準備生產，她請求諸神以某種方式幫助她，因為她覺得自己既不適合留在人群中，也不適合到亡者的世界。諸神於是把她變成一棵沒藥樹——這種珍貴的樹至今依然以她的名字命名，她流出的眼淚就是芳香的沒藥樹脂。九個月後，該沒藥樹的樹皮裂開，生出一個嬰兒，那就是阿多尼斯。

（也請參考 Adonis, Aphrodite, Cinyras, Hera, *and* Cyprus。）

彌爾提洛斯（Myrtilus）彌爾提洛斯是信使神荷米斯的兒子，他的

工作是擔任比薩國王俄諾瑪俄斯的御車手。俄諾瑪俄斯有個女兒叫希波達彌亞；只要有人來向女兒求婚，俄諾瑪俄斯就邀請對方跟他來一場他一定會贏的戰車比賽。輸的人都會被砍頭。坦塔羅斯之子珀羅普斯偏偏不害怕，因為他找到一個跑贏俄諾瑪俄斯的方法：他收買車夫彌爾提洛斯，答應讓希波達彌亞陪他一晚，並且給他一半國土。彌爾提洛斯答應了。他在比賽前拿掉了俄諾瑪俄斯戰車的輪軸，所以在比賽進入最激烈的時刻，車輪鬆開，俄諾瑪俄斯被彈出車外，傷重不治而死。打敗了俄諾瑪俄斯後，珀羅普斯既沒有實踐他的承諾，還把彌爾提洛斯推進海裡。臨終之前，彌爾提洛斯對珀羅普斯下咒，導致珀羅普斯的子子孫孫日後都深受影響。

（也請參考 Hermes, Hippodamia, Oenomaus, Pelops, *and* Tantalus。）

納西瑟斯（Narcissus）

納西瑟斯是個英俊的少年，他的母親是水寧芙仙女，名叫利里娥珀（Liriope），父親是克菲索斯河的河神（他強暴了利里娥珀）。根據羅馬詩人奧維德所述，利里娥珀曾諮詢先知特伊西亞斯，希望知道她的孩子壽命如何。先知給她的答覆是：只要納西瑟斯不知道自己的長相，他就會活得好好的。到了十六歲，納西瑟斯終於首次看到了自己。原來當時他一直受到少年少女的愛慕，然而他從不回應任何人的求愛，包括寧芙仙女艾珂——艾珂為他得了相思病，不斷消瘦，直到只剩下一個破碎的回音。女神涅默西斯看到他對所有愛他的人都如此怠慢，於是決定給他一個處罰：讓他愛上他自己。一日，他走近水塘，看見水裡自己的倒影，不禁為影中人傾倒。他不知道水裡那個影中人就是他自己的倒影，一直徒勞無功地想去碰觸或親吻對方，但是一直都碰不到也親不到對方。就像艾珂那樣，他也為了「情人」日漸消瘦，昔日俊美的形影逐漸消失，以至於最後什麼痕跡也沒留下，只留下一株以他的名字命名的花而已。

（也請參考 Cephissus [god and place], Echo, Naiads [the], Nemesis, *and* Teiresias。）

瑙西卡（Nausicaa）

瑙西卡的父親是費阿克人的國王阿爾克諾俄斯，母親是阿爾克諾俄斯的王后阿雷特。奧德修斯被海浪沖上斯科里亞島的海灘時，瑙西卡剛好也在海灘上——她會在那個時刻出現在沙灘上，其實是女神雅典娜給她的靈感——雅典娜始終都在暗中幫忙奧德修斯。很明顯地，瑙西卡當時是把奧德修斯視為結婚的可能人選，所以她立刻帶領奧德修斯到她父親的王宮。阿爾克諾俄斯除了熱烈招待奧德修斯，確實也曾暗示奧德修斯可

以迎娶他的女兒瑙西卡。不過，奧德修斯很有禮貌地避開這個問題，並且透露自己早已經結婚了。

（也請參考 Alcinous, Arete, Athena, Nausicaa, Odysseus, Phaeacians [the], *and* Scheria。）

涅萊烏斯（Neleus）

涅萊烏斯是蒂洛（Tyro）和波賽頓的兒子。涅萊烏斯和他的兄弟珀利阿斯一出生，就被他們的母親丟棄在荒野。不過後來他們終於跟母親團圓，並且除掉他們邪惡的繼母。涅萊烏斯後來跟兄弟意見不合，於是離開色薩利，前往伯羅奔尼撒半島，並在那裡成為皮洛斯城的國王──若根據神話學家阿波羅多洛斯的說法，皮洛斯城還是他創立的。涅萊烏斯娶了安菲翁的女兒克洛里斯，兩人總共生了一個女兒和十二個兒子，其中一個兒子就是涅斯托爾，而他日後將會成為皮洛斯城最著名的傳奇國王。在生命的某段路途中，涅萊烏斯曾與海克力斯有所交集；原來海克力斯在這之前曾想娶依俄勒，不過並未成功，而且後來他還殺了依俄勒的兄弟伊菲托斯（Iphitus）。海克力斯這次來找涅萊烏斯，主要是希望後者能滌除他的這項殺人血罪。涅萊烏斯予以拒絕，最後海克力斯殺了涅萊烏斯和他的十一個兒子，獨留下涅斯托爾，讓他繼承皮洛斯城的王位。

（也請參考 Amphion, Hercules, Iole, Nestor, Pelias, Poseidon, Pylos, Thessaly, Troy, *and* Tyro。）

奈奧普托勒姆斯（Neoptolemus）

奈奧普托勒姆斯的意思是「年輕的鬥士」；他的父親是希臘英雄阿基里斯，母親是斯庫羅斯島呂科墨德斯國王的女兒伊達米雅。原來特洛伊戰爭爆發之前，阿基里斯的母親特提斯為了避免兒子被找去打仗，於是就把兒子藏在斯庫羅斯島。這段期間，阿基里斯跟其中一位公主發生戀情，因此有了奈奧普托勒姆斯。特洛伊戰爭打到第十年的時候，阿基里斯戰死沙場，希臘人攻下該城的希望亦漸趨渺茫。特洛伊先知赫勒努斯提點他們：除非他們找來奈奧普托勒姆斯和菲羅克忒特斯兩人參戰，不然他們永遠攻不破特洛伊城。不過，他們很久以前就把菲羅克忒特斯丟棄在利姆諾斯島。根據悲劇作家索福克勒斯的描述，希臘人於是派奈奧普托勒姆斯和奧德修斯到利姆諾斯島去把菲羅克忒特斯勸回希臘軍隊。在特洛伊戰場上，奈奧普托勒姆斯雖然勇敢奮戰，但是他也很無情和殘酷。他是躲在特洛伊木馬肚子裡的希臘將領之一；一旦進入特洛伊城內，他馬上就放火燒城。根據羅馬詩人維吉爾的記述，普里阿摩斯王已經躲在宙斯的祭壇後，

他還是把特洛伊王殺了，不管這個行為是否褻瀆神明。動手殺死普里阿摩斯王之女波呂克塞娜，然後把她獻給阿基里斯鬼魂的人，如果不是他，就是奧德修斯。此外，據說他或奧德修斯其中一人把特洛伊王子赫克托爾的小兒子阿斯蒂亞納克斯丟下城牆，任其摔死。戰爭結束後，希臘人把赫克托爾的妻子安德洛瑪克送給奈奧普托勒姆斯當侍妾。根據某些故事版本，後來奈奧普托勒姆斯娶了斯巴達國王墨涅拉俄斯與海倫之女赫爾彌俄涅。在這之後，他就把安德洛瑪克轉送給特洛伊先知赫勒努斯。至於他的下場，在悲劇作家尤瑞比底斯的劇本裡，奈奧普托勒姆斯是在德爾菲被殺身亡，殺他的不是別人，正是邁錫尼國王阿伽門農之子俄瑞斯特斯。據說俄瑞斯特斯會殺奈奧普托勒姆斯，理由是他過去也曾跟赫爾彌俄涅有過婚約。

（也請參考 Achilles, Agamemnon, Andromache, Astyanax, Deidamia, Delphi, Hector, Helen, Helenus, Hermione, Lemnos, Lycomedes, Menelaus, Mycenae, Odysseus, Orestes, Philoctetes, Polyxena, Priam, Scyros, Sparta, Troy, *and* Zeus。）

涅斐勒（Nephele）

涅斐勒是波俄奧提亞國王阿塔瑪斯的第一任妻子；她給阿塔瑪斯生了兩個孩子：弗里克索斯和赫勒。阿塔瑪斯的第二任妻子伊諾很討厭涅斐勒的孩子，因為將來繼承阿塔瑪斯王位的是涅斐勒的孩子，不是她的孩子。伊諾因此想出一個計謀，藉此說服阿塔瑪斯把涅斐勒的孩子殺了祭神。不過涅斐勒及時救了她的孩子：她派了一隻會飛的金羊把兩個小孩接走，將他們送到安全的地方。弗里克索斯最終被送到黑海沿岸的柯爾基斯城，赫勒則在金羊飛行的中途，不幸墜海身亡。

某些古代作家有時會把這則故事的女主角與雲女神涅斐勒互相混淆；女神涅斐勒是宙斯創造的，目的是為了誘使邪惡的伊克西翁上當。

（也請參考 Athamas, Boeotia, Colchis, Helle, Ixion, Nephele [goddess], Phrixus, *and* Zeus。）

涅斯托爾（Nestor）

涅斯托爾的父親是皮洛斯國王涅萊烏斯，母親是安菲翁之女克洛里斯。涅萊烏斯有十二個兒子，唯一繼承其王位的是涅斯托爾，而且涅斯托爾將會統治皮洛斯三個世代。他年輕時是個武藝純熟的戰士，遇到的各式各樣敵人中，計有海克力斯到半人馬族不等。到了晚年，他領著一支擁有九十艘船的軍隊到特洛伊參戰，並且成為各希臘將領諮詢建議的對象，而他也始終都能提供正確的忠告。特洛伊戰爭結束後，涅斯托爾回

到家鄉。奧德修斯的兒子特勒瑪科斯為了探尋他父親的行蹤，還曾到皮洛斯城去拜訪他，並且獲得他的熱烈招待。

（也請參考 Amphion, Centaurs [the], Hercules, Neleus, Odysseus, Pylos, Telemachus, *and* Troy。）

尼俄柏（Niobe）

尼俄柏的父親是呂底亞的國王坦塔羅斯，丈夫是安菲翁——安菲翁當時與他的兄弟仄托斯共同治理底比斯城。尼俄柏除了擁有輝煌的家世、顯赫社會地位與美貌，還生養許多子嗣；至於孩子的數目，荷馬說有十二個，羅馬詩人奧維德則說有十四個，即七男七女。這些福報是如此豐厚，導致她竟然公開稱她比勒托女神更值得受到人們的崇拜，因為勒托女神只有阿特米斯和阿波羅兩個孩子而已。公然受到如此的侮辱，悲憤的勒托女神（羅馬人稱她為拉托娜）召喚她的孩子們來幫忙。於是阿特米斯和阿波羅帶著弓箭受召而來，然後把尼俄柏的孩子全都殺了。悲傷的安菲翁自殺身亡；尼俄柏在極度的傷痛中竟化成石頭，成為呂底亞希皮洛斯山（Mount Sipylus）的「永泣石」。

（也請參考 Amphion, Apollo, Artemis, Leto, Lydia, Tantalus, Thebes, *and* Zethus。）

尼索斯（Nisus）

神話故事裡的尼索斯有兩個。一個是潘狄翁的兒子——潘狄翁是傳說中的雅典國王，之後他被流放到墨伽拉，其子尼索斯即在墨伽拉出生。潘狄翁後來成為墨伽拉的國王，死後把王位留給尼索斯。尼索斯在位時，克里特島的國王米諾斯突然帶兵來攻打墨伽拉——米諾斯出兵來犯的原因不詳，可能是他覬覦埃勾斯（尼索斯的兄弟）所統治的雅典，也可能是為了其他的理由。總之，尼索斯的女兒斯庫拉正在觀看交戰中的軍隊，結果她突然注意到敵軍將領米諾斯，並且立刻愛上了米諾斯。她當下想出一個贏得米諾斯的心的計畫：把她父親的紫色頭髮送給米諾斯。原來尼索斯的紫色頭髮一經剪斷，他統治的帝國就不再堅不可摧。斯庫拉藉著夜色的掩護，剪下尼索斯的紫色頭髮，然後拿去送給米諾斯。米諾斯被她的行為嚇壞了，完全不想跟她扯上一丁點關係。米諾斯不久就啟航離去。斯庫拉為了追米諾斯的船，竟然跳入海中。不過，她完全無法上船，因為由尼索斯變成的鶚（或魚鷹）不停地朝她俯衝下來，猛烈地攻擊她。斯庫拉的結局有不同的說法，有的資料說她最後溺水而死，有的資料說她後來化身為海鳥或魚。

另一個尼索斯出現在維吉爾的《伊尼亞斯紀》；在這首詩裡，他是年輕英俊的

尤里阿勒斯的忠實好友。根據維吉爾的描述，這個尼索斯的父親是許爾塔科斯（Hyrtacus），母親是寧芙仙女伊達。他曾陪著伊尼亞斯，一路從特洛伊航行到義大利；到了義大利後，特洛伊人與當地的魯圖里人發生衝突。伊尼亞斯有一次離開軍營久久未返，於是他自願陪同尤里阿勒斯冒險出營，探尋伊尼亞斯的下落。他們在行進之間，一路上還殺了不少敵人。此時尤里阿勒斯犯了一個致命的、少不更事的錯誤：他試圖剝下敵軍隊長的頭盔，而頭盔閃現的微光洩露了他的行蹤。尤里阿勒斯被敵人逮個正著，雖然尼索斯捨命相救，畢竟寡不敵眾，最後兩人都成為敵人的劍下亡魂。

（也請參考Aegeus, Aeneas, Athens, Crete, Euryalus, Megara [place], Minos, Pandion, Rutulians [the], Scylla [heroine], *and* Troy。）

努瑪（Numa）

努瑪的全名是努瑪·龐皮里烏斯，一般人們只簡單地稱他為努瑪；羅馬七位傳說中的國王之中，他位居第二，而他的前任是羅慕勒斯。在羅馬史家李維與傳記作家普魯塔克的作品中，可找到關於他的生平和政治功績的各種細節。根據傳統，努瑪誕生於薩賓人（Sabines）的城市庫勒斯（Cures）；據說他的生日與羅馬的建國日期是同一天，即西元前753年4月21日。努瑪娶了薩賓國王塔提烏斯的女兒塔提婭（Tatia）為妻。在年輕的時候，努瑪就以嫻熟法律聞名一時，包括神聖的法與世間的法。羅馬的元老們邀請努瑪登基為王，但是努瑪要求眾人請示神諭，直到獲得朱庇特神諭的首肯，他才接受了王位。努瑪在位期間，不只為羅馬帶來和平，更關鍵的是，他為羅馬建立了宗教法和國家宗教。意識到所建置的各種宗教活動、雇用的神職人員、舉行的各種慶典和各種儀式等等，可能有些人無法領會這些建置的價值，因而產生反抗之心，於是他發明了一個故事，藉以顯示他所做出的種種努力，其背後都有諸神的引導；他公開聲稱在入夜之後，他都會跟女神埃吉利亞見面。女神親自引導他設立各項儀式，還有設立最適合每位神明的祭司職。努瑪在位四十三年，死後埋骨於羅馬七丘當中的賈尼科洛山（Janiculum）。

（也請參考Egeria, Rome, Romulus, *and* Sabines [the]。）

奧德修斯（Odysseus）

奧德修斯（或尤利西斯[Ulysses]）是伊薩卡島國王拉厄爾特斯與王后安媞克勒亞的兒子。拉厄爾特斯上了年紀後，就把伊薩卡島的王位讓給奧德修斯。奧德修斯的妻子是伊卡里烏斯（Icarius）之女潘

妮洛碧，兩人婚後育有一子叫特勒瑪科斯。奧德修斯婚前曾追求過海倫，海倫遭劫後，礙於當年的誓約，他不得不帶著十二艘船的戰士加入浩浩蕩蕩的希臘聯軍，前往特洛伊奪回海倫。在十年的特洛伊戰爭中，奧德修斯扮演的角色十分重要；他參與的事件很多，最為重要的有：試圖謀求和平，化解希臘人和特洛伊人的衝突；加入勸說使團去遊說因遭受重大汙辱而退出聯軍的阿基里斯，請後者重回戰場；參加偵查隊去探看特洛伊人及其同盟的軍隊情況；除了在戰場上勇敢殺敵之外，他也俘虜了一個特洛伊間諜。話說阿基里斯退出戰場一段時間後，不久又重返戰場，後來就在戰場上遭特洛伊王子帕里斯一箭射死。他死後，把他的遺體搬回希臘軍營的將領，正是奧德修斯和特拉蒙的埃阿斯。由於這一原因，奧德修斯和特拉蒙的埃阿斯都有資格爭取阿基里斯留下來的甲冑，而且也都想要取得那副甲冑。爭奪的最後結果是奧德修斯獲勝。奧德修斯向來以聰明著稱；希臘人能攻下特洛伊，他的功勞不容小覷。一是他想出特洛伊木馬這個巧計，讓戰士得以潛入特洛伊城；再來是他俘虜了特洛伊的先知赫勒努斯，透過赫勒努斯，希臘人才知道他們必須做到三件事，才能攻下特洛伊城：一是把滯留在利姆諾斯島的菲羅克忒特斯找回來，二是把阿基里斯之子奈奧普托勒姆斯帶到特洛伊戰場參戰，最後是取得那尊供奉在特洛伊神殿裡的雅典娜神像——那是一尊古老的木頭神像，又稱為「帕拉狄姆」。陪同奧德修斯去偷神像的將領是狄俄墨德斯，不過偷神像這件事得罪了雅典娜，導致日後許多希臘人在返鄉的途中丟失生命。特洛伊城陷落之後，奧德修斯（或奈奧普托勒姆斯）把波呂克塞娜公主獻祭給阿基里斯的鬼魂。在這之後，奧德修斯另外又花了十年的時間才回到自己的家鄉。根據荷馬的《奧德賽》，奧德修斯在十年的返鄉旅程中不僅去了許多遙遠的國度，也遇到許多挑戰，不過他都靠著強大的適應力、聰明的腦袋與堅持不懈的毅力一一加以克服。他這一路上歷經的許多困境包括遇到奇寇涅斯人（Cicones）——他的船員本來已經奪下奇寇涅斯人的城，但不久就遭到該部族的反攻，大家最後只得落荒而逃；接下來他們遇到一連串的危險，包括過於好客的食蓮族、獨眼巨人波利菲莫斯、諸風之王埃俄羅斯的島嶼、以人為食的巨人部族拉斯特呂戈涅斯、女魔法師瑟西、亡靈的國度、致命的美聲女妖賽妊、恐怖的怪物斯庫拉和大漩渦卡律布狄斯、赫利歐斯的牛群、住在人間的迷人女神卡呂普索。奧德修斯抵達卡呂普索居住的島嶼時，他只剩下孤身一人，他的船員全部都在旅途中一一罹難了。在卡呂普索和伊諾兩位女神的協助下，奧德修斯終於安全抵達費阿克人的島嶼，最後由善良的費阿克人

送他回到伊薩卡島。不過，他沒想到在伊薩卡島還是必須面對很多挑戰——原來他不在家的時間太長，許多行為不端的年輕人聚集在他的王宮裡，等著他的妻子潘妮洛碧點頭改嫁給他們其中任何一人。他的王宮傭人中，除了養豬人歐墨魯斯和保姆尤麗克萊亞之外，全都變節了，跟那群求婚者一鼻孔出氣。奧德修斯首先跟他的兒子特勒瑪科斯團聚，接著在養豬人歐墨魯斯的協助下，除掉了王宮裡的求婚者——最先被殺的就是行為最囂張惡劣的安提諾俄斯。直到這時，奧德修斯才與他的妻子潘妮洛碧和他的父親相認。然而事情還沒完：他還得跟他的父親一起對抗鎮民，因為有些鎮民因兒子到他王宮求婚被殺，因而感到不滿，最後起來反抗鬧事。不過，在雅典娜女神的護佑下，伊薩卡島終於恢復秩序，奧德修斯再一次登基為王。荷馬的《奧德賽》曾預言奧德修斯會死於海上，時間點是在他結束陸上之旅並祭祀海神波賽頓之後。不過其他的敘事傳統則提到他是死於另一個兒子之手，即他與女魔法師瑟西所生的兒子特勒戈諾斯。

在荷馬的敘事傳統裡，奧德修斯的形象是正面的，充滿了英雄氣慨。不過在後世作家的筆下，他就沒那麼討人喜歡了；在這些後世作家的眼裡，他的聰明才智不過就是他用來從事背信忘義之事的工具。在這個脈絡之下，他被這群作家稱為薛西弗斯之子，而不是拉厄爾特斯的兒子——索福克勒斯的劇本《菲羅克忒特斯》（*Philoctetes*）就是一例。

（也請參考 Achilles, Aeolus, Antinous, Ajax [the Great], Athena, Calypso, Charybdis, Circe, Cyclopes [the], Diomedes, Eumaeus, Eurycleia, Helen, Helenus, Helios, Ino, Ithaca, Laertes, Laestrygons [the], Lotus Eaters [the], Neoptolemus, Penelope, Phaeacians [the], Philoctetes, Polyphemus, Polyxena, Poseidon, Scylla, Sirens [the], Sisyphus, Telamon, Telemachus, *and* Troy。）

特洛伊王室家族系譜

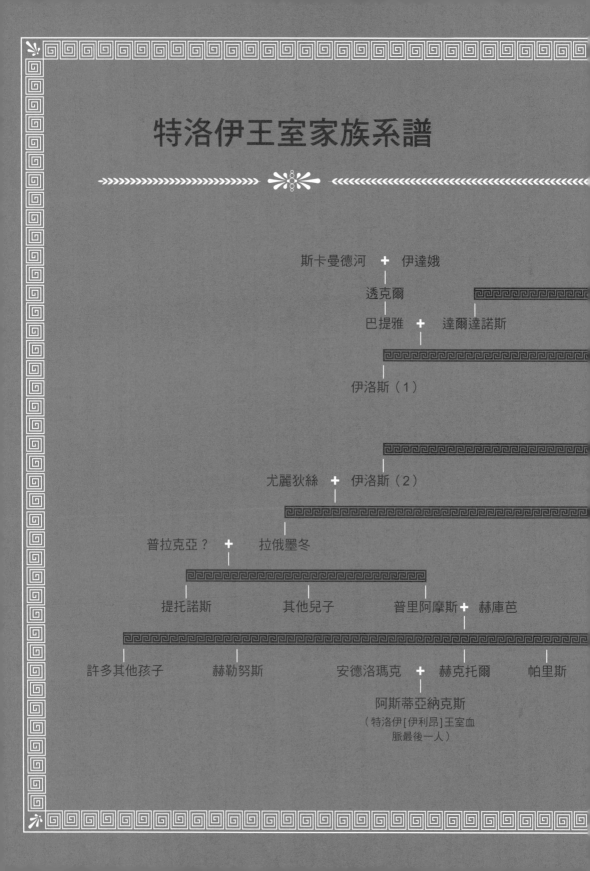

斯卡曼德河 ✚ 伊達娥

透克爾

巴提雅 ✚ 達爾達諾斯

伊洛斯（1）

尤麗狄絲 ✚ 伊洛斯（2）

普拉克亞？ ✚ 拉俄墨冬

提托諾斯　　其他兒子　　普里阿摩斯 ✚ 赫庫芭

許多其他孩子　　赫勒努斯　　安德洛瑪克 ✚ 赫克托爾　　帕里斯

阿斯蒂亞納克斯
（特洛伊[伊利昂]王室血
脈最後一人）

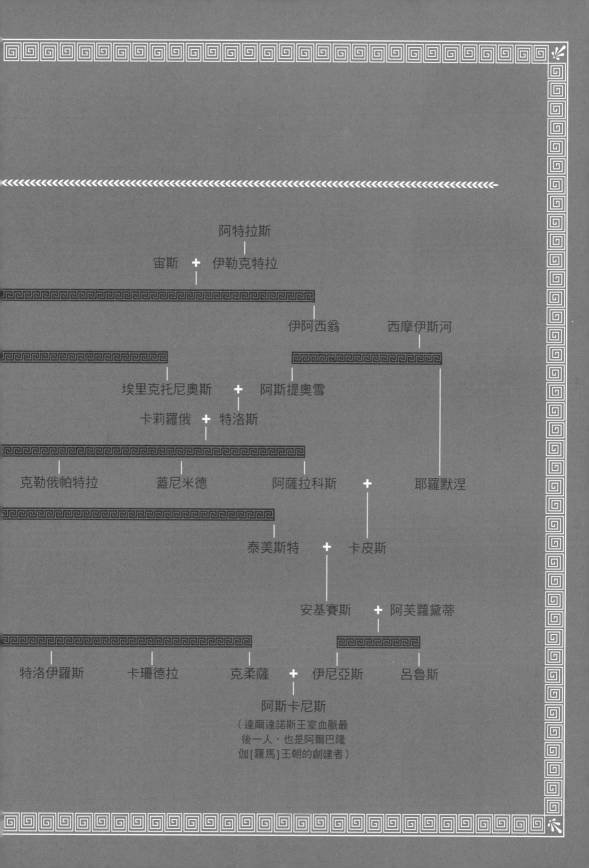

阿特拉斯

宙斯 ✛ 伊勒克特拉

伊阿西翁　　　　　西摩伊斯河

埃里克托尼奧斯 ✛ 阿斯提奧雪

卡莉羅俄 ✛ 特洛斯

克勒俄帕特拉　　　蓋尼米德　　　阿薩拉科斯 ✛ 耶羅默涅

泰美斯特 ✛ 卡皮斯

安基賽斯 ✛ 阿芙蘿黛蒂

特洛伊羅斯　　　卡珊德拉　　　克柔薩 ✛ 伊尼亞斯　　　呂魯斯

阿斯卡尼斯

（達爾達諾斯王室血脈最
後一人，也是阿爾巴隆
伽[羅馬]王朝的創建者）

伊底帕斯（Oedipus）

伊底帕斯的名字可以解釋成「腫大的腳」或「以腳為憑據的真相」；他的親生父親是底比斯王萊瑤斯，母親是底比斯王后卡斯塔。萊瑤斯從神諭得知自己注定會死於兒子之手，所以伊底帕斯一出生，就被刺穿腳踝，棄置在喀泰戎山的山坡上等死。他的腳踝會被刺穿，用意是在製造缺陷，以免經過的陌生人把他救走。不過，負責帶寶寶伊底帕斯到山裡丟棄的牧羊人把他送給科林斯王的宮中人員，而這位宮中人員則把寶寶轉送給科林斯國王波里普斯及其妻子墨洛珀撫養。打從年少開始，伊底帕斯就時常聽人說他並不是波里普斯的兒子。長大後，他到德爾菲諮詢神諭，想了解該謠言是否屬實。神諭並未直接回答他的疑慮，只是讓他知道他命中注定會殺父娶母。聽到神諭如此解說，他離開德爾菲神殿之後，當下就決定永遠不回科林斯，以免預言成真。他在旅行的路上遇到一輛馬車，駕馭者是個老人；到了交叉路口，他與那位老人針對路權的問題吵了起來，最後他竟失手殺了那位陌生的老人。伊底帕斯有所不知的是：那位陌生的老人就是他的生父萊瑤斯——所以伊底帕斯畢竟還是殺了他的父親。索福克勒斯的《伊底帕斯王》（*Oedipus the King*）和《伊底帕斯在柯隆納斯》是這個故事最著名的版本；根據這兩部悲劇作品，伊底帕斯殺了陌生老人後，接著就來到底比斯。當時底比斯整個國家和人民正在遭遇怪獸斯芬克斯的迫害，許多人因為無法破解斯芬克斯的謎語而付出生命的代價。伊底帕斯解開了斯芬克斯的謎語——這件事除了為地方除害之外，也證實他是最有智慧的人。由於上述兩個原因，人們推舉他為底比斯王，並且把前任國王的遺孀卡斯塔嫁給他。他和卡斯塔生了四個孩子：兩個女兒名叫安蒂岡妮和伊斯墨涅，兩個兒子名叫厄特俄克勒斯和波里涅克斯。他的生活順遂，一切安好，直到後來底比斯城發生一場瘟疫。為了對抗瘟疫，他派他妻子的兄弟克瑞翁到德爾菲神殿諮詢神諭。神諭提供的解決方法是：找出殺害萊瑤斯的凶手，並將他驅離底比斯城。這名凶手當然就是伊底帕斯本人。但是當時他還沒意識到自己真實的身分。唯一會暴露他真實身分的線索是他的腳。在他努力尋找凶手的時候，卡斯塔首先猜到了他的身分，並且上吊自殺了。直到此時伊底帕斯才意會到自己的身分。心碎之餘，他刺瞎了自己的眼睛。但是他沒走上絕路，因為他認為不論對死者還是對生者而言，他都是個染汙之源。他選擇了自我流放。於是在女兒安蒂岡妮的陪伴下，他離開了底比斯，到鄉間四處流浪。一日，他們來到雅典的領地柯隆納斯。他無意中踏進了仁慈三女神歐墨尼德斯的聖林。柯隆納斯的當地居民希望染罪的伊底帕斯離開。此時他的處境可謂十分

艱鉅，克瑞翁和波里涅克斯的出現更讓情勢惡化。原來有個神諭提到只要伊底帕斯在場，底比斯就會安全無虞，所以克瑞翁帶來了軍隊，想把他強行押走。他的兒子波里涅克斯也想要帶他走，因為有了伊底帕斯，他就有望攻下底比斯城。自從伊底帕斯走後，他的兩個兒子本來說好輪流統治底比斯，時間是一年。不料一年期滿後，先上任的厄特俄克勒斯卻不肯退位，逼得波里涅克斯只好集結軍隊攻城，導致底比斯城一直處於動盪不安之中。至於伊底帕斯這邊，幸好雅典國王提修斯此時介入，給他提供了避難處，沒讓克瑞翁得逞。不久，伊底帕斯過世了，至於他的埋骨之所，除了提修斯，舉世無人知曉。從此以後，伊底帕斯就變成雅典的守望者。相反的，底比斯城則不斷遭逢攻擊；首先是遭受波里涅克斯和七雄的攻擊。過了幾年，當年七雄的兒子們為了替父親報仇，又再次帶軍來襲。厄特俄克勒斯和波里涅克斯兩兄弟在第一次底比斯戰爭中互相死於對方之手，應驗了伊底帕斯對他們的詛咒。

（也請參考 Antigone, Athens, Cithaeron [Mount], Colonus, Corinth, Creon, Delphi, Epigoni [the], Eteocles, Eumenides [the], Ismene, Jocasta, Laius, Merope [heroine], Polybus, Polyneices, Seven Against Thebes [the], Sphinx of Thebes [the], Thebes, *and* Theseus。）

俄紐斯（Oeneus）

俄紐斯是傳說中的國王，統治的國家是埃托里亞的卡利敦。他的子嗣中，最著名的是他與第一任妻子阿爾泰亞所生的德伊阿妮拉和梅列阿格，還有他與第二任妻子珀里波亞所生的堤丟斯。關於他的一生行止，神話學家阿波羅多洛斯和希吉努斯提供了大量細節，這是其中一例：據說俄紐斯注意到酒神戴歐尼修斯對他的妻子阿爾泰亞有意思，所以他就大開方便之門，讓酒神跟阿爾泰亞相處一段時間，而這段共同相處的成果就是德伊阿妮拉。事實上，德伊阿妮拉應該算是他的繼女。因為這件事，戴歐尼修斯送給俄紐斯一棵葡萄藤——這是一份很珍貴的禮物，他是第一個獲得這份禮物的凡人。後來德伊阿妮拉引來海克力斯的注意，所以俄紐斯就把她嫁給海克力斯——這是一項日後會讓海克力斯覺得後悔的聯姻。基本上，俄紐斯是個虔誠之人，不過不知道為什麼，他竟然在謝神祭時犯下一個錯誤：為諸神獻上第一份收穫的祭祀活動中，他卻漏掉了女神阿特米斯。阿特米斯很生氣，所以就派了一隻野豬，即所謂的卡利敦野豬，到卡利敦肆虐其土地和果園。在獵捕野豬的過程中，梅列阿格殺了他的舅舅（阿爾泰亞的兄弟），阿爾泰亞一怒之下，竟害得梅列阿格英年早逝，她自己也跟著賠上性命。俄紐斯後來另娶珀里波亞為妻。至於珀里波亞的來歷，有的資料說她是他的戰利

品，有的則說是珀里波亞的父親送來的，同時還附上一紙命令要俄紐斯殺了珀里波亞，理由是珀里波亞的名譽已經受損。最後的結果是：珀里波亞給俄紐斯生了兩個兒子，其中一個就是堤丟斯，亦即英雄狄俄墨德斯的父親。

（也請參考 Althea, Artemis, Calydon, Deianeira, Diomedes, Dionysus, Hercules, Meleager, *and* Tydeus。）

俄諾瑪俄斯（Oenomaus）

俄諾瑪俄斯是比薩城的國王；他是戰神阿瑞斯的兒子，所以戰神送他一份禮物：一對跑起來像風那麼快的駿馬。俄諾瑪俄斯強迫所有上門向他女兒希波達彌亞求婚的男子都得跟他來一場馬車比賽——當然，這是一場只有他會贏的比賽。珀羅普斯出現之前，他不知道已經擊敗了多少求婚者，而且所有求婚失敗的人全部遭他斬首處死。珀羅普斯會打敗俄諾瑪俄斯，那是因為他賄賂了俄諾瑪俄斯的車夫彌爾提洛斯，請車夫在比賽前給俄諾瑪俄斯的馬車動點手腳。果然，俄諾瑪俄斯在比賽中途被摔出車外，重傷而死。他死後，珀羅普斯繼承了他的王位，並且娶了希波達彌亞為妻。

（也請參考 Ares, Hippodamia, Myrtilus, *and* Pelops。）

翁法勒（Omphale）

翁法勒是呂底亞神話中的王后。根據歷史學家西西里的狄奧多羅斯的描述，海克力斯曾向依俄勒公主求婚，但沒有成功，所以後來他就殺了依俄勒的兄弟伊菲托斯。不久之後，海克力斯染上一種無法擺脫的怪病，令他痛苦萬分。他去阿波羅聖殿諮詢神諭。神諭給他的指示是：他得自願賣身為奴，然後把賣身為奴的所得悉數送給伊菲托斯的幾個兒子。結果海克力斯被賣給了翁法勒王后。此後海克力斯即忠心耿耿地為翁法勒王后工作：他替王后除去一直滋擾呂底亞的克爾科斯柏兄弟（Cercopes）——這兩個兄弟先前不時來呂底亞搶劫作惡，有時也會殺害她的人民或擄走人民。此外，他還用旭琉斯（Syleus）自己的鋤頭殺了旭琉斯，為附近的人民除害，因為旭琉斯會強迫路過的人到他的葡萄園替他鋤地。接著他洗劫了伊托尼人（Itoni）的城，並制伏了城內所有居民，主要的原因是伊托尼人侵占了呂底亞許多國土。翁法勒非常開心，於是就解除海克力斯的奴隸身分，還他自由。她還跟海克力斯生了一個兒子，亦即拉摩斯（Lamus）。

（也請參考 Apollo, Hercules, Iole, *and* Lydia。）

俄瑞斯特斯（Orestes） 俄瑞斯特斯的父親是邁錫尼國王阿伽門農，母親是邁錫尼王后克呂泰涅斯特拉。俄瑞斯特斯有三個姊妹：伊菲葛涅亞、伊勒克特拉、克律索特彌斯。他精采的生命故事是雅典三大劇作家艾斯奇勒斯、索福克勒斯和尤瑞比底斯的作品的核心主題；不過，故事裡的許多細節在每一次傳述時，多少都會有所更動。阿伽門農離家到特洛伊打仗後，克呂泰涅斯特拉找了埃癸斯托斯當她的情人。此時還是嬰兒的俄瑞斯特斯就被送到弗克斯的斯特洛菲俄斯王（King Strophius）那裡，表面上的理由是為了他的安全。過了十年，阿伽門農結束特洛伊的戰事，回返邁錫尼。不過，他一回來就遭逢克呂泰涅斯特拉的毒手，被殺身亡。俄瑞斯特斯長大後曾到德爾菲的阿波羅神殿諮詢神諭，而阿波羅給他的指導是：回邁錫尼為他父親之死復仇。於是在弗克斯友人皮拉德斯的陪同下，俄瑞斯特斯回到邁錫尼；根據某些敘事版本，他是在姊妹的幫助下殺了克呂泰涅斯特拉和埃癸斯托斯。犯下兩起謀殺案後，俄瑞斯特斯一直遭受厄里倪厄斯（復仇女神）無情的追趕，直到他去了雅典，站在阿瑞斯聖山神聖的法庭上受審為止。根據艾斯奇勒斯的描述，雅典娜在法庭上為他開脫罪名，並安撫復仇女神厄里倪厄斯，把她們變成仁慈女神歐墨尼德斯。這個故事還另有一個版本，亦即尤瑞比底斯在《伊菲葛涅亞在陶里斯》所表現的主題：在阿波羅的指導下，遭受復仇女神無情追趕的俄瑞斯特斯來到蠻荒之地陶里斯；他到該地的目的是尋找阿特米斯的雕像——據說該木頭雕像是從天上掉落人間，因此特別珍貴。俄瑞斯特斯的任務是把該雕像帶回雅典。在友人皮拉德斯的陪伴下，俄瑞斯特斯到了陶里斯，並在那裡遇到他的姊姊伊菲葛涅亞。原來當年阿特米斯救了伊菲葛涅亞，除了使後者免受活人獻祭的危難，還把後者帶到陶里斯擔任其神殿的女祭司。在伊菲葛涅亞的幫忙下，俄瑞斯特斯完成任務。他後來登上王位，成為邁錫尼和斯巴達的國王。

（也請參考 Aegisthus, Agamemnon, Apollo, Athens, Chrysothemis, Clytemnestra, Delphi, Electra [heroine], Erinyes [the], Eumenides [the], Iphigeneia, Mycenae, Pylades, Sparta, Taurians [the], *and* Troy。）

俄里翁（Orion） 俄里翁是個身材巨大無比的著名獵人。他死後，諸神使他上升天界，化成星座——這星座至今仍以他的名字命名，即獵戶座。

（請參考 Orion [prodigies]。）

俄瑞緹伊亞（Orithyia） 俄瑞緹伊亞的名字亦可拼寫為 "Oreithyia"（俄蕾緹伊亞）；根據詩人荷馬，她是一位海寧芙仙子涅瑞伊德斯，不過一般上她比較知名的身分是公主——她的父親是雅典國王厄瑞克透斯，母親是雅典王后普拉希提亞。據說俄瑞緹伊亞在伊利索斯河岸上跳舞時，北風之神玻瑞阿斯看上她，並且把她拐走。她為北風之神生了好幾個小孩，其中有兩個兒子生有雙翼，亦即仄忒斯和卡拉伊斯；這對會飛的兄弟日後將會參加英雄傑森的探險隊去尋找金羊毛。

（也請參考 Athens, Boreas, Calais, Erechtheus, Ilissus River [the], Jason, Nereids [the], *and* Zetes。）

奧菲斯（Orpheus） 奧菲斯是一位著名的歌者和樂師；他的母親是繆斯女神卡莉俄佩，父親是色雷斯國王厄阿格羅斯——有些版本說他的父親是阿波羅，而且據說他的里拉琴藝得自阿波羅的真傳。奧菲斯曾經參加英雄傑森的金羊毛探險之旅，不過他最著名的故事跟他妻子之死與他自己之死的事件有關。奧菲斯的妻子尤麗狄絲是個娜伊阿德斯（寧芙仙子）。有一回，尤麗狄絲在森林裡遇到鄉野之神阿瑞斯泰俄斯，後者企圖強暴她。她見狀立刻逃走，但是她在逃跑的途中不幸被蛇咬傷。結果那是一條毒蛇，所以尤麗狄絲就毒發而亡。奧菲斯非常傷心，一路追隨著她，一直追到冥界。根據羅馬詩人奧維德的描述，黑帝斯、普洛塞琵娜和冥界所有居民都被他的音樂感動得掉下眼淚。冥帝與冥后同意暫緩尤麗狄絲之死期，允許奧菲斯把她帶回人間，條件是在回返人間的路上，他絕對不能回頭。不過，奧菲斯因為擔心妻子，所以在還沒完全離開冥界之前，他就回頭去看尤麗狄絲是否跟上來。他這一看，尤麗狄絲就重新被帶回冥界。奧菲斯悲痛欲絕，獨自一人在大地上流浪，孤單地唱著哀悼的歌；他的哀歌是如此淒涼，以至於連動物、石頭和樹木都深受感動。一連三年，他一直都在哀悼與思念尤麗狄絲。一日，他在色雷斯山區遇到酒神女信徒邁納德斯。由於他不理會那群女信徒的示愛，她們一怒之下，竟把他分屍了。他的大部分遺體留在遇害地點，但是他那顆仍然還在唱著哀歌的頭，還有那把依然在響的里拉琴卻隨著希柏魯斯河的河水流向大海，最後漂流到萊斯博斯島（Lesbos）——所有傑出詩人的故鄉。直到那時，奧菲斯的靈魂才進入冥界跟他心愛的尤麗狄絲團聚。

（也請參考 Apollo, Aristaeus, Calliope, Eurydice [nymph], Hades [god], Jason, Maenads [the], Muses [the], Naiads [the], Proserpina, Thrace, *and* Underworld [the]。）

帕利努魯斯（Palinurus）

帕利努魯斯是跟著伊尼亞斯從特洛伊航向義大利的難民之一。可能是時運不濟，當這一行人終於抵達義大利海岸附近，身為舵手的帕利努魯斯竟屈服於睡神索姆努斯的魔力，不慎掉落海裡。當他被海浪沖上岸時，當地民眾對他展開攻擊，並且把他殺了。伊尼亞斯後來進入冥界遊歷時，還曾在冥河的岸上遇到他。由於他死後沒人為他舉行下葬儀式，所以他只能在岸上徘徊，無法渡過冥河。當時陪伴伊尼亞斯進入冥界的女先知西比拉於是安慰帕利努魯斯，說他將來一定會獲得適當的葬儀，因為義大利西岸將會開發一塊土地，那時就會有一個岬角以他的名字命名，稱為帕利努魯斯岬角（Cape Palinurus）。女先知的這些話，終於消除了帕利努魯斯的憂慮。

（也請參考 Aeneas, Sibyl of Cumae [the], Somnus, Styx [the River], Troy, *and* Underworld [the]。）

帕拉斯（Pallas）

古典神話故事有好幾個名叫帕拉斯的角色，其中一個是泰坦神，一個是巨人族。有時候，甚至女神雅典娜也會被稱為帕拉斯。不過，以這個名字為名的人類英雄出現在維吉爾的史詩《伊尼亞斯紀》。這位帕拉斯是阿卡迪亞國王厄凡德爾的兒子。厄凡德爾日後創建了一個稱為帕拉提姆的城市，而這個地點日後將以羅馬的帕拉廷丘聞名於世。厄凡德爾是伊尼亞斯的重要盟友——原來伊尼亞斯從特洛伊來到義大利之後，就不斷面對當地民眾的反抗，站在他旁邊支持他的，只有厄凡德爾而已。厄凡德爾甚至把他的寶貝兒子帕拉斯託付給伊尼亞斯。不過在戰爭中，帕拉斯最終被魯圖里王子圖爾努斯殺了。在史詩的結尾，詩人說伊尼亞斯就是不肯放過圖爾努斯，一定要把圖爾努斯殺了才甘休，其原因就是為了替帕拉斯復仇，為了要以圖爾努斯的死來獻祭帕拉斯。

（也請參考 Aeneas, Arcadia, Evander, Giants [the], Pallas [goddess], Rome, Rutulians [the], Titans [the], Troy, *and* Turnus。）

潘達羅斯（Pandarus）

潘達羅斯的父親是阿卡迪亞的國王萊卡翁——這位國王生性殘暴，最後被諸神變成了狼。特洛伊戰爭爆發時，潘達羅斯是特洛伊人的盟友。戰爭的某段時間中，希臘人和特洛伊人原本已經談好休戰協定，後來因為女神雅典娜的介入，潘達羅斯竟對斯巴達國王墨涅拉俄斯射了一箭，把墨涅拉俄斯打傷。這一箭毀了兩軍之前的和平協定，戰爭於是再

度爆發。潘達羅斯最後死於希臘英雄狄俄墨德斯之手。

（也請參考 Arcadia, Athena, Diomedes, Lycaon, Menelaus, *and* Troy。）

潘朵拉（Pandora）

潘朵拉的名字意思是「萬物的給予者」；根據希臘詩人海希奧德的說法，潘朵拉是世間第一個凡人女子。她是鑄造之神赫菲斯托斯奉宙斯之命，使用泥土和水形塑的凡女，而宙斯之所以要赫菲斯托斯打造潘朵拉，目的是懲罰普羅米修斯過於心向人類，幫了人類太多忙。原來普羅米修斯除了為人類偷盜諸神的火種，還在人類祭神時，用計誘騙宙斯，害得宙斯接受那份比較不豐盛的祭禮。潘朵拉打造好之後，諸神紛紛賜給她禮物：雅典娜教她編織技術並給她穿上閃亮的華服；阿芙蘿黛蒂賜給她優雅和美麗；美惠女神和勸說女神佩托給她戴上金項鍊；時序三女神荷萊給她戴上花環頭飾。不過，荷米斯教會她厚臉皮、欺騙別人並賜給她言說的能力。一切就緒，宙斯卻沒把潘朵拉送給普羅米修斯，因為普羅米修斯的名字意思是「先見之明」，他若看到潘朵拉，必定也會意識到災難來臨。宙斯因此把潘朵拉送給普羅米修斯的兄弟，亦即「後見之明」厄毗米修斯。災難果真來臨，厄毗米修斯收下潘朵拉不久，潘朵拉就打開了她帶來的一個箱子（雖然諸神曾交代她不能打開）。箱子裡飛出許多東西，有些東西固然會給人類帶來福祉，但是其中也有悲傷、疾病和某些人類過去未曾經歷過的苦難。只有一樣東西因為卡在箱蓋下面沒飛出去——那就是希望。

（也請參考 Aphrodite, Athena, Epimetheus, Graces [the], Hephaestus, Hermes, Prometheus, *and* Zeus。）

帕里斯（Paris）

帕里斯有時又被稱為帕里斯・亞歷山大（Paris Alexander），或僅稱亞歷山大或亞歷山多洛斯，意思是「人類的救助者」。他的父親是特洛伊王普里阿摩斯，母親是特洛伊王后赫庫芭。他有好幾位著名的兄弟姊妹，包括赫克托爾（特洛伊城最堅定的捍衛者）、卡珊德拉和赫勒努斯（有預知能力的雙胞胎）、活人獻祭的犧牲者波呂克塞娜。據說他的母親在懷他時，曾夢見他日後將會毀掉特洛伊，所以他一出生後，國王和王后就命王宮裡的牧羊人把嬰兒帕里斯丟在伊達山附近的山坡上。過了數天，那位牧羊人回到棄嬰地點，發現帕里斯還活著，因為有一隻熊在過去幾天裡，一直來給他餵奶。那位牧羊人於心不忍，就把帕里斯帶回家了。長大後，帕里斯來到特洛伊。他參加每一場普里阿摩斯王舉辦的葬禮運動競賽，而且每一場

都奪得勝利。事實上，他是在差一點就死於自己兄弟德伊弗波斯之手的比賽中，被卡珊德拉認了出來。從此以後，他就被納入王室家庭。接下來發生的事件是：他在伊達山牧羊時，赫拉、雅典娜和阿芙蘿黛蒂三位女神出現在他面前，請他把著名的金蘋果頒給她們當中最美的一位。他之所以會被賦予這項任務的理由是他本身是個美男子。那顆金蘋果是帕琉斯和特提斯結婚時，「衝突」女神厄里斯送到婚禮現場的禮物。三位女神都想贏得最美女神的頭銜，所以為了確保自己會贏，她們每一位都以各自的方式來賄賂帕里斯：赫拉提供他龐大的國土，雅典娜保證他會在戰場上戰無不勝，不過阿芙蘿黛蒂最了解他——她答應賜給帕里斯世上最美麗的女人。對帕里斯而言，這並不難決定：他把金蘋果給了阿芙蘿黛蒂，而他獲得的獎品就是海倫——斯巴達國王墨涅拉俄斯的妻子。帕里斯接著就啟航前往斯巴達，並獲得國王和王后的熱情招待。後來墨涅拉俄斯有事離開斯巴達，帕里斯就趁機把海倫拐回特洛伊——至於海倫的出走，有些故事認為海倫是自願的，有些故事則不以為然。由於當年有資格的希臘貴族青年都曾向海倫求過婚，海倫的父親事先即曾很睿智地要求所有求婚者立誓尊重他（或海倫）的決定，並且保證有需要的時候，大家都必須幫忙那位雀屏中選的新郎。現在那位被選中的新郎墨涅拉俄斯真的需要大家的幫忙了。全體希臘人因此聚集起來，組成一千艘戰船的軍隊，然後在墨涅拉俄斯的兄長（即邁錫尼國王）阿伽門農的領導之下，浩浩蕩蕩地馳向特洛伊。希臘人這次開戰的目的有二，一是把海倫奪回來，二是給特洛伊人一點教訓。希臘人和特洛伊人一打就是十年；根據荷馬的《伊利亞德》，到了第十年，帕里斯才和墨涅拉俄斯單獨交手，目的是以這次單挑的結果來中止這場戰事。不過，就在帕里斯差不多快要落敗，幾乎就快被殺的那一刻，阿芙蘿黛蒂出手救了他。兩軍也就只好繼續打下去。最有希望守住特洛伊城的戰將是帕里斯的兄弟赫克托爾，不過赫克托爾後來死於阿基里斯之手。最後帕里斯一箭射死了阿基里斯；帕里斯本身則喪生於希臘英雄菲羅克忒特斯的箭下，亦即海克力斯臨終前送給菲羅克忒特斯的其中一支毒箭。

（也請參考 Achilles, Agamemnon, Aphrodite, Athena, Cassandra, Eris, Hector, Hecuba, Helen, Helenus, Hera, Ida [Mount], Menelaus, Mycenae, Peleus, Philoctetes, Polyxena, Priam, Sparta, Thetis, *and* Troy。）

帕爾特諾派俄斯（**Parthenopaeus**）帕爾特諾派俄斯的身世有幾

個不同的說法，一說他是「七雄攻底比斯」的其中一位將領，也是阿爾戈斯王阿德拉斯特斯的兄弟；「七雄攻底比斯」這支軍隊有七位將領，包括伊底帕斯的兒子波里涅克斯，聚集的目的是攻打底比斯城。另一說則提到他是飛足女獵人亞特蘭妲和墨拉尼翁的兒子；墨拉尼翁能娶到亞特蘭妲，那是因為他事先得到阿芙蘿黛蒂的幫忙。

（也請參考 Adrastus, Aphrodite, Argos, Atalanta, Eteocles, Meleager, Oedipus, Polyneices, Seven Against Thebes [the], *and* Thebes。）

帕特羅克洛斯（Patroclus） 帕特羅克洛斯是墨諾提俄斯的兒子，出生於希臘中部地區的洛克里斯城。他年輕時殺了一個跟他一起玩骰子遊戲的男孩，為了這個原因，他和他的父親就離家出外流放。他們來到弗提亞，住在帕琉斯王的王宮裡。從此以後，他就成為帕琉斯王之子阿基里斯的忠實伴侶和摯友。特洛伊戰爭進入第十年，阿基里斯因故退出戰場。一開始，帕特羅克洛斯也跟著退出戰場。但是過了不久，他就重返戰場——他穿上阿基里斯的甲冑，代替阿基里斯出戰。雖然阿基里斯曾警告他，要他只打驅逐戰，亦即把來犯的特洛伊人驅離希臘人的軍營即可。但是他硬是要待在主戰場，而且還勇猛作戰，殺了許多敵人，其中包括宙斯的兒子薩爾珀冬。帕特羅克洛斯最後被赫克托爾殺死之前，其實已經被天神阿波羅和一個名叫歐弗布斯（Euphorbus）的戰士打傷。帕特羅克洛斯的死，讓阿基里斯走出孤立的狀態，重新回到戰場——他出戰的唯一理由就是為朋友的死復仇。他也果真如願地復了仇——殺死赫克托爾，毀損赫克托爾的大體，一直到諸神都看不下去為止。

（也請參考 Achilles, Apollo, Hector, Peleus, Sarpedon, Troy, *and* Zeus。）

珀拉斯古斯（Pelasgus） 珀拉斯古斯是珀拉斯吉人這一部族的命名由來；一般來說，珀拉斯吉人據信是希臘的原初住民，比後來的希臘人更早住在希臘境內。至於珀拉斯古斯——根據不同的資料，他被列為好幾個地區的國王：阿爾戈斯、阿卡迪亞和色薩利。他的身世也有多種不同的說法，其中之一說他是宙斯和尼俄柏的兒子。根據希臘詩人海希奧德，珀拉斯古斯則是從大地誕生的地生人。在阿卡迪亞，他以文化英雄著稱，據說他教導人民如何建造茅屋，如何利用獸皮製作衣服。他的妻子是大洋寧芙仙女墨莉波俄（有的資料說是寧芙仙子庫勒涅），兩人育有一子叫萊卡翁。根據羅馬詩人奧

維德的敘事，這個萊卡翁因為生性殘酷暴虐，後來被諸神變成豺狼。

（也請參考 Arcadia, Argos, Lycaon, Niobe, Oceanids [the], Thessaly, *and* Zeus。）

帕琉斯（Peleus）

帕琉斯是色薩利地區弗提亞城的國王；他雖然以身為阿基里斯之父這個身分知名於世，但是他本人也是個著名的戰士。他的父親是埃癸娜島的國王埃阿科斯，他有一個兄弟名叫特拉蒙。由於帕琉斯與特拉蒙殺了他們的同父異母兄弟，因此被國王逐出埃癸娜島。帕琉斯流亡到弗提亞，國王歐律提翁（King Eurytion）接納了他，並把女兒安蒂岡妮嫁給他。不過後來安蒂岡妮受到矇騙，以為帕琉斯對她不忠，因而自殺身亡。帕琉斯參加了卡利敦野豬狩獵活動，結果在追捕野豬的過程中，失手殺了他的岳父歐律提翁。他也參加了傑森尋找金羊毛的探險之旅。後來諸神把女神特提斯嫁給他為妻，因為他是大家公認的人中翹楚——當然也有可能是因為宙斯和波賽頓雖然喜歡特提斯，卻不想跟特提斯生下比自己更強大的兒子。據傳帕琉斯必須努力鍛鍊體魄，以便在體力上贏過他未來的新娘；他後來也真的成功抓住特提斯，不管特提斯從女身變成野獸，又從野獸變成了火焰，他都不曾放手。諸神都來參加他們的婚禮，只除了衝突女神厄里斯例外。沒邀請厄里斯的後果有二，一是發生了由特洛伊王子帕里斯擔任裁判的選美「比賽」，二是導致特洛伊戰爭的開打。

帕琉斯與特提斯生下阿基里斯之後，由於特提斯希望阿基里斯可以獲得永生，就把小阿基里斯放在爐火的餘燼上鍛鍊。帕琉斯看到不禁嚇壞了；特提斯只得放棄她的努力，而且離開王宮，回返海洋。根據其他故事傳統，特提斯採用的是另一個方法，亦即把阿基里斯倒提著浸入斯堤克斯河。無論如何，帕琉斯都活得比他的兒子長，因為阿基里斯並未獲得永生，在特洛伊戰爭的尾聲中，他不幸死於特洛伊王子帕里斯的箭下。

（也請參考 Achilles, Aeacus, Aegina, Calydon, Eris, Jason, Paris, Poseidon, Styx [the River], Thessaly, Thetis, Troy, *and* Zeus。）

珀利阿斯（Pelias）

珀利阿斯是色薩利城市伊奧爾科斯的國王。他的父親是波賽頓，母親是蒂洛——波賽頓當年化身為河神厄尼珀斯（Enipeus），強暴了蒂洛；蒂洛生下珀利阿斯和涅萊烏斯這對雙胞胎兄弟後，就把他們丟棄野外。一群牧羊人發現了這對兄弟，並把他們帶回家撫養。根據神話學家阿波羅多洛斯的描述，"Pelias"（珀利阿斯）這個名字的意思是疤痕

（*pelion*），亦即當初其中一個牧人的馬踢到他，然後在他額頭上留下的印記。長大後，珀利阿斯終於跟他的母親蒂洛團聚；由於蒂洛一直遭受她的繼母西得洛（Sidero）的虐待，所以他追殺西得洛追到赫拉的神殿，並把西得洛拖出來殺死。由於西得洛已經躲入神殿，理應得到庇護，免除任何暴行。珀利阿斯殺死西得洛的行為種下一個禍根，導致他日後犯下一連串的惡行。他有個同母異父的兄弟名叫埃宋；埃宋本來應該繼承王位，成為伊奧爾科斯城的國王。不過他把埃宋趕走，自立為王。埃宋的兒子傑森後來回來跟他要回王位；為了除去傑森，他竟派傑森到柯爾基斯去取回金羊毛，一心以為傑森到了柯爾基斯那種蠻荒之地，必定有去無回。不過傑森克服萬難，帶著金羊毛和柯爾基斯公主美狄亞回到伊奧爾科斯城。珀利阿斯依然還是拒絕把王位還給傑森。美狄亞於是利用她的魔法，終結了珀利阿斯的生命。原來美狄亞欺騙珀利阿斯的幾個女兒，說她可以讓她們年老的父親變年輕，重拾青春。她首先把一隻老羊切塊並放入一個充滿魔法藥水的鍋子裡，結果從鍋子裡跳出一隻活生生的小羊。珀利阿斯的幾個女兒見狀，就決定讓她們的父親也接受這個回春療程。不過，美狄亞為了替傑森復仇，就把珀利阿斯的肢體丟入一個只有清水，沒有魔法藥水的鍋子裡。

（也請參考 Aeson, Colchis, Hera, Iolcos, Jason, Medea, Neleus, Poseidon, Sidero, Thessaly, *and* Tyro。）

珀羅普斯（Pelops）

珀羅普斯是女神狄俄涅與坦塔羅斯的兒子；坦塔羅斯擁有親近諸神的特權，不過他同時也是最會濫用此種特權的人——他最大的罪過就是剁了他的兒子珀羅普斯，然後使用兒子的肢體作為燉菜的食材，並以這樣的食物來宴請諸神。赴宴的諸神幾乎每一位都及時發現坦塔羅斯所做的事，只有狄蜜特例外。當時狄蜜特仍在為女兒玻瑟芬妮的失蹤而傷心，一時不察，就吃了幾口放在她眼前的燉菜，完全不知道自己吃掉的是珀羅普斯的肩胛骨。後來宙斯重組珀羅普斯，並使珀羅普斯復生的時候，為了讓他的身體完整，只得用象牙來替代被女神啃掉的肩胛骨。長大成人後，珀羅普斯立志要娶美麗的希波達彌亞為妻。希波達彌亞是比薩國王俄諾瑪俄斯的女兒，在他之前，已經有許多人跟她求婚，但是這許多人都因為求婚失敗而賠上了性命。原來只要有人來向她求婚，她的父親就會請求婚者跟他來一場戰車賽。這個比賽只有國王會贏，因此所有求婚者全都輸了，而且全都被國王砍頭處死。珀羅普斯事先賄賂國王的戰車御者彌爾提洛斯，請後者卸

下對手車輪上的輪軸。珀羅普斯最後不僅贏得比賽，而且也獲得比薩城的王位，因為在比賽的過程中，由於車子已經被動了手腳，俄諾瑪俄斯於是被摔出車外，重傷身亡。比賽結束後，珀羅普斯並未遵守他對車夫彌爾提洛斯的承諾，反而把對方推下懸崖。彌爾提洛斯臨死前，以僅剩的一口氣詛咒珀羅普斯和他的子孫。這群受到詛咒的子孫當中，包括通姦者堤厄斯特斯、阿楚斯、阿楚斯之子阿伽門農和墨涅拉俄斯。珀羅普斯的這幾個子孫全都是悲劇人物——阿伽門農後來死於妻子之手，墨涅拉俄斯娶了美麗的海倫。儘管珀羅普斯受到詛咒，他後來還是創造了強大的國勢，將其勢力遠遠擴展到整個伯羅奔尼撒半島——伯羅奔尼撒半島即以他的名字命名，意思是「珀羅普斯的島」（"Island of Pelops"）。根據傳統，他和俄諾瑪俄斯之間的賽車是個創始事件，帶來後來的奧林匹克運動會（Olympic Games）；據說最初奧林匹克運動會是在奧林匹亞宙斯聖堂舉辦，而這個地點過去正是比薩城的領土範圍。
（也請參考 Agamemnon, Atreus, Demeter, Dione, Helen, Hippodamia, Menelaus, Myrtilus, Oenomaus, Olympia, Tantalus, Theyestes, *and* Zeus。）

潘妮洛碧（Penelope）

潘妮洛碧是斯巴達國王伊卡里烏斯的女兒；她嫁給奧德修斯，生有一子名叫特勒瑪科斯；她同時亦被視為忠實妻子的典範。特洛伊戰爭結束後，奧德修斯許久沒回鄉，因此伊薩卡島所有有資格的年輕人都上門向她求婚。她想了一個藉口，告訴他們說她必須替她的家翁拉厄爾特斯織好裹屍布，然後再決定要改嫁給誰。潘妮洛碧白天織布，晚上則把白天織好的布拆掉。她的拖延之計最後被那些求婚者發現了，他們因此逼迫她趕緊完成工作。幸運的是，過了不久，奧德修斯就回來了。她就像奧德修斯那樣聰明和謹慎——她並不確定眼前的人就是如他所說的奧德修斯，因為畢竟已經許多年不曾見面。她因此給了奧德修斯一項考驗：她當著「奧德修斯」的面，吩咐保姆尤麗克萊亞把她結婚的床搬出來，讓剛剛回來的「奧德修斯」休息。她會這麼說，那是因為只有真正的奧德修斯才會知道這是辦不到的事。原來當初奧德修斯是以一段橄欖樹的樹樁為中心，繞著這中心來建造他的王宮，而他們結婚的床正是由那段樹樁雕刻而成。
（也請參考 Eurycleia, Ithaca, Laertes, Odysseus, Sparta, Telemachus, *and* Troy。）

彭特西勒亞（Penthesileia）

彭特西勒亞是個亞馬遜女戰士；根據希臘詩人士麥那的昆圖斯的說法，她是戰神阿瑞斯的女兒。赫克托爾死後，

彭特西勒亞來到了特洛伊，成為特洛伊人的同盟。她之所以來參戰，目的是為了滌除一項令人悲傷的罪行：她在打獵時，不小心殺死自己的姊妹希波麗塔。她在戰場上勇敢作戰，殺了許多希臘人。不過最後她和她的馬都被阿基里斯那支可怕的白蠟木矛射中，傷重倒地不起。當她奄奄一息倒在地上時，阿基里斯竟被她的美貌征服，愛上了垂死的她。

（也請參考 Achilles, Amazons [the], Ares, Hector, Hippolyta, *and* Troy。）

彭透斯（Pentheus）

彭透斯的母親是底比斯王卡德摩斯之女阿高厄，父親名叫厄喀翁，是當年卡德摩斯播下龍牙之後，從泥土裡跳出來的戰士之一，亦即所謂的「斯巴提人」。卡德摩斯上了一點年紀之後，就把底比斯的王位讓給彭透斯。就在彭透斯擔任國王的期間，他的表兄弟戴歐尼修斯來到了底比斯。原來戴歐尼修斯為了把酒神崇拜引入希臘，於是決定造訪希臘諸城，而他第一個到訪的城市就是底比斯。不過彭透斯並不太相信這位年輕的新神，所以企圖把他和那群已經加入酒神信徒的底比斯市民抓起來，關入監牢；那群底比斯市民包括卡德摩斯、先知特伊西亞斯、他的母親阿高厄、兩個阿姨伊諾和奧托諾伊。可以想見的是，他根本不是酒神的對手——酒神太強大了，而且他對酒神不敬，也會遭受酒神的懲罰。事實上，彭透斯固然對酒神的陰性氣質感到不安，另一方面他也對酒神感到好奇，同時也想知道酒神的女性信徒（又稱邁納德斯或巴克坎忒斯）的活動情況。後來，他得知那群女性信徒被帶往野外，並在野外瘋狂跳舞並照顧她們發現的小動物時，他就偷偷去一探究竟。本來還在狂歡的巴克坎忒斯看到彭透斯正在偷窺，突然變得凶狠起來。阿高厄首先發難，領著其他女信徒衝向彭透斯，把他的肢體撕裂開來；她們誤認他是一隻小動物，因此把他當作祭品撕裂之，生食之，以此方式祭祀酒神——「撕裂與生食」（*sparagmos* and *omophagia*）是已知的巴克坎忒斯的古代儀式。

（也請參考 Agave, Autonoe, Bacchantes [the], Cadmus, Dionysus, Ino [heroine], Teiresias, *and* Thebes。）

帕爾迪斯（Perdix）

帕爾迪斯是雅典國王厄瑞克透斯的曾孫，著名工藝巧匠戴達羅斯的侄兒。根據羅馬詩人奧維德與其他作家的描述，帕爾迪斯發明了鋸子和羅盤。戴達羅斯看了覺得很妒忌，就把帕爾迪斯推下雅典衛城。不過，工匠保護神米娜瓦救了他，把他變成一隻鷓鴣——這種鳥在希臘

文稱為 "*perdix*"，就是以他的名字來命名。

（也請參考 Acropolis [the], Athens, Daedalus, Erechtheus, *and* Minerva。）

柏修斯（Perseus）

希臘英雄柏修斯的父親是宙斯，母親是阿爾戈斯王阿克里西俄斯的女兒達娜俄。阿克里西俄斯從神諭得知他注定會死於孫子之手以後，就想盡辦法把女兒囚禁起來，不讓任何人靠近。至於囚禁公主的地點，神話學家阿波羅多洛斯說是一間深埋地底、由青銅打造的閨房；羅馬詩人奧維德認為那是一座由黃銅打造的高塔；神話學者希吉努斯則認為是一個由石頭砌成的地下碉堡。不管怎樣，這間囚室根本無法擋住宙斯——他化作一道金光，進入囚室與達娜俄同床共寢，並且讓達娜俄懷了孕。阿克里西俄斯知道女兒懷孕後，雖覺得驚慌，但是卻也不想犯下殺人的血罪，於是他就命人把女兒和她生下的寶寶一起關入木箱，然後丟入大海，想說母子倆在海上漂流一定活不成。不過，這個方法並不管用，因為箱子飄到塞里弗斯島時，當地有個名叫狄克堤斯的漁夫發現了箱子，並且收留了母子倆。這位狄克堤斯的兄弟是塞里弗斯島的國王波里德克特斯，而波里德克特斯後來看上了達娜俄，並且向她求婚。

此時柏修斯已經長大成人。也許是他反對母親再嫁，或許是波里德克特斯想獨占達娜俄，總之波里德克特斯設下計謀，想藉此除掉柏修斯：他跟柏修斯說他要戈爾貢美杜莎的頭作為結婚禮物。對任何普通的凡人來說，這當然是一項不可能完成的任務。不過，柏修斯不同，他有雅典娜和荷米斯兩位天神的幫忙。他首先去找女妖格賴埃（又名「老婦人」或「灰髮姊妹」），因為格賴埃是戈爾貢的姊妹，她們知道如何找到戈爾貢。不過，她們一開始並不想告訴柏修斯，直到柏修斯用計奪走三姊妹共用的一顆眼睛和一顆牙齒，她們這才鬆了口。根據她們的指示，柏修斯得首先去找北方寧芙仙子，因為她們擁有完成任務的必要配備。確實是如此，北方寧芙仙子給柏修斯一個皮製背包、一雙有翼涼鞋和一頂戴了就會隱形的帽子。此外，荷米斯給他一把鐮刀，雅典娜給他一面打磨得很亮的盾牌——這面盾牌很重要，柏修斯必須以盾牌為鏡，用它來鎖定戈爾貢姊妹的位置，因為任何人只要直接看到這幾個身上覆蓋著鱗片、頭上長角且披著一頭蛇髮的女妖，都會立刻變成石頭。找到戈爾貢姊妹的巢穴之後，隱形的柏修斯趁美杜莎睡覺時，迅速割下她的頭，裝入他的小背袋裡。美杜莎的兩個戈爾貢姊妹此時霍然驚醒，立刻跳起來來追殺柏修斯。不過由於柏修斯腳上穿著會飛的涼鞋，所以他很快就飛離

現場，擺脫兩個戈爾貢的追趕。從美杜莎的斷頸或從她灑下的血泊中，生出了飛馬佩格索斯和克律薩俄爾（一個相對來說比較鮮為人知的巨人）。柏修斯提著美杜莎仍在滴血的首級飛走時，他腳下的大地湧現了無數毒蛇。

在返回塞里弗斯島的途中，柏修斯首先去找阿特拉斯復仇；原來在這之前阿特拉斯怠慢了他，因此這次他對阿特拉斯高舉著美杜莎的頭，把後者變成石山——時至今日，這座石山仍以阿特拉斯的名字命名。柏修斯接著在埃及短暫停留——由於他與達那俄斯有親屬關係，因此埃及也算是他的先祖的故鄉，而且日後他也會在此地得到人們的崇拜。此外，他還在衣索比亞海岸的懸崖上看到安朵美達公主，並且立刻愛上她。至於安朵美達會被留在懸崖上，那是因為她父王克甫斯必須把她獻給波賽頓派來滋擾當地水域的海怪，以此方式向海寧芙仙子們贖罪——原來克甫斯王的妻子卡西俄珀亞曾誇口自己比海寧芙仙子們漂亮，從而得罪了她們。柏修斯殺了海怪和安朵美達的叔叔菲紐斯兼前追求者後，就與安朵美達結婚，然後帶她回到塞里弗斯島。在塞里弗斯島，柏修斯再度拿出戈爾貢美杜莎的頭，把波里德克特斯變成石頭，因為後者並未善待狄克堤斯和他的母親。由於他再也用不到有翼涼鞋和隱形帽，所以就託荷米斯把這些物件送去還給北方寧芙仙子。至於美杜莎的頭，他轉而送給雅典娜，雅典娜則把那顆頭固定在胸鎧或盾牌上，作為標誌。柏修斯接著立狄克堤斯為塞里弗斯島的國王。他自己則帶著母親達娜俄離開塞里弗斯島，出去尋找他的外祖父阿克里西俄斯。在這之前，阿克里西俄斯因為聽說他的外孫還活著，擔心神諭會成真，所以早就離開他的國家阿爾戈斯。雖然如此，神諭的預言還是真的發生了，因為在不知情的狀況下，柏修斯還是殺了他的外祖父阿克里西俄斯。當時他在拉里薩城參加一項運動競賽，他擲出的鐵餅打死一名觀眾——那位觀眾就是阿克里西俄斯。在此情況下，柏修斯不想回去阿爾戈斯城，所以就把他的王位讓給他的親戚墨伽彭特斯（Megapenthes），自己則到提林斯，坐上墨伽彭特斯的王座。根據某些故事所述，柏修斯是在他發現水源的地方或在他的劍鞘落地之處，建立了邁錫尼城。

柏修斯和安朵美達建立了柏瑟伊德王朝（Perseid Dynasty），生養七個孩子：這七個孩子都各有各的成就：柏瑟斯被波斯諸王視為他們的祖先；阿爾卡俄斯成為安菲特律翁的父親；斯特涅洛斯（Sthenelus）生下著名的兒子歐律斯透斯，亦即派給海克力斯十二項任務的國王；厄勒克特律翁的女兒阿爾克墨涅日後會成為海克力斯的母親。

古代旅行作家保薩尼亞斯給這個故事增添了幾個細節：柏修斯死後，除了受到埃及人的敬拜之外，在其他好幾個城市也特別受人崇敬，包括阿爾戈斯及其附近地區、邁錫尼、雅典和塞里弗斯島。此外，他和他的親眷死後，全都化成了星座——這幾個親眷是卡西俄珀亞、克甫斯和安朵美達。

（也請參考 Acrisius, Alcaeus, Alcmena, Andromeda, Argos, Athena, Atlas, Cassiopeia, Cepheus, Chrysaor, Danae, Dictys, Electryon, Ethiopia, Eurystheus, Gorgons [the], Graiae [the], Hercules, Hermes, Larissa, Medusa, Mycenae, Pegasus, Perses, Phineus, Polydectes, Seriphus, Tiryns, *and* Zeus。）

費阿克人（Phaeacians, The）

費阿克人是諸神寵愛的民族，他們的居住地是斯科里亞島。不過，這群著名的航海人過去住在一個稱為海柏利亞（Hyperia）的島上，只是那附近的獨眼巨人族賽克洛普斯常來騷擾他們，為了躲避巨人族，納西托俄斯才把他們帶到目前的斯科里亞島。在斯科里亞島上，納西托俄斯建立一個秩序井然的城市。他的王位繼承人是阿爾克諾俄斯，阿爾克諾俄斯與王后阿雷特育有一女，即瑙西卡公主。奧德修斯遇難漂流到斯科里亞島時，把他帶回王宮的，就是瑙西卡公主。瑙西卡公主的父親也很熱烈歡迎奧德修斯的到來。費阿克人向來都知道有一道神諭禁止他們用船來運送需要幫助的人，否則就會給他們的城市帶來毀滅的命運。儘管如此，他們最後還是把奧德修斯送回他的家鄉伊薩卡島。當那艘船從伊薩卡島回來時，波賽頓將之變成石頭。

（也請參考 Alcinous, Arete, Cyclopes [the], Ithaca, Nausicaa, Odysseus, Poseidon, *and* Scheria。）

費德拉（Phaedra）

費德拉的父親是克里特島國王米諾斯，母親是克里特島王后帕西法爾。費德拉跟她的母親一樣，也是畸戀的受害者。就費德拉的案例來說，她是愛上她丈夫提修斯的兒子希波呂托斯：一個崇拜處女神阿特米斯的虔誠信徒。費德拉非常努力壓抑自己的感情，但是她的老保姆注意到她鬱鬱寡歡，於是就逼她說出讓她困擾的事。老保姆發誓會幫她，因此就把費德拉的苦戀告訴希波呂托斯。希波呂托斯嚇壞了，不知如何是好。費德拉想到自己求愛不得，名譽已毀，無從修復，所以就自殺了。不過，她在自殺之前，留下一張字條給她的丈夫，表示她會尋死是因為希波呂托斯曾對她提出不當的引誘。這項不實的指控導致提修斯詛咒希波呂托斯，並且導致希

波呂托斯的死亡。

（也請參考 Artemis, Crete, Hippolytus, Minos, Pasiphae, *and* Theseus。）

法厄同（Phaethon）

法厄同的意思是「光潔明亮者」；羅馬詩人奧維德把他的故事和他悲慘命運說得十分精采。法厄同的父親是太陽神赫利歐斯（奧維德在他的作品裡把赫利歐斯等同阿波羅），母親是寧芙仙子克呂墨涅。法厄同想要確定太陽神真的就是他的父親，所以去找太陽神幫忙，請太陽神給他一個他渴望的證明。這位平日本來能洞察一切的神默然同意，歡迎法厄同這位年輕人提出任何要求。於是法厄同要求駕他父親的馬車出巡。不過，他的這趟太陽馬車出巡帶來可怕的後果。他的馬車飛得太靠近天堂，害他自己被天上的幾個星座嚇到；因而控制不住那幾匹天馬，所以最後他就把天上的雲和地上的萬物都燒焦了。整個宇宙因此陷入大混亂，幾乎就快毀滅了。此時朱庇特親自出手，以他的閃電把法厄同打死。法厄同墜落大地，掉進了厄里安諾斯河。他的幾個姊妹赫利阿德斯為他的死不停地哭泣，以至於最後化成了白楊樹，永遠流著琥珀淚珠。他的親戚庫克諾斯不斷唱著悼歌，後來就化作永遠唱著哀歌的天鵝。

（也請參考 Apollo, Clymene, Cycnus, Eridanus River [the], Heliades [the], Helios, *and* Jupiter。）

費萊蒙（Philemon）

費萊蒙是鮑西絲的丈夫，夫妻兩人住在弗里吉亞，以務農維生，過著極度貧窮的生活。儘管如此，朱庇特和墨丘利化為凡人到人間旅行時，全村中，只有他們開門歡迎二神。為了感謝鮑西絲和費萊蒙的慷慨，二神指定兩人擔任他們的祭司。他們簡樸的小茅屋於是變成神殿，至於他們原先住的村子則遭到二神消滅，變成了湖泊。當他們年壽已盡，二神依照他們的要求，將他們同時變成了樹：一棵是橡樹，一棵是椴樹。

（也請參考 Baucis, Jupiter, Mercury, and Phrygia。）

菲羅克忒特斯（Philoctetes）

菲羅克忒特斯是其中一個要去特洛伊打仗的希臘人，不過和其他人不同，他起初並未抵達特洛伊和參與初期的戰事。原來希臘聯軍停靠在特涅多斯島（Tenedos）祭神時，菲羅克忒特斯的腳被蛇咬傷。由於傷口很痛而且化膿，他不時大聲詛咒和叫喊。看到他這樣子，奧德修斯勸服希臘聯軍把他留在利姆諾斯島，因為他的喊叫和咒罵會給

他們帶來厄運。從那時候起，菲羅克忒特斯就獨自留在利姆諾斯島，一住就是十年，唯一跟他作伴的武器就只有海克力斯留給他的弓和箭——那弓和箭是海克力斯送給他的禮物，感謝他幫海克力斯點燃火葬柴堆，讓海克力斯得以了結生命；原來當時海克力斯十分痛苦，因為他的妻子德伊阿妮拉為了挽回他的愛，給他下了一劑愛情靈藥，只是德伊阿妮拉有所不知的是，那劑藥其實是毒藥，害得海克力斯全身血肉俱焚。話說希臘人後來對他們拋下菲羅克忒特斯這件事感到後悔，因為根據先知的說法，如果軍隊裡沒有菲羅克忒特斯帶著海克力斯的弓與箭來參與，他們就無法攻下特洛伊。最後奧德修斯和阿基里斯的兒子奈奧普托勒姆斯只好到利姆諾斯島去接菲羅克忒特斯——這件事讓兩人費了點周章，因為菲羅克忒特斯還在生氣，而他們一點也不能怪菲羅克忒特斯。幸好後來菲羅克忒特斯同意跟他們前往特洛伊；他的傷口治好後，就加入希臘人的戰事，而且殺了特洛伊王子帕里斯——特洛伊戰爭爆發的直接因素，因為他拐走了海倫。

（也請參考 Achilles, Helen, Hercules, Lemnos, Neoptolemus, Odysseus, Paris, *and* Troy。）

菲洛美拉（**Philomela**）

菲洛美拉（「夜鶯」）是個雅典公主；她的姊姊普羅克妮（Procne）是色雷斯國王鐵流士的王后。鐵流士看上菲洛美拉，把她囚禁起來並多次加以施暴。菲洛美拉威脅鐵流士，說要把他的暴行公諸於世，結果鐵流士竟割掉她的舌頭。雖然如此，菲洛美拉還是找到方法把她的故事說出來——她織了一張掛毯，派人送去給普羅克妮。在這之前，普羅克妮聽信鐵流士的說法，以為妹妹已經不在人世。姊妹兩人團聚後，就一起設計並執行一個可怕的復仇計畫。遭到報復的鐵流士又氣又怒，追著要殺菲洛美拉。在逃命的過程中，菲洛美拉變成一隻夜鶯。

（也請參考 Athens, Procne, Tereus, *and* Thrace。）

菲紐斯（**Phineus**）

菲紐斯是個盲眼先知。他的身世有許多爭議，關於他父親的身分，就有好幾種不同的說法：海神波賽頓、泰爾城的國王阿革諾爾、阿革諾爾之子菲尼克斯。菲紐斯的第一任妻子是風神玻瑞阿斯與俄瑞緹伊亞的女兒克勒俄帕特拉；他後來再娶的妻子是達爾達諾斯的女兒伊達娥。關於他如何變盲的故事也有很多版本。根據神話學家阿波羅多洛斯，他會失明是風神玻瑞阿斯（加上阿爾戈英雄隊的協助）造成的，理由是菲紐斯弄瞎了玻瑞阿斯的孫子，所以玻瑞阿斯用同樣的方式懲罰菲紐斯；不過，菲紐斯

會弄瞎玻瑞阿斯的幾個孫子，那是因為他相信他們對伊達娥無禮。另一個版本則說他的失明是宙斯給他的懲罰，因為他向人類揭露未來，導致人類知道太多未來的事。羅德島的阿波羅尼奧斯寫了《阿爾戈號的旅程》一書；根據該書的描述，菲紐斯受到了鳥形女妖哈爾庇厄姊妹的百般折磨：一旦他想吃東西，她們就會飛下來把食物搶走，剩下的食物也會一併被弄髒。不過，後來玻瑞阿斯的兒子仄忒斯和卡拉伊斯為他解除了困境。當時仄忒斯和卡拉伊斯是傑森的阿爾戈英雄隊的成員，為了答謝兩人，他教導阿爾戈英雄隊的船員如何安全地通過敘姆普勒加德斯，亦即「撞擊岩」。

（也請參考 Agenor, Argonauts [the], Boreas, Calais, Dardanus, Harpies [the], Orithyia, Poseidon, Symplegades [the], *and* Zetes。）

弗里克索斯（Phrixus）

弗里克索斯的父親是波俄奧提亞地區俄爾科默諾斯的國王阿塔瑪斯，母親是涅斐勒。他的父親阿塔瑪斯再娶伊諾時，弗里克索斯的苦日子就開始了。他的繼母伊諾設計一個計謀，想藉此除掉他和他的姊妹赫勒，因為他比伊諾的孩子早出生，所以是她丈夫的繼承人。伊諾破壞該地區儲存的穀物種子，其結果是人民播了種，但是種子不發芽。阿塔瑪斯於是派使者到德爾菲尋求神諭，希望找到解決這場災難的方法。不過伊諾攔截使者，逼迫他們假傳神諭，要國王把弗里克索斯（有些版本還包括赫勒）獻祭給神來化解危機。涅斐勒為了救她的孩子，派了一頭會飛的金羊來把他們載走。在金羊飛行過程中，赫勒失去平衡，跌落大海——她掉落的地點後來被稱為赫勒斯滂，意即「赫勒之海」，現在則稱為達達尼爾海峽。至於弗里克索斯：他安全抵達黑海東岸的柯爾基斯，落腳於該地的埃厄亞城，並受到柯爾基斯國王埃厄忒斯的歡迎。為了感謝神明的協助，弗里克索斯把金羊獻給了神；至於是獻給哪位神，古代作家的看法並不一致：神話學家希吉努斯認為是阿瑞斯，阿波羅多洛斯則認為是宙斯。金羊的毛則送給國王埃厄忒斯，而國王把它掛在阿瑞斯聖林的一棵橡樹上，並且派了一隻龍負責看守。傑森和他的阿爾戈英雄隊所要取得的，就是這塊羊毛。與此同時，埃厄忒斯把女兒卡爾克俄珀嫁給弗里克索斯為妻。後來，埃厄忒斯從神諭得知他的王國將會落入外國人之手，於是就對弗里克索斯及其孩子產生芥蒂。最後，他竟然派人去謀殺弗里克索斯父子。弗里克索斯沒能逃過劫難，但是至少他的孩子順利逃走。他們流落在荒島，不過後來他們遇到傑森，因而保住性命。

（也請參考 Aeetes, Ares, Argonauts [the], Athamas, Boeotia, Colchis, Delphi, Helle, Hellespont [the], Ino, Jason, Nephele [heroine], *and* Zeus。）

皮厄魯斯（Pierus）

皮厄魯斯是馬其頓國王；他最知名的故事大概就是他有九個女兒，亦即所謂的皮厄里德斯姊妹。這幾位年輕女子擁有美好的歌喉，並且自認她們的歌藝跟繆斯女神一樣好或者更好。羅馬詩人奧維德在詩中描寫她們與繆斯女神的比賽。就像歷來所有的人神競賽，繆斯女神獲得勝利。皮厄里德斯姊妹輸得心不甘情不願。她們持續對女神無禮，最後就被女神變成聒噪的喜鵲。一般認為皮厄里亞這個地方是以皮厄魯斯的名字來命名，而皮厄里亞是繆斯女神和吟遊詩人奧菲斯的出生地。

（也請參考 Macedon, Muses [the], Orpheus, Pieria, *and* Pierides [the]。）

皮瑞蘇斯（Pirithous）

皮瑞蘇斯的名字又可拼寫為 "Perithous"（帕瑞蘇斯）和 "Peirithous"（佩瑞蘇斯）；他是色薩利地區拉庇泰的國王。部分古代作家認為他是宙斯的兒子，但是也有人認為他是伊克西翁的兒子（伊克西翁就是那個身陷冥界，永遠被綁在火輪上面旋轉的罪人）。據說皮瑞蘇斯參與了各式各樣的冒險活動，其中包含綁架：他曾與雅典英雄提修斯聯手，試圖綁架斯巴達的海倫——當時海倫尚未嫁給墨涅拉俄斯；後來他另又嘗試拐走黑帝斯的王后玻瑟芬妮。不過，皮瑞蘇斯最知名的故事是他與半人馬族之間的戰爭。半人馬族是他的鄰國友人，他因此邀請他們來參加他的婚禮。在飲宴過程中，半人馬族喝醉了，並且企圖拐走他的新娘希波達彌亞和其他拉庇泰婦女。兩族於是發生戰爭，最後半人馬族被驅離色薩利地區。

（也請參考 Athens, Centaurs [the], Hades [god], Helen, Hippodamia, Ixion, Lapiths [the], Persephone, Theseus, Thessaly, Underworld [the], *and* Zeus。）

皮透斯（Pittheus）

皮透斯的父親是坦塔羅斯之子珀羅普斯，母親是比薩國王俄諾瑪俄斯的女兒希波達彌亞。皮透斯後來成為伯羅奔尼撒東北部特羅曾城的國王，並且在英雄提修斯的生命中扮演重要角色。原來雅典國王埃勾斯有一回到特羅曾城作客，在席間他告訴皮透斯一則他不解其意的神諭。原來埃勾斯之前為了解決沒有子嗣的問題，特地到德爾菲阿波羅聖殿諮詢神諭，根據神諭，他在抵達家門前，不得打開他的羊皮酒袋。埃勾斯不了解神諭的意思，但是皮透斯了解。皮透斯據此了解安排他的女兒埃斯特拉當晚與

埃勾斯同床共寢。埃斯特拉懷了孕，不久即生下提修斯；提修斯長大後，就到雅典城繼承埃勾斯的王位。

（也請參考 Aegeus, Aethra, Apollo, Athens, Delphi, Hippodamia, Oenomaus, Pelops, Tantalus, *and* Theseus。）

波俄阿斯（Poeas）

波俄阿斯是菲羅克忒特斯的父親——菲羅克忒特斯是海克力斯臨終前，躺在火葬柴堆準備了結此生時，唯一願意幫他點火的朋友。波俄阿斯曾經參加傑森的阿爾戈英雄隊到柯爾基斯尋找金羊毛。從柯爾基斯回返希臘的途中，波俄阿斯射傷了西西里巨人塔羅斯，該巨人最後因傷重而死。

（也請參考 Argonauts [the], Hercules, Jason, Philoctetes, Sicily, *and* Talus。）

波里普斯（Polybus）

古典神話有好幾個名叫波里普斯的角色，其中最著名的應該就是科林斯國王波里普斯。這位波里普斯跟他的妻子墨洛珀（或者珀里波亞）收留了嬰兒伊底帕斯，並且把他當作自己的兒子撫養長大。長大後，伊底帕斯從德爾菲神諭得知自己注定會殺父娶母，所以就決定離開科林斯，永不回鄉。不過，他在旅途中卻意外殺了自己的生父萊瑤斯。伊底帕斯後來也繼承了萊瑤斯的王位，成為底比斯的國王，並娶了萊瑤斯的遺孀，亦即他的生母為妻，兩人婚後生了好幾個孩子。

這位科林斯的波里普斯後來與另一位同名的西錫安國王產生混淆，不過後者是阿德拉斯特斯的父親——阿德拉斯特斯是「七雄攻底比斯」當中的一位英雄。

（也請參考 Adrastus, Corinth, Delphi, Laius, Merope [heroine], Oedipus, Seven Against Thebes [the], *and* Thebes。）

波里德克特斯（Polydectes）

波里德克特斯有個兄弟叫狄克堤斯；他們的祖父是風神埃俄羅斯，祖母是一位水寧芙仙子娜伊阿德斯。波里德克特斯是塞里弗斯島的國王，他的兄弟狄克堤斯是個漁夫。英雄柏修斯還是個寶寶的時候，他與他的母親達娜俄被關在木箱裡，最後這口箱子漂流到塞里弗斯島。母子倆獲救後，就在島上安居下來。後來，波里德克特斯愛上柏修斯的母親達娜俄，打算娶她為妻。不過根據某些故事版本，此時已經長大的柏修斯反對這門親事。波里德克特斯因此想出一個除掉柏修斯的計謀。他假

意宣稱自己正在計畫娶希波達彌亞為妻，特別要人民送上駿馬作為結婚賀禮。柏修斯過去是在漁夫狄克堤斯的照顧下長大，自己也是個漁夫，根本買不起駿馬這樣的禮物，因此他就主動（或被迫）提出改送國王戈爾貢美杜莎的頭作為禮物；這是一項似乎不可能取得的「禮物」。不過，出乎大家意料之外，柏修斯竟提著戈爾貢的頭回到塞里弗斯島；他朝著波里德克特斯及其廷臣舉起了美杜莎的頭，由於他們全都直視著美杜莎，因此全都變成石頭。在神話學者希吉努斯的筆下，波里德克特斯是個較為仁慈的國王。根據這個版本，波里德克特斯娶了達娜俄，並且在女神米娜瓦的神殿裡把柏修斯撫養長大。當達娜俄的父親阿克里西俄斯來到塞里弗斯島追殺女兒和外孫時，波里德克特斯出面為母子兩人說情，並且調解了祖孫兩人的關係。不過，柏修斯雖然發誓絕不殺阿克里西俄斯，後來他還是在比賽擲鐵餅時，無意中打死了他的外祖父。

（也請參考 Acrisius, Aeolus, Danae, Dictys, Gorgons [the], Medusa, Minerva, Naiads, Perseus, *and* Seriphus。）

波呂多洛斯（Polydorus）波呂多洛斯的名字意思是「多禮之人」，

神話故事裡有好幾個角色都叫這個名字。其中一個是特洛伊王普里阿摩斯及其王后赫庫芭的兒子。根據羅馬詩人維吉爾的描述，國王和王后為了確保波呂多洛斯的安全，避免他受到希臘人的傷害，就把他送到色雷斯，交給比斯托尼亞人的國王波里梅托斯照顧。不過，波里梅托斯看到年幼的波呂多洛斯隨身帶了許多黃金，心裡起了貪念，竟然就把波呂多洛斯殺了。特洛伊城陷落之後，赫庫芭遭受希臘人的俘虜，隨軍來到色雷斯。到了色雷斯，她赫然發現波呂多洛斯的屍體，憤而刺瞎波里梅托斯，一報殺子之仇。特洛伊英雄伊尼亞斯後來也來到色雷斯，並在無意間發現波呂多洛斯的葬身處。當他摘下桃金孃和山茱萸的樹枝時，那幾支樹枝竟開始流血。接著他聽見波呂多洛斯的鬼魂的聲音，向他述說自己遇害的過程。伊尼亞斯為死者舉行祭祀，確保死者獲得適當的葬儀後，就快速離開色雷斯。

另一個波呂多洛斯是卡德摩斯和哈爾摩妮亞的兒子。這位波呂多洛斯是拉布達科斯的父親；根據某些敘事，他曾當過底比斯的國王，但是在位的時間很短，很年輕就過世了。

（也請參考 Aeneas, Cadmus, Harmonia, Hecuba, Labdacus, Priam, Thebes, Thrace, *and* Troy。）

波利耶杜斯（Polyidos）

波利耶杜斯的名字又可拼寫為 "Polyeidos"（波利埃杜斯），意思是「博聞之人」。他是個法力強大的科林斯先知，非常擅長製造奇蹟。根據希臘詩人品達，波利耶杜斯曾協助英雄柏勒洛豐完成殺死怪獸奇美拉的任務。原來先知在事前曾指導柏勒洛豐到雅典娜的祭壇上睡覺；在那裡，柏勒洛豐夢見女神出現在他面前，手裡還拿著一副黃金馬勒。柏勒洛豐把夢境告訴波利耶杜斯，而波利耶杜斯要他根據夢中雅典娜的指示，首先祭祀海神波賽頓，接著祭祀雅典娜，然後使用那副馬勒來馴服飛馬佩格索斯——那副夢中的馬勒此時已經變成「真實的」馬勒。波利耶杜斯還另有一則著名的故事：幫助克里特島國王米諾斯找回小王子格勞科斯，並且在找到小王子後，讓他死而復生。小王子格勞科斯被發現時，已經在一桶蜂蜜中淹死了，而波利耶杜斯是透過觀察一條蛇用草藥救活其同伴，因而依法炮製，這才救活死去的小王子。

（也請參考 Athena, Bellerophon, Chimaera [the], Corinth, Crete, Glaucus, Minos, Pegasus, *and* Poseidon。）

波里涅克斯（Polyneices）

波里涅克斯這個名字的意思是「好鬥之人」；事實上，底比斯城發生的戰事，大多可歸咎在他身上。他是底比斯國王伊底帕斯和王后卡斯塔的兒子。根據劇作家索福克勒斯的描述，他和他的兄弟兩人都遭受伊底帕斯的詛咒，因為伊底帕斯被流放的時候，兄弟兩人只是袖手旁觀，沒有一絲作為來挽留父親的出走。等他們成年後，兩兄弟本來說好輪流統治底比斯，期限是一年。不過，首先登上王位的厄特俄克勒斯最後卻不肯讓位。因為這樣，波里涅克斯只好組織一支軍隊，並在他岳父阿德拉斯特斯的帶領下，前去攻打底比斯城。這起事件就是所謂的「七雄攻底比斯」。在接下來的戰爭中，領軍的七位將領中，除了阿德拉斯特斯之外，全都戰死沙場。波里涅克斯與厄特俄克勒斯兩兄弟死於彼此之手——這樣的結局應驗了伊底帕斯對他們的詛咒。戰後，王后卡斯塔的兄弟克瑞翁登上王位，成為底比斯的國王；他發布了一道命令，禁止任何人安葬波里涅克斯，因為波里涅克斯是底比斯城的敵人。波里涅克斯的姊妹安蒂岡妮不贊同這道命令，逕自為其兄弟執行了安葬儀式，並為此付出了生命的代價。波里涅克斯的盟友死後，他們的後代後來也自組軍隊去攻打底比斯，為他們的父親復仇——這起戰事亦即所謂的厄庇戈諾伊之戰。

（也請參考 Adrastus, Antigone, Creon, Epigoni [the], Eteocles, Jocasta, Oedipus, Seven

Against Thebes [the], *and* Thebes。）

波呂豐特斯（Polyphontes）
波呂豐特斯是海克力斯的後代，也是墨塞尼亞國王克瑞斯豐特斯的篡位者。波呂豐特斯的名字意思是「好殺之人」——他不只殺了國王克瑞斯豐特斯，還殺了國王的兩個較年長的兒子。最小的兒子埃皮托斯僥倖逃過一劫，因為王后墨洛珀事發前即派人把他送到別處。長大之後，埃皮托斯回到墨塞尼亞為父親報仇，同時也奪回他父親的王位。

（也請參考 Aepytus, Cresphontes, Hercules, Merope [heroine], *and* Messenia。）

波呂克塞娜（Polyxena）
波呂克塞娜是特洛伊王普里阿摩斯和王后赫庫芭的女兒。她最著名的弟兄姊妹是帕里斯（亞歷山大）、赫克托爾、德伊弗波斯、赫勒努斯、卡珊德拉、波呂多洛斯和特洛伊羅斯。波呂克塞娜最為人知的故事主要是她的死亡方式。最常見的故事提到阿基里斯的鬼魂出現在他的墳墓上方或出現在希臘人的夢裡，要求希臘人在他的墳前把波呂克塞娜獻祭給他，不然他就不讓他們離開特洛伊和回返家鄉。根據某些傳說故事所述，執行這項獻祭的人是阿基里斯的兒子奈奧普托勒姆斯。

（也請參考 Achilles, Cassandra, Deiphobus, Hector, Hecuba, Helenus, Neoptolemus, Polydorus, Priam, Troilus, *and* Troy。）

普羅克妮（Procne）
普羅克妮的父親是傳說中的雅典國王潘狄翁；她的兄弟姊妹中，最著名的是厄瑞克透斯和菲洛美拉。潘狄翁把普羅克妮嫁給色雷斯國王鐵流士，而她為鐵流士生了一個兒子，名叫伊第斯（Itys）。普羅克妮後來發現鐵流士囚禁她的妹妹菲洛美拉，並且不時予以施暴。兩姊妹為了復仇，就把鐵流士的兒子殺了做成菜餚，端給鐵流士食用。發現真相之後，鐵流士非常憤怒地追殺兩姊妹，最後普羅克妮變成一隻燕子，她的妹妹則變成一隻夜鶯。

（也請參考 Athens, Erechtheus, Philomela, *and* Tereus。）

普洛克莉絲（Procris）
普洛克莉絲的父親是雅典傳說中的國王厄瑞克透斯，丈夫是弗克斯國王德伊翁之子克法羅斯。她與克法羅斯之間的愛情悲劇，最為知名的版本出自羅馬詩人奧維德筆下。根據奧維德，新婚的克法羅

斯有一日出門打獵，結果被黎明女神奧羅拉（或希臘人的艾奧斯）綁走了。
克法羅斯一去不返，普洛克莉絲非常傷心；克法羅斯被迫離開新婚妻子，他
也十分傷心。看到他這樣子，奧羅拉很生氣，因此決定讓克法羅斯離開。不
過在臨走前，她說克法羅斯將會希望自己從來不曾遇見普洛克莉絲，不曾
與她一起生活。女神的這番話在克法羅斯的心裡種下一顆懷疑的種子：他
不禁懷疑自己不在家的期間，普洛克莉絲是否曾對他不忠。因此，他決定測
試他的妻子：他喬裝打扮成其他人，然後用錢作為誘餌，要求普洛克莉絲跟
他發生關係。對此誘惑，普洛克莉絲一再予以拒絕。但是他一再提高價碼，
只求跟她共度一夜。到了他提到某個巨大的數字時，普洛克莉絲的態度終於
軟化。見到普洛克莉絲的態度軟化，生氣的克法羅斯即揭露自己的身分。普
洛克莉絲覺得很羞愧，於是離家出走，到森林中與狩獵女神黛安娜作伴。後
來克法羅斯去向她道歉，並勸她回家。兩人之後一起過了幾年的快樂生活。
後來克法羅斯又再次出門打獵。有一次，由於天氣太熱，他就坐在樹蔭下休
息，並大聲召喚奧羅（Aura）來為他解除暑熱，恢復他的精力；奧羅是個女
生名字，同時也可以指「微風」，但是聽到他這番話的人以為他對妻子不忠，
因而把這事告訴普洛克莉絲。第二天，普洛克莉絲就跟蹤她的丈夫進入森
林。克法羅斯聽到林中發出微響，以為是獵物出沒，就一箭射出去。不過最
後他發現那其實不是獵物，而是他摯愛的普洛克莉絲。但是此時普洛克莉絲
已經傷重而死。

神話學家阿波羅多洛斯的作品保留了這個故事的不同版本。根據這個版本，
克法羅斯不在家的時候，普洛克莉絲真的跟另一個男人發生婚外情。她後來
遠走克里特島，那裡的國王米諾斯對她大獻殷勤，送她一隻獵犬和一把標
槍。為了謝謝米諾斯送的禮物，她把他的病治好（米諾斯的那個病不知道害
死了多少情婦），並且與他共寢。對此，米諾斯的妻子帕西法爾大發脾氣，所
以普洛克莉絲就回到雅典，並與她的丈夫重修舊好。兩人有一次一起出去狩
獵，結果她的丈夫竟失手把她殺死了。神話學者希吉努斯綜合上述兩個故事
的部分內容，提出另一個版本：普洛克莉絲逃到克里特島後，就變成黛安娜
的忠實信徒。她化裝成一年輕男子去接近她的丈夫。克法羅斯不知道年輕男
子的身分，因此同意跟「他」共度一夜，換取年輕男子的優良獵犬和標槍。
當兩人在夜裡見了面，普洛克莉絲才揭示她的真實身分。在這個版本中，普
洛克莉絲後來也還是死於那場可怕的狩獵意外。不過，她跟克法羅斯生了一
個兒子，即阿爾克西俄斯（Arcesius）；這位阿爾克西俄斯也育有一子叫拉厄

爾特斯，而這位拉厄爾特斯就是英雄奧德修斯的父親。

（也請參考 Athens, Aurora, Cephalus, Crete, Diana, Erechtheus, Laertes, Minos, Odysseus, and Pasiphae。）

普羅克瑞提斯（Procrustes）根據神話學者希吉努斯的說法，普羅

克瑞提斯是海神涅普頓的兒子；他是個著名的惡棍，其名字的意思是「展延者」（"stretcher"）——只要有旅客到他那裡住宿，他都會給他們一張床，但是卻要人家的身高正好適合那張床：身材太高大的人，他就把人家的四肢切掉，身材太矮小的人，他就把人家的肢體拉長。在前往雅典的途中，年輕的提修斯遇到了普羅克瑞提斯。他把普羅克瑞提斯折磨別人的方法，用在他自己身上，從而除掉普羅克瑞提斯這個禍害。

在其他的敘事版本裡，普羅克瑞提斯有時被稱為波呂帕蒙（Polypemon）或達瑪斯特斯（Damastes）。

（也請參考 Athens, Neptune, and Theseus。）

普洛特西拉俄斯（Protesilaus）普洛特西拉俄斯這個名字的意思是

「人中第一」；他的父親是伊克力斯（或阿克托爾[Actor]），母親是狄俄墨德亞（Diomedea）或阿斯提奧雪（Astyoche）。身為斯巴達海倫的無數追求者之一，他礙於誓言，不得不帶著四十艘船的戰士，從色薩利啟航，前往特洛伊參戰。根據神話學者希吉努斯的描述，雖然有一則神諭提到第一個碰到特洛伊國土的人會第一個喪生，普洛特西拉俄斯（真名為伊奧勞斯）還是很勇敢地躍上了岸。果然，他馬上就成為赫克托爾的劍下亡魂。他的新婚妻子是阿卡斯托斯（Acastus）的女兒拉俄達彌亞（Laodamia）；拉俄達彌亞知道丈夫陣亡後，痛不欲生，請求諸神給他們三小時，讓他們可以好好說些話。諸神應允她的請求。不過，當普洛特西拉俄斯第二次死去的時候，拉俄達彌亞無法停止悲傷，所以她命人打造一尊亡夫的銅像，安置在她的閨房，託言是為了祭祀之用。有個僕人看到她抱著那銅像，誤以為那銅像是個真人，所以去向她的父親報告，說她房裡有個情人。她的父親很快就發現了真相，為了終止她的悲傷，他把那尊銅像丟入火葬柴堆。拉俄達彌亞這下更加悲傷了，結果她自己竟然也跳進火葬柴堆，自盡身亡。

（也請參考 Hector, Helen, Sparta, Thessaly, and Troy。）

賽姬（Psyche）

賽姬的名字意思是「靈魂」；她的故事出現在羅馬作家阿普列尤斯（Apuleius）的小說《金驢記》（*The Golden Ass*）。賽姬三姊妹都是美麗的公主，但是賽姬是三人之中最漂亮的一個。她的豔名漸漸傳播開來，人們開始崇拜她，彷彿她是女神維納斯本身的轉世化身。其結果是：再也沒人去祭祀維納斯，導致女神的祭壇變得空盪盪的。維納斯看到這種景象，覺得很生氣，於是就交代她的兒子丘比特讓賽姬愛上世間最卑賤之人。與此同時，賽姬的父親急得都快發瘋了，因為他的女兒連一個追求者都沒有；所有人都仰慕她，彷彿她是一尊雕像，只可遠觀，不可靠近。國王去阿波羅神殿求助，而他獲得的指示是：他必須把賽姬送到一處懸崖上，而賽姬會在那裡成為怪獸的新娘。賽姬從那懸崖處飄落到一片美麗的草地，草地上有一間漂亮的王宮。賽姬走進王宮，接著她發現不管她有什麼需求，都有女傭前來照應，但是她只聽得到她們的聲音，從來沒見過她們的人影。她也有個丈夫——夜幕低垂的時候，丘比特就會來到她的身邊。不過賽姬並未真的見過丘比特。賽姬的姊妹有一回想來探訪，雖然丘比特勸賽姬拒絕姊妹們的要求，但是賽姬還是讓她的姊妹來訪。她的姊妹看到她住的環境如此豪華，不禁感到很忌妒，因而慫恿她找出她的丈夫到底長什麼樣子，她們甚至說賽姬的丈夫搞不好真的是個怪獸。憂心忡忡的賽姬於是趁丘比特睡著的時候，點了一盞油燈來探看。她看得欣喜若狂之際，手中的燈油不小心滴在丘比特身上，把丘比特吵醒了。丘比特一醒來就立刻飛走了。此時已經懷有身孕的賽姬在大地上流浪，忍受各種磨難，四處尋找丘比特的身影。後來維納斯把她收為奴僕，並且給她一連串她覺得根本不可能完成的任務。這些任務包括給大量的穀物分類、收集金羊的毛、取得冥河的河水。但是賽姬靠著各種助力，全部予以完成：第一項任務有螞蟻前來幫忙，第二項任務有賴會說話的蘆葦的指點，第三項任務是由朱庇特的老鷹代她完成。她的最後一項任務是到冥界向冥后普洛塞琵娜要一瓶美容面霜。同樣的，這次賽姬也獲得協助，而協助她的是那座她本來打算跳下來輕生的高塔。根據高塔嚮導的指示，賽姬一一克服冥界無數的危險，順利取得面霜。回程途中，她忍不住好奇地打開了面霜的蓋子。結果裡頭並沒有什麼美容面霜，而是死神的睡眠。這一次是丘比特救了她，把她從死亡的睡眠中喚醒。賽姬最終與這位年輕的天神重修舊好，而且獲得永生；她給丘比特生了一個兒子叫烏爾悠普塔斯（Voluptas），意即「悅樂」。

（也請參考 Cupid, Jupiter, Proserpina, Styx [the River], Underworld [the], Venus, *and*

Zeus。）

畢馬龍（Pygmalion）

希臘羅馬神話有兩個著名的畢馬龍。一個是賽普勒斯的國王；根據羅馬詩人奧維德的描述，這位國王看到島上婦女過著可恥的生活，覺得很吃驚，於是選擇獨身的生活。擁有一雙雕刻家巧手的他用象牙創造了一座女子雕像，由於那尊雕像實在太美麗了，他竟然愛上了那雕像，而且給雕像買了許多禮物。在女神阿芙蘿黛蒂的一個慶典裡，他給女神獻上祭品，並向女神禱告：但願有一天他會遇到一個像象牙女子那樣美麗的妻子。他的願望實現了：象牙雕像動了起來，變成一個有血有肉的女子。後古典時期的作家給這位女子取了一個名字叫嘉拉提亞。嘉拉提亞跟畢馬龍生了一個女兒叫帕弗斯，帕弗斯的兒子克倪拉斯後來創建一個名叫（舊）帕弗斯的城市。這是個重要的城市，這裡除了擁有阿芙蘿黛蒂最神聖的神殿，據說阿芙蘿黛蒂當年從水中誕生後，第一次上岸的地點據說就是（舊）帕弗斯。另一個畢馬龍是腓尼基泰爾城的國王。根據維吉爾在《伊尼亞斯紀》的描述，這位畢馬龍是蒂朵的兄弟。伊尼亞斯在抵達義大利海岸和建立羅馬民族的過程中，一路上製造了不少受害者，蒂朵正是其中之一；除了伊尼亞斯，傷害蒂朵的，還有她的兄弟畢馬龍。原來蒂朵的丈夫希凱俄斯非常有錢，畢馬龍因為覬覦他的財富，所以就殺了他。蒂朵一直不知道這件事，直到希凱俄斯渾身浴血的鬼魂在夜裡向她現身，對她訴說畢馬龍的暴行，同時催促她趕緊逃離家國。蒂朵於是就帶著一群或是討厭或是害怕暴君的同胞離開泰爾城。他們飄洋過海，來到非洲北部的畢爾莎（Byrsa）。蒂朵先夫的鬼魂除了催她離開之外，也向她透露他生前藏錢的地點；蒂朵就用那筆錢買下土地，領導她的同胞一起展開新的生活。

（也請參考 Aeneas, Aphrodite, Cinyras, Cyprus, Dido, Paphos, *and* Sychaeus。）

皮拉德斯（Pylades）

皮拉德斯的父親是希臘中部弗克斯城的國王斯特洛菲俄斯。皮拉德斯後來成為邁錫尼國王阿伽門農之子俄瑞斯特斯的密友兼同伴。根據某些故事版本，俄瑞斯特斯其實是他的表兄弟；原來阿伽門農被妻子克呂泰涅斯特拉和她的情人埃癸斯托斯殺害後，當時還小的俄瑞斯特斯就被人送到斯特洛菲俄斯的宮廷，請斯特洛菲俄斯代為撫養。俄瑞斯特斯回邁錫尼為他父親報仇時，皮拉德斯一路陪著他。後來俄瑞斯特斯為了逃避復仇女神厄里倪厄斯的追趕，遠赴陶洛斯人所住的蠻荒之地去找一尊阿特米斯

的木頭雕像，這一路上，皮拉德斯也陪在他身邊。俄瑞斯特斯之所以要找那尊雕像，主要是為了把那尊雕像帶回雅典，為他自己滌罪。皮拉德斯後來娶了俄瑞斯特斯的姊姊伊勒克特拉，並且生了兩個兒子。

（也請參考 Aegisthus, Agamemnon, Artemis, Athens, Clytemnestra, Electra [heroine], Erinyes [the], Mycenae, Orestes, *and* Taurians [the]。）

畢拉穆斯（Pyramus）

畢拉穆斯和緹絲碧（Thisbe）是一對住在巴比倫城的年輕戀人。這兩個命運多舛的戀人的愛情悲劇，羅馬詩人奧維德說得最為生動傳神。根據奧維德，兩人是鄰居，每天都會私下見面。原來兩人各自的家隔著一道圍牆，而他們就透過牆上的一道裂縫，悄悄地向對方訴說情話，因為他們雙方的父母都反對他們進一步交往，不讓他們見面或結婚。最後，他們再也受不了這樣的分離，打算趁著夜色，逃離各自父母的家，並且離開巴比倫城。兩人說好在一個容易辨識的地標會合，亦即尼諾斯（Ninus）之墓——尼諾斯是巴比倫王后塞彌拉彌斯（Samiramis）的父親，他的墓地有一棵長滿白色果實的桑葚樹，很好辨識。一入夜，緹絲碧首先離家，獨自來到會面的地點。很巧的是，一隻母獅剛剛吃飽，滿嘴鮮血地來到同一個地點。緹絲碧看見母獅子走近，嚇得丟下面紗，趕緊逃走。母獅子並未追過去，因為牠只不過是要來喝水而已。牠撕咬著緹絲碧的面紗，過一會就離開了。就在這時，畢拉穆斯來到現場。他沒看到緹絲碧，反而看到她沾滿鮮血的面紗。他深信摯愛已經喪生，於是就揮劍自刎，了結生命。他濺出的血，把白色的桑葚果全都染紅，同時那血也浸透了樹根。就在這時，緹絲碧從藏匿處走出來。她看到桑葚樹變了顏色，一時還覺得很奇怪，但是她很快就發現果實變色的原因。深感絕望之餘，她也伏劍自殺了。從此以後，桑葚樹就成為某種永遠的紀念，紅色的果實不時提醒人們記得他們的悲劇。不過，他們死後終於可以在一起了，因為兩人的骨灰被存放在同一個甕裡。

（也請參考 Babylon, Semiramis, *and* Thisbe。）

碧拉（Pyrrha）

碧拉的父親是第二代泰坦神厄毗米修斯，母親是第一個人類女子潘朵拉；潘朵拉嫁給厄毗米修斯時，帶來一份裝滿善與惡，對未來有重大影響的嫁妝：「潘朵拉的盒子」（Pandora's Box）。碧拉的丈夫是普羅米修斯之子杜卡利翁。宙斯看到當時人類過著敗德的生活，覺得很生氣，因此決定降下大洪水來消滅所有人類。碧拉和杜卡利翁是這場大洪水的唯一倖存

者。當兩人的船被洪水沖到凸出水面的帕那索斯山頂時，宙斯看見兩人的窘境，心生憐憫，於是命令洪水退卻。在女神泰美斯的指導下，碧拉和杜卡利翁接下來的工作是讓大地再次住滿人類。他們把地上的小石頭往肩後丟，石子落地後就立即變成人類，亦即當今世上個性堅毅的男男女女。兩人後來生了六個孩子，其中最著名的就是赫倫，亦即赫倫人的祖先；今日希臘人認為他們是赫倫人的後代。

（也請參考 Deucalion, Epimetheus, Hellen, Pandora, Parnassus [Mount], Prometheus, Themis, Titans [the], *and* Zeus。）

皮魯士（Pyrrhus）皮魯士是阿基里斯之子奈奧普托勒姆斯的別名。

（也請參考 Achilles *and* Neoptolemus。）

雷穆斯（Remus）雷穆斯的母親是一位維斯塔貞女祭司，名叫雷雅・西爾維雅，父親是戰神瑪爾斯。他有一個雙胞胎兄弟，亦即後來羅馬的創立者羅慕勒斯。這對雙胞胎出生後，就被丟棄在台伯河邊，但是他們神奇獲救，並未淹死。長大之後，他們渴望建立自己的城市。不過兄弟兩人的歲數相同，實在很難決定由誰來給他們的城市命名並統治該城市。為此，兩人發生了爭吵。在吵架的過程中，雷穆斯為了嘲弄羅慕勒斯，一跳就躍過該城逐漸砌起來的城牆。羅慕勒斯很生氣，竟失手把他的兄弟殺了。

（也請參考 Mars, Rhea Silvia, Rome, Romulus, Tiber River [the], *and* Vesta。）

拉達曼托斯（Rhadamanthus）拉達曼托斯的名字又可拼寫為

"Rhadamanthys"（拉達曼迪斯），他的父親是宙斯，母親是歐羅芭公主。根據荷馬，他是米諾斯的兄弟。但是根據海希奧德的說法，米諾斯和埃阿科斯都是他的兄弟。不過，有許多各式各樣的故事傳統都提到這三人死後都到冥界當判官。關於拉達曼托斯的故事，歷史學家西西里的狄奧多羅斯有所記載。根據狄奧多羅斯，拉達曼托斯生於克里特島，日後並以公正的判決，能適當懲罰犯人而名重一時。移居到小亞細亞之後，由於他有正義典範的名聲，所以不論來自各個島嶼或大陸的人民都自願歸順於他，臣服於他的統治。

（也請參考 Aeacus, Crete, Europa, Minos, Underworld [the], *and* Zeus。）

雷雅・西爾維雅（Rhea Silvia）雷雅・西爾維雅的父親是阿爾巴・

隆伽城的國王努米托（Numitor）；阿爾巴‧隆伽城是特洛伊英雄伊尼亞斯之子阿斯卡尼斯在義大利創建的城市。努米托是國王普洛卡斯（Procas）的長子，也是後者理所當然的繼承人。不過，根據羅馬史家李維的說法，努米托後來被他的弟弟阿姆里亞斯（Amulius）趕下王座。事情並未就此結束，阿姆里亞斯接著殺死努米托的所有兒子。同時他為了確保努米托斷後，還把努米托的女兒雷雅‧西爾維雅送入維斯塔女神的神殿，命令她擔任維斯塔貞女祭司。根據傳統，維斯塔女神的女祭司在執事期間必須保持處子之身，若違反此規定，則會被判以死刑。儘管阿姆里亞斯做了這些防範措施，雷雅‧西爾維雅還是懷了戰神瑪爾斯的孩子。阿姆里亞斯見雷雅‧西爾維雅懷孕了，就把她囚禁起來；待羅慕勒斯和雷穆斯出生後，他就命人把兩個嬰兒放入籃子，丟入台伯河，任其隨水漂流而去。阿姆里亞斯當然是希望雙胞胎會在河裡淹死，但是後來發生一件很著名的事：一隻母狼救了他們。他們成年後，就把他們的母親——羅馬人民之母雷雅‧西爾維雅——救了出來。

（也請參考 Aeneas, Alba Longa, Ascanius, Mars, Remus, Rome, Romulus, Tiber, *and* Vesta。）

羅俄庫斯（Rhoecus）

據說住在尼多斯（Cnidus）的羅俄庫斯看到某棵橡樹快倒了，就命令他的奴隸們把那棵樹扶正。住在該棵橡樹裡面的樹寧芙仙子出於感激，於是就賜給羅俄庫斯一個願望。羅俄庫斯的願望是跟她共寢。樹寧芙仙子應允他的要求，並跟他說了兩件事，一要羅俄庫斯對她保持忠誠，另外就是她會在適合共寢的時候，派一隻蜜蜂來通知他。等到樹寧芙仙子真的派蜜蜂去通知羅俄庫斯的時候，他當時正在玩棋盤遊戲，對於蜜蜂的出現，只覺得很惱人，完全忘了該蜜蜂所可能代表的意義。樹寧芙仙子一氣之下就把他弄瞎了。不過希臘詩人品達提供這個故事的另一個版本，根據這個版本，羅俄庫斯因為沒對寧芙仙子保持忠誠，結果就被蜜蜂螫了。

（也請參考 Hamadryads [the]。）

羅慕勒斯（Romulus）

羅慕勒斯和他的雙胞胎兄弟雷穆斯是維斯塔貞女祭司雷雅‧西爾維雅和戰神瑪爾斯的兒子。兩兄弟的出生完全出乎所有人的意料之外，因為雷雅‧西爾維雅的叔叔阿姆里亞斯已經指派她擔任維斯塔女神的祭司，而維斯塔女神的祭司必須保持處子之身，若有違反，就會被處以死刑。雷雅‧西爾維雅生下雙胞胎後，即遭受囚禁，她的寶寶羅慕勒斯

和雷穆斯則被放入籃子，然後丟入台伯河，隨著河水漂流而去。等河水退卻後，一隻母狼發現他們，並且給他們餵奶。有個名叫浮士德勒（Faustulus）的牧羊人看到他們，就把他們帶回家。他和妻子勞倫緹雅（Larentia）沒有孩子，就把這對雙胞胎兄弟當作自己的孩子來撫養。兩個男孩長大後，他們開始狩獵，同時也搶劫強盜的贓物，然後再把那些二度被偷的貨物分送給牧羊人的社群。有一回雷穆斯被捕了，然後被送到努米托（即他的外祖父）那裡接受懲罰。努米托對他的真實身分感到很懷疑。與此同時，牧羊人浮士德勒也告訴羅慕勒斯他對羅慕勒斯出生真相的懷疑。因此羅慕勒斯和雷穆斯兩人各自帶著一群支持者，到王宮把篡位者阿姆里亞斯趕下台。羅慕勒斯後來殺了阿姆里亞斯，讓合法的努米托再度登上王位，統治阿爾巴·隆伽。羅慕勒斯和雷穆斯兩兄弟希望建立自己的城市。不過，由於他們是雙胞胎，因此很難決定新創立的城市該由誰來命名和該由誰來統治。最後他們決定把這件事交給諸神定奪。雷穆斯駐紮在阿芬丁丘（Aventine Hill），而羅慕勒斯則在帕拉廷丘守候神蹟。首先看到徵兆的是雷穆斯：天空出現六隻禿鷹，但是不久羅慕勒斯也看到天空出現十二隻禿鷹。兩兄弟各自的支持者都宣稱他們是勝利者。接著就發生一場爭吵。雷穆斯在憤怒中跳過逐漸砌起來的城牆，以此行動嘲弄羅慕勒斯。羅慕勒斯一怒之下殺了他的兄弟，成為新城的國王，並用自己的名字把新城命名為羅馬。即位後，羅慕勒斯制定各種法律，建置宗教的實踐和任命神職人員。他還擴增了羅馬城的人口——他宣布羅馬城為避難之地，展臂歡迎任何想去該城展開新生活的人。不過他還是面對一個難題：羅馬城的人口清一色都是男性。為了解決這個難題，羅慕勒斯派遣使者到鄰近的城市，希望可以跟那些城市結盟與通婚。不過，羅馬人到處碰壁，沒人願意跟他們結盟。最後，羅慕勒斯想出一個計畫：搶婚。根據這個計畫，羅馬人舉辦一個紀念海神涅普頓的慶典，並邀請鄰近的部族——包括薩賓人——前來參加慶典。鄰近的部落都很樂於參加，所以都帶著自己的妻子和小孩來到羅馬。當客人都在聚精會神觀賞表演時，羅馬人立即包圍在場的少女，然後把她們劫走。這起擄人事件導致多場戰爭的爆發。一開始，羅慕勒斯都打勝仗。為此，他還蓋了一間神殿奉獻給天神朱庇特。然而戰事並未停歇，最後連薩賓人也加入鄰近部族來攻打羅馬城。由於羅馬人遭到某位將領之女塔培亞（Tarpeia）的背叛，薩賓人因此攻破了羅馬人的防禦工事。激烈的戰爭持續開打，直到薩賓婦女挺身而出，請求她們的新丈夫和父親休戰。羅馬人和薩賓人最後真的講和休戰，並把兩族合併為一族，由兩位國王

共同統治。薩賓國王塔提烏斯死後，羅慕勒斯繼續統治合併為一的民族，直到他神祕死亡，升格為神為止。據說羅慕勒斯在戰神廣場檢閱部隊的時候，突然風暴來臨，層雲裏身，接著他就在人間消失了。人們認為羅慕勒斯是肉身成神，被諸神帶往天界，因此他後來就被羅馬人奉為天神，改稱為奎里努斯。

（也請參考 Jupiter, Mars, Neptune, Quirinus, Rhea Silvia, Rome, Sabines [the], Tarpeia, Tiber, *and* Vesta。）

魯圖里人（Rutulians, The）

魯圖里人是住在拉丁姆南方的一個義大利部族，他們的首都位於阿爾德亞城。他們的國王圖爾努斯本來打算娶勞倫圖姆國王拉丁努斯的女兒拉維妮雅為妻。不過，伊尼亞斯抵達義大利之後，拉丁努斯即把女兒許配給伊尼亞斯。魯圖里人大為不滿，於是聯合其他拉丁部族一起去攻打伊尼亞斯和他的盟友。

（也請參考 Aeneas, Latinus, Latium, Lavinia, *and* Turnus。）

薩賓人（Sabines, The）

薩賓人是住在羅馬城東北部的一個義大利部族。羅慕勒斯創建羅馬城時，他們的國王是塔提烏斯——這位國王在薩賓人與羅馬人兩族合一後，曾與羅慕勒斯共同統治一段時間。至於兩個部族會合併為一，那是因為之前羅馬人擄走薩賓人的婦女後，兩族即發生多起激烈戰爭，最後那些變成羅馬人妻的薩賓婦女挺身而出，請求她們的新丈夫和她們的父親們講和，兩族這才結束戰爭並合併為一族。塔提烏斯和羅慕勒斯共同執政五年，直到他被來自勞倫圖姆的使節謀殺為止。羅慕勒斯則繼續統治兩族合一的羅馬；他過世後，薩賓人努瑪·龐皮里烏斯繼承他的王位，成為羅馬第二任國王。

（也請參考 Numa, Rome, *and* Romulus。）

薩爾摩紐斯（Salmoneus）

薩爾摩紐斯的父親是赫倫之子埃俄羅斯，而埃俄羅斯是埃俄利亞人的「創始者」。根據神話學者希吉努斯的記載，薩爾摩紐斯起初住在色薩利，但他後來移居到厄里斯，並在這個地區創立一個城市，稱為薩爾摩涅城（Salmone）。薩爾摩紐斯是個過度傲慢之人，妄想自己與宙斯平等，甚至狂妄到宣稱他自己就是天神宙斯的地步。他取走人民獻給宙斯的祭品，要人民轉而敬拜他。他在馬車後面綁了許多水壺，行駛時製造

如雷的噪音。他把點燃的火把高舉向天，模仿宙斯的閃電棒。這種種舉措，最後宙斯實在看不下去了，就用閃電棒把他擊斃，連帶也把他的城市、居民和所有的一切都悉數消滅殆盡。歷史學家西西里的狄奧多羅斯給這個故事增添一個細節，即薩爾摩紐斯與女兒蒂洛的故事。由於薩爾摩紐斯沒把諸神看在眼裡，所以他不相信女兒蒂洛懷的是海神波賽頓的孩子，對女兒的態度極其惡劣——這是他會被宙斯擊斃的另一個理由。蒂洛的故事還有一個變體：薩爾摩紐斯的妻子西得洛對蒂洛百般虐待，最後蒂洛的兒子殺了西得洛，為母親復仇。

（也請參考 Poseidon, Sidero, Tyro, *and* Zeus。）

薩爾珀冬（Sarpedon）

神話故事有兩個著名的薩爾珀冬，這兩個人的關係是祖孫。老薩爾珀冬的父親是宙斯，母親可能是卡德摩斯之女歐羅芭，或柏勒洛豐之女拉俄達彌亞。老薩爾珀冬在克里特島長大，但他後來出逃到小亞細亞，大戰傳說中的蘇利米人；在後來的某個時間點，他與雅典的呂科斯（呂基亞人的命名由來）共同統治前蘇利米人的國土。即便在古典時代，老薩爾珀冬就已經跟他的同名孫子產生混淆；根據荷馬的《伊利亞德》，小薩爾珀冬是宙斯之子，那位跟他一起上戰場的夥伴格勞科斯是呂基亞人的首領，也是他的親戚。在特洛伊戰場打仗的過程中，薩爾珀冬最後遇到阿基里斯的好友帕特羅克洛斯。此時宙斯知道自己即將失去兒子，覺得非常傷心。不過他同時也很努力斟酌，思考自己是否該出手去救薩爾珀冬。猶豫不決之際，他去找赫拉商量。赫拉提到諸神都各有自己的人類子女，而且每一位都會想救自己的子女，如果此時宙斯偏袒某人，最後一定會帶來紛爭。她給宙斯的建議是：派睡神許普諾斯和死神塔納托斯到特洛伊戰場去取回薩爾珀冬的遺體，然後把他送回他的家鄉呂基亞，並為他舉行適當的喪葬儀式，讓他入土為安。

（也請參考 Achilles, Bellerophon, Cadmus, Crete, Europa, Glaucus [hero], Hera, Hypnus, Lycia, Patroclus, Solymi [the], Thanatos, *and* Zeus。）

斯科紐斯（Schoeneus）

斯科紐斯是波俄奧提亞人的國王；他的父親是阿塔瑪斯——這位阿塔瑪斯也是苦命小孩弗里克索斯和赫勒的父親。斯科紐斯最為人知的故事是身為亞特蘭姐的父親——亞特蘭姐是個跑得飛快的女獵人，除非使用詭計讓她分心，不然誰也跑不過她。

（也請參考 Atalanta, Athamas, Boeotia, Helle, *and* Phrixus。）

斯克戎（Sciron）

根據不同的故事版本，斯克戎有時是海神波賽頓的兒子，有時則是珀羅普斯的孫子。他是傳說中的不法之徒，住在墨伽拉東岸薩龍灣（Saronic Gulf）的斯克戎懸崖（Scironian Cliffs）上面。這裡是前往雅典的主要道路，每當有旅客經過，斯克戎都會強迫旅客為他洗腳。當旅客彎下腰，忙著給他洗腳的時候，他就把旅客們推出懸崖外，使之掉落海中而死。根據神話學家阿波羅多洛斯的描述，落海的旅客最後會被一隻極其龐大的海龜吞下肚。英雄提修斯經過斯克戎懸崖時，他用「以其人之道，還治其人之身」的方式將斯克戎推下海，為旅人除害。根據羅馬詩人奧維德的描述，斯克戎死後，他的骨頭後來融入懸崖的峭壁裡。

（也請參考 Athens, Megara [place], Pelops, Poseidon, *and* Theseus。）

斯庫拉（Scylla）

斯庫拉是希臘城市墨伽拉的公主，她的父親尼索斯是該城的國王。克里特島的國王米諾斯有一次帶軍隊去攻打墨伽拉城，正在觀戰的斯庫拉第一眼就愛上了他。她認為要贏得米諾斯的心，最好的辦法就是幫他打敗尼索斯。根據一個神諭，要打敗尼索斯，唯一的辦法就是剪去他頭上的一絡紫色頭髮。羅馬詩人奧維德以細膩的筆觸，描繪斯庫拉如何背叛自己的父親：入夜後，斯庫拉趁她父親睡著時，剪下她父親那絡紫色的頭髮，然後把那絡紫髮拿去送給米諾斯。米諾斯被她這種厚顏無恥的背叛行為嚇壞了，不想跟她扯上任何關係。所以米諾斯一逮到機會，立刻就啟航返回克里特島。斯庫拉見狀立刻跳下海，游著泳追了過去。不過，當她追到克里特軍艦時，此時已經變成魚鷹的尼索斯朝她俯衝過去，使她鬆開手，無法上船。就在這時，她也變成一隻海鳥，或者一條魚（神話學者希吉努斯的說法）。關於斯庫拉的結局，旅行作家保薩尼亞斯的版本與前述不同：米諾斯把斯庫拉的雙腳綁在船尾，讓她在海裡淹死。

除了公主斯庫拉之外，還有一個從寧芙仙子變成怪物的斯庫拉，這兩者必須有所區別。

（也請參考 Crete, Megara [place], Minos, Nisus, *and* Scylla [monster]。）

賽默勒（Semele）

美麗的賽默勒引人矚目之處在於她的死亡方式。她的父親是底比斯城的國王兼創建者卡德摩斯，母親是底比斯王后哈爾摩妮亞

就像許多美麗的少女那樣，賽默勒也沒能逃過宙斯那雙永遠搜尋的眼睛，最終懷了宙斯的孩子。這件婚外情最後被赫拉知道了。赫拉於是化成賽默勒的老保姆，計誘賽默勒懷疑她的情人並非宙斯；她接著力勸賽默勒必須採取行動來確認其情人是不是只是一個自稱自己是宙斯的凡人。賽默勒十分憂慮不安；等下一次宙斯來拜訪的時候，她就向宙斯要一個禮物。宙斯回說不管賽默勒要什麼，他都願意給。宙斯的責任是保護誓言的神聖性，所以這話一說出口，不管賽默勒接下來跟他要什麼，他都必須應允。賽默勒要的禮物是：在她面前完整顯現神聖的榮光。宙斯只得在賽默勒面前現出手持閃電的風暴之神的真身。懷有身孕的賽默勒立刻著火，倒地而死。宙斯想辦法救出尚未出生的胎兒，亦即嬰兒戴歐尼修斯，然後把胎兒縫入他的大腿。待妊娠期滿，戴歐尼修斯就從宙斯的大腿誕生於世。根據尤瑞比底斯的悲劇《酒神的女信徒》，賽默勒的姊妹阿高厄、奧托諾伊和伊諾因為忌妒她成為酒神的母親，所以就製造謠言，說戴歐尼修斯才不是什麼神，賽默勒的情人也只是個凡人而已。由於這個謠言，賽默勒的三個姊妹後來都受到酒神的處罰：她們在恍神的狀態下殺了阿高厄的兒子彭透斯。羅馬詩人奧維德增添一個細節：伊諾有一段時間曾當過嬰兒戴歐尼修斯的保姆，戴歐尼修斯是後來才被送去給尼薩山的寧芙仙子們撫養。

（也請參考 Agave, Autonoe, Cadmus, Dionysus, Harmonia, Hera, Ino, Nysa, Pentheus, Thebes, *and* Zeus。）

塞彌拉彌斯（Semiramis）

亞述王后塞彌拉彌斯是個歷史人物，不過她的許多生平故事與各種事蹟都充滿神話色彩。塞彌拉彌斯長得極為美豔動人，相傳她的母親是近東地區的豐饒女神德爾克托／阿塔爾伽提斯（Derketo / Atargatis）；她出生後，餵養她的是鴿子，把她撫養長大的是牧羊人。根據歷史學家西西里的狄奧多羅斯的說法，塞彌拉彌斯的第一任丈夫是個亞述軍官。亞述國王尼諾斯被她的美傾倒，想要娶她為妻，所以就對該亞述軍官施壓，結果該亞述軍官自殺身亡，塞彌拉彌斯則變成王后。尼諾斯死後，她成為亞述王國唯一的統治者。誠如羅馬詩人奧維德在苦命情人畢拉穆斯和緹絲碧的故事裡所說的，人們認為她不僅建立了巴比倫城，並且還立下不少輝煌的軍功。

（也請參考Babylon *and* Pyramus。）

七雄攻底比斯（Seven Against Thebes, The）所謂「七雄攻底比斯」的七雄是指阿爾戈斯王阿德拉斯特斯所召集的七位將領，而他們集結的目的是攻打底比斯，為伊底帕斯的兒子（阿德拉斯特斯的女婿）波里涅克斯爭取王位。原來伊底帕斯出走後，他的兒子波里涅克斯和厄特俄克勒斯說好輪流統治底比斯，任期是一年。厄特俄克勒斯首先登上王位，不過時間到了，他卻不肯讓位，波里涅克斯只好求助於他的岳父。這七位將領的身分雖然在不同的資料中略有出入，不過大概的名單如下：阿德拉斯特斯、波里涅克斯、狄俄墨德斯殘酷的父親堤丟斯、傲慢且不信神的卡帕紐斯、希波墨冬、帕爾特諾派俄斯、出發前就已經預知戰況不好的先知安菲阿剌俄斯。果然，七位將領中，除了阿德拉斯特斯，全都戰死沙場。日後這七位將領們的兒子會再次集結，前去攻打底比斯為他們的父親報仇，亦即所謂的厄庇戈諾伊之戰。

（也請參考 Adrastus, Amphiaraus, Argos, Capaneus, Diomedes, Epigoni [the], Eteocles, Oedipus, Parthenopaeus, Thebes, *and* Tydeus。）

庫邁的女先知西比拉（Sibyl of Cumae, The）西比拉是女先知的意思，意指那群從一出生就接收到神聖啟示，並在她們相當漫長的一生中，持續為啟示她們的諸神服務的女子。羅馬歷史學家瓦羅（Varro）列了一張名單，指出希臘羅馬世界曾出現女先知的地點：波斯、利比亞、德爾菲、辛梅里亞（Cimmeria）、埃里色雷（Erythrea）、薩摩斯島、庫邁、赫勒斯滂、弗里吉亞、提布（Tibur）。這些地方中，最著名的就是庫邁。庫邁的這位女先知住在義大利坎帕尼亞海岸（Campanian coast）庫邁山的洞穴裡。根據羅馬詩人維吉爾的描述，女先知所住的洞穴很大，總共有一百個入口，而且在每個入口都可聽到女先知的聲音。伊尼亞斯曾到庫邁向她詢問阿波羅的神諭，透過女先知西比拉，阿波羅讓伊尼亞斯預先知道他將面對發生在拉丁姆的戰爭，還有他必須折下某一特定的金枝獻給冥后普洛塞琶娜，同時還要埋葬他之前落水的同伴帕利努魯斯，如此他才能取得進入冥界的許可。接著庫邁的女先知就一路陪著伊尼亞斯，進入冥界，到至福樂土去探望他的父親安基賽斯。

（也請參考 Aeneas, Anchises, Apollo, Cumae, Delphi, Elysian Fields [the], Hellespont [the], Latium, Palinurus, Phrygia, Proserpina, *and* Underworld [the]。）

希凱俄斯（Sichaeus）希凱俄斯又可拼寫為 "Sychaeus"，他是迦太基女王蒂朵的丈夫，生前遭人謀殺身亡。

（請參考 Carthage, Dido, *and* Sychaeus。）

西得洛（Sidero）西得洛是蒂洛的繼母；她的父親是厄里斯地區薩爾摩涅城的國王，即不敬神的薩爾摩紐斯。由於她虐待蒂洛，後來就被她的孫子珀利阿斯（或珀利阿斯跟他的兄弟涅萊烏斯）殺了。

（也請參考 Neleus, Pelias, Salmoneus, *and* Tyro。）

西尼斯（Sinis）西尼斯是海神波賽頓的兒子；根據希臘詩人巴克奇利德斯（Bacchylides）的描述，西尼斯住在科林斯地峽；他是個真正邪惡的人，素來以「板松巨人」（Pityokamptes / "Pine-Bender"）著稱，意思是他會先把松樹壓彎，再把過路人的手腳分別綁在兩棵松樹上，然後再放手讓可憐的受害者被彈開的松樹撕裂而死。年輕的提修斯從特羅曾城往雅典旅行途中，他就以西尼斯慣用的手法，為希臘人除去這一禍害。在希吉努斯和阿波羅多洛斯兩位神話學家的筆下，西尼斯折磨路人的手法有一點不同：在他的筆下，西尼斯會強迫路人把松樹壓彎，或者要路人幫他把松樹壓彎，當路人完成任務後，他就放手把毫無戒心的受害者彈向天空，最後落海而死。

（也請參考 Athens, Corinth, Poseidon, *and* Theseus。）

西農（Sinon）西農是個希臘人；維吉爾的《伊尼亞斯紀》很生動地記錄了他騙人的把戲。他明明是特洛伊戰爭的參戰者，但卻假裝自己是希臘人選出來當活人獻祭的受害者，只是幸好他及時逃了出來。祭司勞孔曾告誡特洛伊人要防範特洛伊木馬，但是西農編了一個騙人的故事，加上後來勞孔的死，導致特洛伊人真的相信特洛伊木馬沒有危害。原來根據西農的說詞，希臘聯軍已經啟航回家了，他們留下的木馬是獻給女神米娜瓦的祭品，用來消解女神的怒氣。女神之所以會生希臘人的氣，那是因為尤利西斯和狄俄墨德斯偷了她的雕像，亦即那尊被稱為帕拉狄姆的古老神像，而這起偷竊事件除了惹惱女神，也讓希臘人在戰場上表現欠佳。

（也請參考 Athena, Diomedes, Laocoon, Minerva, Troy, *and* Ulysses。）

薛西弗斯（Sisyphus）薛西弗斯是冥界裡的典型罪人；他的命運注

定要推著巨石上山，到了山頂再眼睜睜地看著石頭滾下山，日復一日，年復一年。薛西弗斯的父親是赫倫之子埃俄羅斯，他的孫子是英雄柏勒洛豐。某些故事版本認為他創建了科林斯城。薛西弗斯向來以機靈著稱，然而在諸神眼中，他或許有過分精明之嫌。舉個例子來說吧。荷米斯之子奧托里庫斯一再偷他的牛，但是由於奧托里庫斯有本事把偷來的牛改變外貌（例如從黑到白，從有角到無角之類的），他也拿奧托里庫斯沒轍。不過，他後來給剩下的牛在蹄下全做了記號，這樣一來，他的牛就可以被辨識了。至於他為何必須在冥界承受永恆的懲罰，古代資料提出許多理由，其中一個就是他把死神塔納托斯囚禁起來，其結果就是世間再也無人死去。最後戰神阿瑞斯出手干預並釋放塔納托斯——此舉導致薛西弗斯的死亡。與前述理由相反，神話學家阿波羅多洛斯認為薛西弗斯會在冥界接受懲罰，那是因為他洩露了宙斯的行蹤——宙斯當時正悄悄地擄走河神阿索波斯的女兒埃癸娜，而他把宙斯的去向告知河神。

（也請參考 Aegina, Aeolus [hero], Bellerophon, Corinth, Hellen, Hermes, Thanatos, *and* Underworld [the]。）

蘇利米人（**Solymi, The**）

蘇利米人是一支尚武的部族；根據荷馬以及晚期許多作家的描述，這個部族住在呂基亞的東部地區。他們是英雄柏勒洛豐的手下敗將——柏勒洛豐當時是奉呂基亞國王伊俄巴特斯的命令，騎著飛馬佩格索斯去攻擊他們。

（也請參考 Bellerophon, Iobates, Lycia, *and* Pegasus。）

希凱俄斯（Sychaeus）

希凱俄斯的名字又可拼寫為 "Sichaeus"；他是迦太基女王蒂朵的亡夫。根據維吉爾的《伊尼亞斯紀》，希凱俄斯是腓尼基最有錢的地主。蒂朵的兄弟畢馬龍是泰爾城的國王，非常欽羨希凱俄斯的財富。畢馬龍後來受到貪念的驅使，謀殺了希凱俄斯。蒂朵並不知道希凱俄斯的死因，直到過了一段時間，她夢見希凱俄斯渾身浴血地來到她面前，向她訴說自己的遭遇。與此同時，希凱

俄斯的鬼魂亦把他生前收藏金銀的地點告訴蒂朵，並催她趕緊逃離自己的國家。蒂朵後來真的決定離家棄國，同時還召集一群或痛恨或害怕暴君畢馬龍的人民一起走。他們在海上漂流，最後終於抵達利比亞。蒂朵在那裡創立一個新城市，稱為迦太基。蒂朵後來在這裡遇見特洛伊英雄伊尼亞斯，不過兩人的戀情以悲劇收場，她則自殺身亡。到了冥界後，蒂朵再次與她摯愛的希凱俄斯團聚。

（也請參考 Aeneas, Dido, Carthage, Pygmalion, *and* Underworld [the]。）

坦塔羅斯（Tantalus）

坦塔羅斯是傳說中的呂底亞國王；他跟薛西弗斯和伊克西翁一樣，最後都成為冥界的典型罪人。坦塔羅斯在冥界所承受的永恆折磨包括站在池水裡，當他彎下腰想喝水時，水就開始退卻不見；他頭頂上的樹分明長滿果實，但是只要他想伸手去摘，就有一陣微風吹來，揚起樹枝，使他摘不著果子。除此之外，他頭頂上方就懸掛著一顆巨石，隨時都有掉下來的危險，對他造成永遠的威脅。據說他是宙斯的兒子，深受諸神的寵愛。他之所以會遭受懲罰，那是因為他嚴重冒犯了諸神。至於他所犯下的重罪為何，古代資料的描述人各不同。希臘詩人品達提供兩個理由：坦塔羅斯之前曾跟諸神共進晚餐，諸神以瓊漿與仙饌招待他——那是神聖的食物，足以讓他獲得永生，不過他後來卻把諸神給他的神聖食物跟他的凡人朋友分享。另一個理由是：在回請諸神的晚宴裡，他為了測試諸神的智慧，就殺了他的兒子珀羅普斯，做成燉菜來招待客人。幸運的是，幾乎所有在場的諸神都發現事情不對，只有狄蜜特因為沉浸在失去玻瑟芬妮的悲傷裡，一時不察，吃了幾口燉菜——後來宙斯把珀羅普斯組合起來並讓他復活時，不得不用象牙來取代這幾口被女神啃掉的肩胛骨。就像坦塔羅斯的女兒尼俄柏那樣，珀羅普斯本身後來也成為一個悲劇人物。

（也請參考 Demeter, Hades [place], Ixion, Lydia, Niobe, Pelops, Persephone, Sisyphus, Underworld [the], *and* Zeus。）

塔培亞（Tarpeia）

塔培亞是羅馬將軍斯普流斯·塔培烏斯（Spurius Tarpeius）的女兒。塔培烏斯的職責是保護卡庇多丘，抵禦薩賓人的攻擊。不過，塔培亞為了得到薩賓人穿戴在左手臂的黃金臂章，竟然背叛羅馬人，提供管道讓薩賓人入城，使薩賓人破壞了羅馬人的防禦工事。想當然耳，塔培亞要跟薩賓人交換的是他們所戴的黃金臂環，不過他們入城時卻丟給她盾

牌。就這樣，塔培亞就被薩賓人的盾牌壓死了——這也是她身為背叛者應得的報應。羅馬的卡庇多丘有個專門用來處死背叛者的地方，該地即以她的名字來命名，稱為塔培亞之岩（Tarpeian Rock）。

（也請參考 Capitoline Hill [the], Sabines [the], *and* Rome。）

陶洛斯人（Taurians, The）

陶洛斯人這支民族居住的地區就是今日位於黑海的克里米亞半島（Crimean Peninsula）。統治這個地方的國王中，較為著名的有柏瑟斯和托阿斯，前者是柯爾基斯國王埃厄忒斯的兄弟，而後者在位時，女神阿特米斯把伊菲葛涅亞從阿伽門農的祭壇上救出來，並送到陶里斯安置。陶洛斯人的習俗是把陌生人獻祭給阿特米斯，伊菲葛涅亞到此地擔任阿特米斯的女祭司後，她的工作就是為那些等著獻祭的人做好準備。此後她就一直擔任這個工作，直到後來她的弟弟俄瑞斯特斯前來把她救走為止。

（也請參考 Aeetes, Agamemnon, Artemis, Colchis, Iphigeneia, Orestes, *and* Thoas。）

特伊西亞斯（Teiresias）

特伊西亞斯是一位底比斯先知，其名字又可拼寫為 "Tiresias"（提瑞西阿斯）。話說卡德摩斯當年創立底比斯城的時候，他曾播下龍牙，結果地裡長出一群「斯巴提人」，亦即「種出來的人」，特伊西亞斯就是這群「斯巴提人」的後代。就像許多獲得神聖啟示的人，特伊西亞斯也是個盲人；至於他為何會盲眼呢？神話學家阿波羅多洛斯羅列了好幾個理由：或是他對人類透露太多諸神的祕密，或是他看到女神雅典娜的裸體，或是聲稱女人在性愛中獲得的樂趣比男人多——後面這項聲言激怒了赫拉，因而把他弄瞎。不過，關於這最後一項爭論，特伊西亞斯恰好有資格做出評論，因為在一生當中，他既當過男人，也當過女人。原來有一天他在散步時看到兩條蛇正在交配，而他不小心踩到雌蛇，結果他就變成一個女人。後來他又遇到同樣的事件，但是這一次他踩到雄蛇，所以他又變回男人。

特伊西亞斯忠心耿耿地為底比斯人服務，時間超過了三代。戴歐尼修斯為了把酒神信仰推介到希臘，首先來到底比斯，當時特伊西亞斯即曾力勸年輕的國王彭透斯要向他和年老的卡德摩斯看齊，擁護該位酒神，因為這樣才是明智之舉。後來他向伊底帕斯透露真相，說殺死前底比斯王萊瑤斯的凶手，並非什麼未知的強盜，而是伊底帕斯自己，如此後者才會在不知情的情況下跟他的母親犯下亂倫之罪。底比斯的國王克瑞翁拒絕埋葬伊底帕斯的兒子波里涅克斯，特伊西亞斯也知道這是個錯誤的決定，而且這個決定將會帶來可怕

的結果。即便已經死了，特伊西亞斯仍然擁有他的預言能力，因為他的鬼魂曾出現在奧德修斯面前，預先告知奧德修斯未來所要面對的所有考驗。

（也請參考 Athena, Cadmus, Creon, Dionysus, Hera, Laius, Odysseus, Oedipus, Pentheus, Polyneices, *and* Thebes。）

特拉蒙（Telamon）

特拉蒙的父親是埃癸娜島的國王埃阿科斯，他的兄弟帕琉斯以身為阿基里斯的父親而聞名於世。特拉蒙和帕琉斯聯手殺了他們同父異母的兄弟福科斯（Phocus），結果被他們的父親處以流放的刑罰。帕琉斯去了色薩利，特拉蒙則去了薩拉米斯島。此後特拉蒙就在薩拉米斯島成家立業：他首先娶了國王的女兒葛勞瑟為妻，待國王往生後，他就繼位為王。妻子葛勞瑟死了之後，他再娶珀里波亞（或俄里波亞），生下一子叫埃阿斯（即大埃阿斯或特拉蒙的埃阿斯）──這位兒子後來成為希臘軍中最好的戰士之一。特拉蒙和帕琉斯兩兄弟都參加了卡利敦野豬狩獵活動和傑森的尋找金羊毛之旅。不過，特拉蒙最為人記得的故事是他曾協助海克力斯攻打特洛伊城。原來特洛伊王拉俄墨冬曾答應海克力斯，只要海克力斯殺了海怪，救了公主赫希俄涅，他就把宙斯送的神馬轉送給海克力斯。沒想到事情辦好了，拉俄墨冬卻突然反悔，沒把神馬送給海克力斯。海克力斯氣不過，因此帶兵來攻打特洛伊城。攻城的時候，特拉蒙首先攻破特洛伊的城牆；從來不服輸的海克力斯差點因此殺了特拉蒙。為了救自己，特拉蒙聲稱他會建立一個祭壇來紀念海克力斯。戰爭結束後，海克力斯把赫希俄涅公主送給特拉蒙作為獎賞。赫希俄涅後來給特拉蒙生下一子，即透克爾。

（也請參考 Achilles, Aeacus, Aegina [place], Ajax [the Great], Calydon, Hercules, Hesione, Jason, Laomedon, Peleus, Salamis, Teucer, Thessaly, *and* Troy。）

特勒瑪科斯（Telemachus）

特勒瑪科斯的名字意思是「遠方的戰士」；他的父親是伊薩卡島的國王奧德修斯，母親是王后潘妮洛碧。奧德修斯離家到特洛伊打仗的時候，特勒瑪科斯才不過是個小嬰兒。不過，二十年後當奧德修斯回家時，他已經長大成人，變成他父親的同盟，足以協助他父親趕走潘妮洛碧那群無法無天的追求者，並協助他父親重建家園與帝國。荷馬在《奧德賽》一詩描述了特勒瑪科斯成年的過程：他為了維護自己的權利，召集伊薩卡島的人民開會──伊薩卡島的人民在此之前已經很久沒開過會了；為了收集他父親的消息，他離開伊薩卡島，遠赴希臘本島到皮洛斯諮詢

老王涅斯托爾，又到斯巴達找墨涅拉俄斯探問奧德修斯的消息。除此之外，還有個傳說提到特勒瑪科斯後來娶了女魔法師瑟西，瑟西則把不死的生命賜給他和他的母親潘妮洛碧。

（也請參考 Circe, Ithaca, Menelaus, Nestor, Odysseus, Penelope, Pylos, Sparta, *and* Troy。）

特勒福斯（Telephus）

特勒福斯的父親是海克力斯，母親是特哥亞國王阿勒俄斯（Aleus）的女兒奧葛（Auge）——奧葛公主同時也是雅典娜的女祭司。由於奧葛公主尚未結婚，所以她生下特勒福斯後，就把嬰兒丟在雅典娜神殿附近。不久，那嬰兒就被她的父親阿勒俄斯王發現了。阿勒俄斯王首先命人把嬰兒特勒福斯帶去帕提尼烏斯山（Mount Parthenius）丟棄——當時剛好有一隻剛生下小鹿的母鹿發現了特勒福斯，所以就順便照顧他，直到某幾個牧羊人發現他為止。至於奧葛，阿勒俄斯王命人把她送去賣掉或淹死。不過奧葛都逃過這些命運；相反的，她到了密西亞後，嫁給透特拉尼亞（Teuthrania）的國王透特拉斯（Teuthras）（或成為國王的養女）。若根據另一個故事傳統，奧葛的父親把她和嬰兒特勒福斯關進箱子，然後丟入海裡，任其漂流。不過，母子倆都倖存下來；最後兩人抵達密西亞，特勒福斯長大後成為該城的國王。希臘聯軍在航向特洛伊城的途中，曾短暫停靠此地。特勒福斯不小心被阿基里斯打傷，但是因為傷口久久沒有痊癒，他就去阿波羅神殿諮詢神諭。根據神諭，只有傷人者可以治癒傷口上。於是他就到希臘軍營找阿基里斯，阿基里斯很樂意幫忙，但是他說他不是治療者，不知道怎麼處理傷口。根據神話學者希吉努斯的描述，此時出來排除這一僵局的人是尤利西斯（奧德修斯）；他要阿基里斯把矛尖上的鐵鏽刮下，撒在特勒福斯的傷口，結果那傷口立刻就好了。根據尤利西斯（奧德修斯）的解釋，神諭中的「傷人者」不是指阿基里斯，而是指他的矛。為了感謝希臘人治好他的傷，特勒福斯於是告訴他們航向特洛伊的方向。

（也請參考 Achilles, Apollo, Athena, Hercules, Troy, *and* Ulysses。）

鐵流士（Tereus）

據說鐵流士是戰神阿瑞斯的兒子；他是色雷斯城的國王，由於犯了嚴重的罪行，結果受到嚴重的報復和懲罰。當初雅典城遭受攻擊時，鐵流士帶著軍隊去支援；雅典國王潘狄翁很感謝鐵流士的幫忙，就把女兒普羅克妮嫁給他。過了五年，普羅克妮很想念她的妹妹菲洛美拉，於

是懇求鐵流士讓她們姊妹見見面，不管是她去雅典看妹妹，或讓她妹妹到色雷斯城看她都好。鐵流士同意普羅克妮的要求，於是啟航到雅典去接菲洛美拉。不過，他第一眼看到菲洛美拉就失去理智，完全受制於強烈熱情的驅策。當他們終於抵達色雷斯之後，他就把菲洛美拉帶到森林裡，在一間小屋裡對她施暴。菲洛美拉說她要把他的罪行公諸於世，結果他竟然拿劍割掉了菲洛美拉的舌頭。於此同時，他回家跟普羅克妮說她的妹妹已經在旅途中死了。雖然菲洛美拉不能說話，不過她找到一個方式來記錄她所承受的苦痛：紡織機。她把她的經歷織入一張掛毯，請照顧她的老婦人將掛毯送去給王后。就這樣，鐵流士的罪行曝光了。普羅克妮首先想辦法把妹妹救出來，接著兩人就制定復仇計畫。姊妹倆把鐵流士的小兒子伊第斯殺了，然後做成菜餚，端給鐵流士享用。看到這道可怕的燉菜，鐵流士本來還狼吞虎嚥的，吃得很開心。後來他問起兒子在哪裡，此時菲洛美拉就拿著伊第斯的頭，出現在他眼前——不為人知的恐怖真相此時終於展露在他眼前。他拿起劍，立刻撲向兩姊妹。在奔逃的過程中，菲洛美拉變成了夜鶯，普羅克妮化成了燕子。鐵流士則變成一隻冠羽華麗的戴勝鳥。

（也請參考 Ares, Athens, Philomela, Procne, *and* Thrace。）

透克爾（Teucer）

古典神話有兩個著名的英雄都叫透克爾。第一個透克爾據說是河神斯卡曼德的兒子，他的母親是伊達山的寧芙仙子伊達娥——伊達山位於特洛德（Troad）地區，這附近就是未來特洛伊城的所在地。不過，另有一個故事傳統說他是來自克里特島的移民。這位透克爾就是特洛德城的第一任國王——特洛伊人有時也會因此被稱為透克里安人，其所反映的，就是這一事實。透克爾的繼承人是他的女婿達爾達諾斯。透克爾和達爾達諾斯都是特洛伊諸王的祖先。

另一個透克爾的父親是英雄特拉蒙，母親是特洛伊國王拉俄墨冬的女兒赫希俄涅。他的同父異母兄弟是大埃阿斯，兩人在特洛伊戰場上總是肩並肩一起作戰。

（也請參考 Ajax the Great, Crete, Dardanus, Hesione, Ida [Mount], Laomedon, Telamon, *and* Troy。）

透克里安人（Teucrians, The）

有時候，特洛伊人也被稱為透克里安人，而這個名字源自於特洛伊諸王的祖先：透克爾。

（請參考 Teucer *and* Troy。）

塔密里斯（Thamyris）

早在荷馬的《伊利亞德》的時期，塔密里斯即以色雷斯的吟遊詩人著稱於世；據說他既精通歌唱，也擅長彈奏齊特琴。話雖如此，塔密里斯後來變得狂妄自大，竟然口出狂言，說他的技藝比繆斯女神更好。見他如此放肆，繆斯女神使他瞎了眼，也讓他忘記自己的技藝。塔密里斯另一件著名的事是：他是第一個愛上同性的凡間男子，而他愛慕的對象正是斯巴達青年海雅辛斯。

（也請參考 Hyacinth, Muses [the], Sparta, *and* Thrace。）

特爾珊德（Thersander）

特爾珊德是伊底帕斯的孫子；他的父親是波里涅克斯，母親是阿爾戈斯王阿德拉斯特斯的女兒阿爾癸亞（Argea）。為了替女婿波里涅克斯爭取王位，阿德拉斯特斯曾帶領一支軍隊去攻打底比斯——這就是所謂的「七雄攻底比斯」。最後七雄是打了敗仗，七位將領中，除了領軍的阿德拉斯特斯，全都戰死沙場。多年後，特爾珊德再次召集一支軍隊去攻打底比斯城，帶隊的將領全都是當年七雄的兒子，這次戰事亦即所謂的厄庇戈諾伊之戰。就像他的父親那樣，特爾珊德也是訴諸賄賂才湊足軍隊人數：他以哈爾摩妮亞那件令人豔羨的美麗袍子（或項鍊）來賄賂先知安菲阿剌俄斯的妻子厄里菲勒，商請厄里菲勒勸她的兒子阿爾克邁翁加入軍隊，擔任將領。這次底比斯城終於被他們打了下來，特爾珊德也因此成為底比斯的國王。據說特爾珊德也參加特洛伊戰爭，至於他的參戰經歷，有的資料說他在一次突襲的過程中被密西亞國王特勒福斯殺死，或說他逃過這一劫，最後成為躲入特洛伊木馬肚內的希臘人之一。

（也請參考 Adrastus, Alcmaeon, Amphiaraus, Argos, Epigoni [the], Eryphile, Eteocles, Harmonia, Seven Against Thebes [the], Telephus, Thebes, *and* Troy。）

提修斯（Theseus）

提修斯是雅典傳說中的國王，也是最重要的雅典英雄。他多姿多采的一生，在古代傳記作家普魯塔克和神話學家阿波羅多洛斯筆下都有很詳細的記載。據說提修斯有兩個父親，一個是雅典國王埃勾斯，一個是海神波賽頓——這個不尋常的身世，倒是跟海克力斯的情況有點類似。原來埃勾斯因為膝下無子，所以就到德爾菲詢問神諭，接著就到特羅曾城找他的國王朋友皮透斯小聚。在席間，埃勾斯提到神諭給他的指示：到

家之前，不能打開羊皮酒囊。埃勾斯說這道神諭令他百思不得其解。不過他的朋友皮透斯馬上就了解其意義。接著皮透斯就努力灌醉埃勾斯，然後再安排他的女兒埃斯特拉跟埃勾斯共寢。巧合的是，當晚海神波賽頓也與埃斯特拉發生關係。第二天，埃勾斯啟程回雅典之前給埃斯特拉一些指示：假如埃斯特拉生的是男孩，等男孩長大後，她就應當引導兒子取出他埋在巨石之下的寶劍和涼鞋，然後到雅典去見他。埃斯特拉果真生了個男孩提修斯。提修斯長得夠壯的時候，他就取出埃勾斯藏起來的劍和鞋去見埃勾斯。根據普魯塔克，提修斯的名字有兩種來源，一是埃斯特拉根據埃勾斯的那些「收藏之物」（希臘文“thesis”），為兒子命名“Theseus”（提修斯）；再來是因為埃勾斯後來正式認親並立提修斯為繼承人（themenos），意思是「經已確立」。年輕的提修斯很仰慕海克力斯，也很想效法這位為人類除去無數禍害的傑出英雄，所以他捨棄了比較近也比較安全的海路，反而選擇越過科林斯地峽，走陸路到雅典。這一路上他遇到許多邪惡之徒，這些惡徒平日用什麼方式殘害別人，提修斯就用同樣的方式還治其身，一一把他們消滅。這些惡徒包括喜歡用銅棍把路人的頭打爛的珀里斐特斯（Periphetes）；西尼斯喜歡把路人綁在事先被他壓彎的松樹上，接著再放開松樹，順勢把路人彈入天空，落海而死；斯克戎會坐在懸崖上，然後把願意幫他洗腳的旅人推下懸崖；普羅克瑞提斯為投宿的旅客提供睡床，但是他堅持旅客必須完美符合該床的尺寸，所以他若不是把旅客拉長，就是把旅客過長的手腳切掉。提修斯到了雅典後，埃勾斯歡迎他的到來，但是埃勾斯新娶的妻子美狄亞馬上就討厭他。埃勾斯會娶美狄亞，那是因為美狄亞保證會給他生一個繼承人。可想而知，美狄亞當然不會喜歡提修斯。事實上，她遞給提修斯一杯毒酒，打算毒死他。埃勾斯原本聽信美狄亞的話，不太信任眼前這位陌生的年輕人。不過，他及時認出提修斯配戴的寶劍，趕緊揮手把提修斯的酒杯打落在地。接著埃勾斯就把提修斯立為他的繼承人。不過，埃勾斯的幾個姪兒對他的決定表示反對，起而反抗提修斯。提修斯這幾個堂兄弟派人在路上埋伏，打算把他殺了，但是提修斯把他們全都擊敗，並開始出去冒險，為人們除害，爭取民心。他首先逮住那頭在鄉村地區到處肆虐的馬拉松公牛；這頭公牛頗有來歷，原來牠就是克里特島米諾斯王之妻帕西法爾愛上的那頭牛，她還因此生下怪物米諾陶。這段期間，雅典人每隔九年必須送七個少年七個少女到克里特島餵養米諾陶，藉此彌補雅典人殺死米諾斯之子安卓戈俄斯的過失。這時提修斯自告奮勇，自願加入七個少年的隊伍，目的就是到克里特島殺死米諾陶。透過米

諾斯之女阿瑞安德涅的協助，提修斯完成了任務。原來他一到克里特島，阿瑞安德涅就對他一見鍾情，所以她給他一球紗線圈，讓他在進入囚禁米諾陶的迷宮時，可以沿路布線，確保屆時他找得到離開迷宮的路。為了感謝阿瑞安德涅的協助，提修斯答應娶阿瑞安德涅為妻，並帶她一起回雅典。不過在回程中，提修斯把阿瑞安德涅遺棄在狄亞島（納索斯島）──幸運的是，戴歐尼修斯剛好經過該島，救了阿瑞安德涅。至於這起遺棄事件，打從古典時代開始就有了許多議論。與此同時，埃勾斯一直在雅典焦急地等候兒子提修斯歸來；原來提修斯走時，他曾交代提修斯返航時要記得掛起代表成功的白旗，或掛上代表他已身亡的黑旗。心神不寧的提修斯在歸航時忘了升起白旗，結果站在雅典衛城等候的埃勾斯一看到黑旗，以為兒子已死，就跳海自殺了。提修斯登基為王之後，他首先著手把原來零散的各個聚落團結起來，正式建立雅典王國。擔任雅典國王的期間，他捲入海克力斯與亞馬遜女戰士們的紛爭，導致後來亞馬遜女戰士帶兵來攻打雅典衛城。提修斯打敗亞馬遜女戰士，同時與她們的女王希波麗塔（或安提俄珀）共譜戀曲，生下一子叫希波呂托斯；多年後，提修斯娶了米諾斯之女費德拉為妻，但是費德拉竟愛上希波呂托斯。這份畸戀導致費德拉自盡，使得提修斯詛咒其子，因而害希波呂托斯發生意外身亡。在這之後，提修斯的人生每況愈下；他首先去綁架當時才十二歲的海倫，只是沒能得手，接著他決定幫助拉庇泰人的國王皮瑞蘇斯，一起去綁架冥后玻瑟芬妮，因為他的朋友想娶玻瑟芬妮為妻。這對友人到了冥界，不久就被逮捕入獄；後來由於海克力斯的介入，提修斯才得以逃離冥界的牢獄。從冥界歸來後，提修斯發現雅典陷入混亂的狀態，所有的前盟友都紛紛棄他而去。他只好離開雅典，前往斯庫羅斯島去找呂科墨德斯王。呂科墨德斯王覺得一個像他這麼有能力的人住在島上，畢竟不太安心，所以就找機會把提修斯害死了。提修斯死後，雅典人將他尊崇為半神；後來在波斯戰爭（西元前 499-449）爆發的過程中，提修斯對雅典人伸出援手，幫助他們面對波斯人的威脅。

（也請參考 Acropolis, Aegeus, Aethra, Amazons [the], Androgeus, Antiope, Ariadne, Athens, Corinth, Crete, Delphi, Dionysus, Helen, Hercules, Hippolyta, Hippolytus, Lapiths [the], Lycomedes, Medea, Minos, Minotaur [the], Naxos, Pasiphae, Persephone, Phaedra, Pirithous, Pittheus, Poseidon, Procrustes, Sciron, Scyros, *and* Sinis。）

特斯提俄斯（Thestius） 特斯提俄斯是神話中的埃托里亞國王；他的

父親是誰，古代資料的記載並不一致，有的說是戰神阿瑞斯，有的說是多洛斯的後代阿革諾爾。根據神話學家阿波羅多洛斯的說法，特斯提俄斯與克勒俄波伊亞（Cleoboea）之女歐律特彌絲生了好幾個孩子；他的幾個女兒都是神話世界著名的角色，比如阿爾泰亞（梅列阿格的母親）、麗達（海倫、克呂泰涅斯特拉和狄奧斯庫洛伊兄弟的母親）和許珀爾涅斯特拉（先知安菲阿剌俄斯的母親）。他的幾個兒子都參加了卡利敦野豬狩獵活動。當梅列阿格把野豬的皮送給女獵手亞特蘭妲作為獎賞時，即便亞特蘭妲有資格得到該獎賞，他的兒子卻不以為然。他們從亞特蘭妲手中搶走豬皮，因為他們認為把該獎賞頒給女人是一種恥辱。這種冒犯之舉觸怒梅列阿格，所以梅列阿格就把他們殺了。梅列阿格的母親阿爾泰亞知道自己的兄弟死了，心裡感到很憤怒。在憤怒中，她就把一段代表梅列阿格壽命短長的木頭丟進了爐火。

（也請參考 Agenor, Althea, Amphiaraus, Ares, Atalanta, Calydon, Clytemnestra, Dioscuri [the], Dorus, Helen, Hypermnestra, Leda, *and* Meleager。）

堤厄斯特斯（Theyestes）

堤厄斯特斯是珀羅普斯及其妻子希波達彌亞的兒子。由於珀羅普斯是以背信忘義的方式娶到他的妻子，所以他自己乃至他的子子孫孫都受到詛咒。堤厄斯特斯的一生都是悲劇。他與他的兄弟阿楚斯奉母親之命，聯手殺了他們的同父異母兄弟克律西波斯。因為這一過錯，他們被驅離比薩城。阿楚斯娶了克里特島的公主埃洛珀，婚後生了兩個兒子：阿伽門農和墨涅拉俄斯。堤厄斯特斯後來勾引埃洛珀（或埃洛珀愛上他），讓埃洛珀幫他取得金羊毛——這頭金羊阿楚斯本應獻給女神阿特米斯，結果他竟私自藏了起來。當邁錫尼的王位出現空缺的時候，其居民根據神諭的指示，打算選珀羅普斯的其中一個兒子擔任國王。堤厄斯特斯建議讓擁有金羊毛的人繼承王位；阿楚斯不知道自己已經失去金羊毛，於是同意堤厄斯特斯的建議。就這樣，堤厄斯特斯當上邁錫尼的國王。不過，阿楚斯終究是要給自己報仇雪恨的。果然，他聲稱之前的王位繼承有犯規的情事，所以建議王位應該留給有辦法讓太陽以相反的方向運行的人——他這次獲得宙斯協助，得以讓太陽逆行，因此坐上了王位。當上邁錫尼國王後，他接著就邀請堤厄斯特斯到王宮裡赴宴，請堤厄斯特斯享用由其子嗣煮成的菜餚，飯後還端出受害者們的頭與手作為證據。堤厄斯特斯憤而離鄉，流放外地。他後來可能是在不知情的狀況下，跟他自己的女兒珀羅庇亞發生關係，並且讓珀羅庇亞懷孕了。不久，懷著身孕的珀羅庇亞嫁給阿楚斯，生下了兒子埃癸斯托

斯——阿楚斯一直以為後者是他的兒子。後來邁錫尼發生饑荒，根據德爾菲神諭的指示，阿楚斯必須把堤厄斯特斯找回來。阿楚斯於是找回堤厄斯特斯，並交代埃癸斯托斯必須殺了堤厄斯特斯。不過，堤厄斯特斯認出了埃癸斯托斯所使用的是他的寶劍，從而知道眼前的埃癸斯托斯其實是他的兒子。埃癸斯托斯獲知自己的真實身世後，轉而殺了阿楚斯。堤厄斯特斯再次登上邁錫尼的王座。不過他在位的時間很短，因為他不久就被斯巴達國王廷達瑞俄斯推翻下台，而廷達瑞俄斯背後的指使人就是阿楚斯的兩個兒子：阿伽門農和墨涅拉俄斯。

（也請參考 Aegisthus, Aerope, Agamemnon, Atreus, Crete, Delphi, Hippodamia, Menelaus, Mycenae, Pelops, Sparta, Tantalus, Tyndareus, and Zeus。）

緹絲碧（Thisbe）

年輕的緹絲碧是巴比倫城最美麗的女子；她家隔壁的青年畢拉穆斯深深地愛上了她。兩人這段充滿禁忌和悲劇的愛情故事其實是一個解釋（aetion / explanation），用來說明桑葚果實為何會從白色漸漸變成紅色。

（也請參考 Babylon and Pyramus。）

托阿斯（Thoas）

古典神話有好幾個名叫托阿斯的角色。一個托阿斯是野蠻部族陶洛斯人的國王。當阿伽門農的女兒伊菲葛涅亞被阿特米斯女神帶到陶里斯的時候，他恰好是當地人民的國王。在陶里斯，伊菲葛涅亞的身分是阿特米斯的女祭司；她所擔任的特定工作是替陌生人準備祭祀的儀式，因為陶洛斯人有個風俗：把來到他們國家的旅客抓去祭神。

另一個托阿斯是利姆諾斯島的國王。當利姆諾斯島的女人決定殺死她們全部的男性家屬時，他是唯一的生還者。他的女兒許普希碧勒或是把他藏起來，或是讓他逃走，或根據某些故事版本——他後來被島上的女人發現，死於她們的手下。

第三個托阿斯是埃托里亞的國王；他曾經到特洛伊參戰，並在戰場上奮勇作戰，而且在戰後成功返回故鄉。

（也請參考 Agamemnon, Artemis, Hypsipyle, Iphigeneia, Lemnian Women [the], Lemnos, Taurians [the], and Troy。）

媞伊阿德斯（Thyiades, The）

媞伊阿德斯這個名稱又可拼寫為

"Thyades"（媞阿德斯），意思是「狂暴者」。這是酒神女信徒邁納德斯或巴克坎忒斯的另一個名字，意指當戴歐尼修斯上身時，她們披髮狂舞的樣子。

（也請參考 Bacchantes [the], Dionysus, *and* Maenads [the]。）

提托諾斯（Tithonus）

提托諾斯的父親是特洛伊王拉俄墨冬，他的兄弟普里阿摩斯是特洛伊戰爭期間的國王。提托諾斯長得極為俊美，黎明女神艾奧斯愛上他，並且把他擄走。艾奧斯真的非常愛提托諾斯，於是她請求宙斯賜給提托諾斯永恆的生命。不過她卻忘了請宙斯同時賜給提托諾斯不老的青春。其結果是，提托諾斯隨著年歲的增長日漸衰老，日漸消瘦。艾奧斯只得把他關了起來。最後，他瘦得連一絲形影也沒有了，只剩下唧唧叫的聲音。根據某些故事版本，提托諾斯最後變成了蟬（或蚱蜢）。

（也請參考 Eos, Laomedon, Priam, Troy, *and* Zeus。）

特里普托勒摩斯（Triptolemus）

特里普托勒摩斯是個文化英雄（文明與文化的引進者），據說他是第一個播下種子，栽培農作物的英雄。他與女神狄蜜特和位於厄琉西斯的聖堂有密切的關聯。關於他的父母是誰，古人的說法各有不同：有的說他是厄琉西斯國王克琉斯及其妻子墨塔涅拉的兒子，有的甚至說他是俄刻阿諾斯和蓋亞的兒子。在羅馬詩人奧維德筆下，女神克瑞斯（狄蜜特的羅馬對應女神）把她那輛由兩隻翼龍拉著的馬車送給特里普托勒摩斯，並教導他在翼龍飛過的耕地與未耕地播下穀物的種子。

（也請參考 Celeus, Ceres, Demeter, Eleusis, Gaia, Oceanus [god], *and* Persephone。）

特洛伊羅斯（Troilus）

特洛伊王普里阿摩斯及其王后赫庫芭生了很多子女；一般上，人們認為特洛伊羅斯是他們的其中一個兒子。不過，根據神話學家阿波羅多洛斯描述，特洛伊羅斯是赫庫芭與阿波羅的兒子。在古典時代，特洛伊羅斯主要以他的死亡方式著稱。不過，除了他是死於阿基里斯之手這一點，他的死亡細節各家的說法都略有不同。舉個例子，阿基里斯在阿波羅聖祠抓到特洛伊羅斯，並且直接就在阿波羅的祭壇上把他殺了，或者特洛伊羅斯在海邊練馬，然後就被阿基里斯殺了。

（也請參考 Achilles, Apollo, Hecuba, Priam, *and* Troy。）

特洛斯（Tros）

特洛斯以他的名字為特洛伊人這個部族命名；他的父親

是達爾達尼亞的國王埃里克托尼奧斯——達爾達尼亞這個國家的名字即來自其創建者達爾達諾斯。特洛斯的妻子是河神斯卡曼德的女兒卡莉羅俄，兩人育有一子叫伊洛斯——伊洛斯日後將會成為特洛伊城的創建者。根據某些故事版本，據說他也是蓋尼米德的父親；蓋尼米德是個極為俊美的年輕人，後來被宙斯綁架到奧林帕斯山，專為宙斯斟酒。

（也請參考 Dardanus, Erichthonius, Ganymede, Ilus, Olympus [Mount], Scamander River [the], Trojans [the], Troy, *and* Zeus。）

圖爾努斯（Turnus）

圖爾努斯是個年輕英俊的國王，他統治的人民稱為魯圖里人，意即住在拉丁姆南方的義大利民族。圖爾努斯很想跟勞倫圖姆國王拉丁努斯的女兒拉維妮雅結婚，拉丁努斯的妻子亞瑪達也很贊成這門親事。儘管如此，圖爾努斯和拉維妮雅畢竟無法成婚，因為拉維妮雅的父親根據神諭指示，轉而把她許配給特洛伊人伊尼亞斯。在女神茱諾的敦促下，圖爾努斯因此領導其他拉丁人一起向伊尼亞斯宣戰。在戰爭期間，圖爾努斯殺了厄凡德爾之子帕拉斯；厄凡德爾是伊尼亞斯最重視的同盟，所以為了替帕拉斯報仇，伊尼亞斯就很殘暴地把圖爾努斯殺了。

（也請參考 Aeneas, Amata, Evander, Juno, Latinus, Latium, Lavinia, Pallas, Rutulians [the], *and* Turnus。）

堤丟斯（Tydeus）

堤丟斯是卡利敦國王俄紐斯的兒子；他自己的兒子狄俄墨德斯是特洛伊戰場上最優秀和最勇敢的希臘戰將之一。堤丟斯曾經離開卡利敦，被迫流放到阿爾戈斯城。阿爾戈斯城的國王阿德拉斯特斯答應幫波里涅克斯奪回底比斯的王位之後，就回頭來幫忙他爭取卡利敦的王位。於是堤丟斯參加了阿德拉斯特斯組織的著名團隊，進攻底比斯城，亦即所謂的「七雄攻底比斯」事件。不過，在攻城的過程中，他受了重傷，很快就死了。根據神話學家阿波羅多洛斯的描述，堤丟斯本來有望獲得永生，不過他命人把打傷他的墨拉尼普斯（Melanippus）斬首，而且吸光後者的腦。此情此景讓女神雅典娜看得嚇呆了，所以就收回本來要給堤丟斯的恩賜。

（也請參考 Adrastus, Argos, Athena, Calydon, Diomedes, Polyneices, Seven Against Thebes [the], Thebes, *and* Troy。）

廷達瑞俄斯（Tyndareus）

廷達瑞俄斯是斯巴達傳說中的國王。至

於他的父母是誰？古代資料的紀錄人各不同，有的說他的父親是斯巴達國王俄巴洛斯，母親是一位名叫巴提雅的娜伊阿德斯寧芙仙子；有的則說他的父親是赫倫之孫佩里俄瑞斯（Perieres），母親是英雄柏修斯的女兒戈爾戈福涅（Gorgophone）。根據神話學家阿波羅多洛斯的描述，廷達瑞俄斯被他的兄弟（或同父異母兄弟）趕出斯巴達之後，就去了埃托里亞，拜訪那裡的國王特斯提俄斯。特斯提俄斯後來把公主麗達嫁給他。在海克力斯的協助下，廷達瑞俄斯回到斯巴達，並且獲得王位，登基為王。麗達成為斯巴達王后，除了生下廷達瑞俄斯的子嗣，也為宙斯生了小孩。她與宙斯生的孩子是美麗的海倫（有些資料認為或許波洛克斯和卡斯托也是宙斯的孩子），廷達瑞俄斯的孩子則有克呂泰涅斯特拉，或許還有卡斯托與波洛克斯（或只有卡斯托）。到了海倫該出嫁的時候，廷達瑞俄斯將面臨一個大挑戰，因為全希臘有資格的貴族子弟全都來求婚，全都想娶海倫為妻。聰明的奧德修斯給他一個勸告：要求所有求婚者立誓保衛被選中的人，這位被選中的人如果在未來遇到婚姻方面的困境，所有求婚者都得挺身相助。如此一來，所有追求者之間就不會出現糾紛。最後，被選中的人是阿伽門農的弟弟墨涅拉俄斯——至於是廷達瑞俄斯選的，還是海倫自己選的，這就不得而知了。墨涅拉俄斯娶了海倫，同時也成為廷達瑞俄斯的繼承人。至於要求婚者立誓這件事，最後證明這是必不可少的程序——海倫後來被帕里斯拐到特洛伊城，她過去的求婚者受到誓約的約束，全部都得站出來幫忙墨涅拉俄斯奪回海倫。至於廷達瑞俄斯其他著名的孩子（或繼子繼女）的故事：克呂泰涅斯特拉之後會成為邁錫尼王后兼殺夫者；雙胞胎兄弟卡斯托與波洛克斯後來則會上升天界，化為神明。

（也請參考 Agamemnon, Castor, Helen, Hellen, Leda, Menelaus, Mycenae, Naiads [the], Odysseus, Paris, Perseus, Pollux, Sparta, Troy, *and* Zeus。）

蒂洛（Tyro）

蒂洛是個美麗的女子；她的父親是薩爾摩紐斯；這位國王由於太過傲慢，於是就目中無神，處處模仿宙斯。這種狂妄自大的罪，最後終於讓他付出生命的代價。根據荷馬的描述，蒂洛嫁給了伊奧爾科斯的國王（埃俄羅斯之子）克瑞透斯為妻。不過，她後來愛上河神厄尼珀斯；在這同時，海神波賽頓覬覦她的美色，所以就化身為厄尼珀斯，前來擁抱她，與她共寢，結果蒂洛生下兩個男孩：珀利阿斯和涅萊烏斯——珀利阿斯日後將會成為伊奧爾科斯的國王，涅萊烏斯則會成為皮洛斯城的國王。神話學家阿波羅多洛斯給這段故事增添了一個細節：蒂洛生下孩子後，就把兩個男孩丟棄

了。這兩個男孩後來是被一個牧馬者養大的，珀利阿斯還曾被牧馬者的馬踢了一下。長大後，兩個男孩跟他們的母親蒂洛團聚，並且殺了蒂洛的繼母西得洛（因為西得洛過去常虐待蒂洛）。兩人為母復仇心切，即便西得洛已經躲入赫拉聖殿的範圍，他們還是沒放過她。蒂洛跟她的凡人丈夫克瑞透斯所生的孩子之中，斐瑞斯日後會成為阿德墨托斯的父親，而埃宋日後會成為伊奧爾科斯國王和英雄傑森的父親。

（也請參考 Admetus, Aeolus, Hera, Iolcos, Jason, Neleus, Pelias, Poseidon, Pylos, Salmoneus, Sidero, *and* Zeus。）

尤利西斯（Ulysses / Ulixes）

尤利西斯是希臘英雄奧德修斯的拉丁文名字；這位英雄素來以機智、勇敢和力量著稱於世。據說他發明了特洛伊木馬，讓希臘人得以在打了十年的戰爭後，終於成功攻下特洛伊城，結束漫長的戰爭。戰爭結束後，他在十年的返鄉之旅中，克服了無數困難，回到家鄉伊薩卡島。

（也請參考 Odysseus *and* Troy。）

蘇托斯（Xuthus）

蘇托斯的父親是赫倫（亦即所有希臘人傳說中的祖先），他的兄弟是多洛斯和埃俄羅斯。赫倫把部分希臘地區分給兒子們統治的時候，蘇托斯分到的地區是伯羅奔尼撒半島。不過後來他的兄弟指控他意圖占用更大的領土，就把他趕離希臘。於是蘇托斯流浪到了雅典，當時的雅典國王厄瑞克透斯賞識他，就把女兒克柔薩嫁給他。他跟克柔薩生了伊翁和阿該俄斯；伊翁日後成為伊奧尼亞人的同名祖先，阿該俄斯日後則創立阿該亞城。根據悲劇作家尤瑞比底斯，蘇托斯後來繼承厄瑞克透斯的王位，成為雅典國王。不過根據旅行作家保薩尼亞斯的紀錄，厄瑞克透斯死後，蘇托斯選了厄瑞克透斯的兒子刻克洛普斯來繼任雅典國王。

（也請參考 Achaeans [the], Achaeus, Aeolus, Athens, Cecrops, Creusa, Dorus, Erechtheus, Hellen, Ion, *and* Ionians [the]。）

仄忒斯（Zetes）

仄忒斯的雙胞胎兄弟叫卡拉伊斯，兄弟兩人的父親是北風之神玻瑞阿斯，母親是雅典國王厄瑞克透斯的女兒俄瑞緹伊亞——俄瑞緹伊亞其實是遭受玻瑞阿斯強暴才生下兩兄弟。身為玻瑞阿斯的孩子，兩人有時被合稱為「玻瑞阿德斯」。兩人都遺傳到他們父親的生理特徵，長了一對翅

膀——不過，根據羅馬詩人奧維德的說法，他們是成長到青春期才長出翅膀的。兩人都加入傑森和阿爾戈英雄隊的行列，一起去尋訪金羊毛。在這趟探險旅途中，他們解除了色雷斯罪人菲紐斯的困境，使他免受哈爾庇厄姊妹們的折磨——搶走他所有的食物。根據詩人羅德島的阿波羅尼奧斯的描述，當菲紐斯要求兩兄弟幫忙時，他們本來十分不情願，因為他們擔心懲罰菲紐斯的諸神會轉而懲罰他們。菲紐斯是個先知，他告訴他們不用害怕，不會有任何懲罰降臨到他們身上。他們這才飛去追趕哈爾庇厄姊妹們，就在兄弟倆就快逮住她們的時候，女神伊麗絲（或荷米斯）現身阻攔，並發誓哈爾庇厄姊妹們不會再來騷擾菲紐斯，要他們就此罷手。神話學家阿波羅多洛斯保存了這個故事的另一個變體。仄忒斯和卡拉伊斯飛出去追趕哈爾庇厄姊妹時，其中一個姊妹掉進伯羅奔尼撒半島的一條河裡摔死，另一個則是累極而死。至於仄忒斯和卡拉伊斯的命運——他們後來是被海克力斯殺死的，而海克力斯之所以生他們的氣，對之痛下毒手，那是因為他聽說當初停靠在密西亞時，他上岸去找他的年輕同伴兼愛侶海拉斯（當時已經被寧芙仙子們拖入水底），由於他久久未返，兄弟兩人就勸阿爾戈英雄隊逕自啟航離開，留他一人在密西亞。

（也請參考 Argonauts [the], Athens, Boreas, Erechtheus, Hercules, Hermes, Hylas, Iris, Jason, Oreithyia, *and* Phineus。）

仄托斯（Zethus）

仄托斯和他的雙胞胎兄弟安菲翁是宙斯和安提俄珀的孩子。兩人一出生後，就遭到丟棄，所幸他們後來被牧羊人發現，並且把他們撫養長大。長大後，他們與他們的母親安提俄珀團圓；在這之前，安提俄珀一直遭受底比斯王呂科斯和王后狄爾克的囚禁和虐待，因此兩人就懲罰那對王室夫妻，為他們的母親復仇。在這之後，仄托斯和安菲翁成為底比斯國王，輪流統治該城。他們為底比斯蓋了一道城牆：仄托斯搬來沉重的石頭，安菲翁則以他的里拉琴聲誘使石頭自行移動。該城本來是以其創建者卡德摩斯的名字命名，稱為卡德米亞。他們決定用仄托斯之妻堤比（Thebe）的名字，將之改為 "Thebes"（底比斯）。

（也請參考 Amphion, Antiope, Cadmus, Dirce, Lycus, Thebes, *and* Zeus。）

PART

III

妖怪，奇獸

與

各種

混種生物

埃該翁（Aegaeon）

埃該翁是布里阿瑞俄斯（Briareus）的另一個名字；他生有百臂五十頭，是三個赫卡同克瑞斯的其中之一。他的母親是大地女神蓋亞。根據荷馬在史詩《伊利亞德》的解釋：埃該翁是人類給他的名字，諸神都叫他布里阿瑞俄斯。隨著時間的流逝，有些怪物會跟其他怪物相互合併或產生混淆，埃該翁／布里阿瑞俄斯就是這樣的案例，比如羅馬詩人奧維德說他是海中小神，維吉爾在《伊尼亞斯紀》則把他描寫成噴火怪物，並且說他是企圖攻擊宙斯及其弟兄姊妹（所謂的奧林帕斯諸神）的巨人族之一。此外，埃該翁有時甚至也被視為獨眼巨人賽克洛普斯的一員。

（也請參考 Briareus, Cyclopes [the], Gaia, Giants [the], Hecatoncheires [the], Olympus [Mount], *and* Zeus。）

安泰俄斯（Antaeus）

安泰俄斯是住在利比亞的巨人；他的父母是波賽頓和蓋亞（「大地女神」）。根據神話學家阿波羅多洛斯的說法，安泰俄斯喜歡向路過其國的旅人提出挑戰，要旅人跟他來一場他總是會贏的摔角比賽。希臘詩人品達給這個故事提供一個細節：安泰俄斯會割下失敗者的頭顱，拿去給他父親波賽頓的神殿蓋屋頂。海克力斯要去赫斯珀里德絲姊妹的果園摘金蘋果時，中途曾路過利比亞——此時安泰俄斯終於遇到了對手。海克力斯發現他只要腳踩著大地（他的母親），就會獲得源源不絕的力量。有了這發現，海克力斯就把他舉到空中，然後再把他捏死。

（也請參考 Gaia, Hercules, Hesperides [the], *and* Poseidon。）

阿爾戈斯（Arges）

阿爾戈斯的名字意思是「亮光」；他是個獨眼巨人賽克洛普斯，父母是原始神烏拉諾斯（「天空之神」）和蓋亞（「大地女神」）。根據希臘詩人海希奧德所寫的諸神譜系，他還有兩個兄弟，即布戎特斯（「雷霆」）和斯特洛珀斯。

（也請參考 Cyclopes [the], Gaia, *and* Uranus。）

阿爾古斯（Argus / Argos）

巨人阿爾古斯是個牧羊人，他又被稱為「潘諾普特斯」（"Panoptes"），意思是「遍觀一切」。據說他有很多眼睛；不過在古代作家筆下，他眼睛的數目並不一致，比如希臘詩人海希奧德說是四個，悲劇作家艾斯奇勒斯卻認為多達一千。神話學家阿波羅多洛斯為這個角色增添一個細節：他全身上下都是眼睛。此外，我們從羅馬詩人奧維德那裡

得知阿爾古斯共有一百隻眼睛，而且在一段特定時間內，只有兩隻眼睛會闔上休息。古代資料對他的外表描寫多有分歧，至於他的身世如何，也有很多不同說法。神話學家阿波羅多洛斯列舉了四個可能的人類父親人選，但是艾斯奇勒斯認為他是個地生人，直接從大地誕生於世。阿爾古斯最知名的故事是負責看守美麗的少女伊俄。伊俄是宙斯的情人，宙斯為了把情人藏起來，不讓他忌妒的妻子赫拉發現，所以就把伊俄變成小母牛。赫拉懷疑當中有詭計，所以就請宙斯把小母牛送給她當禮物。宙斯無法拒絕這個要求，只得把伊俄送給赫拉。收下伊俄之後，赫拉立即賦予阿爾古斯一個任務：看守伊俄。最後，宙斯派荷米斯去殺死阿爾古斯，讓伊俄獲得自由。殺死阿爾古斯這一事件使荷米斯獲得一個稱號，即「阿爾戈豐特斯」，意思是「阿爾古斯的殺手」。赫拉為了讚頌她忠誠的僕人，就把阿爾古斯的眼睛放在孔雀的尾羽上——孔雀是她的聖鳥。阿爾古斯還有一些少為人知的事蹟記錄在神話學家阿波羅多洛斯的作品裡；因為阿爾古斯是個極為強壯的巨人，所以他除掉了不少危害人類的怪物，比如肆虐阿卡迪亞的公牛、偷盜阿卡迪亞人牲口的薩堤爾、騷擾過路人的怪物艾奇德娜，另外，他還殺死所有謀殺伯羅奔尼撒國王阿庇斯（Apis）的罪犯。

（也請參考 Arcadia, Echidna, Hera, Hermes, Io, Satyrs [the], *and* Zeus。）

布里阿瑞俄斯（Briareus）

布里阿瑞俄斯的意思是「強者」，有時也會被稱為歐布里阿俄斯（Obriareus）或埃該翁，是三個擁有百臂五十頭的赫卡同克瑞斯之一。他的父母是大地女神蓋亞和烏拉諾斯。根據希臘詩人海希奧德的說法，三個獨眼巨人賽克洛普斯和十二位泰坦神都是他的弟兄姊妹。原來三個赫卡同克瑞斯中，只有布里阿瑞俄斯多少擁有自己的神話故事。在荷馬筆下，他是波賽頓的兒子。有一回波賽頓、赫拉和雅典娜想推翻宙斯，把宙斯綁起來，特提斯見狀急忙召喚布里阿瑞俄斯來阻止他們。另一方面，旅行作家保薩尼亞斯多次提到一個足以說明波賽頓為何與科林斯地峽關係密切的故事；原來波賽頓和太陽神赫利歐斯為了爭奪科林斯地峽的控制權互不相讓，吵了起來。這時布里阿瑞俄斯出來調停，讓雙方達成協議：波賽頓保有科林斯地峽的管控權，赫利歐斯則獲得支配科林斯衛城的權力；不過，赫利歐斯日後會把這項權力轉移給阿芙蘿黛蒂。

（也請參考 Aegaeon, Aphrodite, Corinth, Cyclopes [the], Gaia, Hecatoncheires [the], Olympus [Mount], Poseidon, Titans [the], Uranus, *and* Zeus。）

布戎特斯（Brontes）

布戎特斯的意思是「雷霆」，他是三個獨眼巨人賽克洛普斯之一。他的父母是烏拉諾斯和蓋亞。根據希臘詩人海希奧德的描述，他有兩個兄弟：阿爾戈斯和斯特洛珀斯。

（也請參考 Cyclopes [the], Gaia, *and* Ouranos。）

卡庫斯（Cacus）

卡庫斯的別號是「邪惡之人」，其名字又可拼寫為 "Kakos"（卡寇斯）；他是個嗜血的、半人半獸的噴火巨怪。他的父親是火神兀爾肯。他的故事主要出現在維吉爾的《伊尼亞斯紀》；羅馬皇帝奧古斯都在位期間，有幾位詩人也複述了他的故事，而且細節只有少許差異——這顯示他的故事有可能是維吉爾獨創的。話說海克力斯帶著革律翁的牛群穿越義大利的時候，卡庫斯想出一個偷牛的詭計。他等海克力斯停止牧牛時，就趁著黑夜，拉著八隻牛的尾巴，將牠們拖回他的山洞裡——這個山洞就在未來羅馬建城地址阿芬丁丘的下面。他以拉著牛尾的方式把牛拖走，因為這樣一來，海克力斯就無法追蹤牛隻的去向。不過，海克力斯後來經過那個山洞的時候，剩下的牛隻當中，有一隻開始大聲哞叫，那些被偷走的牛群當中，也有一隻哞哞叫著回應。二牛的這一呼一應讓海克力斯警覺到該牛隻的去處。他氣極了，一把扯開山洞頂端那些參差不齊的石頭，朝洞裡的巨人又是射箭，又是扔樹枝，又是丟石頭的一陣亂打。待那妖怪累了，海克力斯就把他掐死了。卡庫斯一死，鄰近的人民無不歡天喜地，大肆慶祝。他們為了感謝海克力斯除去禍害，就把海克力斯尊奉為英雄，並且建立海克力斯聖壇作為紀念。

（也請參考 Geryon, Hercules, *and* Vulcan。）

刻克洛普斯（Cecrops）

刻克洛普斯是雅典及其領土阿提卡的第一位國王；他在位的時候，雅典的名字是刻克洛匹亞。據說他是個地生人，亦即直接從大地誕生之人，而且他的形體是半人半獸的複合形態——他的上半身是人，下半身是蛇。

（請參考 Cecrops [hero]。）

刻萊諾（Celaeno）

根據羅馬詩人維吉爾在史詩《伊尼亞斯紀》的描述，刻萊諾是可怕的鳥形女妖哈爾庇厄姊妹之一；這群姊妹會趁人們進食之前，從天空俯衝下來，搶走食物。她們的受害者除了犯了案的菲紐斯王之

外，還有那群跟隨伊尼亞斯的特洛伊難民。當特洛伊人拿著劍攻擊哈爾庇厄姊妹時，刻萊諾說了一段預言來恐嚇他們——她說他們終究會抵達目的地義大利海岸，但是他們會在那裡遇到可怕的饑荒。有趣的是，維吉爾把刻萊諾描寫成復仇女神，亦即復仇三女神之一。由此看來，哈爾庇厄姊妹或許曾與復仇三女神產生混淆。此外，大洋寧芙仙子俄刻阿妮德斯當中也有一個刻萊諾，這位刻萊諾必須與哈爾庇厄姊妹當中的刻萊諾有所區別。

（也請參考 Aeneas, Furies [the], Harpies [the], Oceanids [the], Phineus, *and* Trojans [the]。）

半人馬（Centaurs, The）

半人馬的字面意思是「殺牛者」；一般上，他們被視為一群半人半獸的生物，擁有人的上半身和馬的下半身。不過，也有部分古代作家認為他們是首先學會騎馬，並且首先與母馬交配，從而生下第一代「半人半馬」（"hippo-centaurs"）的野蠻民族，例如歷史學家西西里的狄奧多羅斯即持有這樣的看法。關於半人馬的描述，有些古代作家（包括狄奧多羅斯）認為他們是罪人伊克西翁和涅斐勒的直系子嗣——原來伊克西翁試圖勾引赫拉，宙斯為了一探虛實，於是用雲朵創造一位貌似赫拉的女神涅斐勒去誘惑伊克西翁。伊克西翁果然與涅斐勒共寢，並且生下子嗣。此外，他們有時候也被視為肯陶洛斯的孩子，亦即伊克西翁和涅斐勒的孫子，或阿波羅與斯媞碧（Stilbe）的子嗣——斯媞碧是河神帕涅烏斯和娜伊阿德斯克柔薩的女兒。根據希臘詩人品達的描述，肯陶洛斯與母馬交配，因而生下人獸混合的半人馬。此外，詩人農諾斯保存的一個故事提到宙斯曾化身為馬，並以此形式與伊克西翁的妻子狄亞結合，狄亞因而生下半人馬。

整體來說，半人馬族最知名的故事是與其鄰人拉庇泰人開戰。拉庇泰人的王子皮瑞蘇斯邀請他們去參加他的婚禮，在席間，他們可能是因為喝醉了，管不住自己的行為，或者是因為他們對皮瑞蘇斯即將繼承伊克西翁王位一事感到不滿（他們也是伊克西翁的後代），所以就試圖拐走來參加婚禮的拉庇泰婦女。兩族於是打了起來，最後人馬族被趕走，拉庇泰人獲得勝利。這場著名的戰事被雕刻下來，保存在帕德嫩神廟和奧林匹亞的宙斯神殿裡，被當作希臘人戰勝野蠻人，文明戰勝野蠻的象徵。有好幾個半人馬擁有他們自己獨特的神話故事。這幾個半人馬包括奇戎和涅索斯；奇戎充滿智慧且受過教育，曾受託教育並撫養年輕的阿基里斯，涅索斯則試圖侵犯海克力斯的妻子德伊阿妮拉。

（也請參考Achilles, Apollo, Chiron, Deianeira, Hercules, Ixion, Lapiths [the], Naiads [the], Nephele, Nessus, Parthenon [the], Pirithous, Olympia, *and* Zeus。）

克爾柏洛斯（Cerberus）

荷馬在《伊利亞德》把克爾柏洛斯稱為「地獄犬」；克爾柏洛斯的父母是堤豐和半人半蛇的艾奇德娜，他的兩個手足是勒拿湖的九頭蛇海卓拉與奇美拉。關於他的外貌，古代作家的描寫並不一致，有的說他有三個頭，有的說有五十個乃至一百個頭。在神話學家阿波羅多洛斯的筆下，克爾柏洛斯是一隻三頭犬，身後拖著一條龍尾，背上長著許多蛇頭。對希臘詩人海希奧德而言，克爾柏洛斯嗜食生肉，吠叫之聲宛如青銅器相互撞擊。克爾柏洛斯的責任是准許死者的亡靈進入冥府，同時阻止生者進入，也不讓死者離開冥府。不過，凡事總有例外，伊尼亞斯活著的時候即曾在庫邁女先知的引導下進入冥府。他用以進入冥府的方法是丟給克爾柏洛斯一塊下了藥的蜂蜜蛋糕。克爾柏洛斯最知名的神話故事與海克力斯有關——後者的最後一項任務，即第十二項（有些故事說是第十項）任務就是把克爾柏洛斯帶回人間。這次海克力斯完全不用武器，純粹以他的力量制服克爾柏洛斯，並將之帶離冥界。根據羅馬詩人奧維德的描述，當海克力斯即將走到人間的時候，極為苦惱的地獄犬大發脾氣，不斷口吐白沫。這些白沫一落地，隨即長出一種烏頭屬的毒草；據說女魔法師美狄亞即曾把這種毒草兌入酒裡，試圖毒死提修斯。

（也請參考Aeneas, Chimaera, Echidna, Hades [god and place], Hydra of Lerna [the], Medea, Sibyl of Cumae [the], Theseus, Typhon, *and* Underworld [the]。）

刻律涅牡鹿（Cerynitian Hind, The）

生著金色鹿角的刻律涅牡鹿是女神阿特米斯的聖鹿；其名字源自希臘的刻律涅特斯河（Cerynites）——這條河源自阿卡迪亞，流經阿該亞地區，注入大海。海克力斯的第三項任務就是活捉刻律涅牡鹿，並將牠帶回邁錫尼。根據神話學家阿波羅多洛斯的描寫，海克力斯不想殺死也不想傷害牡鹿，所以他花了整整一年的時間來追捕那牡鹿。最後，跑得很累的牡鹿躲入阿爾特彌山（Mount Artemisius），正當牠要跑向拉冬河的時候，海克力斯一箭傷了牠，從而將之制伏。背著牡鹿往回走的時候，海克力斯在路上遇到憤怒的阿特米斯和她的兄弟阿波羅。兩位天神要他把牡鹿放下，但是海克力斯解釋他只是奉歐律斯透斯王的命令行事，如果二神要怪罪，就去怪歐律斯透斯，不要怪他。聽到他如此解釋，兩

位天神就給他放行，讓他背著牡鹿回去邁錫尼交差。

（也請參考 Apollo, Arcadia, Artemis, Eurystheus, Hercules, *and* Mycenae。）

卡律布狄斯（Charybdis） 在古人的想像中，海中漩渦卡律布狄斯是個女妖怪，住在一道狹窄的海峽裡，面對著另一個怪物斯庫拉。根據荷馬的描述，卡律布狄斯的上方有塊石頭，石頭上長了一棵無花果樹；這棵無花果樹是個明確的標誌，讓奧德修斯得以據此而避開她。據說卡律布狄斯每日會捲起渦流三次，把水吸入海底，其力量之大，連波賽頓也救不了陷入渦流的船隻。因為這樣，奧德修斯決定避開卡律布狄斯，即便這樣他會比較靠近斯庫拉的巢穴，也許可能有幾個船員會因此被斯庫拉擄走。傑森從柯爾基斯返航時，伊尼亞斯航向義大利時，兩人都曾經過這裡，而且兩人也都順利避開卡律布狄斯。在古代，人們認為卡律布狄斯真的存在，而且就存在於海水洶湧的墨西拿海峽（Straits of Messina）。

（也請參考 Aeneas, Colchis, Jason, Odysseus, Poseidon, *and* Scylla。）

奇美拉（Chimaera, The） 奇美拉是個混合多種形體的女妖怪；根據希臘詩人海希奧德的說法，奇美拉的母親是半人半蛇的艾奇德娜，父親是堤法翁（Typhaon）。堤法翁是個無法無天的怪物，後世作家常把他和百身妖怪堤豐（又名堤福俄斯 [Typhoeus]）混淆或合而為一。奇美拉的兄弟全部都是妖怪，包括革律翁的雙頭犬歐特魯斯（Orthus）、地獄犬克爾柏洛斯和勒拿湖的多頭蛇海卓拉。對詩人海希奧德來說，奇美拉是令人畏懼的生物，身軀龐大、跑得很快，而且力大無窮。她有三個頭，分別是獅子、山羊和龍的頭；她的身軀前端是獅子，中間是噴火羊，後面拖著蛇尾。由於奇美拉在呂基亞鄉間肆虐，於是國王伊俄巴特斯就派英雄柏勒洛豐去。柏勒洛豐獲得諸神的協助，首先馴服了生有雙翼的飛馬佩格索斯，接著他就帶著弓箭，騎著飛馬，居高臨下地把奇美拉射死了。

（也請參考 Bellerophon, Echidna, Geryon, Hydra of Lerna [the], Iobates, Lycia, Pegasus, *and* Typhon。）

奇戎（Chiron） 奇戎是個人馬，上半身是人，下半身是馬。不過他與他的其他同伴不同——他是個睿智、溫和、有教養的半人馬。他精通醫術；而且根據神話學家希吉努斯的說法，他是第一個把草藥用於外科手術的治療

者。除了精通醫術，奇戎還會預言、音樂和體操訓練。他能學會這些技藝，那是因為他有阿波羅和阿特米斯這兩位神聖導師的指引。關於他的身世，古代作家有時候對他一視同仁，認為他跟其他半人馬沒什麼差別，也是犯罪者伊克西翁和雲之女神涅斐勒的後代。不過，古人或許是為了提高他的地位，有時候他也會被說是克洛諾斯的兒子，而他的母親則是俄刻阿諾斯之女，即第二代泰坦神菲呂拉（Philyra）。根據神話學家阿波羅多洛斯與希吉努斯，還有卡利馬科斯和阿波羅尼奧斯兩位詩人的說法，克洛諾斯正在與菲呂拉調情時，突然被他的妻子瑞亞撞見，而他為了掩飾窘境，立刻變身為馬，因此他的小孩才會長得半人半馬。另有一個故事傳統則說宙斯才是奇戎的父親。無論如何，奇戎以精通多種技藝聞名於世，因此許多家長都想把孩子交給他撫養和管教。他撫養和教育過的英雄之中，最著名的有阿基里斯、傑森、阿斯克勒庇俄斯、阿克泰翁、雙胞胎兄弟卡斯托與波洛克斯。

有很長的一段時間，奇戎是住在皮立翁山上的洞穴裡。不過他和其他半人馬同伴一樣，後來也被他們的鄰居拉庇泰人驅離，於是他就從靠海的色薩利搬到伯羅奔尼撒半島的瑪勒亞角（Cape Malea）。就是在這裡，海克力斯無意中害死了奇戎——他的其中一支毒箭不小心射傷了奇戎。奇戎承受極大的痛苦；他雖然擁有不死的生命，卻痛苦得只想一死了之。關於他的死，歷來有不同的記載，例如在羅馬詩人奧維德的筆下，他是被憐憫他的宙斯帶往天堂，化成星座，亦即現在的射手座（Sagittarius）。但是另有一種說法提到奇戎選擇跟普羅米修斯交換命運，讓正在冥界永遠受苦的普羅米修斯得到自由。

（也請參考 Achilles, Actaeon, Apollo, Artemis, Asclepius, Castor, Centaurs [the], Cronus, Hercules, Ixion, Jason, Lapiths [the], Nephele, Oceanus [god], Pelion [Mount], Prometheus, Rhea, Thessaly, Titans [the], Underworld [the], *and* Zeus。）

克律薩俄爾（Chrysaor）

克律薩俄爾的名字意思是「金劍」；他是個戰士，也很有可能是個妖怪；他的父親是海神波賽頓，母親是戈爾貢美杜莎。柏修斯斬下美杜莎的頭的同時，克律薩俄爾即以長大成人的狀態從美杜莎的斷頸處跳出來。克律薩俄爾後來與大洋神俄刻阿諾斯的女兒卡莉羅俄結合，生下妖怪國王革律翁；根據不同的故事來源，革律翁或者長了三個頭，或者擁有三個身體。

（也請參考 Geryon, Gorgons [the], Medusa, Pegasus, Perseus, Poseidon, *and* Oceanus [god]。）

科托斯（Cottus） 科托斯的名字意思是「怒者」；他是大地女神蓋亞和烏拉諾斯所生的三個赫卡同克瑞斯之一；換言之，他是個百臂五十頭的巨人。三位獨眼巨人賽克洛普斯和十二位泰坦神都是他的兄弟。

（也請參考 Cyclopes [the], Gaia, Hecatoncheires [the], Olympus [Mount], Titans [the], Uranus, *and* Zeus。）

賽克洛普斯（Cyclopes, The） 賽克洛普斯的名字意思是「圓目者」；他們是一群外表出眾，宛如天神的巨人，差別只在於他們額頭上長了一顆圓圓的眼睛。詩人海希奧德的作品是現存最早提到他們身世的古代資料；根據海希奧德，賽克洛普斯共有三個，名字分別是阿爾戈斯（「亮光」）、布戎特斯（「雷霆」）、斯特洛珀斯（「閃電」）；他們的父母是原始自然神蓋亞和烏拉諾斯；不過，在生他們之前，兩神已經生了十二位泰坦神。父親烏拉諾斯覺得他們和他們的弟弟百臂巨人赫卡同克瑞斯實在長得太可怕，所以他們一出生，就被他們的父親推回蓋亞（「大地」）的肚子。蓋亞承受如此重大的羞辱和傷害，當然會想報復。果然，蓋亞召喚她最年輕的泰坦兒子克洛諾斯來幫她。克洛諾斯於是閹割了他的父親，為他的母親報仇，同時自立為眾神之王，一直到宙斯誕生並崛起為止。在政變時期，克洛諾斯為了得到賽克洛普斯的協助，曾把他們從地底的牢獄放出來，不過事後他又把他們關回去。宙斯在奪取克洛諾斯的王位時，也曾尋求賽克洛普斯們的協助：他把他們從地底釋放出來，並請他們打造閃電武器供他使用；至於他們的武器鍛造工廠何在？羅馬詩人維吉爾說在西西里的埃特納火山（Mount Etna）下面。根據神話學家阿波羅多洛斯的說法，阿波羅為了報復宙斯殺死其子阿斯克勒庇俄斯的仇恨，後來就把他們殺了。

所有賽克洛普斯中，最令人難忘的是恐怖的牧人波利菲莫斯——他把奧德修斯和他的船員囚禁起來，如果聰明的奧德修斯沒使用巧計，以智取勝，他很有可能會把奧德修斯一行人全部吃下肚。波利菲莫斯和其他行止粗野，沒有教養的賽克洛普斯住在奧德修斯曾經到訪的島上，但是這群賽克洛普斯和那群出現在海希奧德和其他詩人筆下、協助宙斯製造閃電武器的獨眼巨人沒有明顯的關聯。相反的，這群賽克洛普斯是無法無天、沒有教養的洞穴居住者；他們住在偏遠的島上，不事耕作，他們雖然會仰賴諸神賜給他們大量的穀物和葡萄，但是同時也挺鄙視諸神。

（也請參考 Apollo, Asclepius, Cronus, Gaia, Hecatoncheires [the], Odysseus, Polyphemus,

Sicily, Titans [the], Uranus, *and* Zeus。）

艾奇德娜（Echidna）

根據希臘詩人海希奧德，住在洞穴裡的艾奇德娜是個美麗的少女，長得一半是人，一半是蛇。關於她的父母，歷來的記載並不一致，大約有以下幾種組合：海神佛西士與其姊妹克托、克律薩俄爾和卡莉羅俄、塔爾塔羅斯和蓋亞。她與怪物堤豐（又稱為堤法翁或堤福俄斯）結合，也生養了許多怪物小孩。她的這些怪物子嗣包括歐特魯斯、克爾柏洛斯、海卓拉和拉冬，而且這幾個子嗣各有各的怪異之處：歐特魯斯是一隻雙頭犬，負責替三身國王革律翁看守牛群；克爾柏洛斯是一隻三頭犬，負責看守冥界；勒拿湖的海卓拉生有許多頭，後來死於海克力斯之手；拉冬是一條龍，長了很多顆頭。此外，據說艾奇德娜還跟她自己的兒子歐特魯斯生了涅墨亞獅子和底比斯的斯芬克斯──這兩個子嗣都很有名，前者死於海克力斯之手，後者因鬥不過伊底帕斯的智慧，最終自盡而亡。據說她的子嗣還有以下幾個怪物：捉走奧德修斯幾個船員的洞穴女妖斯庫拉、不斷啄食普羅米修斯肝臟的禿鷹、多種生物混合而成，後來死於柏勒洛豐箭下的怪獸奇美拉。

（也請參考 Bellerophon, Cerberus, Chimaera, Chrysaor, Gaia, Geryon, Hades [place], Hercules, Hydra of Lerna [the], Ladon, Nemean Lion [the], Odysseus, Oedipus, Phorcys, Prometheus, Scylla, Sphinx of Thebes [the], Tartarus, *and* Typhon。）

恩克拉杜斯（Enceladus）

恩克拉杜斯是巨人族（癸干忒斯）的一員；他曾與他的族人一起對抗宙斯及其弟兄姊妹。在該場戰爭中，恩克拉杜斯死於女神雅典娜之手──據說雅典娜把整座西西里島或僅僅只把埃特納火山舉起來，然後把他砸死。他吐出的熾熱氣息，據說至今仍不時從埃特納火山口冒出來。

（請參考 Athena, Giants [the], Sicily, *and* Zeus。）

厄菲阿爾特斯（Ephialtes）

厄菲阿爾特斯和他的雙胞胎兄弟俄托斯長得極為英俊，而且身材高大偉岸（超過五十英尺或十五公尺），不過他們也十分狂妄自大。兩人不僅聯手犯下好幾起冒犯諸神的暴行，甚至還得寸進尺，意圖上山攻擊諸神。為了這些過失，他們後來都受到了應得的懲罰。

（也請參考 Otus。）

厄律曼托斯山的野豬（Erymanthian Boar, The）厄律曼托

斯山的野豬是體型極為龐大的生物，平日就在阿卡迪亞厄律曼托斯山（Mount Erymanthus）林木蔥鬱的山坡地漫遊，或者有時也會大肆破壞普索菲斯城居民的土地。海克力斯的第四項任務就是活捉這頭生物——他先把這頭動物趕到積雪很深的陷阱然後再予以活逮。當海克力斯肩扛著野豬出現在邁錫尼時，歐律斯透斯國王嚇壞了，連忙躲進一個很大的儲藏容器裡。

（也請參考 Arcadia, Erymanthus [Mount], Eurystheus, Hercules, *and* Mycenae。）

尤瑞艾利（Euralye / Euryale）尤瑞艾利的名字意思是「遠遊

者」；她是美杜莎兩個不死的戈爾貢姊妹之一。根據悲劇作家艾斯奇勒斯的描述，這三個姊妹留著一頭蛇髮，人類很不喜歡她們。

（也請參考 Gorgons [the] *and* Medusa。）

法翁（Fauns, The）法翁最初是羅馬神話故事裡的森林精靈或半神，

後來漸漸變成半人半獸的神怪，並且時常會被人把他們與薩堤爾等同或者混淆。他們就像薩堤爾——就像具有預言能力的鄉村之神法烏努斯（「法翁」就是「法烏努斯」這個拉丁文的複數形），人們認為他們都住在森林裡或者山間；他們與山羊和綿羊有關，而且喜歡和寧芙仙子談情說愛。至於長相，他們大多長得像人，但是擁有羊的尾巴、耳朵和角。

（也請參考 Faunus, Nymphs [the], *and* Satyrs [the]。）

法烏努斯（Faunus）法烏努斯是義大利的自然神，跟他相關的地方是

森林和荒野。與此同時，他也負責讓牲口多產，土地肥沃。他後來跟希臘天神潘恩混淆或合而為一，並且借用了潘恩的外表形象，變得具有半人半羊的特徵。除了是個自然神，法烏努斯還有預言的能力。

（請參考 Faunus [god]。）

革律翁（Geryon）生有三個頭（或三個身體）的革律翁是神話島國厄

律特亞（Erythia）的國王。厄律特亞的意思是「紅色島嶼」，據說這個島嶼位於最遙遠的西方，有些故事認為其位置比海克力斯之柱更加遙遠。革律翁的父親是美杜莎之子克律薩俄爾，母親是一位名叫卡莉羅俄的大洋寧芙俄刻阿尼德斯。他以畜養品種優良的紅牛著稱於世。海克力斯的第十項任務就是奪

取並帶走他的紅牛。

在前往紅色島嶼的途中，海克力斯建造了兩根以他的名字命名的柱子：一柱位於歐洲，一柱位於非洲大陸。當他正在建造柱子時，無情的太陽一直照著他，讓他疲累至極。累極而怒之下，他朝太陽神赫利歐斯射了一箭。太陽神很欣賞他的精神，就送給他一個神奇的金杯，讓他可以把抓到的牛一隻一隻放進去，方便運送。任務完成後，海克力斯殺了看守牛群的牧羊人和雙頭犬。至於革律翁，海克力斯朝他射了一箭，了結他的生命。

（也請參考 Chrysaor, Erythia, Helios, Hercules, Medusa, *and* Oceanids [the]。）

巨人族（Giants, The）

古典神話有不少著名的巨人，包括青銅巨人塔羅斯、滋擾天庭的俄托斯和厄菲阿爾特斯、獨眼巨人波利菲莫斯和獵人俄里翁。不過，這群巨人顯然與「巨人族」（希臘文為「癸干忒斯」）不同；根據希臘詩人海希奧德的描述，克洛諾斯為了替母親蓋亞（「大地女神」）復仇，割下他父親烏拉諾斯的生殖器；烏拉諾斯的血滴落大地，巨人族就從那些血滴當中誕生於世。其他從血裡誕生的生靈還有厄里倪厄斯（意即三位復仇女神）。烏拉諾斯斷掉的生殖器掉落海中後，海中湧現許多泡沫，最後從那些泡沫之中生出女神阿芙蘿黛蒂。在海希奧德的筆下，巨人族的身材魁梧，穿著閃亮的甲冑，手持長矛。後來的神話學家阿波羅多洛斯則說巨人族的體型巨大無比，而且極為強壯，無人可與之匹敵。他們的長相也很嚇人——留著長長的頭髮，蓄著長長的鬍鬚，下半身還覆蓋蛇的鱗片。

巨人族（「癸干忒斯」）的英勇故事不少，其中最負盛名的是癸干忒斯之戰，意即巨人族與諸神之間的戰爭。在這場戰爭中，巨人族最後輸給了宙斯和他的幾個弟兄姊妹。古典作家後來混淆了這場戰爭跟另一場較為早期的戰爭，亦即奧林匹亞諸神（宙斯和他的弟兄姊妹）為了奪得世界的控制權，跟上一代泰坦神展開的戰爭。至於會發生癸干忒斯之戰這場權力鬥爭，有兩個導火線，一是巨人阿爾庫俄紐斯（Alcyoneus）偷了太陽神赫利歐斯的牛，二是蓋亞打算賜給阿爾庫俄紐斯永恆的生命——對諸神而言，這兩者都是直接的威脅。諸神聽說他們必須找個凡人加入陣營，他們才有打敗巨人族的勝算，於是宙斯和他的弟兄姊妹就把海克力斯找來助陣。果然，海克力斯不僅殺了阿爾庫俄紐斯，還消滅了其他巨人族成員。除了阿爾庫俄紐斯之外，最著名的巨人族兄弟是恩克拉多斯和波爾費里翁（Porphyrion）。根據神話學家阿波羅多洛斯的說法，波爾費里翁攻擊的對象有海克力斯和赫拉；他對赫拉產生無

可控制的非非之想，企圖對赫拉用強。於是宙斯用霹靂打他，海克力斯再補上一箭，把他射死。恩克拉多斯則由雅典娜去應付——據說雅典娜把整座西西里島砸在他身上，把他壓死。

（也請參考 Aphrodite, Athena, Cronus, Cyclopes [the], Enceladus, Erinyes [the], Gaia, Hera, Hercules, Orion, Otus, Polyphemus, Talus, Titans [the], Uranus, *and* Zeus。）

戈爾貢（Gorgons, The）

戈爾貢是三個姊妹妖怪，她們的巢穴位於利比亞。她們的名字分別是絲特諾（Stheno）、尤瑞艾利和美杜莎；據說她們的父母是海神佛西士和他的姊妹克托。根據其他故事傳統，三姊妹則是從大地（女神蓋亞）跳出來的，而蓋亞把她們生出來的目的是要她們作為她的同盟，並要她們參與諸神與巨人族之戰。三個戈爾貢姊妹當中，唯一會死的只有美杜莎。因此柏修斯才會被派去割取她的腦袋。根據神話學家阿波羅多洛斯的描述，戈爾貢姊妹以蛇為髮，長著像野豬那樣的尖牙，雙手由青銅鑄成，背上生了一對金色翅膀。事實上，她們的長相實在太嚇人了，以至於所有直視她們的人都會變成石頭。

（也請參考 Medusa, Perseus, *and* Phorcys。）

格賴埃（Graiae, The）

格賴埃的名字又可拼寫為 "Graeae"（格賴俄），意思是「老婦」或「灰髮者」。她們和戈爾貢姊妹一樣，也是海神佛西士和他的姊妹克托的女兒。身為佛西士的後代，她們有時會被合稱為佛西士德斯（Phorcydes）。根據神話學家阿波羅多洛斯的描述，她們一生下來就是老婦人。她們的名字分別是埃尼奧、佩弗瑞多（Pemphredo / Pephredo）和狄諾（Deino），至於其名字的意思，翻譯出來則分別是「恐怖」["Horror"]）、「驚恐」（"Alarm"）和「恐懼」（"Dread"）；神話學家希吉努斯的名單上沒有狄諾，但是有帕爾西斯（Persis），意思是「毀滅」（"Ruin"）。三個姊妹只有一顆眼睛和一顆牙齒，所以大家只好傳遞輪流使用。柏修斯伺機偷了她們的眼睛和牙齒，逼得她們只好說出戈爾貢姊妹的住處。格賴埃的住處在利比亞，意即當時希臘人心目中世界最遙遠的地方。

（也請參考 Enyo, Gorgons [the], Perseus, *and* Phorcys。）

獅鷲（Griffins, The）

獅鷲是住在利比亞的複合生物；他們擁有猛禽的頭部，身體是長了雙翼的獅子。獅鷲這樣的怪物「源自」古代的近東地區，

接著從近東地區傳入希臘，然後再進入希臘人的思想和物質文化世界。古典
作家從詩人、歷史學家到地理學家都曾提到獅鷲，大家一致認為獅鷲的任務
是看守北部山區的廣大金礦；這地區的附近住著許珀耳玻瑞亞人和斯基泰人
（Scythians），後者是古代一個游牧民族，在黑海和高加索地區出沒。據說善
於騎馬的獨眼部族阿里瑪斯波伊人覬覦這裡的黃金，一再嘗試來偷。
（也請參考 Arimaspi [the], Caucasus Mountains [the], *and* Hyperboreans [the]。）

裘格斯（Gyges / Gyes）裘格斯的名字意指「大地之子」；他是大地
女神蓋亞和烏拉諾斯所生的三個赫卡同克瑞斯之一；換言之，他是個巨人，
擁有一百支手臂和五十個頭。他的兄弟包括三位獨眼巨人賽克洛普斯和十二
位泰坦神。
（也請參考 Briareus, Cyclopes [the], Gaia, Hecatoncheires [the], Olympus [Mount], Titans
[the], Uranus, *and* Zeus。）

哈爾庇厄姊妹（Harpies, The）哈爾庇厄的意思是「搶奪者」或
「抓取者」；根據不同的資料來源，這群姊妹的數目介於兩到三個不等。她們
的形象是可怕的女妖精（*daimones*）——實際上她們是神靈，亦即暴風的擬人
化身，具體呈現暴風那種凶惡、無可預測、緊迫逼人的力量。在希臘詩人海
希奧德筆下，她們總共有兩位；她們的母親是大洋寧芙仙女伊勒克特拉，父
親是原始神祇龐托斯（「大海」）和蓋亞（「大地」）的兒子陶瑪斯。海希奧德
稱她們為埃洛（Aello）和俄庫佩特（Ocypete），意思分別是「暴風」和「疾
行者」。荷馬亦提到一個名叫波達爾革的哈爾庇厄姊妹，而這位波達爾革的名
字意思也是「疾行者」——阿基里斯的神馬就是她的後代。後世作家也會給哈
爾庇厄姊妹命名，比如刻萊諾和尼柯特（Nicothe）——這兩個名字的意思分
別是「幽暗」和「速勝」。
哈爾庇厄姊妹原本沒有特定的生理特徵，不過隨著時間的過去，她們的形象
漸漸變得具體，成為人首鳥身，長著雙翼的女妖。由此我們可以了解：在荷
馬的《奧德賽》裡，哈爾庇厄姊妹僅僅只是一股造成奧德修斯消失的力量，
但是在維吉爾的筆下卻出現這樣的描寫：「再也沒有[比她們]更可怕更野蠻
的怪物了」；她們生著「少女的臉，鳥類的身體；腹部流出惡臭的血汗，雙手
如爪，臉色因飢餓而發白」。哈爾庇厄姊妹最知名的故事是迫害色雷斯國王菲
紐斯。原來菲紐斯濫用阿波羅賜給他的預言能力，於是阿波羅派哈爾庇厄姊

妹去折磨他。哈爾庇厄姊妹只要看到菲紐斯的面前擺上食物，她們就會飛下來，或用鳥喙或用爪子把食物搶走，即便有時候留下一點點食物，她們也會把那食物變臭，讓人無法下嚥。傑森和伊尼亞斯和他們各自的夥伴都曾遇到哈爾庇厄姊妹。傑森的團隊裡有兩個船員是北風之神玻瑞阿斯的兒子，即仄忒斯和卡拉伊斯。菲紐斯勸服這對兄弟，請他們幫他趕走哈爾庇厄姊妹。於是兩個年輕人一看到哈爾庇厄姊妹出現，就飛上去追趕她們。要不是伊麗絲女神出面阻止，兩兄弟可能會追上她們並殺了她們。據說從那時候起，哈爾庇厄姊妹就不再騷擾菲紐斯了。至於特洛伊英雄伊尼亞斯及其夥伴，他們在航向義大利的漫長旅途中曾遇見哈爾庇厄姊妹兩次，而且兩次他們的食物都被搶走。看到伊尼亞斯及其夥伴抽出劍來對付她們時，刻萊諾很生氣地對他們說出可怕的預言：特洛伊人終究會抵達義大利的海岸，不過他們會在那裡遇到可怕的饑荒，而那場饑荒是如此嚴重，以至於他們最後不得不啃咬他們的桌子。

（也請參考 Achilles, Aeneas, Boreas, Calais, Celaeno, Iris, Jason, Oceanids [the], Odysseus, Phineus, Thrace, Trojans [the], *and* Zetes。）

赫卡同克瑞斯（Hecatoncheires, The） 赫卡同克瑞斯的意思是「百臂之人」；他們一共有三個，名字分別是科托斯、布里阿瑞俄斯和裘格斯。他們的手足包括獨眼巨人賽克洛普斯和泰坦神族。他們的父母是大地女神蓋亞和天空之神烏拉諾斯。根據希臘詩人海希奧德的描述，每個赫卡同克瑞斯都各有一百隻手臂和五十個頭，他們長得可怕且強壯，而且天生就很狂妄自大。打從他們一出生，烏拉諾斯就看他們不順眼，所以就把他們推回他們母親的肚子。這讓蓋亞承受極大的痛苦，而這種難以忍受的痛苦讓她決定復仇。她打造一把鐮刀，並要求她的泰坦神子女為她所承受的暴行復仇。最後，只有最年輕的克洛諾斯回應她的召喚，前來幫忙。克洛諾斯帶著鐮刀躲了起來，等到夜裡烏拉諾斯來到蓋亞身邊躺下時，他就從埋伏處跳出來，把他的父親閹割了。即便如此，赫卡同克瑞斯並未從地底獲得釋放，仍然被囚禁在塔爾塔羅斯，亦即當時人們所知的大地最深處。後來他被放出來，那是因為宙斯與克洛諾斯和其他泰坦神展開大戰，而宙斯需要他們協助的緣故。戰爭結束後，他們依舊又被關了起來。根據神話學家阿波羅多洛斯添增的一個細節：赫卡同克瑞斯這次回到塔爾塔羅斯的理由是擔任守衛，因為宙斯把落敗的泰坦神全部關入塔爾塔羅斯，因而需要有警衛來看守。

（也請參考 Cronus, Cyclops, Gaia, Tartarus, Titans [the], *and* Uranus。）

海卓拉（Hydra [of Lerna], The）

海卓拉是一條巨蛇，據說牠有九個頭，或者多達五十個或一百個，而且其中有一個是不會死的。牠的父親是巨人堤豐，母親是半人半蛇的女妖艾奇德娜，亦即所謂的「眾妖之母」。海卓拉出沒的地點是阿爾戈斯城附近的勒拿湖沼澤區。海克力斯的第二項任務就是除掉海卓拉。不過，每當海克力斯砍下一個頭，該斷頭處馬上就長出兩個。不僅如此，旁邊還有一隻巨大的螃蟹加入陣營，陪著海卓拉對付海克力斯。幸好海克力斯這次帶著聰明的姪子伊奧勞斯跟他一起出任務；伊奧勞斯給海克力斯提供一個建議：海克力斯每砍下一個蛇頭，伊奧勞斯立即用火把燒炙斷頭處，阻止新頭長出來。就這樣，兩人一起合作，直砍到海卓拉只剩下一個不死的頭。當然，海克力斯也砍下那顆不死的頭，埋進一塊大石頭下。接著他拿出箭，浸入海卓拉致命的毒液裡。與此同時，海克力斯也殺了那隻巨蟹。據說海卓拉和巨蟹死後，女神赫拉把牠們放在天界，化成星座。

（也請參考 Argos, Echidna, Hercules, Lerna, *and* Typhon。）

拉冬（Ladon）

拉冬是一條百首巨蛇或巨龍；關於牠的父母，古代資料的說法並不一致，有的說牠是海神佛西士和他的姊妹克托所生的後代，有的說牠是巨人堤豐（或堤福俄斯）和艾奇德娜的孩子。還另有一種說法提到牠直接從大地生出來。由於拉冬無須睡眠，可以永保警戒，所以由牠負責看守赫斯珀里德絲姊妹的金蘋果園。海克力斯的第十一項任務就是去摘金蘋果。為了取得金蘋果，他把拉冬殺了。殉職的拉冬後來上升天界，化成蛇夫座（Serpentarius）。

（也請參考 Echidna, Hercules, Hesperides [the], Phorcys, *and* Typhon。）

拉斯特呂戈涅斯（Laestrygons / Laestrygonians, The）

拉斯特呂戈涅斯是一支神話中的民族，或者確切說來：他們是一支吃人的巨人部族。特洛

伊戰爭結束後，奧德修斯帶著船隊經歷了充滿危險的十年歸鄉之旅，他們遇到的危險之一就是拉斯特呂戈涅斯人。奧德修斯第一眼看到拉斯特呂戈涅斯人的城鎮，亦即波賽頓之子建立的特勒菲洛斯（Telepylos）時，滿心以為他們終於來到一個可能會歡迎他們的地方。他們首先遇到的當地人是國王安提法特斯（Antiphates）的女兒；這位剛好出城到海邊取水的公主隨即帶著奧德修斯一行人回到她父親的王宮。一進王宮，奧德修斯等人就看到一個像山那麼高大的女人，亦即王后。王后派人去把國王找來，結果那國王一來就捉了兩個船員，打算把他們吞下肚。其他希臘人見狀立刻逃向他們的船。最後，只有奧德修斯和他那艘船的船員逃過一劫，因為他們在逃跑的過程中，後面追來的許多拉斯特呂戈涅斯人一面追，一面拿石頭砸他們和他們的船。許多船員都死於亂石之下，有些船員即便沒被砸死，也會被巨人丟出的長矛射穿，就像魚那樣被串起來。

（也請參考 Odysseus, Poseidon, *and* Troy。）

瑪爾緒阿斯（Marsyas）

瑪爾緒阿斯是住在弗里吉亞地區的薩堤爾（或西勒尼）；他的不幸遭遇，就在他撿到雅典娜丟棄的長笛的那一刻就注定了。雅典娜之所以丟棄她的長笛，那是因為她在吹奏時，不小心看到水裡的倒影，覺得自己鼓起的臉頰很難看，所以就把長笛丟了。瑪爾緒阿斯撿到長笛，很高興自己新近學會的技藝，於是就去找阿波羅挑戰，要後者跟他來一場音樂比賽。無可避免地，彈奏齊特琴的阿波羅贏得比賽。關於阿波羅為何會贏，歷來有許多記載，有的說他規定參賽者必須把樂器倒著演奏（這個瑪爾緒阿斯當然辦不到），或者邊彈邊唱，以歌聲來美化其音樂。無論如何，這場音樂比賽的結果是恐怖的：阿波羅把瑪爾緒阿斯吊在一棵很高的樹上，然後活生生地把瑪爾緒阿斯的皮剝下來，以此懲罰他竟然敢對神明提出挑戰。瑪爾緒阿斯的皮據說被製成酒囊，或者就一直掛在樹上。根據羅馬詩人奧維德的描述，他那副失去皮膚但仍然活著的樣子實在太悲慘了，以至於他所有的同胞和鄉村之神都流下了眼淚。他們的淚水最後匯集成河，而這條河後來就以這位薩堤爾的名字命名，稱為瑪爾緒阿斯河。

（也請參考 Apollo, Athena, Phrygia, Satyrs [the], *and* Silens [the]。）

美杜莎（Medusa）

美杜莎是三位戈爾貢姊妹之一；戈爾貢姊妹是極其可怕的怪物，所有看到她們的人都會變成石頭。美杜莎是三姊妹之中唯一會

死的；據說她曾經是個美麗的少女，而且深受海神波賽頓的傾慕。她是後來才被雅典娜變成蛇髮女妖，至於雅典娜為何這麼做，一說雅典娜忌妒美杜莎的美，或說她不滿波賽頓和美杜莎在她的聖祠裡幽會，從而褻瀆她的聖地。

柏修斯斬去美杜莎的頭後，佩格索斯和克律薩俄爾就從美杜莎的斷頸處跳了出來——他們是美杜莎和波賽頓的孩子，一出生就已經成年。根據悲劇作家尤瑞比底斯的《伊翁》，雅典娜曾把美杜莎的兩滴血送給雅典國王埃里克托尼奧斯，一滴用來治病，另一滴則是致命的毒藥。這則故事還另有一個版本：雅典娜曾把美杜莎的部分血液送給醫療之神阿斯克勒庇俄斯，讓後者或是用來治病，或是讓人起死回生。根據羅馬的神話傳統，美杜莎和鑄造之神兀爾肯有過一段情，並且生下了噴火妖怪卡庫斯。

（也請參考 Asclepius, Athena, Cacus, Chrysaor, Erichthonius, Gorgons [the], Pegasus, Poseidon, *and* Vulcan。）

米諾陶（Minotaur, The）

米諾陶的希臘名字是米諾陶洛斯（Minotauros），意思是「米諾斯的牛」；他是個半人半獸的怪物，頭部是牛，身體是人，居住地是克里特島。米諾陶的母親是克里特島的王后帕西法爾，父親是一頭漂亮的公牛。這頭讓王后情不自禁愛上的公牛其實是海神波賽頓送來的禮物。原來克里特島國王米諾斯曾誇口說他不論有什麼要求，海神都會答應。於是他向海神要一頭公牛，並說只要公牛一出現，他接著就會把公牛獻祭給海神。波賽頓果然從海裡送來一頭公牛，不過米諾斯卻沒有遵守他的諾言。波賽頓覺得受到冒犯，所以就施咒讓米諾斯的妻子帕西法爾愛上那頭公牛。帕西法爾對公牛的熱情無從止息，在絕望之餘，她召來當時客居在克里特島的工藝巧匠戴達羅斯，請戴達羅斯幫她打造一隻空心牛，讓她得以躲在裡頭，完成她與公牛結合的欲望。這樣的相會，其成果就是怪物米諾陶。米諾斯無法下手殺死米諾陶，相反的，他命令戴達羅斯建造一座迷宮監獄來囚禁米諾陶。

過了不久，米諾斯的兒子安卓戈俄斯在雅典被殺身亡，接著雅典城發生一場瘟疫。根據德爾菲的阿波羅神諭，雅典人每九年必須送上七位童男七位童女到克里特島，到了克里特島，這幾個童男童女就會被送入迷宮，作為米諾陶的食物，以此補償雅典人殺死安卓戈俄斯的過失。這種可怕的進貢持續到雅典國王埃勾斯之子提修斯出面殺死米諾陶才宣告終止。原來提修斯為了除掉米諾陶，自願加入七位童男的行列。到了克里特島後，他獲得米諾斯之女阿

瑞安德涅的幫助，因此得以殺了米諾陶，並且還順利逃出迷宮。他能順利逃出迷宮，這當然都要歸功於阿瑞安德涅，因為她第一眼就愛上提修斯，所以給提修斯一球紗線，讓提修斯進入米諾陶的迷宮時，可以一路走一路布線，以便任務完成後可以找到離開的路。提修斯發誓要帶阿瑞安德涅回雅典，不過他最後遺棄了阿瑞安德涅，把她留在納索斯島。幸好後來酒神戴歐尼修斯在納索斯島救了阿瑞安德涅，並且娶她為妻。提修斯並未逃過懲罰：在回程時，他忘了掛上象徵勝利的白旗。他的父親埃勾斯站在衛城上，焦急地等他回航。不過他沒看到白旗，以為兒子已經罹難，所以就傷心跳海自盡了。

（也請參考 Aegeus, Ariadne, Athens, Crete, Daedalus, Dionysus, Minos, Naxos, Pasiphae, Poseidon, *and* Theseus。）

涅墨亞獅子（Nemean Lion, The）

除去不可匹敵的涅墨亞獅子——這是海克力斯的第一項也是最著名的任務。這頭獅子住在伯羅奔尼撒半島東部的涅墨亞山區；關於牠的父母，古代作家的說法各個不同。有的說牠是蛇女艾奇德娜的後代，至於其父親，則可能是堤豐，也有可能是她自己的兒子歐特魯斯，亦即替巨人革律翁看守牛群的雙頭犬。根據希臘詩人海希奧德的說法，女神赫拉把涅墨亞獅子養大，然後帶到涅墨亞山間放生。到了山間，這頭獅子就到處肆虐，危害山區附近的居民。海克力斯本來打算用弓箭射殺獅子，但是他很快就發現那獅子的毛皮堅不可摧。要制服該頭獅子，最終得同時使上一點巧計和大量的力氣：海克力斯偷偷潛入獅子休息的洞穴，趁其不備，從埋伏處衝出來掐住獅子，並與獅子搏鬥到獅子斷氣為止。任務完成之後，海克力斯剝下獅皮，披在身上。從此以後，獅皮和著名的木棍就成為他的標誌，使他在古典繪畫中極為容易辨認。

（也請參考 Echidna, Geryon, Hercules, Nemea, *and* Typhon。）

涅索斯（Nessus）

人馬涅索斯最著名的故事是企圖攻擊海克力斯的妻子德伊阿妮拉，而這起事件亦間接導致海克力斯的死亡。話說海克力斯和他的妻子來到埃文諾斯河邊，由於河水湍急，涅索斯說他願意背德伊阿妮拉過河。不過，當德伊阿妮拉一落入他的懷裡，他竟然想強暴人家。海克力斯見狀就朝他射了一支致命的毒箭。涅索斯臨死前，勸服德伊阿妮拉保留他的一點血——他說那血是愛情靈藥，足以確保她的丈夫會永遠愛她。不幸的是，德伊阿妮拉真的保留那人馬的血，並且將之用在海克力斯身上，從而造成海

克力斯的死亡。原來那人馬的血沾上了海克力斯箭上的毒，已經不是什麼愛情靈藥了。海克力斯的箭之所以有毒，那是因為稍早他在勒拿湖殺死九頭蛇海卓拉之後，曾把箭浸入海卓拉流出來的毒液裡。

（也請參考 Centaurs [the], Deianeira, Hercules, *and* Hydra of Lerna [the]。）

俄里翁（Orion）

俄里翁是個身材極為高大的著名獵人，死後被諸神升入天界，化成至今仍以他的名字命名的星座。他誕生的故事有許多不同的版本，同樣的，那些標記其生命特質的冒險故事也一樣分歧。據說他的父親是海神波賽頓，母親是克里特島米諾斯王的女兒尤瑞艾利；不過，據說他也以一種間接的方式變成色雷斯國王許里俄斯（Hyrieus）的兒子。根據羅馬詩人奧維德的描述，膝下無子的許里俄斯在這之前向宙斯、波賽頓和荷米斯求子，三位神明答應了許里俄斯的請求，於是他們就施尿於牛皮上，並把該張牛皮埋入土裡。經過九個月的「妊娠期」，俄里翁就從地裡誕生了。神話學家阿波羅多洛斯曾給俄里翁的生平做一年表；根據這份紀錄，波賽頓曾賜給俄里翁海上行走或舉步跨越海洋的能力。他的第一任妻子名叫希德（Side），但是這位女子自認自己的美貌勝過女神赫拉，因而被赫拉送進冥界關起來。後來俄里翁向希俄斯國王俄諾庇翁的女兒墨洛珀求婚，國王不甚願意，於是找了個藉口延遲舉行婚禮。俄里翁失去耐心，再加上喝醉了，於是就強暴墨洛珀。為了這一暴行，國王趁他入睡時把他弄瞎了。俄里翁後來設法找到太陽神赫利歐斯，請赫利歐斯恢復他的視力。他有許多情人，其中一個就是帶他到提洛島的黎明女神艾奧斯。他是如何死的呢？古代作家也有不同的說法：或是他與女神阿特米斯玩致命的拋環遊戲，或是企圖強暴一位名叫娥碧斯（Opis）的許珀耳玻瑞亞少女，又或是遭蠍子螫死。根據最後這一個版本，他與該蠍子一起同升天界，化為星座。

（也請參考 Artemis, Crete, Eos, Helios, Hera, Hermes, Hyperboreans [the], Merope, Minos, Poseidon, Underworld [the], *and* Zeus。）

俄托斯（Otus）

根據詩人荷馬，俄托斯和他的雙胞胎兄弟厄菲阿爾特斯是繼俄里翁之後，世間最俊美的男子。不只如此，這兩兄弟還是世上最高的人類——準此，他們也算是巨人一族。據說他們才九歲時，肩寬即已寬達九個前臂（大約22.5英尺或7公尺），身高已經高達九個臂展（大約54英尺或16公尺）。這對雙胞胎被合稱為阿洛阿德斯（Aloads），亦即「阿洛歐斯之子」

（"sons of Aloeus"）。阿洛歐斯是波賽頓與諸風之王埃俄羅斯之女卡納刻的兒子；不過，阿洛歐斯並不是兩兄弟真正的父親，因為他們的母親伊菲墨狄亞（Iphimedeia）在婚前已經懷了情人的小孩，而她的情人正是海神波賽頓。根據神話學家阿波羅多洛斯的描述，伊菲墨狄亞非常迷戀波賽頓，不時到海邊，半身泡在海裡等候波賽頓，最後波賽頓也終於來與她相見。

很遺憾的是，這對非凡的雙胞胎兄弟太過於傲慢，以至於犯下一連串駭人的暴行。他們打敗了凶猛的戰神阿瑞斯，用鍊子把阿瑞斯綁起來，把他放進大銅缸裡關了十三個月。根據荷馬的描述，戰神後來變得十分虛弱和頹廢；如果雙胞胎的新任繼母娥里波伊亞（Eeriboeia）沒出手干預，沒去通知荷米斯來救阿瑞斯，阿瑞斯恐怕會就此一命嗚呼。這對阿洛歐斯之子甚至異想天開，打算把奧林帕斯山、俄薩山（Ossa）和皮立翁山一座座堆疊起來，然後爬上天庭去破壞諸神舒適的仙家。讓諸神受不了的最後一根稻草是兩人竟對女神產生非非之想：俄托斯向阿特米斯求歡，厄菲阿爾特斯則向赫拉求愛。如此冒犯女神，兩人很快就受到嚴厲的懲罰。阿特米斯化身為鹿，在他們兩人之間奔跑跳躍。兩兄弟都很想獵殺那頭鹿，結果竟意外地射傷對方，兩人同時死於納索斯島。

有趣的是，旅行作家保薩尼亞斯記下一則傳說故事：兩個巨人兄弟首開風氣之先，開啟赫利孔山的繆斯女神崇拜。

（也請參考 Aeolus, Aloeus, Ares, Artemis, Canace, Helicon [Mount], Hera, Hermes, Muses [the], Naxos, Olympus [Mount], Orion, Ossa [Mount], Pelion [Mount], *and* Poseidon。）

佩格索斯（Pegasus）

生著雙翼的飛馬佩格索斯是戈爾貢美杜莎和海神波賽頓的後代。佩格索斯跟他的巨人兄弟克律薩俄爾並非以正常的方式來到世間，相反的，他們是在柏修斯砍下美杜莎的頭後，從他們媽媽的斷頸處跳了出來，而且一出生就已經成年。根據希臘詩人海希奧德的說法，佩格索斯的名字源自俄刻阿諾斯的泉水（亦即希臘文的「佩格伊」["*pegai*"]），而牠的出生地也在泉水附近；最後佩格索斯到天上與諸神同住，並為宙斯負載雷霆和閃電。

佩格索斯最著名的冒險故事是與英雄柏勒洛豐一起締造的。根據詩人品達，雅典娜送給柏勒洛豐一個黃金打造的馬勒，以此馬勒，柏勒洛豐馴服了佩格索斯；同時雅典娜還交代柏勒洛豐給佩格索斯的父親波賽頓獻祭白牛，以此確保他能成功地駕馭佩格索斯。騎在佩格索斯的背上，這位年輕的英雄去

攻打亞馬遜女戰士、殺死噴火怪獸奇美拉、打敗來自呂基亞的好戰民族蘇利米人。在另外一部作品裡，品達把柏勒洛豐描繪成狂妄自大的人——他騎著佩格索斯直飛天庭，企圖到天庭找宙斯作伴，不過最後他被佩格索斯摔落馬背。佩格索斯還另有幾則也許不那麼戲劇化，但是相當重要的小故事足以一提：以蹄擊地，創造了好幾座清泉，例如赫利孔山上的希波克里尼泉（Hippocrene Spring）是幾位繆斯女神的聖地；科林斯的琵瑞尼泉是柏勒洛豐首次給佩格索斯套上馬勒的地方，而且這裡也是科林斯城極為重要的地點。由於柏勒洛豐是科林斯王格勞科斯的兒子，柏勒洛豐的座騎佩格索斯後來就變成科林斯城的象徵，而其圖像後來會被印在錢幣上，流通於科林斯城及其殖民地，這一點也不令人覺得意外。

（也請參考 Amazons [the], Athena, Chimaera, Chrysaor, Corinth, Gorgons [the], Helicon [Mount], Hippocrene, Medusa, Muses [the], Oceanus [place], Perseus, Pirene, Poseidon, Solymi [the], *and* Zeus。）

波利菲莫斯（Polyphemus）

波利菲莫斯最有名的故事見於荷馬的《奧德賽》；根據荷馬，波利菲莫斯是賽克洛普斯（獨眼巨人）當中最強壯的一個。他的父親是海神波賽頓，母親是海中精靈佛西士的女兒托俄莎托。就像其他的賽克洛普斯，波利菲莫斯也是個巨人——奧德修斯對他的描述是「像山一樣高的人」；他的前額中央長了一顆圓圓的眼睛。他也跟其他無法無天的賽克洛普斯一樣，各自住在自己的山洞裡。當奧德修斯來到賽克洛普斯們所住的島嶼時，他很好奇究竟島上住了些什麼樣的人。為了一探究竟，他就帶了十二個船員，上岸到內陸去探勘。他們一行人來到波利菲莫斯居住的洞穴，只見洞口用圍籬圈出一塊地方，同時還建了用來關山羊和綿羊的柵欄。由於波利菲莫斯當時出外放牧羊群，奧德修斯和他的船員就直接進入洞裡，自行享用波利菲莫斯山洞裡的起司。吃飽後，船員們想要離開，但是奧德修斯想留下來，想說或許會收到洞主贈送的禮物。在希臘世界裡，只要客人上門，不管是否有約，也不管彼此認不認識，主人通常都會送個禮物讓客人帶走，這是當時的社會成規。但是波利菲莫斯們才不管什麼習俗或文化，他一股腦兒把那群希臘人全關在洞裡，隨手捉了兩個船員，相互一擊就把兩人吃掉了。當波利菲莫斯再度如法炮製，吃掉另外兩個船員後，奧德修斯終於想出一個逃出洞穴的辦法。奧德修斯首先請波利菲莫斯喝沒兌水的烈酒——文明的希臘人拿到烈酒，通常會加水兌一下。不過波利菲莫斯

不懂文明為何物，他就直接喝了，而且還很貪心地喝了很多。只有到這時候，奧德修斯才告訴波利菲莫斯他的名字，不過他用了一個假名：「梅有仁」（"Nobody"）。等波利菲莫斯醉倒頭睡著後，奧德修斯和他剩下的船員就合力把一大支橄欖樹幹的末端削尖，並且用洞裡的爐火烤出火光，接著就把波利菲莫斯的眼睛弄瞎了。波利菲莫斯大聲呼叫他的鄰居來救他，但是他們一聽到他說「梅有仁」（沒有人）傷害他，全都笑著離開了。奧德修斯和他的船員後來把自己綁在那些體型最大、羊毛最多的公羊肚子下面，一一逃出波利菲莫斯的洞穴。奧德修斯弄瞎獨眼巨人波利菲莫斯這件事使他得罪了海神波賽頓；為了報復，波賽頓就一路為難他，大大延緩他回到伊薩卡島的時間。

在追求海寧芙仙子嘉拉提亞時，波利菲莫斯略略顯露了「比較柔軟」的面向。為了得到意中人的青睞，他不辭勞苦地改變形象，他還隨著長笛的音樂，把他對嘉拉提亞的愛唱成了情歌。不過，嘉拉提亞並不喜歡他，她喜歡的是英俊的埃西斯——林中神靈法烏努斯和某位海寧芙仙子的兒子。她有多愛埃西斯，就有多討厭波利菲莫斯。有一次，波利菲莫斯看見嘉拉提亞跟埃西斯在一起，氣得把一塊大石頭往埃西斯砸下去。嘉拉提亞請求諸神救救埃西斯。諸神回應她的禱告，讓大地裂開，現出已經變成河神的埃西斯。

（也請參考 Acis, Cyclopes [the], Faunus, Galatea, Nereids [the], Odysseus, Phorcys, *and* Poseidon。）

波爾費里翁（Porphyrion）

波爾費里翁是巨人族（癸干忒斯）的一員，他生性殘暴，以蛇尾為足，並曾帶領他的巨人兄弟跟宙斯的弟兄姊妹開戰。烏拉諾斯被閹割後，他的血滴落大地，而波爾費里翁就從那些血滴中誕生於世。波爾費里翁似乎是兄弟當中最強壯的一位；希臘詩人品達稱他為巨人族的首領或王。他後來對赫拉產生了非非之想——顯然這是宙斯的設計。後來宙斯用閃電打他，接著海克力斯補上一支毒箭，了結了他的性命。

（也請參考 Giants [the], Hera, Hercules, Uranus, *and* Zeus。）

皮冬（Python）

皮冬是住在德爾菲一道清泉附近的大龍或巨蟒。在羅馬詩人奧維德筆下，皮冬這頭怪物是在那場幾乎滅盡人類的大洪水之後，在覆滿泥巴的大地（蓋亞）上誕生於世。根據所謂的《荷馬詩誦：阿波羅篇》，皮冬是個雌性妖怪，曾經被賦予撫養恐怖怪物堤豐的任務。據說皮冬是人類的大禍害，導致許多人死亡，一直到阿波羅持弓箭將之除去為止。這個死去的

怪物，其屍身在太陽下漸漸腐朽；若根據地理學家斯特拉博和其他作家傳述的故事，「腐朽」（希臘文為 *"pythesthai"*）以及牠死去的地點皮托，此二者即是該怪物的名字由來。此外，以下兩個名稱皆與皮冬有關：皮提安（阿波羅的綽號）和皮媞亞（在德爾菲傳達阿波羅神諭的女祭司）。

旅行作家保薩尼亞斯和其他作家提到一則傳說：皮冬是被蓋亞或泰美斯派去德爾菲任職，其工作是守衛該神諭所。皮冬後來被阿波羅殺了，因此阿波羅成為德爾菲神殿——最著名的神諭發布點——的主人。據說阿波羅也設立每四年舉辦一次的泛希臘皮提安競賽（Pan-Hellenic Pythian Games），以紀念他除去皮冬這一事件。

（也請參考 Apollo, Delphi, Gaia, Hera, *and* Themis。）

薩堤爾（Satyrs, The）

薩堤爾是一群半人半馬的複合生物。他們會站立，而且直立著行走——這點與半人馬以四足行走不同，雖然他們與半人馬很相似。他們早期的傳統造型是馬尾、長髮、長鬍鬚、馬耳、前額圓胖和鼻子扁塌。在有些藝術作品裡，有時還可看到他們的馬腳和蹄，還有勃起的大型生殖器。直到希臘化時代（西元前323年亞歷山大大帝死後），薩堤爾開始與鄉村之神潘恩同化，自此其外型變得像山羊，尾巴也變得短一點，而且頭上冒出兩個角。在最早期，薩堤爾與西勒尼並沒有分別，都是指住在荒野裡的林中精靈或妖魔；他們出沒於山間、森林或洞穴，跟山野裡的寧芙仙子嬉戲作樂或談情說愛——畢竟他們是一群好色的生物。他們的特質是好色、貪酒、喜歡惡作劇。年老的薩堤爾後來漸漸被稱為西勒尼。寧芙仙子、薩堤爾和西勒尼三者共同組成典型的隨員隊伍，隨時陪在會變化形體的戴歐尼修斯身邊。在古典神話故事裡，最著名的薩堤爾同時也是遭遇最悲慘的一個，這位薩堤爾就是瑪爾緒阿斯。原來瑪爾緒阿斯撿到女神雅典娜丟棄的長笛，從而發現自己竟有吹奏該樂器的天賦。他犯下最可怕的錯誤就是找阿波羅挑戰音樂技藝。由於他的狂妄自大，他被處以活體剝皮的刑罰。另有一個不知名

的的薩堤爾是阿蜜摩涅的追求者，不過他後來被波賽頓趕走。波賽頓趕走薩堤爾後，接著換成他來追求阿蜜摩涅。

（也請參考 Amymone, Apollo, Athena, Centaurs [the], Dionysus, Marsyas, Nymphs [the], Poseidon, *and* Silens [the]。）

斯庫拉（Scylla） 斯庫拉是由海中寧芙仙子變成的妖怪。至於她的母親是誰，歷來有多種不同的說法；有的說是某個不知名的克拉塔埃絲（Crataeis）或拉彌亞（Lamia），有的說是海中女神艾奇德娜或嫻熟魔法的女神黑卡蒂，而她的父親則是海神佛西士（或堤豐或特里同）。根據羅馬詩人奧維德的描述，斯庫拉有許多追求者，但是她選擇避開他們，並逃到海中寧芙仙子處躲起來。海神格勞科斯看到她，熱烈追求她。不過，他的追求反而把斯庫拉嚇跑。因此格勞科斯到女魔法師瑟西的居處求助，一是為了尋找解藥治療他的相思病，二是為了找個方式懲罰斯庫拉。瑟西答應幫他，於是就在斯庫拉常去洗澡的池子下了毒。斯庫拉走入那座被動了手腳的池子，到了水深及腰的地方，泡入水中的身體突然發生可怕的變化——她的腰部此時長出幾個咆哮的狗頭。最後斯庫拉更進一步變成一座直豎的岩石。這則故事的其他版本提到斯庫拉是被安菲特里忒或波賽頓變成怪物。荷馬的《奧德賽》是最早提到斯庫拉的文學文本。根據荷馬，斯庫拉是個叫聲像小狗的怪物，生有十二隻腳，六個頸項與三排尖利的牙齒。她在洞穴裡消磨時日，有時就從洞裡冒出來，或抓魚或抓倒楣的水手——其中有六個水手是奧德修斯的船員。傑森和他英勇的船員阿爾戈英雄隊因為有女神特提斯的協助，因此逃過斯庫拉的魔掌。特洛伊英雄伊尼亞斯在航向義大利的旅途中，他也成功避開了斯庫拉。

即便在古典時代，人們已經嘗試定位斯庫拉的位置，想知道她是在哪塊巨石或岬角築巢，還有找出那個位於她對面，隱藏在巨石下面的大漩渦妖怪卡律布

狄斯；例如歷史學家修昔底德即提到斯庫拉巨石和大漩渦妖怪卡律布狄斯的位置是在墨西拿海峽，亦即那條位於利基翁（Rhegium）和米西拿（Messana）之間的航道。這條航道十分狹窄，海水又洶湧，常讓經過的船隻陷入危險。怪物斯庫拉必須與那位因為愛上克里特島的米諾斯王，因而背叛家國的墨伽拉公主斯庫拉有所區別。

（也請參考 Aeneas, Argonauts [the], Charybdis, Crete, Echidna, Glaucus [god], Hecate, Jason, Megara [place], Minos, Odysseus, Phorcys, Poseidon, Scylla [heroine], Triton, *and* Typhon。）

西勒尼（Silens, The）

西勒尼原本與薩堤爾沒有分別，都是指那群住在森林裡，長得半人半馬的精靈。但是隨著時間的過去，年長的薩堤爾漸漸被稱為西勒尼，最著名的西勒尼是西勒努斯。

（也請參考 Satyrs [the] *and* Silenus。）

西勒努斯（Silenus）

西勒努斯是一位年長的薩堤爾，也是西勒尼當中最負盛名者。西勒尼本來是一群半神半魔的林間精靈，最初的形象是半人半馬，後來才漸漸變成羊人的樣子。在文學作品裡，西勒努斯的形象是個快活、矮胖且有點禿頭的男子。就像其他西勒尼和薩堤爾，他很喜歡喝酒、音樂和跳舞。他的來歷有許多不同的說法：根據詩人農諾斯的描述，他是個地生人，大地（「蓋亞」）是他的母親。不過修辭作家埃里安認為西勒努斯是某個寧芙仙子的兒子，而且擁有不朽的生命。西勒努斯是酒神戴歐尼修斯隨員隊伍當中固定的一員，而且他與酒神似乎關係特別親密。有個傳統故事即提到酒神的母親賽默勒不幸慘死後，宙斯就把當時還是嬰兒的酒神交付給西勒努斯撫養。歷史學家西西里的狄奧多羅斯認為西勒努斯的身分多重，他既是戴歐尼修斯的隨員，也是顧問和指導者。弗里吉亞的國王邁達斯據說曾與西勒努斯偶然相遇；關於這次的相遇，古代資料提出兩種說法：一說邁達斯為了向西勒努斯詢問未來之事，因而把後者困在一座神奇的花園裡。另一說則提到西勒努斯因醉酒與戴歐尼修斯失散，邁達斯出手相救，並將他送到戴歐尼修斯那裡。由於他救了西勒努斯，酒神於是賜給邁達斯一個願望，而邁達斯則說他希望他手碰到的任何事物都變成黃金。

（也請參考 Dionysus, Gaia, Midas, Nymphs [the], Phrygia, Semele, Silens [the], *and* Zeus。）

賽妊（Sirens, The） 賽妊是半人半鳥的女妖，生著人類的頭與鳥類的身體。有些資料還提到她們生有人類的手臂，方便她們或拿或彈奏樂器。她們的特殊危害之處是：以其迷人的歌聲，引誘水手走向死路。荷馬筆下的賽妊只有兩個，而且他並未描寫她們的長相。不過，後世的作家（和藝術家）則說賽妊是三個鳥形女妖。賽妊最著名的故事是她們與奧德修斯的交手。女魔法師瑟西事先曾警告奧德修斯要當心賽妊的歌聲，因為她們充滿誘惑的歌聲不知道已經讓多少水手忘了歸鄉，受害者的白骨堆滿了她們島上的沙灘，在陽光下閃閃發亮。經過賽妊居住的小島時，奧德修斯依照瑟西的指示，要他的船員以軟蠟塞住耳朵。他雖然自己沒塞住耳朵，但是他要船員把他綁在船桅上，這樣他就可以享受賽妊的歌聲和歌裡描述的特洛伊戰爭，但是卻不會受到歌聲所誘而走向死亡之途。幸好他聽從瑟西的指示，因為真的聽到三位賽妊的歌聲時，他真的無法自已，不斷哀求他的船員放了他；幸運的是，他的船員沒聽到他的要求，更別說聽從他的指令行事。根據史詩詩人羅德島的阿波羅尼奧斯，英雄傑森和他的夥伴也曾遇到賽妊。原來傑森在柯爾基斯島取得金羊毛後，在返航的途中經過賽妊居住的安特莫埃薩島（Anthemoessa）。為了抵禦賽妊迷人的歌聲，吟遊詩人奧菲斯一面彈著里拉琴，一面高聲唱歌。他的歌聲極為響亮，竟淹沒了賽妊的聲音。傑森的船員除了有一人跳船離去，其他全都保住了性命。

詩人阿波羅尼奧斯和其他作家認為三位賽妊的父親是河神阿克洛俄斯，母親是繆斯女神特爾普西柯瑞（或墨爾波墨涅）。據說三位賽妊曾經是女神狄蜜特之女玻瑟芬妮的同伴——當時玻瑟芬妮尚未被黑帝斯劫持到冥界。在此基礎上，羅馬詩人奧維德增添了一個細節：三位賽妊渾身長著金色的羽毛，她們化身為鳥形少女的目的是為了讓她們盡可能快速移動，盡可能快速找到玻瑟芬妮。

（也請參考 Achelous [god], Circe, Colchis, Demeter, Hades [god], Jason, Melpomene, Muses [the], Odysseus, Orpheus, Persephone, *and* Terpsichore。）

底比斯城的斯芬克斯（Sphinx of Thebes, The） 斯芬克斯是從埃及和近東地區引入希臘世界的怪獸。早在青銅時代（大約西元前3000–1150年），此種混合人首、獅身和鳥翼的怪獸就已出現在希臘藝術作品裡；至於我們所知道的斯芬克斯則稍晚一點才進入文學的世界。在許多希臘文獻資料中，斯芬克斯是女妖怪，雖然在藝術作品中也可以看到雄性的斯芬克斯。古

典作家對斯芬克斯的來歷各有不同的說法。希臘詩人海希奧德提到斯芬克斯時，用的是單數名詞，並且提到斯芬克斯的母親是蛇女艾奇德娜（或怪獸奇美拉），父親是可怕的妖犬歐特魯斯。假設神話世界裡有一個以上的斯芬克斯，她們當中真正聞名於世的是底比斯城的斯芬克斯。當古代作家提到「那個斯芬克斯」時，他們指的就是肆虐底比斯城的那頭妖怪。根據神話學家阿波羅多洛斯，這個斯芬克斯是艾奇德娜和怪物堤豐的後代，而這個斯芬克斯有著女人的臉、胸部和腳，但是身後拖著一條獅子尾巴，身上長了兩個鳥類的翅膀。這個斯芬克斯的故事因為索福克勒斯的傑作《伊底帕斯王》而家喻戶曉，而阿波羅多洛斯就在這個故事的基礎上，新增了背景資料的細節。根據阿波羅多洛斯，斯芬克斯是奉女神赫拉的命令，才前往底比斯城去恐嚇其城民：無法正確猜到斯芬克斯謎語的人都得受死。在此情況下，底比斯城的國王即發布通告，宣布任何人只要能解開謎語，為底比斯城除去禍害，即可迎娶他的姊妹卡斯塔王后為妻。伊底帕斯正確解開謎語，猜到斯芬克斯謎語中的那個早上用四個腳走路，中午用兩個腳走路，晚上用三個腳走路的生物是人（嬰兒時期四肢著地爬行，成年時期兩腳走路，晚年時期柱杖而行）。斯芬克斯沒料到伊底帕斯竟答得出她的謎語，羞愧之餘就投崖自殺了。伊底帕斯接下來就接任底比斯王，娶了卡斯塔王后，亦即他的生母為妻──當然在嫁娶當下的兩人是不知道彼此的身分的。

（也請參考Chimaera [the], Creon, Echidna, Hera, Jocasta, Oedipus, Orthus, Thebes, *and* Typhon。）

斯特洛珀斯（Steropes）

斯特洛珀斯的名字意思是「閃電」或「散發亮光」；他是三個獨眼巨人賽克洛普斯之一。他的母親是原始神祇蓋亞，父親是烏拉諾斯。他的兩個兄弟是布戎特斯（「雷霆」）和阿爾戈斯（「亮光」）。這幾個賽克洛普斯的名字反映了他們的工作內容：宙斯使用的霹靂閃電武器即是由他們負責打造的。

（也請參考Cyclopes [the], Gaia, Uranus, *and* Zeus。）

絲特諾（Stheno）

絲特諾是戈爾貢之一，其名字意思是「強者」；她是美杜莎不朽的兩個姊妹之一。

（也請參考Euryale, Gorgons [the], *and*

Medusa。）

斯廷法洛斯湖怪鳥
（Stymphalian Birds, The）根據神話

學家阿波羅多洛斯，這群惡名昭彰的怪鳥棲息在阿卡
迪亞斯廷法洛斯湖（Lake Stymphalus）附近的密林裡。旅行作家保薩尼
亞斯提到一個細節：這群怪鳥以人類為食；神話學家希吉努斯則提到這群怪
鳥以羽毛當箭矢來射殺獵物。無論牠們的威脅如何，海克力斯的第六項著名
任務就是獵殺或驅逐這群怪鳥。女神雅典娜給他一個青銅做成的撥浪鼓，而
他以鼓聲驚嚇怪鳥，使之飛離藏匿處。一旦怪鳥飛離藏匿處，他就一一加以
射殺。

（也請參考 Arcadia, Athena, Hercules, *and* Stymphalus。）

塔羅斯（Talus / Talos）青銅巨人塔羅斯向來被描述為活雕像或某種機

器人，不過他是個有感覺有生命的存在體。羅德島的阿波羅尼奧斯說他是古
代青銅族的後代；當初宙斯為了保護歐羅芭的安全，就把塔羅斯送給她。塔
羅斯也很盡忠職守，據說他一天之內可以巡視克里特全島三次。根據傳說，
人類曾歷經五個世代，即黃金族、白銀族、青銅族、英雄族以及今日這個充
滿缺陷的鐵族。來自青銅時代的塔羅斯幾乎無可匹敵：他的身體和四肢是青
銅鑄成，除了腳踝有一個地方例外——那裡是他體內唯一一根血管流經的地
方。塔羅斯最知名的故事是他與傑森及其阿爾戈英雄隊的交手。當時傑森等
人已經取得金羊毛，一行人帶著女魔法師美狄亞往希臘前進。航經克里特島
時，阿爾戈英雄隊打算停靠在其中一個碼頭稍事休息。不過，塔羅斯見到有
陌生的船隊靠近，就朝他們扔石頭。美狄亞對他施了咒，所以等到他再次搬
起其他石頭時，竟不小心擦傷他的腳踝，導致他最後傷重而死。
關於塔羅斯的身世和相貌，神話學家阿波羅多洛斯提出一個稍微不同的故事
版本。根據這個版本，鑄造之神赫菲斯托斯創造了塔羅斯，並把塔羅斯送給
克里特島的國王米諾斯。赫菲斯托斯打造的塔羅斯有一條血管從他的頸部一
直延伸到腳踝，然後在腳踝處用一個銅鈕拴起來。他會死掉的原因有二說，
一說美狄亞施法使他發瘋，二說美狄亞騙他說她可以讓他得永生，然後拔掉
他那顆用來拴住血管的銅鈕。

（也請參考 Argonauts [the], Crete, Europa, Hephaestus, Jason, Medea, Minos, *and* Zeus。）

特斯披安獅子（Thespian Lion, The）特斯披安獅子曾在喀泰戎

山的山坡四處漫遊。這頭獅子是個禍害，不時獵食海克力斯繼父安菲特律翁
的羊群，還有特斯披阿俄（Thespiae）國王特斯披俄斯的羊群。根據神話學家
阿波羅多洛斯的描述，當時海克力斯才十八歲，但是他就有能力擔起為大家
除掉獅子的任務。他當時住在國王特斯披俄斯宮中，待了五十日才終於殺死
獅子。國王特斯披俄斯注意到海克力斯擁有超乎凡人的力量，他希望得到海
克力斯的後代，所以每晚派一個女兒去陪英雄共寢。不知為什麼海克力斯竟
然會被蒙在鼓裡，因為他一直以為那五十晚跟他同寢的是同一個公主。
（也請參考 Amphitryon, Cithaeron [Mount], *and* Hercules。）

提堤俄斯（Tityus）巨人提堤俄斯的父親是宙斯，母親是波俄奧提亞英

雄俄爾科默諾斯的女兒伊拉拉（Elara）。根據神話學家阿波羅多洛斯的說法，
宙斯不想讓妻子赫拉知道他與伊拉拉的風流韻事，所以伊拉拉懷孕之後，他
就把伊拉拉藏在地底。經過一段妊娠期之後，提堤俄斯就從土裡長了出來；
由於這個緣故，有時候他被稱為地生人。不過，隨著時間的流逝，提堤俄斯
將會犯下過錯，並因為這個過錯而重回地底——這次是回到冥界專為罪人保
留的地方：塔爾塔羅斯。他犯下的罪是企圖強暴女神勒托——神聖雙胞胎阿
波羅和阿特米斯的母親。阿波羅和阿特米斯當然是把他射殺了。奧德修斯和
伊尼亞斯都曾先後到冥界一遊，他們看見提堤俄斯巨大的身體攤在冥界，整
整蔓延九英畝，上面還有一群禿鷹不斷地啄食他的肝臟。
（也請參考 Aeneas, Apollo, Artemis, Boeotia, Leto, Odysseus, Tartarus,
Underworld [the], *and* Zeus。）

堤福俄斯（Typhoeus）堤福俄斯是堤豐

的另一個名字；他的父母是蓋亞和塔爾塔羅斯，
他是個巨大無比的混合怪獸。
（請參考 Gaia, Tartarus [god and place], *and* Typhon。）

堤豐（Typhon）堤豐又名堤福俄斯；在

早期，他有時或被誤認或被等同於堤法
翁。根據希臘詩人海希奧德的說法，
堤豐／堤福俄斯的母親是蓋亞（「大

地女神」），父親是塔爾塔羅斯——大地深處、幽暗潮濕的地獄的擬人化身。堤豐是個力大無比的可怕怪物，生有一百個蛇頭，每隻蛇都在吞吐著黑得發亮的蛇信。他的聲音宏亮無比，可以發出所有動物的聲音，比如獅子、公牛、狗、蛇等。他兩眼閃耀著火光。他與女妖艾奇德娜結合，生下許多怪物孩子：替三身國王革律翁看守牛群的雙頭犬歐特魯斯、地獄的看門犬克爾柏洛斯、勒拿湖的多頭蛇海卓拉、噴火怪獸奇美拉。宙斯認為堤豐是個威脅，可能會侵害他的權力領域，因此就揮動閃電，打得所有山海都震盪連連。宙斯的這個想法其實是對的。總之，這一神一怪就這樣打了起來，大地、天空和大海接著颳起大風，發生地震，燒起大火。即便住在地表之下的冥帝黑帝斯也嚇得連連顫抖。最後，宙斯打倒他的對手堤豐，並以他熾熱的閃電，把堤豐打入地底的塔爾塔羅斯。神話學家阿波羅多洛斯對這位巨怪的形象提供進一步的細節：堤豐的身體是如此的碩大，以至於他的頭越過了高山，直抵星空。他的兩隻手臂冒出一百個蛇頭，而且這位生有翅膀的巨人的下半身沒有腳，反而盤捲著許多嘶嘶吐信的毒蛇。根據神話學家阿波羅多洛斯、詩人品達、奧維德與其他作家的說法，當宙斯把堤豐打倒之後，就把他鎮壓在西西里的埃特納火山下——這件事解釋了埃特納為何會出現火山活動。

（也請參考 Cerberus, Chimaera [the], Echidna, Gaia, Geryon, Hades [god and place], Hydra of Lerna [the], Sicily, Tartarus [god and place], *and* Zeus。）

PART

IV

神話

的故鄉

與地標

阿卑多斯城（Abydus） 阿卑多斯城坐落於達達尼爾海峽（古代的赫勒斯滂）最狹窄的岸邊。這個位於海峽小亞細亞岸的城市建於西元前七世紀。根據希臘歷史學家希羅多德，波斯國王薛西斯（Xerxes）為了讓他的大軍能順利開入希臘，曾在這裡搭了一座橫跨赫勒斯滂的大橋。至於阿卑多斯城為何會在古典神話中享有名氣？那是因為這裡是青年勒安德爾的家鄉——這位年輕人愛上阿芙蘿黛蒂的女祭司赫洛，但是因為赫洛住在赫勒斯滂對岸的西斯塔斯（Sestus），所以他總是趁著黑夜的掩護，游過赫勒斯滂到對岸去會見他的情人。情海最後湧起波瀾，有一次勒安德爾在游泳渡海時不幸淹死。赫洛則因為情人已死，於是也投海自盡身亡。

（也請參考 Aphrodite, Hellespont [the], Hero, *and* Leander。）

阿克洛俄斯河（Achelous River, The） 阿克洛俄斯河的現代希臘文拼寫是 "Akheloos Potamos"；這條河是希臘境內最長的河流之一，大約有137英里或220公里長。河的源頭是品都斯山脈（Pindus Range），最後流入伊奧尼亞海（Ionian Sea），形成古代希臘中部的埃托里亞和阿卡納尼亞（Acarnania）這兩個地區的自然分界。這條河十分重要，以至於河神阿克洛俄斯——這條河的擬人化身——可以代表其他所有的河神來回應人們的召喚。事實上，這條河以及這條河的河神都在好幾則神話故事裡扮演要角；舉例來說，河神阿克洛俄斯據說是寧芙仙子卡斯塔莉亞的父親，而與該仙子同名的卡斯塔莉亞泉是繆斯女神的聖地；阿爾克邁翁——攻打底比斯的七雄之子——殺了屢次背叛他們的母親厄里菲勒之後，後來是到阿克洛俄斯河來滌除他的罪愆；海克力斯為了得到他最後一任妻子德伊阿妮拉的青睞，曾在這裡與河神阿克洛俄斯摔角——據說阿克洛俄斯在這場搏鬥中曾化身為大蛇，接著再化身為公牛。根據地理學家斯特拉博的解釋，這則化身神話故事顯現的是阿克洛俄斯河的地理特徵：河道蜿蜒曲折，有如大蛇，河水湍急，發出的聲音大如牛鳴。

（也請參考 Alcmaeon, Castalian Spring [the], Deianeira, Hercules, Muses [the], *and* Seven Against Thebes [the]。）

阿克隆河（Acheron, The River） 據信阿克隆河是冥界最主要的河流之一；隨著時間的推移，其地理位置亦有所改變。有時候，這條河的名字即代表整個冥界。關於阿克隆河的位置與性質，最早的資料來源是荷馬的作

品。根據荷馬，俄刻阿諾斯河是環繞著生者世界的大洋河，而阿克隆河就位於大洋河之外，靠近冥后之林（Grove of Persephone）的地方。據說斯堤克斯河的兩條支流——火焰河（Phlegethon）與悲嘆河（Cocytus）——會在某個地點流入阿克隆河；奧德修斯就在這三河交會的地方，在地上挖個洞，然後他就神奇地看到了死者的靈魂。羅馬詩人維吉爾的看法與荷馬相反；他在《伊尼亞斯紀》裡把阿克隆河等同於斯堤克斯河，冥界的舟子卡戎就在這條河上為亡者的靈魂擺渡。

（也請參考 Aeneas, Charon, Cocytus [the River], Oceanus [god and place], Odysseus, Persephone, Phlegethon [the River], Styx [the River], *and* Underworld [the]。）

雅典衛城（Acropolis, The）

雅典衛城是一片露出地表的石灰岩層，岩頂平整，面積龐大。在古代，這裡曾經是雅典的堡壘，後來則變成雅典的宗教中心。衛城的高度大約有492英尺（150公尺），最長最寬處分別是885英尺（270公尺）和512英尺（156公尺）。雅典衛城這名字當中的 "acropolis" 的意思是「高城」或「城市的最高處」；這個字若當普通名詞用的時候，可指希臘任何一個城市之內，那些地勢較高的城鎮。古人為了防止敵人入侵，通常都會把定居的聚落設立在山頂，通常也都會設有防禦措施。其後如果人口開始增加，人們則會以這個最初設立的聚落為中心，圍繞著其周邊各自建立家園。雅典的衛城就是這一現象的最知名案例；早在青銅時代（大約西元前第十三世紀）開始，雅典的衛城就已設有防禦措施，而且當時還有一個王宮建築群。該王宮建築群後來遭到摧毀，青銅時代也已經結束，但是這裡因為已經成為雅典的象徵，所以就有許多神廟和紀念碑漸漸在此地蓋了起來，而且這個風氣還延續了好幾個世代之久。這當中最具野心的神廟建築計畫分別是由西元前第六世紀的僭主庇西特拉圖斯（Peisistratus）和西元前第五世紀的將軍政治家伯里克里斯（Pericles）兩人所贊助的。伯里克里斯的建築計畫旨在向整個希臘世界展示雅典，使雅典成為所有希臘城市「學習」的榜樣。今日還可看見的雅典衛城遺跡即來自伯里克里斯的部分建築計畫。

雅典娜是雅典城的保護神，所以在雅典衛城遺址到處都可看到女神的身影及其象徵物。帕德嫩神廟興建於西元前447至432年，其興建目的就是為了供奉雅典娜這位少女神（*Parthenos*）。這座廟裡有一尊巨大的雅典娜崇拜神像，高約38英尺或11.5公尺，整座雕像全部用黃金和象牙精雕細琢而成。這尊雕像刻畫的形象是女戰士，雅典娜配戴的頭盔刻著斯芬克斯、獅鷲和佩格索斯

作為裝飾，胸鎧上的裝飾是美杜莎的頭。她的左手拿著盾牌，盾牌上描繪著雅典人的兩場傳奇戰爭：提修斯領軍攻打亞馬遜女戰士和諸神與巨人族的大戰。她的右手則拿著一尊小小的、張開雙翼的女神雕像——那是奈姬女神，亦即「勝利」的擬人化身。她腳上穿的涼鞋刻畫著拉庇泰人與半人馬族之間的戰爭場景，裝飾十分精美。雕像底座刻畫的主題是潘朵拉的神話。此外，雕像的腳邊還盤踞著一條大蛇，那是雅典早期的國王厄瑞克透斯。同樣的，帕德嫩神廟本身也可再次看到那些刻畫在雕像身上的神話主題，特別是拉庇泰人與半人馬族之間的戰爭、雅典人與亞馬遜女戰士之戰，還有諸神與巨人族的大戰。前述這幾場戰爭再加上特洛伊戰爭的場景描繪，這兩者加總起來向來就被視為一個象徵，代表希臘人在波希戰爭（西元前492—449年）所取得的勝利。這種呈現的方式顯然代表天神認可希臘人的勝利，因此明顯具有用希臘文明來戰勝「野蠻」的意味。帕德嫩神廟的幾面山形牆上描繪的是雅典娜從宙斯頭頂誕生的奇景，還有她打敗波賽頓，奪得雅典保護神頭銜的場景。

帕德嫩神廟外面另有一尊雅典娜的青銅雕像；這尊雕像立在通往衛城較高區域的山門旁邊——據說遠在蘇尼翁岬（Sounion / Sunium）的水手都可看到這尊銅像。同樣的，這尊雅典娜雕像也是全副武裝，表現的形象是普羅瑪琪斯・雅典娜，亦即城市的捍衛者和戰爭的領導者。除此之外，雅典衛城上頭還有一間厄瑞克特翁神廟（Erechtheum）——這間神廟的特殊處是設有女像柱構成的陽台。基本上，這間神廟供奉的天神除了雅典娜・波麗亞斯（Athena Polias）——亦即城市的保護神——之外，還有雅典早期兩位傳說中的國王厄瑞克透斯和刻克洛普斯，海神波賽頓以其三叉戟擊打雅典衛城石頭所留下的痕跡亦可在此神廟中看到。距離厄瑞克特翁神廟的不遠處，還可看到雅典娜當年用來打敗波賽頓，從而贏得雅典保護神頭銜的那棵橄欖樹。雅典衛城還有一間小一點的雅典娜神廟——廟裡供奉的是以勝利女神奈姬形象出現的雅典娜。狩獵女神阿特米斯也有一間聖祠建立於此。雅典衛城的下面有一間戴歐尼修斯劇場——戴歐尼修斯是個酒神，同時也是劇場的守護神。

（也請參考 Amazons [the], Artemis, Athena, Athens, Attica, Cecrops, Centaurs [the], Dionysus, Erechtheus, Giants [the], Gorgons [the], Griffins [the], Lapiths [the], Medusa, Nike, Pandora, Parthenon [the], Pegasus, Poseidon, Sphinx, Theseus, Troy, *and* Zeus。）

艾尤島（Aeaea）

艾尤島是神話中的小島，島上住的是女神兼女魔法師

瑟西。奧德修斯離開特洛伊之後，他在返鄉途中曾遭瑟西扣留，因而滯留在這座小島長達一年之久。根據荷馬的《奧德賽》，跟瑟西住在島上的還有幾位寧芙仙子和一群馴服的狼與獅。英雄傑森也曾帶著野蠻部族的公主美狄亞到艾尤島拜訪瑟西——事實上，瑟西還是美狄亞的姑姑。原來傑森和美狄亞都曾犯下殺人罪，兩人此來的目的其實是希望瑟西能為他們滌罪。在古代作家的筆下，這座島的地理位置言人人殊；有人認為是在遠東，坐落在已知世界的邊緣，也有人認為是在西方。根據羅馬詩人維吉爾的說法，這座島大概是在義大利海岸的外海，位置大約是在庫邁和拉丁姆之間——庫邁是女先知西比拉所住的地方，拉丁姆則是特洛伊英雄伊尼亞斯和他那群特洛伊難民最後落腳的定居之地。

（也請參考 Aeneas, Circe, Cumae, Jason, Latium, Medea, Odysseus, Sibyl of Cumae [the], *and* Troy。）

愛琴海（Aegean Sea, The）

根據希臘歷史學家希羅多德的說法，愛琴海位於希臘海岸和土耳其之間，從赫勒斯滂一路延伸到克里特島。愛琴海的名字有幾個著名的語源，其中之一衍生自雅典國王埃勾斯的名字。原來埃勾斯的兒子提修斯自願去克里特島殺米諾陶，埃勾斯則留在雅典等候提修斯歸航，但是後來他誤以為兒子已死，就傷心地投入這片水域，自盡身亡。

（也請參考 Aegeus, Athens, Minotaur [the], *and* Theseus。）

埃癸娜島（Aegina）

埃癸娜島坐落於薩龍灣，距離雅典西南方大約十三英里（或二十公里）。至早在西元前第四世紀開始，這座島就已經有人居住。今日這座島的眾多知名事件當中，最引人注目的是繁殖女神阿菲婭（Aphaea）的神廟遺址。這是一間很壯觀的神廟，從遺址裡頭的雕刻裝飾，即可看到第一次和第二次特洛伊戰爭的許多場景——這兩場戰爭與埃癸娜島的神話故事關係匪淺。根據傳說，這座島本來叫俄諾涅島，由於宙斯把寧芙仙子埃癸娜綁架到此地，所以他後來就以埃癸娜的名字，重新命名這座島為埃癸娜島。在這座島上，埃癸娜給宙斯生了一個名叫埃阿科斯的兒子；埃阿科斯日後成為這座島的國王，並在島上的瘟疫過後，以蟻人重新建立島上的人口。埃阿科斯有兩個兒子叫帕琉斯與特拉蒙；帕琉斯日後會成為阿基里斯的父親，而特拉蒙將會成為大埃阿斯的父親。阿基里斯和大埃阿斯這兩位堂兄日後將會在第二次特洛伊戰爭——亦即最知名的特洛伊戰爭——一起並肩作

戰。大埃阿斯的父親特拉蒙過去也曾幫忙海克力斯攻打過特洛伊城，對付特洛伊王拉俄墨冬，不過他當時參加的是第一次特洛伊戰爭。

（也請參考 Achilles, Aeacus, Ajax [the Great], Hercules, Laomedon, Peleus, Telamon, Troy, *and* Zeus。）

阿爾巴・隆伽（**Alba Longa**）

阿爾巴・隆伽是個城鎮，位於羅馬東南方阿爾巴努斯山（Mount Albanus）的拉丁姆地區——阿爾巴努斯山即現代的卡沃山（Monte Cavo）。據傳說，阿爾巴・隆伽的創建者是伊尼亞斯之子阿斯卡尼斯；原來當年特洛伊城被希臘人攻破後，伊尼亞斯就帶著特洛伊難民飄洋渡海，來到義大利重建新的家園。阿爾巴・隆伽創立後，就被訂立為拉丁姆的首都，一直到後來羅慕勒斯創建羅馬為止。據說阿爾巴・隆伽是在西元前第七世紀被羅馬皇帝圖路斯・荷提里烏斯（Tullus Hostilius）摧毀。

（也請參考 Aeneas, Ascanius, Latium, Rome, Romulus, *and* Troy。）

阿爾菲俄斯河（**Alpheus River, The**）

阿爾菲俄斯河就是現代希臘的阿爾菲奧河（Alfios）；這條河是伯羅奔尼撒半島的最大河，也是希臘境內最大的河流之一。這條河發源於阿卡迪亞南部，流經奧林匹亞，最後注入伊奧尼亞海，全長大約有70英里（110公里）。海克力斯的第十二項任務即與這條河有關——原來海克力斯改變這條河的河道，然後利用河水的力量來刷洗奧格阿斯的馬廄。就像所有跟河流有關的案例，阿爾菲俄斯河也不僅僅只是一個地方：這條河同時也是河神阿爾菲俄斯的化身。阿爾菲俄斯是大洋神俄刻阿諾斯眾多兒子之一；他愛上了寧芙仙子阿瑞圖薩，勇猛直追。但是阿瑞圖薩一看到他就逃，一路逃到西西里。到了西西里，阿瑞圖薩沒力氣逃了，於是就地化成泉水。很愛阿瑞圖薩的阿爾菲俄斯當然也追到西西里，並在此地變回河水，與阿瑞圖薩化成的泉水融合為一。

（也請參考 Alpheus [god], Arcadia, Arethusa, Augeas, Hercules, Oceanus [god], *and* Sicily。）

阿卡迪亞（**Arcadia**）

阿卡迪亞是伯羅奔尼撒半島中部一個崎嶇多山的地區；這裡適合狩獵、畜養牲口，但是不適合發展農業。這個地區四周圍繞著群山，若從東北方順時鐘列出來，計有厄律曼托斯山、庫勒涅山、阿羅阿尼亞山（Mount Aroania）、奧里裘托斯山（Mount Oligyrtus）、帕提尼烏斯山

（Mount Parthenius）、帕爾農山（Parnon）與泰格特斯（Taygetos）山腳、諾彌亞山（Mount Nomia）和俄拉埃姆山（Mount Elaeum）。與現代的同名區域比起來，古代阿卡迪亞的面積稍微小一點。阿卡迪亞地區最重要的河流是阿爾菲俄斯河，這條河也是伯羅奔尼撒半島的主要河流。在神話故事裡，阿卡迪亞的其他著名水域區有斯廷法洛斯湖——這裡是危險的斯廷法洛斯湖怪鳥的棲息地；此外，冥界的斯堤克斯河有一小段也會在這個區域冒出地表。阿卡迪亞人宣稱他們是希臘最古老的部族，即珀拉斯吉人的後代；珀拉斯吉人的部族之名據說得自文化英雄珀拉斯古斯。據信珀拉斯古斯曾教導阿卡迪亞人如何建造茅屋和如何使用獸皮來製作衣服。阿卡迪亞這個名字據說來自宙斯與寧芙仙子卡利斯托所生的兒子阿爾卡斯；據說赫拉因為忌妒卡利斯托，就把後者變成一頭熊。由於這個地區崎嶇多山，因此人們相信這裡也是森林之神潘恩的故鄉、荷米斯的誕生之地和阿特米斯女神最愛的狩獵地點。

（也請參考 Alpheus River [the], Arcas, Artemis, Callisto, Erymanthus [Mount], Hermes, Pan, Pelasgus, Stymphalus, Styx, *and* Zeus。）

阿瑞圖薩（Arethusa）

阿瑞圖薩（義大利文為 "Fonte Aretusa"）是一道清泉，其位置在西西里的奧爾蒂賈島，後者是錫拉庫薩深具歷史意義的重要島嶼。據說這道泉水得名於一位來自伯羅奔尼撒半島的寧芙仙子阿瑞圖薩；原來阿瑞圖薩為了逃避河神阿爾菲俄斯的追求，一路逃到了奧爾蒂賈島，並在島上化作一道清泉。在古代，作為泉水化身的寧芙仙子阿瑞圖薩是錫拉庫薩的象徵，其圖像被鑄印在當時流通的硬幣上。

（也請參考 Alpheus [god and place], Ortygia, *and* Sicily。）

阿爾戈斯城（Argos）

阿爾戈斯城距離海岸大約三英里（五公里），是伯羅奔尼撒半島東部阿爾戈斯地區最主要的城市——現代這個地點也有一個同名城市。根據希臘地理學家斯特拉博（西元前64-西元19年）的說法，阿爾戈斯城有一大部分建立在平原上，這裡有個稱為拉里薩（Larisa）的城堡和一座稍具防敵設施的山丘，山上有一間朱庇特神殿。據信阿爾戈斯城是希臘最古老的城市，與之相關的神話故事十分複雜，即便在古代，這些神話故事就已經產生不少混淆。根據某些故事版本，阿爾戈斯城最初的居住者是珀拉斯古斯的祖先；珀拉斯古斯是阿爾吉夫（Argive）的河神伊納科斯的後代，他的名字後來被用來命名前希臘的原初住民，亦即珀拉斯吉人。不過，根據神話

學家阿波羅多洛斯的記載，阿爾戈斯城的名字是來自阿爾古斯，即珀拉斯古斯的其中一個兄弟。阿爾戈斯城的聚落遺跡可上溯到青銅時代，根據目前出土的聚落與防禦設施的遺跡來看，可知阿爾戈斯城在青銅時代是個很重要的城市，尤其在西元前十四世紀晚期至西元前十三世紀之間更是如此。不過，這段時間還不是阿爾戈斯城的輝煌時代。這座城的輝煌時期出現得比較晚，大約是從西元前八世紀中期開始，一直到西元前六世紀這段期間，其勢力才臻至頂峰。在這段所謂的「遠古時期」（Archaic Period），阿爾戈斯城的領土曾經從帕爾農半島的東岸一直延伸到庫特拉島。後來的阿爾戈斯城雖然在領土和勢力方面敗給了鄰近的斯巴達，不過仍然掌控著邁錫尼、提林斯和勒拿這幾個地方。這幾個地方與阿爾戈斯城本身全都在神話世界產出許多重要角色，其中最負盛名的神話角色是河神伊納科斯的女兒，即變成母牛的伊俄；再來就是無私且英勇的克琉比斯和畢同；身處囚室的達娜俄——宙斯曾化作金雨，進入囚室與她相會，讓她成為著名的戈爾貢殺手柏修斯的母親；「七雄攻底比斯」的領軍英雄阿德拉斯特斯；派給海克力斯十二項任務的國王歐律斯透斯。阿爾戈斯城最神聖的保護神是天后赫拉。

（也請參考 Adrastus, Cleobis, Danae, Eurystheus, Gorgons [the], Hera, Hercules, Inachus, Io, Lerna, Mycenae, Pelasgus, Perseus, Seven Against Thebes [the], Sparta, Tiryns, *and* Zeus。）

雅典（Athens）

根據傳說故事，雅典的名字來自該城的保護神雅典娜；無論是在過去或現在，雅典都是阿提卡地區最重要的城市。雅典城坐落在平原上，周遭有群山圍繞：埃加里奧山（Aegaleos）、帕爾納斯山（Parnes）、彭特利庫山（Pentelicon）和伊米托斯山（Hymettus）。雅典城的港口稱為比雷埃夫斯港（Piraeus），位於薩龍灣的東北角；這裡築有一道很長的系列城牆通向雅典城本身的城牆，這條用牆圍起來的「廊道」長約四英里（六公里），雅典城牆的兩側各有一條河流過，分別是伊利索斯河和厄里安諾斯河。雅典最顯著的地標雅典衛城是古代雅典城的堡壘所在地，也是雅典城的宗教中心。雅典娜最重要的神殿帕德嫩神廟即興建於此。即使在古代，雅典衛城已經成為雅典神話歷史的某種博物館，這裡的許多建築物除了展現城市保護神雅典娜的各種面向，也展現雅典傳說故事裡的創立者和幾位早期國王，例如地生人刻克洛普斯、半人半蛇的厄瑞克透斯和英雄提修斯——後者最著名的事蹟是替雅典人除去克里特島的怪獸米諾陶、結合原本散落在阿提卡地區的各個

聚落，成立雅典城邦，並且帶兵擊退來犯的亞馬遜女戰士。

（也請參考 Acropolis, Amazons [the], Athena, Attica, Cecrops, Crete, Erechtheus, Ilissus River [the], Minotaur [the], *and* Theseus。）

阿提卡（Attica）

阿提卡意指雅典城的周邊區域，其地名的現代拼寫是 "Attiki"。古代的阿提卡可視為一個三角形的半島，位於希臘中部的東方邊緣。這個區域的北方有帕爾納斯山和喀泰戎山隔開了波俄奧提亞，西邊有西拉塔山（Mount Cerata）與墨伽拉為界。現代的阿提卡地區比古代大一點，涵蓋的地區包括墨伽拉、薩龍灣諸島、庫特拉島和伯羅奔尼撒半島的部分地區。阿提卡受到雅典管轄之前擁有好幾個不同的社群；根據傳說故事，在雅典傳說中的國王刻克洛普斯當政的時候，當時的阿提卡有十二個社群。這些社群最後聯合起來，形成一個雅典城邦——據說把這些散落的社群團結起來的人是雅典英雄提修斯。阿提卡有兩間神殿，一間位於厄琉西斯（現代的埃萊夫西納[Elefsina]），供奉的是女神狄蜜特及其女兒玻瑟芬妮；另一間在布洛戎（現代的維洛納[Vraona]），供奉的是女神阿特米斯。若以雅典為中心，前一間神殿位於雅典的西北方，另一間則在東南方。阿提卡還另有一個具有重要神話意義的地點——柯隆納斯；這個地點位於雅典城牆之外，這裡是伊底帕斯死亡與成聖的地點；仁慈三女神歐墨尼德斯的聖林也在這裡。

（也請參考 Artemis, Athens, Cecrops, Cithaeron [Mount], Colonus, Demeter, Eleusis, Eumenides [the], Megara [place], Oedipus, Persephone, *and* Theseus。）

奧利斯（Aulis）

奧利斯是波俄奧提亞東岸的小鎮，位於隔開埃維亞島和希臘本島的尤里普斯海峽（Euripus）南端。旅行作家保薩尼亞斯曾到奧利斯一遊；根據他的說法，這個小鎮的名字來自本地國王奧古戈斯（Ogygus）的女兒之名。此外，他還在那裡看到一間阿特米斯神殿，殿內設有兩尊阿特米斯的大理石神像，其中一尊手持火把，另一尊正在射箭。他另又提到那棵在特洛伊戰爭期間變成重要神諭處的梧桐樹。希臘人當時就聚集在奧利斯，等著航向特洛伊。就在那群希臘人面前，有一條蛇出現在那棵樹上，然後蜿蜒爬上樹頂，接著吞掉麻雀巢裡的八隻幼雛，最後再吞掉麻雀媽媽。在荷馬筆下，希臘先知卡爾卡斯針對這景象提出解釋：希臘人會在特洛伊打勝仗，但是他們得打上整整九年，一直到第十年特洛伊才會陷落。事實上，奧利斯最著名的兩件事都與特洛伊有關：這裡除了是準備前往特洛伊的希臘大軍的聚

集地點，同時也是邁錫尼國王阿伽門農把女兒伊菲葛涅亞獻祭給阿特米斯，安撫女神怒氣的地方。

（也請參考 Agamemnon, Artemis, Boeotia, Calchas, Euboea, Iphigeneia, *and* Troy。）

巴比倫（Babylon）

巴比倫古城位於幼發拉底河（Euphrates River）岸邊，亦即今日的伊拉克南部。由於巴比倫建城的地點就在肥沃月灣（Fertile Crescent），因此至少在西元前三千年這裡就已經有人定居。到了漢摩拉比（西元前1792–1750年）統治期間，巴比倫更因漢摩拉比的法典而聲名大噪，躋身為古代近東地區的政治、宗教和文化中心。巴比倫的空中花園據稱是古代世界七大奇蹟之一；雖然考古學家至今仍未發現其遺址，但根據傳說，這座花園是在一千年後，由當時的國王尼布甲尼撒二世（Nebuchadnezzar II）創建的。尼布甲尼撒二世在位的時間是西元前604至562年，巴比倫在他的統治下又再次興盛起來。根據希臘歷史學家希羅多德的說法，當時巴比倫是已知世界中最輝煌的國度。除空中花園，尼布甲尼撒二世龐大的建築計畫還包括重建馬爾杜克（Marduk）的神廟以沙基（Esagil）和方形的多層建築以特門南基（Etemanaki）——以特門南基是連接天堂和人間的平台，後來這項建築以巴別塔（Tower of Babyl）著稱於世。古典神話裡與巴比倫有關的故事出自羅馬詩人奧維德，亦即苦命鴛鴦畢拉穆斯和緹絲碧的故事；在這對命運多舛的戀人的故事裡，據說傳奇的亞述王后塞彌拉彌斯建立了巴比倫和巴比倫宏偉的城牆。

（也請參考 Pyramus, Semiramis, *and* Thisbe。）

波俄奧提亞（Boeotia）

波俄奧提亞是希臘中部的一個地區；比起古代，現代這個地區（維奧蒂亞[Viotia]）的範圍稍微大一點。古代的波俄奧提亞位於雅典城的西北方，這裡有喀泰戎山和帕爾納斯山形成自然的界線，將之與雅典領土和墨伽拉區隔開來。西部的邊界有赫利孔山將之與弗克斯隔開；再者，這裡的西南部有科林斯海灣（Gulf of Corinth），東北部有埃維亞灣（Gulf of Euboea）作為地理上的界線。早在舊石器時代（Paleolithic Age），波俄奧提亞就已經有人居住，並且在青銅時代（西元前兩千年）就已經繁榮起來。這個地區有兩座著名的邁錫尼王宮，一座在俄爾科墨諾斯，另一座在底比斯。後來底比斯成為這個地區最有勢力的城市，基於這個原因，底比斯擁有極為豐富的神話故事傳統，例如這個城市最初的居民是由卡德摩

斯播下龍牙，然後從地裡長出來的戰士。此外，這裡也是伊底帕斯的家鄉。就廣泛的波俄奧提亞地區而言，這個地區也可算是自戀的納西瑟斯的出生地。繆斯女神的聖山赫利孔山也位於這個地區。

（也請參考 Cadmus, Cithaeron [Mount], Helicon [Mount], Megara [place], Muses [the], Narcissus, Oedipus, Thebes, and Zeus。）

博斯普魯斯海峽（Bosphorus / Bosporus, The）博斯普魯斯海

峽是一道狹窄的水域，連接黑海（古代的尤克辛海[Euxine Sea]）和馬馬拉海（古代的普羅龐提斯[Propontis]）。博斯普魯斯海峽和赫勒斯滂隔開了歐、亞大陸，是地中海與黑海之間的航道。根據希臘悲劇作家艾斯奇勒斯的說法，博斯普魯斯海峽的名字得自神話故事女主角伊俄；伊俄與宙斯發生婚外情，宙斯為了掩飾這段情事，就把伊俄變成母牛。雖然如此，心懷忌妒的女神赫拉並未就此罷手，甚至還派了一隻牛虻去折磨伊俄。伊俄只好從希臘一路逃到埃及，而她橫渡大海的地方正是博斯普魯斯海峽。

（也請參考 Hellespont [the], Hera, Io, and Zeus。）

卡利敦（Calydon）卡利敦坐落於埃文諾斯河的兩岸，而埃文諾斯河位

於希臘中西部，是古代埃托里亞地區的一條河。根據傳說故事，這個城市的名字取自其創立者卡利敦；卡利敦的父親是埃托洛斯（埃托里亞這個區域的命名由來），祖父是厄里斯的國王恩迪米翁，亦即月亮女神賽勒涅的情人。卡利敦後來出了一位名叫叫俄紐斯的國王，而這位國王在祭祀的時候漏掉了女神阿特米斯，阿特米斯因此派了一頭野豬去肆虐卡利敦的土地。這起事件導出著名的卡利敦野豬狩獵活動，繼而導致英雄梅列阿格的英年早逝——原來他的母親把計量其生命短長的一塊木頭丟進火裡燒掉——木頭一燒完，他的生命就也來到終點。

（也請參考 Aetolia, Aetolus, Artemis, Endymion, Meleager, Oeneus, and Selene。）

卡庇多丘（Capitoline Hill, The）卡庇多丘是羅馬七丘中最小但

最重要的山丘；最初這座山丘是羅馬原初聚落的堡壘的所在地，後來才慢慢演化成羅馬城的宗教政治中心。山丘的東北峰被稱為阿爾克斯（Arx）——這裡是城市堡壘的所在地；山丘的西南峰被稱為卡庇多里姆（Capitolium），高高盤踞在羅馬廣場（Roman Forum）上方。根據羅馬歷史學家李維的說法，

第一間蓋在卡庇多丘的神殿是朱庇特・弗里特利烏斯神廟（Temple of Jupiter Feretrius），而建廟者正是羅馬的創建者羅慕勒斯。據說羅慕勒斯建立這間神廟的目的是為了紀念他的軍事勝利，同時也是為了感謝天神朱庇特的協助。不過，卡庇多丘最重要的宗教建築是一間同時奉獻給朱庇特、茱諾和米娜瓦的神殿，此三神亦即所謂的「卡庇多三神」。打了勝仗的羅馬將領會在這裡舉行凱旋遊行，獲選的官員也是在這裡舉行獻祭儀式，宣誓正式就職。這間神殿和整座山丘後來被合稱為「卡庇多里姆」；根據羅馬歷史學家李維，這個名稱有其典故：當初在建築廟宇時，建築工人在工地發現一個尺寸超乎尋常的人類頭骨，而這個發現被解釋為一個徵兆，顯示羅馬將來會有輝煌的未來，山丘上的堡壘注定會成為世界帝國的「頭」（拉丁文的"caput"）。除了有各種聖祠和紀念碑，卡庇多丘也是塔培亞之岩的所在地——這個懸崖得名於背叛者塔培亞，此後所有叛徒都會被帶到這裡，然後被推下懸崖受死。在卡庇多丘的山腳下，有一座宏偉的薩圖恩神殿佇立在羅馬廣場上；據說在過去，這整座山丘全都歸薩圖恩所有。

（也請參考 Juno, Jupiter, Minerva, Rome, Romulus, Saturn, *and* Tarpeia。）

迦太基（Carthage）

根據傳統的說法，迦太基城是在西元前九世紀晚期，由一群腓尼基殖民者創立的，其地點就在現在北非的突尼西亞海岸（Tunisian coast）。由於迦太基處於戰略位置，因此後來變成羅馬的敵手；無可避免的，這兩個強權在西元前264至146年發生了布匿克戰爭（Punic Wars）。在這過程中，迦太基將領漢尼拔帶兵越過阿爾卑斯山，攻入義大利，把羅馬人嚇得半死。西元前146年，迦太基被羅馬打敗，從此一蹶不振。直至一百年後，迦太基才再度興盛起來，不過這回完全受制於羅馬，因為此時的迦太基已經成為羅馬亞菲利加行省的首都。

羅馬與迦太基的敵對關係明顯反映在腓尼基王后蒂朵的故事裡。蒂朵是迦太基傳說中的創建者，她的情人是特洛伊英雄伊尼亞斯。不過，兩人的愛情故事注定是個悲劇，因為伊尼亞斯命中注定會成為羅馬人的祖先，所以他終究會棄她而去，前往義大利建立家園。蒂朵則落得失去尊嚴，同時還丟了性命的下場。根據羅馬詩人維吉爾的說法，迦太基名將漢尼拔日後將會替蒂朵復仇。

（也請參考 Aeneas, Dido, Rome, *and* Troy。）

卡斯塔莉泉（Castalian Spring, The）卡斯塔莉泉位於帕那索斯

山的山坡上，距離德爾菲的阿波羅聖殿不遠。據說這道泉的名字得自一位棲
止於泉中的精靈，亦即寧芙仙子卡斯塔莉亞。卡斯塔莉亞本來是河神阿克洛
俄斯的女兒，但是為了逃避天神阿波羅的追求，她跳入泉中，化為精靈。這
道清泉是繆斯女神的聖泉，相傳任何人只要喝了泉水，心中都會充滿音樂與
詩的靈感。根據旅行作家保薩尼亞斯的說法，這裡的泉水喝起來甘甜，洗起
來暢快。想去德爾菲聖殿諮詢神諭的人，都會到這裡先用泉水淨化其身心。
（也請參考 Achelous [god], Apollo, Delphi, Muses [the], *and* Parnassus [Mount]。）

高加索山脈（Caucasus Mountains, The）高加索山脈長約684

英里（1,100公里），寬度多達37英里（60公里），一路從尤克辛海（黑海）
延伸到裏海（Caspian Sea），一般被認為是歐洲和亞洲之間的天然屏障。在
希臘人眼中，這座山脈是文明世界的北方邊界；據信高加索地區是許多神話
生物和傳奇的「野蠻」部落與部族的定居之地，例如半鳥半獅的複合生物獅
鷲、好戰的亞馬遜女戰士、神祕的阿里瑪斯波伊人和生活安樂幸福的許珀耳
玻瑞亞人。據說泰坦神普羅米修斯也曾出現在高加索山脈 —— 原來他被鎖鏈
綁在山上，有隻禿鷹會來啄食他不斷再生的肝臟；據說這是由於他太喜歡幫
忙人類，宙斯才給他設下如此的懲罰。
（也請參考 Amazons [the], Arimaspi [the], Euxine Sea [the], Griffins [the], Hyperboreans
[the], Prometheus, *and* Titans [the]。）

克菲索斯河（Cephissus River, The）希臘有好幾條克菲索斯

河，其中一條在波俄奧提亞，兩條在雅典周邊的區域，另外一條在阿爾戈斯
地區。波俄奧提亞的克菲索斯河神據說是俊美少年納西瑟斯的父親 —— 這位
少年由於愛上自己而日漸消瘦，最後憔悴而死。至於阿爾吉夫的克菲索斯河
神 —— 據說赫拉與波賽頓爭著當阿爾戈斯保護神的時候，這位河神是這場競
賽的其中一位裁判。最後赫拉贏得競賽，成為阿爾戈斯的保護神。
（也請參考 Argos, Athens, Boeotia, Hera, Narcissus, *and* Poseidon。）

希俄斯（Chios）希臘島嶼希俄斯位於愛琴海，位置相當靠近小亞細亞

的海岸（大約四英里或七公里）。有個傳統故事提到西元前九世紀的時候，
來自埃維亞島的希臘人占領了希俄斯島，隨即將之變成希臘的殖民地。希俄

斯島以土地肥沃著稱，松樹的產量十分豐富。希臘歷史學家修昔底德曾提筆描述這座島的繁榮盛況，聲稱這裡的島民是全希臘最有錢的人。在神話故事裡，本島傳說中的俄諾庇翁王把巨人俄里翁的眼睛弄瞎，因為後者或曾強暴或引誘他的女兒墨洛珀。

（也請參考 Aegean Sea [the], Merope, *and* Orion。）

喀泰戎山（Cithaeron, Mount）

喀泰戎山的名字又可拼寫為 "Kithairon"；不過，與其說這是一座山，不如稱之為山脈比較正確。總之，這座山脈位於科林斯地峽的北方，隔開雅典區域（阿提卡）、墨伽拉與波俄奧提亞地區。喀泰戎山脈是許多位天神的聖山，包括宙斯、戴歐尼修斯、赫拉和潘恩；這裡也是無數神話故事的發生地，大部分故事都與這幾位天神或其他天神有關。據說戴歐尼修斯是在喀泰戎山的一個山洞裡長大；嬰兒伊底帕斯被丟在這裡的山坡上等死，但是他後來被牧羊人救走，不過他的祖先阿克泰翁可沒那麼幸運了——阿克泰翁就在這座山上被自己的獵犬咬死，沒有人來救他；戴歐尼修斯的表兄弟彭透斯也在這裡丟了性命。至於這座山的名字由來，旅行作家保薩尼亞斯認為其名字源自傳奇的波俄奧提亞王喀泰戎。據說這位國王很有急智，並曾以此急智幫了處處留情的宙斯一個忙。原來宙斯被忌妒的赫拉責問，不知如何是好，喀泰戎於是給他一個建議：在馬車裡放一尊新情人的雕像，並確保赫拉會來檢查。赫拉果然發現了馬車，可是她拉下雕像的面紗，發現那只是一尊雕像，而沒有什麼女人坐在她丈夫的馬車裡，這樣她心裡就覺得比較寬慰，不再找宙斯麻煩。

（也請參考 Actaeon, Dionysus, Hera, Megara [place], Oedipus, Pan, Pentheus, *and* Zeus。）

撞擊岩（Clashing Rocks, The）

撞擊岩是希臘字 "Symplegades"（敘姆普勒加德斯）的意譯；這個巨大的岩石層位於博斯普魯斯海峽北端的兩側，據說這岩石層的兩側會快速移動，然後相互撞擊，如果船隻剛好經過，就會被撞個粉碎。

（也請參考 Bosphorus [the] *and* Symplegades [the]。）

克諾索斯（Cnossus / Knossos）

克諾索斯是米諾斯王著名王宮的所在地；這裡是個肥沃的山谷，就在現代克里特島都市伊拉克利翁（Heraklion）的東南方。至早在西元前 7000 年（新石器時代），這裡就已經有人居住，在

西元前2000年初期，這座寬廣的、多層樓的王宮就已展開興建過程，在接下來的時間裡，這座王宮不斷地修正，不斷地改建，直至西元前1300年遭到摧毀為止。二十世紀初亞瑟・埃文斯爵士（Sir Arthur Evans）首先開始有系統地挖掘這裡的遺址，之後並就他的發現出版了多冊本的《米諾斯的克諾索斯王宮》（*The Palace of Minos at Knossos*）。埃文斯爵士及其後來者的努力研究確立了一件事：克諾索斯是克里特島米諾斯文明的政治、宗教與藝術中心。在神話故事裡，克諾索斯王宮不僅是米諾斯王的權力中心，同時也是著名的克里特島迷宮的所在地。原來克里特島王后帕西法爾對一頭公牛產生不可抑制的情感，並與之生下牛首人身的怪物米諾陶。米諾斯王為了囚禁米諾陶，於是命令巧匠戴達羅斯在此地打造一座迷宮。

（也請參考 Crete, Daedalus, Minos, Minotaur [the], *and* Pasiphae。）

悲嘆河（Cocytus）

悲嘆河是冥界的其中一條河；根據傳統故事，這條河的名字衍生自古希臘文"*kokyein*"，意即「悲嘆」，這條河因此被命名為悲嘆河。荷馬認為悲嘆河是斯堤克斯河的支流，而且悲嘆河會在某個點與火焰河匯合，然後再一起注入阿克隆河。羅馬詩人維吉爾為這條河添加一些細節，從而使伊尼亞斯下冥界的過程平添了許多恐怖氣氛。在他筆下，伊尼亞斯和他的引導者女先知西比拉進入冥界入口不久，就來到一條通往阿克隆河的小路。在路上某處，他們看到阿克隆河的所有支流匯集在一個不斷沸騰的龐大漩渦裡，悲嘆河烏黑的河水夾帶著凝重的汙泥在漩渦中不停地冒著泡泡。

（也請參考 Acheron River [the], Aeneas, Phlegethon [the River], Sibyl, *and* Underworld [the]。）

柯爾基斯（Colchis）

柯爾基斯是個土地肥沃，自然資源非常豐富的地區；其位置是在黑海（或古代的尤克辛海）的東邊，並有大、小高加索山脈將之圍繞起來。早在大約西元前3000年前，這個地區就已經有人定居。希臘人是在西元前第六世紀派了殖民者到該地開墾並建立聚落。不過對多數希臘人而言，柯爾基斯是個充滿神祕，民風野蠻的地方。在神話故事裡，年輕的弗里克索斯逃過被活人獻祭的劫難，乘著金色飛羊來到此地；當時的柯爾基斯王是埃厄忒斯——這位國王是太陽神赫利歐斯的兒子，女魔法師美狄亞的父親。色薩利英雄傑森飄洋過海，意欲取得的金羊毛就在柯爾基斯——埃厄忒斯的國度。原來當初弗里克索斯乘著金羊來到此地後，就把金羊殺了祭

神；接著他把金羊毛送給國王埃厄忒斯，而國王則將之掛在戰神阿瑞斯的聖祠裡。

（也請參考 Aeetes, Ares, Euxine Sea [the], Hera, Jason, Medea, Phrixus, *and* Thessaly。）

柯隆納斯（Colonus）

柯隆納斯這個地名源自希臘文的 "*kolonos*"（「小山丘」）；這個地區是雅典城的部分領地，位於雅典城的北方，附近不遠處就是著名的柏拉圖學院（Academy）。柯隆納斯是悲劇作家索福克勒斯的出生地；在神話故事裡，伊底帕斯在女兒安蒂岡妮的陪伴下來到此地，並在無意間誤闖了仁慈三女神歐墨尼德斯的聖林。不久，他也在這裡神祕死亡，最後成為雅典人崇拜的對象，保護兼賜福給雅典人。

（也請參考 Antigone, Athens, Eumenides [the], *and* Oedipus。）

科林斯（Corinth）

古代的科林斯城位於隔開伯羅奔尼撒半島與波俄奧提亞的地峽的西端，距離現代科林斯城約兩英里（或三公里）。這個城市在柯林斯衛城建有宏偉的城堡，位處戰略地點，是個很重要的城市；科林斯扼守所有進入伯羅奔尼撒半島的北方道路，控管所有穿過地峽的東、西向船隻。

科林斯的神話歷史很複雜，各個作者所提供的故事細節也不盡相同，言人人殊。根據神話學家阿波羅多洛斯的說法，埃俄羅斯之子薛西弗斯創建了科林斯城，當時這個城市的名字是埃費拉（Ephyra）或埃費拉俄亞（Ephyraea）。旅行作家保薩尼亞斯補充提到科林斯的第一個名字是埃費拉，而這個名字的主人是俄刻阿諾斯之女埃費拉，當時這裡就是埃費拉的居住地。過了一段時間之後，這個城市才根據太陽神赫利歐斯之子科林托斯（Corinthus）的名字，重新命名為科林斯城。

根據後來衍生的科林斯神話故事，據說薛西弗斯娶了阿特拉斯之女墨洛珀為妻。兩人婚後育有一子叫格勞科斯。格勞科斯日後亦育有一子，亦即英雄柏勒洛豐——噴火怪獸奇美拉的鏟除者；據說柏勒洛豐在完成這項英雄事業前，他必須先馴服飛馬佩格索斯。佩格索斯曾以蹄擊地，創造了科林斯清泉琵瑞尼。伊底帕斯也跟科林斯有很深的淵源，因為他一出生後，就被親生父母棄置在山上等死，幸虧後來科林斯王波里普斯及其妻子墨洛珀收養了他，把他養大成人。女魔法師美狄亞也跟科林斯城關係匪淺，因為她本身就是太陽神赫利歐斯的後代。她後來甚至把傑森帶到科林斯避難，只是沒想到傑森為了跟科林斯王克瑞翁結盟，竟然棄她不顧，打算另娶克瑞翁之女克柔薩

（或葛勞瑟）為妻。

（也請參考 Aeolus, Atlas, Bellerophon, Chimaera [the], Creon, Creusa, Glauce, Glaucus [hero], Helios, Jason, Medea, Merope [nymph and heroine], Oceanus [god], Oedipus, Pegasus, Pirene, Polybus, *and* Sisyphus。）

克里特島（Crete）

克里特島是希臘的最大島，總面積大約3,219平方英里（8,336平方公里），位於希臘本島南方大約99英里（160公里）的地方。島上多山，地形多變；由於這裡位處地中海貿易路線的戰略位置，從埃及、賽普勒斯和小亞細亞的商船都得匯聚於此，所以打從青銅時代（大約西元前3000—1150年）開始，克里特島即已崛起，奪得文化與政治的龍頭地位。克里特島的青銅文明被稱為米諾斯文明——這名稱得自克里特島傳奇國王米諾斯；米諾斯文明非常興盛，大約在西元前2000年，島上就有好幾個地點建立了宮殿，比如斐斯托斯（Phaistos）、馬里亞（Malia）、札克羅斯（Zakro）和克諾索斯，其中以克諾索斯的王宮最為知名。克諾索斯的王宮是米諾斯的權力中心，據說那裡有一座由巧匠戴達羅斯打造的迷宮，用來囚禁可怕的怪物米諾陶。與此同時，島上的伊達山和狄克特山都被認為是天神宙斯的誕生之地。

（也請參考 Cnossus, Daedalus, Ida [Mount], Minos, Minotaur, *and* Zeus。）

庫邁（Cumae）

庫邁是義大利坎帕尼亞海岸上的一個城市。這個城市建立於西元前第八世紀中期，是第一個建立在義大利大陸的希臘殖民地。在神話故事裡，庫邁的特色主要是女先知西比拉所住的山洞；據說這個山洞距離艾弗爾納斯湖（Lake Avernus）非常近；艾弗爾納斯湖是個很深，硫磺氣味很濃的湖泊，其功用是作為冥界的出入口。帶領特洛伊英雄伊尼亞斯進入冥界的，就是這位女先知。

（也請參考 Aeneas, Hades [place], Sibyl of Cumae [the], Troy, *and* Underworld [the]。）

金索斯山（Cynthus, Mount）

金索斯山是提洛島上的一座山，山腳下有一間赫拉女神神殿，山的頂峰有一間供奉宙斯和雅典娜的聖堂。根據一項傳說，由於金索斯山是阿波羅及其姊姊阿特米斯的出生地，這兩位天神因此可被稱為「金索斯天神」（"Cynthian"），意即「來自金索斯山」的天神。

（也請參考 Apollo, Artemis, Athena, Cynthia, Delos, Hera, *and* Zeus。）

賽普勒斯（Cyprus）

賽普勒斯島亦即現代的賽普勒斯共和國（Republic of Cyprus），是地中海第三大島，表面積3,572平方英里（9,251平方公里），位處地中海東邊、土耳其南部、敘利亞和黎巴嫩的西方、以色列與巴勒斯坦的西北方和埃及的北方。由於賽普勒斯位處連接東、西方的戰略位置，自古就有許多來自安納托利亞、希臘、腓尼基和其他地方的殖民者前來定居；歷史上亦曾陸續被納入亞述、埃及、波斯、馬其頓（亞歷山大大帝在位期間）和羅馬帝國的版圖。在神話故事裡，賽普勒斯的著名之處與女神阿芙蘿黛蒂有關：女神最重要的聖堂就建立在賽普勒斯島上的帕弗斯，據傳這裡就是女神從海裡誕生之後，第一次踏上岸的地點。阿芙蘿黛蒂有一心愛的情人叫阿多尼斯，而阿多尼斯的母親就是賽普勒斯公主蜜爾拉，父親則是蜜爾拉之父克倪拉斯國王。畢馬龍是另一位賽普勒斯國王，據傳他愛上自己製作的雕像，後來透過阿芙蘿黛蒂的力量，這座雕像活了起來。由於阿芙蘿黛蒂與賽普勒斯有許多關聯，因此阿芙蘿黛蒂被稱為「賽普勒斯女神」。

（也請參考 Adonis, Aphrodite, Cinyras, Myrrha, Paphos [place], Pygmalion, *and* Rome。）

庫瑞涅（Cyrene）

西元前61年，來自錫拉島（Thera）的希臘殖民者在利比亞東岸、靠近阿波羅聖地庫瑞泉（Cyre spring）的地點建立了庫瑞涅城。根據當時的傳說，這個城鎮的名字取自河神帕涅烏斯的孫女庫瑞涅──原來庫瑞涅過去被阿波羅綁架至此，並在此地為阿波羅生下阿瑞斯泰俄斯；這位阿波羅之子是個文化英雄，日後將會教導其人民各種農業技術。

庫瑞涅的周邊地區物產豐富，向來有「庫瑞奈加」（"Cyrenaica"）的稱號，生產的作物有穀物、橄欖油和羅盤草（一種可作為香料、香水和藥物使用的植物）。這裡先後曾被羅馬帝國和拜占庭帝國占領。

（也請參考 Apollo, Aristaeus, Cyrene [heroine], *and* Peneus [god]。）

庫特拉島（Cythera）

庫特拉島的名字又可拼寫"Kythira"；這個希臘島嶼位於伯羅奔尼撒半島東南端的外海，處於希臘本島和克里特島之間。這裡有許多優良的港口，又處於貿易路線的要道，因此這個島嶼歷來就是阿爾戈斯、斯巴達、雅典和羅馬的必爭之地，並在歷史上陸續納入這幾個地區的版圖。在神話故事裡，庫特拉島特別是以跟女神阿芙蘿黛蒂的關聯為人所知。理由有二，一是這座島有一間重要的阿芙蘿黛蒂聖堂，再來就是相傳這裡是女神從海裡誕生之後，第一次踏上岸的地點──雖然賽普勒斯島也聲稱

那裡是女神第一次上岸的地點。

（也請參考 Aphrodite, Argos, Athens, Cyprus, Rome, *and* Sparta。）

提洛島（Delos）

提洛島位於愛琴海一個稱為基克拉澤斯（Cyclades）的環狀群島中央，面積只有1.3平方英里（3.4平方公里）。目前這個小島無人居住，但是這座小島在古代是希臘世界最神聖的地方之一，因為人們相信這裡就是天神阿波羅的出生地——大部分傳說故事認為他的雙胞胎姊姊阿特米斯也是在這裡出生。有一則傳說提到提洛島之前是以第二代泰坦女神阿斯特里亞的名字命名，稱為阿斯特里亞島和奧爾蒂賈島（「鵪鶉」），或這兩個名字的其中之一。相傳阿斯特里亞女神為了逃避宙斯的追求，最後化身為鵪鶉投入水中，接著再變成一個島。據傳這個島最初是漂浮於海中，直到阿斯特里亞的姊妹勒托來到這島上，並生下神聖雙胞胎阿波羅和阿特米斯之後，這島才固定下來。雖然赫拉、宙斯和雅典娜在這個島上都可以找到他／她們可辨認的崇拜遺址，不過島上的宗教活動還是以勒托、阿特米斯和阿波羅為主，這三者當中又以阿波羅崇拜特別重要。

就政治的歷史而言，提洛島最知名的事件是成為提洛同盟（Delian League）的中心和金庫——原來在波希戰爭之後，希臘各個城邦為了防禦波斯人再度入侵，於西元前478年成立所謂的提洛同盟。在伯里克里斯將軍的統治下，雅典人後來把金庫轉移到雅典，並將自衛同盟改組為雅典的帝國。這些措施後來導致西元前431至404年爆發伯羅奔尼撒戰爭（Peloponnesian War）和雅典政治勢力的消亡。

（也請參考 Apollo, Artemis, Asteria, Athena, Athens, Hera, Leto, Ortygia, Titans [the], *and* Zeus。）

德爾菲（Delphi）

德爾菲是古希臘最神聖的地點之一，因為這裡有阿波羅最重要的聖殿，而且這裡也是阿波羅發布神諭最重要的地點。德爾菲位於希臘中部的古弗克斯地區，聖殿蓋得很是險峻，高高矗立在帕那索斯山西南方的山腰，眺望著對面的奇爾菲斯山（Kirphis Mountains），俯瞰著普勒斯托斯河谷（Pleistos Gorge），距離此地僅六英里（十公里）的科林斯灣也清晰可見。據目前的考古資料推測，早在青銅時代（西元前第十五世紀），這裡就已經有人居住；從遺留在此地的許多宗教建築判斷，此地在西元前第八世紀已經十分盛行阿波羅信仰活動。聖堂區（*temenos*）本身的的神聖區域大概呈長

方形，周邊有一道圍牆圍起來，圍牆內依次可看到許多建築物，大致有許多由各個希臘城邦供奉的紀念碑以及許多外型宛如小廟的寶庫；一間劇場；所謂的西比拉之石（Rock of the Sibyl）——據說第一個阿波羅女祭司就高坐在石上誦出各種預言；沿著「聖道」（Sacred Way）往山上走，就是阿波羅聖殿。發布神諭的場所就在阿波羅聖殿之內，阿波羅的女祭司皮媞亞坐在一張三腳凳上，凳子下面有一道岩石裂縫，從裂縫中冒出蒸氣，導致女祭司進入代表阿波羅上身的「靈啟」（"inspiration"）或催眠狀態。遠從希臘和其他地方來到德爾菲的朝聖者透過皮媞亞，向阿波羅提出問題，請示神諭；皮媞亞即是阿波羅的代言人，她誦出的回答是韻文，必須經過祭司們的解釋，民眾才能理解。神諭的回答通常會被誤解，伊底帕斯的例子就是一個著名的案例。

德爾菲充滿濃厚的神話色彩：據說神諭發布地點位於世界的中心，而這個地點是宙斯親自挑選的：他在世界的兩端各放了一隻老鷹往彼此的方向飛，兩鷹的飛行交會點正好就是德爾菲。由於德爾菲是世界的中心，於是此地就成為世界的「翁法洛斯」（omphalos），亦即希臘文的「肚臍」；阿波羅聖殿裡亦安置了一個超大型的肚臍雕像。根據傳說故事，神諭發布所起初屬於蓋亞女神所管，並由一條名叫皮冬（或皮托）的巨蛇看守——後來阿波羅殺死的就是這條巨蛇。這個地點是後來才改名為德爾菲；這裡一開始是以皮冬的名字來命名，稱為皮托，阿波羅的女祭司則稱為皮媞亞。根據《荷馬詩誦：皮提安阿波羅篇》，德爾菲這個名字衍生自希臘文的"delphis"（「海豚」），因為阿波羅曾化身為海豚的形象，登上一艘來自克里特島的船隻，招募船員來當他的祭司。至於阿波羅的聖殿據說曾經歷六代的反覆重建。第一代是由滕比河谷的月桂枝蓋成；第二代是由各種羽毛和蜜蠟塑造而成；第三代聖殿出自赫菲斯托斯的巧手，全部由青銅打造而成；第四代神殿是由特拉豐尼烏斯（Trophonius）和阿伽墨得斯（Agamedes）所設計的石頭建築；第五代神殿也是由石頭搭建的，以之取代在西元前548年傾毀的第四代神殿；第六代神殿也是由石頭建造而成，完成於西元前320年，

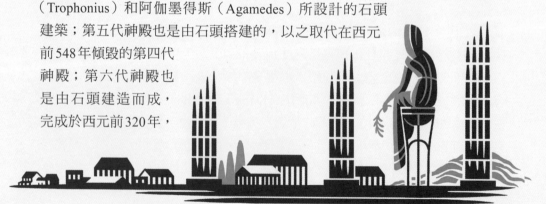

用以取代損壞的第五代神殿。最後一代神殿存在的時間相當久；西元390年，羅馬皇帝狄奧多西一世（Theodosius I）因為擔心阿波羅信仰會威脅到基督教，因而下令摧毀神殿，希望藉此剷除這一強大的異教勢力。

（也請參考Apollo, Crete, Gaia, Oedipus, Parnassus [Mount], Pytho, Tempe [Vale of], *and* Zeus。）

多多納（Dodona）

多多納是宙斯最著名的神諭發布地點。這裡的宙斯聖所是希臘最古老的神諭發布處。多多納位於古代伊庇魯斯區域，而現在這個區域有一部分屬於希臘，另一部分則屬於阿爾巴尼亞（Albania）。在多多納，宙斯發布的神諭據說是透過兩個途徑來傳達，一是透過他神聖的橡樹葉子發出的沙沙聲，二是透過棲息在橡樹枝幹上的鴿子們的飛行方式或咕咕聲來判斷。關於神諭的創建和鴿子的角色，希臘歷史學家希羅多德提到兩個不同版本的說法。他在多多納聽說從埃及的底比斯飛來兩隻黑色的鴿子，一隻停在多多納的橡樹上，並且以人類的聲音說話，另一隻停在利比亞，亦即日後宙斯阿蒙發布神諭的地點。希羅多德接著另又提到一個他從底比斯祭司那裡聽來的說法：腓尼基人帶走兩個底比斯女祭司，一個被帶去利比亞，另一個被帶去希臘。兩個女祭司抵達她們的新家後，不久就建立各自的占卜地點，由於當地人無法理解她們所說的語言，她們就被當地人稱為「鴿子」。

（也請參考Ammon *and* Zeus。）

厄琉西斯（Eleusis）

厄琉西斯（現代希臘的埃萊夫西納）是位於雅典阿提卡的一個區域，距離雅典城西方約12.5英里（20公里），坐落在雅典到科林斯地峽的路上，靠近海的低矮山丘上。厄琉西斯之所以著名，主要是因為這裡有女神狄蜜特和玻瑟芬妮的聖所，以兩位女神之名舉辦的厄琉西斯祕儀則吸引了全希臘的新加入者。傳統上，人們會強調厄琉西斯與狄蜜特的各種深刻聯繫。狄蜜特在大地四處流浪，尋找玻瑟芬妮的時候，厄琉西斯王克琉斯收留了她，據說克琉斯負責在其國度裡建立女神的聖所，並且開始訂定厄琉西斯祕儀。旅行作家保薩尼亞斯記錄了一則傳說：厄琉西斯這個王國的名字來自同名的英雄厄琉西斯——這位英雄的父親是天神荷米斯，母親是大洋神俄刻阿諾斯之女戴伊拉（Daeira）。根據某些傳說故事，比如神話學家阿波羅多洛斯則認為厄琉西斯是特里普托勒摩斯的父親，而特里普托勒摩斯是個文化英雄（為人類帶來文明和文化），與狄蜜特的關係密切。另一則傳說則

提到狄蜜特送給特里普托勒摩斯一輛有翼的車子，讓他駕車從天空往地上播種；若根據這則傳說的變化版本，則特里普托勒摩斯是厄琉西斯國王克琉斯的兒子。

（也請參考 Athens, Attica, Celeus, Corinth, Demeter, Hermes, Oceanus [god], Persephone, *and* Triptolemus。）

至福樂土（Elysian Fields, The）

（請參考 Elysium。）

埃律西翁（Elysium）

隨著時間的流逝，埃律西翁（或至福樂土）這個概念亦因之而改變；起初是個宛如天堂的國度，提供英雄居住，作為進入冥府（亦即死亡）的另一個選項，慢慢地，這個國度發展成冥界的一個區域，而這個區域專門保留給那些在生前過著高貴的生活，道德操守良好的人。荷馬的《奧德賽》是第一個提到埃律西翁（至福樂土）的古代文本；在此文本裡，有預言指出墨涅拉俄斯這位英雄不會死，相反的，在時間的流程中，他會被諸神帶到至福樂土安居。這裡位於大地的盡頭處，就在俄刻阿諾斯河的西方邊緣。這個埃律西翁（至福樂土）是一個沒有冬雪和冬寒的國度，終日保持涼爽，因為這裡有俄刻阿諾斯河的微風與玻瑞阿斯的西風不斷吹來。這個國度由拉達曼托斯掌管，凡人在這裡的生活很舒適。荷馬的「埃律西翁」觀念與一個稱為「幸福諸島」（Isles of the Blessed）的信念吻合，日後兩者且漸漸合併為一；同樣的，這個地點也被認為是在大地的盡頭。根據希臘詩人品達的說法，幸福諸島永遠陽光普照，住在那裡的居民永遠都無須勞作。這個國度有清涼的微風吹拂，四處有金色的花朵飄揚，到處都是樹林。戴著花圈和花環的居民都是眾位英雄，包括帕琉斯、卡德摩斯和阿基里斯。這些早期的埃律西翁（至福樂土）傳統後來被維吉爾加以融合和改寫；在他的史詩《伊尼亞斯紀》裡，他提出一幅發展完整的冥界圖景。在他筆下，埃律西翁（至福樂土）是冥界的一個區域，設有大門，與潮濕黑暗、令人害怕的塔爾塔羅斯隔開——塔爾塔羅斯是專為罪人保留的區域。維吉爾的埃律西翁（至福樂土）沐浴在玫瑰色的光線裡，有自己的太陽和群星。其居民從事運動或歌唱、跳舞、舉行盛宴。這個區域處處有陰涼的樹蔭，陽光普照，到處都是綠草如茵的草地，而居民可以在這裡自由行動。就是在埃律西翁（至福樂土），伊尼亞斯拜見了他的父親安基賽斯，後者在從特洛伊往義大

利的旅途中過世，死後就到此處居住。

（也請參考 Achilles, Aeneas, Anchises, Boreas, Cadmus, Hades [god and place], Menelaus, Oceanus, Odysseus, Peleus, Rhadamanthus, Rome, Troy, *and* Underworld [the]。）

厄瑞玻斯（Erebus）

厄瑞玻斯後來成為冥界的同義詞；不過，這個名字最初的含義是指大地深處的黑暗；在希臘詩人海希奧德那部描繪世界起源的詩作裡，厄瑞玻斯被表現為半擬人化的形象；他與倪克斯（黑夜）結合，育有兩個子女：代表白天的赫墨拉（Hemera）與代表大氣上層的埃特爾。

（也請參考 Underworld [the]。）

厄里安諾斯河（Eridanus River, The）

厄里安諾斯河在法厄同的神話裡故事扮演重要的角色；法厄同是太陽神阿波羅（赫利歐斯）的兒子，一日他駕著他父親的太陽馬車出遊，結果他無法好好駕馭馬車，幾乎毀了地球和天上的各個星座。最後法厄同掉進厄里安諾斯河死了；他的姊妹赫利阿德斯十分傷心，最後就在這條河的岸邊化成了白楊樹，永遠哀傷地流著琥珀淚珠。英雄海克力斯也曾來到厄里安諾斯河，他的目的是向這裡的河神請教，請河神告訴他如何才能找到赫斯珀里德絲姊妹看守的金蘋果園。

厄里安諾斯河雖然在神話世界享有盛名，但是關於這條河及其位置卻言人人殊，即便在古代就已經有不少爭議。有些作家甚至懷疑它的存在，這群作家包括地理學家斯特拉博和希臘歷史學家希羅多德。要試圖指認這條河，其關鍵是其名產——琥珀。基於這個理由，波河被認為是最有可能的候選河。但是話說回來，格拉尼庫斯河（Granicus）、埃布羅河（Ebro）、萊茵河（Rhine）、尼羅河和傳說中的世界河俄刻阿諾斯都曾被設想為神話中的厄里安諾斯河。

（也請參考 Apollo, Heliades [the], Helios, Hercules, Hesperides [the], Oceanus [place], *and* Phaethon。）

厄律曼托斯山（Erymanthus, Mount）

厄律曼托斯山是一座山脈，位於古代阿卡迪亞的西南部，但是今日這座山脈屬於阿該亞和厄里斯兩個區域。厄律曼托斯山有茂密的森林，女神阿特米斯喜歡在此打獵，著名的厄律曼托斯山野豬也在這裡漫遊，或毀壞附近居民的田地和果園。活捉這頭巨大的野豬是海克力斯的第四項任務——他把那頭野豬趕到一堆深雪中，進

而將之活逮，完成任務。

（也請參考 Arcadia, Artemis, Erymanthian Boar [the], *and* Hercules。）

厄律特亞（**Erythia / Erythea**）神話中的厄律特亞島或又稱為「紅色島嶼」，是三身國王革律翁的王國所在地。據信這座島位於遙遠的西方——太陽在這裡落入俄刻阿諾斯河，從而把該島嶼「漸漸染紅了」。這座島的名字據說或是取自黃昏星赫斯珀爾斯的女兒的名字，或是取自革律翁自己的女兒的名字。海克力斯著名的第十項任務就是到這座島嶼捕捉革律翁的牛群。太陽神赫利歐斯給了他一條巨大的杯子船，而他就乘著該杯子船，跨越俄刻阿諾斯河來到這座島嶼。根據希臘地理學家斯特拉博的說法，厄律特亞大約就在加德斯（現代的加的斯 [Cadiz]）和西班牙西南方附近的群島地區。

（也請參考 Geryon, Helios, Hercules, Hesperus, *and* Oceanus [place]。）

衣索比亞（**Ethiopia**）古代的衣索比亞又可拼寫為 "Aethiopia"，意即「閃閃發亮」或「燒焦」的地區；這個地區位於埃及的南部，大約從尼羅河第一個湍流開始延伸，包含古代麥羅埃（Meroe）的領地，意即現代蘇丹喀士穆（Khartoum）以北的地區。在神話故事裡，衣索比亞擁有一個轉變中不同形象；荷馬在《奧德賽》提到兩群衣索比亞人，兩群都住在世界盡頭：一群住在太陽落下的國度，另一群住在太陽升起的地方。衣索比亞最引人注目的地方是英雄柏修斯和衣索比亞公主安朵美達的故事——在這個故事裡，安朵美達的父親把她綁在海邊陡峭的懸崖上，準備把她獻給可怕的海怪。

（也請參考 Andromeda *and* Perseus。）

伊特魯里亞（**Etruria**）伊特魯里亞是義大利的一個地區，其居民是前羅馬部族伊特拉斯坎人。不過，這個部族的來源在古代就已經引起很多爭議，他們有時候被稱為義大利的原住民，有時則被稱為近東呂底亞的移民。若據羅馬政治家加圖（Marcus Porcius Cato）的看法，伊特拉斯坎人曾經控制將近義大利的整個地區；他們曾經是最重要的政治力量，而且曾對羅馬產生重大的文化影響，這是不可否認的事實。近年來，考古學已經證實他們曾活動於北義大利的阿爾卑斯山（波河河谷）到薩萊諾（Salerno）之間的地區，儘管他們的權力中心是在義大利西北部，介於阿爾諾河（Arno）和台伯河之間的地帶。羅馬人的某些宗教與政治實踐，還有某些建築形式顯然受益於伊

特拉斯坎人；在政治史上，羅馬在西元前510年擺脫王政，建立共和制度之前，亦曾被好幾位來自伊特魯里亞的國王統治。話雖如此，羅馬和伊特魯里亞也是政治或帝國這兩方面的對手，不時發生各種週期性的衝突。這種情況一直持續到西元前91至87年之間的同盟者戰爭（Social Wars）結束，伊特魯里亞被羅馬納入其版圖為止。

就神話的角度來說，即便在羅馬的建國神話中亦保存了羅馬人和伊特拉斯坎人之間充滿衝突的文化。首先是伊特拉斯坎人的國王麥森投斯和魯圖里人的王子圖爾努斯聯手，對抗羅馬人的始祖伊尼亞斯和伊尼亞斯從特洛伊帶去的難民；不過當地國王拉丁姆卻選擇與伊尼亞斯和他帶來的特洛伊人結盟。

（也請參考 Aeneas, Latinus, Latium, Mezentius, Rome, Rutulians [the], Troy, and Turnus。）

尤克辛海（Euxine Sea, The）

在古代，黑海以尤克辛海之名著稱；「尤克辛」這個名字的希臘文意思是「友好的」或「善待陌生人」。不過，歷來人們都把這名字解釋為委婉的說法，因為這片海域並不友善，除了會出現嚴重的暴風雨，周遭還有許多野蠻部族出沒。事實上，地理學家斯特拉博即曾清楚點出這片海域過去曾有一度被稱為「阿斯諾斯海」（"Axenos"），意即「嚴酷的海」；他還提到一項特別的威脅——斯基泰人，因為斯基泰人這個部族會抓陌生人來祭神，然後食其肉，並以其頭骨當酒杯來喝酒。他另又補充提到後來是因為來自伊奧尼亞的希臘人在這片海域的沿岸創建聚落，這裡才被稱為尤克辛海。根據傳說故事，英雄傑森和他的阿爾戈英雄隊是第一支成功通過敘姆普勒加德斯（「撞擊岩」），進入尤克辛海的船隊。

（也請參考 Argonauts [the], Jason, and Symplegades [the]。）

傷心原野（Fields of Mourning, The）

傷心原野的拉丁文是 "Campi Lugentes"，這裡是冥界的一個區域，而且看來似乎是羅馬詩人維吉爾的發明。英雄伊尼亞斯和他的引導者女先知西比拉通過三頭犬克爾柏洛斯看守的冥界大門後，首先看到的就是冥界的這片寬廣區域——這裡住的都是生前因為傷心而死的靈魂。就在這片傷心原野裡，伊尼亞斯看到了被他殘忍拋棄的前任情人迦太基王后蒂朵。在維吉爾筆下，這個地區的住民還包含許多愛情悲劇的女主角，例如費德拉、普洛克莉絲、帕西法爾和其他許多傷心亡魂。

（也請參考 Aeneas, Carthage, Cerberus, Dido, Hades [god and place], Pasiphae, Phaedra, Procris, Sibyl of Cumae [the], *and* Underworld [the]。）

黑帝斯（Hades）
黑帝斯的意思是「不被看見的」，意指地底的冥界，也是地底冥界之神的希臘名字。不過，比較正確的說法是：黑帝斯是亡者的國度（Land of the Dead）之名，亦是這個國度的統治者的名字——不管古代作者們認為冥界位於何處。荷馬的《奧德賽》是現存古代最早的文學作品之一；在他筆下，冥界的地理位置並不清楚。據說奧德修斯若要找先知特伊西亞斯問事，他必須先到「冥府」，而通往冥府的入口，似乎就在圍繞著人間的俄刻阿諾斯河之外。來自厄瑞玻斯，亦即地底深處的死者靈魂似乎是從地上的一個洞口冒出來跟奧德修斯說話。在荷馬筆下，冥府似乎一會兒在大地的邊緣，一會兒又在大地之下，比如奧德修斯在位於地底的冥府看到死者國度的判官米諾斯、漫遊在阿弗花平原（fields of asphodel）的巨人俄里翁、肝臟不停被禿鷹啄食的提堤俄斯、徒勞無功地彎腰取水或伸手摘果子的坦塔羅斯，還有不停地推著石頭上山的薛西弗斯。另外他還看到海克力斯的一縷幽魂。在後世作家的作品裡，冥界位於地底的地理位置才變得漸漸清晰起來。
（也請參考 Erebus, Minos, Oceanus [place], Odysseus, Orion, Tantalus, Teiresias, Tityus, *and* Underworld the]。）

希柏魯斯河（Hebrus River, The）
希柏魯斯河即現代的馬里查河（Maritsa）或現代希臘的埃夫羅河（Evros）；這條河是色雷斯地區的主要河流，起源於羅多彼山脈（Rhodope Mountains），注入愛琴海。希柏魯斯河的名字來自希臘文的 *"eurus"*（「寬闊」）。這條河在神話故事裡很有名：奧菲斯流浪到色雷斯，不料遇到酒神戴歐尼修斯的信徒並遭受分屍。在這之後，他那顆在他死後依然唱著歌的頭，就隨著這條河的河水流入大海。
（也請參考 Aegean Sea [the], Dionysus, Orpheus, *and* Thrace。）

赫利孔山（Helicon, Mount）
赫利孔山位於希臘中部波俄奧提亞地區的西南部。這裡是人們崇拜繆斯女神的主要地點，也是幾位繆斯女神歡聚跳舞的地方；根據希臘詩人海希奧德的描述，當他在這座山上放羊時，繆斯女神送給他一把月桂手杖——那是他詩意靈感的泉源。據說赫利孔山上有兩道泉水是繆斯女神的聖泉：飛馬佩格索斯創造的希波克里尼泉和阿伽尼珀

泉。根據旅行作家保薩尼亞斯的說法，這兩道泉水都在繆斯之林（Grove of the Muses）的附近。

（也請參考Boeotia, Hippocrene Spring [the], Muses [the], Pegasus, *and* Zeus。）

赫勒斯滂（Hellespont, The）

赫勒斯滂是一道窄窄的水道或海峽，現代稱為達達尼爾海峽。自古以來，這裡就是一個重要的戰略要衝，除了隔開歐、亞大陸，連接愛琴海與馬馬拉海，這裡也是透過博斯普魯斯海峽通往黑海的要道。這道海峽的名字得自於在此墜海而死的小赫勒——原來小赫勒的繼母伊諾設下計謀，打算害死她和她的兄弟弗里克索斯，但是赫勒的親生母親涅斐勒派了一隻生有雙翼的金色飛羊來把他們從險境中救出，並把他們送到安全的地方。就在金色飛羊沿著黑海東岸往柯爾基斯的方向飛去時，赫勒失去平衡，墜落海峽，溺水而死。從神話故事的角度來看，這道海峽也與赫洛和勒安德爾這對命運多舛的戀人密切相關，因為兩人最後都在赫勒斯滂洶湧的海水中喪失生命。

（也請參考Colchis, Helle, Hero, Ino, Leander, Nephele, *and* Phrixus。）

希波克里尼泉（Hippocrene Spring, The）

波俄奧提亞的赫利孔山是繆斯女神的聖山，而山上的希波克里尼泉是人們心目中的靈感泉源，據傳只要喝了這裡的泉水，就會充滿創作的靈感。根據傳統故事，希波克里尼這個名字的意思是「馬之泉」，其創造者正是飛馬佩格索斯——據說牠以蹄擊地，地上就湧出這道泉水。

（也請參考Boeotia, Helicon [Mount], Muses [the], *and* Pegasus。）

伊達山（Ida, Mount）

古典神話故事裡有兩座重要的伊達山。一座在克里特島（現在希臘的伊季山[Idi]），另一座是現在位於土耳其西北部的卡茲山（Kazdağ˘ı）。克里特島有一道由西向東橫跨全島的山脈，伊達山就是這道山脈的最高峰，海拔約8,057英尺（2,456公尺），向來就享有宙斯出生地的美譽。根據希臘歷史學家西西里的狄奧多羅斯，前述這則傳說的真實性不容置疑，因為這裡有許多物證可作為證明，其中之一就是伊達山坡上的巨大山洞——這個山洞至今仍是宙斯的聖地。據說瑞亞女神就在這個山洞裡生下宙斯，然後再把寶寶宙斯留給這裡的寧芙仙子和庫雷特人照顧。另一座位於亞洲大陸的伊達山除了也跟宙斯有關，與其他神話故事亦有多重聯繫。

這座山的最高峰高達5,820英尺（1,770公尺）；這裡是達爾達尼亞古城的所在地。這座古城的創建者是達爾達諾斯，在達爾達諾斯的後代創立特洛伊城之前，這座古城是這個地區最強大的城市。這裡的伊達山跟特洛伊城的故事密切相關：宙斯就是在這座山上擄走了特洛伊王子蓋尼米德，讓蓋尼米德留在奧林帕斯山上為他執杯斟酒。這裡也是特洛伊王子帕里斯為赫拉、雅典娜和阿芙蘿黛蒂三位女神審美的地點——他把「最美的女神」的榮譽頒給阿芙蘿黛蒂，接下來就引發一連串導向特洛伊戰爭爆發的事故。除此之外，阿芙蘿黛蒂也是在伊達山的山坡上引誘安基賽斯——這一人一神後來生下伊尼亞斯——羅馬建城者羅慕勒斯和雷穆斯的祖先。伊達山是山寧芙仙子伊達娥的家鄉，她的名字似乎取自伊達山；若再根據西西里的狄奧多羅斯的說法，伊達娥與當地河神斯卡曼德相戀，生下了透克爾，而透克爾是第一個統治特洛伊國土的王。

（也請參考 Aeneas, Anchises, Aphrodite, Athena, Curetes [the], Dardanus, Ganymede, Hera, Paris, Rhea, Romulus, Scamander River [the], Teucer, Troy, *and* Zeus。）

伊利翁（Ilion）

伊利翁（或伊利昂／伊利歐斯）是特洛伊城的另一個名字；特洛伊城的創建者據說就是伊洛斯。

（也請參考 Ilus *and* Troy。）

伊利索斯河（Ilissus River, The）

伊利索斯河的現代希臘文可拼寫為 “Ilisos”；這條小河源自雅典阿提卡伊米托斯山上的泉水。在二十世紀前半期，這條河被覆蓋起來，轉入地下；不過，在改道之前，這條河曾是克菲索斯（現代的基菲索斯河 [Kifisos River]）的支流。這條河在古代流經雅典古城重要設防區域的東南方和南方。伊利索斯河是雅典兩大主要河流之一，時常出現在古代雅典城的傳奇故事裡。最值得注意的是，雅典國王厄瑞克透斯之女俄瑞緹伊亞就是在這條河的岸邊被北風之神玻瑞阿斯擄到色雷斯。根據歷史學家希羅多德的說法，在波希戰爭期間，雅典人曾根據神諭的指示，召喚他們的女婿玻瑞阿斯來幫忙。玻瑞阿斯亦樂於效勞；他送來一場暴風，悉數把野蠻人的艦隊消滅。雅典人為了感謝玻瑞阿斯的幫忙，於是就在伊利索斯河河邊為這位天神建了一間聖祠。

（也請參考 Athens, Boreas, Erechtheus, Orithyia, *and* Thrace。）

伊奧爾科斯（Iolcos）

伊奧爾科斯的名字又可拼寫為 "Iolcus"，亦即現代的佛洛斯（Volos）；這座色薩利城鎮位於阿納夫羅斯河（Anaurus / Anavros River）附近，而這條河源自皮立翁山，注入帕加塞灣（Gulf of Pagasae）。在英雄傑森的傳說故事中，伊奧爾科斯這個城鎮具有顯著地位。原來伊奧爾科斯城本來應該是由傑森的父親繼承王位，但是他的王位卻被同母異父兄弟珀利阿斯奪去。後來傑森回到伊奧爾科斯，珀利阿斯很準確地意識到傑森的威脅，於是就派傑森去柯爾基斯——此即傑森和阿爾戈英雄隊航向柯爾基斯人的野蠻國度去尋找金羊毛的緣故。傑森的這項任務幸好獲得美狄亞公主的協助，得以順利完成。阿爾戈英雄隊的船艦阿爾戈號首次下水啟航的地點就是帕加塞灣；傑森稍早曾在阿納夫羅斯河的岸邊遇到化身為老婦的赫拉，由於他幫忙那位老婦過河，因此贏得女神的歡心，此後女神就一直照顧他和保護他。

（也請參考 Argonauts [the], Colchis, Hera, Jason, Medea, Pelias, *and* Thessaly。）

伊奧尼亞（Ionia）

小亞細亞西岸的核心地區後來被稱為伊奧尼亞，並以這個名字著稱於世，主要原因是這個地區的許多城市是由來自希臘的伊奧尼亞部族建立的。根據傳統故事，伊奧尼亞這個部族的祖先是雅典國王伊翁。作為一個地區，伊奧尼亞大致上是從士麥那（現代的伊茲密爾 [Ismir]）往南方延伸，一直到米安得爾河（Meander River）河口附近的米利都（Miletus），靠近土耳其的現代村落巴辣特（Balat）為止。米安得爾河亦即現代土耳其的大門德雷斯河（Buyuk Menderes）。

（也請參考 Athens, Ion, *and* Ionians [the]。）

伊薩卡島（Ithaca）

伊薩卡島即現代的伊薩基（Ithaki）；這個小島是希臘西海岸外海七個伊奧尼亞群島（Ionian Islands）之一，總面積只有37平方英里（96平方公里）。不論在過去還是在現在，這座小島一直公認是奧德修斯的家鄉。根據荷馬的《奧德賽》，這裡陽光普照，附近有許多島嶼相鄰，島上的地形崎嶇，是一個很適合養育年輕男子的地方。奧德修斯帶著十二艘船的戰士前往特洛伊打仗，其出發點正是伊薩卡島。這群戰士在特洛伊打了十年的仗，接著再花十年時間在海上冒險，最後就只有奧德修斯一人成功回鄉。

（也請參考 Odysseus *and* Troy。）

拉里薩（Larissa）

拉里薩位於帕涅烏斯河南岸，是希臘東北大區色薩利最重要的城市之一。在神話故事中，阿爾戈斯王阿克里西俄斯就在這裡遇到他的外孫柏修斯（殺死戈爾貢美杜莎的英雄），並意外死於他外孫之手。

（也請參考 Acrisius, Argos, Gorgons [the], Peneus River [the], Perseus, *and* Thessaly。）

拉丁姆（Latium）

義大利這塊以拉丁姆之名著稱的區域是幾個稱為拉丁人（拉丁文為 "Latini"）的部族的居住地——拉丁文這個語言的名字即來自這一部族。從歷史的角度看，在早期拉丁人部族還住在拉丁姆的這段期間，這個區域的東邊有亞平寧山脈（Apennine Mountains），北部有阿涅內河（Anio）與台伯河為界。不過，神話故事裡的拉丁姆的地理邊界似乎比較模糊。根據羅馬詩人維吉爾的說法，拉丁姆曾經是天神薩圖恩統治的國度——這是義大利的黃金時代。連續接任薩圖恩王位的是兩位鄉村之神皮庫斯和法烏努斯，再接下來的國王是拉丁努斯；特洛伊英雄伊尼亞斯日後將會娶拉丁努斯的女兒為妻。藉由這次聯姻，伊尼亞斯日後會成為未來羅馬人的祖先。「拉丁姆」的地名來源不詳，古代作者的說法也不盡相同；有的說衍生自拉丁文的 "latere"（「躲藏」），因為薩圖恩當初就躲藏在這個區域，有的說可能衍生自拉丁文的 "latus"（「寬廣」），因為阿爾班山腳下的平原極為寬廣。

（也請參考 Aeneas, Faunus, Latins [the], Latinus, Picus, Rome, Saturn, Troy, *and* Turnus。）

利姆諾斯島（Lemnos）

利姆諾斯島位於愛琴海北部。這個島跟鑄造之神赫菲斯托斯有很特別的聯繫——原來有一回宙斯和赫拉吵架，赫菲斯托斯站在母親赫拉那邊，宙斯一氣之下就把赫菲斯托斯丟下奧林帕斯山，而赫菲斯托斯掉落的地點就是利姆諾斯島。據說他在利姆諾斯島得到很好的照顧。在神話故事裡，這裡也是利姆諾斯島婦女重要的家鄉——據說除了許普希碧勒公主之外，島上的婦女把她們的男性親戚全都殺了。希臘人在前往特洛伊打仗的途中，英雄菲羅克忒特斯被蛇咬傷，之後他就被同伴丟棄在這座島上。

（也請參考 Hephaestus, Hera, Hypsipyle, Lemnian Women [the], Olympus [Mount], Philoctetes, Troy, *and* Zeus。）

勒拿（Lerna）

勒拿位於伯羅奔尼撒半島的阿爾戈斯城南方；這裡在青

銅時代（大約西元前3000—1200年）是個重要的聚落。根據希臘傳統故事，阿爾戈斯地區有一次發生旱災，美麗的少女阿蜜摩涅出外尋找水源，然後她就在勒拿這個地方遇到海神波賽頓。波賽頓對她心生戀慕，因此以三叉戟擊地，為她創造了一道泉水。這道泉水後來就變成多頭蛇海卓拉的巢穴。海克力斯的第二項任務就是到勒拿湖除掉海卓拉。

（也請參考 Amymone, Argos, Hercules, Hydra of Lerna [the], *and* Poseidon。）

呂基亞（Lycia）

呂基亞是小亞細亞西南方的一個區域，位於現在土耳其的西南岸。根據希臘歷史學家希羅多德的說法（就這個案例而言，他說的是神話的歷史），呂基亞是來自克里特島的移民創立的，而帶領他們來此地建立聚落的人是克里特島米諾斯王的兄弟薩爾珀冬。希羅多德接著提到薩爾珀冬和米諾斯兩兄弟的父母——原來當年宙斯曾化成一頭白牛，拐走了腓尼基公主歐羅芭，並跟她生下這兩兄弟。希羅多德另又增添一個細節：雅典國王潘狄翁之子呂科斯被兄弟埃勾斯趕離雅典後，曾來此地投靠薩爾珀冬。後來這個地區的人民就以呂科斯的名字命名，稱為呂基亞人，他們的國家則稱為呂基亞。在特洛伊戰場上，呂基亞人是特洛伊人的其中一個盟友；據說宙斯曾考慮過干預戰事，拯救其子薩爾珀冬，但是後來打消主意；他的兒子畢竟還是在那場戰事中丟了性命。除了薩爾珀冬之外，另一個來到呂基亞的重要英雄是柏勒洛豐——柏勒洛豐除掉了肆虐呂基亞鄉間的怪獸奇美拉。

（也請參考 Aegeus, Athens, Bellerophon, Chimaera [the], Crete, Europa, Sarpedon, Troy, *and* Zeus。）

呂底亞（Lydia）

呂底亞位於小亞細亞西部；這個區域的北邊有密西亞，東邊有弗里吉亞，南方有卡里亞（Caria）為界。呂底亞與弗里吉亞和卡里亞的邊界在歷史上曾多次發生轉變，在國勢最強盛的時候，呂底亞曾經控制了哈里斯河（River Halys）以西的小亞細亞地區，只有呂基亞例外。呂底亞的自然資源豐富——這點可由歷史上富裕國王克羅伊斯（在位期間大約是西元前560至547年）的各種傳說故事獲得印證；此外，這個地區還位於大海與安納托利亞重要的貿易路線上——這些都是促成呂底亞繁榮富裕的有利因素，也是呂底亞會影響希臘和羅馬文化的重要原因。呂底亞是個令人覷覦的國度，先後曾被好幾個強權併吞：波斯人（西元前546—334年）、亞歷山大大帝和羅馬人——西元前129年，呂底亞甚至成為羅馬帝國在亞洲行省的一部

分。

在古典神話故事裡，呂底亞是個十分重要的地方，比如在劇作家尤瑞比底斯的《酒神的女信徒》中，酒神戴歐尼修斯即聲稱他故鄉是呂底亞，帶著他的宗教信仰和一群呂底亞信徒來到希臘。永遠在冥界承受折磨的其中一位罪人坦塔羅斯據說曾是呂底亞的國王。坦塔羅斯有兩個孩子，一個名叫珀羅普斯，伯羅奔尼撒半島即以他的名字來命名；另一個名叫尼俄柏——尼俄柏是個悲劇人物；她竟誇口自己的孩子比女神勒托多，因而比女神更幸運。勒托女神覺得受到冒犯，於是召喚她的兩個孩子，即阿波羅和阿特米斯前來為她復仇。最後尼俄柏的所有小孩都死於阿波羅和阿特米斯箭下。在悲傷之中，尼俄柏化成一塊哭泣的石頭。呂底亞也是編織巧婦阿拉克妮的故鄉；阿拉克妮犯下的錯誤是挑戰女神雅典娜，結果被女神變成一隻蜘蛛，終身不斷地編織。

（也請參考 Apollo, Arachne, Artemis, Athena, Croesus, Dionysus, Leto, Lycia, Niobe, Pelops, Phrygia, Tantalus, *and* Underworld [the]。）

馬其頓（Macedon）

馬其頓（或可拼寫為 "Macedonia"）是好幾個馬其頓部族的領土。根據希臘詩人海希奧德的描述，這幾個部族住在皮厄里亞和奧林帕斯山這一帶，基本上是色薩利以北，阿克西奧斯河（Axius River）——現代的瓦爾達爾河（Vardar）以西和色雷斯以南這塊區域。就歷史的角度來看，馬其頓是在菲利普二世（Philip II）的統治之下首度強盛起來。這位國王的統治期間是西元前359至336年，透過政治力量，他把該區統一起來；他有個著名的兒子，即亞歷山大大帝。

在神話故事裡，馬其頓這個名字有好幾個不同的來源；一說來自阿卡迪亞國王萊卡翁（宙斯之子）的其中一個兒子的名字，或源自埃俄羅斯之子的名字。馬其頓的許多傳奇國王中，最著名的要數皮厄魯斯——他是皮厄里德斯姊妹的父親，而這幾位姊妹因為以其歌藝向繆斯女神挑戰而聞名神話世界。

（也請參考 Aeolus, Arcadia, Lycaon, Muses [the], Olympus [Mount], Pierides [the], Pierus, Thessaly, Thrace, *and* Zeus。）

墨伽拉（Megara）

墨伽拉距離薩龍灣不到一英里（1.5公里）；今日這裡仍有人居住，其位置就在科林斯和雅典二城之間的科林斯地峽上。墨伽拉的領土稱為墨伽利斯，而這片平原的南部臨海，西部有吉拉尼亞山脈為界，

東北部有西拉塔山、帕拉特斯（Pateras）和喀泰戎山作為地理屏障。

跟墨伽拉相關且最有趣的神話是斯庫拉公主的故事。這位公主迷上了克里特島的米諾斯王，為了這份錯誤的激情，她犧牲了家人、名譽和身而為人的性命。至於這個城市的名稱由來，歷來有各種不同的說法。根據旅行作家保薩尼亞斯的看法，「墨伽拉」出自該城的兩間神殿——這兩間神殿是由一位傳奇國王建造的，目的是紀念女神狄蜜特，而兩間都稱為「墨伽戎」（megaron），意即「廟宇或殿堂」。波俄奧提亞人的看法與前述說法不同：他們相信波賽頓之子墨伽柔斯曾帶領一支波俄奧提亞軍隊到此地援助尼索斯（斯庫拉公主的父親），協助尼索斯對抗米諾斯王。墨伽柔斯後來不幸死於該場戰爭；為了紀念這位盟友，這個城市放棄原本的名稱尼薩城（Nisa），改名為墨伽拉。

墨伽拉是個地名，同時也是一位女英雄的名字，這兩者當然應該有所區別。

（也請參考 Athens, Boeotia, Corinth, Crete, Demeter, Megara [heroine], Minos, Nisus, *and* Scylla。）

墨塞尼亞（Messenia）

墨塞尼亞位於伯羅奔尼撒半島的西南部，這個地區的北部以厄里斯城和阿卡迪亞為界，東邊與斯巴達為鄰。墨塞尼亞是個富饒之鄉，不僅土地肥沃，而且擁有豐富的泉水、河水和雨水等水源。至少早在青銅時代開始，這裡就已經是很重要的聚落。特別值得一提的是位於皮洛斯的涅斯托爾王宮（Palace of Nestor）——這座宮殿最後一期的建築可以追溯到西元前1400年至西元前1150年之間。墨塞尼亞較後期的歷史所傳述的事件大部分跟斯巴達有關，因為斯巴達併吞了墨塞尼亞大片的國土；若套句地理學家斯特拉博的話——斯巴達把墨塞尼亞的人民變成農奴、契約奴僕或「大眾的奴隸」。

從神話故事的角度看，這個區域與皮洛斯的睿智名王涅斯托爾有關。這位國王是個十分重要的人物，經常出現在荷馬的史詩裡。墨塞尼亞也與海克力斯有關，因為據說克瑞斯豐特斯曾經是這裡的國王，而克瑞斯豐特斯是海克力斯無數子嗣的其中之一。克瑞斯豐特斯死後，他的兒子埃皮托斯繼位為王。

（也請參考 Arcadia, Cresphontes, Hercules, Nestor, Pylos, *and* Sparta。）

傷心原野（Mourning, The Fields of）

（請參考 Fields of Mourning [the]。）

邁錫尼（Mycenae）

邁錫尼在古典神話故事裡十分突出，因為這裡是阿伽門農的王宮所在地；阿伽門農是希臘聯軍的首領，負責帶領一千艘船艦，飄洋過海到特洛伊打仗。在伯羅奔尼撒半島的阿爾戈斯平原東北角，離海大約八英里（13公里）處，有一座岩石壘壘的山丘，山上至今仍可看到從青銅時代留下來的、宏偉的王宮遺跡；這座王宮約建於西元前1400年，毀於西元前1200年，其建造位址落於戰略位置上，因為從山丘的頂端即可清晰看到四周的領地。這一處遺址可見到許多由巨石搭建的圍牆——那些石頭是如此巨大，以至於人們不禁猜測那是獨眼巨人賽克洛普斯搬來幫忙擺好的。從這些巨大的圍牆來推斷，可知王宮建址的首要考量是防衛。邁錫尼的聚落遺址有的固然可以追溯至青銅時代初期（西元前第三紀元），不過要到青銅時代晚期（始於西元前1600年），邁錫尼才似乎突然富裕與強盛起來。這段時期出土的喪葬文物充滿了珍貴的物件，而這些珍貴物件確認了荷馬對邁錫尼的描述所言不虛——邁錫尼真的是個「黃金滿溢」（"rich in gold"）的城市。十九世紀的考古學家海因里希・施萊曼（Heinrich Schliemann）挖掘這個遺址後，把城外幾個複雜的蜂巢式墳墓的其中三個分別命名為阿楚斯之墓（Tomb of Atreus）、克呂泰涅斯特拉之墓（Tomb of Clytemnestra）和埃癸斯托斯之墓（Tomb of Aegisthus）——這三人分別是阿伽門農的父親、阿伽門農的妻子和阿伽門農之妻的情人。這處遺址還有兩個環形的墓葬地，他在其中一個環狀墓地找到一個黃金面具，而他深信那就是阿伽門農下葬時所戴的面具。這一切當然都是推測之詞。不過，邁錫尼遺址的出土文物是如此豐富，以至於希臘的整個青銅時代被世人命名為邁錫尼文明。

（也請參考 Aegisthus, Agamemnon, Argos, Atreus, Clytemnestra, Cyclopes [the], *and* Troy。）

納索斯島（Naxos）

納索斯島是希臘其中一個最大島（166平方英里或430平方公里），也是愛琴海基克拉澤斯群島裡頭最肥沃的一個島嶼。即使在古典時代，這座島就以盛產葡萄和葡萄酒知名於世。在神話故事中，這座島與酒神戴歐尼修斯有著特殊的聯繫——這當然也不會令人覺得意外。根據歷史學家西西里的狄奧多羅斯的記載，古代希臘有許多地方宣稱他們那裡是酒神出生與成長的地方，納索斯島正是這樣的地方之一。無論如何，戴歐尼修斯是在這座島上找到他的新娘阿瑞安德涅——阿瑞安德涅是克里特島米諾斯王的女兒，她幫忙雅典英雄提修斯完成殺死怪物米諾陶的任務後，就在旅途

中被提修斯遺棄在納索斯島。據說兩個狂妄的巨人俄托斯和厄菲阿爾特斯中了女神阿特米斯設計的圈套之後，就在這座島上走到他們生命的終點。

（也請參考 Aegean Sea [the], Ariadne, Artemis, Crete, Dionysus, Giants [the], Minos, Minotaur [the], Otus, *and* Theseus。）

涅墨亞（Nemea）

古代的涅墨亞位於伯羅奔尼撒半島東北方，亦即現代涅墨亞鎮的東方；這裡是宙斯的聖地。據說這個地名源自當地河神阿索波斯之女寧芙仙子涅墨亞。涅墨亞聖祠是涅墨亞泛希臘運動會（Panhellenic Nemean Games）的所在地，根據傳說故事，這個運動賽事的創立者是英雄阿德拉斯特斯。這裡也是海克力斯執行第一項任務的所在地：殺死無可匹敵的涅墨亞獅子。完成任務後，海克力斯就時常披著該獅子的皮，作為這次勝利的戰利品。

（也請參考 Adrastus, Hercules, Nemean Lion [the], *and* Zeus。）

尼薩（Nysa）

尼薩在神話故事裡享有盛名，那是因為這裡是許阿德斯姊妹（又稱尼薩山的寧芙仙子）撫養酒神戴歐尼修斯的地點；據說酒神的母親賽默勒被大火燒成灰燼後，酒神的父親宙斯從餘燼中把當時尚未出生的胎兒救出來，待其出生後，宙斯即把戴歐尼修斯寶寶送來此處請寧芙仙子撫養。不過，尼薩山究竟何在？其確切的樣貌性質如何，比如到底尼薩是山、城市、平原或山谷？即使在古典時代，這些問題也已引起許多爭議。在荷馬的《伊利亞德》裡，尼薩並不是一座山；在《荷馬詩誦》裡，尼薩是個平原。希臘歷史學家希羅多德認為尼薩是個衣索比亞城鎮；另一歷史學家阿里安（Arrian）則認為尼薩位於印度；西西里的狄奧多羅斯則把尼薩定位在阿拉比亞和腓尼基。羅馬的博物學家老普林尼提到尼薩是個城鎮，位於外約旦（Transjordan）區域，亦即現在的敘利亞南部和巴勒斯坦北部。除了前述這幾個地點，西元六世紀的地理學者拜占庭的斯蒂芬努斯（Stephanus of Byzantium）另又添增了幾個可能：赫利孔山、納索斯島、色雷斯和高加索山脈。神話故事裡的這幾個尼薩鎮應當與位於卡里亞的同名小鎮有所區別；卡里亞的這座小鎮因為靠近普魯托和柯拉的聖祠，再加上附近有個含硫泉與山洞，後來就漸漸繁榮起來——這裡的含硫泉有療癒的效果，山洞可供人靜養休息。

（也請參考 Caucasus Mountains [the], Cora, Dionysus, Ethiopia, Helicon [Mount], Hyades

[the], Pluto, Semele, *and* Thrace。）

俄刻阿諾斯（Oceanus）

俄刻阿諾斯又稱為大洋河（River Ocean）；這是一條巨大的河流，圍繞著圓盤狀的大地流動，隔開人界與天界。根據希臘詩人海希奧德的描述，大洋神俄刻阿諾斯的母親是蓋亞（「大地女神」），父親是烏拉諾斯（「天空之神」）。在荷馬筆下，俄刻阿諾斯河是一條其深無比的大河，也是世間所有河流、泉水和大海的源頭；一旦以擬人化的角度看俄刻阿諾斯，則世間所有的水域都是他的兒女。據信太陽神赫利歐斯是從俄刻阿諾斯河的東岸升起，在河的對面落下，接著在夜裡，他會乘著神奇的金杯從西岸回到東方的河岸。根據荷馬和海希奧德兩位詩人的說法，因為俄刻阿諾斯河是世界的盡頭，所以河岸的附近據信住著各種妖魔異獸和神話部族，包括衣索比亞人、搶人食物的鳥身女妖哈爾庇厄姊妹、長了三個身體的革律翁，還有看守金蘋果的赫斯珀里德絲姊妹。在比較早期的階段，甚至連埃律西翁（至福樂土）和冥界據信都位於此地。

隨著時間的流逝，人們的地理知識漸增，俄刻阿諾斯河於是重新被設想為「世界海」，或位於直布羅陀海峽外面的大海。

（也請參考 Elysium, Ethiopia, Gaia, Geryon, Harpies [the], Helios, Hesperides [the], Oceanus [god], Underworld [the], *and* Uranus。）

俄塔山（Mount Oeta）

俄塔山即現代希臘的伊提山（Iti）；這山位於希臘中部色薩利地區南部，是品都斯山脈的支脈。海克力斯為了擺脫毒藥對他造成的痛苦，自己爬上這座山，然後躺在火葬柴堆上離開人間。

（也請參考 Hercules *and* Thessaly。）

奧林匹亞（Olympia）

奧林匹亞的泛希臘聖地和古代希臘最重要的宗教中心德爾菲都位於伯羅奔尼撒半島西北部的厄里斯區。奧林匹亞供奉的天神主要是奧林帕斯諸神之王宙斯；這個聖地位於一座山谷之內，流經此地的有克拉德奧斯河（Cladeos）與阿爾菲俄斯河，而其位址坐落於阿爾菲俄斯河的北岸。奧林匹亞圍牆之內的神聖區域稱為阿爾提斯（Altis），這裡建了許多神廟，包括宙斯神殿（建於西元前470年至西元前456年）、赫拉聖殿、各種各樣的祭壇和信徒奉獻的許多雕像。宙斯聖殿裡有一尊宙斯坐在寶座上的巨大坐像（36至39英尺高或11至12公尺），其創作者是著名雕刻家菲迪亞斯，

整個雕像全部用黃金和象牙雕刻而成。這尊雕像是古代世界七大奇蹟之一；希臘地理學家斯特拉博曾經提到：如果宙斯站起來，他必定會掀開聖殿的屋頂，可見坐像之巨大。聖殿的裝飾圖畫所描述的場景全部來自跟奧林匹亞這個地點有關的神話故事。聖殿東邊的主要山形牆刻畫著英雄珀羅普斯與比薩國王俄諾瑪俄斯那場令人屏息的賽車——根據傳說故事，這場賽事就是奧林匹克運動會的起源；打從西元前776年第一次舉辦奧林匹克運動會後，此後每隔四年就會舉辦一次。西邊山形牆描繪的主題是拉庇泰人與半人馬族之間的戰爭——從古到今，這場戰爭就被解釋為象徵，代表希臘人在波希戰爭中的勝利。於此同時，神殿的前、後廊的裝飾雕刻還可以看到海克力斯著名的十二項任務；根據希臘詩人品達的描述，阿爾提斯這塊神聖區域是海克力斯親自為他父親丈量的，同時他還供奉了聖殿以及成立奧林匹克運動會。

（也請參考Centaurs [the], Hera, Hercules, Lapiths [the], Oenomaus, Pelops, *and* Zeus。）

奧林帕斯山（Mount Olympus）

奧林帕斯山是希臘的最高山，海拔高達9,570英尺（2,917公尺）。由於這座山聳立在色薩利和馬其頓之間的平原上，因此學者們有的認為這山是色薩利的一部分（比如希臘歷史學家希羅多德），有的則認為是馬其頓的領土（比如地理學家斯特拉博）。希臘詩人荷馬屢次提到奧林帕斯山，每次都提到這山很高、很崎嶇、很多岩層褶皺，又說山的頂峰一片清淨，既無風雨，也無冰雪的侵擾。考慮到奧林帕斯山宏偉的高度，人們把這裡視為第三代，亦即以天氣之神宙斯為主的「末代」諸神的住所，這也是很恰如其分的考量。雖然在傳統上人們認為奧林帕斯諸神共有十二位，但是住在奧林帕斯山的天神數目並不一定，大致上除了冥界之神，其他天神皆可被視為奧林帕斯山的居民。典型的奧林帕斯諸神包括宙斯的手足如赫拉、赫斯提亞和波賽頓，另外就是宙斯的子女如雅典娜、赫柏、阿特米斯、阿芙蘿黛蒂、荷米斯、阿瑞斯、阿波羅和赫菲斯托斯。狄蜜特和戴歐尼修斯有時也可歸入這一團體，甚至繆斯女神、海克力斯和其他天神也可列入諸神的隊伍，與諸神一起在奧林帕斯山消磨時光。據說每一位奧林帕斯天神都有自己的宮殿，並由赫菲斯托斯的巧手親自裝修。由於奧林帕斯山的頂峰是如此高聳，如此難以企及，以至於在神話故事裡，有時候這裡就與天堂無二無別。

（也請參考 Ares, Aphrodite, Apollo, Artemis, Athena, Demeter, Dionysus, Hebe, Hephaestus, Hera, Hercules, Hermes, Hestia, Macedon, Muses [the], Poseidon, Thessaly,

Underworld [the], *and* Zeus。）

奧爾蒂賈島（Ortygia）

希臘世界有好幾個地方被稱為奧爾蒂賈島或「鵪鶉之島」（"Quail's Land"），而且這幾個地方都與女神阿特米斯有關，其中之一就是提洛島。提洛島早期的地名叫阿斯特里亞和奧爾蒂賈島；根據一個神話故事的解釋，阿斯特里亞是泰坦女神勒托的姊妹，宙斯看上阿斯特里亞，一路追求她，但是她為了逃避宙斯的追求，就化身為鵪鶉，投入海中——有些故事版本說她是被宙斯丟入海中。根據神話學家希吉努斯的解釋，阿斯特里亞的身體一入海，就變成一座漂浮的島。這座島嶼後來被命名為提洛島，勒托女神就在這座島上生下神聖的雙胞胎，即阿波羅和阿特米斯。再者，阿特米斯的另一則誕生故事則提到她的弟弟阿波羅誕生於提洛島，但她卻是誕生在另一個稱為奧爾蒂賈島的地方——這個地方被認為是靠近以弗所城的一座聖林。

第三個出現在神話故事裡的奧爾蒂賈島位於西西里的錫拉庫薩岸外。寧芙仙子阿瑞圖薩為了逃避河神阿爾菲俄斯的熱烈追求，一度化為泉水遁入地底，再從地底流到這座島，並在這座島冒出地面，形成阿瑞圖薩泉。幫助阿瑞圖薩逃脫的女神正是阿特米斯。

（也請參考 Alpheus [god and place], Apollo, Arethusa, Artemis, Asteria, Delos, Leto, Sicily, *and* Zeus。）

俄薩山（Ossa, Mount）

俄薩山（現代的基薩沃斯山[Kissavos]）位於色薩利地區，坐落在西南方的皮立翁山與北方的奧林帕斯山之間；俄薩山與奧林帕斯山之間隔著著名的滕比河谷。根據傳說故事，巨人俄托斯和厄菲阿爾特斯曾威脅說要把俄薩山疊在奧林帕斯山上，再把皮立翁山疊在俄薩山上，然後藉此爬上天庭去攻擊奧林帕斯諸神。

（也請參考 Giants [the], Olympus [Mount], Otus, Pelion [Mount], Tempe [Vale of], *and* Thessaly。）

帕克托羅斯河（Pactolus River, The）

呂底亞的帕克托羅斯河（現代的薩爾特河[Sart Çayi]）是赫爾穆斯河（Hermus River）的支流——赫爾穆斯河就是現代位於土耳其西部的蓋迪茲河（Gadiz）。這條河發源於現代稱為波茲山（Bozdag）的特摩羅斯山（Tmolus Mountains），並流過古城撒狄

（Sardis）的遺址廢墟。在古代，帕克托羅斯河以出產黃金著稱；據說這裡會生產黃金是因為傳說中的國王邁達斯曾經在這條河裡洗手。

（也請參考 Lydia *and* Midas。）

帕弗斯（Paphos）

帕弗斯——確切說來是賽普勒斯島靠近現代城鎮庫克利亞（Kouklia）的舊帕弗斯鎮，這裡是女神阿芙蘿黛蒂最重要的聖殿的所在地，同時也在神話故事裡與阿芙蘿黛蒂關聯頗深。據說女神從賽普勒斯的海中泡沫誕生後，第一次踏上岸的地點就在帕弗斯鎮附近。至於建立帕弗斯鎮的故事，歷來有好幾個相關又相互歧異的說法。舉例來說，神話學家阿波羅多洛斯的作品提到外國王子克倪拉斯到賽普勒斯建立帕弗斯城，之後娶了島上國王畢馬龍的女兒為妻，兩人後來生下英俊的兒子阿多尼斯，而阿多尼斯日後將會贏得女神阿芙蘿黛蒂的芳心。關於這位畢馬龍，讀過奧維德的《變形記》的讀者都知道他創造了一尊象牙女子雕像；雖然在此之前，他已經公開宣布放棄了肉體的享樂，不過那尊象牙雕像實在太美了，他後來竟無可救藥地愛上那雕像女子，並狂熱地向阿芙蘿黛蒂禱告，乞求女神讓雕像活起來。女神回應了他的禱告，賜給雕像女子生命；於是他與該雕像女子結合，生了一個女兒，並以女兒的名字為帕弗斯鎮命名。對於神話學家希吉努斯來說，前文提到的那位克倪拉斯，就是帕弗斯的兒子。

（也請參考 Adonis, Aphrodite, Cinyras, Cyprus, *and* Pygmalion。）

帕那索斯山（Parnassus, Mount）

帕那索斯是一座山脈，坐落於古代弗克斯城的領土範圍，隔開希臘的中部和北部。在古典神話故事裡，帕那索斯山脈最知名的部分是山脈的最高峰，因為這座最高峰的西南坡就是阿波羅聖殿和他發布神諭的德爾菲之所在地；此外，繆斯女神們的聖泉卡斯塔莉泉也在這裡。有一次，宙斯降下大洪水，所有邪惡的人類都被消滅了，只有杜卡利翁和碧拉逃過這一劫，而且據說他們的船就在這座山的頂峰被洪水沖上岸。阿波羅固然跟帕那索斯山密切相關，但他亦與酒神戴歐尼修斯分享這座山；酒神代表失序、模糊的區別和違規跨界，阿波羅剛好相反——他代表的是清晰、秩序和光明。

（也請參考 Apollo, Castalian Spring [the], Delphi, Deucalion, Dionysus, Muses [the], Pyrrha, *and* Zeus。）

帕德嫩神廟（Parthenon, The）西元前447年至西元前432年之

間，帕德嫩神廟成立於雅典衛城，其建材取自當地彭特利科斯山（Pentelicus）的大理石，建廟的目的是供奉少女神雅典娜。負責建立帕德嫩神廟的建築師是伊克蒂諾（Ictinus）和卡里特拉特（Callicrates），著名的雕刻家菲迪亞斯則負責監督帕德嫩神廟的雕刻裝飾。這些雕刻裝飾作品數量龐大，描繪的主題全部取自神話故事的場景，包括雅典娜的誕生、雅典娜打敗波賽頓並贏得雅典保護神的情節、拉庇泰人與半人馬族之間的戰爭、希臘人大戰亞馬遜女戰士、奧林帕斯諸神之對抗巨人族、希臘人與特洛伊人之間的戰爭。菲迪亞斯也負責打造了一尊巨大的雅典娜崇拜神像——高約38英尺或11.5公尺高，全部用黃金和象牙打造而成。就這尊神像而言，雅典娜被塑造成戰士女神，坐鎮在帕德嫩神殿內，亦即女神在塵世的家。雅典衛城的諸多建築物都具有象徵意義——即便在古典時代，雅典衛城已經成為雅典神話歷史的某種博物館；帕德嫩神廟是這一象徵建築群當中重要的一部分。

（也請參考 Acropolis [the], Amazons [the], Athena, Athens, Centaurs [the], Giants [the], Lapiths [the], Parthenos, Poseidon, *and* Troy。）

皮立翁山（Pelion, Mount）皮立翁山即現代希臘的皮里奧山

（Pilio）；這山位於色薩利東南部，距離俄薩山很近，而俄薩山則坐落在皮立翁山和奧林帕斯山之間。事實上，誠如荷馬筆下所言，俄托斯和厄菲阿爾特斯兩位巨人打算把俄薩山疊在奧林帕斯山上，再疊上皮立翁山，然後藉此爬上天庭去破壞諸神的家。根據荷馬的描述，皮立翁山的林木蒼鬱，半人馬奇戎以其中的白蠟木製成矛，當作禮物送給阿基里斯的父親帕琉斯，之後阿基里斯將之帶到特洛伊戰場當武器用。士麥那的昆圖斯是一位寫史詩的希臘作家，他就這個故事提供了一個細節：阿基里斯的父母帕琉斯和特提斯當年就是在皮立翁山結婚的。再者，皮立翁山據說也是半人馬族的出生地，奇戎當年就在這裡的洞穴撫養阿基里斯——根據某些傳說故事，他也在此地撫養了英雄傑森。

（也請參考 Achilles, Centaurs [the], Chiron, Giants [the], Jason, Olympus [Mount], Ossa [Mount], Otus, Peleus, Thessaly, Thetis, *and* Troy。）

帕涅烏斯河（Peneus River, The）帕涅烏斯河的名字又可拼寫為

"Peneius / Peneios"，亦即現代希臘的皮尼歐斯河（Pinios）。希臘共有兩條

帕涅烏斯河，一條位於希臘北部的色薩利地區。這條大河源自品都斯山脈，流經奧林帕斯山與俄薩山之間美麗的滕比河谷，注入塞爾邁灣（Thermaic Gulf），是本區大部分地方的灌溉水源。在神話故事裡，這條河的河神帕涅烏斯是女獵人達芙妮的父親；阿波羅愛上了達芙妮，對她展開熱烈追求。但是達芙妮看到阿波羅就跑，最後為了逃避阿波羅，因而請求她的父親把她變成一棵月桂樹。

另一條帕涅烏斯河位於伯羅奔尼撒半島，源自於阿卡迪亞群山之間，向西流入札金索斯島（Zakynthos）對面的地中海。這條河是厄里斯城的水源，城裡的各種運動設施，包括體操館、摔角場地、田徑場、澡堂和其他方便運動員的各種設施都有賴這條河的供水；這裡的附近就是奧林匹亞聖殿，運動員會聚集在這裡準備參加奧林匹克運動會。

（也請參考 Apollo, Arcadia, Daphne, Olympia, Olympus [Mount], Ossa [Mount], Peneus [god], *and* Tempe [Vale of]。）

斐賴城（Pherae）

斐賴城是色薩利地區的一個城市；根據神話學家阿波羅多洛斯的說法，這個城市的創建者是伊奧爾科斯國王克瑞透斯的兒子斐瑞斯。斐瑞斯的王位後來由他的兒子阿德墨托斯接任——因為阿德墨托斯，斐賴城才在神話世界贏得一席之地。話說有一段時間，天神阿波羅受到處罰，下凡到人間當阿德墨托斯王的僕人。由於阿德墨托斯王很懂得善待僕人，阿波羅因此賜給他一個機會，讓他在面臨死亡時，可以找一個人替他去死。很不幸的是，阿德墨托斯沒能事先料到願意代替他去死的人竟是他的妻子阿爾克提斯。

（也請參考 Admetus, Alcestis, Apollo, Iolcos, Pheres, *and* Thessaly。）

火焰河（Phlegethon, The）

火焰河又可拼寫為 "Puriphlegethon"（火般熾熱的河）；火焰河是冥界其中一條河流。詩人荷馬認為火焰河是阿克隆河的其中一條支流。不過，數百年後的羅馬詩人維吉爾的想像卻不是如此；在他筆下，火焰河繞著築有三道牆的塔爾塔羅斯而流，而塔爾塔羅斯是冥界專為罪大惡極之徒所設的區域。

（也請參考 Acheron [the River], Tartarus, *and* Underworld [the]。）

弗里吉亞（Phrygia）

弗里吉亞是古代安納托利亞（現代的土耳其）中

西部一個地區的希臘名字；這裡的居民稱為弗里吉亞人，使用的語言是某種印歐語，大約是在西元前第九世紀從歐洲的巴爾幹半島移居到此地。對希臘人和羅馬人來說，弗里吉亞是他們想像中那個充滿異國風情、「野蠻」且誘人的東方的一部分。弗里吉亞的地理界線不易界定，但是弗里吉亞人卻擁有多少具有某種凝聚力的宗教和文化。準歷史國王戈耳狄俄斯創立的富裕城市戈耳狄烏姆後來嶄露頭角，成為弗里吉亞王國的中心，而享有「金手指」之名的邁達斯王似乎曾在西元前第八世紀統治過弗里吉亞。據說戈耳狄烏姆城大約是在西元前800（或700）年被一支稱為辛梅里亞人的游牧部族摧毀。弗里吉亞王國本身後來是被來自西方的呂底亞人征服，接著先後被波斯人、亞歷山大大帝和羅馬人納入各自的版圖。弗里吉亞的大母神希柏利後來被引入雅典和羅馬；弗里吉亞這個地方也在古典神話扮演一個重要的角色，因為這裡不僅是戈耳狄俄斯和邁達斯王的國度，著名的薩堤爾例如瑪爾緒阿斯和虔誠的老夫婦鮑西絲和費萊蒙也以此地為家園。

（也請參考 Athens, Baucis, Cybele, Gordius, Lydia, Marsyas, Midas, Rome, *and* Satyrs [the]。）

皮厄里亞（Pieria）

皮厄里亞是希臘的一個區域；在古代，這個區域位於奧林帕斯山和今日被稱為塞爾邁灣或馬其頓灣（Macedonian Gulf）之間。根據希臘詩人海希奧德的說法，皮厄里亞是保護各類文藝的繆斯女神的出生地，同時也是吟遊詩人奧菲斯的出生地點。生於斯死於斯，奧菲斯遭逢橫死後，他的大部分遺體留在此地入土為安。這個區域的地名據說源自馬其頓國王皮厄魯斯——他的九個女兒因為以其歌藝挑戰繆斯女神而著稱於世。繆斯女神和皮厄魯斯的女兒都可被稱為皮厄里德斯姊妹——就繆斯女神的案例而言，這個稱謂表示她們對其出生地的致意；對皮厄魯斯的女兒們而言，則代表她們及其父母的血緣。話雖如此，皮厄里德斯姊妹這個稱謂通常用來單指繆斯女神的時候居多。

（也請參考 Muses [the], Olympus [Mount], Orpheus, Pierides [the], *and* Pierus。）

海克力斯之柱（Pillars of Hercules, The）

海克力斯之柱是個岩石壘壘的岬角，位於直布羅陀海峽的兩側，而且據說這個岬角是由英雄海克力斯親手打造或安置於現在這個位置。其中一柱又稱為直布羅陀巨岩（Rock of Gibraltar / Rock of Calpe），位於伊比利亞半島（Iberian Peninsula）南端。

另一柱位於直布羅陀巨岩對面的非洲大陸，亦即阿畢拉（Abyla）或現代摩洛哥境內的摩西山（Jebel Musa）。希臘歷史學家西西里的狄奧多羅斯針對海克力斯立柱的故事，提出好幾個不同的說法。不過，這幾個不同說法都有一個共同點：海克力斯為了奪走三身國王革律翁著名的牛群，完成他的第十項任務，就來到世界最遠的最西邊。至於海克力斯立柱的可能原因，根據狄奧多羅斯的說法，一是為了紀念他走到天涯海角的旅程——對當時的希臘人而言，當地已經是世界的盡頭，或是為了讓海峽收窄一點，不讓外海（大西洋）的妖怪進入地中海。狄奧多羅斯另又提到歐洲與非洲之間本來是一塊相連的大陸，海克力斯以其神力將之闢開，形成一個方便船隻航行的海上通道。狄奧多羅斯沒有提到這幾個版本當中哪一個是真的。相反的，他邀請讀者自己決定。

（也請參考 Geryon *and* Hercules。）

琵瑞尼（Pirene / Peirene）

琵瑞尼是一道重要的泉水之名；根據地理學家斯特拉博，這道泉水是古代科林斯城的水源。斯特拉博同時還提到這道泉的水質很清澈，適合飲用。不令人覺得意外的，這裡因此據說是飛馬佩格索斯最愛來喝水的地方，柏勒洛豐也因此有機會在這裡抓到這匹飛馬。至於這道泉的始源，根據旅行作家保薩尼亞斯的記錄，這道泉的名字得自一位也叫琵瑞尼的寧芙仙子。這位寧芙仙子的兒子遇到意外，不幸被女神阿特米斯殺死，而她因為過於傷心，淚流不止，最後就消溶於自己的淚水裡。

（也請參考 Artemis, Bellerophon, Corinth, *and* Pegasus。）

皮洛斯（Pylos）

根據荷馬的《伊利亞德》，皮洛斯城是睿智老王涅斯托爾的王國——在特洛伊戰場上，他一直都是希臘聯軍最信任的顧問。在《奧德賽》中，奧德修斯的兒子特勒瑪科斯為了打聽他父親的消息，曾到皮洛斯城拜訪涅斯托爾，當時他父親已經離家二十年。在荷馬的筆下，涅斯托爾的王宮「蓋得很好」，而且該王國「充滿沙子」，附近還有阿爾菲俄斯河流過。總的看起來，這些描述令人覺得很困惑，即便在古代，人們也難以想像涅斯托爾的皮洛斯城實際的地點究竟在哪裡。因為這一緣故，地理學家斯特拉博提到在他那個時代，一共有三個地方聲稱他們那裡就是皮洛斯城的所在地；這三個地點都在伯羅奔尼撒半島：一個在靠近現代卡科瓦托斯（Kakovatos）的特里菲利亞（Triphylia）區域；另一個在墨塞尼亞（靠近現代的阿諾·恩格

里安諾斯［Ano Englianos］）——考古學家在這裡找到一座邁錫尼青銅時代的王宮遺址，這座王宮裝飾著大量的濕壁畫，大約毀於西元前1200年。第三個地點是在厄里斯城的領地。

根據傳說故事，皮洛斯城是涅萊烏斯創立的。涅萊烏斯共有十二個兒子，但是他和十一個兒子後來都死於海克力斯之手，只有幼子涅斯托爾逃過一劫，並繼承皮洛斯城的王位。

（也請參考 Alpheus [place], Mycenae, Neleus, Nestor, Odysseus, Telemachus, *and* Troy。）

羅馬（Rome）

羅馬古城位於台伯河的左岸（東岸），離海大約19英里（30公里）。羅馬史家李維的羅馬史鉅著裡有個人物對羅馬建城位址的選擇充滿了讚美，認為這個位址的空氣有益健康、河流寬闊，而且離海的遠近距離也很適中，既有方便運輸商品的好處，也有利於防守。再者，這個位址也有足夠的開放空間可以拓展領地。根據羅馬的傳統故事，羅馬是阿爾巴·隆伽這個拉丁城市的其中一個聚落；據傳阿爾巴·隆伽是特洛伊人伊尼亞斯之子阿斯卡尼斯（尤利烏斯）所創建的。羅馬本身則是阿爾巴王子羅慕勒斯和雷穆斯建立的；據傳這兩位王子一出生就被丟入台伯河等死，幸好後來有一頭母狼救了他們。正當一座新城市在帕拉廷丘蓋起來時，羅慕勒斯跟他的兄弟發生爭執，結果他殺死了自己的兄弟，成為第一任國王，並以他的名字把新城市命名為羅馬。羅馬的人口自此漸漸擴增，部分是用暴力徵募的結果，例如羅馬人「搶劫」鄰近部落薩賓人的婦女即是一例。再據傳統故事，羅馬後來把其餘六丘的聚落全部整合起來，使之構成古代城市的核心地區，這六個山丘是：卡庇多、阿芬丁、埃斯奎利諾（Esquiline）、奎里納雷（Quirinal）、維米那勒（Viminal）、西里歐（Caelian）。在整合的過程中，人們必須抽乾各丘之間的沼澤，空出的空間即改建成羅馬廣場。大致說來，前述傳統故事目前被考古學的研究加以證實。目前考古學家在帕拉廷丘、卡庇多丘和埃斯奎利諾丘找到的人類定居或至少存在的痕跡，皆可追溯到青銅時代（大約西元前1400年）。帕拉廷丘有許多小屋的遺跡，而這很清楚顯示最早在西元前第十世紀晚期或西元前第九世紀初期，這裡已經有人類居住的聚落了。西元前第八世紀的遺跡見證了帕拉廷丘的擴展和防禦工事，而這些遺跡符合傳統故事提到的建城日期：西元前753年。後來卡庇多丘成為羅馬最神聖的山丘——這座山丘看來似乎也是在這幾段時期成立了聚落。隨著帕拉廷丘的聚落漸漸擴展，墓葬的地點就慢慢轉移到埃斯奎利諾丘和奎里納雷丘。至於帕拉廷丘

山腳下的沼澤區域有一部分被抽乾，用來建立初期的羅馬廣場。羅馬從一個素樸的村落開始，漸漸發展成義大利的城市，再慢慢變成世界的城市，到最後竟發展成一個看似——套句羅馬詩人維吉爾的話——「沒有邊界的帝國」的中心。這個越來越龐大的帝國大約是在西元第四世紀開始走下坡，並在西元第五世紀晚期走入歷史。

（也請參考 Alba Longa, Capitoline Hill [the], Romulus, Sabines [the], *and* Tiber River [the]。）

薩拉米斯島（Salamis）

薩拉米斯島以西元前480年一場決定性的海戰地點著稱；在這場海戰中，希臘人打敗了波斯國王薛西斯和他的大軍。這座島位於雅典城的領地阿提卡海岸之外的薩龍灣。這座島的現代名字是薩拉米納（Salamina）；在神話故事裡，薩拉米斯島的名字據說得自伯羅奔尼撒半島河神阿索波斯之女薩拉米斯。薩拉米斯與海神波賽頓結合，生下了兒子庫克烏斯（Cychreus）；根據旅行作家保薩尼亞斯的說法，有一次庫克烏斯來到一座小島，並除去島上某種蛇的威脅，使之適合人類居住。與此同時，他以母親的名字為該小島命名。庫克烏斯是薩拉米斯島第一任國王，不過他本身並沒有兒子可以繼承王位，所以他就把王位留給埃癸娜島的特拉蒙，同時把女兒葛勞瑟嫁給他。這位特拉蒙和葛勞瑟日後將會生下兒子大埃阿斯——希臘聯軍在特洛伊戰場上最勇敢的戰士之一。旅行作家保薩尼亞斯給這則故事增添一個細節：大埃阿斯的其中一個孫子菲萊俄斯（Philaeus）獲得雅典的公民權後，就把薩拉米斯島的統治權交給雅典。至於庫克烏斯，島上有一間奉獻給他的聖祠，在聖祠裡，他是以半人半蛇的形象受人崇拜。據說在薩拉米斯戰役（Battle of Salamis）之中，曾出現一條蛇來幫忙雅典軍隊——那條蛇當然就是庫克烏斯的化身。

（也請參考 Ajax [the Great], Athens, Attica, *and* Telamon。）

斯卡曼德河（Scamander River, The）

斯卡曼德河就是今日的卡拉曼德勒斯河（Karamenderes）；這條河源自今日位於土耳其的伊達山，注入赫勒斯滂（達達尼爾海峽）。在那些跟特洛伊城有關的傳說故事裡，斯卡曼德河扮演著重要的角色。該河的擬人化身，即河神斯卡曼德——據說就是透克爾的父親，而透克爾就是特洛德的第一任國王；特洛伊建城之後，其所管轄的區域就是透克爾的國土特洛德。河神斯卡曼德的子女據說包括卡莉羅

俄——卡莉羅俄即是特洛伊城的創建者伊洛斯的祖母。伊洛斯最初建城的時候，他本來以自己的名字把新城命名為「伊利昂」，之後才改為特洛伊。斯卡曼德河對特洛伊城極為重要，這一事實有個證明：特洛伊王子赫克托爾把兒子阿斯蒂亞納克斯又取名為斯卡曼德里烏斯。

（也請參考 Asytanax, Hector, Hellespont [the], Ida [Mount], Ilus, Teucer, *and* Troy。）

斯科里亞島（Scheria / Scherie） 斯科里亞島是個神話中的島嶼，
也是費阿克人的國度。根據荷馬的《奧德賽》，費阿克人會移居到這座小島，全拜他們的前任國王納西托俄斯之賜，因為這樣他們就可免於遭受鄰近的賽克洛普斯不時的騷擾。奧德修斯抵達斯科里亞島時，他看到一個秩序井然的社會，也得到國王阿爾克諾俄斯及其家人與人民的歡迎。奧德修斯離開斯科里亞島後，下一站就是他的家鄉伊薩卡島；換句話說，在他十年的返鄉旅途中，斯科里亞島是他拜訪的最後一個陌生國度。古典後期的作家認為荷馬的斯科里亞島就是科基拉島（Corcyra），亦即今日的科孚島（Corfu）。

（也請參考 Alcinous, Cyclopes [the], Ithaca, Odysseus, *and* Phaeacians [the]。）

斯庫羅斯島（Scyros / Scyrus） 斯庫羅斯島亦即現代希臘的斯
基洛斯島（Skiros）；這座島位於愛琴海，是埃維亞島以東，斯波拉澤斯群島（Sporades）的一部分。這座島跟阿基里斯和提修斯兩位英雄都有很重要的聯繫。阿基里斯年輕時，他的母親特提斯女神知道他如果去特洛伊打仗，必定有去無回，所以為了避免他被找去打仗，就把阿基里斯送到這個島國藏起來。在這個島上，阿基里斯被打扮成女生，跟呂科墨德斯王的幾個女兒生活在一起，一直到後來奧德修斯來這座島上找他，並施計讓阿基里斯自曝身分為止。在島上生活的期間，阿基里斯與呂科墨德斯王的其中一個女兒墜入情網，並與這位公主生了一個兒子叫奈奧普托勒姆斯。奈奧普托勒姆斯長大後也到特洛伊參戰，並在戰場上展現他的武藝以及非比尋常的殘忍手段。至於英雄提修斯呢，據說他試圖綁架海倫和玻瑟芬妮不成後，雅典人民起而反抗他，拒絕讓他再當他們的國王。最後他來到斯庫羅斯島找呂科墨德斯王。根據神話學家阿波羅多洛斯的說法，呂科墨德斯王最後是把提修斯推下懸崖，終結提修斯的生命。希臘歷史學家兼傳記作家普魯塔克的記載顯示，西元前476 / 475年，雅典人把提修斯的遺骨從斯庫羅斯島轉移到雅典，因為在這之前，提修斯的鬼魂曾於西元前490年現身於馬拉松戰役（Battle of

Marathon），幫忙希臘人對付波斯人。

（也請參考 Achilles, Aegean Sea, Athens, Helen, Lycomedes, Neoptolemus, Odysseus, Persephone, Theseus, Thetis, *and* Troy。）

塞里弗斯（Seriphus）

塞里弗斯島坐落於愛琴海，是基克拉澤斯（「環狀」）群島的一部分——這一環狀群島的中心是阿波羅的神聖島嶼提洛島。達娜俄與化作金雨的宙斯春宵一度後，生下寶寶柏修斯；她和寶寶柏修斯被丟入海中，最後漂流到塞里弗斯島，逃過了死於海上的命運。島上的國王波里德克特斯後來有意娶達娜俄為妻，但是覺得當時已經長大的柏修斯是個障礙，於是就派柏修斯去割取戈爾貢美杜莎的頭，一心以為柏修斯這一去，一定必死無疑，不會再對他的婚姻構成障礙。

（也請參考 Aegean Sea [the], Apollo, Danae, Delos, Medusa, Perseus, Polydectes, *and* Zeus。）

西西里（Sicily）

西西里的表面積9,927平方英里（25,711平方公里），是地中海的最大島，而且在神話地理中扮演很重要的角色。西西里的地名得自於西庫爾人（Sicels）——據信這個部族大約是在西元前第二紀元末葉，從義大利大陸搬來此地定居。據信特里納基亞是太陽神赫利歐斯放牧牛群的神話之島，不過後來人們把這座島與西西里等同起來。根據羅馬詩人維吉爾的描述，特洛伊英雄伊尼亞斯在航向義大利的中途曾停靠在西西里，之後把他的某些追隨者留在西西里，讓他們與該島的國王阿克斯特斯王同住。據說工藝巧匠戴達羅斯有一度遭受克里特島的米諾斯王囚禁，但是他後來伺機逃走，落腳於西西里島。寧芙仙子阿瑞圖薩為了躲避河神阿爾菲俄斯的熱烈追求，逃到錫拉庫薩外海的奧爾蒂賈島，並在島上化成一道泉水。恩克拉多斯是巨人族的一員，曾與其族人試圖攻擊奧林帕斯山上的諸神；據說他後來被諸神打敗，被埋入西西里的埃特納山下——時至今日，埃特納山的火山坑中仍不時冒出他熾熱的氣息。埃特納山的火焰還另有一個故事來源：據說獨眼巨人賽克洛普斯就在地底深處的鐵工廠為宙斯打造霹靂閃電。

（也請參考 Acestes, Aeneas, Alpheus [god and place], Arethusa [nymph and place], Crete, Cyclopes [the], Daedalus, Enceladus, Giants [the], Helios, Minos, Olympus [Mount], Ortygia, Trinacria, Troy, *and* Zeus。）

西頓（Sidon）

西頓是腓尼基（今日的黎巴嫩）最重要的城市；不過，到了西元前第一紀元初年，西頓在政治和經濟上就漸漸被另一個腓尼基城市泰爾比了下去。雖然如此，西頓還是可以作為整個腓尼基的代表。來自腓尼基的所有神話人物當中，最著名的要數阿革諾爾王；根據不同資料，他有時被說成泰爾王，有時則被說成西頓王。他有兩個著名的兒女：歐羅芭和卡德摩斯。宙斯曾化成一隻溫馴美麗的白牛，伺機拐走了歐羅芭；卡德摩斯創立了底比斯城，並以龍牙播種，種出許多龍牙戰士來充當底比斯城的人口。

（也請參考 Agenor, Cadmus, Europa, Thebes, *and* Zeus。）

斯巴達（Sparta）

希臘城市斯巴達位於伯羅奔尼撒半島南部，是拉克尼亞（Laconia）最主要的城市。拉克尼亞這塊區域西鄰墨塞尼亞，北接阿卡迪亞與阿爾戈斯，東邊與南邊則瀕臨大海。斯巴達城本身坐落在泰格特斯山（Mount Taygetus）與帕爾農山之間的歐洛塔斯河（Eurotas River）河谷地帶。西元前七世紀，斯巴達成為希臘最主要的陸上霸權。歷史學家修昔底德（西元前五世紀）曾點出一個現象：假如當時稱為拉克戴蒙（Lacedaemon）的斯巴達人口衰減，光是看當地的神殿和公共建築物的遺跡，後人必定會懷疑斯巴達的霸權之名僅只是個幌子而已。然而事實並非如此。修昔底德接著繼續提到：斯巴達人曾經擁有伯羅奔尼撒半島五分之二的版圖，並且是該半島其他城市的領頭羊。除此之外，斯巴達還擁有數不清的同盟。由於斯巴達的建設並不縝密，而且也沒有許多輝煌的神殿和公共建築物為之增光，僅只由許多村落組合而成，所以並未留下令人印象深刻的遺跡。不過從另一個角度看，雅典也同樣是這種以貌取人的受害者；雅典城內因為充滿了各種宏偉的建築，看起來其勢力比該城實際的力量大上兩倍。

神話學家阿波羅多洛斯為斯巴達的地理神話做了簡短的摘要：阿特拉斯的女兒塔宇格特與宙斯結合，生下兒子拉克戴蒙，而這位拉克戴蒙日後將會成為斯巴達的國王，統治該區域，並以自己的名字為該區域命名。拉克戴蒙與一位名叫斯巴達的女子結婚，並以這位女子的名字來為他的首都命名；這位女子並非等閒之輩——她的父親是英雄歐洛塔斯（Eurotas），祖父勒勒克斯（Lelex）是個地生人，也是拉克尼亞地區最初的居民之一。拉克戴蒙與斯巴達婚後育有一子一女；他們的兒子名叫阿密克拉斯，女兒名叫尤麗狄絲。尤麗狄絲日後會嫁給阿爾戈斯王阿克里西俄斯，阿密克拉斯則會成為俊美青年海雅辛斯的父親。海雅辛斯日後會成為天神阿波羅的情人，但是不久他也將會

死於阿波羅之手——阿波羅擲出的鐵餅會意外打中這位青年，使其傷重而亡。
斯巴達傳說故事裡的國王很多，其中之一就是廷達瑞俄斯。廷達瑞俄斯育有
很多著名的子女，比如狄奧斯庫洛伊兄弟卡斯托與波洛克斯，以及謀害阿伽
門農的克呂泰涅斯特拉。此外，他也是美麗海倫的繼父。後來海倫嫁給阿伽
門農的弟弟墨涅拉俄斯，透過這樣的婚姻關係，墨涅拉俄斯成了斯巴達國
王，海倫則成為斯巴達王后。就在墨涅拉俄斯擔任國王的期間，特洛伊王子
帕里斯前來斯巴達拜訪，接著竟拐走了海倫，從而引爆了日後的特洛伊戰爭。
（也請參考 Acrisius, Agamemnon, Apollo, Argos, Castor, Clytemnestra, Dioscuri [the],
Eurydice [nymph], Helen, Hyacinth, Menelaus, Paris, Pollux, Troy, and Tyndareus。）

斯廷法洛斯（Stymphalus）

斯廷法洛斯是個城鎮的名字，也是該
城鎮附近一個湖的名字。西元第二世紀，旅行作家保薩尼亞斯曾到斯廷法洛
斯一遊。根據他的記載，該城鎮的舊城已經不在，代之以新城；在他的時代
裡，該城是阿爾戈斯地區城市聯盟的一員。保薩尼亞斯另又提到一個細節：
斯廷法洛斯最初顯然是阿卡迪亞的一部分，因為這座城鎮的創立者斯廷法洛
斯（Stymphalus）是阿爾卡斯的孫子。根據傳說故事，阿卡迪亞的地名源自阿
爾卡斯，而阿爾卡斯的父親是宙斯，母親是宙斯的薄命情人卡利斯托。至於
斯廷法洛斯的地理環境——保薩尼亞斯提到城鎮的附近有一道泉水，到了冬
天，該泉水就會化成一個小湖。根據神話故事，斯廷法洛斯湖的林子裡住了
一群怪鳥，牠們會以羽毛為箭，致人於死——或根據某些版本，這裡的怪鳥
會以人為食。海克力斯的第六項任務就是趕走這群怪鳥。
（也請參考 Arcadia, Arcas, Argos, Callisto, Hercules, and Stymphalian Birds [the]。）

斯堤克斯河（Styx, The River）

根據古典神話故事，斯堤克斯河
或荷馬筆下的「恐怖之水」（Stygos Hydor）是冥界的主要河流。對於早期的
希臘詩人海希奧德而言，半擬人化的斯堤克斯是大洋神俄刻阿諾斯較為年長
的女兒當中最為重要（和／或最年長）的一位（俄刻阿諾斯總共有三千個女
兒）。再據希臘詩人海希奧德的記載，這位斯堤克斯後來成為母親，生育的
子女有：澤羅斯（「競爭之神」）、奈姬（「勝利女神」）、克拉托斯（「力量之
神」）和比亞（「強力之神」）。宙斯與泰坦神展開鬥爭時，斯堤克斯曾經出手
相助；為了感謝她的幫忙，宙斯讓她擔任誓言的守護女神，亦即誓言的擔保
者——這是日後人們都以斯堤克斯河的河水發誓的緣起。就羅馬詩人維吉爾

對冥界的看法，斯堤克斯河並不具有擬人色彩；在他筆下，這條河繞著死者的國度而流，總共繞了九圈。冥界的舟子卡戎就在這條河（或者有時在阿克隆河）擺渡，把死者的靈魂從生者的世界帶往死者的世界。

根據斯特拉博和老普林尼等古代作家的說法，斯堤克斯河有一小段會在阿卡迪亞地區浮出地表，而且這一小段淺淺的溪流是有毒的。西元前323年，年僅三十二歲的亞歷山大大帝病逝於巴比倫；至於他的死因，古代人推測他是被阿卡迪亞的斯堤克斯河水毒死的，而且據說那毒水是裝在一個空心的動物蹄子裡再送到巴比倫，因為只有那種容器可以耐受那河水的寒氣和腐蝕性。

（也請參考 Acheron, Arcadia, Babylon, Charon, Nike, Oceanus [god and place], Titans [the], *and* Zeus。）

敘姆普勒加德斯（**Symplegades, The**） 敘姆普勒加德斯又稱為「撞擊岩」；即便在古代，這兩塊岩石結構就已經被指認為庫阿涅山岩（Cyanean Rocks），亦即位於博斯普魯斯海峽與尤克辛海（黑海）交會點以西的兩座岩石島嶼。根據希臘詩人羅德島的阿波羅尼奧斯，色薩利英雄傑森的阿爾戈號是第一艘也是唯一成功通過撞擊岩的船。誠如先知菲紐斯告訴傑森及其船員的，這兩塊岩石並未根植於海底，所以會時常相互撞擊。由於阿爾戈號要到柯爾基斯去尋找金羊毛，所以一定要通過這些撞擊岩，因此菲紐斯就勸傑森和阿爾戈英雄隊先放一隻鴿子飛過兩塊岩石，如果鴿子能順利通過，那麼大家就趕緊用力划船，盡可能快速划過通道。果然，鴿子順利飛過通道，只折損了一些些尾羽。同樣的，阿爾戈號也成功通過撞擊岩，只有船尾被撞壞了一點點。不過，阿爾戈號能順利通過，女神雅典娜在暗中也出了一點力量來協助。由於這兩個緣故，敘姆普勒加德斯此後就永遠固定下來，成為兩座分開的島嶼。

（也請參考 Argonauts [the], Athena, Bosphorus [the], Colchis, Euxine Sea [the], Jason, Phineus, *and* Thessaly。）

塔培亞之岩（Tarpeian Rock, The）

塔培亞之岩是羅馬卡庇多丘東南坡的一處懸崖。據傳這裡就是殺人者和背叛者受刑的地點：他們在此被推下懸崖，墜地而死。塔培亞之岩的地名得自背叛者塔培亞——塔培亞是羅馬將軍斯普流斯‧塔培烏斯的女兒，她為了貪圖薩賓人的黃金臂章，背叛了羅馬人，結果後來她成為第一個被推下懸崖的人。

（也請參考 Capitoline Hill [the], Sabines [the], Tarpeia, *and* Rome.）

塔爾塔羅斯（Tartarus）

塔爾塔羅斯是冥界最深、最暗和最令人害怕的區域。根據希臘詩人海希奧德，塔爾塔羅斯很早就已經存在，約略在宇宙創生之際，就已經和蓋亞（「大地女神」）一起從卡俄斯巨大的原初虛空中誕生。塔爾塔羅斯是宙斯囚禁泰坦神的地點；這群挑戰宙斯權威的泰坦神，其所處的牢獄埋在地底——這牢獄距離地面有多深，天就有多高。根據希臘詩人海希奧德，若有一青銅砧從天上掉落大地，那得要花上九天九夜的時間，然後在第十天才會落在大地上。如果這青銅砧從大地往地底深處掉落，還要再花上九天九夜的時間才會抵達塔爾塔羅斯。在海希奧德筆下，塔爾塔羅斯的外面有青銅圍牆，黑夜如帶，包圍該區域三圈，有如項鍊一般。這裡是地獄犬克爾柏洛斯守衛的冥府所在地，而且這裡也是許普諾斯（「睡神」）、塔納托斯（「死神」）的居住地；冥河斯堤克斯河亦位於此處。塔爾塔羅斯的上方就是大地諸根生長之處和長不出果實的大海的所在地。就這個視域為基礎，羅馬詩人維吉爾把塔爾塔羅斯加以擴大描寫，使之成為冥界一個清晰、明確的區域，並使之與埃律西翁（至福樂土）成為對照。在維吉爾筆下，塔爾塔羅斯位於一處直立的峭壁底下，這裡圍有三道牆，周邊有火焰河環繞而流。三道牆各建有堅不可摧的大門，裡面有一座鐵鑄的高塔，復仇女神提西福涅就立在高塔上負責守望。牆內傳出諸罪人的呻吟，還有綑綁他們的鐵鍊的撞擊聲和拖曳聲。這個區域的出入口有妖怪海卓拉負責守衛，塔爾塔羅斯本身則寬廣地裂開，其裂縫深度要比大地到天空的距離大上兩倍之多。塔爾

塔羅斯裡面住的居民有泰坦諸神，巨人俄托斯和厄菲阿爾特斯，另外就是罪犯如坦塔羅斯、薛西弗斯和伊克西翁等；總而言之，這是一個專為各種罪人而設的區域，包括謀殺犯、騙子、說謊者、吝嗇者、通姦者、戰爭販子和其他各種邪惡之人。

（也請參考 Cerberus, Chaos, Elysium, Furies [the], Gaia, Giants [the], Hades [god and place], Hypnus, Ixion, Otus, Phlegethon [the River], Sisyphus, Somnus, Styx [the River], Tantalus, Thanatos, Tisiphone, Titans [the], *and* Zeus。）

滕比河谷（Tempe, Vale of）滕比河谷即現代希臘的塔比峽谷

（Tembi），長約六英里（十公里），寬約89至164英尺（27—50公尺），位於色薩利地區的奧林帕斯山與俄薩山之間。帕涅烏斯河流經滕比河谷，注入愛琴海；跟這座狹窄的、綠意盎然的河谷有關的神話，也許最知名的就是河神帕涅烏斯之女達芙妮的故事。達芙妮因為逃不過阿波羅的熱烈追求，最後向她的父親求救；於是河神帕涅烏斯把她變成一棵月桂樹。即便如此，阿波羅還是宣布月桂樹為他的聖樹；時至今日，月桂樹依然還是阿波羅的聖樹。這座河谷與阿波羅還另有其他關聯——據說他殺了看守德爾菲神諭所的巨蛇或巨龍皮冬之後，就在帕涅烏斯河滌除他的罪愆。

（也請參考 Aegean Sea [the], Apollo, Daphne, Delphi, Olympus [Mount], Ossa [Mount], Peneus [god and place], Python, *and* Thessaly。）

底比斯（Thebes）古城底比斯的位址就在現代的村鎮錫瓦（Thiva）；

這個古城位於希臘中部波俄奧提亞南部的平原上，與其對手雅典城的領土隔著喀泰戎山脈。這座古城的遺跡並不多，難以顯示這個城市從青銅時代（大約西元前第十四世紀中期）起，就在古典時代扮演重要的角色。不過，底比斯豐富的神話故事就另當別論了。這座城市傳說中的創立者是卡德摩斯，據傳他在地裡播下龍牙，並以龍牙長出來的戰士建立底比斯城最初的人口。卡德摩斯有個姊妹名叫歐羅芭，這位腓尼基公主被宙斯看中，宙斯後來就化成一頭漂亮的白牛來接近並拐走她。卡德摩斯的配偶是哈爾摩妮亞，兩人婚後育有數名子女，其中的賽默勒與宙斯結合，生下酒神戴歐尼修斯。卡德摩斯有個外孫叫彭透斯，由於彭透斯輕視他的表兄弟戴歐尼修斯，因而在喀泰戎山遭遇橫死的命運。底比斯城裡，國王呂科斯的邪惡妻子狄爾克也沒有好下場——被牛拖曳而死；根據神話學家阿波羅多洛斯的說法，狄爾克會獲得

如此慘烈的懲罰，部分是基於仄托斯的設計。底比斯城的名字即來自仄托斯的妻子堤比。聰明的伊底帕斯在走向悲劇性的死亡前，曾是底比斯城的統治者——他的悲劇緣自他意外殺死生父並迎娶生母所造成的結果。後來伊底帕斯的王國成為他兩個兒子波里涅克斯和厄特俄克勒斯爭奪的對象——此種悲劇性的後果再度在他們的後代身上重演。另外值得一提的是：底比斯也是海克力斯的出生地。

（也請參考 Athens, Boeotia, Cadmus, Cithaeron [Mount], Dionysus, Dirce, Europa, Harmonia, Hercules, Lycus, Oedipus, Pentheus, Polyneices, Semele, Zethus, *and* Zeus。）

色薩利（Thessaly）

現代希臘北部的色薩利或色薩利亞（Thessalia）的行政區域邊界大致與古代的色薩利一致，亦即四周圍繞著高聳的群山：東邊以俄薩山和皮立翁山為界，北邊有奧林帕斯山為屏，西邊是品都斯山脈，南邊有俄特律斯山（Othrys）為鄰。諸山之中，奧林帕斯山、俄薩山和皮立翁山這三座山在神話故事裡顯得特別重要。奧林帕斯山是奧林帕斯諸神的仙家所在地；俄托斯和厄菲阿爾特斯這兩位巨人據說打算把皮立翁山、俄薩山和奧林帕斯山逐一疊起來，藉此爬上奧林帕斯諸神的仙家去攻擊諸神。皮立翁山也是人馬奇戎的家。色薩利其他重要的地理特徵是美麗的滕比河谷和帕涅烏斯河——這條河的河神有一紅顏薄命女兒：達芙妮。

眾所周知，早在舊石器時代（大約西元前9000年），色薩利就已經有狩獵採集者在此居住；到了新石器時代（大約西元前4000—2000年間），此地人民開始從事農牧業，而且人口相當密集，尤其是東部地勢較低的肥沃地區。從神話故事的角度來看，傑森和阿爾戈英雄隊的家鄉伊奧爾科斯城會因此崛起，在青銅時代搖身變為重要的王宮中心就一點也不奇怪了。色薩利也是好幾個神話人物的家鄉：英雄阿基里斯是特洛伊戰場上最優秀的希臘戰士；阿德墨托斯善待被宙斯處罰，下凡到他王宮裡當僕人的阿波羅；另外複合生物半人馬族也以此地為家。

（也請參考 Achilles, Apollo, Argonauts [the], Centaurs [the], Chiron, Daphne, Iolcos, Olympus [Mount], Ossa [Mount], Otus, Pelion [Mount], Peneus [god and place], Tempe [Vale of], Troy, *and* Zeus。）

色雷斯（Thrace）

在古人的心目中，色雷斯與已知世界的北方邊際相同；不過，這地區的四周邊界其實並不確切，基本上包含所有歐洲北部地

區，還有馬其頓以東到愛琴海和黑海邊緣的區域。雖然大部分或多數古典神話故事都有些許暴力情節，但是色雷斯這個又奇異又野蠻的地區似乎是某些最暴力的傳說故事的集大成者。色雷斯神話故事裡的國王中，鐵流士強暴並毀傷其小姨子的肢體；狄俄墨德斯以人肉來餵食他豢養的馬匹；波里梅托斯為了錢而謀殺特洛伊小王子波呂多洛斯；呂庫爾戈斯攻擊酒神戴歐尼修斯與酒神的保姆。天才吟遊歌手奧菲斯為了哀悼他的妻子，一路流浪到色雷斯山區，並在這裡遭受酒神女信徒分屍，理由是他因為沉浸於傷悲中，因而拒絕回應那群女信徒的示好。

（也請參考 Aegean Sea [the], Diomedes, Dionysus, Lycurgus, Macedon, Orpheus, Polydorus, Tereus, *and* Troy。）

台伯河（Tiber River, The）

台伯河是義大利中部最重要的河流；這條河的水源來自亞平寧山脈，最後注入第勒尼安海（Tyrrhenian Sea），全長約250英里（400公里）。由於河水夾帶大量淤泥，導致河水的顏色看起來略帶棕色調──羅馬詩人維吉爾因此而把台伯河稱為「黃河」（拉丁文為*flavus*）。這條河的河水不適合飲用，但是船隻可以從河口的奧斯蒂亞港（Ostia）一路航行到羅馬城。由於羅馬城建立在台伯河兩岸，並沿著河的兩岸漸次發展，所以台伯河就很順理成章地在羅馬城的神話故事裡扮演一個重要角色。根據傳說故事，羅馬的創立者是雙胞胎兄弟羅慕勒斯和雷穆斯；兩人的父親是戰神瑪爾斯，母親是雷雅·西爾維雅，不過他們一出生就被裝進籃子，丟入台伯河，任其隨水漂流而去。他們後來擱淺在河邊，而且有隻母狼前來給他們哺乳，不久他們就在台伯河邊獲救了。這條河的名字雖然來源不詳，不過根據羅馬文法學家費斯托斯（Festus）記載，這條河過去曾被命名為阿爾布拉河（Albula），因為當時的河水是白色的（*albus*）。但是後來阿爾巴·隆伽國王台伯里努斯·希爾維烏斯（Tiberinus Silvius）淹死在這條河裡，為了紀念他，因此才改名為台伯河。

（也請參考 Alba Longa, Mars, Remus, Rhea Silvia, Rome, *and* Romulus。）

提林斯（Tiryns）

古城提林斯的中心位於阿爾戈利斯（Argolid）一處多岩石的矮丘上；阿爾戈利斯是伯羅奔尼撒半島東北部的一個區域，這區域包含日後會成為該區最強大的城市阿爾戈斯、提林斯、邁錫尼、厄庇道洛斯和納普利翁（Nauplion，現代的納夫普良 [Nafplio]）。提林斯距離海岸只有一

英里（1.5公里）；這個城市在青銅時代曾取得一項獨特的成就 —— 當時這裡
有一座宏偉的王宮，內部飾有豐富的濕壁畫，外部則建有防禦工事（西元前
1400—1200年）。今日從其遺跡看來，當時這裡必定跟邁錫尼一樣，是希臘大
陸最強大的王宮中心之一。到了青銅時代末期，提林斯的勢力大為衰弱，漸
漸受制於鄰近的阿爾戈斯城。大約在西元前470年左右，提林斯就被阿爾戈斯
城消滅了。

在神話故事裡，提林斯與希臘最重要的幾位英雄有關，包括柏勒洛豐、柏修
斯和海克力斯。普洛俄托斯是提林斯城的創立者兼國王 —— 派遣柏勒洛豐到
呂基亞殺死奇美拉的即是這位國王。柏修斯在創立邁錫尼之前，曾擔任過提
林斯的國王。歐律斯透斯亦是提林斯的其中一位國王，而他最重要的故事是
指派海克力斯執行十二項任務。

（也請參考 Bellerophon, Chimaera [the], Eurystheus, Hercules, Lycia, Mycenae, *and*
Perseus。）

特里納基亞（Trinacria） 特里納基亞的地名又可拼寫為
"Thrinacria"，而這個字的意思是「三個端點」。這是一座神話中的島嶼，位
置非常靠近斯庫拉和大漩渦卡律布狄斯。根據荷馬的說法，這個島嶼是太陽
神赫利歐斯放牧牛羊的地點，其中牛羊各有三百五十隻。當時有一則神諭提
到：假如奧德修斯和他的船員能有所節制，不去殺害那群牛羊，那麼儘管他
們會經歷種種艱辛，還是得以平安回家。不過，船員們畢竟無法克制殺牛殺
羊的欲望，所以最後他們全部在旅途中遇難，只有奧德修斯一人平安返鄉。
在古代，人們有時會把特里納基亞等同於西西里的三角島，而這座島的三個
角分別指向三個城市，亦即利利巴俄姆（Lilybaeum）、帕基諾斯（Pachynus）
和培洛里斯（Peloris）。

（也請參考 Charybdis, Helios, Odysseus, Scylla, *and* Sicily。）

特洛伊（Troy） 特洛伊的遺址位於希薩里克（Hisarlik）的土石山丘上，
俯瞰著古代安納托利亞土耳其愛琴海沿岸的平原。遺址距離海岸大約4英里
（6.5公里），與達達尼爾海峽（古代稱為赫勒斯滂）南端的入口相距大約3英
里（4.8公里），相當靠近土耳其的現代都市恰納卡萊（Canakkale）。特洛伊
城位於一處海灣，但是數百年來，該海灣已經積滿由斯卡曼德河與西摩伊斯
河（Simois）所帶來的淤泥，而這個現象掩蓋了一個事實：特洛伊曾經是個非

常重要的城市，承擔過巴爾幹半島、安納托利亞、愛琴海和黑海這幾個區域之間的文化橋梁。由於特洛伊過去曾經是個如此重要的城市，因此受到眾人的覬覦；果不其然，特洛伊城似乎歷經了不只一次，而且是多次的戰爭和毀亡。1820年，查爾斯・馬克拉倫（Charles Maclaren）指出特洛伊的遺址就在希薩里克。法蘭克，卡爾佛特（Frank Calvert）追隨他的腳步，分別在1863年和1865年提出同樣的見解。不過，研究特洛伊遺址最著名的考古學家是海因里希・施萊曼；在1870年至1890年之間，他在該地從事一系列的挖掘。值得注意的是，這個遺址的挖掘至今依然持續進行，不曾停止。到目前為止，學者們在希薩里克這個遺址總共發現了九個重要的聚落層，每一層聚落都建立在前一層之上。特洛伊I的建築時代最為古老，約可追溯到青銅時代早期（大約西元前3000—2500年）。特洛伊II的時代則大約落在西元前2550至2300年之間；由於這裡的許多出土文物，因此海因里希・施萊曼認為這裡就是荷馬筆下的特洛伊。除了好幾間宏偉的房屋或建築結構之外，海因里希・施萊曼還找到大量用黃金、琥珀金、銀、瑪瑙與青金石打造的工藝品。不過，由於學者認為荷馬的特洛伊戰爭的年代遠比特洛伊II的年代晚很多，所以有人認為防禦工事做得很好的特洛伊VI（大約西元前1750—1300年）亦有可能是荷馬筆下的特洛伊——雖然這一處的年代也被認為是太早了一點。特洛伊VIIa（西元前1300—1180年）固然看起來不太起眼，不過就其年代看，這裡最有可能是荷馬筆下的特洛伊。荷馬的特洛伊亦有可能是多個特洛伊合併起來的產物——當然這也是很有可能的事。

「特洛伊」的名字來自英雄特洛斯（埃里克托尼奧斯的其中一個兒子），不過在古代文學資料裡，特洛伊城還會被稱為伊利歐斯，伊利翁（或伊利昂），因為特洛伊城的創立者叫伊洛斯。與此同時，特洛伊人有時會被稱為達爾達尼亞人和透克里安人——第一個名稱衍生自達爾達諾斯，第二個名稱來自透克爾。透克爾是當地河神斯卡曼德與伊達山寧芙仙子所生的其中一個兒子。達爾達諾斯和透克爾都是早期特洛伊周邊地區，即特洛德的傳說故事中的國王。伊洛斯創立的城市據說後來被拉俄墨冬統治，接著王位再傳給普里阿摩斯。普里阿摩斯的統治期間爆發了特洛伊戰爭，因為他的兒子帕里斯拐走了美麗的斯巴達王后海倫，惹來希臘聯軍大舉來攻。特洛伊戰場上出現許多優秀的戰士，希臘這邊的戰士有阿基里斯、阿伽門農、墨涅拉俄斯、大埃阿斯、奧德修斯；特洛伊人這邊則有他們的王子赫克托爾。這場戰爭打了很久；到了第十年，奧德修斯設計一個詭計誘使特洛伊人上當，希臘人這才攻

下了特洛伊城。這個著名詭計是：希臘人打造一個巨大的空心木馬，讓希臘戰士躲在木馬肚子裡，然後託言那是希臘人獻給女神雅典娜的禮物。特洛伊人把木馬拖進城，特洛伊城亦因此殞落。

（也請參考 Achilles, Agamemnon, Ajax [the Great], Athena, Dardanus, Erichthonius, Hector, Helen, Ida [nymph and Mount], Ilus, Laomedon, Menelaus, Odysseus, Paris, Priam, Sparta, Teucer, *and* Tros。）

冥界（Underworld, The）

在古典神話故事裡，冥界有很多名稱：黑帝斯、黑帝斯之家（冥府）、阿克隆河或塔爾塔羅斯。就像人們對死亡和來生的信念與時俱變，冥界的地理環境概念也一直在改變。在羅馬詩人維吉爾的《伊尼亞斯紀》裡，特洛伊英雄伊尼亞斯曾到冥界一遊——這段情節所描寫的冥界地理環境最完整和最精采，雖然當中也並非全無歧異之處。原來庫邁女先知西比拉所住的洞穴附近，就是艾弗爾納斯湖——這個汙濁幽暗且充滿蒸氣的湖就是通往冥界的入口。穿過一條位於洞穴裡的甬道，就會抵達冥府；冥府的前面聚集了一群令人覺得恐怖的冥神：煩惱、疾病、老年、恐懼、饑饉女神法蜜涅、以及死神的兄弟睡神。過了這群可怕的冥神之後，迎面矗立著一棵巨大的榆樹，而樹上堆滿了虛假的夢。除此之外，聚集在這裡的還有戰爭之神、仁慈三女神歐墨尼德斯的鐵屋、瘋狂的衝突之神、半人馬族、斯庫拉、戈爾貢姊妹、哈爾庇厄姊妹、一個百臂巨人和多頭蛇海卓拉——全都是可怕的怪物，把伊尼亞斯嚇得連忙抽出劍來。再往前走，就是悲嘆河與阿克隆河的會合之處，形成一個充滿爛糊、不斷沸騰的大漩渦裡。焦急的靈魂群聚在斯堤克斯河的岸邊，等著冥河舟子來帶他們渡河。不過，那位看起來骯髒邋遢，目光如火炬的舟子卡戎也不是來者不拒：他只願意載那些死後舉行過適當葬儀的靈魂渡河，其他靈魂則留在冥河岸邊流浪個一百年。過了斯堤克斯河，就會看到脖子有許多毒蛇蠢動的地獄犬克爾柏洛斯——牠坐在洞穴裡，守衛著冥界的大門。距離克爾柏洛斯不遠的地方，就是那群生命才剛開始沒多久就過世的泣嬰、含冤而死的人以及自殺而亡之人；冥界判官米諾斯就坐在那裡審理所有的靈魂，以便決定各個靈魂的去處：塔爾塔羅斯或是埃律西翁（至福樂土）。這裡還有一個灰色地帶，亦即所謂的傷心原野；這裡住的都是因為傷心而死的靈魂，其中一位居住者就是迦太基的王后蒂朵。除此之外，此地還有專門的區域收留那些英年早逝之人的靈魂。過了這幾個區域之後，冥府的路就一分為二，一條通往塔爾塔羅斯，另一條通往埃律西

翁（至福樂土）。令人害怕的地獄塔爾塔羅斯位於一處懸崖的底部；塔爾塔羅斯的外面有三重圍牆，牆外環繞著燃燒的火焰河。那裡有復仇女神提西福涅站著守望，只見她手裡拿著鞭子，隨時準備抽打那些邪惡的人——她這是執行判官拉達曼托斯給那些邪惡之人的刑罰。在牆內，塔爾塔羅斯顯得一片黑暗，深不見底；囚禁在這裡的都是罪人，例如薛西弗斯、提堤俄斯和伊克西翁。至於埃律西翁（至福樂土）——這裡是死後的樂園，專門為那些生前善良，道德操守高尚的靈魂而設。這個區域不像塔爾塔羅斯那麼陰鬱和清冷，而是一個空間開闊、鬱鬱蔥蔥、光線明亮，而且四處還開滿了花朵的所在。
（也請參考 Acheron [the River], Aeneas, Carthage, Centaurs [the], Cerberus, Charon, Cocytus [the River], Dido, Elysium, Eumenides [the], Furies [the], Gorgons [the], Harpies [the], Hecatoncheires [the], Hydra of Lerna [the], Ixion, Minos, Phlegethon [the River], Rhadamanthus, Scylla, Sisyphus, Styx [the River], Tartarus, Tisiphone, *and* Tityus.)

附錄一：諸神

希臘的主要天神／對應 的羅馬諸神

宙斯／朱庇特
赫拉／茱諾
波賽頓／涅普頓
狄蜜特／克瑞斯
雅典娜／米娜瓦
阿波羅／阿波羅
阿特米斯／黛安娜
阿瑞斯／瑪爾斯
阿芙蘿黛蒂／維納斯
赫菲斯托斯／兀爾肯
荷米斯／墨丘利
赫斯提亞／維斯塔
戴歐尼修斯／巴克斯
黑帝斯或普魯托／帝烏斯 或普魯托

原初自然神

卡俄斯（虛空）
蓋亞（大地）
烏拉諾斯（天空）
烏瑞亞（高山）
龐托斯（大海）
塔爾塔羅斯（大地深處）
厄瑞玻斯（黑暗）
倪克斯（夜晚）
埃特爾（光亮）
赫墨拉（白晝）
艾奧斯（黎明）
赫利歐斯（太陽）
賽勒涅（月亮）
埃俄羅斯（風）

諸風之神

玻瑞阿斯（北風）
諾托斯（南風）
仄費洛斯（西風）
艾烏洛斯（東風）

繆斯女神

卡莉俄佩（史詩）
克莉俄（歷史）
埃拉托（情詩）
尤特碧（音樂）
墨爾波墨涅（悲劇）
波呂許謨尼亞（聖詩）
特爾普西柯瑞（舞蹈）
塔莉亞（喜劇）
烏拉尼亞（天文）

美惠女神（卡里特斯女 神）

阿格萊亞（璀璨光明）
塔莉亞（青春綻放）
歐佛洛緒涅（興高采烈）

命運三女神（摩伊賴）

克洛托（紡線者）
拉克西斯（命運的決定者）
阿特羅波斯（不可逆轉者）

復仇三女神（厄里倪厄 斯女神）

提西福涅（謀殺犯的尋仇 者）
麥格拉（忌妒者）
阿萊克托（絕不留情者）

泰坦神

阿斯特里亞，第二代
阿斯特賴俄斯，第二代
阿特拉斯，第二代
克呂墨涅，第二代
科俄斯，第一代
克利俄斯，第一代
克洛諾斯，第一代
狄俄涅，第二代
艾奧斯，第二代
厄毗米修斯，第二代
歐律諾墨，第二代
黑卡蒂，第三代
海柏利昂，第一代
伊阿珀托斯，第一代
勒托，第二代
墨諾提俄斯，第二代
墨媞斯，第二代
謨涅摩敘涅，第一代
俄刻阿諾斯，第一代
柏瑟斯，第二代
芙俄柏，第一代
普羅米修斯，第二代
瑞亞，第一代
賽勒涅，第二代
斯堤克斯，第二代
特堤斯，第一代
特伊亞，第一代
泰美斯，第一代

附錄二：古代文獻彙編

埃里安〔克勞狄・埃里亞努斯〕（大約西元170—235年）：羅馬修辭學家，著有《雜文軼事》（*Historical Miscellany*）一書。這是一部涉獵文化與歷史的作品，全書以希臘文寫成，內容包含具有道德意味的軼事、簡短的名人傳記、世界各地的自然奇觀與不同的文化景觀。

艾斯奇勒斯（西元前525 / 4?—456 / 5年）：希臘最重要的悲劇作家之一（另外兩位是索福克勒斯和尤瑞比底斯）。據說他總共寫了七十部到九十部作品，不過只有七部流傳至今；這七部作品是：《阿伽門農》、《奠酒人》（*Libation Bearers*）、《歐墨尼德斯》（*Eumenides*）、《俄瑞斯忒亞》（*The Oresteia*）——這部作品以三聯劇之名著稱、《祈援女》（*Suppliants*）、《波斯人》（*Persians*）、《七雄攻底比斯》（*Seven Against Thebes*）與《被縛的普羅米修斯》（*Prometheus Bound*）。

阿爾克曼（西元前七世紀中葉？至晚期）：希臘抒情詩人，活躍於斯巴達，但是有可能出生於呂底亞（今日的土耳其）。他的所有作品都是短詩，可伴隨里拉琴（或其他樂器）之演奏而吟詠，目前傳世的只有少許殘章斷簡。

安東尼努斯・萊伯拉里斯（西元二或三世紀）：文法學家，著有一部以希臘文寫成的神話集，稱為《變形故事集》（*Collection of Tales of Metamorphosis*）；生平事蹟亡佚，僅有這部作品傳世。

阿波羅多洛斯（西元一世紀或二世紀）：這個名字目前與一部以希臘文寫成的希臘羅馬神話百科有關；不過，這個關聯很有可能是錯誤的。這部神話百科的書名叫《書庫》（*The Library*）。

羅德島的阿波羅尼奧斯（西元前三世紀前半葉）：希臘史詩《阿爾戈號的旅程》的作者；這部史詩的重點是描述傑森尋找金羊毛的旅程。

阿普列尤斯[魯齊烏斯・阿普列尤斯]（大約西元125—?）：羅馬作家兼修辭學家，生於馬達烏拉（Madaura）——這座城市屬於羅馬人與柏柏人（Berber），位於今日的阿爾及利亞（Algeria）。他最知名的作品以拉丁文寫成，而這也是唯一從古典時期流傳至今的拉丁文小說；這部小說有兩個標題：《金驢記》或《變形記》，內容以第一人稱敘述主角魯齊烏斯（Lucius）的各種歷險和化身為驢的故事。

阿拉托斯（西元前315?—240年）：希臘詩人，生於小亞細亞南岸（今日土耳其）的奇里乞亞（Cilicia）。他唯一傳世的作品稱為《天文物象》，收入一首1,154行、以六音部寫成的長詩，內容描述重要星星和星座的位置、升起、沉落與相關的神話故事。

阿里安（大約西元86—160年）：全名為魯奇烏斯·弗拉維烏斯·阿里安努斯（Lucius Flavius Arrianus），希臘歷史學家，羅馬帝國的軍隊指揮官和行政官員。生於土耳其中北部的比提尼亞（Bithynia）。他的著作《遠征記》（*The Anabasis of Alexander*）是關於亞歷山大大帝各大戰役的重要資料來源。

阿特納奧斯（Athenaeus，活躍於西元200年）：曾以希臘文寫了一部虛構的作品，描述羅馬人舉辦的一場或多場晚宴。作品的譯名時有歧出，不過大致是《飲宴鑑賞家》（*The Connoisseurs in Dining*）或《智者的晚宴》（*Learned Diners*）。作品的內容描述賓客對食物的評論以及其他各種話題。

巴克奇利德斯（西元前520?—450?年）：希臘抒情詩人；來自現代稱為凱阿島（Kea）或吉亞島（Tzia）的塞奧斯島（Ceos）。根據希臘傳統故事，他是最優秀的九位抒情詩創作者之一，他創作的短詩通常伴隨著里拉琴或其他樂器一起演出。

卡利馬科斯（西元前310 / 305—240年）：著名的希臘詩人兼學者，生於今日利比亞東北部的庫瑞涅，後來成為埃及亞歷山卓港（Alexandria）最重要的文學家。儘管號稱是個多產作家，不過他的大部分作品——包括那些以神話為主題的詩歌——全部都已亡佚或僅僅以殘篇斷簡的形式保存下來。

加圖（西元前234—149年）：全名馬爾庫斯·波爾基烏斯·加圖（Marcus porcius Cato），羅馬政治家兼軍事家；他在羅馬對抗漢尼拔和迦太基的期間崛起，聲名大振。他堅決擁護傳統的生活方式、道德觀和執政的政府，著有《農業誌》（*On Agriculture*）和《創始記》（*Origins*）二書。《農業誌》談到的主題包括種植橄欖、葡萄和其他水果，同時也提到家畜養殖與放牧。《創始記》是加圖的歷史著作，西元前168年開始動筆，但是他還沒寫完就過世了。該書的主題是羅馬的早期到西元前149年的歷史。

卡圖盧斯（Gaius Valerius Catullus，西元前84?–55?年）：羅馬詩人，生於義大利城市維羅納（Verona）。從他那部所謂「小書」（*libellus*）的詩集中，可以看出他是羅馬共和國「高層社會」的一員。詩中提到的人物當中，包括雄辯家兼政治家西塞羅（Cicero）、凱撒、凱撒的對手龐培大帝（Pompey the Great）和其他人等。

狄奧多羅斯（大約活躍於西元前60—20年）：聞名於世的名字是「西

西里的狄奧多羅斯」，即「那位西西里人」（"[T]he Sicilian"）。著有《歷史叢書》（*The Library of History*），內容包羅萬象，包含當時已知世界的歷史，從神話時代一直寫到凱撒征服高盧為止。全書以希臘文寫成，敘述的國家包含埃及、美索不達米亞、印度、斯基泰亞、阿拉比亞，北非、希臘和歐洲。

哈利卡納斯的戴爾尼修斯（西元前60年─西元7?年）：希臘歷史學家兼修辭學家，生於哈利卡納斯，大約在西元前30年之後的某段時間來到羅馬。他在羅馬定居與工作期間，剛好遇到奧古斯都大帝的統治時期。戴爾尼修斯的主要作品是二十卷（或章）的《羅馬史》（*Roman Antiquities*），內容描寫羅馬城的神話起源，一直寫到第一次布匿克戰爭（西元前264年）。

尤瑞比底斯（西元前485?─406）：希臘最著名的悲劇作家之一，與艾斯奇勒斯和索福克勒斯並列為希臘悲劇三大作家。寫了大約九十部以神話為主題的劇本，其中有十八部流傳至今：《阿爾克提斯》（*Alcestis*）、《美狄亞》（*Medea*）、《希波呂托斯》、《安德洛瑪克》、《赫庫芭》（*Hecuba*）、《特洛伊女人》、《腓尼基婦女》（*Phoenician Women*）、《俄瑞斯特斯》（*Orestes*）、《酒神的女信徒》、《海倫》（*Helen*）、《伊勒克特拉》、《海克力斯的子女》（*Heraclidae*）、《海克力斯》（*Hercules*）、《請願婦女》（*Suppliant Women*）、《伊菲葛涅亞在奧利斯》（*Iphigenia at Aulis*）、《伊菲葛涅亞在陶里斯》（*Iphigenia among the Taurians*）、《伊翁》和《獨眼巨人》（*Cyclops*）。

費斯托斯（西元二世紀晚期）：全名為塞克斯圖斯・龐貝烏斯・費斯托斯（Sextus Pompeius Festus），學者兼作家──他把文法學家維瑞斯・弗拉庫斯（Verrius Flaccus，西元前55?年─西元20?年）的文法著作《文字的意義》（*De Verborum Significatu*）整理成刪節本。

赫拉尼庫斯（西元前480?─395?年）：編年史家、神話學家兼民族誌學者，生於希臘的萊斯博斯島。他的作品中，其中的《阿提斯》（*Atthis*）是雅典的完整歷史，《特洛伊》（*Troica*）則是特洛伊城的神話歷史，然而如今傳世的這些作品只有殘篇斷簡。他的民族誌著作涉及的地理範圍極廣，從希臘到埃及、賽普勒斯、斯基泰和波斯都包含在內。

希羅多德（西元前480?─425年）：人稱「歷史之父」的希羅多德是第一個把過去的事件當作研究主題的學者。他最重要的著作是以希臘文寫成的《歷史》（*The Histories*），內容描寫波希戰爭（西元前490─479年），同時還包含其他關於地理、神話、政治和民族誌的資料。

海希奧德（大約活躍於西元前725年）：根據希臘人的傳統說法，海希奧德寫了兩部非常具有影響力且充滿指導價值的史詩：《神譜》（*Theogony*）和《工作與

時日》（*Works and Days*）——前者描述宇宙與諸神的起源，後者包含他對社會和宗教的種種省思以及農民曆。

荷馬（西元前八世紀）：根據希臘人的傳統說法，荷馬是《伊利亞德》和《奧德賽》的作者，而這兩部作品是西方世界現存最早的文學典範。所謂的《荷馬詩誦》（*Homeric Hymns*）是一組歌頌希臘諸神的詩集，作者不詳；雖然這些詩通常都歸入他的名下，但是應該不是他的作品。

希吉努斯（西元二世紀？）：據傳著有《傳說集》（*Fabulae / Stories*）和《天文的詩歌》（*Astronomica / Poetical Astronomy*），不過這兩部作品極有可能都不是他寫的；這兩部作品當中，前者是根據多種希臘資料編撰而成的神話指南，後者則是一部天文學手冊，其中也含有神話內容。

尤維納利斯（Juvenal / Decimus Iunius Iuvenalis，大約活躍於西元一世紀末與西元二世紀初期）：著名的羅馬諷刺作家，生平不詳。著有十六首諷刺詩，集結為《諷刺詩集》（*Satires*）。

李維（西元前59年—西元17年）：著有羅馬史一書，內容從羅馬城的建城緣起一直寫到奧古斯都的統治時代。這部共有142卷的煌煌巨著稱為《自建城以來》（*Ab Urbe Condita / From the Founding of the City*），分多次出版，但甫一出版，就為他贏得巨大迴響。

農諾斯（活躍於西元450—475? 年間）：希臘詩人，生於埃及的帕諾波里斯城（Panopolis）或埃赫米姆（Akhim）。著有史詩《戴歐尼修斯雜譚》（*Dionysiaca / Things about Dionysus*），描述酒神戴歐尼修斯的生平和各種冒險事蹟。

奧維德（西元前43年—西元18年）：全名普布利烏斯·奧維狄烏斯·納索（Publius Ovidius Naso）。他是以拉丁文寫作，而且是其中最著名、最受人稱讚的詩人之一。他的主要作品有《變形記》（*Metamorphoses*）——數世紀以來，這部史詩已經成為研究希臘羅馬神話與傳說故事的基本材料。其他作品包括《愛的藝術》（*Ars Amatoria /Art of Love*），不過這部作品是情愛誘引技法的教戰手冊，因此向來十分備受爭議。《女傑書簡》（*Heroides*）是一部虛構的書信集，以韻文寫成，內容是神話中的女主角們寫給情人的情書。《歲時記》（*Fasti / Calendar*）是根據羅馬官方曆書逐月撰述的詩歌作品，其中載錄各種節慶日、節慶的起源和該節慶相關的神話。

帕提尼烏斯（西元前一世紀）：希臘學者兼詩人，生於安納托利亞（現代的土耳其）西北方的希臘城市尼西亞（Nicaea）。他在戰爭中被俘，被押送到義大利，但是後來獲得釋放。他對許多羅馬重要的詩人例如維吉爾曾經產生重大影響。他的作品除了《苦情故事》（*Erotika Pathemata / Sufferings from Love*）外，大都只剩下殘卷。

《苦情故事》是一部散文作品，集錄多位希臘詩人在其作品裡提到的故事。

保薩尼亞斯（大約西元115—180年）：這位作者根據自己在希臘大陸的

遊蹤，以希臘文寫了一部稱為《希臘誌》（*The Description of Greece*）的旅行指南。他
對各個景點的描述，保留了許多今日已經消失不見的古代資訊，包括遺址、紀念碑、
工藝作品以及許多地方風俗和信仰。

品達（大約活躍於西元前498—446年）：希臘抒情詩人，作品主要描

寫奧林匹克運動會和泛希臘皮提安運動會中的勝利者。這兩項運動會都與宗教活動有
關，舉行的地點分別是奧林匹亞和德爾菲，而這兩個聖地，前者與宙斯崇拜有關，後
者與阿波羅崇拜有關。

柏拉圖（西元前428 / 427—348 / 347年）：雅典哲學家，是後來被稱為

柏拉圖學院（Academy）的哲學團體或學派的創立者。柏拉圖的著作很多，其中《理
想國》（*The Republic*）是一部關於理想世界的對話集，書中的主角是對他影響深遠的
蘇格拉底。

老普林尼（西元23 / 24—79年）：老普林尼的全名是蓋烏斯・普林尼・

塞孔杜斯（Gaius Plinius Secundus）；他是羅馬政治家、海軍上將、學者和維蘇威火
山（Mount Vesuvius）爆發的罹難者。他是個多產作家，作品的主題眾多，包括文
法、辯論術、軍事科學和傳記。不過，他名留青史的主要著作是一部稱為《自然史》
（*Natural History*）的自然史百科全書。這本書的內容豐富，涉及的主題包含天文學、
植物學、地質學、園藝學、醫學、礦物學和動物學等。

普魯塔克（Lucius? Mestrius Plutarchus，西元45?—125年）：

傳記作家兼道德哲學家。他的著作很多，最為人知的作品主要是道德論著和希臘羅
馬重要政治家與軍事人物的傳記。他這部作品稱為《希臘羅馬名人傳》（*Lives of the
Noble Greeks and Romans*），又名《平行列傳》（*Parallel Lives*）或《普魯塔克列傳》
（*Plutarch's Lives*）；全書收入五十位名人的傳記，包括亞歷山大大帝、傳說中的雅典
國王提修斯、努瑪——羅馬傳說中的國王之一，據說是羅慕勒斯的繼承人。

普羅佩提烏斯（西元前一世紀後半葉）：創作輓歌的羅馬詩人，生於義

大利城鎮阿西尼姆（Assinium）——現代的阿西西（Assisi）。他獲得奧古斯都大帝的
贊助，以創作愛情主題的詩歌著稱。現存作品有《輓歌集》（*Elegies*）四卷。

士麥那的昆圖斯（西元三或四世紀）：希臘史詩作者，現存作品的標題是

《發生在伊利亞德和奧德賽之間的事》（*The Things that Happened Between the Iliad and
Odyssey*），這首史詩希臘文作《續荷馬》（*Ta meth' Homeron*）。

莎芙（西元前七世紀晚期）：聲譽崇高的抒情詩人，古典時期就被封為「第十位繆思」（Tenth Muse）。莎芙生於希臘的萊斯博斯島，也一直住在該島；除了前述兩項資料外，關於她的生平細節一概不詳。她的詩作最為人知的特色是充滿熱情，描寫的對象以女性為主。她名下的詩作，傳世的泰半都是殘篇而已。

塞內加（Lucius Annaeus Seneca，西元前4?年－西元65年）：羅馬政治家、哲學家兼劇作家。生於西班牙的科爾多瓦（Cordoba），在羅馬受教育，後來入宮擔任皇帝尼祿（Nero）的首席家庭教師並晉升為皇帝的政治顧問。他的作品之中，有一組以神話為主題的悲劇：《瘋狂的海克力斯》（*Hercules Furens*）、《特洛伊婦女》（*Troades*）、《腓尼基婦女》（*Phoenissae*）、《美狄亞》、《費德拉》（*Phaedra*）、《伊底帕斯》（*Oedipus*）、《阿伽門農》和《堤厄斯特斯》（*Thyestes*）。

塞爾維烏斯（Marius Servius Honoratus，大約活躍於西元400年）：羅馬文法學家兼評論家；最著名的工作是對維吉爾的作品提出深廣的評論。

索福克勒斯（西元前495 / 495?—406 / 405年）：雅典劇作家，也是他那一代最受人歡迎的作家。總共寫了120部劇作，比如《安蒂岡妮》、《伊底帕斯王》、《伊底帕斯在柯隆納斯》、《菲羅克忒特斯》、《埃阿斯》（*Ajax*）、《特拉克斯城的婦女》（*Women of Trachis*）和《伊勒克特拉》。

斯塔提烏斯（Publius Papinius Statius，西元一世紀後半葉）：羅馬詩人，他的傳世作品當中，有一部題為《底比斯之戰》（*The baid*）的史詩，描寫的是七雄攻底比斯的戰役；《阿基里斯紀》（*Achilleid*）著重於描寫阿基里斯的生平事蹟，但是並未寫完；《希爾瓦》（*Silvae*）則是一部涉及多種主題的詩歌選集。

斯特西克魯斯（大約活躍於西元前600—550年）：希臘抒情詩人，與萊斯博斯島的女詩人莎芙同時代。他的詩歌作品在古典時代以數量可觀著稱，但是流傳至今的僅有少許殘篇。他在古典時代享有盛名，但是他的出生地卻人言言殊，一說他生於西西里島，一說生於義大利南方。

斯特拉博（大約西元前65年－西元25年）：歷史學家兼地理學家。他最為人知的工作是以希臘文從事地理書寫，出現在他筆下的地方很多，包含西班牙、高盧、義大利、巴爾幹半島、小亞細亞、印度、埃及、北非等地。他這部作品共有十七卷，名字就叫《地理學》（*Geographia / Geography*）。

塔西陀（西元55?—117年）：全名為普布里烏斯・克奈里烏斯・塔西陀（Publius? Cornelius Tacitus），羅馬歷史學家兼政治家。他出生於高盧，但是到了西元75年，他已經人在羅馬。今日他的傳世著作有《阿古利可拉傳》（*Agricola*）、《日耳曼尼亞誌》（*Germania*）、《對話集》（*Dialogus de oratoribus*）、《歷史》（*Historiae*）

和《編年史》（*Annales*）。他的《歷史》從羅馬皇帝加爾巴（Galba）的統治開始寫起，一直寫到圖密善（Domitian）為止；《編年史》則涵蓋提貝里烏斯（Tiberius）到尼祿皇帝的統治時期。

特奧克里托斯（西元前三世紀早期）：希臘田園詩作家，著有《田園詩集》一書。特奧克里托斯據稱是田園詩這個文類的始祖；他可能出生於錫拉庫薩，後來輾轉到科斯島（Cos）和埃及的亞歷山卓港工作。現存的《田園詩集》共有三十篇，雖然都歸於他的名下，但並非全部出自他的手筆，而且這三十篇的內容也不盡然都是描寫田園風光的田園詩。

修昔底德（西元前460?—400年）：雅典將軍兼歷史學家，著有《伯羅奔尼撒戰爭史》（*The Peloponnesian War*）一書，而這本書是首部以事實為依據的歷史著作。

維吉爾（Publius Vergilius Maro，西元前70?—19年）：傑出的史詩作者，著有《伊尼亞斯紀》，講述羅馬的建城故事和羅馬人的起源。除了前述史詩之外，這位獲得奧古斯都皇帝贊助的作家還寫了田園詩集《牧歌》（*Eclogues*）和飽含道德寓意的《農事詩》（*Georgics*）二書。《農事詩》除了書寫農事，也涉及當時的社會和政治課題。

維特魯威（Marcus Vitruvius Pollio，大約西元前80 / 70—15年）：羅馬建築師兼工程師，活躍於凱撒和奧古斯都皇帝的統治期間。他最主要以《建築十書》（*De Architectura*）聞名於世——這是一部已知最早、影響最廣泛的建築著作和建築藝術作品。

知識叢書 1135

古典希臘羅馬神話A-Z：
永恆的諸神、男女英豪、精靈怪獸及其產地的故事
Classical Mythology A to Z: An Encyclopedia of Gods & Goddesses, Heroes & Heroines, Nymphs, Spirits, Monsters, and Places

作　　者 ── 安內特‧吉賽克博士（Annette Giesecke）
繪　　者 ── 吉姆‧帝爾尼（Jim Tierney）
譯　　者 ── 余淑慧
人文科學線主編 ── 王育涵
特約編輯 ── 蔡宜真
校　　對 ── 蔡宜真、胡金倫
封面設計 ── 許晉維
內頁排版 ── 立全電腦印前排版有限公司

總編輯 ── 胡金倫
董事長 ── 趙政岷
出版者 ── 時報文化出版企業股份有限公司
　　　　　一〇八〇一九 台北市和平西路三段二四〇號七樓
　　　　　發行專線／（〇二）二三〇六六八四二
　　　　　讀者服務專線／〇八〇〇二三一七〇五
　　　　　　　　　　　　（〇二）二三〇四七一〇三
　　　　　讀者服務傳真／（〇二）二三〇四六八五八
　　　　　郵撥／一九三四四七二四時報文化出版公司
　　　　　信箱／一〇八九九臺北華江橋郵局第九九信箱
時報悅讀網／ www.readingtimes.com.tw
時報人文科學線臉書／ https://www.facebook.com/humanities.science
法律顧問／理律法律事務所 陳長文律師、李念祖律師
印　　刷／勁達印刷有限公司
初版一刷／二〇二三年七月十四日
定　　價／新台幣六八〇元
（缺頁或破損的書，請寄回更換）

時報文化出版公司成立於一九七五年，
一九九九年股票上櫃公開發行，二〇〇八年脫離中時集團非屬旺中，
以「尊重智慧與創意的文化事業」為信念。

古典希臘羅馬神話A-Z：永恆的諸神、男女英豪、
精靈怪獸及其產地的故事 / 安內特.吉賽克(Annette
Giesecke)著；吉姆.帝爾尼(Jim Tierney)繪；余淑慧譯.
-- 初版. -- 臺北市：時報文化出版企業股份有限公司，
2023.07
　　面；　　公分. -- (知識叢書；1135)
譯自：Classical mythology A to Z : an encyclopedia of
gods & goddesses, heroes & heroines, nymphs, spirits,
monsters, and places
ISBN 978-626-353-921-1(平裝)
1.CST: 希臘神話 2.CST: 羅馬神話

284.95　　　　　　　　　　　　　　　112008069

ISBN　978-626-353-921-1
Printed in Taiwan